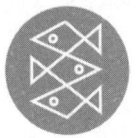

Karl Marx

Das große Lesebuch

Herausgegeben von
Iring Fetscher

Fischer Taschenbuch Verlag

Originalausgabe

Veröffentlicht im Fischer Taschenbuch Verlag,
einem Unternehmen der S. Fischer Verlag GmbH,
Frankfurt am Main, März 2008

Für diese Ausgabe:
© 2008 Fischer Taschenbuch Verlag, in der
S. Fischer Verlag GmbH, Frankfurt am Main
Satz: Dörlemann Satz, Lemförde
Druck und Bindung: Clausen & Bosse, Leck
Printed in Germany
ISBN 978-3-596-90002-2

Unsere Adressen im Internet:
www.fischerverlage.de
www.fischer-klassik.de

Inhalt

Iring Fetscher

Einleitung

Marx ist heute so bekannt, dass jede und jeder eine andere Vorstellung des Revolutionärs, Wissenschaftlers, Ideologen und Menschen hat. Das Meyer'sche Konversationslexikon bezeichnete ihn 1874 noch schlicht als »hervorragenden sozialistischen Agitator und Schriftsteller«. Wie wenig genau informiert der Verfasser dieses Artikels allerdings war, geht aus der Behauptung hervor, er sei »der Sohn eines preußischen Oberbergraths« und lebe »nach einem vorübergehenden Aufenthalt in New York jetzt wieder in London«. Der Oberbergrath ist ein reines Fantasieprodukt, der »vorübergehende Aufenthalt in New York« ist zwar ebenso erfunden, stimmt aber wenigstens mit der nicht zur Ausführung gelangten Auswanderungsabsicht von Marx überein. Vielleicht war dem Meyer'schen Konversationslexikon aber auch bekannt, dass Marx viele Jahre lang als Europa-Korrespondent der *New York Daily Tribune* seinen Lebensunterhalt bestritten hat.

Würde man Marx gefragt haben, hätte er sich vermutlich als wissenschaftlichen »Kritiker der politischen Ökonomie« bezeichnet. Dieser Aufgabe hat er die wichtigsten Jahre seines erwachsenen Lebens gewidmet. Beginnend mit dem genialen Text, der erst 1932 aus dem Nachlass veröffentlicht wurde – *Nationalökonomie und Philosophie* –, bis zum unvollendet gebliebenen Hauptwerk *Das Kapital* (1867) und während vieler weiterer Jahre war die Auseinandersetzung mit der Realität der »kapitalistischen Produktionsweise« bzw. mit den theoretischen Arbeiten der ökonomischen Klassiker Adam Smith und David Ricardo sowie ihrer weniger hoch geschätzten Nachfolger das eigentliche Lebenswerk von Marx.

Zum angemessenen Verständnis sowohl der Person als auch des Werkes von Marx bieten sich aber als Ausgangspunkt bereits seine frühesten Arbeiten als Abiturient sowie die radikaldemokratischen Frühschriften an. Der Abituraufsatz *Betrachtung eines Jünglings bei der Wahl eines Berufs* schließt mit sittlichen Maximen, die man auch dem erwachsenen Marx zurechnen kann:

> Die Hauptlenkerin aber, die uns bei der Standeswahl leiten muß, ist das *Wohl der Menschheit, unsere eigne Vollendung*. Man wähne nicht, diese beiden Intressen könnten sich feindlich bekämpfen, das eine müsse das andre vernichten, sondern die Natur des Menschen ist so eingerichtet, daß er seine Vervollkommnung nur erreichen kann, wenn er *für die Vollendung, für das Wohl seiner Mitwelt wirkt*.
>
> Wenn er nur für sich schafft, kann er [...] nie ein vollendeter, wahrhaft großer Mensch sein. (Im vorliegenden Band, S. 25; Hervorh. v. I. F.)

Nach dem Abitur beginnt Marx, auf Grund des väterlichen Wunsches, ein Studium der Rechtswissenschaft zunächst in Bonn und bald darauf in Berlin. In seinem berühmten Brief an den Vater beschreibt er, wie ihn – nachdem er sich intensiv mit dem Recht und vor allem der Rechtsgeschichte beschäftigt hat – die »groteske Felsenmelodie« der Hegel'schen Philosophie schließlich doch so faszinierte, dass er nicht ruhen konnte, bis er »die Modernität und den Standpunkt der heutigen Wissenschaftsansicht« (ebd., S. 40) erkauft hatte. Dabei beeindruckt dieser Brief vor allem durch die wiederholte Selbstkritik, mit der sich der Verfasser von seiner eigenen unzulänglichen Lyrik wie von seinem systematischen Idealismus verabschiedet.

Auch wenn er im Brief an den Vater noch immer eine eigene beamtete Zukunft erwähnt hatte, wendet sich Marx schließlich nach dem Tod seines Vaters 1838 von der Rechtswissenschaft ab und promoviert mit einer philosophischen Arbeit über die *Differenz der demokritischen und epikureischen Naturphilosophie* in absentia an der Universität Jena. Die Dissertation widmet er seinem künftigen Schwiegervater, dem »geheimen Regierungsrat Ludwig von Westphalen«. Diese Arbeit ist zwar dem Hegel'schen Denken verpflichtet, aber zugleich vom antiken

Materialismus beeindruckt, den er im Anhang gegen Plutarch verteidigt.

Nachdem die begründeten Hoffnungen auf eine universitäre Karriere durch den von der preußischen Regierung betriebenen Entzug der venia legendi seines damaligen Freundes Bruno Bauer geschwunden waren, ist Marx als Journalist (und Redakteur) der *Rheinischen Zeitung* in Köln tätig, bis ihm durch die preußische Zensur die Lust an der Arbeit genommen wird. Seine Arbeiten als Journalist bringen ihn mit den realen politischen und sozialen Verhältnissen der Rheinprovinz in Kontakt und machen ihn mit der Notlage der ärmeren Bevölkerung bekannt. Eine wesentliche theoretische Wendung beginnt aber erst mit der Übersiedlung – zusammen mit Arnold Ruge – nach Paris, wo die *Deutsch-Französischen Jahrbücher* (allerdings nur ein Mal) von ihnen zusammen herausgegeben werden. In diesem Band veröffentlicht Friedrich Engels, den Marx schon in Köln kennen und schätzen gelernt hatte, *Umrisse zu einer Kritik der Nationalökonomie*, die Marx zu einem intensiven Studium der ökonomischen Theoretiker anregen. In seiner Einleitung zur *Kritik der Hegelschen Rechtsphilosophie* skizziert Marx seine Vorstellung von der erhofften Entwicklung des rückständigen Deutschland durch eine »menschliche Emanzipation«, die es über die bloß »politische Emanzipation« hinausbringen würde, die durch die Französische Revolution zustande gebracht worden war. In diesem Text wird ein interessanter Vergleich zwischen dem realen, politisch emanzipierten Frankreich und Deutschland angedeutet, das allein in seiner Hegel'schen Philosophie auf dem Niveau der Gegenwart angelangt sei. Um die Entwicklung Deutschlands voranzubringen, genüge es daher nicht, die realen Verhältnisse zu kritisieren, die unter »aller Kritik« seien, sondern man müsse bei der ideellen Ergänzung dieser Verhältnisse in der Hegel'schen Rechts- und Staatsphilosophie ansetzen. »Die Deutschen haben in der Politik *gedacht*, was die anderen Völker *getan* haben. Deutschland war ihr *theoretisches Gewissen*.« Da das deutsche Staatswissen »die *Unvollendung des modernen Staats*« ausdrücke, komme auch in ihm »die Schadhaftigkeit« dieses demokratischen bürgerlichen Gemeinwesens zum Ausdruck (ebd., S. 89f.). Ausgehend von seiner Hegelkritik schließt Marx auf die Notwendigkeit einer »radikalen Revolution«, die allein Deutschland voranbringen könne. Ein utopischer Traum sei nicht die radikale, sondern vielmehr die »teilweise, die *nur* politische Revolution, die Revolution, welche die Pfeiler des Hauses stehen läßt« (ebd. S. 93). Indem Hegel dem Citoyen die Rolle des mit dem objektiven Geist des Staates übereinstimmenden subjektiven Geistes zuschreibt, lässt er den materiellen Menschen als lebendigen Bourgeois in der bürgerlichen Gesellschaft zurück. Frei ist bei Hegel nur der »subjektive Geist«, während der konkrete Mensch in den Fesseln des »Not- und Verstandesstaats« oder des »geistigen Tierreichs« – wie Hegel in der *Phänomenologie des Geistes* die bürgerliche Gesellschaft genannt hat – befangen bleibt.

In seiner Hegelkritik wie in der nicht in diese Sammlung aufgenommenen Schrift *Zur Judenfrage* gelangt Marx zur Herausarbeitung der emanzipierten Menschen in der emanzipierten Gesellschaft, für deren Verwirklichung eine radikale Revolution durch eine »Klasse mit radikalen Ketten« notwendig ist. Diese Klasse ist das Proletariat, »das nicht mehr auf einen historischen, sondern nur noch auf einen menschlichen Titel provozieren kann [...] welche mit einem Wort der völlige Verlust des Menschen ist, also nur durch die völlige Wiedergewinnung des Menschen sich selbst gewinnen kann. Diese Auflösung der Gesellschaft als ein besonderer Stand ist das Proletariat« (MEGA I, 1, S. 619–620). Am Schluss seiner Kritik der »Judenfrage« von Bruno Bauer heißt es bei Marx von der emanzipierten Gesellschaft, dass in ihr »das praktische Bedürfnis vermenschlicht, weil der Konflikt der individuell-sinnlichen Existenz mit der Gattungsexistenz aufgehoben ist« (ebd., S. 606), und poetisch schließt die Kritik der Hegel'schen Rechtsphilosophie mit dem Satz: »Wenn alle inneren Bedingungen erfüllt sind, wird der *deutsche Auferstehungstag* ver-

kündet werden durch das *Schmettern des gallischen Hahns*«
(im vorliegenden Band, S. 98).

Die genialen Frühschriften, die Marx zwischen 1843 und 1845
in Paris verfasst, zeichnen ideal überhöht seine Vorstellung der
künftigen freien, emanzipierten Menschheit, hinter der die anschaulichen Beschreibungen (stets nur andeutungsweise) der
reifen ökonomiekritischen Werke zurückbleiben. Das wird besonders deutlich in einer Formulierung aus dem *Kapital*, die ich
in der Einleitung zu Texten aus den *Grundrissen* und den *Resultaten des unmittelbaren Produktionsprozesses* zitiere. Während
im *Kapital* das »Reich der Notwendigkeit« nur zurückgedrängt,
nie aber ganz überwunden werden kann, erinnern Formulierungen in den *Grundrissen* noch eindeutig an die frühere Hoffnung. Darüber hinaus verhelfen Ausführungen in diesen späteren Schriften (von Marx nicht veröffentlichten Manuskripten)
zu einem besseren Verständnis seiner Arbeitsweise. In engem
Kontakt mit Arbeiten der ökonomischen Klassiker (Smith und
Ricardo) sowie der späteren – von Marx meist als »Vulgäröko-
nomen« abqualifizierten Theoretiker und sozialistischen Auto-
ren entwickelt Marx anschaulich seine eigene Auffassung. Dabei
zieht er auch die Ergebnisse neuerer amtlicher Untersuchungen
durch Unterhaus-Enquèten sowie Informationen seines Freundes Friedrich Engels heran. Der erfolgreiche Textilunternehmer
Engels, der Jahrzehnte lang die »ökonomische Galeere« nicht
zuletzt auch, um seinen Freund Marx unterstützen zu können,
ertragen hat, verschafft Marx darüber hinaus aktuelle Einblicke
in den Gang der britischen Wirtschaft und das Verhalten der
großen Unternehmer.

Das »offiziell« von Marx zusammen mit Engels verfasste
Manifest der kommunistischen Partei, das 1848 im Auftrag einer
in London lebenden Gruppe deutscher Kommunisten geschrieben wurde, ist eindeutig der Feder von Karl Marx zuzuschreiben.
Gedankengang und Stil entsprechen ganz dem von Marx. Die
kurz zuvor von Engels konzipierten *Grundsätze des Kommunismus* sind noch im traditionellen »Katechismus-Stil« gehalten und

geben mit 25 Fragen und Antworten eine nachdrückliche Orientierung der Leser. Auch wenn einige von Engels behandelte Themen im Marx'schen Text wieder auftauchen, hat sich der Gedankengang, wie Marx das in einem Brief an Engels selbst betont hat, dahingehend geändert, dass eine geschichtstheoretische Begründung und Prognose der Zukunftsgesellschaft vorgelegt wird. Lediglich der hier weggelassene dritte Teil über »sozialistische und kommunistische Literatur« fällt aus diesem Rahmen heraus. Wegweisend war vor allem der erste Teil, in dem Marx ungemein konzis seine Geschichtsauffassung darstellt. Leser, die Marx nur aus Gerüchten kennen, dürften noch immer am meisten die geradezu hymnischen Sätze beeindrucken, mit denen er die fortschrittliche Rolle der Bourgeoisie beschreibt:

> Die Bourgeoisie hat alle bisher ehrwüdigen und mit frommer Scheu betrachteten Tätigkeiten ihres Heiligenscheins entkleidet. Sie hat den Arzt, den Juristen, den Pfaffen, den Poeten, den Mann der Wissenschaft in ihre bezahlten Lohnarbeiter verwandelt [...]. Erst sie hat bewiesen, was die Tätigkeit des Menschen zustande bringen kann. Sie hat ganz andere Wunderwerke vollbracht als ägyptische Pyramiden, römische Wasserleitungen und gotische Kathedralen, sie hat ganz andere Züge ausgeführt als Völkerwanderungen und Kreuzzüge. (Im vorliegenden Band, S. 169)

Auch die Formulierungen, die auf den ersten Blick kritisch klingen, sind lobend gemeint. Die Beseitigung des »Heiligenscheins« beruflicher Tätigkeiten ist zugleich die ermöglichende Bedingung für die kritische Einsicht in ökonomische Zusammenhänge, die Fortschritt nur auf Kosten von Ausbeutung und Unterdrückung möglich machen – ein Fortschritt, der gleichwohl die Voraussetzung für eine künftige emanzipierte Gesellschaft ist.

Eine ganze Reihe der ausgewählten Texte beschäftigt sich mit den aktuellen politischen und sozialen Zuständen der wichtigsten zeitgenössischen Staaten.

Preußen und (das noch nicht geeinte) Deutschland werden zuerst in einem Artikel der *Neuen Rheinischen Zeitung* thematisiert, der die unzulängliche Orientierung auch der Frankfurter Demokraten kritisiert. In den *Beiträgen zur Geschichte der polnischen Frage* (1863/64) arbeitet Marx das verhängnisvolle preußisch-russische Bündnis heraus, das von den Hausmachtinteressen des Hohenzoller'schen Preußen bestimmt wird statt von deutschem Interesse. Preußen wie Russland zwingen die Polen, die Schwächung und Teilung ihres Landes hinzunehmen. Russland, seit 1815 die führende reaktionäre Macht in Europa, könne, so Marx, allein durch ein wiederhergestelltes Polen vom übrigen Europa ferngehalten werden. Die deutschen Demokraten hätten daher die Aufgabe gehabt, durch einen Krieg gegen Russland Polen zu befreien. Stattdessen paktieren die Hohenzollern nach wie vor mit Russland und beanspruchen polnische Gebiete mit dem Argument, in ihnen lebe mehrheitlich eine Deutsch sprechende Bevölkerung. Kein Zufall natürlich, dass diese Texte zur polnischen Frage weder in der Sowjetunion (abgesehen von einigen Deutschland-kritischen Zitaten in einer Broschüre während des Krieges) noch in der DDR veröffentlicht wurden. Der polnischen Ausgabe von 1971 ging eine in Holland veröffentlichte voraus, die Werner Conze und Dieter Hertz-Eichenrode ediert haben.

Die deutsche Einheit durch Bismarcks »Revolution von oben« hat Marx bei aller Kritik am autoritären Charakter des Kaiserreichs begrüßt, weil damit das Zentrum der revolutionären Entwicklung Europas auf ein Land übergegangen sei, dessen Arbeiterbewegung Marx rezipiert habe. Umso heftiger kritisierte Marx 1875 das Gothaer Programm, das – um des Zusammenschlusses mit den Lassaleanern willen – noch zu viel Lassalleanismus enthielt – vor allem dessen Planung genossenschaftlicher Betriebe mit finanzieller Staatshilfe.

Es wäre widersinnig, eine solche Forderung an einen Staat zu richten, den Marx ironisch wie folgt charakterisiert: »Es ist nichts anderes als ein mit parlamentarischen Formen verbrämter, mit feudalem Beisatz vermischter, schon von der Bourgeoisie beeinflußter, bürokratisch gezimmerter, polizeilich gehüteter Militärdespotismus« (MEW 19, S. 29).

Frankreich taucht in meiner Sammlung – abgesehen von der wiederholt angedeuteten Erinnerung an die Große Revolution – zwei Mal auf. Das erste Mal mit dem für die Entwicklung der bürgerlichen Gesellschaft verhängnisvollen Beispiel des »Bonapartismus« in dem Essay *Der achtzehnte Brumaire des Louis Bonaparte* (1852). Dabei führt Marx die Errichtung dieser bürokratischen Einmann-Herrschaft darauf zurück, dass die Mehrheit der französischen Parzellenbauern außerstande war, einen demokratischen Willensbildungsprozess zustande zu bringen. Sie konnte ihr übereinstimmendes individuelles Interesse nur dadurch zum Ausdruck bringen, dass sie sich einem Autokraten unterwarf. Der unbedeutende Neffe profitierte dabei von der Erinnerung des bäuerlichen Kleinbürgertums an den großen Onkel, der seinerzeit ihr von der Revolution geschaffenes Kleineigentum gerettet hatte. Andere Aspekte des Bonapartismus, den Marx auch annäherungsweise im deutschen Kaiserreich diagnostiziert, sind die sich verselbständigende Bürokratie und eine aus dem Lumpenproletariat gebildete Prätorianergarde des zum Kaiser deklarierten Präsidenten.

Eine Rehabilitation des fortschrittlichen Frankreich liefert der Aufstand der Pariser Commune im Jahr 1871, an dem auch Angehörige der mit Marx verbundenen Internationalen Arbeiter Assoziation beteiligt waren. Nach der Unterdrückung des Aufstands unter Mithilfe der deutschen Besatzung schreibt Marx *Der Bürgerkrieg in Frankreich*, um das Gedächtnis dieser historischen Episode festzuhalten und die Communarden als Helden zu würdigen. Überschwänglich lobt er die kurzzeitig proklamierte und praktizierte direkte lokale Demokratie als die »endlich gefundene Form der Diktatur des Proletariats«. Die Formulierung sollte – freilich auch immer nur für kurze Episoden – unter anderem von russischen Revolutionären 1905 und 1917 sowie von ungarischen Freiheitskämpfern gegen die kommunistische Diktatur 1956 wieder aufgegriffen werden. In Hannah Arendts Buch *Über die Revolution* (1963, deutsch 1968) sollte diese Verfassung eine beredte Apologetin finden.

Die dem französischen sozialistischen Denken zugeschriebenen Grenzen kritisiert Marx in seinen Ausführungen über P.-J. Proudhon.

Zu wenig bekannt ist die ausführliche Beschäftigung von Marx (und Engels) mit der Entwicklung der USA. Vor allem der Bürgerkrieg und der Sieg der Nordstaaten stieß bei Marx auf großes Interesse. An seinem Artikel über die herausragende Bedeutung Abraham Lincolns wird die Hochschätzung von Marx für dieses von vornherein bürgerliche Gemeinwesen deutlich. Die Tatsache, dass englische Arbeiter sich nachdrücklich für die sklavenbefreienden Nordstaaten engagierten, obgleich sie wirtschaftlich von der Einfuhr der Baumwolle aus den Südstaaten abhängig waren, interpretiert Marx als ein Indiz für den fortschrittlichen internationalistischen Geist dieser Klasse.

Die welthistorische Bedeutung Englands kommt aber in erster Linie durch die den Weltmarkt beherrschende Rolle der britischen Ökonomie und die Asien revolutionierende Rolle der Kolonisierung Indiens (sowie der gewaltsamen Marktöffnung Chinas) zum Ausdruck. Der Artikel über *Die britische Herrschaft in Indien* ist ein anschauliches Beispiel für die geschichtsphilosophische Dialektik, die Marx immer wieder herausstellt. Koloniale Gewaltsamkeit ebenso wie Krieg, die an sich nichts Wertvolles sind, können als Werkzeuge des Fortschritts akzeptiert und gerechtfertigt werden. Das gilt – wie Ausführungen in den *Grundrissen* noch einmal zeigen – auch für die negativen sozialen Aspekte der kapitalistischen Produktionsweise, ohne die der ungemein rasche Fortschritt der Produktionstechnik nicht zustande gekommen wäre.

Besonders interessant sind die Texte, in denen sich Marx mit Russland beschäftigt. Michail Bakunin kritisiert er nicht nur, weil seine Anhänger die Marx'sche Orientierung der Internationalen Arbeiter Assoziation bekämpfen, sondern auch deshalb, weil Bakunin meint, in den industriell zurückgebliebenen agrarischen Russland eine sozialistische Revolution verwirklichen zu können. Marx' Kommentierung dieser Intention als »schülerhafte Eselei« könnte auch noch auf die Oktoberrevolution von 1917 angewandt werden. Der »Konspekt« des russischen Buches *Staatlichkeit und Anarchie* von Bakunin enthält andererseits eine große Anzahl scharfer Polemiken Bakunins gegen die Marx und den deutschen Sozialisten unterstellte Absicht der autoritären Bevormundung, von denen einige wie prophetische Voraussagen des deutsch beeinflussten Leninismus klingen.

Weit entgegenkommender gegenüber revolutionären Tendenzen in Russland klingen die Entwürfe, die Marx für seinen – schließlich doch weniger optimistischen – Brief an Vera Sassulitsch entwickelt hat. In diesem Brief geht es um die Frage, ob die traditionelle russische Dorfgemeinde (Mir) in einer künftigen sozialistischen Revolution aufrechterhalten werden und zu einem Grundstein der neuen Gesellschaft gemacht werden könnte. Marx will – bei aller Skepsis – diese Möglichkeit nicht ganz ausschließen. Die Anfrage der im Exil lebenden Russin aus dem Jahr 1881 dokumentiert zum einen das Prestige, das Marx inzwischen auch unter russischen Intellektuellen gewonnen hat, während die Entwürfe zum anderen Marx' intensive Beschäftigung mit der politischen und sozialen Entwicklung Russlands vor Augen führen. Eine Revolution, die Marx für Russland voraussieht, wäre allerdings zunächst nur eine demokratisch-bürgerliche. Erstaunlich ist dabei, dass Marx in seinen späten Jahren noch Russisch gelernt hat, um sich auf dem Laufenden halten zu können. Der zehn Jahre früher geschriebene Brief an Nikolai Franzewitsch Danielson dokumentiert den frühen Beginn seines gesteigerten Russland-Interesses. Das in erster Linie als reaktionäre Macht im Osten Europas verstandene zaristische Gemeinwesen war durch die (begrenzte) Bauernbefreiung Zar Alexanders II. (1861) wieder in Bewegung geraten. Den Krimkrieg (1853/56) hatten Marx und Engels noch eindeutig probritisch kommentiert.

Mit zwei Nationen hat sich Marx oft mit besonderer Zuneigung beschäftigt: mit der polnischen und der irischen. Beide waren im 19. Jahrhundert von mächtigen Nachbarstaaten unterdrückt und an der Entwicklung eines selbständigen Gemeinwesens gehindert worden. Für die Sache Polens setzt sich Marx (wie seine Tochter Jenny) auch im Rahmen der Internationale immer wieder mit Nachdruck ein. Besonders deutlich wird seine Haltung gegenüber Polen in den 1863/64 verfassten Manuskripten, die zum Teil aus kommentierten Exzerpten bestehen. Die in diesem Band wiedergegebenen Auszüge aus den *Beiträgen zur Geschichte der polnischen Frage* stellen vor allem die verhängnisvolle Gemeinsamkeit der preußischen und russischen Politik gegenüber dem geteilten Polen heraus. Besonders infam war der mit heuchlerischer Traditionsliebe den Polen auferlegte Zwang, ihre verhängnisvolle alte Verfassung beizubehalten. Diese Adelsrepublik, deren ausschlaggebende Aristokraten im »Seym«, dem Reichstag, über das »liberum veto« verfügten, und damit zu hohen Preisen ihre Stimme an Kronprätendenten (des Wahlkönigreichs) verkaufen konnten, garantierte die Schwäche und Abhängigkeit des Landes, von der in erster Linie Russland profitierte, das seine Kandidaten bequem durchbringen konnte. Begeistert berichtet Marx von dem – leider gescheiterten – Versuch des polnischen Adels 1791, durch die Abschaffung des liberum veto, den Beginn der Bauernbefreiung sowie die Einführung der Erbmonarchie die Schwächen der alten Verfassung zu überwinden. Unerwartet aus dem Munde von Marx, kommentiert er dieses Projekt mit dem Satz: »Nie gab es einen adligeren Adel!«

Zugleich weist Marx in diesen Arbeiten nach, wie wenig Preußen eine Politik in deutschem Interesse betreibt, da die Hohenzollern allein an der Erweiterung ihrer Hausmacht interessiert sind. Nicht weniger überraschend wie die Adelsbegeisterung von Marx sind seine Hinweise auf die zynische preußische Begründung für die Annexion polnischer Gebiete durch den Verweis auf die dort lebenden jiddisch (also mittelhochdeutsch) sprechenden Juden, die einst vor der Judenverfolgung nach dem Osten geflohen waren.

Die »irische Frage« hat Marx, Engels und die Töchter von Marx seit jeher beschäftigt. Irland war die erste Kolonie Großbritanniens, die Behandlung der katholischen Bevölkerung Irlands hatte zu deren Verarmung geführt, die Monokultur (Kartoffeln) machte das Land darüber hinaus anfällig für epidemische Ernteschäden, die zu Hungersnöten und einem massenhaften Exodus von Iren führten. Soweit Iren nicht nach Amerika auswanderten, gingen sie als schlecht bezahlte einfache Arbeiter nach England. Die Aufzeichnung eines Vortrags zur irischen Frage, den Marx im Londoner Deutschen Bildungsverein am 16. 12. 1867 gehalten hat, fasst sein kritisches Urteil zur englischen Herrschaft über Irland und die Leiden der irischen Bevölkerung dramatisch zusammen (vgl. im vorliegenden Band, S. 365 ff.). Für das Klassenbewusstsein der englischen Arbeiter war die Anwesenheit diskriminierter irischer Arbeitskräfte auf dem heimischen Arbeitsmarkt hinderlich. Es konnte so nur schwer zu einem solidarischen Bewusstsein der gemeinsamen Interessen kommen.

Drei Texte fallen aus dem nach Ländern gegliederten Kontext heraus: ein Brief von Marx an die Redaktion der *Daily News* zur Unterdrückung der Presse- und Redefreiheit in Deutschland (19. 1. 1871), ein Manuskript über die Nationalisierung des Grund und Bodens (März–April 1868), in dem noch einmal (wie im *Achtzehnten Brumaire*) die Schädlichkeit kleinen agrarischen Landbesitzes für die demokratische Willensbildung hervorgehoben wird, und ein viel früher für die *New York Daily Tribune* geschriebener Artikel über die Todesstrafe und ihre kontraproduktive Wirkung auf die Kriminalität (18. 2. 1853). Dieser Text wie mancher andere dokumentiert das meist wenig beachtete Interesse von Marx an sozialpsychologischen Problemen.

Drei im Anhang hinzugefügte Texte – zwei Interviews britischer Journalisten und ein Brief Sir Mountstuart Elphinsone Grant Duffs an die mit dem künftigen deutschen Kaiser vermählte Prinzessin Viktoria, in dem wunschgemäß über ein Gespräch des Verfassers mit Karl Marx im Devonshire Club berichtet wird – dokumentieren das seinerzeit für die Leser überraschende Bild des berüchtigten Kommunistenchefs: ein sprachgewandter, gebildeter Bürger.

1. Vom humanistischen Gymnasium zum Studium der Rechtswissenschaft und Philosophie

Deutschaufsatz

Betrachtung eines Jünglings bei der Wahl eines Berufes

Dem Thiere hat die Natur selber den Wirkungskreis bestimmt, in welchem es sich bewegen soll, und ruhig vollendet es denselben, ohne über ihn hinauszustreben, ohne auch nur einen anderen zu ahnen. Auch dem Menschen gab die Gottheit ein allgemeines Ziel, die Menschheit und sich zu veredlen, aber sie überließ es ihm selber, die Mittel aufzusuchen, durch welche er es erringen kann; sie überließ es ihm, den Standpunkt in der Gesellschaft zu wählen, der ihm am angemessensten ist, von welchem aus er sich und die Gesellschaft am besten erheben kann.

Diese Wahl ist ein großes Vorrecht vor den übrigen Wesen der Schöpfung, aber zugleich eine That, die sein ganzes Leben zu vernichten, alle seine Pläne zu vereiteln, ihn unglücklich zu machen vermag. Diese Wahl ernst zu erwägen, ist also gewiß die erste Pflicht des Jünglings, der seine Laufbahn beginnt, der nicht dem Zufall seine wichtigsten Angelegenheiten überlassen will.

Jeder hat ein Ziel, ein Ziel, das ihm wenigstens groß scheint, vor Augen, das auch groß ist, wenn die tiefste Überzeugung, die innerste Stimme des Herzens es so nennt, denn die Gottheit läßt den Irdischen nie ganz ohne Führer; sie spricht leise, aber sicher.

Leicht aber wird diese Stimme übertäubt, und, was wir für Begeisterung gehalten, kann der Augenblick erzeugt haben, wird der Augenblick vielleicht auch wieder vernichten. Unsere Phantasie ist vielleicht entflammt, unser Gefühl erregt, Scheinbilder gaukeln um unser Auge, und begierig stürzen wir zu dem Ziele, von dem wir wähnen, die Gottheit selbst habe es uns gezeigt; aber, was wir glühend an unseren Busen gedrückt, stößt uns bald zurück, und unsre ganze Existenz sehn wir vernichtet.

Wir müssen daher ernst prüfen, ob wir wirklich für einen Beruf begeistert sind, ob eine Stimme von Innen ihn billigt, oder ob die Begeisterung Täuschung, das, was wir für einen Ruf der Gottheit gehalten, Selbstbetrug gewesen ist. Wie aber vermögen wir dieses zu erkennen, als wenn wir der Quelle der Begeisterung selbst nachspüren?

Das Große glänzt, der Glanz erregt Ehrgeiz, und der Ehrgeiz kann leicht die Begeisterung oder, was wir dafür gehalten, hervorgerufen haben; aber, wen die Furie der Ehrsucht lockt, den vermag die Vernunft nicht mehr zu zügeln, und er stürzt dahin, wohin ihn der ungestüme Trieb ruft: er wählt sich nicht mehr seinen Stand, sondern Zufall und Schein bestimmen ihn.

Und nicht zu dem Stande sind wir berufen, in welchem wir am meisten zu glänzen vermögen; er ist nicht derjenige, der in der langen Reihe von Jahren, in welchen wir ihn vielleicht verwalten, uns nie ermatten, unseren Eifer nie untersinken, unsere Begeisterung nie erkalten läßt, sondern bald werden wir unsere Wünsche nicht gestillt, unsere Ideen nicht befriedigt sehn, der Gottheit grollen, der Menschheit fluchen.

Aber nicht nur der Ehrgeiz kann eine plötzliche Begeisterung für einen Stand erregen, sondern vielleicht haben wir denselben durch unsere Phantasien ausgeschmückt, und die hat ihn zu dem Höchsten, was das Leben zu bieten vermag, ausgeschmückt. Wir haben ihn nicht zergliedert, nicht die ganze Last betrachtet, die große Verantwortlichkeit, die er auf uns wälzt; wir haben ihn nur von der Ferne gesehn, und die Ferne täuscht.

Hierin kann unsre eigne Vernunft nicht die Rathgeberin sein; denn weder Erfahrung noch tiefere Beobachtung unterstützen sie, während sie von dem Gefühle getäuscht, von der Phantasie geblendet wird. Zu wem sollen wir aber die Blicke wenden, wer soll uns da unterstützen, wo unsere Vernunft uns verläßt?

Die Eltern, die schon die Bahn des Lebens durchwandelt, die schon die Strenge des Schicksals erprobt haben, ruft unser Herz.

Und wenn dann noch unsere Begeisterung fortwährt, wenn wir dann noch den Stand lieben und für ihn berufen zu sein glauben, nachdem wir ihn kalt geprüft, nachdem wir seine Lasten erblickt, seine Beschwerden kennen gelernt haben, dann dürfen wir ihn ergreifen, dann täuscht uns weder Begeisterung, noch reißt uns Übereilung dahin.

Aber wir können nicht immer den Stand ergreifen, zu dem wir uns berufen glauben; unsere Verhältnisse in der Gesellschaft haben einigermaßen schon begonnen, ehe wir sie zu bestimmen im Stande sind.

Schon unsere physische Natur stellt sich oft drohend entgegen, und ihre Rechte wage keiner zu verspotten.

Wir vermögen zwar, uns über dieselbe zu erheben; aber dann sinken wir desto schneller unter, dann wagen wir, ein Gebäude auf morsche Trümmer zu erbauen, dann ist unser ganzes Leben ein unglücklicher Kampf zwischen dem geistigen und körperlichen Prinzip. Wer aber nicht in sich selbst die kämpfenden Elemente zu stillen vermag, wie soll sich der dem wilden Drange des Lebens entgegenstellen können, wie soll er ruhig handln, und aus der Ruhe allein können große und schöne Thaten emportauchen; sie ist der Boden, in dem allein gereifte Früchte gedeihn.

Obgleich wir mit einer physischen Natur, die unserem Stande nicht angemessen ist, nicht lange und selten freudig wirken können, so erhebt doch stets der Gedanke, unser Wohl der Pflicht aufzuopfern, schwach dennoch kräftig zu handeln; allein wenn wir einen Stand gewählt, zu dem wir nicht die Talente besitzen, so vermögen wir ihn nie würdig auszufüllen, so werden wir bald beschämt unsere eigene Unfähigkeit erkennen und uns sagen, daß wir ein nutzloses Wesen in der Schöpfung, ein Glied in der Gesellschaft sind, das seinen Beruf nicht erfüllen kann. Die natürlichste Folge ist dann Selbstverachtung, und welches Gefühl ist schmerzlicher, welches vermag weniger durch alles, was die Außenwelt bietet, ersetzt zu werden? Selbstverachtung ist eine Schlange, die ewig wühlend die Brust zernagt, das Lebensblut aus dem Herzen saugt und es mit dem Gifte des Menschenhasses und der Verzweiflung vermischt.

Eine Täuschung über unsere Anlagen für einen Stand, den wir

näher betrachtet, ist ein Vergehn, das rächend auf uns selbst zurückfällt, das, wenn es auch nicht von der Außenwelt getadelt wird, in unserer Brust eine schrecklichere Pein erregt, als jene hervorzurufen vermag.

Haben wir dies alles erwägt und gestatten unsere Lebensverhältnisse, einen beliebigen Stand zu wählen, so mögen wir den ergreifen, der uns die größte Würde gewährt, der auf Ideen gegründet ist, von deren Wahrheit wird durchaus überzeugt sind, der das größte Feld darbietet, um für die Menschheit zu wirken und uns selbst dem allgemeinen Ziele zu nähern, für welche[s] jeder Stand nur ein Mittel ist, der Vollkommenheit.

Die Würde ist dasjenige, was den Mann am meisten erhebt, was seinem Handlen, allen seinen Bestrebungen, einen höheren Adel leiht, was ihn unangetastet, von der Menge bewundert und über sie erhaben dastehn läßt.

Würde kann aber nur der Stand gewähren, in welchem wir nicht als knechtische Werkzeuge erscheinen, sondern wo wir in unserem Kreise selbständig schaffen; kann nur der Stand gewähren, der keine verwerfliche, selbst dem Anscheine nach nicht verwerfliche Thaten erheischt, den der Beste mit edlem Stolze ergreifen kann. Der Stand, der dieses am meisten gewährt, ist immer der höchste, aber stets der vorzüglichste.

Wie aber ein Stand ohne Würde uns erniedrigt, so erliegen wir sicher unter der Last eines solchen, der auf Ideen gegründet ist, die wir später als falsch erkennen.

Da sehn wir keine Hülfe mehr als in der Selbsttäuschung, und welche verzweifelte Rettung, die Selbstbetrug gewährt!

Jene Stände, die nicht sowohl in das Leben eingreifen, als mit abstrakten Wahrheiten sich beschäftigen, sind die gefährlichsten für den Jüngling, dessen Grundsätze noch nicht gediegen, dessen Überzeugung noch nicht fest und unerschütterlich ist, obwohl sie zugleich als die erhabensten erscheinen, wenn sie tief in der Brust Wurzeln geschlagen haben, wenn wir für die Ideen, die in ihnen herrschen, das Leben und alle Bestrebungen zu opfern vermögen.

Sie können den beglücken, der für sie berufen ist, allein sie vernichten den, der sie übereilt, unbesonnen, dem Augenblicke gehorchend, ergreift.

Die hohe Meinung hingegen, die wir von den Ideen haben, auf die unser Stand gegründet ist, leiht uns einen höheren Standpunkt in der Gesellschaft, vergrößert unsre eigne Würde, macht unsere Handlungen unerschütterlich.

Wer einen Stand erwählt, den er hoch schätzt, der wird davor zurückbeben, sich seiner unwürdig zu machen, der wird schon deswegen edel handeln, weil seine Stellung in der Gesellschaft edel ist.

Die Hauptlenkerin aber, die uns bei der Standeswahl leiten muß, ist das Wohl der Menschheit, unsere eigne Vollendung. Man wähne nicht, diese beiden Intressen könnten sich feindlich bekämpfen, das eine müsse das andre vernichten, sondern die Natur des Menschen ist so eingerichtet, daß er seine Vervollkommnung nur erreichen kann, wenn er für die Vollendung, für das Wohl seiner Mitwelt wirkt.

Wenn er nur für sich schafft, kann er wohl ein berühmter Gelehrter, ein großer Weiser, ein ausgezeichneter Dichter, aber nie ein vollendeter, wahrhaft großer Mensch sein.

Die Geschichte nennt diejenigen als die größten Männer, die, indem sie für das Allgemeine wirkten, sich selbst veredelten; die Erfahrung preist den als den Glücklichsten, der die meisten glücklich gemacht; die Religion selber lehrt uns, daß das Ideal, dem alle nachstreben, sich für die Menschheit geopfert habe, und wer wagte solche Aussprüche zu vernichten?

Wenn wir den Stand gewählt, in dem wir am meisten für die Menschheit wirken können, dann können uns Lasten nicht niederbeugen, weil sie nur Opfer für alle sind; dann genießen wir keine arme, eingeschränkte, egoistische Freude, sondern unser Glück gehört Millionen, unsere Taten leben still, aber ewig wirkend fort, und unsere Asche wird benetzt von der glühenden Thräne edler Menschen.

Marx.

Ziemlich gut.

Die Arbeit empfiehlt sich durch Gedanken-Reichtum und gute, planmäßige Anordnung. Sonst verfällt der Verfasser auch hier in den ihm gewöhnlichen Fehler, in ein übertriebenes Suchen nach einem seltenen, bilderreichen Ausdrucke; daher fehlt der Darstellung an den vielen angestrichenen Stellen die nötige Klarheit und Bestimmtheit, oft Richtigkeit, wie in den einzelnen Ausdrücken, so in den Satzverbindungen.

Wyttenbach.

Religionsaufsatz

Die Vereinigung der Gläubigen mit Christo nach Joh. 15, 1–14, in ihrem Grund und Wesen, in ihrer unbedingten Nothwendigkeit und in ihren Wirkungen dargestellt

Ehe wir den Grund und das Wesen und die Wirkungen der Vereinigung Christi mit den Gläubigen betrachten, wollen wir sehen, ob diese Vereinigung nothwendig, ob sie durch die Natur des Menschen bedingt ist, ob er nicht durch sich selbst den Zweck zu erreichen vermag, für welchen ihn Gott aus dem Nichts hervorgerufen.

Wenden wir unseren Blick der Geschichte, der großen Lehrerinn der Menschheit zu, so werden wir in ihr mit eisernem Griffel eingegraben finden, daß jedes Volk, wenn es selbst den höchsten Grad der Kultur erreicht hatte, wenn die größten Männer aus seinem Schoße entsprossen waren, wenn die Künste in ihm ihre volle Sonne hatten aufgehen lassen, wenn die Wissenschaften die schwierigsten Fragen gelöst hatten, daß es demungeachtet die Fesseln des Aberglaubens nicht abzustreifen vermochte, daß es weder von sich noch von der Gottheit würdige und wahre Begriffe gefaßt hatte, daß selbst die Sittlichkeit, die Moral nie rein von fremden Zusätzen, von unedlen Einschränkungen in demselben erscheint, daß selbst seine Tugenden mehr von einer rohen Größe, von einem ungebändigten Egoismus, von einer Sucht nach Ruhm und kühnen Thaten erzeugt war[en] als durch das Streben nach wahrer Vollendung.

Und die alten Völker, die Wilden, denen noch nicht die Lehre Christi erschallt ist, sie zeigen eine innere Unruhe, eine Furcht vor dem Zorne ihrer Götter, eine innere Überzeugung von ihrer Verwerflichkeit, indem sie ihren Göttern Opfer darbringen, indem sie durch Opfer ihre Schuld zu sühnen wähnen.

Ja, der größte Weise des Alterthums, der göttliche Plato, spricht in mehr als einer Stelle eine tiefe Sehnsucht nach einem höheren Wesen aus, dessen Erscheinung das unbefriedigte Streben nach Wahrheit und Licht erfüllte.

So lehrt uns die Geschichte der Völker die Nothwendigkeit der Vereinigung mit Christo.

Auch wenn wir die Geschichte der Einzelnen, wenn wir die Natur des Menschen betrachten, sehen wir zwar stets einen Funken der Gottheit in seiner Brust, eine Begeisterung für das Gute, ein Streben nach Erkenntnis, eine Sehnsucht nach Wahrheit, allein die Funken des Ewigen erstickt die Flamme der Begier; die Begeisterung für die Tugend übertäubt die lockende Stimme der Sünde, sie wird verhöhnt, sobald das Leben uns seine ganze Macht fühlen gelassen; das Streben nach Erkenntnisz verdrängt ein niederes Streben nach irdischen Gütern, die Sehnsucht nach Wahrheit erlöscht durch die süßschmeichelnde Macht der Lüge, und so steht der Mensch da, das einzige Wesen in der Natur, das seinen Zweck nicht erfüllt, das einzige Glied in dem Alle der Schöpfung, das des Gottes nicht werth ist, der es erschuf. Aber jener gütige Schöpfer vermochte sein Werk nicht zu hassen; er wollte es zu sich erheben und sandte seinen Sohn und läßt uns durch diesen zurufen:

»Ihr seid jetzt rein, um des Wortes willen, das ich zu euch »geredet habe (Joh. 15, 3).
»bleibet in mir und ich in euch« (Joh. 15, 4).

Nachdem wir so gesehn, wie die Geschichte der Völker und die Betrachtung der Einzelnen die Nothwendigkeit der Vereinigung mit Christo erweist, wollen wir den lezten und schwersten Beweis, das Wort Christi selbst betrachten.

Und wo drückt er deutlicher die Nothwendigkeit der Vereinigung mit sich aus als in dem schönen Gleichnisse des Weinstocks und der Rebe, wo er sich den Weinstock, uns die Reben nennt. Die Rebe vermag durch eigne Kraft keine Früchte hervorzubringen, und so, sagt Christus, könnt ihr ohne mich nichts thun. Noch stärker spricht er sich hierüber aus, wenn er sagt: »Wer nicht in mir bleibet etc.« (Joh. 15, 4, 5, 6).

Indessen darf man dieses blos von denjenigen verstehn, die das Wort Christi kennen zu lernen vermochten; denn den Rathschluß Gottes über solche Völker und Menschen können wir nicht beurtheilen, da wir ihn nicht einmal zu erfassen im Stande sind.

Unser Herz, die Vernunft, die Geschichte, das Wort Christi rufen uns also laut und überzeugend zu, daß die Vereinigung mit ihm unbedingt nothwendig ist, daß wir ohne ihn unseren Zweck nicht erreichen können, daß wir ohne ihn von Gott verworfen wären, daß nur er uns zu erlösen vermochte.

So durchdrungen von der Überzeugung, daß diese Vereinigung unbedingt nothwendig ist, sind wir begierig zu erforschen, worinn denn dieses hohe Geschenk besteht, dieser Lichtstrahl, der aus höheren Welten beseelend in unser Herz fällt und uns geläutert zum Himmel emporträgt, welches das innere Wesen und der Grund derselben ist?

Sobald wir die Nothwendigkeit der Vereinigung erfaßt haben, steht der Grund derselben, unsere Erlösungsbedürftigkeit, unsere zur Sünde hingeneigte Natur, unsere schwankende Vernunft, unser verdorbenes Herz, unsere Verwerflichkeit vor Gott klar vor unseren Augen und, welcher er sei, brauchen wir nicht mehr zu forschen.

Wer aber könnte schöner das Wesen der Vereinigung ausdrücken, als Christus es in dem Gleichnisse des Weinstocks mit der Rebe gethan hat? Wer könnte in großen Abhandlungen alle Theile, das Innerste, was diese Vereinigung begründet, so umfassend vor das Auge legen, als Christus mit den Worten:

>Ich bin ein rechter Weinstock, mein Vater ist ein
   Weingärtner« (Joh. 15, 1).
>Ich bin der Weinstock, ihr seid die Reben« (Joh. 15, 5).

Wenn die Rebe empfinden könnte, wie würde sie freudig auf den Gärtner blicken, der ihrer wartet, der sie ängstlich von Unkraut reinigt und sie fest an den Weinstock knüpft, aus dem sie Nahrung und Säfte zu schöneren Blüthen zieht.

In der Vereinigung mit Christo wenden wir also vor allem zu Gott das liebende Auge, fühlen wir für ihn den glühendsten Dank, sinken wir freudig vor ihm auf die Knie.

Dann, wenn uns eine schönere Sonne durch die Vereinigung mit Christo aufgegangen ist, wenn wir unsere ganze Verwerflichkeit empfinden, zugleich aber über unsere Erlösung jauchzen, können wir erst den Gott lieben, der uns früher als beleidigter Herrscher, jetzt als vergebender Vater, als gütiger Erzieher erscheint.

Aber nicht nur zu dem Weingärtner würde die Rebe emporschauen, wenn sie empfinden könnte, sie würde sich innig an den Stock anschmiegen, sie würde sich mit ihm und den Reben, die an ihm emporgeschossen, aufs genaueste verbunden fühlen; sie würde schon die anderen Reben lieben, weil ein Gärtner sie besorgt, ein Stamm ihnen Kraft leiht.

So besteht die Vereinigung mit Christo aus der innigsten, lebendigsten Gemeinschaft mit ihm, darin, daß wir ihn vor Augen und im Herzen haben, und, indem wir so von der höchsten Liebe zu ihm durchdrungen sind, wenden wir unser Herz zugleich den Brüdern zu, die er inniger mit uns verbunden, für die er sich auch geopfert hat.

Aber diese Liebe zu Christus ist nicht fruchtlos, sie erfüllt uns nicht nur mit der reinsten Verehrung und Hochachtung gegen ihn, sondern sie bewirkt auch, daß wir seine Gebote halten, indem wir uns für einander aufopfern, indem wir tugendhaft sind, aber nur tugendhaft aus Liebe zu ihm (Joh. 15, v. 9, 10, 12, 13, 14).

Dieses ist die große Kluft, welche christliche Tugend von jeder andern trennt und über jede andre erhebt, dieses ist eine der größten Wirkungen, die die Vereinigung mit Christo im Menschen erzeugt.

Die Tugend ist kein finstres Zerrbild mehr, wie es die stoische Philosophie aufstellt; sie ist nicht das Kind einer harten Pflichtenlehre, wie wir sie bei allen heidnischen Völkern finden, sondern, was sie wirkt, wirkt sie aus Liebe zu Christus, aus Liebe zu einem göttlichen Wesen und, wenn sie aus dieser reinen Quelle entspringt, erscheint sie von allem Irdischen befreit und wahrhaft göttlich. Jede abstoßende Seite taucht sich unter, alles Irdische sinkt, alles Rohe erlöscht, und die Tugend ist verklärter, indem sie zugleich milder und menschlicher geworden ist.

Nie hätte die menschliche Vernunft sie so darzustellen vermocht; ihre Tugend wäre immer eine beschränkte, eine irdische Tugend geblieben.

Sobald ein Mensch diese Tugend, diese Vereinigung mit Christo erlangt hat, wird er still und ruhig die Schläge des Schicksals erwarten, muthig dem Sturme der Leidenschaften sich gegenüber stellen, unerschrocken die Wuth des Schlechten ertragen, denn wer vermag ihn zu unterdrücken, wer vermag ihm seinen Erlöser zu rauben?

Was er bittet, davon weiß er, daß es erfüllt wird, denn er bittet blos in der Vereinigung mit Christo, also blos Göttliches, und wen sollte diese Versicherung nicht erheben und trösten, die der Heiland selbst verkündet? (Joh. 15, v. 7).

Wer sollte nicht gern Leiden erdulden, da er weiß, daß durch sein Beharren in Christo, durch seine Werke Gott selbst geehrt wird, daß seine Vollendung den Herrn der Schöpfung erhebt? (Joh. 15, v. 8).

Also leiht die Vereinigung mit Christo innere Erhebung, Trost im Leiden, ruhige Zuversicht und ein Herz, das der Menschenliebe, das allem Edlen, allem Großen, nicht aus Ehrgeitz, nicht aus Ruhmsucht, sondern nur Christi wegen geöffnet ist; also leiht die Vereinigung mit Christo eine Freudigkeit, die der Epikuräer vergebens in seiner leichtfertigen Philosophie, der tiefere Denker vergebens in den verborgensten Tiefen des Wissens zu erhaschen strebt, die nur das unbefangene, kindliche, mit Christo und durch ihn mit Gott verbundene Gemüth kennt, die das Leben schöner gestaltet und erhebt. (Joh. 15, 11.)

Marx.

Eine gedankenreiche, blühende, kraftvolle Darstellung, die Lob verdient, wenngleich das Wesen der fraglichen Vereinigung gar nicht angegeben, der Grund derselben nur von *einer* Seite aufgefaßt und ihre Nothwendigkeit nur mangelhaft nachgewiesen ist.

Trier den 17. August 1835.

Küppers.

Brief an den Vater (10. 11. 1837)

Berlin, den 10. November.

Teurer Vater!

Es gibt Lebensmomente, die wie Grenzmarken vor eine abgelaufene Zeit sich stellen, aber zugleich auf eine neue Richtung mit Bestimmtheit hinweisen.

In solch einem Übergangspunkt fühlen wir uns gedrungen, mit dem Adlerauge des Gedankens das Vergangene und Gegenwärtige zu betrachten, um so zum Bewußtsein unserer wirklichen Stellung zu gelangen. Ja, die Weltgeschichte selbst liebt solches Rückschauen und besieht sich, was ihr dann oft den Schein des Rückgehens und Stillstandes aufdrückt, während sie doch nur in den Lehnstuhl sich wirft, sich zu begreifen, ihre eigene, des Geistes Tat geistig zu durchdringen.

Der einzelne aber wird in solchen Augenblicken lyrisch, denn jede Metamorphose ist teils Schwanensang, teils Ouverture eines großen neuen Gedichts, das in noch verschwimmenden, glanzreichen Farben Haltung zu gewinnen strebt; und dennoch möchten wir ein Denkmal setzen dem einmal Durchlebten, es soll in der Empfindung den Platz wiedergewinnen, den es für das Handeln verloren, und wo fände es eine heiligere Stätte als an dem Herzen von Eltern, dem mildesten Richter, dem innigsten Teilnehmer, der Sonne der Liebe, deren Feuer das innerste Zentrum unserer Bestrebungen erwärmt! Wie könnte besser manches Mißliebige, Tadelnswerte seine Ausgleichung und Verzeihung erhalten, als wenn es zur Erscheinung eines wesentlich notwendigen Zustandes wird, wie könnte wenigstens das oft widrige Spiel der Zufälligkeit, der Verirrung des Geistes dem Vorwurf mißgestalteten Herzens entzogen werden?

Wenn ich also jetzt am Schlusse eines hier verlebten Jahres einen Blick auf die Zustände desselben zurückwerfe und so, mein teurer Vater, Deinen so lieben, lieben Brief von Ems beantworte, so sei es mir erlaubt, meine Verhältnisse zu beschauen, wie ich das Leben überhaupt betrachte, als den Ausdruck eines geistigen Tuns, das nach allen Seiten hin, in Wissen, Kunst, Privatlagen dann Gestalt ausschlägt.

Als ich Euch verließ, war eine neue Welt für mich erstanden, die der Liebe, und zwar im Beginne sehnsuchtstrunkener, hoffnungsleerer Liebe. Selbst die Reise nach Berlin, die mich sonst im höchsten Grade entzückt, zu Naturanschauung aufgeregt, zur Lebenslust entflammt hätte, ließ mich kalt, ja sie verstimmte mich auffallend, denn die Felsen, die ich sah, waren nicht schroffer, nicht kecker als die Empfindungen meiner Seele, die breiten Städte nicht lebendiger als mein Blut, die Wirtshaustafeln nicht überladener, unverdaulicher als die Phantasiepakete, die ich trug, und endlich die Kunst nicht so schön als Jenny.

In Berlin angekommen, brach ich alle bis dahin bestandenen Verbindungen ab, machte mit Unlust seltene Besuche und suchte in Wissenschaft und Kunst zu versinken.

Nach der damaligen Geisteslage mußte notwendig lyrische

Poesie der erste Vorwurf, wenigstens der angenehmste, nächstliegende sein, aber, wie meine Stellung und ganze bisherige Entwicklung es mit sich brachten, war sie rein idealistisch. Ein ebenso fernliegendes Jenseits, wie meine Liebe, wurde mein Himmel, meine Kunst. Alles Wirkliche verschwimmt, und alles Verschwimmende findet keine Grenze, Angriffe auf die Gegenwart, breit und formlos geschlagenes Gefühl, nichts Naturhaftes, alles aus dem Mond konstruiert, der völlige Gegensatz von dem, was da ist, und dem, was sein soll, rhetorische Reflexionen statt poetischer Gedanken, aber vielleicht auch eine gewisse Wärme der Empfindung und Ringen nach Schwung bezeichnen alle Gedichte der ersten drei Bände, die Jenny von mir zugesandt erhielt. Die ganze Breite eines Sehnens, das keine Grenze sieht, schlägt sich in mancherlei Form und macht aus dem »Dichten« ein »Breiten«.

Nun durfte und sollte die Poesie nur Begleitung sein; ich mußte Jurisprudenz studieren und fühlte vor allem Drang, mit der Philosophie zu ringen. Beides wurde so verbunden, daß ich teils Heineccius, Thibaut und die Quellen rein unkritisch, nur schülerhaft durchnahm, so z. B. die zwei ersten Pandektenbücher ins Deutsche übersetzte, teils eine Rechtsphilosophie durch das Gebiet des Rechts durchzuführen suchte. Als Einleitung schickte ich einige metaphysische Sätze voran und führte dieses unglückliche Opus bis zum öffentlichen Rechte, eine Arbeit von beinahe dreihundert Bogen.

Vor allem trat hier derselbe Gegensatz des Wirklichen und Sollenden, der dem Idealismus eigen, sehr störend hervor und war die Mutter folgender unbehilflich unrichtiger Einteilung. Zuerst kam die von mir gnädig so getaufte Metaphysik des Rechts, d. h. Grundsätze, Reflexionen, Begriffsbestimmungen, getrennt von allem wirklichen Rechte und jeder wirklichen Form des Rechts; wie es bei Fichte vorkömmt, nur bei mir moderner und gehaltloser. Dabei war die unwissenschaftliche Form des mathematischen Dogmatismus, wo das Subjekt an der Sache umherläuft, hin und her räsonniert, ohne daß die Sache selbst als reich

33

Entfaltendes, Lebendiges sich gestaltete, von vornherein Hindernis, das Wahre zu begreifen.

Das Dreieck läßt den Mathematiker konstruieren und beweisen, es bleibt bloße Vorstellung im Raume, es entwickelt sich zu nichts Weiterem, man muß es neben anderes bringen, dann nimmt es andere Stellungen ein, und dieses verschieden an dasselbe Gebrachte gibt ihm verschiedene Verhältnisse und Wahrheiten. Dagegen im konkreten Ausdruck lebendiger Gedankenwelt, wie es das Recht, der Staat, die Natur, die ganze Philosophie ist, hier muß das Objekt selbst in seiner Entwicklung belauscht, willkürliche Einteilungen dürfen nicht hineingetragen, die Vernunft des Dinges selbst muß als in sich Widerstreitendes fortrollen und in sich seine Einheit finden.

Als zweiter Teil folgte nun die Rechtsphilosophie, d.h. nach meiner damaligen Ansicht die Betrachtung der Gedankenentwicklung im positiven römischen Rechte, als wenn das positive Recht in seiner Gedankenentwicklung (ich meine nicht in seinen rein endlichen Bestimmungen) überhaupt irgend etwas sein könnte, verschieden von der Gestaltung des Rechtsbegriffes, den doch der erste Teil umfassen sollte!

Diesen Teil hatte ich nun noch obendrein in formelle und materielle Rechtslehre geteilt, wovon die erste die reine Form des Systems in seiner Aufeinanderfolge und seinem Zusammenhang, die Einteilung und den Umfang, die zweite hingegen den Inhalt, das Sichverdichten der Form in ihrem Inhalt beschreiben sollte. Einen Irrtum, den ich mit dem Herrn v. Savigny gemein habe, wie ich später in seinem gelehrten Werke vom Besitz gefunden, nur mit dem Unterschied, daß er formelle Begriffsbestimmung nennt, »die Stelle zu finden, welche die und die Lehre im (fixierten) römischen System einnimmt«, und materielle »die Lehre von dem Positiven, was die Römer einem so fixierten Begriff beigelegt«, während ich unter Form die notwendige Architektonik der Gestaltungen des Begriffs, unter Materie die notwendige Qualität dieser Gestaltungen verstanden. Der Fehler lag darin, daß ich glaubte, das eine könne und müsse getrennt von dem anderen sich entwickeln, und so keine wirkliche Form, sondern einen Sekretär mit Schubfächern erhielt, in die ich nachher Sand streute.

Der Begriff ist ja das Vermittelnde zwischen Form und Inhalt. In einer philosophischen Entwicklung des Rechts muß also eins in dem anderen hervorspringen; ja die Form darf nur der Fortgang des Inhalts sein. So kam ich denn zu einer Einteilung, wie das Subjekt sie höchstens zur leichten und seichten Klassifizierung entwerfen kann, aber der Geist des Rechts und seine Wahrheit ging unter. Alles Recht zerfiel in vertrags- und unvertragsmäßiges. Ich bin so frei, bis zur Einteilung des ius publicum, das auch im formellen Teile bearbeitet ist, das Schema zu besserer Versinnlichung herzusetzen.

I.   II.

Ius privatum.   *Ius publicum.*

I. *Ius privatum.*

a) Vom bedingten vertragsmäßigen Privatrecht,
b) vom unbedingten unvertragsmäßigen Privatrecht.

A. *Vom bedingten vertragsmäßigen Privatrecht.*

a) Persönliches Recht; b) Sachenrecht; c) Persönlich dingliches Recht.

a) Persönliches Recht.

I. Aus belästigtem Vertrag; II. aus Zusicherungsvertrag; III. aus wohltätigem Vertrag.

I. *Aus belästigtem Vertrag.*

2. Gesellschaftsvertrag (societas); 3. *Verdinglichungsvertrag* (locatio conductio).

3. Locatio conductio.

1. Soweit er sich auf operae bezieht.

a) Eigentliche locatio conductio (weder das römische Vermieten noch Verpachten gemeint);

b) *mandatum.*

2. Soweit er sich auf usus rei bezieht.

a) Auf Boden: *usus fructus* (auch nicht im bloß römischen Sinne);

b) auf Häuser: *habitatio.*

II. *Aus Zusicherungsvertrag.*

1. Schieds- oder Vergleichungsvertrag; 2. Assekuranzvertrag.

III. *Aus wohltätigem Vertrag.*

2. *Gutheißungsvertrag.*

1. fide iussio; 2. negotiorum gestio.

3. *Schenkungsvertrag.*

1. donatio; 2. gratiae promissum.

b) *Sachenrecht.*

I. *Aus belästigtem Vertrag.*

2. permutatio stricte sic dicta.

1. Eigentliche permutatio; 2. mutuum (usurae); 3. *emptio, venditio.*

II. Aus Zusicherungsvertrag.

pignus.

III. Aus wohltätigem Vertrag.

2. commodatum; 3. depositum.

Doch was soll ich weiter die Blätter füllen mit Sachen, die ich selbst verworfen? Trichotomische Einteilungen gehen durch das Ganze durch, es ist mit ermüdender Weitläufigkeit geschrieben und die römischen Vorstellungen auf das barbarischste mißbraucht, um sie in mein System zu zwängen. Von der anderen Seite gewann ich so Liebe und Überblick zum Stoffe wenigstens auf gewisse Weise.

Am Schlusse des materiellen Privatrechts sah ich die Falschheit des Ganzen, das im Grundschema an das Kantische grenzt, in der Ausführung gänzlich davon abweicht, und wiederum war es mir klar geworden, ohne Philosophie sei nicht durchzudringen. So durfte ich mit gutem Gewissen mich abermals in ihre Arme werfen und schrieb ein neues metaphysisches Grundsystem, an dessen Schlusse ich abermals seine und meiner ganzen früheren Bestrebungen Verkehrtheit einzusehen gezwungen wurde.

Dabei hatte ich die Gewohnheit mir eigen gemacht, aus allen Büchern, die ich las, Exzerpte zu machen, so aus Lessings Laokoon, Solgers Erwin, Winckelmanns Kunstgeschichte, Ludens Deutscher Geschichte, und so nebenbei Reflexionen niederzukritzeln. Zugleich übersetzte ich Tacitus' Germania, Ovids Libri tristium und fing privatim, d.h. aus Grammatiken, Englisch und Italienisch an, worin ich bis jetzt nichts erreicht, las Kleins Kriminalrecht und seine Annalen und alles Neueste der Literatur, doch nebenhin das letztere.

Am Ende des Semesters suchte ich wieder Musentänze und Satyrmusik, und schon in diesem letzten Hefte, das ich Euch zugeschickt, spielt der Idealismus durch erzwungenen Humor (Skorpion und Felix), durch ein mißlungenes, phantastisches Drama (Oulanem) hindurch, bis er endlich gänzlich umschlägt und in reine Formkunst, meistenteils ohne begeisternde Objekte, ohne schwunghaften Ideengang, übergeht.

Und dennoch sind diese letzten Gedichte die einzigen, in denen mir plötzlich, wie durch einen Zauberschlag – ach! der Schlag war im Beginn zerschmetternd – das Reich der wahren Poesie wie ein ferner Feenpalast entgegenblitzte und alle meine Schöpfungen in nichts zerfielen.

Daß bei diesen mancherlei Beschäftigungen das erste Semester hindurch viele Nächte durchwacht, viele Kämpfe durchstritten, viele innere und äußere Anregungen erduldet werden mußte, daß ich am Schlusse doch nicht sehr bereichert hinaustrat und dabei Natur, Kunst, Welt vernachlässigt, Freunde abgestoßen hatte, diese Reflexion schien mein Körper zu machen, ein Arzt riet mir das Land und so geriet ich zum ersten Male durch die ganze lange Stadt vor das Tor nach Stralow. Daß ich dort aus einem bleichsüchtigen Schwächling zu einer robusten Festigkeit des Körpers heranreifen würde, ahnte ich nicht.

Ein Vorhang war gefallen, mein Allerheiligstes zerrissen, und es mußten neue Götter hineingesetzt werden.

Von dem Idealismus, den ich, beiläufig gesagt, mit Kantischem und Fichteschem verglichen und genährt, geriet ich dazu, im Wirklichen selbst die Idee zu suchen. Hatten die Götter früher über der Erde gewohnt, so waren sie jetzt das Zentrum derselben geworden.

Ich hatte Fragmente der Hegelschen Philosophie gelesen, deren groteske Felsenmelodie mir nicht behagte. Noch einmal wollte ich hinabtauchen in das Meer, aber mit der bestimmten Absicht, die geistige Natur ebenso notwendig, konkret und festgerundet zu finden wie die körperliche, nicht mehr Fechterkünste zu üben, sondern die reine Perle ans Sonnenlicht zu halten.

Ich schrieb einen Dialog von ungefähr vierundzwanzig Bogen: »Kleanthes, oder vom Ausgangspunkt und notwendigen Fortgang der Philosophie.« Hier vereinte sich einigermaßen Kunst und Wissen, die ganz auseinandergegangen waren, und ein rüstiger Wanderer schritt ich ans Werk selbst, an eine philosophisch-dialektische Entwicklung der Gottheit, wie sie als Begriff an sich, als Religion, als Natur, als Geschichte sich manifestiert. Mein letzter Satz war der Anfang des Hegelschen Systems, und diese Arbeit, wozu ich mit Naturwissenschaft, Schelling, Geschichte einigermaßen mich bekanntgemacht, die mir unendliches Kopfbrechen verursacht und so [konfus] geschrieben ist (da sie eigentlich eine neue Logik sein sollte), daß ich jetzt selbst mich kaum wieder hineindenken kann, dies mein liebstes Kind, beim Mondschein gehegt, trägt mich wie eine falsche Sirene dem Feind in den Arm.

Vor Ärger konnte ich einige Tage gar nicht denken, lief wie toll im Garten an der Spree schmutzigem Wasser, »das Seelen wäscht und Tee verdünnt«, umher, machte sogar eine Jagdpartie mit meinem Wirte mit, rannte nach Berlin und wollte jeden Eckensteher umarmen.

Kurz darauf trieb ich nur positive Studien, Studium des Besitzes von Savigny, Feuerbachs und Grolmanns Kriminalrecht, de verborum significatione von Cramer, Wenning-Ingenheims Pandektensystem und Mühlenbruch: doctrina Pandectarum, woran ich noch immer durcharbeite, endlich einzelne Titel nach Lauterbach, Zivilprozeß und vor allem Kirchenrecht, wovon ich den ersten Teil, die concordia discordantium canonum von Gratian fast ganz im corpus durchgelesen und exzerpiert habe, wie auch den Anhang, des Lancelotti Institutiones. Dann übersetzte ich Aristoteles' Rhetorik teilweise, las des berühmten Baco v. Verulam: de augmentis scientiarum, beschäftigte mich sehr mit Reimarus, dessen Buch »Von den Kunsttrieben der Tiere« ich mit Wollust durchgedacht, verfiel auch auf deutsches Recht, doch hauptsächlich nur, insofern ich die Kapitulare der fränkischen Könige und der Päpste Briefe an sie durchnahm.

Aus Verdruß über Jennys Krankheit und meine vergeblichen, untergegangenen Geistesarbeiten, aus zehrendem Ärger, eine mir verhaßte Ansicht zu meinem Idol machen zu müssen, wurde ich krank, wie ich schon früher Dir, teurer Vater, geschrieben. Wiederhergestellt, verbrannte ich alle Gedichte und Anlagen zu Novellen etc., in dem Wahne, ich könne ganz davon ablassen, wovon ich bis jetzt allerdings noch keine Gegenbeweise geliefert.

Während meines Unwohlseins hatte ich Hegel von Anfang bis Ende, samt den meisten seiner Schüler, kennengelernt. Durch mehrere Zusammenkünfte mit Freunden in Stralow geriet ich in einen Doktorklub, worunter einige Privatdozenten und mein intimster der Berliner Freunde, Dr. Rutenberg. Hier im Streite offenbarte sich manche widerstrebende Ansicht, und immer fester kettete ich mich selbst an die jetzige Weltphilosophie, der ich zu entrinnen gedacht, aber alles Klangreiche war verstummt, eine wahre Ironiewut befiel mich, wie es wohl leicht nach so viel Negiertem geschehen konnte. Hierzu kam Jennys Stillschweigen, und ich konnte nicht ruhen, bis ich die Modernität und den Standpunkt der heutigen Wissenschaftsansicht durch einige schlechte Produktionen, wie »Der Besuch« etc., erkauft hatte.

Wenn ich hier vielleicht Dir dies ganze letzte Semester weder klar dargestellt noch in alle Einzelheiten eingegangen, auch alle Schattierungen verwischt, so verzeihe es meiner Sehnsucht, von der Gegenwart zu reden, teurer Vater.

H. v. Chamisso hat mir einen höchst unbedeutenden Zettel zugeschickt, worin er mir meldet, »er bedaure, daß der Almanach meine Beiträge nicht brauchen könne, weil er schon lange gedruckt ist«. Ich verschluckte ihn aus Ärger. Buchhändler Wigand hat meinen Plan dem Dr. Schmidt, Verleger des Wunderschen Kaufhauses von gutem Käse und schlechter Literatur, zugeschickt. Seinen Brief lege ich bei; der letztere hat noch nicht geantwortet. Indessen gebe ich keinenfalls diesen Plan auf, besonders da sämtliche ästhetischen Berühmtheiten der Hegelschen Schule durch Vermittlung des Dozenten Bauer, der eine große Rolle unter ihnen spielt, und meines Koadjutors Dr. Rutenberg, ihre Mitwirkung zugesagt.

Was nun die Frage hinsichtlich der kameralistischen Karriere betrifft, mein teurer Vater, so habe ich kürzlich die Bekanntschaft eines Assessors Schmidthänner gemacht, der mir geraten, nach dem dritten juristischen Examen als Justitiarus dazu überzugehen, was mir um so eher zusagen würde, als ich wirklich die Jurisprudenz aller Verwaltungswissenschaft vorziehe. Dieser Herr sagte mir, daß vom Münsterschen Oberlandesgericht in Westfalen er selber und viele andere in drei Jahren es bis zum Assessor gebracht, was nicht schwer sei, versteht sich, bei vielem Arbeiten, da hier die Stadien nicht wie in Berlin und anderswo fest bestimmt sind. Wenn man später als Assessor promoviert zum Dr., sind auch viel leichter Aussichten vorhanden, sogleich als außerordentlicher Professor eintreten zu können, wie es dem Herrn Gärtner in Bonn begangen, der ein mittelmäßiges Werk über Provinzialgesetzbücher schrieb und sonst nur darin bekannt ist, daß er sich zur Hegelschen Juristenschule bekennt. Doch mein teurer, bester Vater, wäre es nicht möglich, dies alles persönlich mit Dir zu besprechen! Eduards Zustand, des lieben Mütterchens Leiden, Dein Unwohlsein, obgleich ich hoffe, daß es nicht stark ist, alles ließ mich wünschen, ja macht es fast zur Notwendigkeit, zu Euch zu eilen. Ich würde schon da sein, wenn ich nicht bestimmt Deine Erlaubnis, Zustimmung bezweifelt.

Glaube mir, mein teurer, lieber Vater, keine eigennützige Absicht drängt mich (obgleich ich selig sein würde, Jenny wiederzusehen), aber es ist ein Gedanke, der mich treibt, und den darf ich nicht aussprechen. Es wäre mir sogar in mancher Hinsicht ein harter Schritt, aber wie meine einzige, süße Jenny schreibt, diese Rücksichten fallen alle zusammen vor der Erfüllung von Pflichten, die heilig sind.

Ich bitte dich, teurer Vater, wie Du auch entscheiden magst, diesen Brief, wenigstens dies Blatt der Engelsmutter nicht zu zeigen. Meine plötzliche Ankunft könnte vielleicht die große, herrliche Frau aufrichten.

Der Brief, den ich an Mütterchen geschrieben, ist lange vor der Ankunft von Jennys liebem Schreiben abgefaßt, und so habe ich unbewußt vielleicht zuviel von Sachen geschrieben, die nicht ganz oder gar sehr wenig passend sind.

In der Hoffnung, daß nach und nach die Wolken sich verziehen, die um unsere Familie sich lagern, daß es mir selbst vergönnt sei, mit Euch zu leiden und zu weinen und vielleicht in Eurer Nähe den tiefen, innigen Anteil, die unermeßliche Liebe zu beweisen, die ich oft so schlecht nur auszudrücken vermag, in der Hoffnung, daß auch Du, teurer, ewig geliebter Vater, die vielfach hin und her geworfene Gestaltung meines Gemüts erwägend, verzeihst, wo oft das Herz geirrt zu haben scheint, während der kämpfende Geist es übertäubte, daß Du bald wieder ganz völlig hergestellt werdest, so daß ich selbst Dich an mein Herz pressen und mich ganz aussprechen kann

Dein Dich ewig liebender Sohn

Karl.

Verzeihe, teurer Vater, die unleserliche Schrift und den schlechten Stil; es ist beinahe vier Uhr, die Kerze ist gänzlich abgebrannt und die Augen trüb; eine wahre Unruhe hat sich meiner bemeistert, ich werde nicht eher die aufgeregten Gespenster besänftigen können, bis ich in Eurer lieben Nähe bin.

Grüße gefällig meine süße, herrliche Jenny. Ihr Brief ist schon zwölfmal durchlesen von mir, und stets entdecke ich neue Reize. Es ist in jeder, auch in stilistischer Hinsicht der schönste Brief, den ich von Damen denken kann.

Gedichte

Des Verzweifelnden Gebet

»Hat ein Gott mir alles hingerissen,
    Fortgewälzt in Schicksalsfluch und Joch,
Seine Welten – alles – alles missen!
    Eins blieb, die Rache blieb mir doch!

»An mir selber will ich stolz mich rächen,
    An dem Wesen, das da oben thront,
Meine Kraft sei Flickwerk nur von Schwächen,
    Und mein Gutes selbst sei unbelohnt!

»Einen Thron will ich mir auferbauen,
   Kalt und riesig soll sein Gipfel sein,
Bollwerk sei ihm übermenschlich Grauen,
   Und sein Marschall sei die düst're Pein!

»Wer hinaufschaut mit gesundem Auge,
   Kehre totenbleich und stumm zurück,
Angepackt von blindem Todeshauche,
   Grabe selbst die Grube sich sein Glück.

»Und des Höchsten Blitze sollen prallen
   Von dem hohen, eisernen Gebäu,
Bricht er meine Mauern, meine Hallen,
   Trotzend baut die Ewigkeit sie neu.«

Weltgericht

Scherz

Ach! vor jenem Totenleben,
   Vor der Heil'gen Preisgesang,
Muß mein Haar sich sträubend beben,
   Ist mir in der Seele bang.

Denn, wenn alles abgeschnitten,
   Aufgehört der Kräfte Spiel;
Und versunken, was wir litten,
   Und erreicht das letzte Ziel,

Soll'n wir Gott, den ew'gen loben,
   Hallelujah ewig schrein,
Haben nie genug erhoben,
   Kennen nicht mehr Lust und Pein.

Ha! mir schaudert vor der Stufe,
　　Die zu der Vollendung trägt,
Und ich schaud're vor dem Rufe,
　　Wenn er mir ans Sterbbett schlägt.

Einen Himmel kann's nur geben,
　　Und der eine ist besetzt,
Muß mit alten Weibern leben,
　　Die der Zahn der Zeit gewetzt.

Ihre Körper liegen unten,
　　Schutt und Moder obendrauf,
Und die Seelen jetzt, die bunten,
　　Hüpfen wirr im Spinnenlauf.

Alle sind so dünn und mager,
　　Recht ätherisch und fein,
Leiber war'n wohl nie so hager,
　　Schnürten sie auch tüchtig ein.

Doch ich störe keck die Feier,
　　Heule rasend Lob und Preis,
Und der Herrgott hört den Schreier,
　　Und ihm wird's im Kopfe heiß.

Und er winkt dem ersten Engel,
　　Winkt dem langen Gabriel,
Der erfaßt den lauten Bengel,
　　Expediert ihn schnell.

Seht! Das alles träumt' mir heute,
　　Von dem letzten Reichsgericht,
Darum zürnt nicht, gute Leute,
　　Denn der Träumer sündigt nicht.

I

In seinem Sessel, behaglich dumm,
Sitzt schweigend das deutsche Publikum.
Braust der Sturm herüber, hinüber,
Wölkt sich der Himmel düster und trüber,
Zischen die Blitze schlängelnd hin,
Das rührt es nicht in seinem Sinn.
Doch wenn sich die Sonne hervorbegegnet,
Die Lüfte säuseln, der Sturm sich leget,
Dann hebt's sich und macht ein Geschrei,
Und schreibt ein Buch: »der Lärm sei vorbei.«
Fängt an darüber zu phantasieren,
Will dem Ding auf den Grundstoff spüren,
Glaubt, das sei doch nicht die rechte Art,
Der Himmel spaße auch ganz apart,
Müsse das All systematischer treiben,
Erst an dem Kopf, dann an den Füßen reiben,
Gebärd't sich nun gar, wie ein Kind,
Sucht nach Dingen, die vermodert sind,
Hätt' indessen die Gegenwart sollen erfassen,
Und Erd' und Himmel laufen lassen,
Gingen ja doch ihren gewöhnlichen Gang,
Und die Welle braust ruhig den Fels entlang.

II

Hegel. Epigramme

1

Weil ich das Höchste entdeckt und die Tiefe sinnend
gefunden,
  Bin ich grob, wie ein Gott, hüll' mich in Dunkel, wie er.
Lange forscht' ich und trieb auf dem wogenden Meer der
Gedanken,
  Und da fand ich das Wort, halt' am Gefundenen fest.

2

Worte lehr' ich, gemischt in dämonisch verwirrtem Getriebe,
  Jeder denke sich dann, was ihm zu denken beliebt.
Wenigstens ist er nimmer geengt durch fesselnde Schranken,
  Denn wie aus brausender Flut, stürzend vom ragenden
Fels,
Sich der Dichter ersinnt der Geliebten Wort und Gedanken,
  Und was er sinnet, erkennt, und was er fühlet, ersinnt,
Kann ein jeder sich saugen der Weisheit labenden Nektar,
  Alles sag' ich euch ja, weil ich ein Nichts euch gesagt!«

3

Kant und Fichte gern zum Äther schweifen,
  Suchten dort ein fernes Land,
Doch ich such' nur tüchtig zu begreifen,
  Was ich – auf der Straße fand!

4

Verzeiht uns Epigrammendingen,
Wenn wir fatale Weisen singen,
Wir haben uns nach Hegel einstudiert,
Auf sein' Ästhetik noch nicht —.
                    abgeführt.

III

Hatten die Deutschen sich einmal aufgemacht,
Es gar bis zum Völkersiege gebracht,
    Und als das nun vorübergewesen,
    Da konnt' man an allen Ecken lesen:
»Es seien gar wunderbar Dinge geschehn,
Man werde bald auf drei Beinen gehn.«
    Das tät nun alle gewaltig gränen,
    Begannen sich vor sich selber zu schämen,
»Sei doch zu vieles auf einmal geschehn,
Man müsse nun wieder hübsch stille gehn,
    Das andre könnt' man in Bücher binden,
    Und Käufer würden wohl leicht sich finden.«

IV

Zieht ihnen die Sterne selbst herunter,
Bald glühn sie zu bleich, bald zu munter;
    Die Sonne brennt bald das Aug' zu sehr,
    Bald kömmt sie zu weit aus der Ferne her.

V

So war an dem Schiller auszusetzen,
Er könne nicht menschlich genug ergetzen,
    Er treibe die Dinge auch gar zu hoch,
    Und zieh' nicht gehörig am Werkeltagsjoch.
Er spiele wohl sehr mit Donner und Blitz,
Doch fehle ihm gänzlich der Straßenwitz.

VI

    Der Goethe aber, der sei zu schön,
    Tut lieber die Venus, als Lumpen sehn,
Er tät' es zwar brav von unten greifen,
Doch müßt' man gezwungen zur Höhe schweifen,
    Gäb' den Dingen gar eine zu hehre Gestalt,
    Fehle drum gänzlich der Seelenhalt,

Der Schiller sei doch rechter gewesen,
Da konnt' man Ideen in Lettern lesen,
    Man konnt' doch sagen, sie seien gedruckt,
    Hat man auch die Tiefe nicht recht durchgeguckt.

[...]

[VIII]

7

Den Faust, den kann nur das Laster erheben,
Er will ja nur für sich selber leben,
    Er wagte zu zweiflen an Gott und Welt,
    Vergaß, daß Moses gelungen sie hält.
Die dumme Grethe, die mußt' ihn lieben,
Statt ihm ins Gewissen recht zu schieben,
    Wie er dem Teufel verfallen sei,
    Und der jüngste Tag käme bald herbei.

2. Die Dissertation (1841)

Vorrede

Die Form dieser Abhandlung würde einesteils streng wissenschaftlicher, andererseits in manchen Ausführungen minder pedantisch gehalten sein, wäre nicht ihre primitive Bestimmung die einer Doktordissertation gewesen. Sie dennoch in dieser Gestalt dem Druck zu übergeben, bin ich durch äußere Gründe bestimmt. Außerdem glaube ich in ihr ein bis jetzt ungelöstes Problem aus der Geschichte der griechischen Philosophie gelöst zu haben.

Sachverständige wissen, daß für den Gegenstand dieser Abhandlung keine irgendwie brauchbaren Vorarbeiten existieren. Was Cicero und Plutarch geschwatzt haben, ist bis auf die heutige Stunde nachgeschwatzt worden. Gassendi, der den Epikur aus dem Interdikt befreite, mit dem die Kirchenväter und das ganze Mittelalter, die Zeit der realisierten Unvernunft, ihn belegt hatten, bietet in seinen Darstellungen nur ein interessantes Moment dar. Er sucht sein katholisches Gewissen mit seinem heidnischen Wissen und den Epikur mit der Kirche zu akkomodieren, was freilich verlorene Mühe war. Es ist, als wollte man der griechischen Lais einen christlichen Nonnenkittel um den heiter blühenden Leib werfen. Gassendi lernt vielmehr aus dem Epikur Philosophie, als daß er uns über Epikurs Philosophie belehren könnte.

Man betrachte diese Abhandlung nur als Vorläufer einer größeren Schrift, in der ich ausführlich den Zyklus der epikureischen, stoischen und skeptischen Philosophie in ihrem Zusammenhange mit der ganzen griechischen Spekulation darstellen werde. Die Mängel dieser Abhandlung in Form und dergleichen werden dort wegfallen.

Hegel hat zwar das Allgemeine der genannten Systeme im Ganzen richtig bestimmt, allein bei dem bewunderungswürdig großen und kühnen Plane seiner Geschichte der Philosophie, von der überhaupt erst die Geschichte der Philosophie datiert werden kann, war es teils unmöglich, in das Einzelne einzugehen, teils hinderte den riesenhaften Denker seine Absicht von dem, was er par excellence spekulativ nannte, in diesen Systemen die hohe Bedeutung zu erkennen, die sie für die Geschichte der griechischen Philosophie und den griechischen Geist überhaupt haben. Diese Systeme sind der Schlüssel zur wahren Geschichte der griechischen Philosophie. Über ihren Zusammenhang mit dem griechischen Leben findet sich eine tiefere Andeutung in der Schrift meines Freundes *Köppen* »Friedrich der Große und seine Widersacher«.

Wenn als Anhang eine Kritik der plutarchischen Polemik gegen Epikurs Theologie hinzugefügt ist, so geschah dies, weil diese Polemik nichts Einzelnes ist, sondern Repräsentant einer espèce, indem sie das Verhältnis des theologisierenden Verstandes zur Philosophie sehr treffend an sich darstellt.

In der Kritik bleibt unter anderem auch das unberührt, wie falsch Plutarchs Standpunkt überhaupt ist, wenn er die Philosophie vor das Forum der Religion zieht. Darüber genüge, statt alles Räsonnements, eine Stelle aus David Hume:

»Es ist gewiß eine Art Beschimpfung für die Philosophie, wenn man sie, deren *souveränes Ansehen* allenthalben anerkannt werden sollte, zwingt, bei jeder Gelegenheit sich wegen ihrer Folgen zu verteidigen und sich bei jeder Kunst und Wissenschaft, die an ihr Anstoß nimmt, zu rechtfertigen. Es *fällt einem dabei ein König ein, der des Hochverrats gegen seine eigenen Untertanen beschuldigt wird.*«

Die Philosophie, solange noch ein Blutstropfen in ihrem weltbezwingenden, absolut freien Herzen pulsiert, wird stets den Gegnern mit Epikur zurufen: ἀσεβὴς δὲ οὐχ ὁ τοὺς τῶν πολλῶν θεοὺς ἀναιρῶν, ἀλλ᾽ ὁ τὰς τῶν πολλῶν δόξας θεοῖς προσάπτων[1].

---

1 Gottlos aber ist nicht der, welcher die Götter der Menge leugnet, sondern der, welcher die Vorstellungen der Menge den Göttern andichtet (Diogenes Laertius).

Die Philosophie verheimlicht es nicht. Das Bekenntnis des Prometheus: ἁπλῷ λόγῳ τοὺς πάντας ἐχθαίρω θεούς[1] ist ihr eigenes Bekenntnis, ihr eigener Spruch gegen alle himmlischen und irdischen Götter, die das menschliche Selbstbewußtsein nicht als die oberste Gottheit anerkennen. Es soll Keiner neben ihm sein.

Den tristen Märzhasen aber, die über die anscheinend verschlechterte bürgerliche Stellung der Philosophie frohlocken, entgegnet sie wieder, was Prometheus dem Götterbedienten Hermes:

τῆς σῆς λατρείας τὴν ἐμὴν δυσπραξίαν,

σαφῶς ἐπίστασ᾽, οὐκ ἂν ἀλλάξαιμ᾽ ἐγώ.

κρείσσον γὰρ οἶμαι τῇδε λατρεύειν πέτρᾳ

ἢ πατρὶ φῦναι Ζηνὶ πιστὸν ἄγγελον.[2]

Prometheus ist der vornehmste Heilige und Märtyrer im philosophischen Kalender.

Berlin, im März 1841.

Kritik der plutarchischen Polemik gegen Epikur
(Auszüge aus dem Anhang)

[Die Ataraxie]

Dies ist eine wichtige Bemerkung für die epikureische Dialektik des Vergnügens, obgleich Plutarch sie falsch kritisiert. Nach Epikur ist der Weise selbst in diesem schwankenden Zustande, der als die Bestimmung der ἡδονή erscheint. Die μακαριότης, die reine Ruhe des Nichts in sich, die völlige Entleerung aller Be-

1 Mit einem Wort, ich hasse alle Götter (Aischylos, Prometheus, V. 975).
2 Mit deinem Frondienst möcht᾽ ich dies mein Jammerlos vertauschen nimmer, hör es deutlich, nimmermehr! Ja schöner ist es, da dem Fels fronhaft zu sein, denn Vater Zeus zu dienen als ein Bote treu (Aischylos, Prometheus, V. 966–969).

stimmtheit, ist erst Gott; weswegen er auch nicht wie der Weise innerhalb der Welt, sondern außerhalb derselben wohnt.

Wenn Plutarch dem Epikur vorwirft, daß wegen der Möglichkeit des Schmerzes die Freiheit in einer gesunden Gegenwart nicht vorhanden sein könne, so ist erstens der epikureische Geist kein solcher, der sich mit dergleichen Möglichkeiten herumtreibt, sondern weil die absolute Relativität, die Zufälligkeit der Beziehung an sich nur Beziehungslosigkeit ist, so nimmt der epikureische Weise seinen Zustand als beziehungslos, und insofern ist er ihm ein sicherer. Die Zeit ist ihm ja nur das Akzidens der Akzidenzen, wie sollte ihr Schatten eindringen in die feste Phalanx der ἀταραξία? Wenn er aber die nächste Voraussetzung des individuellen Geistes, den Körper, als gesund voraussetzt, so ist dies nur die Beziehungslosigkeit dem Geiste in die Nähe gerückt, seine angeborene Natur, d.h. ein gesunder, nicht nach außen differenzierter Körper. Wenn ihm im Leiden diese seine Natur als Phantasien und Hoffnungen einzelner Zustände vorschwebt, in denen jener charakteristische Stand seines Geistes sich offenbare, so heißt das nichts, als daß das Individuum als solches seine ideale Subjektivität auf individuelle Art anschaut, eine vollständig richtige Bemerkung. Nach Epikur heißt Plutarchs Einwendung nichts als: die Freiheit des Geistes im gesunden Körper ist nicht vorhanden, weil sie vorhanden ist; denn die Möglichkeit außerhalb schieben, ist überflüssig, eben weil die Wirklichkeit nur als Möglichkeit, als Zufall bestimmt ist. Wird dagegen die Sache in ihrer Allgemeinheit betrachtet, so ist es eben Aufgeben der Allgemeinheit, wenn der wahre positive geistige Zustand durch zufällige Einzelheiten sich soll umdüstern lassen; das heißt ja gerade im reinen Äther an die einzelnen Mixturen denken, an den Atem giftiger Pflanzen, an das Einatmen kleiner Tiere, das heißt nicht leben, weil man sterben kann etc.; das heißt, sich den Genuß der Allgemeinheit nicht gewähren, um aus ihr heraus in Einzelheiten zu fallen. Ein solcher Geist treibt sich bloß mit dem allerkleinsten herum, er ist so vorsichtig, daß er nicht sieht.

Will endlich Plutarch sagen, man müsse Sorge tragen, die Gesundheit des Körpers zu erhalten, so sagt auch diese Trivialität Epikur, aber genialer: wer den allgemeinen Zustand als den wahren empfindet, der sorgt am besten dafür, ihn zu erhalten. So ist der gemeine Menschenverstand. Er glaubt, seine albernsten Pinseleien und Gemeinplätze den Philosophen als eine terra incognita gegenüberhalten zu dürfen. Er glaubt, wenn er Eierschalen auf die Köpfe wirft, ein Kolumbus zu sein. Darin hat Epikur, abgesehen von seinem System (denn dieses ist sein summum ius) überhaupt recht, daß der Weise die Krankheit als ein Nichtsein betrachtet, aber der Schein verschwindet. Ist er daher krank, so ist ihm dies ein Verschwinden, das keine Dauer hat; ist er gesund, in seinem wesentlichen Bestehen, so existiert nicht für ihn der Schein, und er hat mehr zu tun, als dran zu denken, daß dieser sein könne. Ist er krank, so glaubt er nicht an die Krankheit, ist er gesund, so ehrt er sie, als sei das sein ihm gebührender Zustand, d. h. er handelt als ein Gesunder. Wie jämmerlich ist gegen dies entschlossene, gesunde Individuum ein Plutarch, der an den Aischylos, den Euripides und gar an den doktor Hippokrates sich erinnern, um nur nicht der Gesundheit froh zu werden!

Die Gesundheit, als der identische Zustand, vergißt sich von selbst, da ist gar keine Beschäftigung mit dem Körper; diese Differenz beginnt erst in der Krankheit.

Epikur will ja kein ewiges Leben: wieviel weniger kann ihm daran liegen, daß der erste Augenblick ein Unglück bergen kann.

Ebenso falsch ist folgender Vorwurf des Plutarch: τοὺς γὰρ ἀδικοῦντασ καὶ παρανομοῦντας ἀθλίως, φασὶ, περιφόβως ζῆν τὸν πάντα χρόνον· ὅτι κἂν λαθεῖν δύνωνται, πίστιν περὶ τοῦ λαθεῖν λαβεῖν ἀδύνατόν ἐστιν. ὅθεν ὁ τοῦ μέλλοντος δεὶ φόβος ἐγκείμενος οὐκ ἐᾷ χαίρειν, οὐδὲ θαῤῥεῖν ἐπὶ τοῖς παροῦσι. ταῦτα δὲ καὶ πρὸς ἑαυτοὺς εἰρηκότες λελήθασιν, εὐσταθεῖν μὲν γάρ ἐστι καὶ ὑγιαίνειν τῷ αώματι πολλάκις, πίστιν δὲ λαβεῖν περὶ τοῦ διαμένειν ἀμήχανον. ἀνάγκη δὴ ταράττεσθαι καὶ ὠδίνειν δεὶ πρὸς τὸ μέλλον ὑπὲρ τοῦ οώματος. [flagitiosos omne tempus vitae misere et in metu exigere;

quod, etsi fallere possint, tamen spem latendi certam atque indubitatam sibi sumere nullo modo possint; itaque futuri metum identidem incumbentem non sinere eos gaudere, aut praesentibus confidere. non animadvertunt hoc adversum se ipsos esse ab ipsis dictum. saepe enim potest corpus bono in statu esse, ac sanitate frui; explorata spes, fore ut semper eo in statu maneat, fieri potest nulla, necesse est ergo, semper ut perturbere anxiusque sis de corpore propter futura. – Plut. de eo. ... 1090 Didot p. 1334, 9–18.]

Die Sache verhält sich gerade umgekehrt, wie Plutarch meint. Sobald der einzelne das Gesetz bricht und die allgemeine Sitte, so fangen sie erst an, Voraussetzung für ihn zu werden, er tritt in Differenz mit ihnen, seine Rettung aus dieser Differenz wäre nur die πίστις, die aber durch nichts verbürgt ist.

[Zufall und Notwendigkeit]

Es ist überhaupt das Interessante am Epikur, wie er in jeder Sphäre den Zustand entfernt, wodurch die Voraussetzung als solche zu erscheinen gereizt wird, und den Zustand als den normalen preist, in dem die Voraussetzung verhüllt ist. Von der bloßen σάρξ ist überhaupt nirgends die Rede. In der strafenden Gerechtigkeit tritt gerade der innere Zusammenhang, die stumme Notwendigkeit hervor, und diese entfernt Epikur, wie aus der Logik ihre Kategorie, so aus dem Leben des Weisen den Schein ihrer Wirklichkeit. Der Zufall dagegen, daß ein Gerechter leidet, ist nie äußere Beziehung, reißt ihn nicht aus seiner Beziehungslosigkeit heraus.

Wie falsch daher auch folgender Einwurf des Plutarch, ergibt sich. τὸ δὲ μηδὲν ἀδικεῖν, οὐδέν ἐστι ϱὸς τὸ θαϱϱεῖν· οὐ γὰϱ τὸ δικαίως παθεῖν, ἀλλὰ τὸ παθεῖν φοβεϱόν. [iam nihil peccare non eo facit, ut bonus sis animo et rebus tuis fidas, non enim hoc formidamus, ne quid iuste patiamur, sed ne quid omnino patiamur. – Plut. de eo ... 1090 Didot p. 1334, 20–21.] Plutarch meint nämlich, so müsse Epikur seinen Grundsätzen nach räsonnieren. Es fällt ihm nicht ein, daß Epikur vielleicht andere Grundsätze hat, als er ihm zuschiebt.

τὸ γὰρ ἀναγκαῖον οὐκ ἀγαθόν ἐστιν, ἀλλ᾽ ἐπέκεινα τῆς φυγῆς τῶν κακῶν κεῖται τὸ ἐφετὸν καὶ τὸ αἱρετόν. [quod enim necessarium est, id bonum non est, sed ultra fugam mali situm est id quod appeti et deligi debet. – Pl. ibid. 1091 Didot 1335, 23–25.] Plutarch hat eigenste [?] Weisheit zu reden, wenn er sagt, das Tier suche außer der Notwendigkeit, welche die Flucht vom Übel ist, das Gute, das jenseits der Flucht liegende Gute. Daß das Tier noch ein Gutes jenseits sucht, ist gerade das Tierische an ihm. Bei Epikur gibt es nichts Gutes, was für den Menschen außer ihm läge; das einzige Gute, was er in der Beziehung auf die Welt hat, ist die negative Bewegung, frei von ihr zu sein.

Daß dies alles bei Epikur individuell gefaßt ist, liegt im Prinzip seiner Philosophie, die er in allen ihren Konsequenzen ausspricht; die synkretistische gedankenlose Manier Plutarchs kann dagegen nicht aufkommen.

[Das Verhältnis des Menschen zu Gott]

[1. Die Furcht und das jenseitige Wesen]

Eher der Betrachtung wert als die vorhergehenden seichten moralischen Einwürfe des Plutarch ist seine Polemik gegen die epikureische Theologie, nicht ihrer selbst wegen, sondern weil es sich zeigt, wie das gewöhnliche Bewußtsein, im ganzen auf epikureischem Boden stehend, sich nur scheut vor der philosophischen offenen Konsequenz. Und dabei muß man immer im Auge halten, daß es dem Epikur weder um die voluptas, noch um die sinnliche Gewißheit, noch um irgend etwas zu tun ist, außer um die Freiheit und Bestimmungslosigkeit des Geistes. Wir gehen daher die einzelnen Betrachtungen des Plutarch durch.

Die Furcht vor Gott im Sinne Epikurs versteht Plutarch über-

haupt nicht, er begreift nicht, wie das philosophische Bewußtsein sich davon zu befreien wünscht. Der gewöhnliche Mensch
kennt das nicht. Plutarch bringt uns daher triviale Beispiele aus
der Empirie, wie wenig schrecklich dieser Glaube dem Publikum ist.

Plutarch betrachtet, im Gegensatz zu Epikur, zuerst den
Glauben der πολλοί an Gott und sagt, bei diesen habe allerdings
von einer Seite diese Richtung die Gestalt der Furcht, nämlich
die sinnliche Furcht ist die einzige Form, unter welcher er die
Angst des freien Geistes vor einem persönlichen allmächtigen,
die Freiheit in sich absorbierenden, also von sich ausschließenden, Wesen begreifen kann. Nun meint er:

1. Diese Fürchtenden δεδιότες γὰρ ὥσπερ ἄρχοντα χρηστοῖς
ἤπιον, ἀπεχθῆ δὲ φαύλοις, ἑνὶ φόβῳ, δι' ὃν οὐ δέουσι πολλῶν,
ἐλευθεροῦνταί τε τοῦ ἀδικεῖν καὶ παρ' αὐτοῖς ἀτρέμα τὴν κακίαν
ἔχοντες οἷον ἀπομαραινομένην, ἧττον ταράττονται τῶν χρωμένον
αὐτῇ καὶ τολμώντων, εἶτ' εὐθὺς δεδιότων καὶ μεταμε λομένων. [qui
autem eum timent ut principem bonis benignum, malis in-
festum, per unum illum metum, per quem non opus habent plu-
ribus a peccando liberantur, ipsi intra se continent malitiam sen-
sim contabescentem, itaque minus animo conturbantur, quam
qui ei indulgent audentque scelera ac statim deinde metu et poe-
nitentia corripiuntur. – Plut. ib. 1101 Didot p. 1347, 5–11.]

Also durch diese sinnliche Furcht werden sie beschützt vor
dem Bösen, als wenn diese immanente Furcht nicht das Böse
wäre. Was ist denn der Kern des empirisch Bösen? Daß der Einzelne in seine empirische Natur gegen seine ewige Natur sich
verschließt; aber ist das nicht dasselbe, als wenn er seine ewige
Natur von sich ausschließt, sie in der Form des Beharrens der
Einzelheit in sich, der Empirie faßt, also als einen empirischen
Gott außer sich anschaut? Oder soll auf der Form der Beziehung
der Akzent liegen? So ist der Gott bestrafend den Bösen, mild
dem Guten, und zwar ist das Böse hier das dem empirischen Individuum Böse, und das Gute das dem empirischen Individuum
Gute, denn wo sollte sonst diese Furcht und Hoffnung herkom-

men, da es dem Individuum um das ihm Gute und Böse zu tun ist? Gott ist in dieser Beziehung nichts als die Gemeinschaftlichkeit aller Folgen, die empirische böse Handlungen haben können. Also aus Furcht, daß durch das Gute, welches das empirische Individuum in böser Tat sich erwirbt, größere Übel folgen und größeres Gutes entgehe, handelt es nicht böse, also damit die Kontinuität seines Wohlseins nicht gestört wird durch die immanente Möglichkeit, aus derselben herausgerissen zu werden?

Ist das nicht dasselbe, was Epikur mit glatten Worten lehrt: handle echt und ernst, damit du nicht die stete Furcht behältst, bestraft zu werden. Diese immanente Beziehung des Individuums zu einer ἀταραξία wird nun hergestellt als die Beziehung zu einem außer ihm seienden Gott, der aber wieder keinen Inhalt hat als eben diese ἀταραξία, die hier Kontinuität des Wohlseins ist. Die Furcht vor der Zukunft, dieser Zustand der Unschuld wird hier eingeschoben in das ferne Bewußtsein Gottes, als ein Zustand betrachtet, der in ihm schon präexistiert, aber auch erst als Drohung, also gerade wie im individuellen Bewußtsein.

[2. Der Kultus und das Individuum]

Zweitens sagt Plutarch, daß diese Richtung auf Gott auch voluptas gewähre.

Ferner erzählt er, daß Greise, Frauen, Kaufleute, Könige sich an festlichen religiösen Tagen freuen.

Es ist etwas näher zuzusehen, wie Plutarch diese Freude, diese voluptas, beschreibt.

Erstens sagt er, daß die Seele dann am meisten befreit ist von Trauer, Furcht und Sorge, wenn Gott gegenwärtig ist. Also ist die Gegenwart Gottes bestimmt als die Freiheit der Seele von Furcht, Trauer, Sorge. Diese Freiheit äußert sich im ausgelassenen Jubel, denn das ist die positive Äußerung der individuellen Seele von diesem ihrem Zustand.

Ferner: Die zufällige Verschiedenheit der individuellen Stellung fällt bei dieser Freude weg. Also ist die Entleerung des Individuums von seinen anderweitigen Bestimmungen, das Individuum als solches in dieser Feier bestimmt, und das ist eine wesentliche Bestimmung. Endlich ist es nicht der separate Genuß, sondern die Sicherheit, daß der Gott nichts Getrenntes ist, sondern den Inhalt hat, sich zu freuen an der Freude des Individuums, wohlwollend auf sie herabzusehen, also selbst in der Bestimmung des sich freuenden Individuums zu sein. Was also hier vergöttert und gefeiert wird, ist die vergötterte Individualität, als solche, von ihrem gewöhnlichen Leiden befreit, also der σοφός des Epikur mit seiner ἀταραξία. Es ist das Nichtdasein des Gottes als Gott, sondern als das Dasein der Freude des Individuums, die gebetet wird. Weiter hat dieser Gott keine Bestimmung. Ja, die wirkliche Form, in der diese Freiheit des Individuums hier hervortritt, ist der Geist, und zwar der einzelne, der sinnliche, der Geist, der erst gestört wird. Diese ἀταραξία schwebt also als das allgemeine Bewußtsein über den Köpfen; aber ihre Erscheinung ist die sinnliche voluptas, wie bei Epikur, nur ist dort totales Bewußtsein des Lebens, was hier lebendiger einzelner Zustand, daß aus diesem Grunde bei Epikur die einzelne Erscheinung gleichgültiger und beseelter von ihrer Seele, der ἀταραξία, dort sich dies Element mehr in die Einzelheit verliert und beides sich unmittelbar vermischt, also auch unmittelbar geschieden ist. So traurig steht es mit der Unterscheidung des Göttlichen, die Plutarch gegen den Epikur geltend macht, und wenn, um noch eine Bemerkung zu machen, Plutarch sagt, daß Könige sich nicht so sehr an ihren publicis conviviis et viscerationibus als an den Opfermahlzeiten freuen, so heißt das nichts, als daß dort der Genuß als etwas Menschliches, Zufälliges, hier aber als Göttliches, der individuelle Genuß als Göttliches angeschaut wird; was also gerade epikureisch ist.

[3. Die Vorsehung und der degradierte Gott]

3. In diesem Verhältnis der πονηροί und πολλοί [mali et vulgus hominum] zu Gott unterscheidet Plutarch das Verhältnis des βέλτιστον ἀνθρώπων καὶ θεοφιλέστατον γένος [hominum praestantissimum et diis amicissimum genus – Plut. ib. 1102 Didot p. 1348, 20–21]. Wir wollen sehen, was er hier dem Epikur abgewinnt.

Der philosophische Sinn davon, daß Gott der ἡγεμὼν ἀγαθῶν [bonorum princeps] und der Vater πάντων καλῶν [omnium pulchrarum rerum] ist, ist der, daß dieser nicht ein Prädikat Gottes, sondern daß die Idee des Guten das Göttliche selbst ist. Allein in der Bestimmung des Plutarch liegt ein ganz anderes Resultat. Das Gute wird im strengsten Gegensatz gegen das Böse genommen, denn das erste ist eine Manifestation der Tugend und der Macht, das andere der Schwäche, der Privation und der Schlechtigkeit. Aus Gott ist also das Urteil, die Differenz entfernt, und das ist gerade ein Hauptsatz des Epikur, der deswegen konsequent diese Differenzlosigkeit im Menschen sowohl theoretisch als praktisch in seiner unmittelbaren Identität, der Sinnlichkeit findet, in Gott als Leere, reines otium. Der Gott, der als das Gute durch Wegschieben des Urteils bestimmt ist, ist das Leere, denn jede Bestimmtheit trägt eine Seite an sich, die sie gegen anderes erhält und in sich verschließt, offenbart also im Gegensatz und Widerspruch ihre ὀργή, ihr μῖσος, ihren φόβος, sich aufzugeben. Plutarch hat also dieselbe Bestimmung wie Epikur, nur als Bild, als Vorstellung, was dieser bei seinem begrifflichen Namen nennt und das menschliche Bild wegstreift.

Schlecht klingt daher die Frage: δρά γε δίκης ἑτέραι οἴεσθε δεῖσθαι τοὺς ἀναιροῦντας τὴν πρόνοιαν; καὶ οὐχ ἱκανὴν ἔχειν, ἐκκόπτοντας ἑαυτῶν ἡδονὴν καὶ χαρὰν τοσαύτην. [ergo ne aliam mereri poenam putemus eos qui providentiam tollunt? non satis hoc ipso puniri, quod tantum sibi voluptatis atque gaudii adimunt. – Plut. ib. 1103 Didot p. 1348, 44–46.]

Denn es ist im Gegenteil zu behaupten, daß der mehr Wollust

in der Betrachtung des Göttlichen fühle, der es als die reine Seligkeit in sich, ohne alle begrifflos anthropomorphischen Beziehungen anschaut, als umgekehrt. Es ist schon die Seligkeit selbst, den Gedanken reiner Seligkeit zu haben, sei sie noch so abstrakt gefaßt, was wir an den indischen Mönchen sehen. Ohnedem hat Plutarch die πρόνοια aufgehoben, indem er das Böse, die Differenz Gottes gegenüber gesetzt hat. Seine weiteren Ausmalungen sind rein begriffslos und synkretistisch; ohnehin zeigt er in allem, daß es ihm bloß um das Individuum, nicht um Gott zu tun ist. Epikur ist daher so ehrlich, Gott sich auch nicht um das Individuum bekümmern zu lassen.

Die innere Dialektik seiner Gedanken führt daher den Plutarch notwendig darauf zurück, statt vom Göttlichen von der individuellen Seele zu sprechen, und er kommt auf den λόγος περὶ ψυχῆς. Von Epikur wird gesagt: ὥστε ὑπερχαίρειν τὸ πάνοσφον τοῦτο δόγμα καὶ θεῖον παραλαβοῦσαν, ὅτι τοῦ κακῶς πράττειν πέρας ἐστὶν αὐτῇ τὸ ἀπολέσθαι καὶ φθαρῆναι καὶ μηδὲν εἶναι. [adeo ut summo afficiatur gaudio sapiens hoc et divinum decretum arripiens, miseriarum sibi finem esse interire, perdi, nihil esse. – Plut. ib. 1103 Didot p. 1349, 48–51.]

Man muß sich ja nicht durch die salbungsvollen Worte des Plutarch irremachen lassen. Wir werden sehen, wie er jede seiner Bestimmungen aufhebt. Schon der künstliche Fallschirm τοῦ καλῶς πράττειν πέρας, in dem das ἀπολέσθαι und φθαρῆναι und μηδὲν εἶναι im Gegensatz, zeigt, wo der Schwerpunkt liegt, wie dünn die eine Seite und wie dreifach intensiv die andere.

[Die individuelle Unsterblichkeit]

[1. Von dem religiösen Feudalismus. Die Hölle des Pöbels]

Die Betrachtung wird wieder eingeteilt in das Verhältnis τῶν ἀδίκων καὶ πονηρῶν [iniustorum et malorum], dann der πολλῶν καὶ ἰδιωτῶν [vulgi et rudium] und endlich der ἐπιεικῶν καὶ νοῦν ἐχόντων [bonorum et prudentum] Plut. ib. 1104 [Didot p. 1350,

17–19] zu der Lehre von der Fortdauer der Seele. Schon diese Einteilung in feste qualitative Unterschiede zeigt, wie wenig Plutarch den Epikur versteht, der als Philosoph das Verhältnis der menschlichen Seele überhaupt betrachtet, und wenn er trotz ihrer Bestimmung als einer vergänglichen der ἡδονή gewiß bleibt, so hätte Plutarch sehen müssen, daß jeder Philosoph unwillkürlich eine ἡδονή preist, die ihm fremd ist in seiner Borniertheit. Für die Ungerechten wird nun wieder die Furcht angeführt als Besserungsmittel. Wir haben diesen Einwurf schon betrachtet. Indem in der Furcht, und zwar einer inneren, nicht zu löschenden Furcht, der Mensch als Tier bestimmt ist, so ist es bei einem Tiere überhaupt gleichgültig, wie es in Schranken gehalten wird.

Hält ein Philosoph es nicht für das Schimpflichste, den Menschen als Tier zu betrachten, so ist ihm überhaupt nichts mehr begreiflich zu machen.

Wir kommen jetzt zur Ansicht der πολλοί, obgleich es sich am Ende zeigt, daß wenige davon ausgenommen sind, ja, um eigentlich zu reden, alle, δέω λέγειν πάντας [dicere ausim omnes] Plut. ib. 1105 [Didot, p. 1351, 35], zu dieser Fahne schwören.

Der qualitative Unterschied von der vorhergehenden Stufe existiert eigentlich nicht, sondern was früher in der Gestalt der tierischen Furcht erschien, erscheint hier in der Gestalt der menschlichen Furcht, der Gefühlsform. Der Inhalt bleibt derselbe.

Es wird uns gesagt, daß der Wunsch des Seins die älteste Liebe ist; allerdings, die abstrakteste und daher älteste Liebe ist die Selbstliebe, die Liebe seines partikularen Seins. Doch das war eigentlich zu sehr die Sache herausgesagt, sie wird wieder zurückgenommen und ein veredelter Glanz um sie geworfen durch den Schein des Gefühls. Also wer Weib und Kinder verliert, wünscht eher, daß sie *irgendwo* seien, wenn es ihnen auch *schlecht geht*, als daß sie gänzlich aufgehört haben. Wenn es sich bloß um Liebe handelte, so ist das Weib und das Kind des Individuums als solches am tiefsten und reinsten aufbewahrt im Herzen dieses Individuums, ein viel höheres Sein als das der empirischen Existenz. Allein die Sache steht anders. Das Weib und Kind ist bloß als Weib und Kind in empirischer Existenz, insofern das Individuum selbst empirisch existiert. Daß es sie also lieber irgendwo, in räumlicher Sinnlichkeit, gehe es ihnen auch schlecht, wissen will, als gar nicht, heißt weiter nichts, als daß das Individuum das Bewußtsein seiner eigenen empirischen Existenz haben will. Der Mantel der Liebe war bloß ein Schatten, das nude empirische Ich, die Selbstliebe, die älteste Liebe ist der Kern, hat in keine konkretere, idealere Gestalt sich verjüngt. Angenehmer, meint Plutarch, klingt der Name der Veränderung als des gänzlichen Aufhörens. Allein die Veränderung soll keine qualitative sein, das einzelne Ich in seinem einzelnen Sein soll verharren, der Name ist also bloß die sinnliche Vorstellung dessen, was er ist, und soll das Gegenteil bedeuten. Er ist also eine lügenhafte Fiktion. Die Sache soll nicht verändert, sondern nur in einen dunklen Ort gestellt werden, das Zwischenschieben phantastischer Ferne soll den qualitativen Sprung, und jeder qualitative Unterschied ist ein Sprung, ohne dies Springen keine Idealität, soll ihn verhüllen.

[2. Die Sehnsucht der Vielen]

Ferner meint Plutarch, dies Bewußtsein der Endlichkeit mache unkräftig und tatlos, [.?.] Verstimmung gegen das gegenwärtige Leben; allein das Leben vergeht ja nicht, sondern dies einzelne Sein. Betrachtet sich dies einzelne Sein als ausgeschlossen von diesem verharrenden allgemeinen Leben, kann es dadurch reicher und voller werden, daß es seine Winzigkeit eine Ewigkeit fortträgt? Ändert diese sein Verhältnis, oder bleibt es vielmehr nicht in seiner Unlebendigkeit verknöchert? Ist es nicht dasselbe, ob es heute in diesem indifferenten Verhältnis zum Leben sich befindet oder ob dies hundert Jahrtausende dauert?

Endlich spricht Plutarch es geradezu heraus, daß es nicht auf den Inhalt, auf die Form, sondern auf das Sein des einzelnen ankommt. Sein, wenn auch vom Cerberus zerfleischt werden. Welches ist also der Inhalt seiner Unsterblichkeitslehre? Daß das Individuum, von der Qualität abstrahiert, die ihm hier seine individuelle Stellung gibt, nicht als das Sein von einem Inhalt, sondern als die atomistische Form des Seins verharrt; ist das nicht dasselbe, was Epikur sagt, daß die individuelle Seele aufgelöst wird und in die Form der Atome zurückfällt? Diesen Atomen als solchen Gefühl zuschreiben, obgleich zugegeben wird, daß der Inhalt dieses Gefühls gleichgültig ist, ist bloß eine inkonsequente Vorstellung. Plutarch trägt also in seiner Polemik gegen Epikur die epikureische Lehre vor; er vergißt jedoch nicht, überall das μὴ εἶναι als das Schrecklichste darzustellen. Dieses reine Fürsichsein ist das Atom. Wenn überhaupt dem Individuum nicht in seinem Inhalt, der insofern er allgemeiner ist, an sich selbst allgemein existiert, insofern er Form ist, sich ewig individualisiert, wenn ihm als individuellem Sein die Unsterblichkeit zugesichert wird, so fällt der konkrete Unterschied des Fürsichseins, und es ist bloß die Behauptung, daß das Atom als solches ewig ist und das Beseelte in diese seine Grundform zurückgeht.

Epikur trägt insofern diese Unsterblichkeitslehre vor, aber er ist philosophisch und konsequent genug, es bei seinem Namen zu nennen, zu sagen, daß dies Beseelte in die atomistische Form zurückgeht. Es hilft da keine Halbheit. Muß irgend ein konkreter Unterschied des Individuums fallen, was dies Leben selbst zeigt, so müssen alle fallen, die nicht an sich allgemein und ewig sind. Soll das Individuum nichtsdestoweniger wegen diese μεταβολή [mutatio] gleichgültig sein, so bleibt bloß diese atomistische Hülse des früheren inhalts, das ist die Lehre von der Ewigkeit der Atome.

> Wenn Ewigkeit ist wie Zeit
> Und Zeit wie Ewigkeit,
> Der ist befreit
> Von allem Streit

sagt Jacobus Boehmius, denn der Unterschied heiße nicht, daß das Individuum fortbestehe, sondern daß das Ewige gegen das Vergängliche besteht.

[3. Der Hochmut der Auserwählten]

Wir kommen jetzt zu der Klasse der ἐπιεικῶν καὶ νοῦν ἐχόντων [bonorum et prudentum]. Es versteht sich, daß durchaus nicht über das fruhere hinausgegangen wird, sondern was zuerst als tierische Furcht, dann als menschliche Furcht, als bange Klage, als das Sträuben vor dem Aufgeben des atomistischen Seins erschien, erscheint jetzt in der Form der Arroganz, der Forderung und der Berechtigung. Diese Klasse geht daher, wie Plutarch sie bestimmt, am meisten der Verstand aus. Die unterste macht keine Prätensionen, die zweite weint und will sich alles gefallen lassen, um das Atomistische zu retten, die dritte ist der Philister, der ausruft: mein Gott, das wäre aber noch schöner! So ein kluger, ehrlicher Kerl sollte zum Teufel müssen!

διὸ τῇ δόξῃ τῆς ἀθανασίας συναιροῦσιν τὰς ἡδίστας ἐλπίδας καὶ μεγίστας τῶν πολλῶν. [ita Epicureorum ratio cum immortalitatis opinione iucundissimas plurorumque hominum et maximas spes tollit. – Plut. ib. 1105 Didot p. 1352, 1–2.] Wenn also Plutarch sagt, daß Epikur mit der Unsterblichkeit die schönsten Hoffnungen der Menge hinwegnimmt, so hätte er viel richtiger gesagt, was er anders meinend sagt: οὐκ ἀναιρεῖ, ἀλλ᾽ ὥςπερ ἀπόδειξιν αὐτοῦ προςτίθησι. [non tollit mortis metum, sed quasi demonstrationem eius adiicit. – Plut. ib. 1105 Didot p. 1351, 28–29].

Epikur hebt diese Ansicht nicht auf, er erklärt sie, er bringt sie auf ihren begriffsmäßigen Ausdruck.

Also diese guten und klugen Männer erwarten den Lohn des Lebens nach dem Leben, allein wie inkonsequent ist es in diesem Fall, wieder als Lohn das Leben zu erwarten, da ihnen doch der Lohn des Lebens ein qualitativ vom Leben Unterschiedenes ist. Dieser qualitative Unterschied wird wieder in eine Fiktion eingekleidet, das Leben wird in keine höhere Sphäre aufgehoben, sondern an einen anderen Ort getragen. Sie stellen sich also nur, als verachteten sie das Leben, es ist ihnen um nichts Besseres zu tun, sie kleiden nur ihre Hoffnung in eine Forderung ein.

Sie verachten das Leben, aber ihre atomistische Existenz ist das Gute in demselben, und die Ewigkeit ihrer Atomistik, die das Gute ist, begehren sie. Wenn ihnen das ganze Leben als Schattenbild, als ein Schlechtes vorkam, woher haben sie das Bewußtsein, gut zu sein? Bloß in dem Wissen von sich, als dem atomistischen Sein; und Plutarch geht so weit, daß sie fast zufrieden sind mit diesem Bewußtsein, daß – weil das empirisch Einzelne nur ist, insofern es von einem anderen gesehen wird – diese guten Männer sich nun freuen, daß nach dem Tode diejenigen, die sie bis dato verachtet haben, nun wirklich sie sehen als die Guten und anerkennen müssen und gestraft werden, weil sie sie nicht für das Gute halten. Welche Forderung! Die Schlechten sollen sie anerkennen im Leben als die Guten, und sie erkennen selbst die allgemeinen Mächte des Lebens nicht als das Gute an! Ist das nicht den Stolz des Atoms auf die höchste Spitze geschraubt? Ist es da nicht mit dürren Worten gesagt, wie übermütig und dünkelhaft das Ewige und wie ewig das trockene Fürsichsein ohne allen Inhalt gemacht wird! Es hilft nichts, das unter Floskeln zu verbergen, zu sagen, daß keiner hier seine Wißbegierde befriedigen könne.

Diese Forderung drückt nichts weiter aus, als daß das Allgemeine in der Form der Einzelheit, als Bewußtsein sein müsse, und diese Forderung erfüllt das Allgemeine ewig. Insofern aber wieder verlangt wird, daß es in diesem empirischen ausschließenden Fürsichsein vorhanden sei, so heißt das nichts, als daß es nicht um das Allgemeine, sondern um das Atom zu tun ist.

Wir sehen also, wie Plutarch in seiner Polemik gegen Epikur Schritt vor Schritt dem Epikur sich in die Arme wirft; nur daß dieser einfach, abstrakt, wahr und dürr die Konsequenzen entwickelt und weiß, was er sagt, während Plutarch überall etwas anderes sagt, als er zu sagen meint, aber im Grund auch etwas anderes meint, als er sagt. Das ist überhaupt das Verhältnis des gewöhnlichen Bewußtseins zum philosophischen.

[Kritik der Plutarchischen Ansichten über andere Philosophen, namentlich über Plato]

Hat im vorigen Dialog Plutarch dem Epikur nachzuweisen gesucht, quod non beate vivi possit, nach seiner Philosophie, so sucht er jetzt die δόγματα der übrigen Philosophen gegen diesen Vorwurf von seiten der Epikureer zu rechtfertigen. Wir werden sehen, ob diese Aufgabe ihm besser gelingt als die vorige, deren Polemik eigentlich ein Panegyrikos auf Epikur genannt werden kann. Wichtig ist dieser Dialog für das Verhältnis des Epikur zu den anderen Philosophen. Es ist ein guter Witz des Colotes, wenn er dem Sokrates statt Brot Heu anbietet und ihn fragt, warum er die Speise nicht ins Ohr, sondern in den Mund steckt. Sokrates trieb sich in ganz Kleinem herum, eine notwendige Folge seiner geschichtlichen Stellung.

Plutarch fühlt überall ein Jucken, wo die philosophische Konsequenz des Epikur hervorbricht. Der Philister meint, wenn einer bestreite, daß das Kalte nicht kalt, das Warme nicht warm sei, je nachdem es die Menge nach ihrem Sensorium beurteilt, so täusche er sich selbst, wenn er nicht behaupte, es sei weder das eine, noch das andere. Der Mann sieht nicht ein, daß damit der Unterschied bloß aus der Sache in das Bewußtsein geschoben ist. Will man diese Dialektik der sinnlichen Gewißheit in ihr selbst lösen, so muß es heißen, die Eigenschaft sei in dem Zusammen, in der Beziehung des sinnlichen Wissens auf das Sinnliche, also, da diese Beziehung eine unmittelbar verschiedene ist, unmittelbar verschieden. Es wird damit weder in die Sache, noch in das Wissen der Fehler geschoben, sondern das Ganze der sinnlichen Gewißheit wird als dieser schwankende Prozeß betrachtet. Wer nicht die dialektische Macht hat, diese Sphäre total zu negieren, wer sie stehen lassen will, der muß auch mit der Wahrheit zufrieden sein, wie sie sich innerhalb ihrer vorfindet. Plutarch ist zu dem einen zu impotent, zu dem anderen ein zu ehrlicher kluger Herr.

Also, sagt Plutarch, müßte man von jeder Eigenschaft sagen, daß sie nicht mehr ist als nicht ist; denn das ändert sich, je nachdem einer affiziert wird. Allein seine Frage zeigt schon, daß er die Sache nicht versteht. Er spricht von dem festen Sein oder Nichtsein als Prädikat. Aber das Sein des Sinnlichen ist vielmehr, kein solches Prädikat zu sein. Kein festes Sein oder Nichtsein. Wenn ich diese also trenne, so trenne ich gerade, was in der Sinnlichkeit nicht getrennt ist. Das gewöhnliche Denken hat immer abstrakte Prädikate fertig, die es trennt von dem Subjekt. Alle Philosophen haben die Prädikate selbst zu Subjekten gemacht.

Wenn Plutarch über die Ideenlehrer, Plato, sagt, οὐ παρορᾷ τὸ αἰσθητόν, ἀλλὰ τὸ νοητὸν εἶναι λέγει [bei Didot οὐ παρορᾷ τὸ αἰσθητὸν οὐδὲ παρορᾷ τὸ νοητὸν neque sensibilia negligit, neque negligit intelligibilia – Plut. adv. Coloten 1116 Didot p. 1365, 6–7], so sieht der dumme Ekletiker nicht, daß eben dies dem Plato vorgeworfen ist. Er hebt das Sinnliche nicht auf, aber er behauptet vom Gedachten das Sein. Das sinnliche Sein kömmt so nicht zu Gedanken, und das Gedachte fällt auch in ein Sein, so daß zwei seiende Reiche nebeneinander bestehen. Man kann hier sehen, welchen Anklang der platonische Pedantismus besonders leicht beim gemeinen Mann findet, und Plutarch können wir hinsichtlich seiner philosophischen Einsichten zu dem gemeinen Mann rechnen. Versteht sich, was bei Plato originell, notwendig, auf einer gewissen Stufe der allgemeinen philosophischen Bildung prächtig erscheint, das ist bei einem Individuum, das an der Schwelle der alten Welt sitzt, die schale Erinnerung an den Rausch eines Toten, eine Lampe aus der antediluvianischen Zeit, die Widerlichkeit eines alten Mannes, der in das Kindesalter zurückgefallen ist.

Besser kann man den Plato nicht kritisieren, als Plutarch ihn lobt: οὐδὲ ἀναιρεῖ τὰ γινόμενα καὶ φαινόμενα περὶ ἡμᾶς τῶν παθῶν· ἀλλὰ ὅτι βεβαιότερα τούτων ἕτερα καὶ μονιμώτερα (lauter begriffslose, aus der Sinnlichkeit abstrahierte Vorstellungen) πρὸς οὐσίαν ἐστί, τὸ μήτε γίνεσθαι, μήτ' ἀπόλλυσθαι, μήτε πάσχειν (man bemerke μήτε–μήτε–μήτε – 3 negative Bestimmungen) μηδὲν ἐνδείκνυται τοῖς ἑπομένοις, καὶ διδάσκει καθαρώτερον τῆς διαφορᾶς ἁπτομένους τοῖς ὀνόμασι (richtig, der Unterschied ist ein nomi-neller), τὰ μὲν ὄντα, τὰ δὲ γινόμενα προςαγορεύειν. [neque tollit eas affectiones, quae nobis accidunt et sensu percipiuntur; sed his firmiora et constantioris esse alia ostendit naturae, eo quod ne-que oriantur neque intereant neque perpetiantur quicquam: ac discrimen illud subtilius verbis exprimere docet successores, ut alia entia, alia fientia appellent. – Plut. ib. 1116 Didot p. 1365, 7–13.]

Nun wendet sich Plutarch an den Colotes und fragt, ob sie nicht selbst den Unterschied zwischen festem und vergäng-lichem Sein machen, etc.

Es ist amüsant, dieser gespreizten, sich klug dünkenden Ehr-lichkeit zuzuhören. Er selbst, nämlich Plutarch, bringt die plato-nische Differenz des Seins auf zwei Namen herab, und dennoch sollen von der anderen Seite die Epikureer Unrecht haben, wenn sie beiden Seiten ein festes Sein zuschreiben (sie unterscheiden indes recht gut das ἄφθαρτον und ἀγέννητον von dem, was durch Zusammensetzung ist): tut dies nicht auch Plato, wenn das εἶναι fest auf der einen Seite, auf der anderen das γενέσθαι sitzt?

3. Briefe an Arnold Ruge (1843)

Auf der Treckschuit nach D. im März 1843.

Ich reise jetzt in Holland. Soviel ich aus den hiesigen und französischen Zeitungen sehe, ist Deutschland tief in den Dreck hineingeritten und wird es noch immer mehr. Ich versichere Sie, wenn man auch nichts weniger als Nationalstolz fühlt, so fühlt man doch Nationalscham, sogar in Holland. Der kleinste Holländer ist noch ein Staatsbürger gegen den größten Deutschen. Und die Urteile der Ausländer über die preußische Regierung! Es herrscht eine erschreckende Übereinstimmung, niemand täuscht sich mehr über dies System und seine einfache Natur. Etwas hat also doch die neue Schule genützt. Der Prunkmantel des Liberalismus ist gefallen, und der widerwärtigste Despotismus steht in seiner ganzen Nacktheit vor aller Welt Augen.

Das ist auch eine Offenbarung, wenngleich eine umgekehrte. Es ist eine Wahrheit, die uns zum wenigsten die Hohlheit unseres Patriotismus, die Unnatur unseres Staatswesens kennen und unser Angesicht verhüllen lehrt. Sie sehen mich lächelnd an und fragen: was ist damit gewonnen? Aus Scham macht man keine Revolution. Ich antworte: die Scham ist schon eine Revolution; sie ist wirklich der Sieg der französischen Revolution über den deutschen Patriotismus, durch den sie 1813 besiegt wurde. Scham ist eine Art Zorn, der in sich gekehrte. Und wenn eine ganze Nation sich wirklich schämte, so wäre sie der Löwe, der sich zum Sprunge in sich zurückzieht. Ich gebe zu, sogar die Scham ist in Deutschland noch nicht vorhanden; im Gegenteil, diese Elenden sind noch Patrioten. Welches System sollte ihnen aber den Patriotismus austreiben, wenn nicht dieses lächerliche des neuen Ritters? Die Komödie des Despotismus, die mit uns aufgeführt wird, ist für ihn ebenso gefährlich, als es einst den

Stuarts und Bourbonen die Tragödie war. Und selbst, wenn man diese Komödie lange Zeit nicht für das halten sollte, was sie ist, so wäre sie doch schon eine Revolution. Der Staat ist ein zu ernstes Ding, um zu einer Harlekinade gemacht zu werden. Man könnte vielleicht ein Schiff voll Narren eine gute Weile vor dem Winde treiben lassen; aber seinem Schicksal trieb'es entgegen eben darum, weil die Narren dies nicht glaubten. Dieses Schicksal ist die Revolution, die uns bevorsteht.

M. an R.

Köln, im Mai 1843.
Ihr Brief, mein teurer Freund, ist eine gute Elegie, ein atemversetzender Grabgesang; aber politisch ist er ganz und gar nicht. Kein Volk verzweifelt, und sollt' es auch lange Zeit nur aus Dummheit hoffen, so erfüllt es sich doch nach vielen Jahren einmal aus plötzlicher Klugheit alle seine frommen Wünsche.

Doch, Sie haben mich angesteckt, Ihr Thema ist noch nicht erschöpft, ich will das Finale hinzufügen, und wenn alles zu Ende ist, dann reichen Sie mir die Hand, damit wir von vorne wieder anfangen. Laßt die Toten ihre Toten begraben und beklagen. Dagegen ist es beneidenswert, die ersten zu sein, die lebendig ins neue Leben eingehen; dies soll unser Los sein.

Es ist wahr, die alte Welt gehört dem Philister. Aber wir dürfen ihn nicht wie einen Popanz behandeln, von dem man sich ängstlich wegwendet. Wir müssen ihn vielmehr genau ins Auge fassen. Es lohnt sich, diesen Herrn der Welt zu studieren.

Herr der Welt ist er freilich nur, indem er sie, wie die Würmer einen Leichnam, mit seiner Gesellschaft ausfüllt. Die Gesellschaft dieser Herren braucht darum nichts weiter als eine Anzahl Sklaven, und die Eigentümer der Sklaven brauchen nicht frei zu sein. Wenn sie wegen ihres Eigentums an Land und Leuten Herren im eminenten Sinne genannt werden, sind sie darum nicht weniger Philister als ihre Leute.

Menschen, das wären geistige Wesen, freie Männer Republikaner. Beide wollen die Spießbürger nicht sein. Was bleibt ihnen übrig, zu sein und zu wollen?

Was sie wollen, leben und sich fortpflanzen (und weiter, sagt Goethe, bringt es doch keiner), das will auch das Tier, höchstens würde ein deutscher Politiker noch hinzuzusetzen haben, der Mensch *wisse* aber, daß er es wolle, und der Deutsche sei so besonnen, nichts weiter zu wollen.

Das Selbstgefühl des Menschen, die Freiheit, wäre in der Brust dieser Menschen erst wieder zu erwecken. Nur dies Gefühl, welches mit den Griechen aus der Welt und mit dem Christentum in den blauen Dunst des Himmels verschwindet, kann aus der Gesellschaft wieder eine Gemeinschaft der Menschen für ihre höchsten Zwecke, einen demokratischen Staat machen.

Die Menschen dagegen, welche sich nicht als Menschen fühlen, wachsen ihren Herren zu, wie eine Zucht von Sklaven oder Pferden. Die angestammten Herren sind der Zweck dieser ganzen Gesellschaft. Diese Welt gehört ihnen. Sie nehmen sie, wie sie ist und sich fühlt. Sie nehmen sich selbst, wie sie sich vorfinden, und stellen sich hin, wo ihre Füße gewachsen sind, auf die Nacken dieser politischen Tiere, die keine andere Bestimmung kennen, als ihnen »untertan, hold und gewärtig« zu sein.

Die Philisterwelt ist die *politische Tierwelt*, und wenn wir ihre Existenz anerkennen müssen, so bleibt uns nichts übrig, als dem status quo einfacherweise recht zu geben. Barbarische Jahrhunderte haben ihn erzeugt und ausgebildet, und nun steht er da als ein konsequentes System, dessen Prinzip die *entmenschte Welt* ist. Die vollkommenste Philisterwelt, unser Deutschland, mußte also natürlich weit hinter der französischen Revolution, die den Menschen wieder herstellte, zurückbleiben; und der deutsche Aristoteles, der seine Politik aus unseren Zuständen abnehmen wollte, würde an ihre Spitze schreiben: »Der Mensch ist ein geselliges, jedoch völlig unpolitisches Tier«, den Staat aber könnte er nicht richtiger erklären, als dies Herr Zöpfl, der Verfasser des »Konstitutionellen Staatsrechts in Deutschland«, bereits getan hat. Er ist nach ihm ein »Verein von Familien«, welcher, fahren wir fort, einer allerhöchsten Familie, die man Dynastie nennt, erb- und eigentümlich zugehört. Je fruchtbarer die Familien sich zeigen, desto glücklicher die Leute, desto größer der Staat, desto mächtiger die Dynastie, weswegen denn auch in dem normaldespotischen Preußen auf den siebenten Jungen eine Prämie von fünfzig Reichstalern gesetzt ist.

Die Deutschen sind so besonnene Realisten, daß alle ihre Wünsche und ihre hochfliegendsten Gedanken nicht über das kalte Leben hinausreichen. Und diese Wirklichkeit, nichts weiter, akzeptieren die, welche sie beherrschen. Auch diese Leute sind Realisten, sie sind sehr weit von allem Denken und von aller menschlichen Größe entfernt, gewöhnliche Offiziere und Landjunker, aber sie irren sich nicht, sie haben recht, sie, so wie sie sind, reichen vollkommen aus, dieses Tierreich zu benutzen und zu beherrschen, denn Herrschaft und Benutzung ist Ein Begriff, hier wie überall. Und wenn sie sich huldigen lassen und über die wimmelnden Köpfe dieser hirnlosen Wesen hinsehen, was liegt ihnen näher als der Gedanke Napoleons an der Beresina? Man sagt ihm nach, er habe hinuntergewiesen auf das Gewimmel der Ertrinkenden und seinem Begleiter zugeworfen: *Voyez ces crapauds!* Diese Nachrede ist wahrscheinlich eine Lüge, aber wahr ist sie nichtsdestoweniger. Der einzige Gedanke des Despotismus ist die Menschenverachtung, der entmenschte Mensch, und dieser Gedanke hat vor vielen anderen den Vorzug, zugleich Tatsache zu sein. Der Despot sieht die Menschen immer entwürdigt. Sie ersaufen vor seinen Augen und für ihn im Schlamm des gemeinen Lebens, aus dem sie auch, gleich den Fröschen, immer wieder hervorgehen. Drängt sich nun selbst Menschen, die großer Zwecke fähig waren, wie Napoleon vor seiner Dynastietollheit, diese Ansicht auf, wie sollte ein ganz gewöhnlicher König in einer solchen Realität Idealist sein?

Das Prinzip der Monarchie überhaupt ist der verachtete, der verächtliche, *der entmenschte Mensch*; und Montesquieu hat sehr unrecht, die Ehre dafür auszugeben. Er hilft sich mit der Unterscheidung von Monarchie, Despotie und Tyrannei. Aber das sind Namen Eines Begriffs, höchstens eine Sittenverschiedenheit bei demselben Prinzip. Wo das monarchische Prinzip in der Majorität ist, da sind die Menschen in der Minorität, wo es nicht bezweifelt wird, da gibt es keine Menschen. Warum soll nun ein Mann wie der König von Preußen, der keine Proben davon hat, daß er problematisch wäre, nicht lediglich seiner Laune folgen? Und nun er es tut, was kommt dabei heraus? Widersprechende Absichten? Gut, so wird nichts daraus. Ohnmächtige Tendenzen? Sie sind immer noch die einzige politische Wirklichkeit. Blamagen und Verlegenheiten? Es gibt nur Eine Blamage und nur Eine Verlegenheit, das Heruntersteigen vom Thron. Solange die Laune an ihrem Platze bleibt, hat sie recht. Sie mag dort so unbeständig, so kopflos, so verächtlich sein, wie sie will; sie ist immer noch gut genug, ein Volk zu regieren, welches nie ein anderes Gesetz gekannt hat als die Willkür seiner Könige. Ich sage nicht, ein kopfloses System und der Verlust der Achtung im Inneren und nach Außen werde ohne Folgen bleiben, ich nehme die Assekuranz des Narrenschiffes nicht auf mich; aber ich behaupte: der König von Preußen wird so lange ein Mann seiner Zeit sein, als die verkehrte Welt die wirkliche ist.

Sie wissen, ich beschäftige mich viel mit diesem Manne. Schon damals, als er nur noch das Berliner politische Wochenblatt zu seinem Organe hatte, erkannte ich seinen Wert und seine Bestimmung. Er rechtfertigte schon bei der Huldigung in Königsberg meine Vermutung, daß nun die Frage rein persönlich werden würde. Er erklärte sein Herz und sein Gemüt für das künftige Staatsgrundgesetz der Domäne Preußen, *seines* Staates; und in der Tat, der König ist in Preußen das System. Er ist die einzige politische Person. Seine Persönlichkeit bestimmt das System so oder so. Was er tut oder was man ihn tun läßt, was er denkt oder was man ihm in den Mund legt, das ist es, was in Preußen der Staat denkt oder tut. Es ist also wirklich ein Verdienst, daß der jetzige König dies so unumwunden erklärt hat.

Nur darin irrte man sich eine Zeitlang, daß man es für erheblich hielt, welche Wünsche und Gedanken der König nun zum

Vorschein brächte. Dies konnte in der Sache nichts ändern, der Philister ist das Material der Monarchie und der Monarch immer nur der König der Philister; er kann weder sich noch seine Leute zu freien, wirklichen Menschen machen, wenn beide Teile bleiben, was sie sind.

Der König von Preußen hat es versucht, mit einer Theorie, die wirklich sein Vater so nicht hatte, das System zu ändern. Das Schicksal dieses Versuchs ist bekannt. Er ist vollkommen gescheitert. Ganz natürlich. Ist man einmal bei der politischen Tierwelt angelangt, so gibt es keine weitere Reaktion, als bis zu ihr, und kein anderes Vordringen, als das Verlassen ihrer Basis und den Übergang zur Menschenwelt der Demokratie.

Der alte König wollte nichts Extravagantes, er war ein Philister und machte keinen Anspruch auf Geist. Er wußte, daß der Dienerstaat und sein Besitz nur der prosaischen, ruhigen Existenz bedurfte. Der junge König war munterer und aufgeweckter, von der Allmacht des Monarchen, der nur durch sein Herz und seinen Verstand beschränkt ist, dachte er viel größer. Der alte verknöcherte Diener- und Sklavenstaat widerte ihn an. Er wollte ihn lebendig machen und ganz und gar mit seinen Wünschen, Gefühlen und Gedanken durchdringen; und er konnte das verlangen, er in *seinem* Staate, wenn es nur gelingen wollte. Daher seine liberalen Reden und Herzensergießungen. Nicht das tote Gesetz, das volle lebendige Herz des Königs sollte alle seine Untertanen regieren. Er wollte alle Herzen und Geister für seine Herzenswünsche und langgenährten Pläne in Bewegung setzen. Eine Bewegung ist erfolgt; aber die übrigen Herzen schlugen nicht wie das seinige, und die Beherrschten konnten den Mund nicht auftun, ohne von der Aufhebung der alten Herrschaft zu reden. Die Idealisten, welche die Unverschämtheit haben, den Menschen zum Menschen machen zu wollen, ergriffen das Wort, und während der König altdeutsch phantasierte, meinten sie, neudeutsch philosophieren zu dürfen. Allerdings war dies unerhört in Preußen. Einen Augenblick schien die alte Ordnung der Dinge auf den Kopf gestellt zu sein, ja, die Dinge fingen an, sich in Menschen zu verwandeln, es gab sogar namhafte Menschen, obgleich die Namensnennung auf den Landtagen nicht erlaubt ist; aber die Diener des alten Despotismus machten diesem undeutschen Treiben bald ein Ende. Es war nicht schwer, die Wünsche des Königs,der für eine große Vergangenheit voll Pfaffen, Ritter und Hörige schwärmt, mit den Absichten der Idealisten, welche lediglich die Folgen der französischen Revolution, also zuletzt doch immer Republik und eine Ordnung der freien Menschheit statt der Ordnung der toten Dinge wollen, in fühlbaren Konflikt zu bringen. Als dieser Konflikt schneidend und unbequem genug geworden und der jähzornige König hinlänglich aufgeregt war, da traten die Diener zu ihm, die früher den Gang der Dinge so leicht geleitet hatten, und erklärten: der König täte nicht wohl, seine Untertanen zu unnützen Reden zu verleiten, sie würden das Geschlecht der redenden Menschen nicht regieren können. Auch der Herr aller Hinterrussen war über die Bewegung in den Köpfen der Vorderrussen unruhig geworden und verlangte Wiederherstellung des alten ruhigen Zustandes. Und es erfolgte eine neue Auflage der alten Achtung aller Wünsche und Gedanken der Menschen über menschliche Rechte und Pflichten, das heißt die Rückkehr zu dem alten verknöcherten Dienerstaat, in welchem der Sklave schweigend dient und der Besitzer des Landes und der Leute lediglich durch eine wohlgezogene, stillfolgsame Dienerschaft möglichst schweigsam herrscht. Beide können, was sie wollen, nicht sagen, weder die einen, daß sie Menschen werden wollen, noch der andere, daß er keine Menschen in seinem Lande brauchen könne. Schweigen ist daher das einzige Auskunftsmittel. *Muta pecora, prona et ventri oboedientia.*

Dies ist der verunglückte Versuch, den Philisterstaat auf seiner eigenen Basis aufzuheben: er ist dazu ausgeschlagen, daß er die Notwendigkeit der Brutalität und die Unmöglichkeit der Humanität für den Despotismus aller Welt anschaulich gemacht hat. Ein brutales Verhältnis kann nur mit Brutalität aufrecht erhalten werden. Und hier bin ich nun mit unserer gemeinsamen

Aufgabe, den Philister und seinen Staat ins Auge zu fassen, fertig. Sie werden nicht sagen, ich hielte die Gegenwart zu hoch, und wenn ich dennoch nicht an ihr verzweifle, so ist es nur ihre eigene verzweifelte Lage, die mich mit Hoffnung erfüllt. Ich rede gar nicht von der Unfähigkeit der Herren und von der Indolenz der Diener und Untertanen, die alles gehen lassen, wie es Gott gefällt; und doch reichte beides zusammen schon hin, um eine Katastrophe herbeizuführen. Ich mache Sie nur darauf aufmerksam, daß die Feinde des Philistertums, mit einem Wort alle denkenden und alle leidenden Menschen zu einer Verständigung gelangt sind, wozu ihnen früher durchaus die Mittel fehlten, und daß selbst das passive Fortpflanzungssystem der alten Untertanen jeden Tag Rekruten für den Dienst der neuen Menschheit wirbt. Das System des Erwerbs und Handels, des Besitzes und der Ausbeutung der Menschen führt aber noch viel schneller als die Vermehrung der Bevölkerung zu einem Bruch innerhalb der jetzigen Gesellschaft, den das alte System nicht zu heilen vermag, weil es überhaupt nicht heilt und schafft, sondern nur existiert und genießt. Die Existenz der leidenden Menschheit, die denkt, und der denkenden Menschheit, die unterdrückt wird, muß aber notwendig für die passive und gedankenlos genießende Tierwelt der Philisterei ungenießbar und unverdaulich werden.

Von unserer Seite muß die alte Welt vollkommen ans Tageslicht gezogen und die neue positiv ausgebildet werden. Je länger die Ereignisse der denkenden Menschheit Zeit lassen, sich zu besinnen, und der leidenden, sich zu sammeln, umso vollendeter wird das Produkt in die Welt treten, welches die Gegenwart in ihrem Schoße trägt.

M. an R.

Kreuznach, im September 1843.
Es freut mich, daß Sie entschlossen sind und von den Rückblicken auf das Vergangene Ihre Gedanken zu einem neuen Un-

ternehmen vorwärts wenden. Also in Paris, der alten Hochschule der Philosophie, *absit omen!* und der neuen Hauptstadt der neuen Welt. Was notwendig ist, das fügt sich. Ich zweifle daher nicht, daß sich alle Hindernisse, deren Gewicht ich nicht verkenne, beseitigen lassen.

Das Unternehmen mag aber zustande kommen oder nicht; jedenfalls werde ich Ende dieses Monats in Paris sein, da die hiesige Luft leibeigen macht und ich in Deutschland durchaus keinen Spielraum für eine freie Tätigkeit sehe.

In Deutschland wird alles gewaltsam unterdrückt, eine wahre Anarchie des Geistes, das Regiment der Dummheit selbst ist hereingebrochen, und Zürich gehorcht den Befehlen aus Berlin; es wird daher immer klarer, daß ein neuer Sammelpunkt für die wirklich denkenden und unabhängigen Köpfe gesucht werden muß. Ich bin überzeugt, durch unseren Plan würde einem wirklichen Bedürfnisse entsprochen werden, und die wirklichen Bedürfnisse müssen sich doch auch wirklich erfüllen lassen. Ich zweifle also nicht an dem Unternehmen, sobald ernst damit gemacht wird.

Größer noch als die äußeren Hindernisse scheinen beinahe die inneren Schwierigkeiten zu sein. Denn wenn auch kein Zweifel über das »Woher«, so herrscht desto mehr Konfusion über das »Wohin«. Nicht nur, daß eine allgemeine Anarchie unter den Reformern ausgebrochen ist, so wird jeder sich selbst gestehen müssen, daß er keine exakte Anschauung von dem hat, was werden soll. Indessen ist das gerade wieder der Vorzug der neuen Richtung, daß wir nicht dogmatisch die Welt antizipieren, sondern erst aus der Kritik der alten Welt die neue finden wollen. Bisher hatten die Philosophen die Auflösung aller Rätsel in ihrem Pulte liegen, und die dumme exoterische Welt hatte nur das Maul aufzusperren, damit ihr die gebratenen Tauben der absoluten Wissenschaft in den Mund flogen. Die Philosophie hat sich verweltlicht, und der schlagendste Beweis dafür ist, daß das philosophische Bewußtsein selbst in die Qual des Kampfes nicht nur äußerlich, sondern auch innerlich hineingezogen ist. Ist die

Konstruktion der Zukunft und das Fertigwerden für alle Zeiten nicht unsere Sache, so ist desto gewisser, was wir gegenwärtig zu vollbringen haben, ich meine *die rücksichtslose Kritik alles Bestehenden,* rücksichtslos sowohl in dem Sinne, daß die Kritik sich nicht vor ihren Resultaten fürchtet und ebensowenig vor dem Konflikte mit den vorhandenen Mächten.

Ich bin daher nicht dafür, daß wir eine dogmatische Fahne aufpflanzen, im Gegenteil. Wir müssen den Dogmatikern nachzuhelfen suchen, daß sie ihre Sätze nicht klar machen. So ist namentlich der *Kommunismus* eine dogmatische Abstraktion, wobei ich aber nicht irgendeinen eingebildeten und möglichen, sondern den wirklich existierenden Kommunismus, wie ihn Cabet, Dezamy, Weitling etc. lehren, im Sinn habe. Dieser Kommunismus ist selbst nur eine aparte, von seinem Gegensatz, dem Privatwesen, infizierte Erscheinung des humanistischen Prinzips. Aufhebung des Privateigentums und Kommunismus sind daher keineswegs identisch, und der Kommunismus hat andere sozialistische Lehren, wie die von Fourier, Proudhon etc., nicht zufällig, sondern notwendig sich gegenüber entstehen sehen, weil er selbst nur eine besondere, einseitige Verwirklichung des sozialistischen Prinzips ist.

Und das ganze sozialistische Prinzip ist wieder nur die eine Seite, welche die *Realität* des wahren menschlichen Wesens betrifft. Wir haben uns ebensowohl um die andere Seite, um die theoretische Existenz des Menschen zu kümmern, also Religion, Wissenschaft etc. zum Gegenstande unserer Kritik zu machen. Außerdem wollen wir auf unsere Zeitgenossen wirken, und zwar auf unsere deutschen Zeitgenossen. Es fragt sich, wie ist das anzustellen? Zweierlei Fakta lassen sich nicht ableugnen. Einmal die Religion, dann die Politik sind Gegenstände, welche das Hauptinteresse des jetzigen Deutschlands bilden. An diese, wie sie auch sind, ist anzuknüpfen, nicht irgendein System wie etwa die *Voyage en Icarie* ihnen fertig entgegenzusetzen.

Die Vernunft hat immer existiert, nur nicht immer in der vernünftigen Form. Der Kritiker kann also an jede Form des theoretischen und praktischen Bewußtseins anknüpfen und aus den *eigenen* Formen der existierenden Wirklichkeit die wahre Wirklichkeit als ihr Sollen und ihren Endzweck entwickeln. Was nun das wirkliche Leben betrifft, so enthält gerade der *politische Staat*, auch wo er von den sozialistischen Forderungen noch nicht bewußterweise erfüllt ist, in allen seinen *modernen* Formen die Forderungen der Vernunft. Und er bleibt dabei nicht stehen. Er unterstellt überall die Vernunft als realisiert. Er gerät aber ebenso überall in den Widerspruch seiner ideellen Bestimmung mit seinen realen Voraussetzungen.

Aus diesem Konflikt des politischen Staates mit sich selbst läßt sich daher überall die soziale Wahrheit entwickeln. Wie die *Religion* das Inhaltsverzeichnis von den theoretischen Kämpfen der Menschheit, so ist es der *politische Staat* von ihren praktischen. Der politische Staat drückt also innerhalb seiner Form *sub specie rei publicae* alle sozialen Kämpfe, Bedürfnisse, Wahrheiten aus. Es ist also durchaus nicht unter der *hauteur des principes*, die speziellste politische Frage – etwa den Unterschied von ständischem und repräsentativem System – zum Gegenstande der Kritik zu machen. Denn diese Frage drückt nur auf *politische* Weise den Unterschied von der Herrschaft des Menschen und der Herrschaft des Privateigentums aus. Der Kritiker kann also nicht nur, er muß in diese politischen Fragen (die nach der Ansicht der krassen Sozialisten unter aller Würde sind) eingehen. Indem er den Vorzug des repräsentativen Systems vor dem ständischen entwickelt, *interessiert* er *praktisch* eine große Partei. Indem er das repräsentative System aus seiner politischen Form zu der allgemeinen Form erhebt und die wahre Bedeutung, die ihm zugrunde liegt, geltend macht, zwingt er zugleich diese Partei, über sich selbst hinauszugehen, denn ihr Sieg ist zugleich ihr Verlust.

Es hindert uns also nichts, unsere Kritik an die Kritik der Politik, an die Parteinahme in der Politik, also an *wirkliche* Kämpfe anzuknüpfen und mit ihnen zu identifizieren. Wir treten dann nicht der Welt doktrinär mit einem neuen Prinzip entgegen: hier ist die Wahrheit, hier kniee nieder! Wir entwickeln der Welt aus den Prinzipien der Welt neue Prinzipien. Wir sagen ihr nicht: laß ab von deinen Kämpfen, sie sind dummes Zeug; wir wollen dir die wahre Parole des Kampfes zuschreien. Wir zeigen ihr nur, warum sie eigentlich kämpft, und das Bewußtsein ist eine Sache, die sie sich aneignen *muß*, wenn sie auch nicht will.

Die Reform des Bewußtseins besteht *nur* darin, daß man die Welt ihr Bewußtsein inne werden läßt, daß man sie aus dem Traume über sich selbst aufweckt, daß man ihre eigenen Aktionen ihr *erklärt*. Unser ganzer Zweck kann in nichts anderem bestehen, wie dies auch bei Feuerbachs Kritik der Religion der Fall ist, als daß die religiösen und politischen Fragen in die selbstbewußte menschliche Form gebracht werden.

Unser Wahlspruch muß also sein: Reform des Bewußtseins nicht durch Dogmen, sondern durch Analysierung des mystischen, sich selbst unklaren Bewußtseins, trete es nun religiös oder politisch auf. Es wird sich dann zeigen, daß die Welt längst den Traum von einer Sache besitzt, von der sie nur das Bewußtsein besitzen muß, um sie wirklich zu besitzen. Es wird sich zeigen, daß es sich nicht um einen großen Gedankenstrich zwischen Vergangenheit und Zukunft handelt, sondern um die *Vollziehung* der Gedanken der Vergangenheit. Es wird sich endlich zeigen, daß die Menschheit keine *neue* Arbeit beginnt, sondern mit Bewußtsein ihre alte Arbeit zustande bringt.

Wir können also die Tendenz unseres Blattes in Ein Wort fassen: Selbstverständigung (kritische Philosophie) der Zeit über ihre Kämpfe und Wünsche. Dies ist eine Arbeit für die Welt und für uns. Sie kann nur das Werk vereinter Kräfte sein. Es handelt sich um eine *Beichte*, um weiter nichts. Um sich ihre Sünden vergeben zu lassen, braucht die Menschheit sie nur für das zu erklären, was sie sind.

4. Zur Kritik der Hegelschen Rechtsphilosophie. Einleitung (1844)

Für Deutschland ist die *Kritik der Religion* im Wesentlichen beendigt, und die Kritik der Religion ist die Voraussetzung aller Kritik.

Die *profane* Existenz des Irrtums ist kompromittiert, nachdem seine *himmlische oratio pro aris et focis* widerlegt ist. Der Mensch, der in der phantastischen Wirklichkeit des Himmels, wo er einen Übermenschen suchte, nur den *Widerschein* seiner selbst gefunden hat, wird nicht mehr geneigt sein, nur den *Schein* seiner selbst, nur den Unmenschen zu finden, wo er seine wahre Wirklichkeit sucht und suchen muß.

Das Fundament der irreligiösen Kritik ist: *Der Mensch macht die Religion*, die Religion macht nicht den Menschen. Und zwar ist die Religion das Selbstbewußtsein und das Selbstgefühl des Menschen, der sich selbst entweder noch nicht erworben oder schon wieder verloren hat. Aber *der Mensch*, das ist kein abstraktes, außer der Welt hockendes Wesen. Der Mensch, das ist *die Welt des Menschen*, Staat, Sozietät. Dieser Staat, diese Sozietät produzieren die Religion, ein *verkehrtes Weltbewußtsein*, weil sie eine *verkehrte Welt* sind. Die Religion ist die allgemeine Theorie dieser Welt, ihr enzyklopädisches Kompendium, ihre Logik in populärer Form, ihr spiritualistischer Point-d'honneur, ihr Enthusiasmus, ihre moralische Sanktion, ihre feierliche Ergänzung, ihr allgemeiner Trost- und Rechtfertigungsgrund. Sie ist die *phantastische Verwirklichung* des menschlichen Wesens, weil das *menschliche Wesen* keine wahre Wirklichkeit besitzt. Der Kampf gegen die Religion ist also mittelbar der Kampf gegen *jene Welt*, deren geistiges *Aroma* die Religion ist.

Das *religiöse* Elend ist in einem der *Ausdruck* des wirklichen Elendes und in einem die *Protestation* gegen das wirkliche Elend. Die Religion ist der Seufzer der bedrängten Kreatur, das

Gemüt einer herzlosen Welt, wie sie der Geist geistloser Zustände ist. Sie ist das *Opium* des Volks.

Die Aufhebung der Religion als des *illusorischen* Glücks des Volkes ist die Forderung seines *wirklichen* Glücks. Die Forderung, die Illusionen über seinen Zustand aufzugeben, ist die *Forderung, einen Zustand aufzugeben, der der Illusionen bedarf*. Die Kritik der Religion ist also im *Keim* die *Kritik des Jammertales*, dessen *Heiligenschein* die Religion ist.

Die Kritik hat die imaginären Blumen an der Kette zerpflückt, nicht damit der Mensch die phantasielose, trostlose Kette trage, sondern damit er die Kette abwerfe und die lebendige Blume breche. Die Kritik der Religion enttäuscht den Menschen, damit er denke, handle, seine Wirklichkeit gestalte wie ein enttäuschter, zu Verstand gekommener Mensch, damit er sich um sich selbst und damit um seine wirkliche Sonne bewege. Die Religion ist nur die illusorische Sonne, die sich um den Menschen bewegt, solange er sich nicht um sich selbst bewegt.

Es ist also die *Aufgabe der Geschichte*, nachdem das *Jenseits der Wahrheit* verschwunden ist, die *Wahrheit des Diesseits* zu etablieren. Es ist zunächst die *Aufgabe der Philosophie*, die im Dienste der Geschichte steht, nachdem die *Heiligengestalt* der menschlichen Selbstentfremdung entlarvt ist, die Selbstentfremdung in ihren *unheiligen Gestalten* zu entlarven. Die Kritik des Himmels verwandelt sich damit in die Kritik der Erde, die *Kritik der Religion* in die *Kritik des Rechts*, die *Kritik der Theologie* in die *Kritik der Politik*.

Die nachfolgende Ausführung – ein Beitrag zu dieser Arbeit – schließt sich zunächst nicht an das Original, sondern an eine Kopie, an die deutsche Staats- und Rechts-*Philosophie* an, aus keinem anderen Grunde, als weil sie sich an *Deutschland* anschließt.

Wollte man an den deutschen *status quo* selbst anknüpfen, wenn auch in einzig angemessener Weise, d.h. negativ, immer bliebe das Resultat ein *Anachronismus*. Selbst die Verneinung unserer politischen Gegenwart findet sich schon als bestaubte

Tatsache in der historischen Rumpelkammer der modernen Völker. Wenn ich die gepuderten Zöpfe verneine, habe ich immer noch die ungepuderten Zöpfe. Wenn ich die deutschen Zustände von 1843 verneine, stehe ich, nach französischer Zeitrechnung, kaum im Jahre 1789, noch weniger im Brennpunkt der Gegenwart.

Ja, die deutsche Geschichte schmeichelt sich einer Bewegung, welche ihr kein Volk am historischen Himmel weder vorgemacht hat noch nachmachen wird. Wir haben nämlich die Restaurationen der modernen Völker geteilt, ohne ihre Revolutionen zu teilen. Wir wurden restauriert, erstens, weil andere Völker eine Revolution wagten, und zweitens, weil andere Völker eine Contrerevolution litten, das eine Mal, weil unsere Herren Furcht hatten, und das andere Mal, weil unsere Herren keine Furcht hatten. Wir, unsere Hirten an der Spitze, befanden uns immer nur einmal in der Gesellschaft der Freiheit, am *Tag ihrer Beerdigung*.

Eine Schule, welche die Niederträchtigkeit von heute durch die Niederträchtigkeit von gestern legitimiert, eine Schule, die jeden Schrei des Leibeigenen gegen die Knute für rebellisch erklärt, sobald die Knute eine bejahrte, eine angestammte, eine historische Knute ist, eine Schule, der die Geschichte, wie der Gott Israels seinem Diener Moses, nur ihr *a posteriori* zeigt, die *historische Rechtsschule*, sie hätte daher die deutsche Geschichte erfunden, wäre sie nicht eine Erfindung der deutschen Geschichte. Shylock, aber Shylock der Bediente, schwört sie für jedes Pfund Fleisch, welches aus dem Volksherzen geschnitten wird, auf ihren Schein, auf ihren historischen Schein, auf ihren christlich-germanischen Schein.

Gutmütige Enthusiasten dagegen, Deutschtümler von Blut und Freisinnige von Reflexion, suchen unsere Geschichte der Freiheit jenseits unserer Geschichte in den teutonischen Urwäldern. Wodurch unterscheidet sich aber unsere Freiheitsgeschichte von der Freiheitsgeschichte des Ebers, wenn sie nur in den Wäldern zu finden ist? Zudem ist es bekannt: Wie man hineinschreit in den Wald, schallt es heraus aus dem Wald. Also Friede den teutonischen Urwäldern!

Krieg den deutschen Zuständen! Allerdings! Sie stehen *unter dem Niveau der Geschichte*, sie sind *unter aller Kritik*, aber sie bleiben ein Gegenstand der Kritik, wie der Verbrecher, der unter dem Niveau der Humanität steht, ein Gegenstand des *Scharfrichters* bleibt. Mit ihnen im Kampf ist die Kritik keine Leidenschaft des Kopfs, sie ist der Kopf der Leidenschaft. Sie ist kein anatomisches Messer, sie ist eine Waffe. Ihr Gegenstand ist ihr *Feind*, den sie nicht widerlegen, sondern *vernichten* will. Denn der Geist jener Zustände ist widerlegt. An und für sich sind sie keine *denkwürdigen* Objekte, sondern ebenso verächtliche, als verachtete *Existenzen*. Die Kritik für sich bedarf nicht der Selbstverständigung mit diesem Gegenstand, denn sie ist mit ihm im Reinen. Sie gibt sich nicht mehr als *Selbstzweck*, sondern nur noch als *Mittel*. Ihr wesentliches Pathos ist die *Indignation*, ihre wesentliche Arbeit die *Denunziation*.

Es gilt die Schilderung eines wechselseitigen dumpfen Drucks aller sozialen Sphären aufeinander, einer allgemeinen, tatlosen Verstimmung, einer sich ebensosehr anerkennenden als verkennenden Beschränktheit, eingefaßt in den Rahmen eines Regierungssystems, welches, von der Konservation aller Erbärmlichkeiten lebend, selbst nichts ist als die *Erbärmlichkeit an der Regierung*.

Welch ein Schauspiel! Die ins unendliche fortgehende Teilung der Gesellschaft in die mannigfaltigsten Rassen, welche mit kleinen Antipathien, schlechten Gewissen und brutaler Mittelmäßigkeit sich gegenüberstehen, welche eben um ihrer wechselseitigen zweideutigen und argwöhnischen Stellung willen alle ohne Unterschied, wenn auch mit verschiedenen Formalitäten, als *konzessionierte Existenzen* von ihren *Herren* behandelt werden. Und selbst dies, daß sie *beherrscht, regiert, besessen* sind, müssen sie als eine *Konzession des Himmels* anerkennen und bekennen! Andrerseits jene Herrscher selbst, deren Grüße in umgekehrtem Verhältnisse zu ihrer Zahl steht!

Die Kritik, die sich mit diesem Inhalt befaßt, ist die Kritik im *Handgemenge*, und im Handgemenge handelt es sich nicht darum, ob der Gegner ein edler, ebenbürtiger, ein *interessanter* Gegner ist, es handelt sich darum, ihn zu *treffen*. Es handelt sich darum, den Deutschen keinen Augenblick der Selbsttäuschung und Resignation zu gönnen. Man muß den wirklichen Druck noch drückender machen, indem man ihm das Bewußtsein des Drucks hinzufügt, die Schmack noch schmachvoller, indem man sie publiziert. Man muß jede Sphäre der deutschen Gesellschaft als die *partie honteuse* der deutschen Gesellschaft schildern, man muß diese versteinerten Verhältnisse dadurch zum Tanzen zwingen, daß man ihnen ihre eigene Melodie vorsingt! Man muß das Volk vor sich selbst *erschrecken* lehren, um ihm *Courage* zu machen. Man erfüllt damit ein unabweisbares Bedürfnis des deutschen Volkes, und die Bedürfnisse der Völker sind in eigener Person die letzten Gründe ihrer Befriedigung.

Und selbst für die *modernen* Völker kann dieser Kampf gegen den bornierten Inhalt des deutschen *status quo* nicht ohne Interesse sein, denn der deutsche *status quo* ist die *offenherzige Vollendung des ancien régime*, und das *ancien régime* ist der *versteckte Mangel des modernen Staates*. Der Kampf gegen die deutsche politische Gegenwart ist der Kampf gegen die Vergangenheit der modernen Völker, und von den Reminiszenzen dieser Vergangenheit werden sie noch immer belästigt. Es ist lehrreich für sie, das *ancien régime*, das bei ihnen seine *Tragödie* erlebte, als deutschen Revenant seine *Komödie* spielen zu sehen. *Tragisch* war seine Geschichte, solange es die präexistierende Gewalt der Welt, die Freiheit dagegen ein persönlicher Einfall war, mit einem Wort, solange es selbst an seine Berechtigung glaubte und glauben mußte. Solange das *ancien régime* als vorhandene Weltordnung mit einer erst werdenden Welt kämpfte, stand auf seiner Seite ein weltgeschichtlicher Irrtum, aber kein persönlicher. Sein Untergang war daher tragisch. Das jetzige deutsche Regime dagegen, ein Anachronismus, ein flagranter Widerspruch gegen allgemein anerkannte Axiome, die zur Weltschau ausgestellte Nichtigkeit des *ancien régime*, bildet sich nur noch ein, an sich selbst zu glauben, und verlangt von der Welt dieselbe Einbildung. Wenn es an sein eigenes *Wesen* glaubte, würde es dasselbe unter dem *Schein* eines fremden Wesens zu verstecken und seine Rettung in der Heuchelei und dem Sophisma suchen? Das moderne *ancien régime* ist nur mehr der *Komödiant* einer Weltordnung, deren *wirkliche Helden* gestorben sind. Die Geschichte ist gründlich und macht viele Phasen durch, wenn sie eine alte Gestalt zu Grabe trägt. Die letzte Phase einer weltgeschichtlichen Gestalt ist ihre *Komödie*. Die Götter Griechenlands, die schon einmal tragisch zu Tode verwundet waren im gefesselten Prometheus des Aeschylus, mußten noch einmal komisch sterben in den Gesprächen Lucians. Warum dieser Gang der Geschichte? Damit die Menschheit *heiter* von ihrer Vergangenheit scheide. Diese *heitere* geschichtliche Bestimmung vindizieren wir den politischen Mächten Deutschlands.

Sobald indes die *moderne* politisch-soziale Wirklichkeit selbst der Kritik unterworfen wird, sobald also die Kritik zu wahrhaft menschlichen Problemen sich erhebt, befindet sie sich außerhalb des deutschen *status quo*, oder sie würde ihren Gegenstand *unter* ihrem Gegenstand greifen. Ein Beispiel! Das Verhältnis der Industrie, überhaupt der Welt des Reichtums, zu der politischen Welt ist ein Hauptproblem der modernen Zeit. Unter welcher Form fängt dies Problem an, die Deutschen zu beschäftigen? Unter der Form der *Schutzzölle*, des *Prohibitivsystems*, der *Nationalökonomie*. Die Deutschtümelei ist aus dem Menschen in die Materie gefahren, und so sahen sich eines Morgens unsere Baumwollritter und Eisenhelden in Patrioten verwandelt. Man beginnt also in Deutschland die Souveränität des Monopols nach innen anzuerkennen, dadurch daß man ihm die *Souveränität nach außen* verleiht. Man beginnt also jetzt in Deutschland anzufangen, womit man in Frankreich und England zu enden beginnt. Der alte faule Zustand, gegen den diese Länder theoretisch im Aufruhr sind und den sie nur noch ertragen, wie man die Ketten erträgt, wird in Deutschland als die aufgehende Morgenröte einer schönen Zukunft begrüßt, die kaum noch wagt, aus der *listigen* Theorie in die schonungsloseste Praxis über zugehen. Während das Problem in Frankreich und England lautet: *Politische Ökonomie* oder *Herrschaft der Sozietät über den Reichtum*, lautet es in Deutschland: *National-Ökonomie* oder *Herrschaft des Privateigentums über die Nationalität*. Es gilt also in Frankreich und England, das Monopol, das bis zu seinen letzten Konsequenzen fortgegangen ist, aufzuheben; es gilt in Deutschland, bis zu den letzten Konsequenzen des Monopols fortzugehen. Dort handelt es sich um die Lösung, und hier handelt es sich erst um die Kollision. Ein zurechendes Beispiel von der *deutschen* Form der modernen Probleme, ein Beispiel, wie unsere Geschichte, gleich einem ungeschickten Rekruten, bisher nur die Aufgabe hatte, abgedroschene Geschichte nachzuexerzieren.

Ginge also die *gesamte* deutsche Entwicklung nicht über die *politische* deutsche Entwicklung hinaus, ein Deutscher könnte sich höchstens an den Problemen der Gegenwart beteiligen, wie sich ein *Russe* daran beteiligen kann. Allein wenn das einzelne Individuum nicht gebunden ist durch die Schranken der Nation, ist die gesamte Nation noch weniger befreit durch die Befreiung eines Individuums. Die Scythen haben keinen Schritt zur griechischen Kultur vorwärts getan, weil Griechenland einen Scythen unter seine Philosophen zählt.

Zum Glück sind wir Deutsche keine Scythen.

Wie die alten Völker ihre Vorgeschichte in der Imagination erlebten, in der *Mythologie*, so haben wir Deutsche unsere Nachgeschichte im Gedanken erlebt, in der *Philosophie*. Wir sind *philosophische* Zeitgenossen der Gegenwart, ohne ihre *historischen* Zeitgenossen zu sein. Die deutsche Philosophie ist die *ideale Verlängerung* der deutschen Geschichte. Wenn wir also statt die *œuvres incomplètes* unsrer reellen Geschichte die *œuvres posthumes* unserer ideellen Geschichte, die *Philosophie*, kritisieren, so steht unsere Kritik mitten unter den Fragen, von denen die Gegenwart sagt: *that is the question*. Was bei den fortgeschrittenen Völkern *praktischer* Zerfall mit den modernen Staatszuständen ist, das ist in Deutschland, wo diese Zustände selbst noch nicht einmal existieren, zunächst *kritischer* Zerfall mit der philosophischen Spiegelung dieser Zustände.

Die *deutsche Rechts- und Staatsphilosophie* ist die einzige mit der *offiziellen* modernen Gegenwart *al pari* stehende *deutsche Geschichte*. Das deutsche Volk muß daher diese seine Traumgeschichte mit zu seinen bestehenden Zuständen schlagen und nicht nur diese bestehenden Zustände, sondern zugleich ihre abstrakte Fortsetzung der Kritik unterwerfen. Seine Zukunft kann sich weder auf die unmittelbare Verneinung seiner reellen, noch auf die unmittelbare Vollziehung seiner ideellen Staats- und Rechtszustände *beschränken*, denn die unmittelbare Verneinung seiner reellen Zustände besitzt es in seinen ideellen Zuständen, und die unmittelbare Vollziehung seiner ideellen Zustände hat es in der Anschauung der Nachbarvölker beinahe schon wieder *überlebt*. Mit Recht fordert daher die *praktische* politische Partei in Deutschland die *Negation der Philosophie*. Ihr Unrecht besteht nicht in der Forderung, sondern in dem Stehenbleiben bei der Forderung, die sie ernstlich weder vollzieht noch vollziehen kann. Sie glaubt, jene Negation dadurch zu vollbringen, daß sie der Philosophie den Rücken kehrt und abgewandten Hauptes – einige ärgerliche und banale Phrasen über sie hermurmelt. Die Beschränktheit ihres Gesichtskreises zählt die Philosophie nicht ebenfalls in den Bering der *deutschen* Wirklichkeit oder wähnt sie gar *unter* der deutschen Praxis und den ihr dienenden Theorien. Ihr verlangt, daß man an *wirkliche Lebenskeime* anknüpfen soll, aber ihr vergeßt, daß der wirkliche Lebenskeim des deutschen Volkes bisher nur unter seinem *Hirnschädel* gewuchert hat. Mit einem Worte: *Ihr könnt die Philosophie nicht aufheben, ohne sie zu verwirklichen.*

Dasselbe Unrecht, nur mit *umgekehrten* Faktoren, beging die *theoretische*, von der Philosophie her datierende politische Partei.

Sie erblickte in dem jetzigen Kampf *nur* den *kritischen Kampf der Philosophie mit der deutschen Welt*, sie bedachte nicht, daß die *seitherige Philosophie* selbst zu dieser Welt gehört und ihre, wenn auch ideelle, *Ergänzung* ist. Kritisch gegen ihren Widerpart verhielt sie sich unkritisch zu sich selbst, indem sie von den *Voraussetzungen* der Philosophie ausging und bei ihren gegebenen Resultaten entweder stehen blieb oder anderweitig hergeholte Forderungen und Resultate für unmittelbare Forderungen und Resultate der Philosophie ausgab, obgleich dieselben – ihre Berechtigung vorausgesetzt – im Gegenteil nur durch die *Negation der seitherigen Philosophie*, der Philosophie als Philosophie, zu erhalten sind. Eine näher eingehende Schilderung dieser Partei behalten wir uns vor. Ihr Grundmangel läßt sich dann reduzieren: *Sie glaubte, die Philosophie verwirklichen zu können, ohne sie aufzuheben.*

Die Kritik der *deutschen Staats- und Rechtsphilosophie*, welche durch *Hegel* ihre konsequenteste, reichste und letzte Fassung erhalten hat, ist beides, sowohl die kritische Analyse des modernen Staats und der mit ihm zusammenhängenden Wirklichkeit als auch die entschiedene Verneinung der ganzen bisherigen *Weise* des *deutschen politischen und rechtlichen Bewußtseins*, dessen vornehmster, universellster, zur *Wissenschaft* erhobener Ausdruck eben die *spekulative Rechtsphilosophie* selbst ist. War nur in Deutschland die spekulative Rechtsphilosophie möglich, dies abstrakte überschwängliche *Denken* des modernen Staats, dessen Wirklichkeit ein Jenseits bleibt, mag dies Jenseits auch nur jenseits des Rheins liegen: so war ebensosehr umgekehrt das *deutsche*, vom *wirklichen Menschen* abstrahierende Gedankenbild des modernen States nur möglich, weil und insofern der moderne Staat selbst vom *wirklichen Menschen* abstrahiert oder den ganzen Menschen auf eine nur imaginäre Weise befriedigt. Die Deutschen haben in der Politik *gedacht*, was die anderen Völker *getan* haben. Deutschland war ihr *theoretisches Gewissen*. Die Abstraktion und Überhebung seines Denkens hielt immer gleichen Schritt mit der Einseitigkeit und Untersetztheit ihrer Wirklichkeit. Wenn also der *status quo* des *deutschen Staatswesens* die *Vollendung des ancien régime* ausdrückt, die Vollendung des Pfahls im Fleische des modernen

Staats, so drückt der *status quo* des *deutschen Staatswissens* die *Unvollendung des modernen Staats aus*, die Schadhaftigkeit seines Fleisches selbst.

Schon als entschiedner Widerpart der bisherigen Weise des *deutschen* politischen Bewußtseins verläuft sich die Kritik der spekulativen Rechtsphilosophie nicht in sich selbst, sondern in *Aufgaben*, für deren Lösung es nur ein Mittel gibt: die *Praxis*.

Es fragt sich: kann Deutschland zu einer Praxis *à la hauteur des principes* gelangen, d.h. zu einer *Revolution*, die es nicht nur auf das *offizielle Niveau* der modernen Völker erhebt, sondern auf die *menschliche Höhe*, welche die nächste Zukunft dieser Völker sein wird?

Die Waffe der Kritik kann allerdings die Kritik der Waffen nicht ersetzen, die materielle Gewalt muß gestürzt werden durch materielle Gewalt, allein auch die Theorie wird zur materiellen Gewalt, sobald sie die Massen ergreift. Die theorie ist fähig, die Massen zu ergreifen, sobald sie *ad hominem* demonstriert, und sie demonstriert *ad hominem*, sobald sie radikal wird. Radikal sein ist die Sache an der Wurzel fassen. Die Wurzel für den Menschen ist aber der Mensch selbst. Der evidente Beweis für den Radikalismus der deutschen Theorie, also für ihre praktische Energie, ist ihr Ausgang von der entschiedenen *positiven* Aufhebung der Religion. Die Kritik der Religion endet mit der Lehre, daß der *Mensch das höchste Wesen für den Menschen* sei, also mit dem *kategorischen Imperativ, alle Verhältnisse umzuwerfen*, in denen der Mensch ein erniedrigtes, ein geknechtetes, ein verlassenes, ein verächtliches Wesen ist, Verhältnisse, die man nicht besser schildern kann als durch den Ausruf eines Franzosen bei einer projektierten Hundesteuer: Arme Hunde! Man will euch wie Menschen behandeln!

Selbst historisch hat die theoretische Emanzipation eine spezifisch praktische Bedeutung für Deutschland. Deutschlands *revolutionäre* Vergangenheit ist nämlich theoretisch, es ist die *Reformation*. Wie damals der *Mönch*, so ist es jetzt der *Philosoph*, in dessen Hirn die Revolution beginnt.

Luther hat allerdings die Knechtschaft aus *Devotion* besiegt, weil er die Knechtschaft aus *Überzeugung* an ihre Stelle gesetzt hat. Er hat den Glauben an die Autorität gebrochen, weil er die Autorität des Glaubens restauriert hat. Er hat die Pfaffen in Laien verwandelt, weil er die Laien in Pfaffen verwandelt hat. Er hat den Menschen von der äußeren Religiosität befreit, weil er die Religiosität zum inneren Menschen gemacht hat. Er hat den Leib von der Kette emanzipiert, weil er das Herz in Ketten gelegt.

Aber, wenn der Protestantismus nicht die wahre Lösung, so war er die wahre Stellung der Aufgabe. Es galt nun nicht mehr den Kampf der Laien mit dem *Pfaffen außer ihm*, es galt den Kampf mit seinem *eigenen innern Pfaffen*, seiner *pfäffischen Natur*. Und wenn die protestantische Verwandlung der deutschen Laien in Pfaffen die Laienpäpste, die *Fürsten* samt ihrer Klerisei, den Privilegierten und den Philistern, emanzipierte, so wird die philosophische Verwandlung der pfäffischen Deutschen in Menschen das *Volk* emanzipieren. So wenig aber die Emanzipation bei den Fürsten, so wenig wird die *Säkularisation* der Güter bei dem *Kirchenraub* stehen bleiben, den vor allen das heuchlerische Preußen ins Werk setzte. Damals scheiterte der Bauernkrieg, die radikalste Tatsache der deutschen Geschichte, an der Theologie. Heute, wo die Theologie selbst gescheitert ist, wird die unfreieste Tatsache der deutschen Geschichte, unser *status quo*, an der Philosophie zerschellen. Den Tag vor der Reformation war das offizielle Deutschland der unbedingteste Knecht von Rom. Den Tag vor seiner Revolution ist es der unbedingte Knecht von weniger als Rom, von Preußen und Österreich, den Krautjunkern und Philistern.

Einer *radikalen* deutschen Revolution scheint indessen eine Hauptschwierigkeit entgegen zu stehen.

Die Revolutionen bedürfen nämlich eines *passiven* Elementes, einer *materiellen* Grundlage. Die Theorie wird in einem Volke immer nur so weit verwirklicht, als sie die Verwirklichung seiner Bedürfnisse ist. Wird nun dem ungeheuren Zwiespalt zwischen den Forderungen des deutschen Gedankens und den Antworten der deutschen Wirklichkeit derselbe Zwiespalt der bürgerlichen Gesellschaft mit dem Staate und mit sich selbst entsprechen? Werden die theoretischen Bedürfnisse unmittelbar praktische Bedürfnisse sein? Es genügt nicht, daß der Gedanke zur Verwirklichung drängt, die Wirklichkeit muß sich selbst zum Gedanken drängen.

Aber Deutschland hat die Mittelstufen der politischen Emanzipation nicht gleichzeitig mit den modernen Völkern erklettert. Selbst die Stufen, die es theoretisch überwunden, hat es praktisch noch nicht erreicht. Wie sollte es mit einem *salto mortale* nicht nur über seine eignen Schranken hinwegsetzen, sondern zugleich über die Schranken der modernen Völker, über Schranken, die es in der Wirklichkeit als Befreiung von seinen wirklichen Schranken empfinden und erstreben muß? Eine radikale Revolution kann nur die Revolution radikaler Bedürfnisse sein, deren Voraussetzungen und Geburtsstätten eben zu fehlen scheinen.

Allein wenn Deutschland nur mit der abstrakten Tätigkeit des Denkens die Entwicklung der modernen Völker begleitet hat, ohne werktätige Partei an den wirklichen Kämpfen dieser Entwicklung zu ergreifen, so hat es andrerseits die *Leiden* dieser Entwicklung geteilt, ohne ihre Genüsse, ohne ihre partielle Befriedigung zu teilen. Der abstrakten Tätigkeit einerseits entspricht das abstrakte Leiden andrerseits. Deutschland wird sich daher eines Morgens auf dem Niveau des europäischen Verfalls befinden, bevor es jemals auf dem Niveau der europäischen Emanzipation gestanden hat. Man wird es einem *Fetischdiener* vergleichen können, der an den Krankheiten des Christentums siecht.

Betrachtet man zunächst die *deutschen Regierungen*, und man findet sie durch die Zeitverhältnisse, durch die Lage Deutschlands, durch den Standpunkt der deutschen Bildung, endlich durch eignen glücklichen Instinkt getrieben, die *zivilisierten Mängel* der *modernen Staatswelt*, deren Vorteile wir nicht besitzen, zu kombinieren mit den *barbarischen Mängeln* des *ancien régime*, dessen wir uns in vollem Maße erfreuen, so daß Deutschland, wenn nicht am Verstand, wenigstens am Unverstand auch der über seinen *status quo* hinausliegenden Statsbildungen immer mehr partizipieren muß. Gibt es z.B. ein Land in der Welt, welches so naiv alle Illusionen des konstitutionellen Staatswesens teilt, ohne seine Realitäten zu teilen, als das sogenannte konstitutionelle Deutschland? Oder war es nicht notwendig ein deutscher Regierungseinfall, die Qualen der Zensur mit den Qualen der französischen Septembergesetze, welche die Preßfreiheit voraussetzen, zu verbinden? Wie man im römischen Pantheon die *Götter* aller Nationen fand, so wird man im heiligen römischen deutschen Reich die *Sünden* aller Staatsformen finden. Daß dieser Eklektizismus eine bisher nicht geahnte Höhe erreichen wird, dafür bürgt namentlich die *politisch-ästhetische Gourmanderie* eines deutschen Königs, der alle Rollen des Königtums, des feudalen wie des bureaukratischen, des absoluten wie des konstitutionellen, des autokratischen wie des demokratischen, wenn nicht durch die Person des Volkes, so doch in *eigner* Person, wenn nicht für das Volk, so doch für *sich selbst* zu spielen gedenkt. *Deutschland als der zu einer eigenen Welt konstituierte Mangel der politischen Gegenwart* wird die spezifisch deutschen Schranken nicht niederwerfen können, ohne die allgemeine Schranke der politischen Gegenwart niederzuwerfen.

Nicht die *radikale* Revolution ist utopischer Traum für Deutschland, nicht die *allgemein menschliche* Emanzipation, sondern vielmehr die teilweise, die *nur* politische Revolution, die Revolution, welche die Pfeiler des Hauses stehen läßt. Worauf beruht eine teilweise, eine nur politische Revolution? Darauf, daß ein *Teil der bürgerlichen Gesellschaft* sich emanzipiert und zur *allgemeinen* Herrschaft gelangt, darauf, daß eine bestimmte Klasse von ihrer *besondren Situation* aus die allgemeine Emanzipation der Gesellschaft unternimmt. Diese Klasse befreit die ganze Gesellschaft, aber nur unter der Voraussetzung, daß die ganze Gesellschaft sich in der Situation dieser Klasse befindet, also z.B. Geld und Bildung besitzt oder beliebig erwerben kann.

Keine Klasse der bürgerlichen Gesellschaft kann diese Rolle spielen, ohne ein Moment des Enthusiasmus in sich und in der Masse hervorzurufen, ein Moment, worin sie mit der Gesellschaft im Allgemeinen fraternisiert und zusammenfließt, mit ihr verwechselt und als deren *allgemeiner Repräsentant* empfunden und anerkannt wird, ein Moment, worin ihre Ansprüche und Rechte in Wahrheit die Rechte und Ansprüche der Gesellschaft selbst sind, worin sie wirklich der soziale Kopf und das soziale Herz ist. Nur im Namen der allgemeinen Rechte der Gesellschaft kann eine besondere Klasse sich die allgemeine Herrschaft vindizieren. Zur Erstürmung dieser emanzipatorischen Stellung und damit zur politischen Ausbeutung aller Sphären der Gesellschaft im Interesse der eignen Sphäre reichen revolutionäre Energie und geistiges Selbstgefühl allein nicht aus. Damit die *Revolution eines Volkes* und die *Emanzipation einer besondren Klasse* der bürgerlichen Gesellschaft zusammenfallen, damit ein Stand für den Stand der ganzen Gesellschaft gelte, dazu müssen umgekehrt alle Mängel der Gesellschaft in einer andren Klasse konzentriert, dazu muß ein bestimmter Stand des allgemeinen Anstoßes, die Inkorporation der allgemeinen Schranke sein, dazu muß eine besondre soziale Sphäre für das *notorische Verbrechen* der ganzen Sozietät gelten, so daß die Befreiung von dieser Sphäre als die allgemeine Selbstbefreiung erscheint. Damit *ein* Stand *par excellence* der Stand der Befreiung, dazu muß umgekehrt ein andrer Stand der offenbare Stand der Unterjochung sein. Die negativ-allgemeine Bedeutung des französischen Adels und der französischen Klerisei bedingte die positiv-allgemeine Bedeutung der zunächst angrenzenden und entgegengesetzten Klasse der *Bourgeoisie*.

Es fehlt aber jeder besondern Klasse in Deutschland nicht nur die Konsequenz, die Schärfe, der Mut, die Rücksichtslosigkeit, die sie zum negativen Repräsentanten der Gesellschaft stempeln könnte. Es fehlt ebensosehr jedem Stand jene Breite der Seele, die sich mit der Volksseele, wenn auch nur momentan, identifiziert, jene Genialität, welche die materielle Macht zur politischen Gewalt begeistert, jene revolutionäre Kühnheit, welche dem Gegner die trotzige Parole zuschleudert: *Ich bin nichts, und ich müßte alles sein.* Den Hauptstock deutscher Moral und Ehrlichkeit, nicht nur der Individuen, sondern auch der Klassen, bildet vielmehr jener *bescheidene Egoismus*, welcher seine Beschränktheit geltend macht und gegen sich geltend machen läßt. Das Verhältnis der verschiedenen Sphären der deutschen Gesellschaft ist daher nicht dramatisch, sondern episch. Jede derselben beginnt sich zu empfinden und neben die andern mit ihren besondern Ansprüchen hinzulagern, nicht sobald sie gedrückt wird, sondern sobald ohne ihr Zutun die Zeitverhältnisse eine gesellige Unterlage schaffen, auf die sie ihrerseits den Druck ausüben kann. Sogar das *moralische Selbstgefühl der deutschen Mittelklasse* beruht nur auf dem Bewußtsein, die allgemeine Repräsentantin von der philisterhaften Mittelmäßigkeit aller übrigen Klassen zu sein. Es sind daher nicht nur die deutschen Könige, die *mal-à-propos* auf den Thron gelangen, es ist jede Sphäre der bürgerlichen Gesellschaft, die ihre Niederlage erlebt, bevor sie ihren Sieg gefeiert, ihre eigne Schranke entwickelt, bevor sie die ihr gegenüberstehende Schranke überwunden, ihr engherziges Wesen geltend macht, bevor sie ihr großmütiges Wesen geltend machen konnte, so daß selbst die Gelegenheit einer großen Rolle immer vorüber ist, bevor sie vorhanden war, so daß jede Klasse, sobald sie den Kampf mit der über ihr stehenden Klasse beginnt, in den Kampf mit der unter ihr stehenden, verwickelt ist. Daher befindet sich das Fürstentum im Kampf gegen das Königtum, der Bureaukrat im Kampf gegen sie alle, während der Proletarier schon beginnt, sich im Kampf gegen den Bourgeois zu befinden. Die Mittelklasse wagt kaum von ihrem Standpunkt aus den Gedanken der Emanzipation zu fassen, und schon erklärt die Entwicklung der sozialen Zustände wie der Fortschritt der politischen Theorie diesen Standpunkt selbst für antiquiert oder wenigstens für problematisch.

In Frankreich genügt es, daß einer etwas sei, damit er alles sein wolle. In Deutschland darf einer nichts sein, wenn er nicht auf alles verzichten soll. In Frankreich ist die partielle Emanzipation der Grund der universellen. In Deutschland ist die universelle Emanzipation *conditio sine qua non* jeder partiellen. In Frankreich muß die Wirklichkeit, in Deutschland muß die Unmöglichkeit der stufenweisen Befreiung die ganze Freiheit gebären. In Frankreich ist jede Volksklasse *politischer Idealist* und empfindet sich zunächst nicht als besondere Klasse, sondern als Repräsentant der sozialen Bedürfnisse überhaupt. Die Rolle des *Emanzipators* geht also der Reihe nach in dramatischer Bewegung an die verschiedenen Klassen des französischen Volkes über, bis sie endlich bei der Klasse anlangt, welche die soziale Freiheit nicht mehr unter der Voraussetzung gewisser, außerhalb des Menschen liegender und doch von der menschlichen Gesellschaft geschaffener Bedingungen verwirklicht, sondern vielmehr alle Bedingungen der menschlichen Existenz unter der Voraussetzung der sozialen Freiheit organisiert. In Deutschland dagegen, wo das praktische Leben ebenso geistlos, als das geistige Leben unpraktisch ist, hat keine Klasse der bürgerlichen Gesellschaft das Bedürfnis und die Fähigkeit der allgemeinen Emanzipation, bis sie nicht durch ihre *unmittelbare* Lage, durch die *materielle* Notwendigkeit, durch ihre *Ketten selbst* dazu gezwungen wird.

Wo also die *positive* Möglichkeit der deutschen Emanzipation?

Antwort: In der Bildung einer Klasse mit *radikalen Ketten*, einer Klasse der bürgerlichen Gesellschaft, welche keine Klasse der bürgerlichen Gesellschaft ist, eines Standes, welcher die Auflösung aller Stände ist, einer Sphäre, welche einen universellen Charakter durch ihre universellen Leiden besitzt und kein *besondres Recht* in Anspruch nimmt, weil kein *besondres Unrecht*, sondern das *Unrecht schlechthin* an ihr verübt wird, welche nicht mehr auf einen *historischen*, sondern nur noch auf den *menschlichen* Titel provozieren kann, welche in keinem einseitigen Gegensatz zu den Konsequenzen, sondern in einem allseitigen Gegensatz zu den Voraussetzungen des deutschen Staatswesens steht, einer Sphäre endlich, welche sich nicht emanzipieren kann, ohne sich von allen übrigen Sphären der Gesellschaft und damit alle übrigen Sphären der Gesellschaft zu emanzipieren, welche mit einem Wort der *völlige Verlust* des Menschen ist, also nur durch die *völlige Wiedergewinnung des Menschen* sich selbst gewinnen kann. Diese Auflösung der Gesellschaft als ein besonderer Stand ist das *Proletariat*.

Das Proletariat beginnt erst durch die hereinbrechende *industrielle* Bewegung für Deutschland zu werden, denn nicht die *naturwüchsig entstandene*, sondern *die künstlich produzierte* Armut, nicht die mechanisch durch die Schwere der Gesellschaft niedergedrückte, sondern die aus ihrer *akuten Auflösung*, vorzugsweise aus der Auflösung des Mittelstandes hervorgehende Menschenmasse bildet das Proletariat, obgleich allmählich, wie sich von selbst versteht, auch die naturwüchsige Armut und die christlich-germanische Leibeigenschaft in seine Reihen treten.

Wenn das Proletariat die *Auflösung der bisherigen Weltordnung* verkündet, so spricht es nur das *Geheimnis seines eignen Daseins aus*, denn es ist *die faktische* Auflösung dieser Weltordnung. Wenn das Proletariat die *Negation des Privateigentums* verlangt, so erhebt es nur zum *Prinzip der Gesellschaft*, was die Gesellschaft zu *seinem* Prinzip erhoben hat, was in *ihm* als negatives Resultat der Gesellschaft schon ohne sein Zutun verkörpert ist. Der Proletarier befindet sich dann in bezug auf die werdende Welt in demselben Recht, in welchem der *deutsche König* in bezug auf die gewordene Welt sich befindet, wenn er das Volk, *sein* Volk wie das Pferd *sein* Pferd nennt. Der König, indem er das Volk für sein Privateigentum erklärt, spricht es nur aus, daß der Privateigentümer König ist.

Wie die Philosophie im Proletariat ihre *materiellen*, so findet das Proletariat in der Philosophie seine *geistigen* Waffen, und sobald der Blitz des Gedankens gründlich in diesen naiven Volksboden eingeschlagen ist, wird sich die Emanzipation der *Deutschen* zu *Menschen* vollziehen.

Resümieren wir das Resultat:

Die einzig *praktisch* mögliche Befreiung Deutschlands ist die Befreiung auf dem Standpunkt *der* Theorie, welche den Menschen für das höchste Wesen des Menschen erklärt. In Deutschland ist die Emanzipation von dem *Mittelalter* nur möglich als die Emanzipation zugleich von den *teilweisen* Überwindungen des Mittelalters. In Deutschland kann *keine* Art der Knechtschaft gebrochen werden, ohne *jede* Art der Knechtschaft zu brechen. Das *gründliche* Deutschland kann nicht revolutionieren, ohne *von Grund aus* zu revolutionieren. Die *Emanzipation des Deutschen* ist die *Emanzipation des Menschen*. Der *Kopf* dieser Emanzipation ist die *Philosophie*, ihr *Herz* das *Proletariat*. Die Philosophie kann sich nicht verwirklichen ohne die Aufhebung des Proletariats, das Proletariat kann sich nicht aufheben ohne die Verwirklichung der Philosophie.

Wenn alle inneren Bedingungen erfüllt sind, wird der *deutsche Auferstehungstag* verkündet werden durch das *Schmettern des gallischen Hahns*.

5. Ökonomisch-philosophische Manuskripte (1844)

[Die entfremdete Arbeit]

[XXII] Wir sind ausgegangen von den Voraussetzungen der Nationalökonomie. Wir haben ihre Sprache und ihre Gesetze akzeptiert. Wie unterstellen das Privateigentum, die Trennung von Arbeit, Kapital und Erde, ebenso von Arbeitslohn, Profit des Kapitals und Grundrente, wie die Teilung der Arbeit, die Konkurrenz, den Begriff des Tauschwertes etc. Aus der Nationalökonomie selbst, mit ihren eignen Worten, haben wir gezeigt, daß der Arbeiter zur Ware und zur elendsten Ware herabsinkt, daß das Elend des Arbeiters im umgekehrten Verhältnis zur Macht und zur Größe seiner Produktion steht, daß das notwendige Resultat der Konkurrenz die Akkumulation des Kapitals in wenigen Händen, also die fürchterlichere Wiederherstellung des Monopols ist, daß endlich der Unterschied von Kapitalist und Grundrentner, wie von Ackerbauer und Manufakturarbeiter verschwindet und die ganze Gesellschaft in die beiden Klassen der *Eigentümer* und eigentumslosen *Arbeiter* zerfallen muß.

Die Nationalökonomie geht vom Faktum des Privateigentums aus. Sie erklärt uns dasselbe nicht. Sie faßt den *materiellen* Prozeß des Privateigentums, den es in der Wirklichkeit durchmacht, in allgemeine, abstrakte Formeln, die ihr dann als *Gesetze* gelten. Sie *begreift* diese Gesetze nicht, d.h. sie weist nicht nach, wie sie aus dem Wesen des Privateigentums hervorgehn. Die Nationalökonomie gibt uns keinen Aufschluß über den Grund der Teilung von Arbeit und Kapital, von Kapital und Erde. Wenn sie z.B. das Verhältnis des Arbeitslohns zum Profit des Kapitals bestimmt, so gilt ihr als letzter Grund das Interesse der Kapitalisten; d.h. sie unterstellt, was sie entwickeln soll. Ebenso kommt überall die Konkurrenz herein. Sie wird aus äußeren Umständen erklärt. Inwiefern diese äußeren, scheinbar zufälligen Umstände nur der Ausdruck einer notwendigen Entwicklung sind, darüber lehrt uns die Nationalökonomie nichts. Wir haben gesehn, wie ihr der Austausch selbst als ein zufälliges Faktum erscheint. die einzigen Räder, die die Nationalökonomie in Bewegung setzt, sind die *Habsucht* und der *Krieg unter den Habsüchtigen, die Konkurrenz.*

Eben weil die Nationalökonomie den Zusammenhang der Bewegung nicht begreift, darum konnte sich z.B. die Lehre von der Konkurrenz der Lehre vom Monopol, die Lehre von der Gewerbfreiheit der Lehre von der Korporation, die Lehre von der Teilung des Grundbesitzes der Lehre vom großen Grundeigentum wieder entgegenstellen, denn Konkurrenz, Gewerbfreiheit, Teilung des Grundbesitzes waren nur als zufällige, absichtliche, gewaltsame, nicht als notwendige, unvermeidliche, natürliche Konsequenzen des Monopols, der Korporation und des Feudaleigentums entwickelt und begriffen.

Wir haben also jetzt den wesentlichen Zusammenhang zwischen dem Privateigentum, der Habsucht, der Trennung von Arbeit, Kapital und Grundeigentum, von Austausch und Konkurrenz, von Wert und Entwertung der Menschen, von Monopol und Konkurrenz etc., von dieser ganzen Entfremdung mit dem *Geld*system zu begreifen.

Versetzen wir uns nicht wie der Nationalökonom, wenn er erklären will, in einen erdichteten Urzustand. Ein solcher Urzustand erklärt nichts. Er schiebt bloß die Frage in eine graue, nebelhafte Ferne. Er unterstellt in der Form der Tatsache, des Ereignisses, was er deduzieren soll, nämlich das notwendige Verhältnis zwischen zwei Dingen, z.B. zwischen Teilung der Arbeit und Austausch. So erklärt die Theologie den Ursprung des Bösen durch den Sündenfall, d.h. er unterstellt als ein Faktum, in der Form der Geschichte, was er erklären soll.

Wir gehn von einem nationalökonomischen, *gegenwärtigen* Faktum aus.

Der Arbeiter wird um so ärmer, je mehr Reichtum er produziert, je mehr seine Produktion an Macht und Umfang zunimmt. Der Arbeiter wird eine um so wohlfeilere Ware, je mehr Waren er schafft. Mit der *Verwertung* der Sachenwelt nimmt die *Entwertung* der Menschenwelt in direktem Verhältnis zu. Die Arbeit produziert nicht nur Waren; sie produziert sich selbst und den Arbeiter als eine Ware, und zwar in dem Verhältnis, in welchem sie überhaupt Waren produziert.

Dies Faktum drückt weiter nichts aus als: Der Gegenstand, den die Arbeit produziert, ihr Produkt, tritt ihr als ein *fremdes Wesen*, als eine von dem Produzenten *unabhängige Macht* gegenüber. Das Produkt der Arbeit ist die Arbeit, die sich in einem Gegenstand fixiert, sachlich gemacht hat, es ist die *Vergegenständlichung* der Arbeit. Die Verwirklichung der Arbeit ist ihre Vergegenständlichung. Diese Verwirklichung der Arbeit erscheint in dem nationalökonomischen Zustand als *Entwirklichung* des Arbeiters, die Vergegenständlichung als *Verlust und Knechtschaft des Gegenstandes*, die Aneignung als *Entfremdung, als Entäußerung*.

Die Verwirklichung der Arbeit erscheint so sehr als Entwirklichung, daß der Arbeiter bis zum Hungertod entwirklicht wird. Die Vergegenständlichung erscheint so sehr als Verlust des Gegenstandes, daß der Arbeiter die notwendigsten Gegenstände, nicht nur des Lebens, sondern auch der Arbeitsgegenstände, beraubt ist. Ja, die Arbeit selbst wird zu einem Gegenstand, dessen er nur mit der größten Anstrengung und mit den unregelmäßigsten Unterbrechungen sich bemächtigen kann. Die Aneignung des Gegenstandes erscheint so sehr als Entfremdung, daß, je mehr Gegenstände der Arbeiter produziert, er um so weniger besitzen kann und um so mehr unter die Herrschaft seines Produkts, des Kapitals, gerät.

In der Bestimmung, daß der Arbeiter zum *Produkt seiner Arbeit* als einem *fremden* Gegenstand sich verhält, liegen alle diese Konsequenzen. Denn es ist nach dieser Voraussetzung klar: Je mehr der Arbeiter sich ausarbeitet, um so mächtiger wird die fremde, gegenständliche Welt, die er sich gegenüber schafft, um so ärmer wird er selbst, seine innre Welt, um so weniger gehört ihm zu eigen. Es ist ebenso in der Religion. Je mehr der Mensch in Gott setzt, je weniger behält er in sich selbst. Der Arbeiter legt sein Leben in den Gegenstand; aber nun gehört es nicht mehr ihm, sondern dem Gegenstand. Je größer also diese Tätigkeit, um so gegenstandsloser ist der Arbeiter. Was das Produkt seiner Arbeit ist, ist er nicht. Je größer also dies Produkt, je weniger ist er selbst. Die *Entäußerung* des Arbeiters in seinem Produkt hat die Bedeutung, nicht nur, daß seine Arbeit zu einem Gegenstand, zu einer *äußern* Existenz wird, sondern daß sie *außer ihm*, unabhängig, fremd von ihm existiert und eine selbständige Macht ihm gegenüber wird, daß das Leben, was er dem Gegenstand verliehn hat, ihm feindlich und fremd gegenübertritt.

[XXIII] Betrachten wir nun näher die *Vergegenständlichung*, die Produktion des Arbeiters und in ihr die *Entfremdung*, den *Verlust* des Gegenstandes, seines Produkts.

Der Arbeiter kann nichts schaffen ohne die *Natur*, ohne die *sinnliche Außenwelt*. Sie ist der Stoff, an welchem sich seine Arbeit verwirklicht, in welchem sie tätig ist, aus welchem und mittelst welchem sie produziert.

Wie aber die Natur das *Lebensmittel* der Arbeit darbietet, in dem Sinn, daß die Arbeit nicht *leben* kann ohne Gegenstände, an denen sie ausgeübt wird, so bietet sie andrerseits auch die *Lebensmittel* in dem engern Sinn dar, nämlich die Mittel der physischen Subsistenz des *Arbeiters* selbst.

Je mehr also der Arbeiter sich die Außenwelt, die sinnliche Natur, durch seine Arbeit *aneignet*, um so mehr entzieht er sich *Lebensmittel* nach der doppelten Seite hin, erstens, daß immer mehr die sinnliche Außenwelt aufhört, ein seiner Arbeit angehöriger Gegenstand, ein *Lebensmittel* seiner Arbeit zu sein; zweitens, daß sie immer mehr aufhört, *Lebensmittel* im unmittelbaren Sinn, Mittel für die physische Subsistenz des Arbeiters zu sein.

Nach dieser doppelten Seite hin wird der Arbeiter also ein Knecht seines Gegenstandes, erstens, daß er einen *Gegenstand der Arbeit*, d.h. daß er *Arbeit* erhält, und zweitens, daß er *Subsistenzmittel* erhält. Erstens also, daß er als *Arbeiter*, und zweitens, daß er als *physisches Subjekt* existieren kann. Die Spitze dieser Knechtschaft ist, daß er nur mehr als *Arbeiter* sich als *physisches Subjekt* erhalten [kann] und nur mehr als *physisches Subjekt* Arbeiter ist.

(Die Entfremdung des Arbeiters in seinem Gegenstand drückt sich nach nationalökonomischen Gesetzen so aus, daß, je mehr der Arbeiter produziert, er um so weniger zu konsumieren hat, daß, je mehr Werte er schafft, er um so wertloser, um so unwürdiger wird, daß, je geformter sein Produkt, um so mißförmiger der Arbeiter, daß, je zivilisierter sein Gegenstand, um so barbarischer der Arbeiter, daß, um so mächtiger die Arbeit, um so ohnmächtiger der Arbeiter wird, daß, je geistreicher die Arbeit, um so mehr geistloser und Naturknecht der Arbeiter wurde.)

Die Nationalökonomie verbirgt die Entfremdung in dem Wesen der Arbeit dadurch, daß sie nicht das unmittelbare Verhältnis zwischen dem Arbeiter (der Arbeit) *und der Produktion betrachtet.* Allerdings, die Arbeit produziert Wunderwerke für die Reichen, aber sie produziert Entblößung für den Arbeiter. Sie produziert Paläste, aber Höhlen für den Arbeiter. Sie produziert Schönheit, aber Verkrüppelung für den Arbeiter. Sie ersetzt die Arbeit durch Maschinen, aber sie wirft einen Teil der Arbeiter zu einer barbarischen Arbeit zurück und macht den andern Teil zur Maschine. Sie produziert Geist, aber sie produziert Blödsinn, Kretismus für den Arbeiter.

Das unmittelbare Verhältnis der Arbeit zu ihren Produkten ist das Verhältnis des Arbeiters zu den Gegenständen seiner Produktion. Das Verhältnis des Vermögenden zu den Gegenständen der Produktion und zu ihr selbst ist nur eine *Konsequenz* dieses ersten Verhältnisses. Und bestätigt es. Wir werden diese andre Seite später betrachten.

Wenn wir also fragen: welches ist das wesentliche Verhältnis der Arbeit, so fragen wir nach dem Verhältnis des *Arbeiters* zur Produktion.

Wir haben bisher die Entfremdung, die Entäußerung des Arbeiters nur nach der einen Seite hin betrachtet, nämlich sein *Ver-*

hältnis zu den Produkten seiner Arbeit. Aber die Entfremdung zeigt sich nicht nur im Resultat, sondern im *Akt der Produktion,* innerhalb der *produzierenden Tätigkeit* selbst. Wie würde der Arbeiter dem Produkt seiner Tätigkeit fremd gegenübertreten können, wenn er im Akt der Produktion selbst sich nicht sich selbst entfremdete: Das Produkt ist ja nur das Resumé der Tätigkeit, der Produktion. Wenn also das Produkt der Arbeit die Entäußerung ist, so muß die Produktion selbst die tätige Entäußerung, die Entäußerung der Tätigkeit, die Tätigkeit der Entäußerung sein. In der Entfremdung des Gegenstandes der Arbeit resumiert sich nur die Entfremdung, die Entäußerung in der Tätigkeit der Arbeit selbst.

Worin besteht nun die Entäußerung der Arbeit?

Erstens, daß die Arbeit dem Arbeiter *äußerlich* ist, d.h. nicht zu seinem Wesen gehört, daß er sich daher in seiner Arbeit nicht bejaht, sondern verneint, nicht wohl, sondern unglücklich fühlt, keine freie physische und geistige Energie entwickelt, sondern seine Physis abkasteit und seinen Geist ruiniert. Der Arbeiter fühlt sich daher erst außer der Arbeit bei sich und in der Arbeit außer sich. Zu Hause ist er, wenn er nicht arbeitet, und wenn er arbeitet, ist er nicht zu Haus. Seine Arbeit ist daher nicht freiwillig, sondern gezwungen, *Zwangsarbeit.* Sie ist daher nicht die Befriedigung eines Bedürfnisses, sondern sie ist nur ein *Mittel,* um die Bedürfnisse außer ihr zu befriedigen. Ihre Fremdheit tritt darin rein hervor, daß, sobald kein physischer oder sonstiger Zwang existiert, die Arbeit als eine Pest geflohen wird. Die äußerliche Arbeit, die Arbeit, in welcher der Mensch sich entäußert, ist eine Arbeit der Selbstaufopferung, der Kasteiung. Endlich erscheint die Äußerlichkeit der Arbeit für den Arbeiter darin, daß sie nicht sein eigen, sondern eines andern ist, daß sie ihm nicht gehört, daß er in ihr nicht sich selbst, sondern einem andern angehört. Wie in der Religion die Selbsttätigkeit der menschlichen Phantasie, des menschlichen Hirns und des menschlichen Herzens unabhängig vom Individuum, d.h. als fremde, göttliche oder teuflische Tätigkeit auf es wirkt, so ist die Tätigkeit des Arbeiters nicht seine Selbsttätigkeit. Sie gehört einem andren, sie ist der Verlust seiner selbst.

Es kömmt daher zum Resultat, daß der Mensch (der Arbeiter) nur mehr in seinen tierischen Funktionen, Essen, Trinken und Zeugen, höchstens noch Wohnung, Schmuck etc., sich als freitätig fühlt, und in seinen menschlichen Funktionen nur mehr als Tier. Das Tierische wird das Menschliche und das Menschliche das Tierische.

Essen, Trinken und Zeugen etc. sind zwar auch echt menschliche Funktionen. In der Abstraktion aber, die sie von dem übrigen Umkreis menschlicher Tätigkeit trennt und zu letzten und alleinigen Endzwecken macht, sind sie tierisch.

Wir haben den Akt der Entfremdung der praktischen menschlichen Tätigkeit, die Arbeit, nach zwei Seiten hin betrachtet. 1) Das Verhältnis des Arbeiters zum *Produkt der Arbeit* als fremden und über ihn mächtigen Gegenstand. Dies Verhältnis ist zugleich das Verhältnis zur sinnlichen Außenwelt, zu den Naturgegenständen als einer fremden ihm feindlich gegenüberstehenden Welt. 2) Das Verhältnis der Arbeit zum *Akt der Produktion* innerhalb der *Arbeit*. Dies Verhältnis ist das Verhältnis des Arbeiters zu seiner eignen Tätigkeit als einer fremden, ihm nicht angehörigen, die Tätigkeit als Leiden, die Kraft als Ohnmacht, die Zeugung als Entmannung, die *eigne* physische und geistige Energie des Arbeiters, sein persönliches Leben – denn was ist Leben [anderes] als Tätigkeit – als eine wider ihn selbst gewendete, von ihm unabhängig, ihm nicht gehörige Tätigkeit. Die *Selbstentfremdung*, wie oben die Entfremdung der *Sache*.

[XXIV] Wir haben nun noch eine dritte Bestimmung der *entfremdeten Arbeit* aus den beiden bisherigen zu ziehn.

Der Mensch ist ein Gattungswesen, nicht nur indem er praktisch und theoretisch die Gattung, sowohl seine eigne als die der übrigen Dinge zu seinem Gegenstand macht, sondern – und dies ist nur ein andrer Ausdruck für dieselbe Sache – sondern auch indem er sich zu sich selbst als der gegenwärtigen, lebendigen

Gattung verhält, indem er sich zu sich als einem *universellen*, darum freien Wesen verhält.

Das Gattungsleben, sowohl beim Menschen als beim Tier, besteht physisch einmal darin, daß der Mensch (wie das Tier) von der unorganischen Natur lebt, und um so universeller der Mensch als das Tier, um so universeller ist der Bereich der unorganischen Natur, von der er lebt. Wie Pflanzen, Tiere, Steine, Luft, Licht etc. theoretisch einen Teil des menschlichen Bewußtseins, teils als Gegenstände der Naturwissenschaft, teils als Gegenstände der Kunst bilden – seine geistige unorganische Natur, geistige Lebensmittel, die er erst zubereiten muß zum Genuß und zur Verdauung –, so bilden sie auch praktisch einen Teil des menschlichen Lebens und der menschlichen Tätigkeit. Physisch lebt der Mensch nur von diesen Naturprodukten, mögen sie nun in der Form der Nahrung, Heizung, Kleidung, Wohnung etc. erscheinen. Die Universalität des Menschen erscheint praktisch eben in der Universalität, die die ganze Natur zu seinem *unorganischen* Körper macht, sowohl insofern sie 1) ein unmittelbares Lebensmittel, als inwiefern sie [2)] die Materie, der Gegenstand und das Werkzeug seiner Lebenstätigkeit ist. Die Natur ist der *unorganische Leib* des Menschen, nämlich die Natur, so weit sie nicht selbst menschlicher Körper ist. Der Mensch *lebt* von der Natur, heißt: die Natur ist sein *Leib*, mit dem er in beständigem Progreß bleiben muß, um nicht zu sterben. Daß das physische und geistige Leben des Menschen mit der Natur zusammenhängt, hat keinen andren Sinn, als daß die Natur mit sich selbst zusammenhängt, denn der Mensch ist ein Teil der Natur.

Indem die entfremdete Arbeit dem Menschen 1) die Natur entfremdet, 2) sich selbst, seine eigne tätige Funktion, seine Lebenstätigkeit, so entfremdet sie dem Menschen die *Gattung*; sie macht ihm das *Gattungsleben* zum Mittel des individuellen Lebens. Erstens entfremdet sie das Gattungsleben und das individuelle Leben und zweitens macht sie das letztere in seiner Abstraktion zum Zweck des ersten, ebenfalls in seiner abstrakten und entfremdeten Form.

Denn erstens erscheint dem Menschen die Arbeit, die *Lebenstätigkeit*, das *produktive Leben* selbst nur als ein *Mittel* zur Befriedigung eines Bedürfnisses, des Bedürfnisses der Erhaltung der physischen Existenz. Das produktive Leben ist aber das Gattungsleben. Es ist das Leben erzeugende Leben. In der Art der Lebenstätigkeit liegt der ganze Charakter einer species, ihr Gattungscharakter, und die freie bewußte Tätigkeit ist der Gattungscharakter des Menschen. Das Leben selbst erscheint nur als *Lebensmittel*.

Das Tier ist unmittelbar eins mit seiner Lebenstätigkeit. Es unterscheidet sich nicht von ihr. Es ist *sie*. Der Mensch macht seine Lebenstätigkeit selbst zum Gegenstand seines Wollens und seines Bewußtseins. Er hat bewußte Lebenstätigkeit. Es ist nicht eine Bestimmtheit, mit der er unmittelbar zusammenfließt. Die bewußte Lebenstätigkeit unterscheidet den Menschen unmittelbar von der tierischen Lebenstätigkeit. Eben nur dadurch ist er ein Gattungswesen. Oder er ist nur ein bewußtes Wesen, d.h. sein eignes Leben ist ihm Gegenstand, eben weil er ein Gattungswesen ist. Nur darum ist seine Tätigkeit freie Tätigkeit. Die entfremdete Arbeit kehrt das Verhältnis dahin um, daß der Mensch eben, weil er ein bewußtes Wesen ist, seine Lebenstätigkeit, sein *Wesen* nur zu einem Mittel für seine *Existenz* macht. Das praktische Erzeugen einer *gegenständlichen Welt*, die *Bearbeitung* der unorganischen Natur ist die Bewährung des Menschen als eines bewußten Gattungswesens, d.h. eines Wesens, das sich zu der Gattung als seinem eignen Wesen oder zu sich als Gattungswesen verhält. Zwar produziert auch das Tier. Es baut sich ein Nest, Wohnungen, wie die Biene, Biber, Ameise etc. Allein es produziert nur, was es unmittelbar für sich oder sein Junges bedarf; es produziert einseitig, während der Mensch universell produziert; es produziert nur unter der Herrschaft des unmittelbaren physischen Bedürfnisses, während der Mensch selbst frei vom physischen Bedürfnis produziert und erst wahrhaftig produziert in der Freiheit von demselben; es produziert nur sich selbst, während der Mensch die ganze Natur reproduziert; sein Produkt gehört unmittelbar zu seinem physischen Leib, während der Mensch frei seinem Produkt gegenübertritt. Das Tier formiert nur nach dem Maß und dem Bedürfnis der species, der es angehört, während der Mensch nach dem Maß jeder species zu produzieren weiß und überall das inhärente Maß dem Gegenstand anzulegen weiß; der Mensch formiert daher auch nach den Gesetzen der Schönheit.

Eben in der Bearbeitung der gegenständlichen Welt bewährt sich der Mensch daher erst wirklich als ein *Gattungswesen*. Diese Produktion ist sein werktätiges Gattungsleben. Durch sie erscheint die Natur als *sein* Werk und seine Wirklichkeit. Der Gegenstand der Arbeit ist daher die *Vergegenständlichung des Gattungslebens des Menschen:* indem er sich nicht nur wie im Bewußtsein intellektuell, sondern werktätig, wirklich verdoppelt, und sich selbst daher in einer von ihm geschaffenen Welt anschaut. Indem daher die entfremdete Arbeit dem Menschen den Gegenstand seiner Produktion entreißt, entreißt sie ihm sein *Gattungsleben*, seine wirkliche Gattungsgegenständlichkeit, und verwandelt seinen Vorzug vor dem Tier in den Nachteil, daß sein unorganischer Leib, die Natur, ihm entzogen wird.

Ebenso indem die entfremdete Arbeit die Selbsttätigkeit, die freie Tätigkeit, zum Mittel herabsetzt, macht sie das Gattungsleben des Menschen zum Mittel seiner physischen Existenz.

Das Bewußtsein, welches der Mensch von seiner Gattung hat, verwandelt sich durch die Entfremdung also dahin, daß das Gattungsleben ihm zum Mittel wird.

Die entfremdete Arbeit macht also:

3) das *Gattungswesen des Menschen*, sowohl die Natur, als sein geistiges Gattungsvermögen, zu einem ihm *fremden* Wesen, zum *Mittel* seiner *individuellen Existenz*. Sie entfremdet dem Menschen seinen eignen Leib, wie die Natur außer ihm, wie sein geistiges Wesen, sein *menschliches* Wesen.

4) Eine unmittelbare Konsequenz davon, daß der Mensch dem Produkt seiner Arbeit, seiner Lebenstätigkeit, seinem Gattungswesen entfremdet ist, ist die *Entfremdung des Menschen*

von dem *Menschen*. Wenn der Mensch sich selbst gegenübersteht, so steht ihm der *andre* Mensch gegenüber. Was von dem Verhältnis des Menschen zu seiner Arbeit, zum Produkt seiner Arbeit und zu sich selbst, das gilt von dem Verhältnis des Menschen zum andren Menschen, wie zur Arbeit und dem Gegenstand der Arbeit des andren Menschen.

Überhaupt, der Satz, daß dem Menschen sein Gattungswesen entfremdet ist, heißt, daß ein Mensch dem andren, wie jeder von ihnen dem menschlichen Wesen entfremdet ist.

Die Entfremdung des Menschen, überhaupt jedes Verhältnis, in dem der Mensch zu sich selbst steht, ist erst verwirklicht, drückt sich aus in dem Verhältnis, in welchem der Mensch zu den andren Menschen steht.

Also betrachtet in dem Verhältnis der entfremdeten Arbeit jeder Mensch die andren nach dem Maßstabe und dem Verhältnis, in welchem er selbst als Arbeiter sich befindet.

[XXV] Wir gingen aus von einem nationalökonomischen Faktum, der Entfremdung des Arbeiters und seiner Produktion. Wir haben den Begriff dieses Faktums ausgesprochen: die *entfremdete, entäußerte* Arbeit. Wir haben diesen Begriff analysiert, also bloß ein nationalökonomisches Faktum analysiert. Sehn wir nun weiter, wie sich der Begriff der entfremdeten, entäußerten Arbeit in der Wirklichkeit aussprechen und darstellen muß.

Wenn das Produkt der Arbeit mir fremd ist, mir als fremde Macht gegenübertritt, wem gehört es dann?

Wenn meine eigne Tätigkeit nicht mir gehört, eine fremde, eine erzwungne Tätigkeit ist, wem gehört sie dann?

Einem *andern* Wesen als mir.

Wer ist dies Wesen?

Die *Götter*? Allerdings erscheint in den ersten Zeiten die Hauptproduktion, wie z.B. der Tempelbau etc. in Ägypten, Indien, Mexiko, sowohl im Dienst der Götter, wie auch das Produkt den Göttern gehört. Allein die Götter allein waren nie die Arbeitsherrn. Ebensowenig die *Natur*. Und welcher Widerspruch wäre es auch, daß, je mehr der Mensch die Natur durch seine Arbeit sich unterwirft, je mehr die Wunder der Götter überflüssig werden durch die Wunder der Industrie, der Mensch diesen Mächten zu lieb auf die Freude an der Produktion und auf den Genuß des Produktes verzichten sollte.

Das *fremde* Wesen, dem die Arbeit und das Produkt der Arbeit gehört, in dessen Dienst die Arbeit und zu dessen Genuß das Produkt der Arbeit steht, kann nur der *Mensch* selbst sein.

Wenn das Produkt der Arbeit nicht dem Arbeiter gehört, eine fremde Macht ihm gegenüber ist, so ist dies nur dadurch möglich, daß es einem *andern Menschen außer dem Arbeiter* gehört. Wenn seine Tätigkeit ihm Qual ist, so muß sie einem andern *Genuß* und die Lebensfreude eines andern sein. Nicht die Götter, nicht die Natur, nur der Mensch selbst kann diese fremde Macht über den Menschen sein.

Man bedenke noch den vorher aufgestellten Satz, daß das Verhältnis des Menschen zu sich selbst ihm erst *gegenständlich, wirklich* ist durch sein Verhältnis zu den andern Menschen.

Wenn er sich also zu dem Produkt seiner Arbeit, zu seiner vergegenständlichten Arbeit, als einem *fremden*, feindlichen, mächtigen, von ihm unabhängigen Gegenstand verhält, so verhält er sich zu ihm so, daß ein andrer, ihm fremder, feindlicher, mächtiger, von ihm unabhängiger Mensch der Herr dieses Gegenstandes ist. Wenn er sich zu seiner eignen Tätigkeit als einer unfreien verhält, so verhält er sich zu ihr als der Tätigkeit im Dienst, unter der Herrschaft, dem Zwang und dem Joch eines andern Menschen.

Jede Selbstentfremdung des Menschen von sich und der Natur erscheint in dem Verhältnis, welches er sich und der Natur zu andern, von ihm unterschiednen Menschen gibt. Daher die religiöse Selbstentfremdung notwendig in dem Verhältnis des Laien zum Priester erscheint, oder auch, da es sich hier von der intellektuellen Welt handelt, zu einem Mittler etc. In der praktischen wirklichen Welt kann die Selbstentfremdung nur durch das praktische wirkliche Verhältnis zu andern Menschen erscheinen. Das Mittel, wodurch die Entfremdung vorgeht, ist selbst ein *praktisches*. Durch die entfremdete Arbeit erzeugt der Mensch also nicht nur sein Verhältnis zu dem Gegenstand und dem Akt der Produktion als fremden und ihm feindlichen Menschen; er erzeugt auch das Verhältnis, in welchem andre Menschen zu seiner Produktion und seinem Produkt steht, und das Verhältnis, in welchem er zu diesen andern Menschen steht. Wie er seine eigne Produktion zu seiner Entwirklichung, zu seiner Strafe, wie er sein eignes Produkt zu dem Verlust, zu einem ihm nicht gehörigen Produkt, so erzeugt er die Herrschaft dessen, der nicht produziert, auf die Produktion und auf das Produkt. Wie er seine eigne Tätigkeit sich entfremdet, so eignet er dem Fremden die ihm nicht eigne Tätigkeit an.

Wir haben bis jetzt das Verhältnis nur von Seiten des Arbeiters und wir werden es später auch von Seiten des Nicht-Arbeiters betrachten.

Also durch die *entfremdete, entäußerte Arbeit* erzeugt der Arbeiter das Verhältnis eines der Arbeit fremden und außer ihr stehenden Menschen zu dieser Arbeit. Das Verhältnis des Arbeiters zur Arbeit erzeugt das Verhältnis des Kapitalisten zu derselben, oder wie man sonst den Arbeitsherrn nennen will. Das *Privateigentum* ist also das Produkt, das Resultat, die notwendige Konsequenz der *entäußerten Arbeit*, des äußerlichen Verhältnisses des Arbeiters zu der Natur und zu sich selbst.

Das *Privateigentum* ergibt sich also durch Analyse aus dem Begriff der *entäußerten Arbeit*, d.i. des *entäußerten Menschen*, der entfremdeten Arbeit, des entfremdeten Lebens, des *entfremdeten* Menschen.

Wir haben allerdings den Begriff der *entäußerten Arbeit* (des *entäußerten Lebens*) aus der Nationalökonomie als Resultat aus der *Bewegung des Privateigentums* gewonnen. Aber es zeigt sich bei Analyse dieses Begriffs, daß, wenn das Privateigentum als Grund, als Ursache der entäußerten Arbeit erscheint, es vielmehr eine Konsequenz derselben ist, wie auch die Götter *ursprünglich* nicht die Ursache, sondern die Wirkung der menschlichen Verstandesverirrung sind. Später schlägt dies Verhältnis in Wechselwirkung um.

Erst auf dem letzten Kulminationspunkt der Entwicklung des Privateigentums tritt dieses sein Geheimnis wieder hervor, nämlich einerseits, daß es das *Produkt* der entäußerten Arbeit, und zweitens, daß es das *Mittel* ist, durch welches sich die Arbeit entäußert, die *Realisation dieser Entäußerung*.

Diese Entwicklung gibt sogleich Licht über verschiedne bisher ungelöste Kollisionen.

1) Die Nationalökonomie geht von der Arbeit als der eigentlichen Seele der Produktion aus und dennoch gibt sie der Arbeit nichts und dem Privateigentum Alles. Proudhon hat aus diesem Widerspruch zu Gunsten der Arbeit wider das Privateigentum geschlossen. Wir aber sehn ein, daß dieser scheinbare Widerspruch der Widerspruch der *entfremdeten Arbeit* mit sich selbst ist und daß die Nationalökonomie nur die Gesetze der entfremdeten Arbeit ausgesprochen hat.

Wir sehn daher auch ein, daß *Arbeitslohn* und *Privateigentum* identisch sind: denn der Arbeitslohn, wie das Produkt, der Gegenstand der Arbeit, die Arbeit selbst besoldet, ist nur eine notwendige Konsequenz von der Entfremdung der Arbeit, wie denn im Arbeitslohn auch die Arbeit nicht als Selbstzweck, sondern als der Diener des Lohns erscheint. Wir werden dies später ausführen und ziehen jetzt nur noch einige Konse-*[XXVI]*-quenzen.

Eine gewaltsame *Erhöhung des Arbeitslohns* (von allen andren Schwierigkeiten abgesehn, abgesehn davon, daß sie als eine Anomalie auch nur gewaltsam aufrecht zu erhalten wäre) wäre also nichts als eine *bessere Salarierung der Sklaven* und hätte weder dem Arbeiter, noch der Arbeit ihre menschliche Bestimmung und Würde erobert.

Ja selbst die *Gleichheit der Saläre*, wie sie Proudhon fordert, verwandelt nur das Verhältnis des jetzigen Arbeiters zu seiner Arbeit in das Verhältnis aller Menschen zur Arbeit. Die Gesellschaft wird dann als abstrakter Kapitalist gefaßt.

Arbeitslohn ist eine unmittelbare Folge der entfremdeten Arbeit, und die entfremdete Arbeit ist die unmittelbare Ursache des Privateigentums. Mit der einen muß daher auch die andere Seite fallen.

2) Aus dem Verhältnis der entfremdeten Arbeit zum Privateigentum folgt ferner, daß die Emanzipation der Gesellschaft vom Privateigentum etc., von der Knechtschaft, in der *politischen* Form der *Arbeiteremanzipation* sich ausspricht, nicht als wenn es sich nur um ihre Emanzipation handelte, sondern weil in ihrer Emanzipation die allgemein menschliche enthalten ist, diese ist aber darin enthalten, weil die ganze menschliche Knechtschaft in dem Verhältnis des Arbeiters zur Produktion involviert ist, und alle Knechtschaftsverhältnisse nur Modifikationen und Konsequenzen dieses Verhältnisses sind.

Wie wir aus dem Begriff der *entfremdeten, entäußerten Arbeit* den Begriff des *Privateigentums* durch *Analyse* gefunden haben, so können mit Hülfe dieser beiden Faktoren alle nationalökonomischen *Kategorien* entwickelt werden, und wir werden in jeder Kategorie, wie z.B. dem Schacher, der Konkurrenz, dem Kapital, dem Geld, nur einen *bestimmten* und *entwickelten Ausdruck* dieser ersten Grundlagen wiederfinden.

Bevor wir jedoch diese Gestaltung betrachten, suchen wir zwei Aufgaben zu lösen.

1) Das allgemeine *Wesen des Privateigentums*, wie es sich als Resultat der entfremdeten Arbeit ergeben hat, in seinem Verhältnis zum *wahrhaft menschlichen* und *sozialen Eigentum* zu bestimmen.

2) Wir haben die *Entfremdung der Arbeit* ihre *Entäußerung* als ein Faktum angenommen und dies Faktum analysiert. Wie, fragen wir nun, kömmt der *Mensch* dazu, seine *Arbeit zu entäußern*, zu entfremden? Wie ist diese Entfremdung im Wesen der menschlichen Entwicklung begründet? Wir haben schon viel für die Lösung der Aufgabe gewonnen, indem wir die Frage nach dem *Ursprung* des *Privateigentums* in die Frage nach dem Verhältnis der *entäußerten Arbeit* zum Entwick-

lungsgang der Menschheit *verwandelt* haben. Denn wenn man von *Privateigentum* spricht, so glaubt man es mit einer Sache außer dem Menschen zu tun zu haben. Wenn man von der Arbeit spricht, so hat man es unmittelbar mit dem Menschen selbst zu tun. Diese neue Stellung der Frage ist inklusive schon ihre Lösung.

ad 1) *Allgemeines Wesen des Privateigentums und sein Verhältnis zum wahrhaft menschlichen Eigentum.*

In zwei Bestandteile, die sich wechselseitig bedingen, oder die nur verschiedne Ausdrücke eines und desselben Verhältnisses sind, hat sich uns die entäußerte Arbeit aufgelöst. Die *Aneignung* erscheint als *Entfremdung*, als *Entäußerung*, und die *Entäußerung als Aneignung*, die *Entfremdung* als die wahre *Einbürgerung*.

Wir haben die eine Seite betrachtet, die *entäußerte* Arbeit in Bezug auf den *Arbeiter* selbst, d.h. das *Verhältnis der entäußerten Arbeit zu sich selbst*. Als Produkt, als notwendiges Resultat dieses Verhältnisses haben wir das *Eigentumsverhältnis des Nicht-Arbeiters* zum *Arbeiter* und der *Arbeit* gefunden. Das *Privateigentum*, als der materielle, resümierte Ausdruck der entäußerten Arbeit, umfaßt beide Verhältnisse, das *Verhältnis des Arbeiters zur Arbeit und zum Produkt seiner Arbeit und zum Nichtarbeiter* und das Verhältnis des *Nichtarbeiters zum Arbeiter und zum Produkt seiner Arbeit.*

Wenn wir nun gesehn haben, daß in Bezug auf den Arbeiter, welcher sich durch die Arbeit die Natur *angeeignet*, die Aneignung als Entfremdung erscheint, die Selbsttätigkeit als Tätigkeit für einen andern und als Tätigkeit eines andern, die Lebendigkeit als Aufopferung des Lebens, die Produktion des Gegenstandes als Verlust des Gegenstandes an eine fremde Macht, an einen *fremden* Menschen, so betrachten wir nun das Verhältnis dieses der Arbeit und dem Arbeiter *fremden* Menschen zum Arbeiter, zur Arbeit und ihrem Gegenstand.

Zunächst ist zu bemerken, daß alles, was bei dem Arbeiter als *Tätigkeit der Entäußerung, der Entfremdung*, bei dem Nichtarbeiter als *Zustand der Entäußerung, der Entfremdung,* erscheint.

Zweitens, daß das *wirkliche, praktische Verhalten* des Arbeiters in der Produktion und zum Produkt (als Gemütszustand) bei dem ihm gegenüberstehenden Nichtarbeiter als *theoretisches* Verhalten erscheint.

[XXVII] Drittens. Der Nichtarbeiter tut alles gegen den Arbeiter, was der Arbeiter gegen sich selbst tut, aber er tut nicht gegen sich selbst, was er gegen den Arbeiter tut.

Betrachten wir näher diese drei Verhältnisse.

[...]

[Privateigentum und Arbeit]

[1] ad pag. XXXVI. *Das subjektive Wesen* des Privateigentums, das Privateigentum als für sich seiende Tätigkeit, als *Subjekt,* als *Person* ist die Arbeit. Es versteht sich also, daß erst die Nationalökonomie, welche die *Arbeit* als ihr Prinzip erkannte – *Adam Smith* –, also nicht mehr das Privateigentum nur mehr als einen *Zustand* außer dem Menschen wußte, – daß diese Nationalökonomie sowohl als ein Produkt der wirklichen *Energie* und *Bewegung* des Privateigentums zu betrachten ist, als ein Produkt der modernen *Industrie,* wie sie andrerseits die Energie und Entwicklung dieser *Industrie* beschleunigt, verherrlicht, zu einer Macht des *Bewußtseins* gemacht hat. Als *Fetischdiener,* als *Katholiken* erscheinen daher dieser aufgeklärten Nationalökonomie, die das *subjektive Wesen* des Reichtums – innerhalb des Privateigentums – entdeckt hat, die Anhänger des Geld- und Merkantilsystems, welche das Privateigentum als ein *nur gegenständliches* Wesen für die Menschen wissen. *Engels* hat daher mit Recht *Adam Smith* den *nationalökonomischen Luther* genannt. Wie Luther als das Wesen der wirklichen *Welt* die Religion, den *Glauben* erkannte und daher dem katholischen Heidentum gegenübertrat, wie er die *äußere* Religiosität aufhob, indem er die

Religiosität zum *innern* Wesen des Menschen machte, wie er die außer dem Laien vorhandnen Pfaffen negierte, weil er den Pfaffen in das Herz der Laien versetzte, so wird der außer dem Menschen befindliche und von ihm unabhängige – also nur auf eine äußerliche Weise zu erhaltende und zu behauptende – Reichtum aufgehoben, d.h. diese seine *äußerliche gedankenlose Gegenständlichkeit* wird aufgehoben, indem sich das Privateigentum inkorporiert im Menschen selbst und der Mensch selbst als sein Wesen erkannt – aber darum der Mensch selbst in der Bestimmung des Privateigentums wie bei Luther der Religion gesetzt wird. Unter dem Schein einer Anerkennung des Menschen ist also die Nationalökonomie, deren Prinzip die Arbeit, vielmehr nur die konsequente Durchführung der Verleugnung des Menschen, indem er selbst nicht mehr in einer äußerlichen Spannung zu dem äußerlichen Wesen des Privateigentums steht, sondern er selbst dies gespannte Wesen des Privateigentums geworden ist. Was früher *Sichäußerlichsein*, reale Entäußerung des Menschen, ist nun zur Tat der Entäußerung, zur Veräußerung geworden. Wenn also jene Nationalökonomie unter dem Schein der Anerkennung des Menschen, seiner Selbständigkeit, Selbsttätigkeit etc. beginnt und, wie sie in das Wesen des Menschen selbst das Privateigentum versetzt, nicht mehr durch die lokalen, nationalen etc. *Bestimmungen des Privateigentums* als eines *außer ihr existierenden Wesens* bedingt sein kann, also eine *kosmopolitische*, allgemeine, jede Schranke, jedes Band umwerfende Energie entwickelt, um sich als die *einzige* Politik, Allgemeinheit, Schranke und Band an die Stelle zu setzen, so muß sie bei weitrer Entwicklung diese *Scheinheiligkeit* abwerfen, in ihrem *ganzen Zynismus* hervortreten, und sie tut dies, indem sie – unbekümmert um alle scheinbaren Widersprüche, worin diese Lehre sie verwickelt, – viel *einseitiger*, darum *schärfer* und *konsequenter* die *Arbeit* als das einzige *Wesen des Reichtums* entwickelt, die Konsequenzen dieser Lehre im Gegensatz zu jener ursprünglichen Auffassung vielmehr als *menschenfeindliche* nachweist und endlich dem letzten, *individuellen, natürlichen,* unabhängig von der Bewegung der Arbeit existierenden Dasein des Privateigentums und Quelle des Reichtums – der *Grundrente*, diesem schon ganz nationalökonomisch gewordnen und daher gegen die Nationalökonomie widerstandsunfähigen Ausdruck des Feudaleigentums – den Todesstoß gibt. (Schule des *Ricardo*). Nicht nur wächst der *Zynismus* der Nationalökonomie relativ von Smith über Say bis zu Ricardo, Mill etc., insofern die Konsequenzen der *Industrie* den letztern entwickelter und widerspruchsvoller vor die Augen treten, sondern auch positiv gehn sie immer und mit Bewußtsein weiter in der Entfremdung gegen den Menschen als ihr Vorgänger, aber *nur*, weil ihre Wissenschaft sich konsequenter und wahrer entwickelt. Indem sie das Privateigentum in seiner tätigen Gestalt zum Subjekt machen, also zugleich den Menschen zum Wesen und zugleich den Menschen als ein Unwesen zum Wesen machen, so entspricht der Widerspruch der Wirklichkeit vollständig dem widerspruchsvollen Wesen, das sie als Prinzip erkannt haben. Die zerrissene *[II] Wirklichkeit der Industrie* bestätigt ihr in *sich zerrissenes* Prinzip, weit entfernt, es zu widerlegen. Ihr Prinzip ist ja das Prinzip dieser Zerrissenheit. – –

Die physiokratische Lehre von *Dr. Quesnay* bildet den Übergang aus dem Merkantilsystem zu Adam Smith. Die *Physiokratie* ist unmittelbar die *nationalökonomische* Auflösung des Feudaleigentums, aber darum eben so unmittelbar die *nationalökonomische Umwandlung*, Wiederherstellung desselben, nur daß seine Sprache nun nicht mehr feudal, sondern ökonomisch wird. Aller Reichtum wird aufgelöst in die *Erde* und den *Landbau* (Agrikultur). Die Erde ist noch nicht *Kapital*, sie ist noch eine *besondre* Daseinsweise desselben, die in ihrer und um ihrer natürlichen Besonderheit *willen* gelten soll, aber die Erde ist doch ein allgemeines, natürliches *Element*, während das Merkantilsystem nur das *edle Metall* als Existenz des Reichtums kannte. Der *Gegenstand* des Reichtums, seine Materie, hat also sogleich die höchste Allgemeinheit innerhalb der *Naturgrenze*, – insofern er auch als *Natur* unmittelbar gegenständlicher Reichtum ist – erhalten. Und die Erde ist nur durch die Arbeit, die Agrikultur für den *Menschen*. Also wird schon das subjektive Wesen des Reichtums in die Arbeit versetzt. Aber zugleich ist die Agrikultur die *einzig produktive* Arbeit. Also ist die Arbeit noch nicht in ihrer Allgemeinheit und Abstraktion gefaßt, sie ist noch an ein besondres *Naturelement als ihre Materie* gebunden, sie ist daher auch nur noch in einer besondern *naturbestimmten Daseinsweise* erkannt. Sie ist daher erst eine *bestimmte, besondre* Entäußerung des Menschen, wie ihr Produkt noch als ein bestimmter, – mehr noch der Natur als ihr selbst anheimfallender Reichtum – gefaßt ist. Die Erde wird hier noch als von Menschen unabhängiges Naturdasein anerkannt, noch nicht als Kapital, d.h. als ein Moment der Arbeit selbst. Vielmehr erscheint die Arbeit als *ihr* Moment. Indem aber der Fetischismus des alten äußerlichen, nur als Gegenstand existierender Reichtums auf ein sehr einfaches Naturelement reduziert und sein Wesen schon, wenn auch erst teilweise, auf eine besondre Weise in seiner subjektiven Existenz anerkannt ist, ist der notwendige Fortschritt, daß das *allgemeine Wesen* des Reichtums erkannt und daher die *Arbeit* in ihrer vollständigen Absolutheit, d.h. Abstraktion, zum *Prinzip* erhoben wird. Es wird der Physiokratie bewiesen, daß die *Agrikultur* in ökonomischer Hinsicht, also der einzig berechtigten, von keiner andren Industrie verschieden sei, also nicht eine *bestimmte* Arbeit, eine an ein besondres Element gebundne, eine besondre Arbeitsäußerung, sondern die *Arbeit überhaupt* das *Wesen* des Reichtums sei.

Die Physiokratie leugnet den *besondren* äußerlichen, nur gegenständlichen Reichtum, indem sie die Arbeit für sein *Wesen* erklärt. Aber zunächst ist die Arbeit für sie nur das *subjektive Wesen* des Grundeigentums (sie geht von der Art des Eigentums aus, welche historisch als die herrschende und anerkannte erscheint); sie läßt nur das rundeigentum zum *entäußerten Menschen* werden. Sie hebt seinen Feudalcharakter auf, indem sie die *Industrie* (Agrikultur) für sein *Wesen* erklärt; aber sie verhält sich leugnend zur Welt der Industrie, sie erkennt das

Feudalwesen an, indem sie die *Agrikultur* für die *einzige* Industrie erklärt.

Es versteht sich, daß sobald nur das *subjektive Wesen* der im Gegensatz zum Grundeigentum, d.h. als Industrie sich konstituierenden Industrie – gefaßt wird, dieses Wesen jenen seinen Gegensatz in sich einschließt. Denn wie die Industrie das aufgehobne Grundeigentum, so umfaßt ihr *subjektives* Wesen zugleich *sein* subjektives Wesen.

Wie das Grundeigentum die erste Form des Privateigentums ist, wie die Industrie ihr bloß als eine besondre Art des Eigentums zunächst historisch entgegentritt, – oder vielmehr der freigelassene Sklave des Grundeigentums ist – so wiederholt sich bei der wissenschaftlichen Erfassung des *subjektiven* Wesens des Privateigentums, der *Arbeit*, dieser Prozeß, und die Arbeit erscheint zuerst nur als *Landbauarbeit*, macht sich dann aber als *Arbeit* überhaupt geltend.

[III] Aller Reichtum ist zum *industriellen* Reichtum, zum *Reichtum* der Arbeit geworden, und die *Industrie* ist die vollendete Arbeit, wie das *Fabrikwesen* das ausgebildete Wesen der *Industrie*, d.h. der Arbeit ist und das *industrielle Kapital* die vollendete objektive Gestalt des Privateigentums ist. – – Wir sehen, wie auch nun erst das Privateigentum seine Herrschaft über den Menschen vollenden und in allgemeinster Form zur weltgeschichtlichen Macht werden kann. – –

[Privateigentum und Kommunismus]

* ad pag. XXXIX. Aber der Gegensatz von *Eigentumslosigkeit* und *Eigentum* ist ein noch indifferenter, nicht in seiner *tätigen Beziehung* zu seinem *innren* Verhältnis, noch nicht als *Widerspruch* gefaßter Gegensatz, so lange er nicht als der Gegensatz der *Arbeit* und des *Kapitals* begriffen wird. Auch ohne die fortgeschrittene Bewegung des Privateigentums, im alten Rom, in der Türkei etc., kann dieser Gegensatz in der *ersten* Gestalt sich aussprechen. So *erscheint* er noch nicht als durch das Privateigentum selbst gesetzt. Aber die Arbeit, das subjektive Wesen des Privateigentums als Ausschließung des Eigentums, und das Kapital, die objektive Arbeit als Ausschließung der Arbeit, ist das *Privateigentum* als sein entwickeltes Verhältnis des Widerspruchs, darum ein energisches, zur Auflösung treibendes Verhältnis.

** ad ibidem. Die Aufhebung der Selbstentfremdung macht denselben Weg wie die Selbstentfremdung. Erst wird das *Privateigentum* nur in seiner objektiven Seite – aber doch die Arbeit als sein Wesen – betrachtet. Seine Daseinsform ist daher das *Kapital*, das ›als solches‹ aufzuheben ist (Proudhon). Oder die *besondre Weise* der Arbeit, – als nivellierte, parzellierte und darum unfreie Arbeit, wird als die Quelle der *Schädlichkeit* des Privateigentums und seines menschenentfremdeten Daseins gefaßt– *Fourier*, der den Physiokraten entsprechend auch wieder die *Landbauarbeit* wenigstens als die *ausgezeichnete* faßt, während *St. Simon* im Gegensatz die *Industriearbeit* als solche für das Wesen erklärt und nur noch die *alleinige* Herrschaft der Industriellen und die Verbesserung der Lage der Arbeiter begehrt. Der *Kommunismus* endlich ist der *positive* Ausdruck des aufgehobnen Privateigentums, zunächst das *allgemeine* Privateigentum. Indem er dies Verhältnis in seiner *Allgemeinheit* faßt, ist er 1) in seiner ersten Gestalt nur eine *Verallgemeinerung* und *Vollendung* desselben; als solche zeigt er sich in doppelter Gestalt: einmal ist die Herrschaft des *sachlichen* Eigentums so groß ihm gegenüber, daß er *alles* vernichten will, was nicht fähig ist, als *Privateigentum* von allen besessen zu werden; er will auf *gewaltsame* Weise von Talent etc. abstrahieren. Der physische unmittelbare *Besitz* gilt ihm als einziger Zweck des Lebens und Daseins; die Leistung des *Arbeiters* wird nicht aufgehoben, sondern auf alle Menschen ausgedehnt; das Verhältnis des Privateigentums bleibt das Verhältnis der Gemeinschaft zur Sachenwelt; endlich spricht sich diese Bewegung, dem Privateigentum das allgemeine Privateigentum entgegenzustellen, in der tierischen Form aus, daß der *Ehe* (welche allerdings eine *Form des exklusiven Privateigentums* ist) die *Weibergemeinschaft*, wo also das Weib zu einem *gemeinschaftlichen* und *gemeinen* Eigentum wird, entgegengestellt wird. Man darf sagen, daß dieser Gedanke der *Weibergemeinschaft* das *ausgesprochne Geheimnis* dieses noch ganz rohen und gedankenlosen Kommunismus ist. Wie das Weib aus der Ehe in die allgemeine Prostitution, so tritt die ganze Welt des Reichtums, d. h. des gegenständlichen Wesens des Menschen, aus dem Verhältnis der exklusiven Ehe mit dem Privateigentümer in das Verhältnis der universellen Prostitution mit der Gemeinschaft. Dieser Kommunismus – indem er die *Persönlichkeit* des Menschen überall negiert – ist eben nur der konsequente Ausdruck des Privateigentums, welches diese Negation ist. Der allgemeine und als Macht sich konstituierende *Neid* ist nur die versteckte Form, in welcher die *Habsucht* sich herstellt und nur auf eine *andre* Weise sich befriedigt. Der Gedanke jedes Privateigentums als eines solchen ist *wenigstens* gegen das *reichere* Privateigentum als Neid und Nivellierungssucht gekehrt, so daß diese sogar das Wesen der Konkurrenz ausmachen. Der rohe Kommunist ist nur die Vollendung dieses Neides und dieser Nivellierung von dem *vorgestellten* Minimum aus. Er hat ein *bestimmtes begrenztes* Maß. Wie wenig diese Aufhebung des Privateigentums eine wirkliche Aneignung ist, beweist eben die abstrakte Negation der ganzen Welt der Bildung und der Zivilisation, die Rückkehr zur *unnatürlichen [IV]* Einfachheit des *armen* und bedürfnislosen Menschen, der nicht über das Privateigentum hinaus, sondern noch nicht einmal bei demselben angelangt ist.

Die Gemeinschaft ist nur eine Gemeinschaft der *Arbeit* und die Gleichheit des *Salärs*, den das gemeinschaftliche Kapital, die *Gemeinschaft* als der allgemeine Kapitalist, auszahlt. Beide Seiten des Verhältnisses sind in eine *vorgestellte* Allgemeinheit erhoben, die *Arbeit*, als die Bestimmung, in welcher jeder gesetzt ist, das *Kapital* als die anerkannte Allgemeinheit und Macht der Gemeinschaft.

In dem Verhältnis zum *Weib*, als dem Raub und der Magd der gemeinschaftlichen Wollust, ist die unendliche Degradation ausgesprochen, in welcher der Mensch für sich selbst existiert, denn das Geheimnis dieses Verhältnisses hat seinen *unzweideutigen*, entschiednen, *offenbaren*, enthüllten Ausdruck in dem Verhältnisse des *Mannes* zum *Weibe* und in der Weise, wie das *unmittelbare, natürliche* Gattungsverhältnis gefaßt wird. Das unmittelbare, natürliche, notwendige Verhältnis des Menschen zum Menschen ist das *Verhältnis* des *Mannes* zum *Weibe*. In diesem *natürlichen* Gattungsverhältnis ist das Verhältnis des Menschen zur Natur unmittelbar sein Verhältnis zum Menschen, wie das Verhältnis zum Menschen unmittelbar sein Verhältnis zur Natur, seine eigne *natürliche* Bestimmung ist. In diesem Verhältnis *erscheint* also *sinnlich*, auf ein anschaubares *Faktum* reduziert, in wie weit dem Menschen das menschliche Wesen zur Natur oder die Natur zum menschlichen Wesen des Menschen geworden ist. Aus diesem Verhältnis kann man also die ganze Bildungsstufe des Menschen beurteilen. Aus dem Charakter dieses Verhältnisses folgt, in wie weit der *Mensch* als *Gattungswesen*, als *Mensch* sich geworden ist und erfaßt hat; das Verhältnis des Mannes zum Weib ist das *natürlichste* Verhältnis des Menschen zum Menschen. In ihm zeigt sich also, in wie weit das *natürliche* Verhalten des Menschen *menschlich* oder in wie weit das *menschliche* Wesen ihm zum *natürlichen* Wesen, in wie weit seine *menschliche Natur* ihm zur *Natur* geworden ist. In diesem Verhältnis zeigt sich auch, in wie weit das *Bedürfnis* des Menschen zum *menschlichen* Bedürfnis, in wie weit ihm also der *andre* Mensch als Mensch zum Bedürfnis geworden ist, in wie weit er in seinem individuellsten Dasein zugleich Gemeinwesen ist.

Die erste positive Aufhebung des Privateigentums, der *rohe* Kommunismus, ist also nur eine *Erscheinungsform* von der Niedertracht des Privateigentums, das sich als das *positive Gemeinwesen* setzen will.

2) Der Kommunismus α) noch politischer Natur, demokratisch oder despotisch; β) mit Aufhebung des Staats, aber zu-

gleich noch unvollendetem und immer noch mit dem Privateigentum, d. h. der Entfremdung des Menschen affiziertem Wesen. In beiden Formen weiß sich der Kommunismus schon als Reintegration oder Rückkehr des Menschen in sich, als Aufhebung der menschlichen Selbstentfremdung, aber indem er das positive Wesen des Privateigentums noch nicht erfaßt hat und ebenso wenig die *menschliche* Natur des Bedürfnisses verstanden hat, ist er auch noch von demselben befangen und infiziert. Er hat zwar seinen Begriff erfaßt, aber noch nicht sein Wesen.

3) Der *Kommunismus* als *positive* Aufhebung des *Privateigentums*, als *menschlicher Selbstentfremdung*, und darum als wirkliche *Aneignung des menschlichen* Wesens durch und für den Menschen; darum als vollständige, bewußt und innerhalb des ganzen Reichtums der bisherigen Entwicklung gewordne Rückkehr des Menschen für sich als eines *gesellschaftlichen*, d. h. menschlichen Menschen. Dieser Kommunismus ist als vollendeter Naturalismus = Humanismus, als vollendeter Humanismus = Naturalismus, er ist die *wahrhafte* Auflösung des Widerstreites zwischen dem Menschen mit der Natur und mit dem Menschen, die wahre Auflösung des Streits zwischen Existenz und Wesen, zwischen Vergegenständlichung und Selbstbestätigung, zwischen Freiheit und Notwendigkeit, zwischen Individuum und Gattung. Er ist das aufgelöste Rätsel der Geschichte und weiß sich als diese Lösung.

[V] Die ganze Bewegung der Geschichte ist daher, wie sein *wirklicher* Zeugungsakt – der Geburtsakt seines empirischen Daseins – so auch für sein denkendes Bewußtsein die *begriffne* und *gewußte* Bewegung seines *Werdens*, während jener noch unvollendete Kommunismus aus einzelnen dem Privateigentum entgegenstehenden Geschichtsgestalten einen *historischen* Beweis, einen Beweis in dem Bestehnden für sich sucht, indem er einzelne Momente aus der Bewegung (Cabet, Villegardelle etc. reiten besonders auf diesem Roß) herausreißt und als Beweise seiner historischen Vollblütigkeit fixiert, womit er eben dartut, daß die unverhältnismäßig größre Partie dieser Bewegung sei-

nen Behauptungen widerspricht und daß, wenn er einmal gewesen ist, eben sein *vergangnes* Sein die Prätention des *Wesens* widerlegt.

Daß in der Bewegung des *Privateigentums*, eben der Ökonomie, die ganze revolutionäre Bewegung sowohl ihre empirische, als theoretische Basis findet, davon ist die Notwendigkeit leicht einzusehn.

Dies *materielle*, unmittelbar *sinnliche* Privateigentum ist der materielle sinnliche Ausdruck des *entfremdeten menschlichen* Lebens. Seine Bewegung – die Produktion und Konsumtion – ist die *sinnliche* Offenbarung von der Bewegung aller bisherigen Produktion, d.h. Verwirklichung oder Wirklichkeit des Menschen. Religion, Familie, Staat, Recht, Moral, Wissenschaft, Kunst etc. sind nur *besondre* Weisen der Produktion und fallen unter ihr allgemeines Gesetz. Die positive Aushebung des *Privateigentums*, als die Aneignung des *menschlichen* Lebens, *ist daher die positive* Aufhebung aller Entfremdung, also die Rückkehr des Menschen aus Religion, Familie, Staat etc. in sein *menschliches, d.h. gesellschaftliches* Dasein. Die religiöse Entfremdung als solche geht nur in dem Gebiet *des Bewußtseins* des menschlichen Innern vor, aber die ökonomische Entfremdung ist die des *wirklichen Lebens*, – ihre Aufhebung umfaßt daher beide Seiten. Es versteht sich, daß die Bewegung bei den verschiednen Völkern ihren *ersten* Beginn danach nimmt, ob das wahre *anerkannte* Leben des Volks mehr im Bewußtsein oder in der äußren Welt vor sich geht, mehr das ideelle oder reelle Leben ist. Der Kommunismus beginnt sogleich (*Owen*) mit dem Atheismus, der Atheismus ist zunächst noch weit entfernt, *Kommunismus* zu sein, wie jener Atheismus mehr noch eine Abstraktion ist. – – Die Philanthropie des Atheismus ist daher zuerst nur eine *philosophische* abstrakte Philanthropie, die des Kommunismus sogleich *reell* und unmittelbar zur *Wirkung* gespannt. – –

Wir haben gesehn, wie unter Voraussetzung des positiv aufgehobnen Privateigentums der Mensch den Menschen produziert, sich selbst und den andern Menschen; wie der Gegenstand, welcher die unmittelbare Betätigung seiner Individualität, zugleich sein eignes Dasein für den andern Menschen, dessen Dasein, und dessen Dasein für ihn ist. Ebenso sind aber sowohl das Material der Arbeit, als der Mensch als Subjekt, wie Resultat so Ausgangspunkt der Bewegung (und daß sie dieser *Ausgangspunkt* sein müssen, eben darin liegt die geschichtliche Notwendigkeit des Privateigentums). Also ist der *gesellschaftliche* Charakter der allgemeine Charakter der ganzen Bewegung; wie die Gesellschaft selbst den *Menschen* als *Menschen* produziert, so ist sie durch ihn *produziert*. Die Tätigkeit und der Geist, wie ihrem Inhalt sind auch der *Entstehungsweise* nach *gesellschaftlich; gesellschaftliche* Tätigkeit und *gesellschaftlicher* Geist. Das *menschliche* Wesen der Natur ist erst da für den *gesellschaftlichen* Menschen; denn erst hier ist sie für ihn da als *Band* mit dem *Menschen*, als Dasein seiner für den andren und des andren für ihn, wie als Lebenselement der menschlichen Wirklichkeit, erst hier ist sie da als *Grundlage* seines eignen *menschlichen* Daseins. Erst hier ist ihm sein *natürliches* Dasein sein *menschliches* Dasein und die Natur für ihn zum Menschen geworden. Also die *Gesellschaft* ist die vollendete Wesenseinheit des Menschen mit der Natur, die wahre Resurrektion der Natur, der durchgeführte Naturalismus des Menschen und der durchgeführte Humanismus der Natur.

[VI] Die gesellschaftliche Tätigkeit und der gesellschaftliche Geist existieren keineswegs *allein* in der Form einer *unmittelbar* gemeinschaftlichen Tätigkeit und unmittelbar *gemeinschaftlichen* Geistes, obgleich die *gemeinschaftliche* Tätigkeit und der *gemeinschaftliche* Geist, d.h. die Tätigkeit und der Geist, die unmittelbar in *wirklicher Gesellschaft* mit andren Menschen sich äußert und bestätigt, überall da stattfinden werden, wo jener *unmittelbare* Ausdruck der Gesellschaftlichkeit im Wesen ihres Inhalts begründet und seiner Natur angemessen ist.

Allein auch wenn ich *wissenschaftlich* etc. tätig bin, eine Tätigkeit, die ich selber in unmittelbarer Gemeinschaft mit andern ausführen kann, so bin ich *gesellschaftlich*, weil als *Mensch* tätig.

Nicht nur das Material meiner Tätigkeit ist mir – wie selbst die Sprache, in der der Denker tätig ist – als gesellschaftliches Produkt gegeben, mein *eignes* Dasein *ist* gesellschaftliche Tätigkeit, darum das, was ich aus mir mache, ich aus mir für die Gesellschaft mache und mit dem Bewußtsein meiner als eines gesellschaftlichen Wesens.

Mein *allgemeines* Bewußtsein ist nur die *theoretische* Gestalt dessen, wovon das *reelle* Gemeinwesen, gesellschaftliche Wesen, die *lebendige* Gestalt ist, während heut zu Tage das *allgemeine* Bewußtsein eine Abstraktion vom wirklichen Leben ist und als solche ihm feindlich gegenübertritt. Daher ist auch die *Tätigkeit* meines allgemeinen Bewußtseins – als eine solche – mein *theoretisches* Dasein als gesellschaftliches Wesen.

Es ist vor allem zu vermeiden, die ›Gesellschaft‹ wieder als Abstraktion dem Individuum gegenüber zu fixieren. Das Individuum *ist* das *gesellschaftliche Wesen*. Seine Lebensäußerung – erscheine sie auch nicht in der unmittelbaren Form einer *gemeinschaftlichen*, mit andern zugleich vollbrachten Lebensäußerung, – *ist* daher eine Äußerung und Bestätigung des *gesellschaftlichen Lebens*. Das individuelle und das Gattungsleben des Menschen sind nicht *verschieden*, so sehr auch – und dies notwendig – die Daseinsweise des individuellen Lebens eine mehr *besondre* oder mehr *allgemeine* Weise des Gattungslebens ist, oder je mehr das Gattungsleben ein mehr *besondres* oder *allgemeines* individuelles Leben ist.

Als *Gattungsbewußtsein* bestätigt der Mensch sein reelles *Gesellschaftsleben* und wiederholt nur sein wirkliches Dasein im Denken, wie umgekehrt das Gattungssein sich im Gattungsbewußtsein bestätigt und in seiner Allgemeinheit, als denkendes Wesen, für sich ist.

Der Mensch – so sehr er daher ein *besondres* Individuum ist, und grade seine Besonderheit macht ihn zu einem Individuum und zum wirklichen *individuellen* Gemeinwesen – ebenso sehr ist er die *Totalität*, die ideelle Totalität, das subjektive Dasein der gedachten und empfundnen Gesellschaft für sich, wie er auch in der Wirklichkeit, sowohl als Anschauung und wirklicher Geist des gesellschaftlichen Daseins, wie als eine Totalität menschlicher Lebensäußerung da ist.

Denken und Sein sind also zwar *unterschieden*, aber zugleich in *Einheit* mit einander.

Der *Tod* scheint als ein harter Sieg der Gattung über das Individuum und ihrer Einheit zu widersprechen; aber das bestimmte Individuum ist nur ein *bestimmtes Gattungswesen*, als solches sterblich.

4) Wie das *Privateigentum* nur der sinnliche Ausdruck davon ist, daß der Mensch zugleich *gegenständlich* für sich wird und zugleich vielmehr sich als ein fremder und unmenschlicher Gegenstand wird, daß seine Lebensäußerung seine Lebensäußerung ist, seine Verwirklichung seine Entwirklichung, eine *fremde* Wirklichkeit ist, so ist die positive Aufhebung des Privateigentums, d.h. die *sinnliche* Aneignung des menschlichen Wesens und Lebens, des gegenständlichen Menschen, der menschlichen *Werke* für und durch den Menschen, nicht nur im Sinne des *unmittelbaren*, einseitigen *Genusses* zu fassen, nicht nur im Sinne des *Besitzens*, im Sinne des *Habens*. Der Mensch eignet sich sein allseitiges Wesen auf eine allseitige Art an, also als ein totaler Mensch. Jedes seiner *menschlichen* Verhältnisse zur Welt, Sehn, Hören, Riechen, Schmecken, Fühlen, Denken, Anschauen, empfinden, wollen, tätig sein, lieben, kurz alle Organe seiner Individualität, wie die Organe, welche unmittelbar in ihrer Form als gemeinschaftliche Organe sind, *[VII]* sind in ihrem *gegenständlichen* Verhalten oder in ihrem *Verhalten zum Gegenstand* die Aneignung desselben. Die Aneignung der *menschlichen* Wirklichkeit, ihr Verhalten zum Gegenstand ist die *Betätigung der menschlichen Wirklichkeit*; menschliche Wirksamkeit und menschliches *Leiden*, denn das Leiden, menschlich gefaßt, ist ein Selbstgenuß des Menschen.

Das Privateigentum hat uns so dumm und einseitig gemacht, daß ein Gegenstand erst der *unsrige* ist, wenn wir ihn haben, [er] also als Kapital für uns existiert, oder von uns unmittelbar besessen, gegessen, getrunken, an unsrem Leib getragen, von uns bewohnt etc., kurz *gebraucht* wird. Obgleich das Privateigentum alle diese unmittelbaren Verwirklichungen des Besitzes selbst wieder nur als *Lebensmittel* faßt, und das Leben, zu dessen Mittel sie dienen, ist das *Leben des Privateigentums*, Arbeit und Kapitalisierung.

An die Stelle *aller* physischen und geistigen Sinne ist daher die einfache Entfremdung *aller* dieser Sinne, der Sinn des *Habens* getreten. Auf diese absolute Armut mußte das menschliche Wesen reduziert werden, damit es seinen innern Reichtum aus sich herausgebäre. (Über die Kategorie des *Habens* siehe Heß in den 21 Bogen.)

Die Aufhebung des Privateigentums ist daher die vollständige *Emanzipation* aller menschlichen Sinne und Eigenschaften; aber sie ist diese Emanzipation gerade dadurch, daß diese Sinne und Eigenschaften *menschlich*, sowohl subjektiv als objektiv geworden sind. Das Auge ist zum *menschlichen* Auge geworden, wie sein *Gegenstand* zu einem gesellschaftlichen, *menschlichen*, vom Menschen für den Menschen herrührenden Gegenstand geworden ist. Die *Sinne* sind daher unmittelbar in ihrer Praxis Theoretiker geworden. Sie verhalten sich zu der *Sache*, um der Sache willen, aber die Sache selbst ist ein *gegenständliches menschliches* Verhalten zu sich selbst und zum Menschen und umgekehrt. Das Bedürfnis oder der Genuß haben darum ihre *egoistische* Natur und die Natur ihre bloße *Nützlichkeit* verloren, indem der Nutzen zum *menschlichen* Nutzen geworden ist.

Eben so sind die Sinne und der Geist der andren Menschen meine *eigne* Aneignung geworden. Außer diesen unmittelbaren Organen bilden sich daher *gesellschaftliche* Organe, in der *Form* der Gesellschaft, also z.B. die Tätigkeit unmittelbar in Gesellschaft mit andren etc. ist ein Organ einer *Lebensäußerung* geworden und eine Weise der Aneignung des *menschlichen* Lebens.

Es versteht sich, daß das *menschliche* Auge anders genießt, als das rohe, unmenschliche Auge, das menschliche *Ohr* anders als das rohe Ohr etc.

Wir haben gesehn. Der Mensch verliert sich nur dann nicht in seinem Gegenstand, wenn dieser ihm als *menschlicher* Gegenstand oder gegenständlicher Mensch wird. Dies ist nur möglich, indem er ihm als *gesellschaftlicher* Gegenstand und er selbst sich als gesellschaftliches Wesen, wie die Gesellschaft als Wesen für ihn in diesem Gegenstand wird.

Indem daher überall einerseits dem Menschen in der Gesellschaft die gegenständliche Wirklichkeit als Wirklichkeit der menschlichen Wesenskräfte, als menschliche Wirklichkeit und darum als Wirklichkeit seiner *eignen* Wesenskräfte wird, werden ihm alle *Gegenstände* als die *Vergegenständlichung* seiner selbst, als die seine Individualität bestätigenden und verwirklichenden Gegenstände, als *seine* Gegenstände, d.h. Gegenstand wird er *selbst*. *Wie* sie ihm als seine werden, das hängt von der *Natur* des *Gegenstandes* und der Natur der *ihr* entsprechenden *Wesenskraft* ab; denn eben die *Bestimmtheit* dieses Verhältnisses bildet die besondre, *wirkliche* Weise der Bejahung. Dem *Auge* wird ein Gegenstand anders als dem *Ohr* und der Gegenstand des Auges *ist* ein andrer als der des *Ohrs*. Die Eigentümlichkeit jeder Wesenskraft ist gerade ihr *eigentümliches Wesen*, also auch die eigentümliche Weise ihrer Vergegenständlichung, ihres *gegenständlichen wirklichen*, lebendigen *Seins*. Nicht nur im Denken, *[VIII]* sondern mit *allen* Sinnen wird daher der Mensch in der gegenständlichen Welt bejaht.

Andrerseits und subjektiv gefaßt: Wie erst die Musik den musikalischen Sinn des Menschen erweckt, wie für das unmusikalische Ohr die schönste Musik *keinen* Sinn hat, [kein] Gegenstand ist, weil mein Gegenstand nur die Bestätigung einer meiner Wesenskräfte sein kann, also nur so für mich sein kann, wie meine Wesenskraft als subjektive Fähigkeit für sich ist, weil der Sinn eines Gegenstandes für mich (nur Sinn für einen ihm entsprechenden Sinn hat) grade so weit geht, als *mein* Sinn geht, darum sind die *Sinne* des gesellschaftlichen Menschen *andre* Sinne wie die des ungesellschaftlichen; erst durch den gegenständlich entfalteten Reichtum des menschlichen Wesens wird der Reichtum der subjektiven *menschlichen* Sinnlichkeit, wird ein musikalisches Ohr, ein Auge für die Schönheit der Form, kurz, werden erst menschlicher Genüsse fähige *Sinne,* Sinne, welche als *menschliche* Wesenskräfte sich bestätigen, teils erst ausgebildet, teils erst erzeugt. Denn nicht nur die 5 Sinne, sondern auch die sogenannten geistigen Sinne, die praktischen Sinne (Wille, Liebe etc.), mit einem Wort der *menschliche* Sinn, die Menschlichkeit der Sinne wird erst durch das Dasein *seines* Gegenstandes, durch die *vermenschlichte* Natur. Die *Bildung* der fünf Sinne ist eine Arbeit der ganzen bisherigen Weltgeschichte. Der unter dem rohen praktischen Bedürfnis befangene *Sinn* hat auch nur einen *bornierten* Sinn. Für den ausgehungerten Mensch existiert nicht die menschliche Form der Speise, sondern nur ihr abstraktes Dasein als Speise: eben so gut könnte sie in rohster Form vorliegen, und es ist nicht zu sagen, wodurch sich diese Nahrungstätigkeit von der *tierischen* Nahrungstätigkeit unterscheide. Der sorgenvolle, bedürftige Mensch hat keinen Sinn für das schönste Schauspiel; der Mineralienkrämer sieht nur den merkantilischen Wert, aber nicht die Schönheit und eigentümliche Natur des Minerals; er hat keinen mineralogischen Sinn; also die Vergegenständlichung des menschlichen Wesens, sowohl in theoretischer als praktischer Hinsicht, gehörte dazu, sowohl um den *Sinn* des Menschen *menschlich* zu machen, als um für den ganzen Reichtum des menschlichen und natürlichen Wesens entsprechenden *menschlichen Sinn* zu schaffen.

Wie durch die Bewegung des *Privateigentums* und seines Reichtums wie Elends – oder materiellen und geistigen Reichtums und Elends – die werdende Gesellschaft zu dieser *Bildung* alles Material vorfindet, *so* produziert die gewordne Gesellschaft den Menschen in diesem ganzen Reichtum seines Wesens, den *reichen* und tief *allsinnigen* Menschen als ihre stete Wirklichkeit. –

Man sieht, wie Subjektivismus und Objektivismus, Spiritualismus und Materialismus, Tätigkeit und Leiden erst im gesellschaftlichen Zustand ihren Gegensatz, und damit ihr Dasein als solche Gegensätze verlieren; man sieht, wie die Lösung der *theoretischen* Gegensätze selbst *nur* auf eine *praktische* Art, nur durch die praktische Energie des Menschen möglich ist und ihre Lösung daher keineswegs nur eine Aufgabe der Erkenntnis, sondern eine *wirkliche* Lebensaufgabe ist, welche die *Philosophie* nicht lösen konnte, eben weil sie dieselbe als *nur* theoretische Aufgabe faßte. – –

Man sieht, wie die Geschichte der *Industrie* und das gewordene *gegenständliche* Dasein der Industrie das *aufgeschlagene Buch* der *menschlichen Wesenskräfte*, die sinnlich vorliegende menschliche *Psychologie* ist, die bisher nicht in ihrem Zusammenhang mit dem *Wesen* des Menschen, sondern immer nur in einer äußeren Nützlichkeitsbeziehung gefaßt wurde, weil man – innerhalb der Entfremdung sich bewegend – nur das allgemeine Dasein des Menschen, die Religion, oder die Geschichte in ihrem abstrakt-allgemeinen Wesen, als Politik, Kunst, Literatur etc., *[IX]* als Wirklichkeit der menschlichen Wesenskräfte und als *menschliche Gattungsakte* zu fassen wußte. In der *gewöhnlichen, materiallen Industrie* (– die man eben so wohl als einen Teil jener allgemeinen Bewegung fassen, wie man sie selbst als einen *besondren* Teil der Industrie fassen kann, da alle menschliche Tätigkeit bisher Arbeit, also Industrie, sich selbst entfremdete tätigkeit war –) haben wir unter der Form *sinnlicher, fremder, nützlicher Gegenstände*, unter der Form der Entfremdung, die *vergegenständlichten Wesenskräfte* des Menschen vor uns. Eine *Psychologie*, für welche dies Buch, also grade der sinnlich gegenwärtigste, zugänglichste Teil der Geschichte zugeschlagen ist, kann nicht zur wirklichen inhaltvollen und *reellen* Wissenschaft werden. Was soll man überhaupt von einer Wissenschaft denken, die von diesem großen Teil der menschlichen Arbeit *vornehm* abstrahiert und nicht in sich selbst ihre Unvollständigkeit fühlt, so lange ein so ausgebreiteter Reichtum des menschlichen Wirkens ihr nichts sagt, als etwa, was man in einem Wort sagen kann: ›Bedürfnis‹ ›gemeines Bedürfnis‹!?

Die *Naturwissenschaften* haben eine enorme Tätigkeit entwikkelt und sich ein stets wachsendes Material angeeignet. Die Philosophie ist ihnen indessen eben so fremd geblieben, wie sie der Philosophie fremd blieben. Die momentane Vereinigung war nur eine *phantastische Illusion*. Der Wille war da, aber das Vermögen fehlte. Die Geschichtsschreibung selbst nimmt auf die Naturwissenschaft nur beiläufig Rücksicht, als Moment der Aufklärung, Nützlichkeit, einzelner großer Entdeckungen. Aber desto *praktischer* hat die Naturwissenschaft vermittelst der Industrie in das menschliche Leben eingegriffen und es umgestaltet und die menschliche Emanzipation vorbereitet, so sehr sie unmittelbar die Entmenschung vervollständigen mußte. Die *Industrie* ist das *wirkliche* geschichtliche Verhältnis der Natur und daher der Naturwissenschaft zum Menschen; wird sie daher als *exoterische* Enthüllung der menschlichen *Wesenskräfte* gefaßt, so wird auch das *menschliche* Wesen der Natur oder das *natürliche* Wesen des Menschen verstanden, daher die Naturwissenschaft ihre abstrakt materielle oder vielmehr idealistische Richtung verlieren und die Basis der *menschlichen* Wissenschaft werden, wie sie jetzt schon – obgleich in entfremdeter Gestalt – zur Basis des wirklich menschlichen Lebens geworden ist, und eine *andre* Basis für das Leben, eine andre für die *Wissenschaft* ist von vornherein eine Lüge. Die in der menschlichen Geschichte – dem Entstehungsakt der menschlichen Gesellschaft – werdende Natur ist die *wirkliche* Natur des Menschen, darum die Natur, wie sie durch die Industrie, wenn auch in *entfremdeter* Gestalt wird, die wahre *anthropologische* Natur ist. –

Die *Sinnlichkeit* (siehe Feuerbach) muß die Basis aller Wissenschaft sein. Nur, wenn sie von ihr, in der doppelten Gestalt, sowohl des *sinnlichen* Bewußtseins als des *sinnlichen* Bedürfnisses ausgeht – also nur wenn die Wissenschaft von der Natur ausgeht – ist sie *wirkliche* Wissenschaft. Damit der ›Mensch‹ zum Gegenstand des *sinnlichen* Bewußtseins und das Bedürfnis des ›Menschen als Menschen‹ zum Bedürfnis werde, dazu ist die ganze Geschichte die Vorbereitungsgeschichte. Die Geschichte selbst ist ein *wirklicher* Teil der *Naturgeschichte*, des Werdens der Natur zum Menschen. Die Naturwissenschaft wird später ebenso wohl die Wissenschaft von dem Menschen, wie die Wissenschaft von dem Menschen die Naturwissenschaft unter sich subsumieren: es wird *eine* Wissenschaft sein.

[X] Der *Mensch* ist der unmittelbare Gegenstand der Naturwissenschaft; denn die unmittelbare *sinnliche Natur* für den Menschen ist unmittelbar die menschliche Sinnlichkeit (ein identischer Ausdruck) unmittelbar als der *andere* sinnlich für ihn vorhandne Mensch; denn seine eigne Sinnlichkeit ist erst durch den *andren* Menschen als menschliche Sinnlichkeit für ihn selbst. Aber die *Natur* ist der unmittelbare Gegenstand der *Wissenschaft vom Menschen*, der erste Gegenstand des Menschen – der Mensch – ist Natur, Sinnlichkeit, und die besondren menschlichen sinnlichen Wesenskräfte, wie sie nur in *natürlichen* Gegenständen ihre gegenständliche Verwirklichung, können nur in der Wissenschaft des Naturwesens überhaupt ihre Selbsterkenntnis finden. Das Element des Denkens selbst, das Element der Lebensäußerung des Gedankens, die *Sprache* ist sinnlicher Natur. Die *gesellschaftliche* Wirklichkeit der Natur und die *menschliche* Naturwissenschaft oder die *natürliche Wissenschaft vom Menschen* sind identische Ausdrücke.

Man sieht, wie an die Stelle des nationalökonomischen *Reichtums* und *Elendes* der *reiche Mensch* und das reiche *menschliche* Bedürfnis tritt. Der reiche Mensch ist zugleich der einer Totalität der menschlichen Lebensäußerung *bedürftige* Mensch. Der Mensch, in dem seine eigne Verwirklichung, als innere Notwendigkeit, als *Not* existiert. Nicht nur der *Reichtum*, auch die *Armut* des Menschen erhält gleichmäßig – unter Voraussetzung des Sozialismus – eine *menschliche* und daher gesellschaftliche Bedeutung. Sie ist das passive Band, welches dem Menschen den größten Reichtum, den *andren* Menschen, als Bedürfnis empfinden läßt. Die Herrschaft des gegenständlichen Wesens in mir, der sinnliche Ausbruch meiner Wesenstätigkeit ist die *Leidenschaft*, welche hier damit die *Tätigkeit* meines Wesens wird.

5) Ein *Wesen* gilt sich erst als selbständiges, sobald es auf eignen Füßen steht, und es steht erst auf eignen Füßen, sobald es sein *Dasein* sich selbst verdankt. Ein Mensch, der von der Gnade eines andern lebt, betrachtet sich als ein abhängiges Wesen. Ich lebe aber vollständig von der Gnade eines andern, wenn ich ihm nicht nur die Unterhaltung meines Lebens verdanke, sondern wenn er noch außerdem mein *Leben geschaffen* hat, wenn er der *Quell* meines Lebens ist, und mein Leben hat notwendig einen solchen Grund außer sich, wenn es nicht meine eigne Schöpfung ist. Die *Schöpfung* ist daher eine sehr schwer aus dem Volksbewußtsein zu verdrängende Vorstellung. Das Durchsichselbstsein der Natur und des Menschen ist ihm *unbegreiflich*, weil es allen *Handgreiflichkeiten* des praktischen Lebens widerspricht. Die *Erd*schöpfung hat einen gewaltigen Stoß erhalten durch die *Geognosie*, d. h. durch die Wissenschaft, welche die Erdbildung, das Werden der Erde, als einen Prozeß, als Selbsterzeugung darstellt. Die generatio aequivoca ist die einzige praktische Widerlegung der Schöpfungstheorie.

Nun ist es zwar leicht, dem einzelnen Individuum zu sagen, was Aristoteles schon sagt: Du bist gezeugt von deinem Vater und deiner Mutter, also hat in dir die Begattung zweier Menschen, also ein Gattungsakt der Menschen den Menschen produziert. Du siehst also, daß der Mensch auch physisch sein Dasein dem Menschen verdankt. Du mußt also nicht nur die *eine* Seite im Auge behalten, den *unendlichen* Prozeß, wonach du weiter fragst: Wer hat meinen Vater, wer seinen Großvater etc. gezeugt. Du mußt auch die *Kreisbewegung*, welche in jenem Progreß sinnlich anschaubar ist, festhalten, wonach der Mensch in der Zeugung sich selbst wiederholt, also der *Mensch* immer Subjekt bleibt. Allein du wirst antworten: Diese Kreisbewegung dir zugestanden, so gestehe du mir den Progreß zu, der mich immer weiter treibt, bis ich frage, wer hat den ersten Menschen und die Natur überhaupt gezeugt? Ich kann dir nur antworten: Deine Frage ist selbst ein Produkt der Abstraktion. Frage dich, wie du auf jene Frage kömmst; frage dich, ob deine Frage nicht von einem Gesichtspunkt aus geschieht, den ich nicht beantworten kann, weil er ein verkehrter ist? Frage dich, ob jener Progreß als solcher für ein vernünftiges Denken existiert? Wenn du nach der Schöpfung der Natur und des Menschen fragst, so abstrahierst du also vom Menschen und der Natur. Du setzest sie als *nichtseiend*, und willst doch, daß ich sie als *seiend* dir beweise. Ich sage dir nun: gib deine Abstraktion auf, so gibst du auch deine Frage auf, oder willst du an deiner Abstraktion festhalten, so sei konsequent, und wenn du den Menschen und die Natur als *nichtseiend* denkend, *[XI]* denkst, so denke dich selbst als nichtseiend, der du doch auch Natur und Mensch bist. Denke nicht, frage mich nicht, denn sobald du denkst und fragst, hat deine *Abstraktion* von dem Sein der Natur und des Menschen keinen Sinn. Oder bist du ein solcher Egoist, daß du alles als Nichts setzt und selbst sein willst?

Du kannst mir erwidern: Ich will nicht das Nichts der Natur etc. setzen; ich frage dich nach ihrem *Entstehungsakt*, wie ich den Anatom nach den Knochenbildungen frage, etc.

Indem aber für den sozialistischen Menschen die *ganze sogenannte Weltgeschichte* nichts anders ist als die Erzeugung des Menschen durch die menschliche Arbeit, als das Werden der Natur für den Menschen, so hat er also den anschaulichen, unwiderstehlichen Beweis von seiner *Geburt* durch sich selbst, von seinem *Entstehungsprozeß*. Indem die *Wesenhaftigkeit* des Menschen und der Natur, indem der Mensch für den Menschen als Dasein der Natur, und die Natur für den Menschen als Dasein des Menschen praktisch, sinnlich, anschaubar geworden ist, ist die Frage nach einem *fremden* Wesen, nach einem Wesen über der Natur und den Menschen – eine Frage, welche das Geständnis von der Unwesentlichkeit der Natur und des Menschen einschließt – praktisch unmöglich geworden. Der *Atheismus*, als Leugnung dieser Unwesentlichkeit, hat keinen Sinn mehr, denn der Atheismus ist eine *Negation Gottes*, und setzt durch diese Negation das *Dasein des Menschen*; aber der Sozialismus als Sozialismus bedarf einer solchen Vermittlung nicht mehr; er beginnt von dem *theoretisch und praktisch sinnlichen Bewußt-sein* des Menschen und der Natur als des *Wesens*. Er ist *positives*, nicht mehr durch die Aufhebung als Religion vermitteltes *Selbstbewußtsein* des Menschen, wie das *wirkliche Leben* positive, nicht mehr durch die aufhebung des Privateigentums, den *Kommunismus*, vermittelte Wirklichkeit des Menschen ist. Der Kommunismus ist die Position als Negation der Negation, darum das *wirkliche*, für die nächste geschichtliche Entwicklung notwendige Moment der menschlichen Emanzipation und Wiedergewinnung. Der *Kommunismus* ist die notwendige Gestalt und das energische Prinzip der nächsten Zukunft, aber der Kommunismus ist nicht als solcher das Ziel der menschlichen Entwicklung, – die Gestalt der menschlichen Gesellschaft. –

[...]

[Geld]

[XLI] Wenn die *Empfindungen*, Leidenschaften etc. des Menschen nicht nur anthropologische Bestimmungen im [engere]n Sinn, sondern wahrhaft *ontologische* Wesens(Natur)bejahungen sind – und wenn sie nur dadurch wirklich sich bejahen, daß ihr *Gegenstand sinnlich* für sie ist, so versteht sich, 1) daß die Weise ihrer Bejahung durchaus nicht eine und dieselbe ist, sondern vielmehr die unterschiedne Weise der Bejahung die Eigentümlichkeit ihres Daseins, ihres Lebens bildet; die Weise, wie der Gegenstand für sie, ist die eigentümliche Weise ihres *Genusses*; 2) da, wo die sinnliche Bejahung unmittelbares Aufheben des Gegenstandes in seiner selbstständigen Form ist (Essen, Trinken, Bearbeiten des Gegenstandes etc.), ist dies die Bejahung des Gegenstandes; 3) insofern der Mensch *menschlich*, also auch seine Empfindung etc. *menschlich* ist, ist die Bejahung des Gegenstandes durch einen andren, ebenfalls sein eigner Genuß; 4) erst durch die entwickelte Industrie, i.e. durch die Vermittlung des

Privateigentums wird das ontologische Wesen der menschlichen Leidenschaft sowohl in seiner Totalität, als in seiner Menschlichkeit; die Wissenschaft vom Menschen ist also selbst ein Produkt der praktischen Selbstbetätigung des Menschen; 5) der Sinn des Privateigentums – losgelöst von seiner Entfremdung – ist das *Dasein* der *wesentlichen Gegenstände* für den Menschen, sowohl als Gegenstand des Genusses, wie der Tätigkeit. – –

Das *Geld*, indem es die *Eigenschaft* besitzt, alles zu kaufen, indem es die Eigenschaft besitzt, alle Gegenstände sich anzueignen, ist also der *Gegenstand* in eminentem Besitz. Die Universalität seiner *Eigenschaft* ist die Allmacht seines Wesens; es gilt daher als allmächtiges Wesen ... das Geld ist der *Kuppler* zwischen dem Bedürfnis und dem Gegenstand, zwischen dem Leben und dem Lebensmittel des Menschen. *Was* mir aber *mein* Leben vermittelt, das vermittelt mir auch das Dasein der andren Menschen für mich. Das ist für mich der *andre* Mensch. –

»Was Henker! Freilich Händ' und Füße
Und Kopf und Hintre, die sind dein!
Doch alles, was ich frisch genieße,
Ist das drum weniger mein?

Wenn ich sechs Hengste zahlen kann
Sind ihre Kräfte nicht die meine?
Ich renne zu und bin ein rechter Mann
Als hätte ich vierundzwanzig Beine.«
  Goethe, *Faust*. (Mephisto)

Shakespeare im *Timon* von Athen:
»Gold? Kostbar, flimmernd, rotes Gold? Nein, Götter!
Nicht eitel fleh' ich.
So viel hievon macht schwarz weiß, häßlich schön;
Schlecht gut, alt jung, feig tapfer, niedrig edel.
Dies lockt ... den Priester vom Altar;
Reißt Halbgenesnen weg das Schlummerkissen;

137

Ja, dieser rote Sklave löst und bindet
Geweihte Bande; segnet den Verfluchten;
Er macht den Aussatz lieblich, ehrt den Dieb
Und gibt ihm Rang, gebeugtes Knie und Einfluß
Im Rat der Senatoren; dieser führt
Der überjähr'gen Witwe Freier zu;
Sie, von Spital und Wunden giftig eiternd,
Mit Ekel fortgeschickt, verjüngt balsamisch
Zu Maienjugend dies. Verdammt Metall,
Gemeine Hure du der Menschen, die
Die Völker tört.«

   Und weiter unten:
»Du süßer Königsmörder, edle Scheidung
Des Sohns und Vaters! glänzender Besudler
Von Hymens reinstem Lager! tapfrer Mars!
Du ewig blüh'nder, zartgeliebter Freier,
Dess roter Schein den heil'gen Schnee zerschmelzt
Auf Dianas reinem Schoß! *sichtbare Gottheit,*
Die du *Unmöglichkeiten* eng verbrüderst,
Zum Kuß sie zwingst! du spricht in jeder Sprache,
[XLII] Zu jedem Zweck! o du, der Herzen Prüfstein!
Denk, es empört dein Sklave sich, der Mensch!
Vernichte deine Kraft sie all verwirrend,
Daß Tieren wird die Herrschaft dieser Welt!«

Shakespeare schildert das Wesen des *Geldes* trefflich. Um ihn zu
verstehn, beginnen wir zunächst mit der Auslegung der goethi-
schen Stelle.

   Was durch das *Geld* für mich ist, was ich zahlen, d. h. was das
Geld kaufen kann, das *bin ich*, der Besitzer des Geldes selbst.
So groß die Kraft des Geldes, so groß ist meine Kraft. Die Eigenschaften des Geldes sind meine – seines Besitzers – Eigenschaften und Wesenskräfte. Das, was ich *bin* und *vermag*, ist
also keineswegs durch meine Individualität bestimmt. Ich *bin*

häßlich, aber ich kann mir die *schönste* Frau kaufen. Also bin ich nicht *häßlich*, denn die Wirkung der *Häßlichkeit*, ihre abschreckende Kraft ist durch das Geld vernichtet. Ich – meiner Individualität nach – bin *lahm*, aber das Geld verschafft mir 24 Füße; ich bin also nicht lahm; ich bin ein schlechter, unehrlicher, gewissenloser, geistloser Mensch, aber das Geld ist geehrt, also auch sein Besitzer. Das Geld ist das höchste Gut, also ist sein Besitzer gut, das Geld überhebt mich überdem der Mühe, unehrlich zu sein; ich werde also als ehrlich präsumiert; ich bin *geistlos*, aber das Geld ist der *wirkliche Geist* aller Dinge, wie sollte sein Besitzer geistlos sein? Zudem kann er sich die geistreichen Leute kaufen, und wer die Macht über die Geistreichen ist, ist der nicht geistreicher als der Geistreiche! Ich, der durch das Geld *alles*, wonach ein menschliches Herz sich sehnt, vermag, besitze ich nicht alle menschlichen Vermögen! Verwandelt also mein Geld nicht alle meine Unvermögen in ihr Gegenteil?

Wenn das *Geld* das Band ist, das mich an das *menschliche* Leben, das mir die Gesellschaft, das mich mit der Natur und den Menschen verbindet, ist das Geld nicht das Band aller *Bande!* Kann es nicht alle Bande lösen und binden! Ist es darum nicht auch das allgemeine Scheidungsmittel! Es ist die wahre *Scheidemünze*, die das wahre *Bindungsmittel*, die galvano*chemische Kraft der Gesellschaft.

Shakespeare hebt an dem Geld besonders zwei Eigenschaften hervor:

1) Es ist die sichtbare Gottheit, die Verwandlung aller menschlichen und natürlichen Eigenschaften in ihr Gegenteil, die allgemeine Verwechslung und Verkehrung der Dinge; es verbrüdert Unmöglichkeiten;

2) Es ist die allgemeine Hure, der allgemeine Kuppler der Menschen und Völker.

Die Verkehrung und Verwechslung aller menschlichen und natürlichen Qualitäten, die Verbrüderung der Unmöglichkeiten – die *göttliche* Kraft – des Geldes liegt in seinem *Wesen* als dem entfremdeten, entäußernden und sich veräußernden Gattungswesen der Menschen. Es ist das entäußerte *Vermögen* der *Menschheit*.

Was ich qua *Mensch* nicht vermag, was also alle meine individuellen Wesenskräfte nicht vermögen, das vermag ich durch das *Geld*. Das Geld macht also jede dieser Wesenskräfte zu etwas, was sie an sich nicht ist, d.h. zu ihrem *Gegenteil*.

Wenn ich mich nach einer Speise sehne oder den Postwagen brauchen will, weil ich nicht stark genug bin, den Weg zu Fuß zu machen, so verschafft mir das Geld die Speise und den Postwagen, d.h. es verwandelt meine Wünsche aus Wesen der Vorstellung, es übersetzt sie aus ihrem gedachten, vorgestellten, gewollten Dasein in ihr *sinnliches, wirkliches* Dasein, aus der Vorstellung in das Leben, aus dem vorgestellten Sein in das wirkliche Sein. Als diese Vermittlung ist das die *wahrhaft schöpferische* Kraft.

Die *demande* existiert wohl auch für den, der kein Geld hat, aber seine demande ist ein bloßes Wesen der Vorstellung, das auf mich, auf den dritten, auf die [...] *[XLIII]* keine Wirkung, keine Existenz hat, also für mich selbst *unwirklich, gegenstandslos* bleibt. Der Unterschied der effektiven, auf das Geld basierten und der effektlosen, auf mein Bedürfnis, meine Leidenschaft, meinen Wunsch etc. basierten demande ist der Unterschied zwischen *Sein* und *Denken*, zwischen der bloßen in mir *existierenden* Vorstellung und der Vorstellung, wie sie als *wirklicher Gegenstand* außer mir für mich ist.

Ich, wenn ich kein Geld zum Reisen habe, habe kein *Bedürfnis*, d.h. kein wirkliches und sich verwirklichendes Bedürfnis zum Reisen. Ich, wenn ich *Beruf* zum Studieren, aber kein Geld dazu habe, habe *keinen* Beruf zum Studieren, d.h. keinen *wirksamen*, keinen *wahren* Beruf. Dagegen ich, wenn ich wirklich *keinen* Beruf zum Studieren habe, aber den Willen *und* das Geld, habe einen *wirksamen* Beruf dazu. Das *Geld* als das äußere, nicht aus dem Menschen und nicht von der menschlichen Gesellschaft als Gesellschaft herkommende allgemeine *Mittel* und

Vermögen, die *Vorstellung in die Wirklichkeit*, und *die Wirklichkeit zu einer bloßen Vorstellung* zu machen, verwandelt ebenso sehr die *wirklichen menschlichen und natürlichen Wesenskräfte* in bloß abstrakte Vorstellungen und darum *Unvollkommenheiten*, qualvolle Hirngespinste, wie es andrerseits die *wirklichen Unvollkommenheiten und Hirngespinste*, die wirklich ohnmächtigen, nur in der Einbildung des Individuums existierenden Wesenskräfte desselben zu *wirklichen Wesenskräften* und *Vermögen* verwandelt. Schon dieser Bestimmung nach ist es also schon die allgemeine Verkehrung der *Individualitäten*, die sie in ihr Gegenteil umkehrt und ihren Eigenschaften widersprechende Eigenschaften beilegt.

Als diese *verkehrende* Macht erscheint es dann auch gegen das Individuum und gegen die gesellschaftlichen etc. Bande, die für sich *Wesen* zu sein behaupten. Es verwandelt die Treue in Untreue, die Liebe in Haß, den Haß in Liebe, die Tugend in Laster, das Laster in Tugend, den Knecht in den Herrn, den Herrn in den Knecht, den Blödsinn in Verstand, den Verstand in Blödsinn.

Da das Geld als der existierende und sich betätigende Begriff des Wertes alle Dinge verwechselt, vertauscht, so ist es die allgemeine *Verwechslung* und *Vertauschung* aller Dinge, also die verkehrte Welt, die Verwechslung und Vertauschung aller natürlichen und menschlichen Qualitäten.

Wer die Tapferkeit kaufen kann, der ist tapfer, wenn er auch feig ist. Da das Geld nicht gegen eine bestimmte Qualität, gegen ein bestimmtes Dinge, menschliche Wesenskräfte, sondern gegen die ganze menschliche und natürliche gegenständliche Welt sich austauscht, so tauscht es also – vom Standpunkt seines Besitzers angesehn – jede Eigenschaft gegen jede – auch ihr widersprechende Eigenschaft und Gegenstand – aus; es ist die Verbrüderung der Unmöglichkeiten, es zwingt das sich widersprechende zum Kuß.

Setze den *Menschen* als *Menschen* und sein Verhältnis zur Welt als ein menschliches voraus, so kannst du Liebe nur gegen

Liebe austauschen, Vertrauen nur gegen Vertrauen etc. Wenn du die Kunst genießen willst, mußt du ein künstlerisch-gebildeter Mensch sein; wenn du Einfluß auf andre Menschen ausüben willst, mußt du ein wirklich anregend und fördernd auf andre Menschen wirkender Mensch sein. Jedes deiner Verhältnisse zum Menschen – und zu der Natur – muß eine *bestimmte*, dem Gegenstand deines Willens entsprechende *Äußerung* deines *wirklichen individuellen* Lebens sein. Wenn du liebst, ohne Gegenliebe hervorzurufen, d.h. wenn dein Lieben als Lieben nicht die Gegenliebe produziert, wenn du durch eine *Lebensäußerung* als liebender Mensch dich nicht zum geliebten Menschen machst, so ist deine Liebe ohnmächtig, ein Unglück.

6. Karl Marx über Hegel und Feuerbach (1845)

Hegelsche Konstruktion der Phänomenologie

1) Selbstbewußtsein statt des Menschen. Subjekt–Objekt.
2) Die *Unterschiede* der Sachen unwichtig, weil die Substanz als Selbstunterscheidung oder weil die Selbstunterscheidung, das Unterscheiden, die Tätigkeit des Verstandes als wesentlich gefaßt wird. Hegel gab daher innerhalb der Spekulation wirkliche, die Sache ergreifende Distinktionen.
3) Aufhebung der *Entfremdung* identifiziert mit Aufhebung der *Gegenständlichkeit* (eine Seite, namentlich von Feuerbach entwickelt).
4) Deine *Aufhebung* des vorgestellten Gegenstandes, des Gegenstandes als Gegenstandes des Bewußtseins, identifiziert mit der *wirklichen gegenständlichen* Aufhebung, der vom Denken unterschiednen sinnlichen *Aktion, Praxis,* und *realen Tätigkeit.* (Noch zu entwickeln.)

[Die bürgerliche Gesellschaft und die
kommunistische Revolution]

1) Die *Entstehungsgeschichte des Modernen Staats* oder die *französische Revolution.*
Die Selbstüberhebung des politischen Wesens – Verwechslung mit dem antiken Staat. Verhältnis der Revolutionäre zur bürgerlichen Gesellschaft. Verdoppelung aller Elemente in bürgerliche und Staatswesen.
2) Die *Proklamation der Menschenrechte* und die *Konstitution des Staats.* Die individuelle Freiheit und die öffentliche Macht.

Freiheit, Gleichheit und Einheit. Die Volkssouveränität.

3) Der *Staat* und die *bürgerliche Gesellschaft*.

4) Der *Repräsentativstaat* und die *Charte*.
   Der konstitutionelle Repräsentativstaat, d[er] d[er] demokratische Repräsentativstaat.

5) Die *Teilung der Gewalten*. Gesetzgebende und exekutive
   Gewalt.

6) Die *gesetzgebende Gewalt* und die gesetzgebenden Körper.
   Politische Klubs.

7) Die *exekutive Gewalt*. Zentralisation und Hierarchie. Zentralisation und politische Zivilisation. Federativwesen und
   Industrialismus. Die *Staatsverwaltung* und *Gemeindeverwaltung*.

8′) Die *richterliche Gewalt* und das *Recht*.

8″) Die *Nationalität* und das *Volk*.

9′) Die *politischen Parteien*.

9″) Das *Wahlrecht*, der Kampf um die *Aufhebung* des Staats und
   der bürgerlichen Gesellschaft.

[Marx über Feuerbach]

Der *göttliche Egoist im Gegensatz zum
egoistischen Menschen.*

*Die Täuschung in der Revolution über das
antike Staatswesen.*

Der »*Begriff*« und die »*Substanz*«.

*Die Revolution = Entstehungsgeschichte
des modernen Staats.*

1) ad Feuerbach.

1)

Der Hauptmangel alles bisherigen Materialismus (den Feuerbachschen mit eingerechnet) ist, daß der Gegenstand, die Wirklichkeit, Sinnlichkeit nur unter der Form des *Objekts oder der Anschauung* gefaßt wird; nicht aber als *sinnlich menschliche Tätigkeit, Praxis*; nicht subjektiv. Daher die *tätige* Seite abstrakt im Gegensatz zu dem Materialismus von dem Idealismus – der natürlich die wirkliche, sinnliche Tätigkeit als solche nicht kennt – entwickelt. Feuerbach will sinnliche – von den Gedankenobjekten wirklich unterschiedne Objekte: aber er faßt die menschliche Tätigkeit selbst nicht als *gegenständliche* Tätigkeit. Er betrachtet daher im Wesen des Christentums nur das theoretische Verhalten als das echt menschliche, während die Praxis nur in ihrer schmutzig jüdischen Erscheinungsform gefaßt und fixiert wird. Er begreift daher nicht die Bedeutung der »revolutionären«, der »praktisch-kritischen« Tätigkeit.

2)

Die Frage, ob dem menschlichen Denken gegenständliche Wahrheit zukomme – ist keine Frage der Theorie, sondern eine *praktische* Frage. In der Praxis muß der Mensch die Wahrheit, i.e. Wirklichkeit und Macht, Diesseitigkeit seines Denkens beweisen. Der Streit über die Wirklichkeit oder Nichtwirklichkeit des Denkens, – das von der Praxis isoliert ist, – ist eine rein *scholastische* Frage.

3)

Die materialistische Lehre von der Veränderung der Umstände und der Erziehung vergißt, daß die Umstände von den Menschen verändert und der Erzieher selbst erzogen werden muß. Sie muß daher die Gesellschaft in zwei Teile – von denen der eine über ihr erhaben ist – sondieren.

Das Zusammenfallen des Ändern[s] der Umstände und der menschlichen Tätigkeit oder Selbstveränderung kann nur als *revolutionäre Praxis* gefaßt und rationell verstanden werden.

4)

Feuerbach geht von dem Faktum der religiösen Selbstentfremdung, der Verdopplung der Welt in eine religiöse und eine weltliche aus. Seine Arbeit besteht darin, die religiöse Welt in ihre weltliche Grundlage aufzulösen. Aber daß die weltliche Grundlage sich von sich selbst abhebt und sich ein selbstständiges Reich in den Wolken fixiert, ist nur aus der Selbstzerrissenheit und Sichselbstwidersprechen dieser weltlichen Grundlage zu erklären. Diese selbst muß also in sich selbst sowohl in ihrem Widerspruch verstanden, als praktisch revolutioniert werden. Also nachdem z.B. die irdische Familie als das Geheimnis der heiligen Familie entdeckt ist, muß nun erstere selbst theoretisch und praktisch vernichtet werden.

5)

Feuerbach, mit dem *abstrakten Denken* nicht zufrieden, will die *Anschauung*; aber er faßt die Sinnlichkeit nicht als *praktische* menschlich-sinnliche Tätigkeit.

6)

Feuerbach löst das religiöse Wesen in das *menschliche* Wesen auf. Aber das menschliche Wesen ist kein dem einzelnen Individuum inwohnendes Abstraktum. In seiner Wirklichkeit ist es das ensemble der gesellschaftlichen Verhältnisse.

Feuerbach, der auf die Kritik dieses wirklichen Wesens nicht eingeht, ist daher gezwungen:

1) von dem geschichtlichen Verlauf zu abstrahieren und das religiöse Gemüt für sich zu fixieren, und ein abstrakt – *isoliert* – menschliches Individuum vorauszusetzen.

2) das Wesen kann daher nur als »Gattung«, als innere, stumme, die vielen Individuen *wirklich* verbindende Allgemeinheit gefaßt werden.

Feuerbach sieht daher nicht, daß das »religiöse Gemüt« selbst ein gesellschaftliches Produkt ist und daß das abstrakte Individuum, das er analysiert, einer bestimmten Gesellschaftsform angehört.

Alles gesellschaftliche Leben ist wesentlich *praktisch*. Alle Mysterien, welche die Theorie zum Mystizism veranlassen, finden ihre rationelle Lösung in der menschlichen Praxis und in dem Begreifen dieser Praxis.

Das höchste, wozu der anschauende Materialismus kommt, d.h. der Materialismus, der die Sinnlichkeit nicht als praktische Tätigkeit begreift, ist die Anschauung der einzelnen Individuen und der bürgerlichen Gesellschaft.

Der Standpunkt des alten Materialismus ist die bürgerliche Gesellschaft, der Standpunkt des neuen die menschliche Gesellschaft oder die gesellschaftliche Menschheit.

Die Philosophen haben die Welt nur verschieden *interpretiert*, es kömmt drauf an sie zu *verändern*.

[Aus I. Feuerbach]

Einfluß der Teilung der Arbeit auf die Wissenschaft.

Was bei den Staat, Recht, Moral etc. die *Repression*.

[Im] Gesetz müssen die Bourgeois sich einen allgemeinen Ausdruck geben müssen, eben weil sie als Klasse herrschen.

Naturwissenschaft und Geschichte.

Es gibt keine Geschichte der Politik, des Rechts, der Wissenschaft etc., der Kunst, der Religion etc.

— — —

Warum die Ideologen alles auf den Kopf stellen.
Religiösen, Juristen, Politiker.
Juristen, Politiker (Staatsleute überhaupt), Moralisten, Religiöse.

Für diese ideologische Unterabteilung in einer Klasse, 1) *Verselbstständigung des Geschäfts durch die Teilung der Arbeit;* jeder hält sein Handwerk für das Wahre. Über den Zusammenhang, worin ihr Handwerk mit der Wirklichkeit steht, machen sie sich um so notwendiger Illusionen, da dies schon durch die Natur des Handwerks selbst bedingt wird. Die Verhältnisse werden in der Jurisprudenz, Politik etc. – im Bewußtsein zu Begriffen; da sie nicht über diese Verhältnisse h[in]aus sind, sind auch die Begriffe derselben in ihrem Kopf fixe Begriffe; der Richter z.B. wendet den Code an, ihm gilt daher die Gesetzgebung für den wahren aktiven Treiber. Respekt vor ihrer Ware; da ihr Geschäft es mit Allgemeinem zu tun hat.

Idee des Rechts. Idee des Staats. Im *gewöhnlichen* Bewußtsein ist die Sache auf den Kopf gestellt. – – –

Religion ist von vornherein das Bewußtsein der *Transzendenz*[, das] hervorgeht aus dem *wirklichen* Müssen.

Dies populärer. – – –

Tradition, für Recht, Religion etc.

*

Die Individuen sind immer von sich ausgegangen, gehen immer von sich aus. Ihre Verhältnisse sind Verhältnisse ihres wirklichen Lebensprozesses. Woher kömmt es, daß ihre Verhältnisse sich gegen sie verselbstständigen? daß die Mächte ihres eignen Lebens übermächtig gegen sie werden?

Mit einem Wort: *die Teilung der Arbeit*, deren Stufe von der jedesmal entwickelten Produktivkraft abhängt.

Gemeindeeigentum.

Grundeigentum. feudales. modernes.
Ständiges Eigentum. Manufaktureigentum. industrielles Kapital.

7. Zur Kritik an P.-J. Proudhon: Brief an Pawel Wassiljewitsch Annenkow (28. 12. 1846)

Brüssel, 28. Dezember [1846]
rue d'Orléans 42, Fbg. Namur

Lieber Herr Annenkow!

Sie hätten meine Antwort auf Ihren Brief vom 1. November schon längst erhalten, wenn nicht mein Buchhändler mir erst vergangene Woche das Buch des Herrn Proudhon »Philosophie de la misère« zugeschickt hätte. Ich habe es in zwei Tagen durchflogen, um Ihnen sofort meine Meinung mitteilen zu können. Da ich das Buch sehr eilig gelesen habe, kann ich nicht auf Einzelheiten eingehen und kann Ihnen nur den allgemeinen Eindruck mitteilen, den es auf mich gemacht hat. Wenn Sie es wünschen, könnte ich in einem zweiten Brief auf Einzelheiten eingehen.

Ich gestehe Ihnen offen, daß ich das Buch im allgemeinen schlecht, ja sehr schlecht finde. Sie selbst machen sich in Ihrem Brief lustig »über das bißchen deutsche Philosophie«, mit dem Herr Proudhon in diesem unförmigen und anmaßenden Werk prunkt, nehmen aber an, daß die ökonomische Darstellung nicht durch das philosophische Gift infiziert worden sei. Ich bin ja auch weit davon entfernt, die Fehler in der ökonomischen Darstellung der Philosophie des Herrn Proudhon zuzuschreiben. Herr Proudhon liefert nicht deshalb eine falsche Kritik der politischen Ökonomie, weil er eine lächerliche Philosophie besitzt, sondern er liefert eine lächerliche Philosophie, weil er die gegenwärtigen sozialen Zustände in ihrer Verkettung [engrènement] – um ein Wort zu gebrauchen, das Herr Proudhon wie viele andere Dinge Fourier entlehnt – nicht begriffen hat.

Warum spricht Herr Proudhon von Gott, von der universellen Vernunft, von der unpersönlichen Vernunft der Menschheit, die nie irrt, die stets sich selbst gleich war, deren man sich nur richtig bewußt zu sein braucht, um das Wahre zu treffen? Warum treibt er schwächlichen Hegelianismus, um sich als starker Denker aufzuspielen?

Er selbst gibt die Lösung des Rätsels. Herr Proudhon erblickt in der Geschichte eine bestimmte Reihe gesellschaftlicher Entwicklungen; er findet den Fortschritt in der Geschichte verwirklicht; er findet endlich, daß die Menschen, als Individuen, nicht wußten, was sie taten, daß sie sich über ihre eigene Bewegung täuschten, d.h., daß ihre gesellschaftliche Entwicklung auf den ersten Blick verschieden, getrennt, unabhängig von ihrer individuellen erscheint. Er kann diese Tatsachen nicht erklären, und die Hypothese von der sich offenbarenden universellen Vernunft ist reinste Erfindung. Nichts leichter, als mystische Ursachen, d.h. Phrasen, zu erfinden, denen jeder Sinn fehlt.

Aber wenn Herr Proudhon gesteht, daß er von der historischen Entwicklung der Menschheit nichts versteht – und er gibt es zu, da er sich so tönender Worte wie universlle Vernunft, Gott etc. bedient –, gesteht er damit nicht implizite und notwendig, daß er unfähig ist, die *ökonomische Entwicklung* zu begreifen?

Was ist die Gesellschaft, welches immer auch ihre Form sei? Das Produkt des wechselseitigen Handelns der Menschen. Steht es den Menschen frei, diese oder jene Gesellschaftsform zu wählen? Keineswegs. Setzen Sie einen bestimmten Entwicklungsstand der Produktivkräfte der Menschen voraus, und Sie erhalten eine bestimmte Form des Verkehrs [commerce] und der Konsumtion. Setzen Sie bestimmte Stufen der Entwicklung der Produktion, des Verkehrs und der Konsumtion voraus, und Sie erhalten eine entsprechende soziale Ordnung, eine entsprechende Organisation der Familie, der Stände oder der Klassen, mit einem Wort, eine entsprechende Gesellschaft [société civile]. Setzen Sie eine solche Gesellschaft voraus, und Sie erhalten eine entsprechende politische Ordnung [état politique], die nur der offizielle Ausdruck der Gesellschaft ist. Das wird Herr Proudhon nie verstehen, denn er glaubt, etwas Großes zu tun, wenn er vom Staat [état] an die Gesellschaft, d.h. von dem offiziellen Resümee der Gesellschaft an die offizielle Gesellschaft appelliert.

Man braucht nicht hinzuzufügen, daß die Menschen ihre *Produktivkräfte* – die Basis ihrer ganzen Geschichte – nicht frei wählen; denn jede Produktivkraft ist eine erworbene Kraft, das Produkt früherer Tätigkeit. Die Produktivkräfte sind also das Resultat der angewandten Energie der Menschen, doch diese Energie selbst ist begrenzt durch die Umstände, in welche die Menschen sich versetzt finden, durch die bereits erworbenen Produktivkräfte, durch die Gesellschaftsform, die vor ihnen da ist, die sie nicht schaffen, die das Produkt der vorhergehenden Generation ist. Dank der einfachen Tatsache, daß jede neue Generation die von der alten Generation erworbenen Produktivkräfte vorfindet, die ihr als Rohmaterial für neue Produktion dienen, entsteht ein Zusammenhang in der Geschichte der Menschen, entsteht die Geschichte der Menschheit, die um so mehr Geschichte der Menschheit ist, je mehr die Produktivkräfte der Menschen und infolgedessen ihre gesellschaftlichen Beziehungen wachsen. Die notwendige Folge: Die soziale Geschichte der Menschen ist stets nur die Geschichte ihrer individuellen Entwicklung, ob sie sich dessen bewußt sind oder nicht. Ihre materiellen Verhältnisse sind die Basis aller ihrer Verhältnisse. Diese materiellen Verhältnisse sind nichts anderes als die notwendigen Formen, in denen ihre materielle und individuelle Tätigkeit sich realisiert.

Herr Proudhon verwechselt die Ideen mit den Dingen. Die Menschen verzichten nie auf das, was sie gewonnen haben, aber das bedeutet nicht, daß sie nie auf die Gesellschaftsform verzichten, in der sie bestimmte Produktivkräfte erworben haben. Ganz im Gegenteil. Um des erzielten Resultats nicht verlustig zu gehen, um die Früchte der Zivilisation nicht zu verlieren, sind die Menschen gezwungen, sobald die Art und Weise ihres Verkehrs [commerce] den erworbenen Produktivkräften nicht mehr entspricht, alle ihre überkommenen Gesellschaftsformen zu ändern. – Ich nehme das Wort *commerce* hier in dem weitesten Sinn, den es im Deutschen hat: Verkehr. – Zum Beispiel: Das Privileg, die Institution der Zünfte und Korporationen, die ganzen Reglementierungen des Mittelalters waren gesellschaftliche Beziehungen, die allein den erworbenen Produktivkräften und dem vorher bestehenden Gesellschaftszustand entsprachen, aus dem diese Institutionen hervorgegangen waren. Unter dem Schutze des genossenschaftlichen und reglementierenden Regimes sammelten sich Kapitalien, entwickelte sich der Seehandel, wurden Kolonien gegründet – und die Menschen hätten eben diese Früchte eingebüßt, wenn sie versucht hätten, die Formen beizubehalten, unter deren Schutz diese Früchte gereift waren. So gab es denn auch zwei Donnerschläge, die Revolution von 1640 und die von 1688. Alle alten ökonomischen Formen, die sozialen Beziehungen, welche ihnen entsprachen, die politische Ordnung [état politique], welche der offizielle Ausdruck der alten Gesellschaft war, wurden in England zerbrochen. Die ökonomischen Formen, unter denen die Menschen produzieren, konsumieren, austauschen, sind also *vorübergehende und historische*. Mit der Erwerbung neuer Produktivkräfte ändern die Menschen ihre Produktionsweise, und mit der Produktionsweise ändern sie alle ökonomischen Verhältnisse, die bloß die für diese bestimmte Produktionsweise notwendigen Beziehungen waren.

Das gerade hat Herr Proudhon nicht begriffen und noch weniger nachgewiesen. Unfähig, die wirkliche Bewegung der Geschichte zu verfolgen, liefert Herr Proudhon eine Phantasmagorie, die den Anspruch erhebt, dialektisch zu sein. Er verspürt nicht das Bedürfnis, vom 17., 18., 19. Jahrhundert zu sprechen, denn seine Geschichte spielt sich im Nebelreich der Einbildung ab und ist hoch erhaben über Zeit und Ort. Mit einem Wort: das ist Hegelsches abgedroschenes Zeug, das ist keine Geschichte, keine profane Geschichte – Geschichte der Menschen –, sondern heilige Geschichte – Geschichte der Ideen. Nach seiner Ansicht ist der Mensch bloß das Werkzeug, dessen sich die Idee oder die ewige Vernunft zu ihrer Entwicklung bedient. Die *Evolutionen*, von denen Herr Proudhon spricht, sollen Evolutionen sein, wie sie sich im mystischen Schoße der absoluten Idee vollziehen. Zerreißt man den Vorhang dieser mystischen Ausdrucksweise, so heißt das, daß Herr Proudhon uns die Ordnung angibt, in der die ökonomischen Kategorien im Innern seines Kopfes rangieren. Es wird mich nicht viel Mühe kosten, Ihnen zu beweisen, daß dieses Arrangement das Arrangement eines sehr ungeordneten Kopfes ist.

Herr Proudhon eröffnet sein Buch mit einer Abhandlung über den *Wert*, der sein Steckenpferd ist. Mit der Untersuchung dieser Abhandlung werde ich mich diesmal nicht befassen.

Die Reihe der ökonomischen Revolutionen der ewigen Vernunft beginnt mit der *Arbeitsteilung*. Für Herrn Proudhon ist die Arbeitsteilung eine ganz einfache Sache. War aber nicht das Kastenregime eine bestimmte Arbeitsteilung? Und war das Zunftsystem nicht eine andere Arbeitsteilung? Und ist nicht die Arbeitsteilung der Manufakturperiode, die in England um die Mitte des 17. Jahrhunderts beginnt und gegen Ende des 18. Jahrhunderts endet, wiederum völlig verschieden von der Arbeitsteilung in der großen, der modernen Industrie?

Herr Proudhon ist so weit von der Wahrheit entfernt, daß er unterläßt, was sogar die profanen Ökonomen tun. Um von der Arbeitsteilung zu reden, hat er es nicht nötig, vom Welt*markt* zu reden. Nun! Mußte sich nicht die Arbeitsteilung im 14. und 15. Jahrhundert, als es noch keine Kolonien gab, als Amerika für Europa noch nicht existierte, als Ostasien nur durch Vermittlung von Konstantinopel existierte, von Grund auf unterscheiden von der Arbeitsteilung des 17. Jahrhunderts, das bereits entwickelte Kolonien hatte?

Das ist noch nicht alles. Was sind die ganze innere Organisation der Völker, alle ihre internationalen Beziehungen anderes als der Ausdruck einer bestimmten Arbeitsteilung? Und müssen sie sich nicht verändern mit der Veränderung der Arbeitsteilung?

Herr Proudhon hat die Frage der Arbeitsteilung so wenig verstanden, daß er nicht einmal die Trennung von Stadt und Land erwähnt, die sich, zum Beispiel in Deutschland, vom 9. bis zum 12. Jahrhundert vollzogen hat. So muß diese Trennung für Herrn Proudhon zum ewigen Gesetz werden, weil er weder ihren Ursprung noch ihre Entwicklung kennt. Er spricht deshalb in seinem ganzen Buch so, als ob dieses Erzeugnis einer bestimmten Produktionsweise bis zum Jüngsten Tage fortbestände. Alles, was Herr Proudhon über die Arbeitsteilung vorbringt, ist bloß ein Resümee, und dazu noch ein sehr oberflächliches, sehr unvollständiges Resümee dessen, was Adam Smith und tausend andere vor ihm gesagt haben.

Die zweite Evolution sind die *Maschinen*. Der Zusammenhang zwischen Arbeitsteilung und Maschinen ist bei Herrn Proudhon völlig mystisch. Jede Art der Arbeitsteilung hatte ihre spezifischen Produktionsinstrumente. Zum Beispiel machten die Menschen von der Mitte des 17. bis zur Mitte des 18. Jahrhunderts nicht alles mit der Hand. Sie besaßen Instrumente, sogar sehr komplizierte, wie Werkbänke, Schiffe, Hebel etc. etc.

Nichts lächerlicher also, als die Maschinen als Folge aus der Arbeitsteilung im allgemeinen hervorgehen zu lassen.

Ich will nebenbei noch bemerken, daß Herr Proudhon, da er den geschichtlichen Ursprung der Maschinen nicht begriffen, noch weniger ihre Entwicklung verstanden hat. Man kann sagen, daß bis 1825 – der Epoche der ersten universellen Krise – die Bedürfnisse der Konsumtion im allgemeinen schneller zunahmen, als die Produktion und die Entwicklung der Maschinen notgedrungen den Bedürfnissen des Marktes folgten. Seit 1825 ist die Erfindung und Anwendung der Maschinen nur das Resultat des Krieges zwischen Unternehmern und Arbeitern. Und auch das gilt nur für England. Die europäischen Nationen sind zur Anwendung der Maschinen durch die Konkurrenz gezwungen worden, die die Engländer ihnen sowohl auf dem inneren Markt als auch auf dem Weltmarkt machten. In Nordamerika schließlich war die Einführung der Maschinen die Folge sowohl der Konkurrenz mit den anderen Völkern als auch des Mangels an Arbeitskräften, d.h. des Mißverhältnisses zwischen der Bevölkerungszahl und den industriellen Bedürfnissen Nordamerikas. Aus diesen Tatsachen können Sie schließen, welchen Scharfsinn Herr Proudhon entwickelt, wenn er das Gespenst der Konkurrenz als dritte Evolution, als Antithese der Maschinen, heraufbeschwört!

Schließlich ist es überhaupt wahrhaft absurd, die *Maschinen* zu einer ökonomischen Kategorie neben der Arbeitsteilung, der Konkurrenz, dem Kredit etc. zu machen.

Die Maschine ist ebensowenig eine ökonomische Kategorie wie der Ochse, der den Pflug zieht. Die gegenwärtige *Anwendung* der Maschinen gehört zu den Verhältnissen unseres gegenwärtigen Wirtschaftssystems, doch die Art, wie die Maschinen ausgenutzt werden, ist etwas völlig anderes als die Maschinen selbst. Pulver bleibt Pulver, ob man sich seiner bedient, um einen Menschen zu verletzen oder um die Wunden des Verletzten zu heilen.

Herr Proudhon übertrifft sich selbst, wenn er in seinem Kopfe die Konkurrenz, das Monopol, die Steuer oder die Polizei, die Handelsbilanz, den Kredit, das Eigentum in der hier angeführten Reihenfolge entstehen läßt. Fast das ganze Kreditwesen war in England zu Anfang des 18. Jahrhunderts vor Erfindung der Maschinen entwickelt. Der Staatskredit war bloß eine neue Art, die Steuern zu erhöhen und die durch den Herrschaftsantritt der Bourgeoisklasse geschaffenen neuen Bedürfnisse zu befriedigen. Das *Eigentum* bildet schließlich die letzte Kategorie im System des Herrn Proudhon. In der realen Welt dagegen sind die Arbeitsteilung und alle übrigen Kategorien des Herrn Proudhon gesellschaftliche Beziehungen, deren Gesamtheit das bildet, was man heute das *Eigentum* nennt: außerhalb dieser Beziehungen ist das bürgerliche Eigentum nichts als eine metaphysische oder juristische Illusion. Das Eigentum einer anderen Epoche, das Feudaleigentum, entwickelt sich unter ganz anderen gesellschaftlichen Beziehungen. Wenn Herr Proudhon das Eigentum als eine selbständige Beziehung darstellt, begeht er mehr als nur einen Fehler der Methode: er beweist klar, daß er nicht das Band erfaßt hat, das alle Formen der *bürgerlichen* Produktion verknüpft, daß er den *historischen* und *vorübergehenden* Charakter der Produktionsformen in einer bestimmten Epoche nicht begriffen hat. Herr Proudhon, der in unseren gesellschaftlichen Einrichtungen nicht Produkte der Geschichte erblickt, der weder ihren Ursprung noch ihre Entwicklung versteht, kann an ihnen nur dogmatische Kritik üben.

So ist Herr Proudhon auch gezwungen, zu einer *Fiktion* Zuflucht zu nehmen, um die Entwicklung zu erklären. Er bildet sich ein, die Arbeitsteilung, der Kredit, die Maschinen etc., alles sei erfunden worden, um seiner fixen Idee, der Idee der Gleichheit, zu dienen. Seine Erklärung ist von köstlicher Naivität. Man hat diese Dinge eigens für die Gleichheit erfunden, doch leider haben sie sich gegen die Gleichheit gekehrt. Das ist sein ganzes Räsonnement. Das heißt, er geht von einer willkürlichen Annahme aus, und da die wirkliche Entwicklung und seine Fiktion einander auf Schritt und Tritt widersprechen, schließt er daraus, daß hier ein Widerspruch bestehe. Er verhehlt dabei, daß es nur ein Widerspruch zwischen seinen fixen Ideen und der wirklichen Bewegung ist.

So hat Herr Proudhon, hauptsächlich aus Mangel an historischen Kenntnissen, nicht bemerkt: daß die Menschen, indem sie ihre Produktivkräfte entwickeln, d.h., indem sie leben, bestimmte Verhältnisse zueinander entwickeln, und daß die Art dieser Verhältnisse sich mit der Wandlung und dem Wachstum dieser Produktivkräfte notwendig verändert. Er hat nicht gesehen, daß die *ökonomischen Kategorien* nur *Abstraktionen* dieser realen Verhältnisse, daß sie nur solange Wahrheiten sind, wie diese Verhältnisse bestehen. So verfällt er in den Irrtum der bürgerlichen Ökonomen, die in diesen ökonomischen Kategorien ewige Gesetze sehen und nicht historische Gesetze, die nur für eine bestimmte historische Entwicklung, für eine bestimmte Entwicklung der Produktivkräfte gelten. Statt daher die politisch-ökonomischen Kategorien als Abstraktionen von den wirklichen, vorübergehenden, historischen gesellschaftlichen Beziehungen anzusehen, sieht Herr Proudhon, infolge einer mystischen Umkehrung, in den wirklichen Verhältnissen nur Verkörperungen dieser Abstraktionen. Diese Abstraktionen selbst sind Formeln, die seit Anbeginn der Welt im Schoße Gottvaters geschlummert haben.

Hier jedoch wird der gute Herr Proudhon von heftigen Geisteskrämpfen befallen. Wenn alle diese ökonomischen Kategorien Emanationen des göttlichen Herzens, wenn sie das verborgene und ewige Leben der Menschen sind, wie kommt es dann, erstens, daß es eine Entwicklung gibt, und zweitens, daß Herr Proudhon nicht Konservativer ist? Er erklärt diese offenbaren Widersprüche durch ein ganzes System des Antagonismus.

Greifen wir, um dieses System des Antagonismus zu beleuchten, ein Beispiel heraus.

Das *Monopol* ist gut, denn es ist eine ökonomische Kategorie, also eine Emanation Gottes. Die Konkurrenz ist gut, denn sie ist ebenfalls eine ökonomische Kategorie. Was aber nicht gut, ist die Realität des Monopols und die der Konkurrenz. Was noch schlimmer, ist, daß Monopol und Konkurrenz sich gegenseitig auffressen. Was tun? Da diese beiden ewigen Gedanken Gottes einander widersprechen, scheint es ihm offensichtlich, daß im Schoße Gottes auch eine Synthese dieser beiden Gedanken vorhanden ist, in der die Übel des Monopols durch die Konkurrenz ausgeglichen werden und vice versa. Der Kampf zwischen den beiden Ideen wird im Endresultat nur die gute Seite hervortreten lassen. Man muß Gott diesen geheimen Gedanken entreißen, ihn sodann anwenden, und alles ist in schönster Ordnung. Es gilt, die in der Nacht der unpersönlichen Vernunft der Menschheit verborgene Formel der Synthese zu offenbaren. Herr Proudhon zögert keinen Augenblick, sich zum Offenbarer zu machen.

Aber betrachten Sie einen Augenblick das wirkliche Leben. Im ökonomischen Leben unserer Zeit finden Sie nicht nur die Konkurrenz und das Monopol, sondern auch ihre Synthese, die nicht eine *Formel*, sondern eine *Bewegung* ist. Das Monopol erzeugt die Konkurrenz, die Konkurrenz erzeugt das Monopol. Diese Gleichung beseitigt jedoch keineswegs die Schwierigkeiten der gegenwärtigen Lage, wie die bürgerlichen Ökonomen sich das vorstellen, sondern läßt nur eine noch schwierigere und verworrenere Lage entstehen. Wenn Sie also die Basis verändern, auf die sich die gegenwärtigen ökonomischen Verhältnisse gründen, wenn sie die heutige Produktions*weise* vernichten, vernichten Sie nicht nur die Konkurrenz, das Monopol und ihren Antagonismus, sondern auch ihre Einheit, ihre Synthese, die Bewegung, die den wirklichen Ausgleich von Konkurrenz und Monopol darstellt.

Nun will ich Ihnen ein Beispiel von der Dialektik des Herrn Proudhon vorführen.

Die *Freiheit* und die *Sklaverei* bilden einen Antagonismus. Ich brauche weder von den guten noch von den schlechten Seiten der Freiheit zu sprechen. Was die Sklaverei betrifft, so brauche ich nicht von ihren schlechten Seiten zu sprechen. Das einzige, das erklärt werden muß, ist die gute Seite der Sklaverei. Es handelt sich nicht um die indirekte Sklaverei, die Sklaverei des Proletariers; es handelt sich um die direkte Sklaverei, die Sklaverei der Schwarzen in Surinam, in Brasilien, in den Südstaaten Nordamerikas.

Die direkte Sklaverei ist der Angelpunkt unserer heutigen Industrie ebenso wie die Maschinen, der Kredit etc. Ohne Sklaverei keine Baumwolle; ohne Baumwolle keine moderne Industrie. Erst die Sklaverei hat den Kolonien ihren Wert gegeben, erst die Kolonien haben den Welthandel geschaffen, der Welthandel ist die notwendige Bedingung der maschinellen Großindustrie. So lieferten denn auch die Kolonien der Alten Welt vor dem Negerhandel nur sehr wenige Produkte und änderten das Antlitz der Welt nicht merklich. Mithin ist die Sklaverei eine ökonomische Kategorie von höchster Bedeutung. Ohne die Sklaverei würde Nordamerika, das vorgeschrittenste Land, sich in ein patriarchalisches Land verwandeln. Man streiche Nordamerika von der Weltkarte, und man hat die Anarchie, den völligen Verfall des

Handels und der modernen Zivilisation. Doch die Sklaverei verschwinden zu lassen, hieße Amerika von der Weltkarte zu streichen. So findet sich denn auch die Sklaverei, da sie eine ökonomische Kategorie ist, seit Anbeginn der Welt bei allen Völkern. Die modernen Völker haben die Sklaverei in ihren Ländern lediglich zu maskieren und sie offen in der Neuen Welt einzuführen gewußt. Was soll nun der gute Herr Proudhon nach diesen Reflexionen über die Sklaverei anfangen? Er sucht die Synthese von Freiheit und Sklaverei, das wahre juste-milieu, mit anderen Worten: das Gleichgewicht zwischen Sklaverei und Freiheit.

Herr Proudhon hat sehr gut begriffen, daß die Menschen Tuch, Leinwand, Seidenstoffe herstellen – wahrlich ein großes Verdienst, eine solche Kleinigkeit begriffen zu haben! Nicht begriffen hat Herr Proudhon dagegen, daß die Menschen je nach ihren Produktivkräften auch die *gesellschaftlichen Beziehungen* produzieren, in denen sie Tuch und Leinwand produzieren. Noch weniger hat Herr Proudhon begriffen, daß die Menschen, die entsprechend ihrer materiellen Produktivität [productivité matérielle] die gesellschaftlichen Beziehungen produzieren, auch die *Ideen*, die *Kategorien*, d.h. den abstrakten, ideellen Ausdruck eben dieser gesellschaftlichen Beziehungen produzieren. Die Kategorien sind also genausowenig ewig wie die Beziehungen, die sie ausdrücken. Sie sind historische und vorübergehende Produkte. Für Herrn Proudhon sind ganz im Gegenteil die Abstraktionen, die Kategorien die primäre Ursache. Nach ihm produzieren sie, und nicht die Menschen, die Geschichte. *Die Abstraktion, die Kategorie als solche*, d.h. losgelöst von den Menschen und ihrer materiellen Tätigkeit, ist natürlich unsterblich, unveränderlich, unbeweglich; sie ist nur ein Wesen der reinen Vernunft, was lediglich besagen will, daß die Abstraktion als solche abstrakt ist – eine prächtige *Tautologie!*

So sind denn die ökonomischen Beziehungen, als Kategorie betrachtet, für Herrn Proudhon ewige Formeln, die weder Ursprung noch Fortschritt kennen.

Sagen wir es auf andere Weise: Herr Proudhon behauptet

nicht direkt, daß das *bürgerliche Leben* für ihn eine *ewige Wahrheit* sei. Er sagt es indirekt, indem er die Kategorien vergöttlicht, die die bürgerlichen Verhältnisse in der Form des Gedankens ausdrücken. Er hält die Produkte der bürgerlichen Gesellschaft für spontan entstandene, mit eigenem Leben ausgestattete ewige Wesen, da sie sich ihm in der Form von Kategorien, in der Form des Gedankens darstellen. So kommt er nicht über den bürgerlichen Horizont hinaus. Da er mit bürgerlichen Gedanken derart operiert, als wenn sie ewig wahr wären, sucht er die Synthese dieser Gedanken, ihr Gleichgewicht, und sieht nicht, daß die Art und Weise, wie sie sich gegenwärtig das Gleichgewicht halten, die einzig mögliche ist.

In Wirklichkeit tut er, was alle guten Bourgeois tun. Sie sagen alle, daß die Konkurrenz, das Monopol etc. im Prinzip, d.h. als abstrakte Gedanken, die alleinigen Grundlagen des Lebens sind, in der Praxis aber viel zu wünschen lassen. Sie wollen alle die Konkurrenz ohne die unheilvollen Folgen der Konkurrenz. Sie wollen alle das Unmögliche, d.h. bürgerliche Lebensbedingungen ohne die notwendigen Konsequenzen dieser Bedingungen. Sie alle verstehen nicht, daß die bürgerliche Form der Produktion eine historische und vorübergehende ist, genauso wie es die feudale Form war. Dieser Irrtum stammt daher, daß der Bourgeois-Mensch für sie die einzig mögliche Grundlage aller Gesellschaft ist, daß sie sich keine Gesellschaftsordnung denken können, in der der Mensch aufgehört hätte, Bourgeois zu sein.

Herr Proudhon ist also notwendig *doktrinär*. Die historische Bewegung, die die Welt von heute umwälzt, löst sich für ihn in das Problem auf, das richtige Gleichgewicht, die Synthese zweier bürgerlicher Gedanken zu entdecken. So entdeckt der gewitzte Bursche vermöge seines Scharfsinns den verborgenen Gedanken Gottes, die Einheit der zwei isolierten Gedanken, die nur deswegen zwei isolierte Gedanken sind, weil Herr Proudhon sie vom praktischen Leben isoliert hat, von der gegenwärtigen Produktion, welche die Kombination der von diesen Gedanken ausgedrückten Realitäten ist. An die Stelle der großen historischen

Bewegung, die aus dem Konflikt zwischen den bereits erworbenen Produktivkräften der Menschen und ihren gesellschaftlichen Verhältnissen hervorgeht, die diesen Produktivkräften nicht mehr entsprechen; an die Stelle der furchtbaren Kriege, die sich zwischen den verschiedenen Klassen einer Nation, zwischen den verschiedenen Nationen vorbereiten; an die Stelle der praktischen und gewaltsamen Aktion der Massen, die allein die Lösung dieser Kollisionen bringen kann: an die Stelle dieser umfassenden, fortgesetzten und komplizierten Bewegung setzt Herr Proudhon die Entleerungsbewegung [le mouvement cacadauphin] seines Kopfes. Die Gelehrten also, die Menschen, die Gott seine intimen Gedanken zu entreißen verstehen, machen die Geschichte. Das niedere Volk hat bloß ihre Offenbarungen anzuwenden.

Sie verstehen jetzt, warum Herr Proudhon der erklärte Feind jeder politischen Bewegung ist. Die Lösung der gegenwärtigen Probleme liegt für ihn nicht in der öffentlichen Aktion, sondern in den dialektischen Kreisbewegungen innerhalb seines Kopfes. Da für ihn die Kategorien die treibenden Kräfte sind, braucht man nicht das praktische Leben zu ändern, um die Kategorien zu ändern. Ganz im Gegenteil: Man muß die Kategorien ändern, und das wird die Änderung der wirklichen Gesellschaft zur Folge haben.

Von dem Wunsch beseelt, die Widersprüche zu versöhnen, stellt sich Herr Proudhon nicht einmal die Frage, ob nicht eigentlich die Grundlage dieser Widersprüche umgewälzt werden muß. Er gleicht in allem dem doktrinären Politiker, der im König, in der Deputierten- und Pairskammer integrierende Bestandteile des gesellschaftlichen Lebens, ewige Kategorien sehen will. Nur sucht er nach einer neuen Formel, um das Gleichgewicht dieser Mächte herzustellen, deren Gleichgewicht gerade auf der gegenwärtigen Bewegung beruht, wo eine dieser Mächte bald der Sieger, bald der Sklave der anderen ist. So war im 18. Jahrhundert eine Menge mittelmäßiger Köpfe damit beschäftigt, die einzig richtige Formel zu finden, um die sozialen Stände, den

Adel, den König, die Parlamente etc. ins Gleichgewicht zu bringen, und über Nacht war alles – König, Parlament und Adel – verschwunden. Das richtige Gleichgewicht in diesem Antagonismus war die Umwälzung aller gesellschaftlichen Beziehungen, die diesen Feudalgebilden und ihrem Antagonismus als Grundlage dienten.

Da Herr Proudhon auf die eine Seite die ewigen Ideen, die Kategorien der reinen Vernunft setzt, auf die andere die Menschen und ihr praktisches Leben, das nach ihm die Anwendung dieser Kategorien ist, finden Sie bei ihm von anfang an einen *Dualismus* zwischen dem Leben und den Ideen, der Seele und dem Körper – einen Dualismus, der in vielen Formen wiederkehrt. Sie sehen jetzt, daß dieser Antagonismus nichts anderes ist als die Unfähigkeit des Herrn Proudhon, den irdischen Ursprung und die profane Geschichte der Kategorien, die er vergöttlicht, zu begreifen.

Mein Brief ist bereits zu lang, als daß ich noch auf den lächerlichen Prozeß zu sprechen kommen könnte, den Herr Prodhon dem Kommunismus macht. Vorderhand werden Sie zugeben, daß ein Mensch, der die gegenwärtige Gesellschaftsordnung nicht begriffen hat, noch weniger imstande ist, die Bewegung, die sie umwälzen will, und den literarischen Ausdruck dieser revolutionären Bewegung zu begreifen.

Der *einzige Punkt*, in dem ich mit Herrn Proudhon vollständig einverstanden bin, ist sein Widerwille gegen die sozialistische Gefühlsduselei. Ich habe mich bereits vor ihm durch meine Persiflage des schafsköpfigen, sentimentalen, utopischen Sozialismus sehr unbeliebt gemacht. Aber macht sich Herr Proudhon nicht sonderbare Illusionen, wenn er seine kleinbürgerliche Sentimentalität, ich meine seine Salbadereien über das häusliche Leben, die Gattenliebe und all diese Banalitäten, der sozialistischen Sentimentalität gegenüberstellt, die, zum Beispiel bei Fourier, viel tiefer ist als die anmaßenden Plattheiten unseres guten Proudhon? Er empfindet die Nichtigkeit seiner Beweisgründe, seine völlige Unfähigkeit, von diesen Dingen zu sprechen, selber so gut, daß er hemmungslos in Wut und Geschrei, in die irae hominis probi[1] ausbricht, daß er schäumt, flucht, denunziert, daß er Niedertracht! Zeter und Mordio! schreit, sich an die Brust schlägt und sich vor Gott und den Menschen rühmt, nichts mit den sozialistischen Niederträchtigkeiten zu tun zu haben! Er kritisiert nicht die sozialistischen Sentimentalitäten oder das, was er für Sentimentalitäten hält. Er exkommuniziert als Heiliger, als Papst die armen Sünder und singt Ruhmeshymnen auf das Kleinbürgertum und die elenden, patriarchalischen Liebesillusionen des trauten Heims. Und das ist durchaus kein Zufall. Herr Proudhon ist von Kopf bis Fuß Philosoph, Ökonom des Kleinbürgertums. In einer fortgeschrittenen Gesellschaft und durch den Zwang seiner Lage wird *der Kleinbürger* einesteils Sozialist, anderenteils Ökonom, d. h., er ist geblendet von der Herrlichkeit der großen Bourgeoisie und hat Mitgefühl für die Leiden des Volkes. Er ist Bourgeois und Volk zugleich. Im Innersten seines Gewissens schmeichelt er sich, unparteiisch zu sein, das rechte Gleichgewicht gefunden zu haben, das den Anspruch erhebt, etwas anderes zu sein als das rechte juste-milieu. Ein solcher Kleinbürger vergöttlicht den *Widerspruch*, weil der Widerspruch der Kern seines Wesens ist. Er selber ist bloß der soziale Widerspruch in Aktion. Er muß durch die Theorie rechtfertigen, was er in der Praxis ist, und Herr Proudhon hat das Verdienst, der wissenschaftliche Interpret des französischen Kleinbürgertums zu sein, was ein wirkliches Verdienst ist, da das Kleinbürgertum ein integrierender Bestandteil aller sich vorbereitenden sozialen Revolutionen sein wird.

Ich hätte Ihnen gern mit diesem Brief mein Buch über die politische Ökonomie geschickt, aber bisher ist es mir nicht möglich gewesen, dieses Werk und die Kritik an den deutschen Philosophen und Sozialisten, von der ich Ihnen in Brüssel erzählte, drucken zu lassen. Sie können sich nicht vorstellen, auf welche Schwierigkeiten eine solche Veröffentlichung in Deutschland

1 den Zorn des rechtschaffenen Mannes

stößt, einesteils von seiten der Polizei, anderenteils von seiten der Verleger, die ja selbst die interessierten Vertreter all der Richtungen sind, die ich angreife. Und was unsere eigene Partei betrifft, so ist sie nicht nur arm, sondern eine starke Gruppe innerhalb der deutschen kommunistischen Partei nimmt es mir übel, daß ich mich ihren Utopien und Deklamationen widersetze.

Ganz der Ihre
Karl Marx

PS. Sie werden fragen, warum ich in schlechtem Französisch statt in gutem Deutsch an Sie schreibe? Weil ich mit einem französischen Autor zu tun habe.

Ich wäre Ihnen sehr dankbar, wenn Sie mit Ihrer Antwort nicht zu lange warteten, damit ich weiß, ob Sie mich unter dieser Hülle eines barbarischen Französisch verstanden haben.

8. Manifest der Kommunistischen Partei (1848)

Ein Gespenst geht um in Europa – das Gespenst des Kommunismus. Alle Mächte des alten Europa haben sich zu einer heiligen Hetzjagd gegen dies Gespenst verbündet, der Papst und der Zar, Metternich und Guizot, französische Radikale und deutsche Polizisten.

Wo ist die Oppositionspartei, die nicht von ihren regierenden Gegnern als kommunistisch verschrien worden wäre, wo die Oppositionspartei, die den fortgeschritteneren Oppositionsleuten sowohl wie ihren reaktionären Gegnern den brandmarkenden Vorwurf des Kommunismus nicht zurückgeschleudert hätte?

Zweierlei geht aus dieser Tatsache hervor. Der Kommunismus wird bereits von allen europäischen Mächten als eine Macht anerkannt.

Es ist hohe Zeit, daß die Kommunisten ihre Anschauungsweise, ihre Zwecke, ihre Tendenzen vor der ganzen Welt offen darlegen und dem Märchen vom Gespenst des Kommunismus ein Manifest der Partei selbst entgegenstellen. Zu diesem Zweck haben sich Kommunisten der verschiedensten Nationalität in London versammelt und das folgende Manifest entworfen, das in englischer, französischer, deutscher, italienischer, flämischer und dänischer Sprache veröffentlicht wird. –

I. Bourgeois und Proletarier

Die Geschichte aller bisherigen Gesellschaft ist die Geschichte von Klassenkämpfen.

Freier und Sklave, Patrizier und Plebejer, Baron und Leibeigener, Zunftbürger und Gesell, kurz, Unterdrücker und Unterdrückte standen in stetem Gegensatz zueinander, führten einen ununterbrochenen, bald versteckten, bald offenen Kampf, einen Kampf, der jedesmal mit einer revolutionären Umgestaltung der ganzen Gesellschaft endete oder mit dem gemeinsamen Untergang der kämpfenden Klassen.

In den früheren Epochen der Geschichte finden wir fast überall eine vollständige Gliederung der Gesellschaft in verschiedene Stände, eine mannigfaltige Abstufung der gesellschaftlichen Stellungen. Im alten Rom haben wir Patrizier, Ritter, Plebejer, Sklaven; im Mittelalter Feudalherren, Vasallen, Zunftbürger, Gesellen, Leibeigene, und noch dazu in fast jeder dieser Klassen wieder besondere Abstufungen.

Die aus dem Untergang der feudalen Gesellschaft hervorgegangene moderne bürgerliche Gesellschaft hat die Klassengegensätze nicht aufgehoben. Sie hat nur neue Klassen, neue Bedingungen der Unterdrückung, neue Gestaltungen des Kampfes an die Stelle der alten gesetzt.

Unsere Epoche, die Epoche der Bourgeoisie, zeichnet sich jedoch dadurch aus, daß sie die Klassengegensätze vereinfacht hat. Die ganze Gesellschaft spaltet sich mehr und mehr in zwei große feindliche Lager, in zwei große, einander direkt gegenüberstehende Klassen: Bourgeoisie und Proletariat.

Aus den Leibeigenen des Mittelalters gingen die Pfahlbürger der ersten Städte hervor; aus dieser Pfahlbürgerschaft entwickelten sich die ersten Elemente der Bourgeoisie.

Die Entdeckung Amerikas, die Umschiffung Afrikas schufen der aufkommenden Bourgeoisie ein neues Terrain. Der ostindische und chinesische Markt, die Kolonisierung von Amerika, der Austausch mit den Kolonien, die Vermehrung der Tauschmittel und der Waren überhaupt gaben dem Handel, der Schifffahrt, der Industrie einen nie gekannten Aufschwung und damit dem revolutionären Element in der zerfallenden feudalen Gesellschaft eine rasche Entwicklung.

Die bisherige feudale oder zünftige Betriebsweise der Industrie reichte nicht mehr aus für den mit neuen Märkten anwachsenden Bedarf. Die Manufaktur trat an ihre Stelle. Die Zunftmeister wurden verdrängt durch den industriellen Mittelstand;

die Teilung der Arbeit zwischen den verschiedenen Korporationen verschwand vor der Teilung der Arbeit in der einzelnen Werkstatt selbst.

Aber immer wuchsen die Märkte, immer stieg der Bedarf. Auch die Manufaktur reichte nicht mehr aus. Da revolutionierte der Dampf und die Maschinerie die industrielle Produktion. An die Stelle der Manufaktur trat die moderne große Industrie, an die Stelle des industriellen Mittelstandes traten die industriellen Millionäre, die Chefs ganzer industrieller Armeen, die modernen Bourgeois.

Die große Industrie hat den Weltmarkt hergestellt, den die Entdeckung Amerikas vorbereitete. Der Weltmarkt hat dem Handel, der Schiffahrt, den Landkommunikationen eine unermeßliche Entwicklung gegeben. Diese hat wieder auf die Ausdehnung der Industrie zurückgewirkt, und in demselben Maße, worin Industrie, Handel, Schiffahrt, Eisenbahnen sich ausdehnten, in demselben Maße entwickelte sich die Bourgeoisie, vermehrte sie ihre Kapitalien, drängte sie alle vom Mittelalter her überlieferten Klassen in den Hintergrund.

Wir sehen also, wie die moderne Bourgeoisie selbst das Produkt eines langen Entwicklungsganges, einer Reihe von Umwälzungen in der Produktions- und Verkehrsweise ist.

Jede dieser Entwicklungsstufen der Bourgeoisie war begleitet von einem entsprechenden politischen Fortschritte Unterdrückter Stand unter der Herrschaft der Feudalherren, bewaffnete und sich selbst verwaltende Assoziation in der Kommune, hier unabhängige städtische Republik, dort dritter steuerpflichtiger Stand der Monarchie, dann zur Zeit der Manufaktur Gegengewicht gegen den Adel in der ständischen oder in der absoluten Monarchie, Hauptgrundlage der großen Monarchien überhaupt, erkämpfte sie sich endlich seit der Herstellung der großen Industrie und des Weltmarktes im modernen Repräsentativstaat die ausschließliche politische Herrschaft. Die moderne Staatsgewalt ist nur ein Ausschuß, der die gemeinschaftlichen Geschäfte der ganzen Bourgeoisklasse verwaltet.

Die Bourgeoisie hat in der Geschichte eine höchst revolutionäre Rolle gespielt.

Die Bourgeoisie, wo sie zur Herrschaft gekommen, hat alle feudalen, patriarchalischen, idyllischen Verhältnisse zerstört. Sie hat die buntscheckigen Feudalbande, die den Menschen an seinen natürlichen Vorgesetzten knüpften, unbarmherzig zerrissen und kein anderes Band zwischen Mensch und Mensch übriggelassen als das nackte Interesse, als die gefühllose »bare Zahlung«. Sie hat die heiligen Schauer der frommen Schwärmerei, der ritterlichen Begeisterung, der spießbürgerlichen Wehmut in dem eiskalten Wasser egoistischer Berechnung ertränkt. Sie hat die persönliche Würde in den Tauschwert aufgelöst und an die Stelle der zahllosen verbrieften und wohlerworbenen Freiheiten die eine gewissenlose Handelsfreiheit gesetzt. Sie hat, mit einem Wort, an die Stelle der mit religiösen und politischen Illusionen verhüllten Ausbeutung die offene, unverschämte, direkte, dürre Ausbeutung gesetzt. Die Bourgeoisie hat alle bisher ehrwürdigen und mit frommer Scheu betrachteten Tätigkeiten ihres Heiligenscheins entkleidet. Sie hat den Arzt, den Juristen, den Pfaffen, den Poeten, den Mann der Wissenschaft in ihre bezahlten Lohnarbeiter verwandelt. Die Bourgeoisie hat dem Familienverhältnis seinen rührend-sentimentalen Schleier abgerissen und es auf ein reines Geldverhältnis zurückgeführt.

Die Bourgeoisie hat enthüllt, wie die brutale Kraftäußerung, die die Reaktion so sehr am Mittelalter bewundert, in der trägsten Bärenhäuterei ihre passende Ergänzung fand. Erst sie hat bewiesen, was die Tätigkeit der Menschen zustande bringen kann. Sie hat ganz andere Wunderwerke vollbracht als ägyptische Pyramiden, römische Wasserleitungen und gotische Kathedralen, sie hat ganz andere Züge ausgeführt als Völkerwanderungen und Kreuzzüge.

Die Bourgeoisie kann nicht existieren, ohne die Produktionsinstrumente, also die Produktionsverhältnisse, also sämtliche gesellschaftlichen Verhältnisse fortwährend zu revolutionieren. Unveränderte Beibehaltung der alten Produktionsweise war dagegen die erste Existenzbedingung aller früheren industriellen Klassen. Die fortwährende Umwälzung der Produktion, die ununterbrochene Erschütterung aller gesellschaftlichen Zustände, die ewige Unsicherheit und Bewegung zeichnet die Bourgeoisepoche vor allen anderen aus. Alle festen eingerosteten Verhältnisse mit ihrem Gefolge von altehrwürdigen Vorstellungen und Anschauungen werden aufgelöst, alle neugebildeten veralten, ehe sie verknöchern können. Alles Ständische und Stehende verdampft, alles Heilige wird entweiht, und die Menschen sind endlich gezwungen, ihre Lebensstellung, ihre gegenseitigen Beziehungen mit nüchternen Augen anzusehen.

Das Bedürfnis nach einem stets ausgedehnteren Absatz für ihre Produkte jagt die Bourgeoisie über die ganze Erdkugel. Überall muß sie sich einnisten, überall anbauen, überall Verbindungen herstellen. Die Bourgeoisie hat durch ihre Exploitation des Weltmarkts die Produktion und Konsumtion aller Länder kosmopolitisch gestaltet. Sie hat zum großen Bedauern der Reaktionäre den nationalen Boden der Industrie unter den Füßen weggezogen. Die uralten nationalen Industrien sind vernichtet worden und werden noch täglich vernichtet. Sie werden verdrängt durch neue Industrien, deren Einführung eine Lebensfrage für alle zivilisierten Nationen wird, durch Industrien, die nicht mehr einheimische Rohstoffe, sondern den entlegensten Zonen angehörige Rohstoffe verarbeiten und deren Fabrikate nicht nur im Lande selbst, sondern in allen Weltteilen zugleich verbraucht werden. An die Stelle der alten, durch Landeserzeugnisse befriedigten Bedürfnisse treten neue, welche die Produkte der entferntesten Länder und Klimate zu ihrer Befriedigung erheischen. An die Stelle der alten lokalen und nationalen Selbstgenügsamkeit und Abgeschlossenheit tritt ein allseitiger Verkehr, eine allseitige Abhängigkeit der Nationen voneinander. Und wie in der materiellen, so auch in der geistigen Produktion. Die geistigen Erzeugnisse der einzelnen Nationen werden Gemeingut. Die nationale Einseitigkeit und Beschränktheit wird mehr und mehr unmöglich, und aus den vielen nationalen und lokalen Literaturen bildet sich eine Weltliteratur.

Die Bourgeoisie reißt durch die rasche Verbesserung aller Produktionsinstrumente, durch die unendlich erleichterten Kommunikationen alle, auch die barbarischsten Nationen in die Zivilisation. Die wohlfeilen Preise ihrer Waren sind die schwere Artillerie, mit der sie alle chinesischen Mauern in den Grund schießt, mit der sie den hartnäckigsten Fremdenhaß der Barbaren zur Kapitulation zwingt. Sie zwingt alle Nationen, die Produktionsweise der Bourgeoisie sich anzueignen, wenn sie nicht zugrunde gehen wollen; sie zwingt sie, die sogenannte Zivilisation bei sich selbst einzuführen, d.h. Bourgeois zu werden. Mit einem Wort, sie schafft sich eine Welt nach ihrem eigenen Bilde.

Die Bourgeoisie hat das Land der Herrschaft der Stadt unterworfen. Sie hat enorme Städte geschaffen, sie hat die Zahl der städtischen Bevölkerung gegenüber der ländlichen in hohem Grade vermehrt und so einen bedeutenden Teil der Bevölkerung dem Idiotismus des Landlebens entrissen. Wie sie das Land von der Stadt, hat sie die barbarischen und halbbarbarischen Länder von den zivilisierten, die Bauernvölker von den Bourgeoisvölkern, den Orient vom Okzident abhängig gemacht.

Die Bourgeoisie hebt mehr und mehr die Zersplitterung der Produktionsmittel, des Besitzes und der Bevölkerung auf. Sie hat die Bevölkerung agglomeriert, die Produktionsmittel zentralisiert und das Eigentum in wenigen Händen konzentriert. Die notwendige Folge hiervon war die politische Zentralisation. Unabhängige, fast nur verbündete Provinzen mit verschiedenen Interessen, Gesetzen, Regierungen und Zöllen wurden zusammengedrängt in *eine* Nation, *eine* Regierung, *ein* Gesetze, *ein* nationales Klasseninteresse, *eine* Douanenlinie.

Die Bourgeoisie hat in ihrer kaum hundertjährigen Klassenherrschaft massenhaftere und kolossalere Produktionskräfte geschaffen als alle vergangenen Generationen zusammen. Unterjochung der Naturkräfte, Maschinerie, Anwendung der Chemie auf Industrie und Ackerbau, Dampfschiffahrt, Eisenbahnen,

elektrische Telegraphen, Urbarmachung ganzer Weltteile, Schiff-
barmachung der Flüsse, ganze aus dem Boden hervorgestampfte
Bevölkerungen – welches frühere Jahrhundert ahnte, daß solche Produktionskräfte im Schoß der gesellschaftlichen Arbeit
schlummerten.

Wir haben also gesehen: Die Produktions- und Verkehrsmittel, auf deren Grundlage sich die Bourgeoisie heranbildete, wurden in der feudalen Gesellschaft erzeugt. Auf einer gewissen
Stufe der Entwicklung dieser Produktions- und Verkehrsmittel entsprachen die Verhältnisse, worin die feudale Gesellschaft
produzierte und austauschte, die feudale Organisation der Agrikultur und Manufaktur, mit einem Wort die feudalen Eigentumsverhältnisse den schon entwickelten Produktivkräften nicht
mehr. Sie hemmen die Produktion, statt sie zu fördern. Sie verwandelten sich in ebenso viele Fesseln. Sie mußten gesprengt
werden, sie wurden gesprengt.

An ihre Stelle trat die freie Konkurrenz mit der ihr angemessenen gesellschaftlichen und politischen Konstitution, mit der
ökonomischen und politischen Herrschaft der Bourgeoisklasse.

Unter unsern Augen geht eine ähnliche Bewegung vor. Die
bürgerlichen Produktions- und Verkehrsverhältnisse, die bürgerlichen Eigentumsverhältnisse, die moderne bürgerliche Gesellschaft, die so gewaltige Produktions- und Verkehrsmittel
hervorgezaubert hat, gleicht dem Hexenmeister, der die unterir-
dischen Gewalten nicht mehr zu beherrschen vermag, die er heraufbeschwor. Seit Dezennien ist die Geschichte der Industrie
und des Handels nur die Geschichteder Empörung der modernen Produktivkräfte gegen die modernen Produktionsverhältnisse, gegen die Eigentumsverhältnisse, welche die Lebensbedingungen der Bourgeoisie und ihrer Herrschaft sind. Es
genügt, die Handelskrisen zu nennen, welche in ihrer perio-
dischen Wiederkehr immer drohender die Existenz der ganzen
bürgerlichen Gesellschaft in Frage stellen. In den Handelskrisen
wird ein großer Teil nicht nur der erzeugten Produkte, sondern
der bereits geschaffenen Produktivkräfte regelmäßig vernichtet.

In den Krisen bricht eine gesellschaftliche Epidemie aus, welche allen früheren Epochen als ein Widersinn erschienen wäre – die Epidemie der Überproduktion. Die Gesellschaft findet sich plötzlich in einen Zustand momentaner Barbarei zurückversetzt; eine Hungersnot, ein allgemeiner Vernichtungskrieg scheinen ihr alle Lebensmittel abgeschnitten zu haben; die Industrie, der Handel scheinen vernichtet, und warum? Weil sie zuviel Zivilisation, zuviel Lebensmittel, zuviel Industrie, zuviel Handel besitzt. Die Produktivkräfte, die ihr zur Verfügung stehen, dienen nicht mehr zur Beförderung der bürgerlichen Eigentumsverhältnisse; im Gegenteil, sie sind zu gewaltig für diese Verhältnisse geworden, sie werden von ihnen gehemmt; und sobald sie dies Hemmnis überwinden, bringen sie die ganze bürgerliche Gesellschaft in Unordnung, gefährden sie die Existenz des bürgerlichen Eigentums. Die bürgerlichen Verhältnisse sind zu eng geworden, um den von ihnen erzeugten Reichtum zu fassen. – Wodurch überwindet die Bourgeoisie die Krisen? Einerseits durch die erzwungene Vernichtung einer Masse von Produktivkräften; anderseits durch die Eroberung neuer Märkte und die gründlichere Ausbeutung alter Märkte. Wodurch also? Dadurch, daß sie allseitigere und gewaltigere Krisen vorbereitet und die Mittel, den Krisen vorzubeugen, vermindert.

Die Waffen, womit die Bourgeoisie den Feudalismus zu Boden geschlagen hat, richten sich jetzt gegen die Bourgeoisie selbst.

Aber die Bourgeoisie hat nicht nur die Waffen geschmiedet, die ihr den Tod bringen; sie hat auch die Männer gezeugt, die diese Waffen führen werden – die modernen Arbeiter, die *Proletarier*. In demselben Maße, worin sich die Bourgeoisie, d. h. das Kapital, entwickelt, in demselben Maße entwickelt sich das Proletariat, die Klasse der modernen Arbeiter, die nur so lange leben, als sie Arbeit finden, und die nur so lange Arbeit finden, als ihre Arbeit das Kapital vermehrt. Diese Arbeiter, die sich stückweis verkaufen müssen, sind eine Ware wie jeder andere Handelsartikel und daher gleichmäßig allen Wechselfällen der Konkurrenz, allen Schwankungen des Marktes ausgesetzt.

Die Arbeit der Proletarier hat durch die Ausdehnung der Maschinerie und die Teilung der Arbeit allen selbständigen Charakter und damit allen Reiz für die Arbeiter verloren. Er wird ein bloßes Zubehör der Maschine, von dem nur der einfachste, eintönigste, am leichtesten erlernbare Handgriff verlangt wird. Die Kosten, die der Arbeiter verursacht, beschränken sich daher fast nur auf die Lebensmittel, die er zu seinem Unterhalt und zur Fortpflanzung seiner Race bedarf. Der Preis einer Ware, also auch der Arbeit, ist aber gleich ihren Produktionskosten. In demselben Maße, in dem die Widerwärtigkeit der Arbeit wächst, nimmt daher der Lohn ab. Noch mehr, in demselben Maße, wie Maschinerie und Teilung der Arbeit zunehmen, in demselben Maße nimmt auch die Masse der Arbeit zu, sei es durch Vermehrung der Arbeitsstunden, sei es durch Vermehrung der in einer gegebenen Zeit geforderten Arbeit, beschleunigten Lauf der Maschinen u.s.w.

Die moderne Industrie hat die kleine Werkstube des patriarchalischen Meisters in die große Fabrik des industriellen Kapitalisten verwandelt. Arbeitermassen, in der Fabrik zusammengedrängt, werden soldatisch organisiert. Sie werden als gemeine Industriesoldaten unter die Aufsicht einer vollständigen Hierarchie von Unteroffizieren und Offizieren gestellt. Sie sind nicht nur Knechte der Bourgeoisklasse, der Bourgeoisstaates, sie sind täglich und stündlich geknechtet von der Maschine, von dem Aufseher und vor allem von den einzelnen fabrizierenden Bourgeois selbst. Diese Despotie ist um so kleinlicher, gehässiger, erbitternder, je offener sie den Erwerb als ihren Zweck proklamiert.

Je weniger die Handarbeit Geschicklichkeit und Kraftäußerung erheischt, d.h., je mehr die moderne Industrie sich entwickelt, desto mehr wird die Arbeit der Männer durch die der Weiber verdrängt. Geschlechts- und Altersunterschiede haben keine gesellschaftliche Geltung mehr für die Arbeiterklasse. Es gibt nur noch Arbeitsinstrumente, die je nach Alter und Geschlecht verschiedene Kosten machen.

Ist die Ausbeutung des Arbeiters durch den Fabrikanten so weit beendigt, daß er seinen Arbeitslohn bar ausgezahlt hält, so fallen die andern Teile der Bourgeoisie über ihn her, der Hausbesitzer, der Krämer, der Pfandleiher u.s.w.

Die bisherigen kleinen Mittelstände, die kleinen industriellen, Kaufleute und Rentiers, die Handwerker und Bauern, alle diese Klassen fallen ins Proletariat hinab, teils dadurch, daß ihr kleines Kapital für den Betrieb der großen Industrie nicht ausreicht und der Konkurrenz mit den größeren Kapitalisten erliegt, teils dadurch, daß ihre Geschicklichkeit von neuen Produktionsweisen entwertet wird. So rekrutiert sich das Proletariat aus allen Klassen der Bevölkerung.

Das Proletariat macht verschiedene Entwicklungsstufen durch. Sein Kampf gegen die Bourgeoisie beginnt mit seiner Existenz.

Im Anfang kämpfen die einzelnen Arbeiter, dann die Arbeiter einer Fabrik, dann die Arbeiter eines Arbeitszweiges an einem Ort gegen den einzelnen Bourgeois, der sie direkt ausbeutet. Sie richten ihre Angriffe nicht nur gegen die bürgerlichen Produktionsverhältnisse, sie richten sie gegen die Produktionsinstrumente selbst; sie vernichten die fremden konkurrierenden Waren, sie zerschlagen die Maschinen, sie stecken die Fabriken in Brand, sie suchen die untergegangene Stellung des mittelalterlichen Arbeiters wiederzuerringen.

Auf dieser Stufe bilden die Arbeiter eine über das ganze Land zerstreute und durch die Konkurrenz zersplitterte Masse. Massenhaftes Zusammenhalten der Arbeiter ist noch nicht die Folge ihrer eigenen Vereinigung, sondern die Folge der Vereinigung der Bourgeoisie, die zur Erreichung ihrer eigenen politischen Zwecke das ganze Proletariat in Bewegung setzen muß und es einstweilen noch kann. Auf dieser Stufe bekämpfen die Proletarier also nicht ihre Feinde, sondern die Feinde ihrer Feinde, die Reste der absoluten Monarchie, die Grundeigentümer, die nichtindustriellen Bourgeois, die Kleinbürger. Die ganze geschichtliche Bewegung ist so in den Händen der Bourgeoisie konzentriert; jeder Sieg, der so errungen wird, ist ein Sieg der Bourgeoisie.

Aber mit der Entwicklung der Industrie vermehrt sich nicht nur das Proletariat; es wird in größeren Massen zusammengedrängt, seine Kraft wächst, und es fühlt sie mehr. Die Interessen, die Lebenslagen innerhalb des Proletariats gleichen sich immer mehr aus, indem die Maschinerie mehr und mehr die Unterschiede der Arbeit verwischt und den Lohn fast überall auf ein gleich niedriges Niveau herabdrückt. Die wachsende Konkurrenz der Bourgeois unter sich und die daraus hervorgehenden Handelskrisen machen den Lohn der Arbeiter immer schwankender; die immer rascher sich entwickelnde, unaufhörliche Verbesserung der Maschinerie macht ihre ganze Lebensstellung immer unsicherer; immer mehr nehmen die Kollisionen zwischen dem einzelnen Arbeiter und dem einzelnen Bourgeois den Charakter von Kollisionen zweier Klassen an. Die Arbeiter beginnen damit, Koalitionen gegen die Bourgeois zu bilden; sie treten zusammen zur Behauptung ihres Arbeitslohns. Sie stiften selbst dauernde Assoziationen, um sich für die gelegentlichen Empörungen zu verproviantieren. Stellenweise bricht der Kampf in Emeuten aus.

Von Zeit zu Zeit siegen die Arbeiter, aber nur vorübergehend. Das eigentliche Resultat ihrer Kämpfe ist nicht der unmittelbare Erfolg, sondern die immer weiter um sich greifende Vereinigung der Arbeiter. Sie wird befördert durch die wachsenden Kommunikationsmittel, die von der großen Industrie erzeugt werden und die Arbeiter der verschiedenen Lokalitäten miteinander in Verbindung setzen. Es bedarf aber bloß der Verbindung, um die vielen Lokalkämpfe von überall gleichem Charakter zu einem nationalen, zu einem Klassenkampf zu zentralisieren. Jeder Klassenkampf ist aber ein politischer Kampf. Und die Vereinigung, zu der die Bürger des Mittelalters mit ihren Vizinalwegen Jahrhunderte bedurften, bringen die modernen Proletarier mit den Eisenbahnen in wenigen Jahren zustande.

Diese Organisation der Proletarier zur Klasse, und damit zur politischen Partei, wird jeden Augenblick wieder gesprengt durch die Konkurrenz unter den Arbeitern selbst. Aber sie ersteht immer wieder, stärker, fester, mächtiger. Sie erzwingt die Anerkennung einzelner Interessen der Arbeiter in Gesetzesform, indem sie die Spaltungen der Bourgeoisie unter sich benutzt. So die Zehnstundenbill in England.

Die Kollisionen der alten Gesellschaft überhaupt fördern mannigfach den Entwicklungsgang des Proletariats. Die Bourgeoisie befindet sich in fortwährendem Kampfe: anfangs gegen die Aristokratie; später gegen die Teile der Bourgeoisie selbst, deren Interessen mit dem Fortschritt der Industrie in Widerspruch geraten; stets gegen die Bourgeoisie aller auswärtigen Länder. In allen diesen Kämpfen sieht sie sich genötigt, an das Proletariat zu appellieren, seine Hilfe in Anspruch zu nehmen und es so in die politische Bewegung hineinzureißen. Sie selbst führt also dem Proletariat ihre eigenen Bildungselemente, d.h. Waffen gegen sich selbst, zu.

Es werden ferner, wie wir sahen, durch den Fortschritt der Industrie ganze Bestandteile der herrschenden Klasse ins Proletariat hinabgeworfen oder wenigstens in ihren Lebensbedingungen bedroht. Auch sie führen dem Proletariat eine Masse Bildungselemente zu.

In Zeiten endlich, wo der Klassenkampf sich der Entscheidung nähert, nimmt der Auflösungsprozeß innerhalb der herrschenden Klasse, innerhalb der ganzen alten Gesellschaft, einen so heftigen, so grellen Charakter an, daß ein kleiner Teil der herrschenden Klasse sich von ihr lossagt und sich der revolutionären Klasse anschließt, der Klasse, welche die Zukunft in ihren Händen trägt. Wie daher früher ein Teil des Adels zur Bourgeoisie überging, so geht jetzt ein Teil der Bourgeoisie zum Proletariat über, und namentlich ein Teil der Bourgeoisideologen, welche zum theoretischen Verständnis der ganzen geschichtlichen Bewegung sich hinaufgearbeitet hat.

Von allen Klassen, welche heutzutage der Bourgeoisie gegenüberstehen, ist nur das Proletariat eine wirklich revolutionäre Klasse. Die übrigen Klassen verkommen und gehen unter mit der großen Industrie, das Proletariat ist ihr eigenstes Produkt.

Die Mittelstände, der kleine industrielle, der kleine Kaufmann, der Handwerker, der Bauer, sie alle bekämpfen die Bourgeoisie, um ihre Existenz als Mittelstände vor dem Untergang zu sichern. Sie sind also nicht revolutionär, sondern konservativ. Noch mehr, sie sind reaktionär, sie suchen das Rad der Geschichte zurückzudrehen. Sie sind revolutionär, so sind sie es im Hinblick auf den ihnen bevorstehenden Übergang ins Proletariat, so verteidigen sie nicht ihre gegenwärtigen, sondern ihre zukünftigen Interessen, so verlassen sie ihren eigenen Standpunkt, um sich auf den des Proletariats zu stellen.

Das Lumpenproletariat, diese passive Verfaulung der untersten Schichten der alten Gesellschaft, wird durch eine proletarische Revolution stellenweise in die Bewegung hineingeschleudert, seiner ganzen Lebenslage nach wird es bereitwilliger sein, sich zu reaktionären Umtrieben erkaufen zu lassen.

Die Lebensbedingungen der alten Gesellschaft sind schon vernichtet in den Lebensbedingungen des Proletariats. Der Proletarier ist eigentumslos; sein Verhältnis zu Weib und Kindern hat nichts mehr gemein mit dem bürgerlichen Familienverhältnis; die moderne industrielle Arbeit, die moderne Unterjochung unter das Kapital, dieselbe in England wie in Frankreich, in Amerika wie in Deutschland, hat ihm allen nationalen Charakter abgestreift. Die Gesetze, die Moral, die Religion sind für ihn ebenso viele bürgerliche Vorurteile, hinter denen sich ebenso viele bürgerliche Interessen verstecken.

Alle früheren Klassen, die sich die Herrschaft eroberten, suchten ihre schon erworbene Lebensstellung zu sichern, indem sie die ganze Gesellschaft den Bedingungen ihres Erwerbs unterwarfen. Die Proletarier können sich die gesellschaftlichen Produktivkräfte nur erobern, indem sie ihre eigene bisherige Aneignungsweise und damit die ganze bisherige Aneignungsweise abschaffen. Die Proletarier haben nichts von dem ihrigen zu sichern, sie haben alle bisherigen Privatsicherheiten und Privatversicherungen zu zerstören.

Alle bisherigen Bewegungen waren Bewegungen von Minoritäten oder im Interesse von Minoritäten. Die proletarische Bewegung ist die selbständige Bewegung der ungeheuren Mehrzahl im interesse der ungeheuren Mehrzahl. Das Proletariat, die unterste Schichte der jetzigen Gesellschaft, kann sich nicht erheben, nicht aufrichten, ohne daß der ganze Überbau der Schichten, die die offizielle Gesellschaft bilden, in die Luft gesprengt wird.

Obgleich nicht dem Inhalt, ist der Form nach der Kampf des Proletariats gegen die Bourgeoisie zunächst ein nationaler. Das Proletariat eines jeden Landes muß natürlich zuerst mit seiner eigenen Bourgeoisie fertig werden.

Indem wir die allgemeinsten Phasen der Entwicklung des Proletariats zeichneten, verfolgten wir den mehr oder minder versteckten Bürgerkrieg innerhalb der bestehenden Gesellschaft bis zu dem Punkt, wo er in eine offene Revolution ausbricht und durch den gewaltsamen Sturz der Bourgeoisie das Proletariat seine Herrschaft begründet.

Alle bisherige Gesellschaft beruhte, wie wir gesehen haben, auf dem Gegensatz unterdrückender und unterdrückter Klassen. Um aber eine Klasse unterdrücken zu können, müssen ihr Bedingungen gesichert sein, innerhalb derer sie wenigstens ihre knechtische Existenz fristen kann. Der Leibeigene hat sich zum Mitglied der Kommune in der Leibeigenschaft herangearbeitet wie der Kleinbürger zum Bourgeois unter dem Joch des feudalistischen Absolutismus. Der moderne Arbeiter dagegen, statt sich mit dem Fortschritt der Industrie zu heben, sinkt immer tiefer unter die Bedingungen seiner eigenen Klasse herab. Der Arbeiter wird zum Pauper, und der Pauperismus entwickelt sich noch schneller als Bevölkerung und Reichtum. Es tritt hiermit offen hervor, daß die Bourgeoisie unfähig ist, noch länger die herrschende Klasse der Gesellschaft zu bleiben und die Lebensbedingungen ihrer Klasse der Gesellschaft als regelndes Gesetz aufzuzwingen. Sie ist unfähig zu herrschen, weil sie unfähig ist, ihrem Sklaven die Existenz selbst innerhalb seiner Sklaverei zu sichern, weil sie gezwungen ist, ihn in eine Lage herabsinken zu lassen, wo sie ihn ernähren muß, statt von ihm ernährt zu werden. Die Gesellschaft kann nicht mehr unter ihr leben, d.h., ihr Leben ist nicht mehr verträglich mit der Gesellschaft.

Die wesentliche Bedingung für die Existenz und für die Herrschaft der Bourgeoisklasse ist die Anhäufung des Reichtums in den Händen von Privaten, die Bildung und Vermehrung des Kapitals; die Bedingung des Kapitals ist die Lohnarbeit. Die Lohnarbeit beruht ausschließlich auf der Konkurrenz der Arbeiter unter sich. Der Fortschritt der Industrie, dessen willenloser und widerstandsloser Träger die Bourgeoisie ist, setzt an die Stelle der Isolierung der Arbeiter durch die Konkurrenz ihre revolutionäre Vereinigung durch die Assoziation. Mit der Entwicklung der großen Industrie wird also unter den Füßen der Bourgeoisie die Grundlage selbst hinweggezogen worauf sie produziert und die Produkte sich aneignet. Sie produziert vor allem ihren eigenen Totengräber. Ihr Untergang und der Sieg des Proletariats sind gleich unvermeidlich.

II. Proletarier und Kommunisten

In welchen Verhältnis stehen die Kommunisten zu den Proletariern überhaupt?

Die Kommunisten sind keine besondere Partei gegenüber den andern Arbeiterparteien.

Sie haben keine von den Interessen des ganzen Proletariats getrennten Interessen.

Sie stellen keine besonderen Prinzipien auf, wonach sie die proletarische Bewegung modeln wollen. Die Kommunisten unterscheiden sich von den übrigen proletarischen Parteien nur dadurch, daß sie einerseits in den verschiedenen nationalen Kämpfen der Proletarier die gemeinsamen, von der Nationalität unabhängigen Interessen des gesamten Proletariats hervorheben und zur Geltung bringen, andrerseits dadurch, daß sie in den verschiedenen Entwicklungsstufen, welche der Kampf zwischen Proletariat und Bourgeoisie durchläuft, stets das Interesse der Gesamtbewegung vertreten.

Die Kommunisten sind also praktisch der entschiedenste, immer weitertreibende Teil der Arbeiterparteien aller Länder; sie haben theoretisch vor der übrigen Masse des Proletariats die Einsicht in die Bedingungen, den Gang und die allgemeinen Resultate der proletarischen Bewegung voraus.

Der nächste Zweck der Kommunisten ist derselbe wie der aller übrigen proletarischen Parteien: Bildung des Proletariats zur Klasse, Sturz der Bourgeoisieherrschaft, Eroberung der politischen Macht durch das Proletariat.

Die theoretischen Sätze der Kommunisten beruhen keineswegs auf Ideen, auf Prinzipien, die von diesem oder jenem Weltverbesserer erfunden oder entdeckt sind.

Sie sind nur allgemeine Ausdrücke tatsächlicher Verhältnisse eines existierenden Klassenkampfes, einer unter unseren Augen vor sich gehenden geschichtlichen Bewegung. Die Abschaffung bisheriger Eigentumsverhältnisse ist nichts den Kommunismus eigentümlich Bezeichnendes.

Alle Eigentumsverhältnisse waren einem beständigen geschichtlichen Wechsel, einer beständigen geschichtlichen Veränderung unterworfen.

Die Französische Revolution z.B. schaffte das Feudaleigentum zugunsten des bürgerlichen ab.

Was den Kommunismus auszeichnet, ist nicht die Abschaffung des Eigentums überhaupt, sondern die Abschaffung des bürgerlichen Eigentums.

Aber das moderne bürgerliche Privateigentum ist der letzte und vollendetste Ausdruck der Erzeugung und Aneignung der Produkte, die auf Klassengegensätzen, auf der Ausbeutung der einen durch die anderen beruht.

In diesem Sinne können die Kommunisten ihre Theorie in

dem einen Ausdruck – Aufhebung des Privateigentums – zu-
sammenfassen.

Man hat uns Kommunisten vorgeworfen, wir wollten das per-
sönlich erworbene, selbsterarbeitete Eigentum abschaffen; das
Eigentum, welches die Grundlage aller persönlichen Freiheit,
Tätigkeit und Selbständigkeit bilde.

Erarbeitetes, erworbenes, selbstverdientes Eigentum! Sprecht
ihr von dem kleinbürgerlichen, kleinbäuerlichen Eigentum, welches dem bürgerlichen Eigentum vorherging? Wir brauchen es
nicht abzuschaffen, die Entwicklung der Industrie hat es abgeschafft und schafft es täglich ab.

Oder sprecht ihr vom modernen bürgerlichen Privateigentum? Schafft aber die Lohnarbeit, die Arbeit des Proletariers ihm
Eigentum? Keineswegs. Sie schafft das Kapital, d.h. das Eigentum, welches die Lohnarbeit ausbeutet, welches sich nur unter
der Bedingung vermehren kann, daß es neue Lohnarbeit erzeugt,
um sie von neuem auszubeuten. Das Eigentum in seiner heutigen
Gestalt bewegt sich in dem Gegensatz von Kapital und Lohnarbeit. Betrachten wir die beiden Seiten dieses Gegensatzes. Kapitalist sein, heißt nicht nur eine rein persönliche, sondern eine gesellschaftliche Stellung in der Produktion einnehmen.

Das Kapital ist ein gemeinschaftliches Produkt und kann nur
durch eine gemeinsame Tätigkeit vieler Mitglieder, ja in letzter
Instanz nur durch die gemeinsame Tätigkeit aller Mitglieder der
Gesellschaft in Bewegung gesetzt werden.

Das Kapital ist also keine persönliche, es ist eine gesellschaftliche Macht.

Wenn also das Kapital in gemeinschaftliches, allen Mitgliedern der Gesellschaft angehöriges Eigentum verwandelt wird,
so verwandelt sich nicht persönliches Eigentum in gesellschaftliches. Nur der gesellschaftliche Charakter des Eigentums verwandelt sich. Es verliert seinen Klassencharakter.

Kommen wir zur Lohnarbeit:

Der Durchschnittspreis der Lohnarbeit ist das Minimum des
Arbeitslohnes, d.h. die Summe der Lebensmittel, die notwendig

sind, um den Arbeiter als Arbeiter am Leben zu erhalten. Was also der Lohnarbeiter durch seine Tätigkeit sich aneignet, reicht bloß dazu hin, um sein nacktes Leben wieder zu erzeugen. Wir wollen diese persönliche Aneignung der Arbeitsprodukte zur Wiedererzeugung des unmittelbaren Lebens keineswegs abschaffen, eine Aneignung, die keinen Reinertrag übrigläßt, der Macht über fremde Arbeit geben könnte. Wir wollen nur den elenden Charakter dieser Aneignung aufheben, worin der Arbeiter nur lebt, um das Kapital zu vermehren, nur so weit lebt, wie es das Interesse der herrschenden Klasse erheischt.

In der bürgerlichen Gesellschaft ist die lebendige Arbeit nur ein Mittel, die aufgehäufte Arbeit zu vermehren. In der kommunistischen Gesellschaft ist die aufgehäufte Arbeit nur ein Mittel, um den Lebensprozeß der Arbeiter zu erweitern, zu bereichern, zu befördern.

In der bürgerlichen Gesellschaft herrscht also die Vergangenheit über die Gegenwart, in der kommunistischen die Gegenwart über die Vergangenheit. In der bürgerlichen Gesellschaft ist das Kapital selbständig und persönlich, während das tätige Individuum unselbständig und unpersönlich ist.

Und die Aufhebung dieses Verhältnisses nennt die Bourgeoisie Aufhebung der Persönlichkeit und Freiheit! Und mit Recht. Es handelt sich allerdings um die Aufhebung der Bourgois-Persönlichkeit, -Selbständigkeit und Freiheit.

Unter Freiheit versteht man innerhalb der jetzigen bürgerlichen Produktionsverhältnisse den freien Handel, den freien Kauf und Verkauf.

Fällt aber der Schacher, so fällt auch der freie Schacher. Die Redensarten vom freien Schacher, wie alle übrigen Freiheitsbravaden unserer Bourgeoisie, haben überhaupt nur einen Sinn gegenüber dem gebundenen Schacher, gegenüber dem geknechteten Bürger des Mittelalters, nicht aber gegenüber der kommunistischen Aufhebung des Schachers, der bürgerlichen Produktionsverhältnisse und der Bourgeoisie selbst.

Ihr entsetzt euch darüber, daß wir das Privateigentum aufheben wollen. Aber in eurer bestehenden Gesellschaft ist das Privateigentum für neun Zehntel ihrer Mitglieder aufgehoben; es existiert gerade dadurch, daß es für neun Zehntel nicht existiert. Ihr werft uns also vor, daß wir ein Eigentum aufheben wollen, welches die Eigentumslosigkeit der ungeheuren Mehrzahl der Gesellschaft als notwendige Bedingung voraussetzt.

Ihr werft uns mit einem Worte vor, daß wir euer Eigentum aufheben wollen. Allerdings, das wollen wir.

Von dem Augenblick an, wo die Arbeit nicht mehr in Kapital, Geld, Grundrente, kurz, in eine monopolisierbare gesellschaftliche Macht verwandelt werden kann, d.h. von dem Augenblick, wo das persönliche Eigentum nicht mehr in bürgerliches umschlagen kann, von dem Augenblick an erklärt ihr, die Person sei aufgehoben.

Ihr gesteht also, daß ihr unter der Person niemanden anderes versteht als den Bourgeois, den bürgerlichen Eigentümer. Und diese Person soll allerdings aufgehoben werden.

Der Kommunismus nimmt keinem die Macht, sich gesellschaftliche Produkte anzueignen, er nimmt nur die Macht, sich durch diese Aneignung fremde Arbeit zu unterjochen.

Man hat eingewendet, mit der Aufhebung des Privateigentums werde alle Tätigkeit aufhören und eine allgemeine Faulheit einreißen.

Hiernach müßte die bürgerliche Gesellschaft längst an der Trägheit zugrunde gegangen sein; denn *die* in ihr arbeiten, erwerben nicht, und *die* in ihr erwerben, arbeiten nicht. Das ganze Bedenken läuft auf die Tautologie hinaus, daß es keine Lohnarbeit mehr gibt, sobald es kein Kapital mehr gibt.

Alle Einwürfe, die gegen die kommunistische Aneignungs- und Produktionsweise der materiellen Produkte gerichtet werden, sind ebenso auf die Aneignung und Produktion der geistigen Produkte ausgedehnt worden. Wie für den Bourgeois das Aufhören des Klasseneigentums das Aufhören der Produktion selbst ist, so ist für ihn das Aufhören der Klassenbildung identisch mit dem Aufhören der Bildung überhaupt.

Die Bildung, deren Verlust er bedauert, ist für die enorme Mehrzahl die Heranbildung zur Maschine.

Aber streitet nicht mit uns, indem ihr an euren bürgerlichen Vorstellungen von Freiheit, Bildung, Recht u.s.w. die Abschaffung des bürgerlichen Eigentums meßt. Eure Ideen selbst sind Erzeugnisse der bürgerlichen Produktions- und Eigentumsverhältnisse, wie euer Recht nur der zum Gesetz erhobene Wille eurer Klasse ist, ein Wille, dessen Inhalt gegeben ist in den materiellen Lebensbedingungen eurer Klasse.

Die interessierte Vorstellung, worin ihr eure Produktions- und Eigentumsverhältnisse aus geschichtlichen, in dem Lauf der Produktion vorübergehenden Verhältnissen in ewige Natur- und Vernunftgesetze verwandelt, teilt ihr mit allen untergegangenen herrschenden Klassen. Was ihr für das antike Eigentum begreift, was ihr für das feudale Eigentum begreift, dürft ihr nicht mehr begreifen für das bürgerliche Eigentum.

Aufhebung der Familie! Selbst die Radikalsten ereifern sich über diese schändliche Absicht der Kommunisten.

Worauf beruht die gegenwärtige, die bürgerliche Familie? Auf dem Kapital, auf dem Privaterwerb. Vollständig entwickelt existiert sie nur für die Bourgeoisie; aber sie findet ihr Ergänzung in der erzwungenen Familienlosigkeit der Proletarier und der öffentlichen Prostitution.

Die Familie der Bourgeois fällt natürlich weg mit dem Wegfallen dieser ihrer Ergänzung, und beide verschwinden mit dem Verschwinden des Kapitals.

Werft ihr uns vor, daß wir die Ausbeutung der Kinder durch ihre Eltern aufheben wollen? Wir gestehen dieses Verbrechen ein. Aber, sagt ihr, wir heben die trautesten Verhältnisse auf, indem wir an die Stelle der häuslichen Erziehung die gesellschaftliche setzen.

Und ist nicht auch eure Erziehung durch die Gesellschaft bestimmt? Durch die gesellschaftlichen Verhältnisse, innerhalb derer ihr erzieht, durch die direktere oder indirektere Einmischung der Gesellschaft, vermittelst der Schule u.s.w.? Die

Kommunisten erfinden nicht die Einwirkung der Gesellschaft auf die Erziehung: sie verändern nur ihren Charakter, sie entreißen die Erziehung dem Einfluß der herrschenden Klasse.

Die bürgerlichen Redensarten über Familie und Erziehung, über das traute Verhältnis von Eltern und Kindern werden um so ekelhafter, je mehr infolge der großen Industrie alle Familienbande für die Proletarier zerrissen und die Kinder in einfache Handelsartikel und Arbeitsinstrumente verwandelt werden.

Aber ihr Kommunisten wollt die Weibergemeinschaft einführen, schreit uns die ganze Bourgeoisie im Chor entgegen.

Der Bourgeois sieht in seiner Frau ein bloßes Produktionsinstrument. Er hört, daß die Produktionsinstrumente gemeinschaftlich ausgebeutet werden sollen, und kann sich natürlich nichts anderes denken, als daß das Los der Gemeinschaftlichkeit die Weiber gleichfalls treffen wird.

Er ahnt nicht, daß es sich eben darum handelt, die Stellung der Weiber als bloßer Produktionsinstrumente aufzuheben.

Übrigens ist nichts lächerlicher als das hochmoralische Entsetzen unsrer Bourgeois über die angeblich offizielle Weibergemeinschaft der Kommunisten. Die Kommunisten brauchen die Weibergemeinschaft nicht einzuführen, sie hat fast immer existiert.

Unsere Bourgeois, nicht zufrieden damit, daß ihnen die Weiber und Töchter ihrer Proletarier zur Verfügung stehen, von der offiziellen Prostitution gar nicht zu sprechen, finden ein Hauptvergnügen darin, ihre Ehefrauen wechselseitig zu verführen.

Die bürgerliche Ehe ist in Wirklichkeit die Gemeinschaft der Ehefrauen. Man könnte höchstens den Kommunisten vorwerfen, daß sie an Stelle einer heuchlerisch versteckten eine offizielle, offenherzige Weibergemeinschaft einführen wollten. Es versteht sich übrigens von selbst, daß mit Aufhebung der jetzigen Produktionsverhältnisse auch die aus ihnen hervorgehende Weibergemeinschaft, d.h. die offizielle und nichtoffizielle Prostitution, verschwindet.

Den Kommunisten ist ferner vorgeworfen worden, sie wollten das Vaterland, die Nationalität abschaffen.

Die Arbeiter haben kein Vaterland. Man kann ihnen nicht nehmen, was sie nicht haben. Indem das Proletariat sich zunächst die politische Herrschaft erobern, sich zur nationalen Klasse erheben, sich selbst als Nation konstituieren muß, ist es selbst noch national, wenn auch keineswegs im Sinne der Bourgeoisie.

Die nationalen Absonderungen und Gegensätze der Völker verschwinden mehr und mehr schon mit der Entwicklung der Bourgeoisie, mit der Handelsfreiheit, dem Weltmarkt, der Gleichförmigkeit der industriellen Produktion und der ihr entsprechenden Lebensverhältnisse.

Die Herrschaft des Proletariats wird sie noch mehr verschwinden machen. Vereinigte Aktion, wenigstens der zivilisierten Länder, ist eine der ersten Bedingungen seiner Befreiung.

In dem Maße, wie die Exploitation des einen Individuums durch das andere aufgehoben wird, wird die Exploitation einer Nation durch die andere aufgehoben.

Mit dem Gegensatz der Klassen im Innern der Nation fällt die feindliche Stellung der Nationen gegeneinander.

Die Anklagen gegen den Kommunismus, die von religiösen, philosophischen und ideologischen Gesichtspunkten überhaupt erhoben werden, verdienen keine ausführlichere Erörterung.

Bedarf es tiefer Einsicht, um zu begreifen, daß mit den Lebensverhältnissen der Menschen, mit ihren gesellschaftlichen Beziehungen, mit ihrem gesellschaftlichen Dasein, auch ihre Vorstellungen, Anschauungen und Begriffe, mit einem Worte auch ihr Bewußtsein sich ändert?

Was beweist die Geschichte der Ideen anderes, als daß die geistige Produktion sich mit der materiellen umgestaltet? Die herrschenden Ideen einer Zeit waren stets nur die Ideen der herrschenden Klasse.

Man spricht von Ideen, welche eine ganze Gesellschaft revolutionieren; man spricht damit nur die Tatsache aus, daß sich innerhalb der alten Gesellschaft die Elemente einer neuen gebildet haben, daß mit der Auflösung der alten Lebensverhältnisse die Auflösung der alten Ideen gleichen Schritt hält.

Als die alte Welt im Untergehen begriffen war, wurden die alten Religionen von der christlichen Religion besiegt. Als die christlichen Ideen im 18. Jahrhundert den Aufklärungsideen unterlagen, rang die feudale Gesellschaft ihren Todeskampf mit der damals revolutionären Bourgeoisie. Die Ideen der Gewissens- und Religionsfreiheit sprachen nur die Herrschaft der freien Konkurrenz auf dem Gebiete des Gewissens aus.

Aber, wird man sagen, religiöse, moralische, philosophische, politische, rechtliche Ideen u.s.w. modifizierten sich allerdings im Lauf der geschichtlichen Entwicklung. Die Religion, die Moral, die Philosophie, die Politik, das Recht erhielten sich stets in diesem Wechsel.

Es gibt zudem ewige Wahrheiten, wie Freiheit, Gerechtigkeit u.s.w., die allen gesellschaftlichen Zuständen gemeinsam sind. Der Kommunismus aber schafft die ewigen Wahrheiten ab, er schafft die Religion ab, die Moral, statt sie neu zu gestalten, er widerspricht also allen bisherigen geschichtlichen Entwicklungen.

Worauf reduziert sich diese Anklage? Die Geschichte der ganzen bisherigen Gesellschaft bewegte sich in Klassengegensätzen, die in den verschiedenen Epochen verschieden gestaltet waren.

Welche Form sie aber auch immer angenommen, die Ausbeutung des einen Teils der Gesellschaft durch den andern ist eine allen vergangenen Jahrhunderten gemeinsame Tatsache. Kein Wunder daher, daß das gesellschaftliche Bewußtsein aller Jahrhunderte, aller Mannigfaltigkeit und Verschiedenheit zum Trotz, in gewissen gemeinsamen Formen sich bewegt, in Bewußtseinsformen, die nur mit dem gänzlichen Verschwinden des Klassengegensatzes sich vollständig auflösen.

Die kommunistische Revolution ist das radikalste Brechen mit den überlieferten Eigentumsverhältnissen; kein Wunder, daß in ihrem Entwicklungsgange am radikalsten mit den überlieferten Ideen gebrochen wird.

Doch lassen wir die Einwürfe der Bourgeoisie gegen den Kommunismus.

Wir sahen schon oben, dass der erste Schritt in der Arbeiterrevolution die Erhebung des Proletariats zur herrschenden Klasse, die Erkämpfung der Demokratie ist.

Das Proletariat wird seine politische Herrschaft dazu benutzen, der Bourgeoisie nach und nach alles Kapital zu entreißen, alle Produktionsinstrumente in den Händen des Staats, d.h. des als herrschende Klasse organisierten Proletariats, zu zentralisieren und die Masse der Produktionskräfte möglichst rasch zu vermehren. Es kann dies natürlich zunächst nur geschehen vermittelst despotischer Eingriffe in das Eigentumsrecht und in die bürgerlichen Produktionsverhältnisse, durch Maßregeln also, die ökonomisch unzureichend und unhaltbar erscheinen, die aber im Lauf der Bewegung über sich selbst hinaustreiben und als Mittel zur Umwälzung der ganzen Produktionsweise unvermeidlich sind.

Diese Maßregeln werden natürlich je nach den verschiedenen Ländern verschieden sein.

Für die fortgeschrittensten Ländern werden jedoch die folgenden ziemlich allgemein in Anwendung kommen können:

1. Expropriation des Grundeigentums und Verwendung der Grundrente zu Staatsausgaben.
2. Starke Progressivsteuern.
3. Abschaffung des Erbrechts.
4. Konfiskation des Eigentums aller Emigranten und Rebellen.
5. Zentralisation des Kredits in den Händen des Staats durch eine Nationalbank mit Staatskapital und ausschließlichem Monopol.
6. Zentralisation des Transportwesens in den Händen des Staats.
7. Vermehrung der Nationalfabriken, Produktionsinstrumente, Urbarmachung und Verbesserung der Ländereien nach einem gemeinschaftlichen Plan.
8. Gleicher Arbeitszwang für alle, Errichtung industrieller Armeen, besonders für den Ackerbau.
9. Vereinigung des Betriebs von Ackerbau und Industrie, Hinwirken auf die allmähliche Beseitigung des Unterschieds von Stadt und Land.

10. Öffentliche und unentgeltliche Erziehung aller Kinder. Beseitigung der Fabrikarbeit der Kinder in ihrer heutigen Form. Vereinigung der Erziehung mit der materiellen Produktion u.s.w.

Sind im Laufe der Entwicklung die Klassenunterschiede verschwunden und ist alle Produktion in den Händen der assoziierten Individuen konzentriert, so verliert die öffentliche Gewalt den politischen Charakter. Die politische Gewalt im eigentlichen Sinne ist die organisierte Gewalt einer Klasse zur Unterdrückung einer andern. Wenn das Proletariat im Kampfe gegen die Bourgeoisie sich notwendig zur Klasse vereint, durch eine Revolution sich zur herrschenden Klasse macht und als herrschende Klasse gewaltsam die alten Produktionsverhältnisse aufhebt, so hebt es mit diesen Produktionsverhältnissen die Existenzbedingungen des Klassengegensatzes, die Klassen überhaupt, und damit seine eigene Herrschaft als Klasse auf.

An die Stelle der alten bürgerlichen Gesellschaft mit ihren Klassen und Klassengegensätzen tritt eine Assoziation, worin die freie Entwicklung eines jeden die Bedingung für die freie Entwicklung aller ist.

[...]

IV. Stellung der Kommunisten zu den verschiedenen oppositionellen Parteien

Nach Abschnitt II versteht sich das Verhältnis der Kommunisten zu den bereits konstituierten Arbeiterparteien von selbst, also ihr Verhältnis zu den Chartisten in England und den agrarischen Reformern in Nordamerika.

Sie kämpfen für die Erreichung der unmittelbar vorliegenden Zwecke und Interessen der Arbeiterklasse, aber sie vertreten in der gegenwärtigen Bewegung zugleich die Zukunft der Bewegung. In Frankreich schließen sich die Kommunisten an die sozialistischdemokratische Partei an gegen die konservative und radikale Bourgeoisie, ohne darum das Recht aufzugeben, sich kritisch zu den aus der revolutionären Überlieferung herrührenden Phrasen und Illusionen zu verhalten.

In der Schweiz unterstützen sie die Radikalen, ohne zu verkennen, daß diese Partei aus widersprechenden Elementen besteht, teils aus demokratischen Sozialisten im französischen Sinn, teils aus radikalen Bourgeois.

Unter den Polen unterstützen die Kommunisten die Partei, welche eine agrarische Revolution zur Bedingung der nationalen Befreiung macht, dieselbe Partei, welche die Krakauer Insurrektion von 1846 ins Leben rief.

In Deutschland kämpft die Kommunistische Partei, sobald die Bourgeoisie revolutionär auftritt, gemeinsam mit der Bourgeoisie gegen die absolute Monarchie, das feudale Grundeigentum und die Kleinbürgerei.

Sie unterläßt aber keinen Augenblick, bei den Arbeitern ein möglichst klares Bewußtsein über den feindlichen Gegensatz zwischen Bourgeoisie und Proletariat herauszuarbeiten, damit die deutschen Arbeiter sogleich die gesellschaftlichen und politischen Bedingungen, welche die Bourgeoisie mit ihrer Herrschaft herbeiführen muß, als ebenso viele Waffen gegen die Bourgeoisie kehren können, damit, nach dem Sturz der reaktionären Klassen in Deutschland, sofort der Kampf gegen die Bourgeoisie selbst beginnt.

Auf Deutschland richten die Kommunisten ihre Hauptaufmerksamkeit, weil Deutschland am Vorabend einer bürgerlichen Revolution steht und weil es diese Umwälzung unter fortgeschritteneren Bedingungen der europäischen Zivilisation überhaupt und mit einem viel weiter entwickelten Proletariat vollbringt als England im 17. und Frankreich im 18. Jahrhundert, die deutsche bürgerliche Revolution also nur das unmittelbare Vorspiel einer proletarischen Revolution sein kann.

Mit einem Wort, die Kommunisten unterstützen überall jede revolutionäre Bewegung gegen die bestehenden gesellschaftlichen und politischen Zustände. In allen diesen Bewegungen heben sie die Eigentumsfrage, welche mehr oder minder entwickelte Form sie auch angenommen haben möge, als die Grundfrage der Bewegung hervor.

Die Kommunisten arbeiten endlich überall an der Verbindung und Verständigung der demokratischen Parteien aller Länder.

Die Kommunisten verschmähen es, ihre Ansichten und Absichten zu verheimlichen. Sie erklären es offen, daß ihre Zwecke nur erreicht werden können durch den gewaltsamen Umsturz aller bisherigen Gesellschaftsordnung.

Mögen die herrschenden Klassen vor einer kommunistischen Revolution zittern. Die Proletarier haben nichts in ihr zu verlieren als ihre Ketten. Sie haben eine Welt zu gewinnen.

PROLETARIER ALLER LÄNDER, VEREINIGT EUCH!

London, 1. Februar 1893
Karl Marx, Friedrich Engels

9. Die Revolution von 1848 und ihre politische Aufhebung

Die Bourgeoisie und die Kontrerevolution (31. 12. 1848)

* *Köln*, 29. Dezember. [Schluss des in Nr. 170 der *Neuen Rheinischen Zeitung* abgebrochenen Artikels.]

»Meine Herrn! In Geldfragen hört die Gemütlichkeit auf!«
In diesen sechs Worten resümierte Hansemann den ganzen vereinigten Landtagsliberalismus. Dieser Mann war der notwendige Chef des aus der Vereinbarerversammlung selbst hervorgegangenen Ministeriums, des Ministeriums, welches den *passiven Widerstand* gegen das Volk in *tätigen Angriff* auf das Volk verwandeln sollte, des *Ministeriums der Tat.*

In keinem preußischen Ministerium so viel *bürgerliche* Namen! Hansemann, Milde, Märker, Kühlwetter, Gierke! Selbst die hoffähige Etikette dieses Ministeriums, *von Auerswald*, gehörte dem Liberalen, d.h. Bourgeoisie huldigenden Adel der Königsberger Opposition an. *Roth von Schreckenstein* allein vertrat unter der Kanaille den alten bureaukratisierten preußischen Feudaladel. *Roth von Schreckenstein!* Überlebender Titel eines verlorengegangenen Räuber- und Ritterromans des seligen *Hildebrand!* Aber *Roth von Schreckenstein* war nur die feudale Einfassung des bürgerlichen Juwels. *Roth von Schreckenstein,* mitten in dem bürgerlichen Ministerium, besagte in Riesenbuchstaben: Die preußische Feudalität, Armee, Bureaukratie folgen dem neu aufgegangenen Sterne des preußischen Bürgertums. Ihm haben sich diese Gewaltigen zur Verfügung gestellt, und das Bürgertum pflanzt sie vor seinen Thron, wie man auf alten heraldischen Sinnbildern Bären vor die Volksherrscher aufpflanzte. Roth von Schreckenstein soll nur der Bär des bürgerlichen Ministeriums sein.

Am *26. Juni* stellte sich das Ministerium Hansemann der Nationalversammlung vor. Mit dem *Juli* erst beginnt seine ernsthafte Existenz. Die *Junirevolution* war der Hintergrund des Ministeriums der Tat, wie die *Februarrevolution* der Hintergrund des Ministeriums der Vermittlung.

Die preußische Bourgeoisie exploitierte gegen das Volk den blutigen Sieg der Pariser Bourgeoisie über das Pariser Proletariat, wie die preußische Krone den blutigen Sieg der Kroaten zu Wien gegen die Bourgeoisie exploitierte. Die Wehn der preußischen Bourgeoisie nach dem östereichischen November sind die *Abrechnung* für die Wehn des preußischen Volks nach dem französischen Juni. In ihrer kurzsichtigen Engherzigkeit verwechselten sich die deutschen Spießbürger mit der französischen Bourgeoisie. Sie hatten keinen Thron umgeworfen, sie hatten nicht die feudale Gesellschaft, viel weniger ihren letzten Rest beseitigt, sie hatten keine von ihnen selbst geschaffene Gesellschaft zu behaupten. Sie glaubten nach dem Juni, wie nach dem Februar, wie seit dem Beginn des 16. Jahrhunderts, wie im 18. Jahrhundert, in ihrer angestammten pfiffig-profitwütigen Weise aus fremder Arbeit drei Viertel Profit ziehen zu können. Sie ahnten nicht, daß hinter dem französischen Juni der östreichische November und hinter dem östreichischen November der preußische Dezember lauerte. Sie ahnten nicht, daß wenn in Frankreich die Throne zerschmetternde Bourgeoisie nur noch einen einzigen Feind vor sich erblickte, das Proletariat – die preußische mit der Krone ringende Bourgeoisie nur noch einen einzigen Bundesgenossen besaß – das Volk. Nicht als wenn beide keine feindlich entgegengesetzten Interessen besäßen. Wohl aber, weil *dasselbe* Interesse gegen eine dritte, sie gleich niederdrückende Macht beide noch zusammenschmiedete.

Das Ministerium Hansemann betrachtete sich als ein *Ministerium der Junirevolution*. Und in jeder preußischen Stadt verwandelten sich die Spießbürger den »roten Räubern« gegenüber in »honette Republikaner« – wobei sie nicht aufhörten, ehrbare Royalisten zu sein und gelegentlich übersahen, daß ihre »Roten« – *weißschwarze* Kokarden trugen.

In seiner Thronrede vom 26. Juni machte Hansemann kurzen Prozeß mit Camphausens mysteriös-nebelhafter »Monarchie auf *breitester demokratischer Grundlage*«.

»*Konstitutionelle Monarchie auf Grundlage des Zweikammersystems* und die gemeinschaftliche Ausübung der gesetzgebenden Macht durch beide Kammern und die Krone« – auf diese trockene Formel führte er den ahnungsschweren Spruch seines begeisterten Vorgängers zurück.

»Abänderung der notwendigsten, mit der neuen Staatsverfassung nicht zu vereinbarenden Verhältnisse, Befreiung des Eigentums von den Fesseln, welche dessen *vorteilhafte Benutzung* in einem großen Teile der Monarchie lähmen, Reorganisation der Rechtspflege, Reformation der Steuergesetzgebung, namentlich *Abschaffung der Steuerbefreiungen* usw.« und vor allem »*Stärkung der Staatsgewalt* notwendig zum Schutze der (von den Bürgern) erworbenen *Freiheit* gegen Reaktion (Ausbeutung der Freiheit im Interesse der Feudalen) und Anarchie (Ausbeutung der Freiheit im Volksinteresse) und zur *Wiederherstellung des gestörten Vertrauens*« – das war das ministerielle Programm, das war das Programm der zum Ministerium gelangten preußischen Bourgeoisie, deren klassischer Repräsentant *Hansemann* ist.

Auf dem »Vereinigten Landtage« war Hansemann der erbittertste und zynischste Widersacher des Vertrauens, denn – »*Meine Herren! In Geldfragen hört die Gemütlichkeit auf!*« Am Ministerium proklamierte Hansemann als erste Notwendigkeit die »*Wiederherstellung des gestörten Vertrauens*«, denn – diesmal wandte er sich zum *Volke*, wie damals zum *Thron* –, denn »*Meine Herren! In Geldfragen hört die Gemütlichkeit auf!*« Damals handelte es sich um das Vertrauen, das Geld *gibt*, diesmal um das Vertrauen, das Geld *macht*; dort um das *feudale* Vertrauen, das treuergebene Vertrauen in Gott, König und Vaterland, hier um das *bürgerliche* Vertrauen, das Vertrauen in den Handel und Wandel, in die Verzinsung des Kapitals, in die Zahlungsfähigkeit der Geschäftsfreunde, um das kommerzielle Vertrauen; nicht um Glaube, Liebe, Hoffnung, sondern um den *Kredit*.

»*Wiederherstellung des gestörten Vertrauens!*« In diesen Worten sprach Hansemann die fixe Idee der preußischen Bourgeoisie aus.

Der *Kredit* beruht auf der Sicherheit, daß die Exploitation der Lohnarbeit durch das Kapital, des Proletariats durch die Bourgeoisie, der Kleinbürger durch die Großbürger in herkömmlicher Weise fortdauert. Jede politische Regung des Proletariats, welcher Natur auch, sie sei denn unmittelbar durch die Bourgeoisie kommandiert, stört also das Vertrauen, den Kredit. »Wiederherstellung des gestörten Vertrauens!« hieß also im Munde Hansemanns:

Unterdrückung jeder politischen Regung im *Proletariat* und in allen Schichten der Gesellschaft, deren Interesse nicht direkt mit dem Interesse der ihrer Meinung nach am Staatsruder befindlichen Klasse zusammenfallen.

Dicht neben die »Herstellung des gestörten Vertrauens« stellte Hansemann daher die »*Stärkung der Staatsmacht*«. Er irrte sich nur in der Natur dieser »Staatsmacht«. Er glaubte die dem Kredit, dem bürgerlichen Vertrauen dienende Staatsmacht zu stärken und er stärkte nur die Staatsmacht, die Vertrauen verlangt und im Notfall mit Kartätschen ertrotzt, weil sie keinen Kredit besitzt. Er wollte mit den Produktionskosten der bürgerlichen Herrschaft knickern und belastete die Bourgeoisie mit den unerschwinglichen Millionen, welche die Restauration der preußischen Feudalherrschaft kostet.

Den Arbeitern gegenüber erklärte sich Hansemann sehr bündig: Er habe ein großes Heilmittel für sie in der Tasche. Ehe er es herausholen könne, müsse aber vor allem das »gestörte Vertrauen« wiederhergestellt sein. Um das Vertrauen herzustellen, müsse die Arbeiterklasse ihrem Politisieren und Einmischen in Staatdingen ein Ende machen und in ihre alten Gewohnheiten zurückkehren. Folge sie seinem Rate, sei das Vertrauen wiederhergestellt, so sei das geheimnisvolle große Heilmittel jedenfalls wirksam schon deswegen, weil es nicht mehr nötig und nicht mehr anwendbar sei, denn in diesem Falle war ja die Krankheit, die Störung der bürgerlichen Ordnung beseitigt. Und wozu Heilmittel, wo keine Krankheit? Beharre aber das Volk auf seinem Kopfe – nun gut, so werde er die »Staatsmacht *stärken*«, die Polizei, die Armee, die Gerichte, die Bureaukratie, er werde ihm seine Bären auf den Hals hetzen, denn das »Vertrauen« sei zur »Geldfrage« geworden, und:

»*Meine Herren! In Geldfragen hört die Gemütlichkeit auf!*«
So sehr Hansemann darüber lächeln mag, sein Programm war ein *ehrliches* Programm ein bravgemeintes Programm.

Er wollte die Staatsmacht stärken, nicht nur gegen die Anarchie, d.h. gegen das Volk, er wollte sie auch stärken gegen die Reaktion, d.h. gegen die Krone und die feudalen Interessen, soweit sie dem Geldsäckel und den »*notwendigsten*«, d.h. den bescheidensten politischen Prätensionen der Bourgeoisie gegenüber sich durchzusetzen versuchen sollten.

Das Ministerium der Tat war seiner ganzen Zusammensetzung nach schon ein Protest gegen diese »Reaktion«.

Vor allen früheren preußischen Ministerien zeichnete es sich nämlich dadurch aus, daß sein wirklicher *Ministerpräsident* der *Finanzminister* war. Der preußische Staat hatte Jahrhunderte lang aufs sorgfältigste verheimlicht, daß Krieg und Inneres und auswärtige Angelegenheiten und Kirchen- und Schulsachen und sogar das königliche Hausministerium und Glaube, Liebe und Hoffnung den profanen *Finanzen* untergeordnet sind. Das Ministerium der Tat stellte diese verdrießlich-bürgerliche Wahrheit an seine Spitze, indem es Herrn Hansemann an seine Spitze stellte, den Mann, dessen ministerielles Programm gleich seinem Oppositionsprogramme sich dahin resümierte:

»*Meine Herren! In Geldfragen hört die Gemütlichkeit auf.*«
Die Monarchie war in Preußen zu einer »Geldfrage« geworden.

Gehen wir nun von dem Programme des Ministeriums der Tat zu seinen Taten über.

Mit der Drohung der »*verstärkten Staatsmacht*« gegen die »*Anarchie*«, d.h. gegen die Arbeiterklasse und alle Fraktionen des Bürgertums, die nicht bei dem Programme des Herrn Hansemann stehen blieben, wurde Ernst gemacht. Man kann sogar sagen, daß, mit Ausnahme der Erhöhung der Rübenzucker- und Branntweinsteuer, diese *Reaktion* gegen die sogenannte *Anarchie*, d.h. gegen die revolutionäre Bewegung, die einzige ernsthafte Tat des Ministeriums der Tat war.

Eine Menge von Preßprozessen auf Grund des Landrechts oder, in Ermanglung, des Code pénal, zahlreiche Verhaftungen auf derselben »genügenden Grundlage« (Formel von Auerswald), die Einführung des Konstablerinstituts zu Berlin, wonach auf zwei Häuser ein Konstabler kam, die polizeilichen Eingriffe in die Assoziationsfreiheit, Loslassen der Soldateska auf übermütig gewordene Bürger, Loslassen der Bürgerwehr auf übermütig gewordene Proletarier, beispielsweiser Belagerungszustand, alles das lebt noch von der Olympiade Hansemanns her in frischem Gedächtnis. Es bedarf keiner Details.

Kühlwetter resümierte diese Seite der Bestrebungen des Ministeriums der Tat in seiner Äußerung: »Ein Staat, der recht frei sein wolle, müsse ein recht großes Polizeipersonal als exekutive Macht haben«, wozu Hansemann selbst die bei ihm stabil gewordene Glosse murmelte: »Es werde dies auch zur *Herstellung des Vertrauens,* zur *Belebung* der *darniederliegenden Handelstätigkeit* wesentlich beitragen«.

Unter dem Ministerium der Tat »stärkten« sich also die altpreußische Polizei, das Parquet, die Bureaukratie, die Armee, – weil im *Solde,* auch im *Dienste* der Bourgeoisie, wähnte Hansemann. Genug, sie »*stärkten*« sich.

Die Stimmung des Proletariats und der bürgerlichen Demokratie dagegen wird durch *ein* Faktum charakterisiert. Weil einige Reaktionäre einige Demokraten in Charlottenburg mißhandelten, stürmte das Volk das Hotel des Ministerpräsidiums in Berlin. So populär war das Ministerium der Tat geworden. Am andern Tage schlug Hansemann ein Gesetz gegen die Zusammenrottungen und öffentlichen Versammlungen vor. So schlau intriguierte er gegen die Reaktion.

Die wirkliche, greifbare, populäre Tätigkeit des Ministeriums der Tat war also eine rein *polizeiliche*. In den Augen des Proletariats und der *städtischen* Demokratie vertrat dies Ministerium und die Vereinbarerversammlung, deren Majorität im Ministerium vertreten war, und die preußische Bourgeoisie, deren Majorität in der Vereinbarungsversammlung die Majorität bildete, nichts anders als den *alten*, wieder aufgefrischten *Polizei- und Beamtenstaat*. Die Erbitterung gegen die Bourgeoisie war hinzugekommen, weil die Bourgeoisie herrschte und in der *Bürgerwehr* zu einem integrierenden Teil der Polizei sich herangebildet hatte.

Das war die »Märzerrungenschaft« in den Augen des Volks, daß auch die liberalen Herren von der Bourgeoisie – *polizeiliche* Funktionen übernahmen. Also eine verdoppelte Polizei!

Nicht in den Taten des Ministeriums der Tat, sondern in seinen organischen Gesetzvorschlägen tritt es erst hervor, daß es die »*Polizei*«, den letzten Ausdruck des alten Staats, nur im bürgerlichen Interesse »*stärkte*« und zu Taten anspornte.

In den von dem Ministerium Hansemann vorgelegten Entwürfen zur *Gemeindeordnung*, den *Geschwornengerichten*, dem *Bürgerwehrgesetze*, ist der *Besitz* in einer oder der andern form stets die Grenze zwischen dem *gesetzlichen* und dem *ungesetzlichen* Lande. In allen diesen Gesetzvorschlägen sind der königlichen Macht zwar die servilsten Konzessionen gemacht, denn nach dieser Seite hin glaubte das bürgerliche Ministerium einen unschädlich gewordenen Bundesgenossen zu besitzen, aber zur Entschädigung tritt die Herrschaft des Kapitals über die Arbeit desto rücksichtsloser hervor.

Das Bürgerwehrgesetz, das die Vereinbarungsversammlung sanktioniert hat, ist gegen die Bourgeoisie selbst gekehrt worden und hat den gesetzlichen Vorwand zu ihrer Entwaffnung abgeben müssen. Allerdings sollte es in ihrer Einbildung erst wirksam werden nach Erlaß der Gemeindeordnung und der Promulgation der Verfassung, d.h. nach Befestigung ihrer Herrschaft. Die Erfahrungen, welche die preußische Bourgeoisie mit dem

Bürgerwehrgesetze gemacht hat, mögen zu ihrer Aufklärung beitragen; sie mag daraus ersehen, daß sie einstweilen alles, was sie gegen das Volk zu tun meint, nur gegen sich selbst tut.

Für das Volk also resümierte sich das Ministerium Hansemann *praktisch* in dem altpreußischen Polizeibütteltum, *theoretisch* in *belgisch* beleidigenden Unterscheidungen zwischen Bourgeois und Nichtbourgeois.

Gehen wir zum andern Teil des ministeriellen Programms über, zu der *Anarchie gegen die Reaktion.*

Nach dieser Seite hin hat das Ministerium mehr fromme Wünsche als Taten aufzuweisen.

Zu den frommen *bürgerlichen* Wünschen gehört der parzellenweise Verkauf der Domänen an Privatbesitzer, die Preisgebung des Bankinstituts an die freie Konkurrenz, die Verwandlung der Seehandlung in ein Privatinstitut usw.

Das Ministerium der Tat hatte das Unglück, daß seine ökonomischen Angriffe gegen die feudale Partei alle unter der Ägide der *Zwangsanleihe* auftreten und seine reformierenden Versuche überhaupt als bloß finanzielle Notbehelfe zur Füllung der Kasse der erstarkten »Staatsmacht« in den Augen des Volks erschienen. Hansemann erntete so den Haß der einen Partei, ohne die Anerkennung der andern zu ernten. Und es läßt sich nicht leugnen, daß er nur da einen ernstern Angriff auf die Feudalprivilegien wagte, wo die dem Finanzminister zunächst liegende *»Geldfrage«,* wo die *Geldfrage im Sinne des Finanzministeriums* sich aufdrängte. In diesem engherzigen Sinne rief er den Feudalen zu:

»Meine Herrn! In Geldfragen hört die Gemütlichkeit auf.« So trugen selbst seine positiv bürgerlichen Bestrebungen gegen die Feudalen dieselbe polizeiliche Färbung, wie seine negativen Maßregeln zur *»Belebung der Handelstätigkeit«.* Die *Polizei* heißt nämlich in der politischen Ökonomie *Fiskus.* Die Erhöhung der Rübenzucker- und Branntweinsteuer, die Hansemann bei der Nationalversammlung durchsetzte und zum Gesetz erhob, empörte die Geldbeutel mit Gott für König und Vaterland

in Schlesien, in den Marken, in Sachsen, in Ost- und Westpreußen usw. Während diese Maßregel aber den Zorn der industriellen Grundeigentümer in den altpreußischen Provinzen heraufbeschwor, erregte sie nicht minderes Mißvergnügen unter den bürgerlichen Branntweinbrennern der Rheinprovinz, die sich dadurch in noch ungünstigere Konkurrenzbedingungen den altpreußischen Provinzen gegenüber versetzt sahen. Und, um das Maß vollzumachen, verbitterte sie die Arbeiterklasse der alten Provinzen, für die sie nichts bedeutete und nichts bedeuten konnte, als: *Verteuerung eines unentbehrlichen Lebensmittels.* Es blieb also nichts von dieser Maßregel übrig als Füllung der Kasse der »gestärkten Staatsmacht!« Und dies Beispiel genügt, denn – es ist die einzige Tat des Ministeriums der Tat gegen die Feudalen, die *wirklich* zur Tat, der einzige Gesetzvorschlag in dieser Richtung, der wirklich zum Gesetze wurde.

Hansemanns »Vorschläge« wegen Aufhebung der Klassen- und *Grundsteuerbefreiungen*, wie sein Projekt einer Einkommensteuer, rief Taranteltänze unter den grundherrlichen Schwärmern für »Gott, König und Vaterland« hervor. Sie verschrien ihn als – *Kommunisten*, und noch heute bekreuzt sich dreimal die preußische Kreuzritterin bei Nennung des Namens – Hansemann. Er klingt ihr wie Fra Diavolo. Die Aufhebung der Grundsteuerbefreiung, die einzige bedeutende Maßregel, die während der Herrlichkeit der Vereinbarerversammlung von einem preußischen Minister vorgeschlagen wurde, sie scheiterte an der *prinzipiellen Borniertheit der Linken.* Und Hansemann selbst hatte diese Borniertheit berechtigt. Sollte die Linke dem Ministerium der »*gestärkten Staatsmacht*« neue finanzielle Hülfsquellen eröffnen, bevor die Verfassung fabriziert und beschworen war?

So unglücklich war das bürgerliche Ministerium par excellence, daß seine radikalste Maßregel durch die radikalen Glieder der Vereinbarerversammlung paralysiert werden mußte. So dürftig war es, daß sein ganzer Kreuzzug gegen die Feudalität sich in eine *Steuererhöhung* verlief, allen Klassen gleich gehässig, und daß sein ganzer finanzieller Scharfsinn in einer *Zwangs-*

anlaihe abortierte. Zwei Maßregeln, die schließlich nur *Subsidien zu dem Feldzuge der Kontrerevolution gegen die Bourgeoisie selbst* verschafften. Die *Feudalen* aber hatten sich von den »böswilligen« Absichten des *bürgerlichen* Ministeriums überzeugt. So bewährte sich selbst in dem finanziellen Kampfe der preußischen Bourgeoisie gegen den Feudalismus, daß sie in ihrer unpopulären Ohnmacht *Geld* sogar nur *gegen sich selbst* einzutreiben wußte, und – *Meine Herrn! In Geldfragen hört die Gemütlichkeit auf!*

Wie es dem bürgerlichen Ministerium gelungen war, das städtische Proletariat, die bürgerliche Demokratie und die Feudalen gleichmäßig gegen sich zu erbittern, so wußte es selbst die vom Feudalismus unterjochte *Bauernklasse* sich zu entfremden und zu verfeinden, aufs eifrigste darin unterstützt von der *Vereinbarerversammlung.* Man vergesse überhaupt nicht, daß während der Hälfte ihrer Lebensfrist diese Versammlung in dem Ministerium Hansemann ihren sachgemäßen Repräsentanten fand und daß die bürgerlichen Märtyrer von heute Hansemanns Schleppträger von gestern waren.

Der unter Hansemann durch Patow vorgelegte Entwurf zur Befreiung von den Feudallasten (siehe unsre frühere Kritik darüber) war das jämmerlichste Machwerk ohnmächtigsten bürgerlichen Gelüstes, die Feudalprivilegien, diese mit der »neuen Staatsverfassung unverträglichen Verhältnisse« abzuschaffen, und bürgerlicher Angst, sich revolutionär an irgendeiner Sorte des Eigentums zu vergreifen. Der jämmerliche, bange, engherzige Egoismus verblendete die preußische Bourgeoisie in dem Grade, daß sie ihren *notwendigen Bundesgenossen* – die *Bauernklasse* von sich zurückstieß.

Am *3. Juni* stellte der Abgeordnete *Hanow* den Antrag, »daß alle schwebenden Verhandlungen behufs der Auseinandersetzung der gutsherrlich-bäuerlichen Verhältnisse und behufs der Dienstablösungen bis zum Erlasse eines neuen, auf billigen Grundsätzen gebauten Gesetzes über diese Angelegenheit sogleich auf einseiten Antrag eingestellt werden möchten«.

Und erst *Ende September,* also vier Monate später, unter dem Ministerium Pfuel, nahm die Vereinbarungsversammlung den Gesetzentwurf wegen Sistierung der obschwebenden gutsherrlich-bäuerlichen Verhandlungen an, nachdem sie alle liberalen Amendements verworfen und es beim »Vorbehalt interimistischer Festsetzungen der laufenden Leistungen« wie der »Beitreibung der streitigen Abgaben und der Rückstände« belassen hatte.

Im *August,* wenn wir nicht irren, erkannte die Vereinbarerversammlung *Nenstiels* Antrag auf »*sofortige Aufhebung der Robotdienste* für *nicht dringlich*« – und die Bauern hätten es als dringlich erkennen sollen, sich für dieselbe Vereinbarerversammlung zu schlagen, die sie hinter den faktischen Zustand, den sie nach dem März erobert hatten, zurückschleuderte?

Die französische Bourgeoisie begann mit der Befreiung der Bauern. Mit den Bauern eroberte sie Europa. Die preußische Bourgeoisie war so sehr in ihren *engsten,* nächstliegenden Interessen befangen, daß sie selbst diesen Bundesgenossen verscherzte und zu einem Werkzeuge in der Hand der feudalen Kontrerevolution machte.

Die *offizielle* Geschichte von der Auflösung des Bürgerministeriums ist bekannt.

Unter seinen Fittichen war die »Staatsmacht« soweit »erstarkt«, die Volksenergie so sehr niedergedrückt, daß die Dioskuren Kühlwetter-Hansemann schon am 15. Juli eine Ermahnung an sämtliche Regierungspräsidenten der Monarchie gegen die reaktionären Umtriebe der Verwaltungsbeamten, speziell der Landräte erlassen mußten, daß später eine »*Versammlung des Adels und der großen Gutsbesitzer zum Schutze*« ihrer Privilegien neben der Vereinbarerversammlung in Berlin tagte, daß endlich der sogenannten Berliner Nationalversammlung gegenüber ein aus dem Mittelalter überkommener »Kommunallandtag zur Wahrung der bedrohten Eigentumsrechte des Grundbesitzes« in der Oberlausitz auf den vierten September sich zusammenberief.

Die Energie, welche Regierung und sogenannte Nationalversammlung gegen diese immer bedrohlicher werdenden kontrerevolutionären Symptome aufbot, äußerte sich angemessen in papiernen Ermahnungen. Bajonette, Kugeln, Gefängnisse und Büttel hatte das Bürgerministerium nur für das Volk »*zur Herstellung des gestörten Vertrauens und zur Belebung der Handelstätigkeit*«.

Die Vorfälle zu *Schweidnitz*, wo die Soldateska direkt die Bourgeoisie in der Bürgerwehr meuchelmordete, erweckten endlich die Nationalversammlung aus ihrer Apathie. Am 9. August raffte sie sich zu einer Heldentat auf, zu dem Stein-Schulzeschen Armeebefehle, dessen letztes Zwangsmittel das *Zartgefühl* der preußischen Offiziere war. Welch ein Zwangsmittel! Und verbot die royalistische Ehre den Offizieren nicht, auf die bürgerliche Ehre zu hören?

Einen Monat nachdem die Vereinbarerversammlung den Stein-Schulzeschen Armeebefehl gefaßt hatte, am *7. September*, beschloß sie abermals, daß ihr Beschluß ein wirklicher Beschluß sei und von den Ministern ausgeführt werden müsse. Hansemann weigerte sich und dankte ab am 11. September, nachdem er vorher sich selbst zum Bankdirektor mit 6000 Talern jährlichem Gehalt ernannt hatte, denn – *Meine Herren! In Geldfragen hört die Gemütlichkeit auf!* Am *25. September* endlich nahm die Vereinbarerversammlung dankbar aus *Pfuels* Munde die gänzlich abgeschwächte Anerkennungsformel des Stein-Schulzeschen Armeebefehls entgegen, der unterdessen durch den parallel laufenden Wrangelschen armeebefehl und die um Berlin konzentrierten Truppenmassen zu einem *schlechten Witze* herabgesunken war.

Man braucht die eben gegebenen Daten und die Geschichte des Stein-Schulzeschen Armeebefehls nur mit einem Blicke zu überfliegen, und man überzeugt sich, daß jener Armeebefehl nicht der *wirkliche* Grund von Hansemanns Abdankung war. Hansemann, der vor der Anerkennung der Revolution nicht zurückschauderte, hätte vor jener papiernen Proklamation zurückschaudern sollen? Hansemann, der das Portefeuille jedesmal wieder aufhob, sooft es ihm entfallen war, hätte es diesmal aus biedermännischer Gereiztheit auf der Ministerbank zum Ausgebot liegen lassen sollen? Nein, unser Hansemann ist kein Schwärmer! Hansemann wurde einfach düpiert, wie er überhaupt die düpierte Bourgeoisie darstellte. Man ließ ihn glauben, die Krone werde ihn unter keinen Umständen fallen lassen. Man ließ ihn den letzten Schein der Popularität verlieren, um ihn endlich den Rankünen der Krautjunker hinopfern und sich von der bürgerlichen Vormundschaft befreien zu können. Überdem erforderte der mit Rußland und Österreich verabredete Feldzugsplan einen von der Kamarilla außer der Vereinbarerversammlung ernannten General an der Spitze des Kabinetts. Unter dem Bürgerministerium war die alte »Staatsmacht« hinreichend »erstarkt«, um diesen Coup wagen zu dürfen.

Man täuschte sich in Pfuel. Der Sieg der Kroaten zu Wien machte selbst einen Brandenburg zu einem brauchbaren Werkzeuge.

Unter dem Ministerium Brandenburg wurde die Vereinbarerversammlung schmählich auseinandergejagt, gefoppt, verhöhnt, gedemütigt, verfolgt, und das *Volk* blieb *gleichgültig* im entscheidenden Augenblicke. Ihre *Niederlage* war die *Niederlage der preußischen Bourgeoisie*, der *Konstitutionellen*, also ein *Sieg der demokratischen Partei*, wie teuer diese den Sieg auch bezahlen mußte.

Aber die *oktroyierte* Verfassung?

Einst hieß es, nie werde ein »Stück Papier« sich zwischen den König und *sein*Volk drängen. Jetzt heißt es: *Nur ein Stück Papier* soll sich zwischen den König und *sein* Volk drängen. Die *wirkliche* Verfassung Preußens ist der – *Belagerungszustand*. Die oktroyierte französische Verfassung enthielt nur einen §14, der sie aufhob. Jeder Paragraph der oktroyierten preußischen Verfassung ist ein §14.

Die Krone oktroyiert durch diese Verfassung neue Privilegien – nämlich *sich selbst*.

Sie gibt sich selbst frei, die Kammern in indefinitum aufzulösen. Sie gibt den Ministern frei, in der Zwischenzeit beliebige Gesetze (auch über Eigentum und dgl.) zu erlassen. Sie gibt den Deputierten frei, die Minister deswegen anzuklagen, auf die Gefahr hin, als »innere Feinde« in Belagerungszustand erklärt zu werden. Sie gibt endlich sich selbst frei, wenn im Frühling die Aktien der Kontrerevolution hochstehen, an die Stelle dieses in der Luft schwebenden *»Stück Papiers«* eine aus den mittelaltrigen Ständeunterschieden *organisch* herauswachsende christlich-germanische Magna Charta zu setzen oder das Verfassungsspiel überhaupt aufzugeben. Selbst in dem letzten Falle würde der konservative Teil der Bourgeoisie die Hände falten und beten: *Der Herr hat's gegeben, der Herr hat's genommen, der Name des Herrn sei gelobt!*

Die Geschichte des preußischen Bürgertums, wie überhaupt des deutschen Bürgertums von März bis Dezember beweist, daß in Deutschland eine rein *bürgerliche Revolution* und die Gründung der *Bourgeoisherrschaft* unter der Form der *konstitutionellen Monarchie* unmöglich, daß nur die feudale absolutistische Kontrerevolution möglich ist oder die *sozialrepublikanische Revolution.*

Daß aber selbst der lebensfähige Teil der Bourgeoisie wieder aus seiner Apathie erwachen muß, dafür bürgt uns vor allem die *Monsterrechnung*, womit die Kontrerevolution ihn im Frühling überraschen wird und – wie unser Hansemann so sinnig sagt: *Meine Herren! In Geldfragen hört die Gemütlichkeit auf!*

Der achtzehnte Brumaire des Louis Bonaparte (1852)

I

Hegel bemerkt irgendwo, daß alle großen weltgeschichtlichen Tatsachen und Personen sich sozusagen zweimal ereignen. Er hat vergessen hinzuzufügen: das eine Mal als Tragödie, das andere Mal als Farce. Caussidière für Danton, Louis Blanc für Robespierre, die Montagne von 1848–1851 für die Montagne von 1793–1795, der Neffe für den Onkel. Und dieselbe Karikatur in den Umständen, unter denen die zweite Auflage des achtzehnten Brumaire herausgegeben wird!

Die Menschen machen ihre eigene Geschichte, aber sie machen sie nicht aus freien Stücken, nicht unter selbstgewählten, sondern unter unmittelbar vorgefundenen, gegebenen und überlieferten Umständen. Die Tradition aller toten Geschlechter lastet wie ein Alp auf dem Gehirne der Lebenden. Und wenn sie eben damit beschäftigt scheinen, sich und die Dinge umzuwälzen, noch nicht Dagewesenes zu schaffen, gerade in solchen Epochen revolutionärer Krise beschwören sie ängstlich die Geister der Vergangenheit zu ihrem Dienste herauf, entlehnen ihnen Namen, Schlachtparolen, Kostüm, um in dieser altehrwürdigen Verkleidung und mit dieser erborgten Sprache die neue Weltgeschichtsszene aufzuführen. So maskierte sich Luther als Apostel Paulus, die Revolution von 1789–1814 drapierte sich abwechselnd als römische Republik und als römisches Kaisertum, und die Revolution von 1848 wußte nichts Besseres zu tun, als hier 1789, dort die revolutionäre Überlieferung von 1793–1795 zu parodieren. So übersetzt der Anfänger, der eine neue Sprache erlernt hat, sie immer zurück in seine Muttersprache, aber den Geist der neuen Sprache hat er sich nur angeeignet, und frei in ihr zu produzieren vermag er nur, sobald er sich ohne Rückerinnerung in ihr bewegt und die ihm angestammte Sprache in ihr vergißt.

Bei Betrachtung jener weltgeschichtlichen Totenbeschwörungen zeigt sich sofort ein springender Unterschied. Camille Desmoulins, Danton, Robespierre, St. Just, Napoleon, die Heroen, wie die Parteien und die Masse der alten französischen Revolution, vollbrachten in dem römischen Kostüme und mit römischen Phrasen die Aufgabe ihrer Zeit, die Entfesselung und Herstellung der modernen *bürgerlichen* Gesellschaft. Die einen schlugen den feudalen Boden in Stücke und mähten die feudalen Köpfe ab, die darauf gewachsen waren. Der andere schuf im Innern von Frankreich die Bedingungen, worunter erst die freie Konkurrenz entwickelt, das parzellierte Grundeigentum ausgebeutet, die entfesselte industrielle Produktivkraft der Nation verwandt werden konnte, und jenseits der französischen Grenzen fegte er überall die feudalen Gestaltungen weg, soweit es nötig war, um der bürgerlichen Gesellschaft in Frankreich eine entsprechende, zeitgemäße Umgebung auf dem europäischen Kontinent zu verschaffen. Die neue Gesellschaftsformation einmal hergestellt, verschwanden die vorsündflutlichen Kolosse und mit ihnen das wieder auferstandene Römertum – die Brutusse, Gracchusse, Publicolas, die Tribunen, die Senatoren und Cäsar selbst. Die bürgerliche Gesellschaft in ihrer nüchternen Wirklichkeit hatte sich ihre wahren Dolmetscher und Sprachführer erzeugt in den Says, Cousins, Royer-Collards, Benjamin Constants und Guizots, ihre wirklichen Heerführer saßen hinter dem Kontortisch, und der Speckkopf Ludwigs XVIII. war ihr politisches Haupt. Ganz absorbiert in die Produktion des Reichtums und in den friedlichen Kampf der Konkurrenz begriff sie nicht mehr, daß die Gespenster der Römerzeit ihre Wiege gehütet hatten. Aber unheroisch, wie die bürgerliche Gesellschaft ist, hatte es jedoch des Heroismus bedurft, der Aufopferung, des Schreckens, des Bürgerkriegs und der Völkerschlachten, um sie auf die Welt zu setzen. Und ihre Gladiatoren fanden in den klassisch strengen Überlieferungen der römischen Republik die Ideale und die Kunstformen, die Selbsttäuschungen, deren sie bedurften, um den bürgerlich beschränkten Inhalt ihrer Kämpfe sich selbst zu verbergen und ihre Leidenschaft auf der Höhe der großen geschichtlichen Tragödie zu halten. So hatten auf einer andern Entwicklungsstufe, ein Jahrhundert früher, Cromwell und das englische Volk dem Alten Testament Sprache, Leidenschaften und Illusionen für ihre bürgerliche Revolution entlehnt. Als das wirkliche Ziel erreicht, als die bürgerliche Umgestaltung der englischen Gesellschaft vollbracht war, verdrängte Locke den Habakuk.

Die Totenerweckung in jenen Revolutionen diente also dazu,

die neuen Kämpfe zu verherrlichen, nicht die alten zu parodieren, die gegebene Aufgabe in der Phantasie zu übertreiben, nicht vor ihrer Lösung in der Wirklichkeit zurückzuflüchten, den Geist der Revolution wiederzufinden, nicht ihr Gespenst wieder umgehen zu machen.

1848–1851 ging nur das Gespenst der alten Revolution um, von Marrast, dem Républicain en gants jaunes[1], der sich in den alten Bailly verkleidete, bis auf den Abenteurer, der seine trivialwidrigen Züge unter der eisernen Totenlarve Napoleons versteckt. Ein ganzes Volk, das sich durch eine Revolution eine beschleunigte Bewegungskraft gegeben zu haben glaubt, findet sich plötzlich in eine verstorbene Epoche zurückversetzt, und damit keine Täuschung über den Rückfall möglich ist, stehn die alten Data wieder auf, die alte Zeitrechnung, die alten Namen, die alten Edikte, die längst der antiquarischen Gelehrsamkeit verfallen, und die alten Schergen, die längst verfault schienen. Die Nation kömmt sich vor wie jener närrische Engländer in Bedlam, der zur Zeit der alten Pharaonen zu leben meint und täglich über die harten Dienste jammert, die er in den äthiopischen Bergwerken als Goldgräber verrichten muß, eingemauert in dies unterirdische Gefängnis, eine spärlich leuchtende Lampe auf dem eigenen Kopfe befestigt, hinter ihm der Sklavenaufseher mit langer Peitsche und an den Ausgängen ein Gewirr von barbarischen Kriegsknechten, die weder die Zwangsarbeiter in den Bergwerken, noch sich untereinander verstehn, weil sie keine gemeinsame Sprache reden. »Und dies alles wird mir« – seufzt der närrische Engländer – »mir, dem freigebornen Briten, zugemutet, um Gold für die alten Pharaonen zu machen.« »Um die Schulen der Familie Bonaparte zu zahlen« – seufzt die französische Nation. Der Engländer, solange er bei Verstand war, konnte die fixe Idee des Goldmachens nicht loswerden. Die Franzosen, solange sie revolutionierten, nicht die napoleonische Erinnerung, wie die Wahl vom 10. Dezember bewies. Sie sehnten sich

1 Republikaner in gelben Handschuhen

aus den Gefahren der Revolution zurück nach den Fleischtöpfen Ägyptens, und der 2. Dezember 1851 war die Antwort. Sie haben nicht nur die Karikatur des alten Napoleon, sie haben den alten Napoleon selbst karikiert, wie er sich ausnehmen muß in der Mitte des neunzehnten Jahrhunderts.

Die soziale Revolution des neunzehnten Jahrhunderts kann ihre Poesie nicht aus der Vergangenheit schöpfen, sondern nur aus der Zukunft. Sie kann nicht mit sich selbst beginnen, bevor sie allen Aberglauben an die Vergangenheit abgestreift hat. Die früheren Revolutionen bedurften der weltgeschichtlichen Rückerinnerungen, um sich über ihren eigenen Inhalt zu betäuben. Die Revolution des neunzehnten Jahrhunderts muß die Toten ihre Toten begraben lassen, um bei ihrem eignen Inhalt anzukommen. Dort ging die Phrase über den Inhalt, hier geht der Inhalt über die Phrase hinaus.

Die Februarrevolution war eine Überrumpelung, eine *Überraschung* der alten Gesellschaft, und das Volk proklamierte diesen unverhofften *Handstreich* als eine weltgeschichtliche Tat, womit die neue Epoche eröffnet sei. Am 2. Dezember wird die Februarrevolution eskamotiert durch die Volte eines falschen Spielers, und was umgeworfen scheint, ist nicht mehr die Monarchie, es sind die liberalen Konzessionen, die ihr durch jahrhundertlange Kämpfe abgetrotzt waren. Statt daß die *Gesellschaft* selbst sich einen neuen Inhalt erobert hätte, scheint nur der *Staat* zu seiner ältesten Form zurückgekehrt, zur unverschämt einfachen Herrschaft von Säbel und von Kutte. So antwortet auf den coup de main[1] vom Februar 1848 der coup de tête[2] vom Dezember 1851. Wie gewonnen, so zerronnen. Unterdessen ist die Zwischenzeit nicht unbenutzt vorübergegangen. Die französische Gesellschaft hat während der Jahre 1848–1851 die Studien und Erfahrungen nachgeholt, und zwar in einer abkürzenden, weil revolutionären Methode, die bei regelmäßiger,

1 Handstreich
2 frech von oben geführter Streich

sozusagen schulgerechter Entwicklung der Februarrevolution hätten vorhergehn müssen, sollte sie mehr als eine Erschütterung der Oberfläche sein. Die Gesellschaft scheint jetzt hinter ihren Ausgangspunkt zurückzutreten; in Wahrheit hat sie sich erst den revolutionären Ausgangspunkt zu schaffen, die Situation, die Verhältnisse, die Bedingungen, unter denen allein die moderne Revolution ernsthaft wird.

Bürgerliche Revolutionen, wie die des achtzehnten Jahrhunderts, stürmen rascher von Erfolg zu Erfolg, ihre dramatischen Effekte überbieten sich, Menschen und Dinge scheinen in Feuerbrillanten gefaßt, die Ekstase ist der Geist jedes Tages; aber sie sind kurzlebig, bald haben sie ihren Höhepunkt erreicht, und ein langer Katzenjammer erfaßt die Gesellschaft, ehe sie die Resultate ihrer Drang- und Sturmperiode nüchtern sich aneignen lernt. Proletarische Revolutionen dagegen, wie die des neunzehnten Jahrhunderts, kritisieren beständig sich selbst, unterbrechen sich fortwährend in ihrem eignen Lauf, kommen auf das scheinbar Vollbrachte zurück, um es wieder von neuem anzufangen, verhöhnen grausam-gründlich die Halbheiten, Schwächen und Erbärmlichkeiten ihrer ersten Versuche, scheinen ihren Gegner nur niederzuwerfen, damit er neue Kräfte aus der Erde sauge und sich riesenhafter ihnen gegenüber wieder aufrichte, schrecken stets von neuem zurück vor der unbestimmten Ungeheuerlichkeit ihrer eignen Zwecke, bis die Situation geschaffen ist, die jede Umkehr unmöglich macht, und die Verhältnisse selbst rufen:

Hic Rhodus, hic salta!
Hier ist die Rose, hier tanze!

Jeder erträgliche Beobachter übrigens, selbst wenn er nicht Schritt vor Schritt dem Gang der französischen Entwicklung gefolgt war, mußte ahnen, daß der Revolution eine unerhörte Blamage bevorstehe. Es genügte, das selbstgefällige Siegsgekläffe zu hören, womit die Herren Demokraten sich wechselweis zu den Gnadenwirkungen des zweiten [Sonntags des Monats] Mai 1852 beglückwünschten. Der zweite [Sonntag des Monats] Mai 1852 war in ihren Köpfen zur fixen Idee geworden, zum Dogma, wie der Tag, an dem Christus wiedererschienen und das Tausendjährige Reich beginnen sollte, in den Köpfen der Chiliasten. Die Schwäche hatte sich wie immer in den Wunderglauben gerettet, glaubte den Feind überwunden, wenn sie ihn in der Phantasie weghexte, und verlor alles Verständnis der Gegenwart über der tatlosen Verhimmelung der Zukunft, die ihr bevorstehe, und der Taten, die sie in petto habe, aber nur noch nicht an den Mann bringen wolle. Jene Helden, die ihre bewiesene Unfähigkeit dadurch zu widerlegen suchen, daß sie sich wechselseitig ihr Mitleiden schenken und sich zu einem Haufen zusammentun, hatten ihre Bündel geschnürt, strichen ihre Lorbeerkronen auf Vorschuß ein und waren eben damit beschäftigt, auf dem Wechselmarkt die Republiken in partibus diskontieren zu lassen, für die sie bereits in aller Stille ihres anspruchslosen Gemüts das Regierungspersonal vorsorglich organisiert hatten. Der 2. Dezember traf sie wie ein Blitzstrahl aus heiterm Himmel, und die Völker, die in Epochen kleinmütiger Verstimmung sich gern ihre innere Angst von den lautesten Schreiern übertäuben lassen, werden sich vielleicht überzeugt haben, daß die Zeiten vorüber sind, wo das Geschnatter von Gänsen das Kapitol retten konnte.

Die Konstitution, die Nationalversammlung, die dynastischen Parteien, die blauen und die roten Republikaner, die Helden von Afrika, der Donner der Tribüne, das Wetterleuchten der Tagespresse, die gesamte Literatur, die politischen Namen und die geistigen Renommeen, das bürgerliche Gesetz und das peinliche Recht, die liberté, égalité, fraternité und der zweite [Sonntag des Monats] Mai 1852 – alles ist verschwunden wie eine Phantasmagorie vor der Bannformel eines Mannes, den seine Feinde selbst für keinen Hexenmeister ausgeben. Das allgemeine Wahlrecht scheint nur einen Augenblick überlebt zu haben, damit es eigenhändig vor den Augen aller Welt sein Testament mache und im Namen des Volkes selbst erkläre: »Alles, was besteht, ist wert, daß es zugrunde geht«.

Es genügt nicht zu sagen, wie die Franzosen tun, daß ihre Nation überrascht worden sei. Einer Nation und einer Frau wird die unbewachte Stunde nicht verziehen, worin der erste beste Abenteurer ihnen Gewalt antun konnte. Das Rätsel wird durch dergleichen Wendungen nicht gelöst, sondern nur anders formuliert. Es bliebe zu erklären, wie eine Nation von 36 Millionen durch drei Industrieritter überrascht und widerstandslos in die Gefangenschaft abgeführt werden kann.

Rekapitulieren wir in allgemeinen Zügen die Phasen, die die französische Revolution vom 24. Februar 1848 bis zum Dezember 1851 durchlaufen hat.

Drei Hauptperioden sind unverkennbar: *die Februarperiode;* 4. Mai 1848 bis zum 28. Mai 1849: *Periode der Konstituierung der Republik* oder *der konstituierenden Nationalversammlung;* 28. Mai 1849 bis zum 2. Dezember 1851: *Periode der konstitutionellen Republik* oder *der legislativen Nationalversammlung.*

Die *erste Periode* vom 24. Februar oder dem Sturze Louis-Philippes bis zum 4. Mai 1848, dem Zusammentritt der konstituierenden Versammlung, die eigentliche *Februarperiode*, kann als der *Prolog* der Revolution bezeichnet werden. Ihr Charakter sprach sich offiziell darin aus, daß die von ihr improvisierte Regierung sich selbst für *provisorisch* erklärte, und wie die Regierung gab alles, was in dieser Periode angeregt, versucht, ausgesprochen wurde, sich für nur *provisorisch* aus. Niemand und nichts wagte das Recht des Bestehens und der wirklichen Tat für sich in Anspruch zu nehmen. Alle Elemente, die die Revolution vorbereitet oder bestimmt hatten, dynastische Opposition, republikanische Bourgeoisie, demokratisch-republikanisches Kleinbürgertum, sozial-demokratisches Arbeitertum, fanden provisorisch ihren Platz in der Februar-*Regierung*.

Es konnte nicht anders sein. Die Februartage bezweckten usprünglich eine Wahlreform, wodurch der Kreis der politisch Privilegierten unter der besitzenden Klasse selbst erweitert und die ausschließliche Herrschaft der Finanzaristokratie gestürzt werden sollte. Als es aber zum wirklichen Konflikt kam, das Volk auf die Barrikaden stieg, die Nationalgarde sich passiv verhielt, die Armee keinen ernstlichen Widerstand leistete und das Königtum davonlief, schien sich die Republik von selbst zu verstehn. Jede Partei deutete sie in ihrem Sinn. Von dem Proletariat, die Waffen in der Hand, ertrotzt, prägte es ihr seinen Stempel auf und proklamierte sie als *soziale Republik*. So wurde der allgemeine Inhalt der modernen Revolution angedeutet, der in sonderbarstem Widerspruch stand zu allem, was mit dem vorliegenden Material, mit der erreichten Bildungsstufe der Masse, unter den gegebenen Umständen und Verhältnissen zunächst unmittelbar ins Werk gesetzt werden konnte. Andrerseits wurde der Anspruch aller übrigen Elemente, die zur Februarrevolution mitgewirkt hatten, anerkannt in dem Löwenanteil, den sie an der Regierung erhielten. In keiner Periode finden wir daher ein bunteres Gemisch von überfliegenden Phrasen und tatsächlicher Unsicherheit und Unbeholfenheit, von enthusiastischerem Neuerungsstreben und von gründlicherer Herrschaft der alten Routine, von mehr scheinbarer Harmonie der ganzen Gesellschaft und von tieferer Entfremdung ihrer Elemente. Während das Pariser Proletariat noch in dem Anblick der großen Perspektive, die sich ihm eröffnet hatte, schwelgte und sich in ernstgemeinten Diskussionen über die sozialen Probleme erging, hatten sich die alten Mächte der Gesellschaft gruppiert, gesammelt, besonnen und fanden eine unerwartete Stütze an der Masse der Nation, den Bauern und Kleinbürgern, die alle auf einmal auf die politische Bühne stürzten, nachdem die Barrieren der Julimonarchie gefallen waren.

Die *zweite Periode* vom 4. Mai 1848 bis Ende Mai 1849 ist die Periode der *Konstituierung, der Begründung der bürgerlichen Republik*. Unmittelbar nach den Februartagen war nicht nur die dynastische Opposition überrascht worden durch die Republikaner, die Republikaner durch die Sozialisten, sondern ganz Frankreich durch Paris. Die Nationalversammlung, die am 4. Mai 1848 zusammentrat, aus den Wahlen der Nation hervorgegangen, repräsentierte die Nation. Sie war ein lebendiger Protest gegen die Zumutungen der Februartage und sollte die Resultate der Revolution auf den bürgerlichen Maßstab zurückführen. Vergebens versuchte das Pariser Proletariat, das den Charakter dieser Nationalversammlung sofort begriff, wenige Tage nach ihrem Zusammentritt, am 15. Mai, ihre Existenz gewaltsam wegzuleugnen, sie aufzulösen, die organische Gestalt, worin der reagierende Geist der Nation es bedrohte, wieder in ihre einzelnen Bestandteile zu zerstreuen. Der 15. Mai hatte bekanntlich kein anderes Resultat, als Blanqui und Genossen, d.h. die wirklichen Führer der proletarischen Partei, für die ganze Dauer des Zyklus, den wir betrachten, vom öffentlichen Schauplatz zu entfernen.

Auf die *bürgerliche Monarchie* Louis-Philippes kann nur die *bürgerliche Republik* folgen, d.h., wenn unter dem Namen des Königs ein beschränkter Teil der Bourgeoisie geherrscht hat, so wird jetzt im Namen des Volks die Gesamtheit der Bourgeoisie herrschen. Die Forderungen des Pariser Proletariats sind utopistische Flausen, womit geendet werden muß. Auf diese Erklärung der konstituierenden Nationalversammlung antwortete das Pariser Proletariat mit der *Juni-Insurrektion*, dem kolossalsten Ereignis in der Geschichte der europäischen Bürgerkriege. Die bürgerliche Republik siegte. Auf ihrer Seite stand die Finanzaristokratie, die industrielle Bourgeoisie, der Mittelstand, die Kleinbürger, die armee, das als Mobilgarde organisierte Lumpenproletariat, die geistigen Kapazitäten, die Pfaffen und die Landbevölkerung. Auf der Seite des Pariser Proletariats stand niemand als es selbst. Über 3000 Insurgenten wurden niedergemetzelt nach dem Siege, 15 000 ohne Urteil transportiert. Mit dieser Niederlage tritt das Proletariat in den *Hintergrund* der revolutionären Bühne. Es versucht sich jedesmal wieder vorzudrängen, sobald die Bewegung einen neuen Anlauf zu nehmen scheint, aber mit immer schwächerem Kraftaufwand und stets geringerem Resultat. Sobald eine der höher über ihm liegenden Gesellschaftsschichten in revolutionäre Gärung gerät, geht es eine Verbindung mit ihr ein und teilt so alle Niederlagen, die die verschiedenen Parteien nacheinander erleiden. Aber diese nachträglichen Schläge schwächen sich immer mehr ab, je mehr sie sich auf die ganze Oberfläche der Gesellschaft verteilen. Seine bedeutenderen Führer in der Versammlung und in der Presse fallen der Reihe nach den Gerichten als Opfer, und immer zweideutigere Figuren treten an seine Spitze. Zum Teil wirft es sich auf *doktrinäre Experimente, Tauschbanken und Arbeiterassoziationen, also in eine Bewegung, worin es darauf verzichtet, die alte Welt mit ihren eigenen großen Gesamtmitteln umzuwälzen, vielmehr hinter dem Rücken der Gesellschaft, auf Privatweise, innerhalb seiner beschränkten Existenzbedingungen, seine Erlösung zu vollbringen sucht, also notwendig scheitert.* Es scheint weder in sich selbst die revolutionäre Größe wiederfinden noch aus den neu eingegangenen Verbindungen neue Energie gewinnen zu können, bis *alle Klassen,* womit es im Juni gekämpft, neben ihm selbst platt darniederliegen. Aber wenigstens erliegt es mit den Ehren des großen weltgeschichtlichen Kampfes, nicht nur Frankreich, ganz Europa zittert vor dem Juni-Erdbeben, während die nachfolgenden Niederlagen der höhern Klassen so wohlfeil erkauft werden, daß sie der frechen Übertreibung von seiten der siegenden Partei bedürfen, um überhaupt als Ereignisse passieren zu können, und um so schmachvoller werden, je weiter die unterliegende Partei von der proletarischen entfernt ist.

Die Niederlage der Juni-Insurgenten hatte nun allerdings das Terrain vorbereitet, geebnet, worauf die bürgerliche Republik begründet, aufgeführt werden konnte; aber sie hatte zugleich gezeigt, daß es sich in Europa um andre Fragen handelt als um »Republik oder Monarchie«. Sie hatte offenbart, daß *bürgerliche Republik* hier die uneingeschränkte Despotie einer Klasse über andre Klassen bedeute. Sie hatte bewiesen, daß in altzivilisierten Ländern mit entwickelter Klassenbildung, mit modernen Produktionsbedingungen und mit einem geistigen Bewußtsein, worin alle überlieferten Ideen durch jahrhundertlange Arbeit aufgelöst sind, *die Republik überhaupt nur die politische Umwälzungsform der bürgerlichen Gesellschaft* bedeutet und nicht ihre *konservative Lebensform*, wie z.B. in den Vereinigten Staaten von Nordamerika, wo zwar schon Klassen bestehn, aber sich noch nicht fixiert haben, sondern in beständigem Flusse fortwährend ihre Bestandteile wechseln und aneinander abtreten, wo die modernen Produktionsmittel, statt mit einer stagnanten übervölkerung zusammenzufallen, vielmehr den relativen Mangel an Köpfen und Händen ersetzen, und wo endlich die fieberhaft jugendliche Bewegung der materiellen Produktion, die eine neue Welt sich anzueignen hat, weder Zeit noch Gelegenheit ließ, die alte Geisterwelt abzuschaffen.

Alle Klassen und Parteien hatten sich während der Junitage zur *Partei der Ordnung* vereint gegenüber der proletarischen Klasse, als der *Partei der Anarchie*, des Sozialismus, des Kommunismus. Sie hatten die Gesellschaft »gerettet« gegen »*die Feinde der Gesellschaft*«. Sie hatten die Stichworte der alten Gesellschaft, »*Eigentum, Familie, Religion, Ordnung*«, als Parole unter ihr Heer ausgeteilt und der kontrerevolutionären Kreuzfahrt zugerufen: »Unter diesem Zeichen wirst du siegen!« Von diesem Augenblick, sobald eine der zahlreichen Parteien, die sich unter diesem Zeichen gegen die Juni-Insurgenten geschart hatten, in ihrem eigenen Klasseninteresse den revolutionären Kampfplatz zu behaupten sucht, unterliegt sie vor dem Rufe: »Eigentum, Familie, Religion, Ordnung«. Die Gesellschaft wird ebensooft gerettet, als sich der Kreis ihrer Herrscher verengt, als ein exklusiveres Interesse dem weiteren gegenüber behauptet wird. Jede Forderung der einfachsten bürgerlichen Finanzreform, des ordinärsten Liberalismus, des formalsten Republikanertums, der plattesten Demokratie, wird gleichzeitig als »Attentat auf die Gesellschaft« bestraft und als »Sozialismus« gebrandmarkt. Und schließlich werden die Hohenpriester der »Religion und Ordnung« selbst mit Fußtritten von ihren Pythiastühlen verjagt, bei Nacht und Nebel aus ihren Betten geholt, in Zellenwagen gesteckt, in Kerker geworfen oder ins Exil geschickt, ihr Tempel wird der Erde gleichgemacht, ihr Mund wird versiegelt, ihre Feder zerbrochen, ihr Gesetz zerrissen, im Namen der Religion, des Eigentums, der Familie, der Ordnung. Ordnungsfanatische Bourgeois auf ihren Balkonen werden von besoffenen Soldatenhaufen zusammengeschossen, ihr Familienheiligtum wird entweiht, ihre Häuser werden zum Zeitvertreib bombardiert – im Namen des Eigentums, der Familie, der Religion und der Ordnung. Der Auswurf der bürgerlichen Gesellschaft bildet schließlich die *heilige Phalanx der Ordnung*, und Held Krapülinski zieht in die Tuilerien ein als *»Retter der Gesellschaft«*.

[...]

VII

Die *soziale Republik* erschien als Phrase, als Prophezeiung an der Schwelle der Februarrevolution. In den Junitagen 1848 wurde sie im Blute *des Pariser Proletariats* erstickt, aber sie geht in den folgenden akten des Dramas als Gespenst um. Die *demokratische Republik* kündigt sich an. Sie verpufft am 13. Juni 1849 mit ihren davongelaufenen *Kleinbürgern*, aber im Fliehen wirft sie doppelt renommierende Reklamen hinter sich. Die *parlamentarische Republik* mit der Bourgeoisie bemächtigt sich der ganzen Bühne, sie lebt sich aus in der vollen Breite ihrer Existenz, aber der 2. Dezember 1851 begräbt sie unter dem Angstgeschrei der koalisierten Royalisten: »Es lebe die Republik!«

Die französische Bourgeoisie bäumt sich gegen die Herrschaft des arbeitenden Proletariats, sie hat das Lumpenproletariat zur Herrschaft gebracht, an der Spitze den Chef der Gesellschaft vom 10. Dezember. Die Bourgeoisie hielt Frankreich in atemloser Furcht vor den zukünftigen Schrecken der roten Anarchie; Bonaparte eskomptierte ihr diese Zukunft, als er am 4. Dezember die vornehmen Bürger des Boulevard Montmartre und des Boulevard des Italiens durch die schnapsbegeisterte Armee der Ordnung von ihren Fenstern herabschießen ließ. Sie apotheosierte den Säbel; der Säbel beherrschte sie. Sie vernichtete die revolutionäre Presse; ihre eigne Presse ist vernichtet. Sie stellte die Volksversammlungen unter Polizeiaufsicht; ihre Salons stehn unter der Aufsicht der Polizei. Sie löste die demokratischen Nationalgarden auf; ihre eigne Nationalgarde ist aufgelöst. Sie verhing den Belagerungszustand; der Belagerungszustand ist über sie verhängt. Sie verdrängte die Jurys durch Militärkommissionen; ihre Jurys sind durch Militärkommissionen verdrängt. Sie unterwarf den Volksunterricht den Pfaffen; die Pfaffen unterwerfen sie ihrem eignen Unterricht. Sie transportierte ohne Urteil; sie wird ohne Urteil transportiert. Sie unterdrückte jede Regung der Gesellschaft durch die Staatsmacht; jede Regung ihrer Gesellschaft wird durch die Staatsmacht erdrückt. Sie rebellierte aus Begeisterung für ihren Geldbeutel gegen ihre eignen Politiker und Literaten; ihre Politiker und Literaten sind beseitigt, aber ihr Geldbeutel wird geplündert, nachdem sein Mund geknebelt und seine Feder zerbrochen ist. Die Bourgeoisie rief der Revolution unermüdlich zu wie der heilige Arsenius den Christen: »Fuge, tace, quiesce! Fliehe, schweige, ruhe!« Bonaparte ruft der Bourgeoisie zu: »Fuge, tace, quiesce! Fliehe, schweige, ruhe!«

Die französische Bourgeoisie hatte längst das Dilemma Napoleons gelöst: »Dans cinquante ans l'Europe sera républicaine ou cosaque.«[1] Sie hatte es gelöst in der »république cosaque«. Keine Circe hat das Kunstwerk der bürgerlichen Republik durch bösen Zauber in eine Ungestalt verzerrt. Jene Republik hat nichts verloren als den Schein der Respektabilität. Das jetzige Frankreich war fertig in der parlamentarischen Republik enthalten. Es bedurfte nur eines Bajonettstichs, damit die Blase platzte und das Ungeheuer in die Augen springe.

Warum hat sich das Pariser Proletariat nicht nach dem 2. Dezember erhoben?

Noch war der Sturz der Bourgeoisie erst dekretiert, das Dekret war nicht vollzogen. Jeder ernste Aufstand des Proletariats hätte sie sofort neu belebt, mit der Armee ausgesöhnt und den Arbeitern eine zweite Juniniederlage gesichert.

Am 4. Dezember wurde das Proletariat von Bourgeois und

1 »In fünfzig Jahren wird Europa republikanisch sein oder kosakisch.«

Épicier[1] zum Kampfe aufgestachelt. Am Abende dieses Tages versprachen mehrere Legionen der Nationalgarde, bewaffnet und uniformiert auf dem Kampfplatze zu erscheinen. Bourgeois und Épicier waren nämlich dahintergekommen, daß Bonaparte in einem seiner Dekrete vom 2. Dezember das geheime Votum abschaffte und ihnen anbefahl, in den offiziellen Registern hinter ihre Namen ihr Ja oder Nein einzutragen. Der Widerstand vom 4. Dezember schüchterte Bonaparte ein. Während der Nacht ließ er an allen Straßenecken von Paris Plakate anschlagen, welche die Wiederherstellung des geheimen Votums verkündeten. Bourgeois und Épicier glaubten, ihren Zweck erreicht zu haben. Wer nicht am andern Morgen erschien, waren Épicier und Bourgeois.

Das Pariser Proletariat war durch einen Handstreich Bonapartes während der Nacht vom 1. auf den 2. Dezember seiner Führer, der Barrikadenchefs, beraubt worden. Eine Armee ohne Offiziere, durch die Erinnerungen vom Juni 1848 und 1849 und vom Mai 1850 abgeneigt, unter dem Banner der Montagnards zu kämpfen, überließ es seiner Avantgarde, den geheimen Gesellschaften, die rettung der insurrektionellen Ehre von Paris, welche die Bourgeoisie so widerstandslos der Soldateska preisgab, daß Bonaparte später die Nationalgarde mit dem höhnischen Motive entwaffnen konnte: Er fürchte, daß ihre Waffen gegen sie selbst von den Anarchisten mißbraucht werden würden!

»*C'est le triomphe complet de définitif du socialisme!*«[2] So charakterisierte Guizot den 2. Dezember. Aber wenn der Sturz der parlamentarischen Republik dem Keime nach den Triumph der proletarischen Revolution in sich enthält, so war ihr nächstes handgreifliches Resultat *der Sieg Bonapartes über das Parlament, der Exekutivgewalt über die Legislativgewalt, der Gewalt ohne Phrase über die Gewalt der Phrase.* In dem Parlamente erhob die Nation ihren allgemeinen Willen zum Gesetze, d.h. das

1 Krämer
2 »Das ist der vollständige und endgültige Triumph des Sozialismus!«

Gesetz der herrschenden Klasse zu ihrem allgemeinen Willen. Vor der Exekutivgewalt dankt sie jeden eignen Willen ab und unterwirft sich dem Machtgebot des fremden, der Autorität. Die Exekutivgewalt im Gegensatz zur Legislativen drückt die Heteronomie der Nation im Gegensatz zu ihrer Autonomie aus. Frankreich scheint also nur der Despotie einer Klasse entlaufen, um unter die Despotie eines Individuums zurückzufallen, und zwar unter die autorität eines Individuums ohne Autorität. Der Kampf scheint so geschlichtet, daß alle Klassen gleich machtlos und gleich lautlos vor dem Kolben niederknien.

Aber die Revolution ist gründlich. Sie ist noch auf der Reise durch das Fegefeuer begriffen. Sie vollbringt ihr Geschäft mit Methode. Bis zum 2. Dezember 1851 hatte sie die eine Hälfte ihrer Vorbereitung absolviert, sie absolviert jetzt die andre. Sie vollendete erst die parlamentarische Gewalt, um sie stürzen zu können. Jetzt, wo sie dies erreicht, vollendet sie die *Exekutivgewalt*, reduziert sie auf ihren reinsten Ausdruck, isoliert sie, stellt sie sich als einzigen Vorwurf gegenüber, um alle ihre Kräfte der Zerstörung gegen sie zu konzentrieren. Und wenn sie diese zweite Hälfte ihrer Vorarbeit vollbracht hat, wird Europa von seinem Sitze aufspringen und jubeln: Brav gewühlt, alter Maulwurf!

Diese Exekutivgewalt mit ihrer ungeheuern bürokratischen und militärischen Organisation, mit ihrer weitschichtigen und künstlichen Staatsmaschinerie, ein Beamtenheer von einer halben Million neben einer Armee von einer andern halben Million, dieser fürchterliche Parasitenkörper, der sich wie eine Netzhaut um den Leib der französischen Gesellschaft schlingt und ihr alle Poren verstopft, entstand in der Zeit der absoluten Monarchie, beim Verfall des Feudalwesens, den er beschleunigen half. Die herrschaftlichen Privilegien der Grundeigentümer und Städte verwandelten sich in ebenso viele Attribute der Staatsgewalt, die feudalen Würdenträger in bezahlte Beamte und die bunte Mustercharte der widerstreitenden mittelalterlichen Machtvollkommenheiten in den geregelten Plan einer Staatsmacht, deren

Arbeit fabrikmäßig geteilt und zentralisiert ist. Die erste französische Revolution mit ihrer Aufgabe, alle lokalen, territorialen, städtischen und provinziellen Sondergewalten zu brechen, um die bürgerliche Einheit der Nation zu schaffen, mußte entwickeln, was die absolute Monarchie begonnen hatte; die Zentralisation, aber zugleich den Umfang, die Attribute und die Handlanger der Regierungsgewalt. Napoleon vollendete diese Staatsmaschinerie. Die legitime Monarchie und die Julimonarchie fügten nichts hinzu als eine größere Teilung der Arbeit, in demselben Maße wachsend, als die Teilung der Arbeit innerhalb der bürgerlichen Gesellschaft neue Gruppen von Interessen schuf, also neues Material für die Staatsverwaltung. Jedes *gemeinsame* Interesse wurde sofort von der Gesellschaft losgelöst, als höheres, *allgemeines* Interesse ihr gegenübergestellt, der Selbsttätigkeit der Gesellschaftsglieder entrissen und zum Gegenstand der Regierungstätigkeit gemacht, von der Brücke, dem Schulhaus und dem Kommunalvermögen einer Dorfgemeinde bis zu den Eisenbahnen, dem Nationalvermögen und der Landesuniversität Frankreichs. Die parlamentarische Republik endlich sah sich in ihrem Kampfe wider die Revolution gezwungen, mit den Repressivmaßregeln die Mittel und die Zentralisation der Regierungsgewalt zu verstärken. Alle Umwälzungen vervollkommneten diese Maschine statt sie zu brechen. Die Parteien, die abwechselnd um die Herrschaft rangen, betrachteten die Besitznahme dieses ungeheuren Staatsgebäudes als die Hauptbeute des Siegers.

Aber unter der absoluten Monarchie, während der ersten Revolution, unter Napoleon war die Bürokratie nur das Mittel, die Klassenherrschaft der Bourgeoisie vorzubereiten. Unter der Restauration, unter Louis-Philippe, unter der parlamentarischen Republik war sie das Instrument der herrschenden Klasse, so sehr sie auch nach Eigenmacht strebte.

Erst unter dem zweiten Bonaparte scheint sich der Staat völlig verselbständigt zu haben. Die Staatsmaschine hat sich der bürgerlichen Gesellschaft gegenüber so befestigt, daß an ihrer

Spitze der Chef der Gesellschaft vom 10. Dezember genügt, ein aus der Fremde herbeigelaufener Glücksritter, auf den Schild gehoben von einer trunkenen Soldateska, die er durch Schnaps und Würste erkauft hat, nach der er stets von neuem mit der Wurst werfen muß. Daher die kleinlaute Verzweiflung, das Gefühl der ungeheuersten Demütigung, Herabwürdigung, das die Brust Frankreichs beklemmt und seinen Atem stocken macht. Es fühlt sich wie entehrt.

Und dennoch schwebt die Staatsgewalt nicht in der Luft. Bonaparte vertritt eine Klasse, und zwar die zahlreichste Klasse der französischen Gesellschaft, die *Parzellenbauern*.

Wie die Bourbons die Dynastie des großen Grundeigentums, wie die Orléans die Dynastie des Geldes, so sind die Bonapartes die Dynastie der Bauern, d.h. der französischen Volksmasse. Nicht der Bonaparte, der sich dem Bourgeoisparlamente unterwarf, sondern der Bonaparte, der das Bourgeoisparlament auseinanderjagte, ist der Auserwählte der Bauern. Drei Jahre war es den Städten gelungen, den Sinn der Wahl vom 10. Dezember zu verfälschen und die Bauern um die Wiederherstellung des Kaiserreichs zu prellen. Die Wahl vom 10. Dezember 1848 ist erst erfüllt worden durch den coup d'état vom 2. Dezember 1851.

Die Parzellenbauern bilden eine ungeheure Masse, deren Glieder in gleicher Situation leben, aber ohne in mannigfache Beziehung zueinander zu treten. Ihre Produktionsweise isoliert sie voneinander, statt sie in wechselseitigen Verkehr zu bringen. Die Isolierung wird gefördert durch die schlechten französischen Kommunikationsmittel und die Armut der Bauern. Ihr Produktionsfeld, die Parzelle, läßt in seiner Kultur keine Teilung der Arbeit zu, keine Anwendung der Wissenschaft, also keine Mannigfaltigkeit der Entwicklung, keine Verschiedenheit der Talente, keinen Reichtum der gesellschaftlichen Verhältnisse. Jede einzelne Bauernfamilie genügt beinahe sich selbst, produziert unmittelbar selbst den größten Teil ihres Konsums und gewinnt so ihr Lebensmaterial mehr im Austausche mit der Natur als im Verkehr mit der Gesellschaft. Die Parzelle, der Bauer und die Familie; daneben eine andre Parzelle, ein andrer Bauer und eine andre Familie. Ein Schock davon macht ein Dorf, und ein Schock von Dörfern macht ein Departement. So wird die große Masse der französischen Nation gebildet durch einfache Addition gleichnamiger Größen, wie etwa ein Sack von Kartoffeln einen Kartoffelsack bildet. Insofern Millionen von Familien unter ökonomischen Existenzbedingungen leben, die ihre Lebensweise, ihre Interessen und ihre Bildung von denen der andern Klassen trennen und ihnen feindlich gegenüberstellen, bilden sie eine Klasse. Insofern ein nur lokaler Zusammenhang unter den Parzellenbauern besteht, die Dieselbigkeit ihrer Interessen keine Gemeinsamkeit, keine nationale Verbindung und keine politische Organisation unter ihnen erzeugt, bilden sie keine Klasse. Sie sind daher unfähig, ihr Klasseninteresse im eigenen Namen, sei es durch ein Parlament, sei es durch einen Konvent geltend zu machen. Sie können sich nicht vertreten, sie müssen vertreten werden. Ihr Vertreter muß zugleich als ihr Herr, als eine Autorität über ihnen erscheinen, als eine unumschränkte Regierungsgewalt, die sie vor den andern Klassen beschützt und ihnen von oben Regen und Sonnenschein schickt. Der politische Einfluß der Parzellenbauern findet also darin seinen letzten Ausdruck, daß die Exekutivgewalt sich die Gesellschaft unterordnet.

Durch die geschichtliche Tradition ist der Wunderglaube der französischen Bauern entstanden, daß ein Mann namens Napoleon ihnen alle Herrlichkeit wiederbringen werde. Und es fand sich ein Individuum, das sich für diesen Mann ausgibt, weil es den Namen Napoleons trägt, infolge des Code Napoléon, der anbefiehlt: »La recherche de la paternité est interdite.«[1] Nach zwanzigjähriger Vagabundlage und einer Reihe von grotesken Abenteuern erfüllt sich die Sage, und der Mann wird Kaiser der Franzosen. Die fixe Idee des Neffen verwirklichte sich, weil sie mit der fixen Idee der zahlreichsten Klasse der Franzosen zusammenfiel.

1 »Die Nachforschung nach der Vaterschaft ist untersagt.«

Aber, wird man mir einwerfen, die Bauernaufstände in halb Frankreich, die Treibjagden der Armee auf die Bauern, die massenhafte Einkerkerung und Transportation der Bauern? Seit Ludwig XIV. hat Frankreich keine ähnliche Verfolgung der Bauern »wegen demagogischer Umtriebe« erlebt.

Aber man verstehe wohl. Die Dynastie Bonaparte repräsentiert nicht den revolutionären, sondern den konservativen Bauern, nicht den Bauer, der über seine soziale Existenzbedingung, die Parzelle hinausdrängt, sondern der sie vielmehr befestigen will, nicht das Landvoll, das durch eigne Energie im Anschluß an die städte die alte Ordnung umstürzen, sondern umgekehrt dumpf verschlossen in dieser alten Ordnung sich mitsamt seiner Parzelle von dem Gespenste des Kaisertums gerettet und bevorzugt sehen will. Sie repräsentiert nicht die Aufklärung, sondern den Aberglauben des Bauern, nicht sein Urteil, sondern sein Vorurteil, nicht seine Zukunft, sondern seine Vergangenheit, nicht seine modernen Cevennen, sondern seine moderne Vendée.

Die dreijährige harte Herrschaft der parlamentarischen Republik hatte einen Teil der französischen Bauern von der napoleonischen Illusion befreit und, wenn auch nur noch oberflächlich, revolutioniert; aber die Bourgeoisie warf sie gewaltsam zurück, sooft sie sich in Bewegung setzten. Unter der parlamentarischen Republik rang das moderne mit dem traditionellen Bewußtsein der französischen Bauern. Der Prozeß ging vor sich in der Form eines unaufhörlichen Kampfes zwischen den Schulmeistern und den Pfaffen. Die Bourgeoisie schlug die Schulmeister nieder. Die Bauern machten zum ersten Mal Anstrengungen, der Regierungstätigkeit gegenüber sich selbständig zu verhalten. Es erschien dies in dem fortgesetzten Konflikte der Maires mit den Präfekten. Die Bourgeoisie setzte die Maires ab. Endlich erhoben sich die Bauern verschiedener Orte während der Periode der parlamentarischen Republik gegen ihre eigne Ausgeburt, die Armee. Die Bourgeoisie bestrafte sie mit Belagerungszuständen und Exekutionen. Und dieselbe Bourgeoisie schreit jetzt über die Stupidität der Massen, der vile multitude[1], die sie an Bonaparte verraten habe. Sie selbst hat den Imperialismus der Bauernklasse gewaltsam befestigt, sie hielt die Zustände fest, die die Geburtsstätte dieser Bauernreligion bilden. Allerdings muß die Bourgeoisie die Dummheit der Massen fürchten, solange sie konservativ bleiben, und die Einsicht der Massen, sobald sie revolutionär werden.

In den Aufständen, nach dem coup d'état protestierte ein Teil der französischen Bauern mit den Waffen in der Hand gegen sein eignes Votum vom 10. Dezember 1848. Die Schule seit 1848 hatte sie gewitzigt. Allein sie hatten sich der geschichtlichen Unterwelt verschrieben, die Geschichte hielt sie beim Worte, und noch war die Mehrzahl so befangen, daß gerade in den rotesten Departements die Bauernbevölkerung öffentlich für Bonaparte stimmte. Die Nationalversammlung hatte ihn nach ihrer Ansicht am Gehn verhindert. Er hatte jetzt nur die Fessel gebrochen, die die Städte dem Willen des Landes angelegt. Sie trugen sich stellenweise sogar mit der grotesken Vorstellung: neben einem Napoleon ein Konvent.

Nachdem die erste Revolution die halbhörigen Bauern in freie Grundeigentümer verwandelt hatte, befestigte und regelte Napoleon die Bedingungen, worin sie ungestört den eben erst ihnen anheimgefallenen Boden Frankreichs ausbeuten und die jugendliche Lust am Eigentum büßen konnten. Aber woran der französische Bauer jetzt untergeht, es ist seine Parzelle selbst, die Teilung des Grund und Bodens, die Eigentumsform, die Napoleon in Frankreich konsolidierte. Es sind eben die materiellen Bedingungen, die den französischen Feudalbauer zum Parzellenbauer und Napoleon zum Kaiser machten. Zwei Generationen haben hingereicht, um das unvermeidliche Resultat zu erzeugen: progressive Verschlechterung des Ackerbaues, progressive Verschuldung des Ackerbauers. Die »Napoleonische« Eigentumsform, die am Anfange des neunzehnten Jahrhunderts die Bedin-

---

1 des gemeinen Pöbels

gung für die Befreiung und die Bereicherung des französischen Landvolkes war, hat sich im Laufe dieses Jahrhunderts als das Gesetz ihrer Sklaverei und ihres Pauperismus entwickelt. Und eben dies Gesetz ist die erste der »idées napoléoniennes«, die der zweite Bonaparte zu behaupten hat. Wenn er mit den Bauern noch die Illusion teilt, nicht im Parzelleneigentum selbst, sondern außerhalb, im Einflusse sekundärer Umstände die Ursache ihres Ruins zu suchen, so werden seine Experimente wie Seifenblasen an den Produktionsverhältnissen zerschellen.

Die ökonomische Entwicklung des Parzelleneigentums hat das Verhältnis der Bauern zu den übrigen Gesellschaftsklassen von Grund aus verkehrt. Unter Napoleon ergänzte die Parzellierung des Grund und Bodens auf dem Lande die freie Konkurrenz und die beginnende große Industrie in den Städten. die Bauernklasse war der allgegenwärtige Protest gegen die eben erst gestürzte Grundaristokratie. Die Wurzeln, die das Parzelleneigentum in dem französischen Grund und Boden schlug, entzogen dem Feudalismus jeden Nahrungsstoff. Seine Grenzpfähle bildeten das natürliche Befestigungswerk der Bourgeoisie gegen jeden Handstreich ihrer alten Oberherren. Aber im Laufe des neunzehnten Jahrhunderts trat an die Stelle des Feudalen der städtische Wucherer, an die Stelle der Feudalpflichtigkeit des Bodens die Hypothek, an die Stelle des aristokratischen Grundeigentums das bürgerliche Kapital. Die Parzelle des Bauern ist nur noch der Vorwand, der dem Kapitalisten erlaubt, Profit, Zinsen und Rente von dem Acker zu ziehn und den Ackerbauer selbst zusehn zu lassen, wie er seinen Arbeitslohn herausschlägt. Die auf dem französischen Boden lastende Hypothekarschuld legt der französischen Bauernschaft einen Zins auf, so groß wie der Jahreszins der gesamten britischen Nationalschuld. Das Parzelleneigentum in dieser Sklaverei vom Kapital, wozu seine Entwicklung unvermeidlich hindrängt, hat die Masse der französischen Nation in Troglodyten verwandelt. Sechzehn Millionen Bauern (Frauen und Kinder eingerechnet) hausen in Höhlen, wovon ein großer Teil nur ein Öffnung, der andre nur zwei, und der bevorzugteste nur drei Öffnungen hat. Die Fenster sind an einem Haus, was die fünf Sinne für den Kopf sind. Die bürgerliche Ordnung, die im Anfange des Jahrhunderts den Staat als Schildwache vor die neuentstandene Parzelle stellte und sie mit Lorbeeren düngte, ist zum Vampyr geworden, der ihr Herzblut und Hirnmark aussaugt und sie in den Alchimistenkessel des Kapitals wirft. Der Code Napoléon ist nur noch der Kodex der Exekution, der Subhastation und der Zwangsversteigerung. Zu den vier Millionen (Kinder usw. eingerechnet) offizieller Paupers, Vagabunden, Verbrecher und Prostituierten, die Frankreich zählt, kommen fünf Millionen hinzu, die an dem Abgrunde der Existenz schweben und entweder auf dem Lande selbst hausen oder beständig mit ihren Lumpen und ihren Kindern vor dem Lande in die Städte und von den Städten auf das Land desertieren. Das Interesse der Bauern befindet sich also nicht mehr, wie unter Napoleon, im Einklange, sondern im Gegensatze mit den Interessen der Bourgeoisie, mit dem Kapital. Sie finden also ihren natürlichen Verbündeten und Führer in dem *städtischen Proletariat*, dessen Aufgabe der Umsturz der bürgerlichen Ordnung ist. Aber die *starke und unumschränkte Regierung* – und dies ist die zweite »idée napoléonienne«, die der zweite Napoleon auszuführen hat – ist zur gewaltsamen Verteidigung dieser »materiellen« Ordnung berufen. Auch gibt dieser »ordre matériel« in allen Proklamationen Bonapartes gegen die aufrührischen Bauern das Stichwort ab.

Neben der Hypothek, die das Kapital ihr auferlegt, lastet auf der Parzelle die *Steuer*. Die Steuer ist die Lebensquelle der Bürokratie, der Armee, der Pfaffen und des Hofes, kurz, des ganzen Apparats der Exekutivgewalt. Starke Regierung und starke Steuer sind identisch. Das Parzelleneigentum eignet sich seiner Natur nach zur Grundlage einer allgewaltigen und zahllosen Bürokratie. Es schafft ein gleichmäßiges Niveau der Verhältnisse und der Personen über der ganzen Oberfläche des Landes. Es erlaubt also auch die gleichmäßige Einwirkung nach allen Punkten dieser gleichmäßigen Masse von einem obersten

Zentrum aus. Es vernichtet die aristokratischen Mittelstufen zwischen der Volksmasse und der Staatsgewalt. Es ruft also von allen Seiten das direkte Eingreifen dieser Staatsgewalt und das Zwischenschieben ihrer unmittelbaren Organe hervor. Es erzeugt endlich eine unbeschäftigte Überbevölkerung, die weder auf dem Lande noch in den Städten Platz findet und daher nach den Staatsämtern als einer Art von respektablem Almosen greift und die Schöpfung von Staatsämtern provoziert. Napoleon gab in den neuen Märkten, die er mit dem Bajonette eröffnete, in der Plünderung des Kontinents, die Zwangssteuer mit Zinsen zurück. Sie war ein Stachel für die Industrie des Bauern, während sie jetzt seine Industrie der letzten Hülfsquellen beraubt, seine Widerstandslosigkeit gegen den Pauperismus vollendet. Und eine enorme Bürokratie, wohlgaloniert und wohlgenährt, ist die »idée napoléonienne«, die dem zweiten Bonaparte vor allen am meisten zusagt. Wie sollte sie nicht, da er gezwungen ist, neben den wirklichen Klassen der Gesellschaft eine künstliche Kaste zu schaffen, für welche die Erhaltung seines Regimes zur Messer- und Gabelfrage wird. Eine seiner ersten Finanzoperationen war daher auch die Wiedererhöhung der Beamtengehalte auf ihren alten Betrag und Schöpfung neuer Sinekuren.

Eine andre »idée napoléonienne« ist die Herrschaft der *Pfaffen* als Regierungsmittel. Aber wenn die neuentstandene Parzelle in ihrem Einklang mit der Gesellschaft, in ihrer Abhängigkeit von den Naturgewalten und ihrer Unterwerfung unter die autorität, die sie von oben beschützte, natürlich religiös war, wird die schuldzerrüttete, mit der Gesellschaft und der Autorität zerfallene, über ihre eigne Beschränktheit hinausgetriebene Parzelle natürlich irreligiös. Der Himmel war eine ganz schöne Zugabe zu dem eben gewonnenen schmalen Erdstrich, zumal da er das Wetter macht; er wird zum Insult, sobald er als Ersatz für die Parzelle aufgedrängt wird. Der Pfaffe erscheint dann nur noch als der gesalbte Spürhund der irdischen Polizei – eine andre »idée napoléonienne«. Die Expedition gegen Rom wird das nächste Mal in Frankreich selbst stattfinden, aber im umgekehrten Sinne des Herrn von Montalembert.

Der Kulminierpunkt der »idées napoléoniennes« endlich ist das Übergewicht der *Armee*. Die Armee war der point d'honneur[1] der Parzellenbauern, sie selbst in Heroen verwandelt, nach außen hin den neuen Besitz verteidigend, ihre eben erst errungene Nationalität verherrlichend, die Welt plündernd und revolutionierend. Die Uniform war ihr eignes Staatskostüm, der Krieg ihre Poesie, die in der Phantasie verlängerte und abgerundete Parzelle das Vaterland und der Patriotismus die ideale Form des Eigentumssinnes. Aber die Feinde, wogegen der französische Bauer jetzt sein Eigentum zu verteidigen hat, es sind nicht die Kosaken, es sind die Huissiers[2] und Steuerexekutoren. Die Parzelle liegt nicht mehr im sogenannten Vaterland, sondern im Hypothekenbuch. Die Armee selbst ist nicht mehr die Blüte der Bauernjugend, sie ist die Sumpfblume des bäuerlichen Lumpenproletariats. Sie besteht großenteils aus Remplaçants, aus Ersatzmännern, wie der zweite Bonaparte selbst nur Remplaçant, der Ersatzmann für Napoleon ist. Ihre Heldentaten verrichtet sie jetzt in den Gems- und Treibjagden auf die Bauern, im Gendarmendienst, und wenn die innern Widersprüche seines Systems den Chef der Gesellschaft des 10. Dezember über die französische Grenze jagen, wird sie nach einigen Banditenstreichen keine Lorbeeren, sondern Prügel ernten.

Man sieht: *Alle »idées napoléoniennes« sind Ideen der unentwickelten, jugendfrischen Parzelle*, sie sind ein Widersinn für die überlebte Parzelle. Sie sind nur die Halluzinationen ihres Todeskampfes, Worte, die in Phrasen, Geister, die in Gespenster verwandelt. Aber die Parodie des Imperialismus war notwendig, um die Masse der französischen Nation von der Wucht der Tradition zu befreien und den Gegensatz der Staatsgewalt zur Gesellschaft rein herauszuarbeiten. Mit der fortschreitenden Zer-

---

1 Ehrenpunkt
2 Gerichtsvollzieher

rüttung des Parzelleneigentums bricht das auf ihm aufgeführte Staatsgebäude zusammen. Die staatliche Zentralisation, deren die moderne Gesellschaft bedarf, erhebt sich nur auf den Trümmern der militärisch-bürokratischen Regierungsmaschinerie, die im Gegensatz zum Feudalismus geschmiedet ward.[1]

Die französischen Bauernverhältnisse enthüllen uns das Rätsel der *allgemeinen Wahlen vom 20. und 21. Dezember*, die den zweiten Bonaparte auf den Berg Sinai führten, nicht um Gesetze zu erhalten, sondern um sie zu geben.

Die Bourgeoisie hatte jetzt offenbar keine andere Wahl, als Bonaparte zu wählen. Als die Puritaner auf dem Konzile von Konstanz über das lasterhafte Leben der Päpste klagten und über die Notwendigkeit der Sittenreform jammerten, donnerte der Kardinal Pierre d'Ailly ihnen zu: »Nur noch der Teufel in eigner Person kann die katholische Kirche retten, und ihr verlangt Engel.« So rief die französische Bourgeoisie nach dem coup d'état: Nur noch der Chef der Gesellschaft vom 10. Dezember kann die bürgerliche Gesellschaft retten! Nur noch der Diebstahl das Eigentum, der Meineid die Religion, das Bastardtum die Familie, die Unordnung die Ordnung!

Bonaparte als die verselbständigte Macht der Exekutivgewalt fühlt seinen Beruf, die »bürgerliche Ordnung« sicherzustellen. Aber die Stärke dieser bürgerlichen Ordnung ist die Mittelklasse. Er weiß sich daher als Repräsentant der Mittelklasse und erläßt Dekrete in diesem Sinne. Er ist jedoch nur dadurch etwas, daß er die politische Macht dieser Mittelklasse gebrochen hat und täglich von neuem bricht. Er weiß sich daher als Gegner der

---

1 In der Erstausgabe, New York 1852, endet dieser Absatz mit folgenden Zeilen, die 1869 von Marx weggelassen wurden: Die Zertrümmerung der Staatsmaschine wird die Zentralisation nicht gefährden. Die Bürokratie ist nur die niedrige und brutale Form einer Zentralisation, die noch mit ihrem Gegensatze, dem Feudalismus, behaftet ist. Mit der Verzweiflung an der napoleonischen Restauration scheidet der französische Bauer von dem Glauben an seine Parzelle, stürzt das ganze auf diese Parzelle aufgeführte Staatsgebäude zusammen und erhält *die proletarische Revolution das Chor, ohne das ihr Sologesang in allen Bauernnationen zum Sterbelied wird.*

politischen und literatischen Macht der Mittelklasse. Aber indem er ihre materielle Macht beschützt, erzeugt er von neuem ihre politische Macht. Die Ursache muß daher am Leben erhalten, aber die Wirkung, wo sie sich zeigt, aus der Welt geschafft werden. Aber ohne kleine Verwechselungen von Ursache und Wirkung kann dies nicht abgehn, da beide in der Wechselwirkung ihre Unterscheidungsmerkmale verlieren. Neue Dekrete, die die Grenzlinie verwischen. Bonaparte weiß sich zugleich gegen die Bourgeoisie als Vertreter der Bauern und des Volkes überhaupt, der innerhalb der bürgerlichen Gesellschaft die untern Volksklassen beglücken will. Neue Dekrete, die die »wahren Sozialisten« im voraus um ihre Regierungsweisheit prellen. Aber Bonaparte weiß sich vor allem als Chef der Gesellschaft vom 10. Dezember, als Repräsentanten des Lumpenproletariats, dem erselbst, seine entourage[1], seine Regierung und seine Armee angehören und fürdas es sich vor allem darum handelt, sich wohlzutun und kalifornische Lose aus dem Staatsschatze zu ziehn. Und er bestätigt sich als Chef der Gesellschaft vom 10. Dezember mit Dekreten, ohne Dekrete und trotz der Dekrete.

Diese widerspruchsvolle Aufgabe des Mannes erklärt die Widersprüche seiner Regierung, das unklare Hinundhertappen, das bald diese, bald jene Klasse bald zu gewinnen, bald zu demütigen sucht und alle gleichmäßig gegen sich aufbringt, dessen praktische Unsicherheit einen hochkomischen Kontrast bildet zu dem gebieterischen, kategorischen Stile der Regierungsakte, der dem Onkel folgsam nachkopiert wird.

Industrie und Handel, also die Geschäfte der Mittelklasse, sollen unter der starken Regierung treibhausmäßig aufblühn. Verleihen einer Unzahl von Eisenbahnkonzessionen. Aber das bonapartistische Lumpenproletariat soll sich bereichern. Tripotage mit den Eisenbahnkonzessionen auf der Börse von den vorher Eingeweihten. Aber es zeigt sich kein Kapital für die Eisenbahnen. Verpflichtung der Bank, auf Eisenbahnaktien vorzu-

1 Umgebung

schießen. Aber die Bank soll zugleich persönlich exploitiert und daher kajoliert werden. Entbindung der Bank von der Pflicht, ihren Bericht wöchentlich zu veröffentlichen. Leoninischer Vertrag der Bank mit der Regierung. Das Volk soll beschäftigt werden. Anordnungen von Staatsbauten. Aber die Staatsbauten erhöhen die Steuerpflichten des Volkes. Also Herabsetzung der Steuern durch Angriff auf die Rentiers, durch Konvertierung der fünfprozentigen Renten in viereinhalbprozentige. Aber der Mittelstand muß wieder ein douceur[1] erhalten. Also Verdoppelung der Weinsteuer für das Volk, das ihn en détail kauft, und Herabsetzung um die Hälfte für den Mittelstand, der ihn en gros trinkt. Auflösung der wirklichen Arbeiterassoziationen, aber Verheißung von künftigen Assoziationswundern. Den Bauern soll geholfen werden. Hypothekenbanken, die ihre Verschuldung und die Konzentration des Eigentums beschleunigen. Aber diese Banken sollen benutzt werden, um Geld aus den konfiszierten Gütern des Hauses Orléans herauszuschlagen. Kein Kapitalist will sich zu dieser Bedingung verstehn, die nicht in dem Dekrete steht, und die Hypothekenbank bleibt ein bloßes Dekret usw. usw.

Bonaparte möchte als der patriarchalische Wohltäter aller Klassen erscheinen. Aber er kann keiner geben, ohne der andern zu nehmen. Wie man zur Zeit der *Fronde* vom Herzog von Guise sagte, daß er der obligeanteste Mann von Frankreich sei, weil er alle seine Güter in Obligationen seiner Partisanen gegen sich verwandelt habe, so möchte Bonaparte der obligeanteste Mann von Frankreich sein und alles Eigentum, alle Arbeit Frankreichs in eine persönliche Obligation gegen sich verwandeln. Er möchte ganz Frankreich stehlen, um es an Frankreich verschenken, oder vielmehr um Frankreich mit französischem Gelde wiederkaufen zu können, denn als Chef der Gesellschaft vom 10. Dezember muß er kaufen, was ihm gehören soll. Und zu dem Institute des Kaufens werden alle Staatsinstitute, der

1 Zuckerbrot

Senat, der Staatsrat, der gesetzgebende Körper, die Ehrenlegion, die Soldatenmedaille, die Waschhäuser, die Staatsbauten, die Eisenbahnen, der état-major der Nationalgarde ohne Gemeine, die konfiszierten Güter des Hauses Orléans. Zum Kaufmittel wird jeder Platz in der Armee und der Regierungsmaschine. Das wichtigste aber bei diesem Prozesse, wo Frankreich genommen wird, um ihm zu geben, sind die Prozente, die während des Umsatzes für das Haupt und die Glieder der Gesellschaft vom 10. Dezember abfallen. Das Witzwort, womit die Gräfin L., die Mätresse des Herrn de Morny, die Konfiskation der orleansschen Güter charakterisierte: »C'est le premiér vol de l'aigle«[1], paßt auf jeden Flug dieses *Adlers*, der mehr *Rabe* ist. Er selbst und seine Anhänger rufen sich täglich zu, wie jener italienische Kartäuser, dem Geizhals, der prunkend die Güter aufzählte, an denen er noch für Jahre zu zehren habe: »Tu fai conto sopra i beni, bisogna prima far il conto sopra gli anni.«[2] Um sich in den Jahren nicht zu verrechnen, zählen sie nach Minuten. An den Hof, in die Ministerien, an die Spitze der Verwaltung und der Armee drängt sich ein Haufe von Kerlen, von deren bestem zu sagen ist, daß man nicht weiß, von wannen er kommt, eine geräuschvolle, anrüchige, plünderungslustige Boheme, die mit derselben grotesken Würde in galonierte Röcke kriecht wie Soulouques Großwürdenträger. Man kann diese höhere Schichte der Gesellschaft vom 10. Dezember sich anschaulich machen, wenn man erwägt, daß *Véron-Crevel*[3] ihr Sittenprediger ist und *Granier de Cassagnac* ihr Denker. Als Guizot zur Zeit seines Ministeriums diesen Granier in einem Winkelblatte gegen die dynastische Opposition verwandte, pflegte er ihn mit der Wendung zu rühmen: »C'est le roi des drôles«, »das ist der Narrenkönig«. Man hätte unrecht, bei dem Hofe und der Sippe Louis

---

1 »Vol« heißt Flug und Diebstahl.
2 »Du berechnest deine Güter, du solltest vorher deine Jahre berechnen.«
3 Balzac in der »Cousine bette« stellt in Crevel, den er nach Dr. Véron, dem Eigentümer des »Constitutionnel«, entwarf, den grundliederlichen Pariser Philister dar.

Bonapartes an die Regentschaft oder Ludwig XV. zu erinnern. Denn »oft schon hat Frankreich eine Mätressenregierung erlebt, aber noch nie eine Regierung von hommes entretenus«[1].

Von den widersprechenden Forderungen seiner Situation gejagt, zugleich wie ein Taschenspieler in der Notwendigkeit, durch beständige Überraschung die Augen des Publikums auf sich als den Ersatzmann Napoleons gerichtet zu halten, also jeden Tag einen Staatsstreich en miniature zu verrichten, bringt Bonaparte die ganze bürgerliche Wirtschaft in Wirrwarr, tastet alles an, was der Revolution von 1848 unantastbar schien, macht die einen revolutionsgeduldig, die andern revolutionslustig und erzeugt die Anarchie selbst im Namen der Ordnung, während er zugleich der ganzen Staatsmaschine den Heiligenschein abstreift, sie profaniert, sie zugleich ekelhaft und lächerlich macht. Den Kultus des heiligen rocks zu Trier wiederholt er zu Paris im Kultus des napoleonischen Kaisermantels. Aber wenn der Kaisermantel endlich auf die Schultern des Louis Bonaparte fällt, wird das eherne Standbild Napoleons von der Höhe der Vendôme-Säule herabstürzen.

---

1 [ausgehaltenen Männern] Worte der Frau Girardin.

Exkurs: Skizzen der emanzipierten Zukunftsgesellschaft in den *Grundrissen* und im *Kapital* (Iring Fetscher)

Die wesentliche wissenschaftliche Leistung von Marx, auf die er selbst am meisten stolz war, stellt seine *Kritik der politischen Ökonomie* dar. Diese Arbeit hat er von 1844 an in immer neuen und auf den Arbeiten der Klassiker Adam Smith und David Ricardo aufbauenden Texten verwirklicht. In ihrer unfertigen, aber ungemein umfassenden Gestalt liegt sie in den drei Bänden des *Kapital* vor, von denen Band 2 und 3 von Friedrich Engels auf der Grundlage von Marx'schen Manuskripten fertiggestellt wurden, sowie in den *Theorien über den Mehrwert* (drei Bände) und in den *Grundrissen der Kritik der politischen Ökonomie.* Sowohl die *Theorien über den Mehrwert* als auch die *Grundrisse* sind vor der Erstauflage des *Kapital* (Band 1) verfasst worden, enthalten aber zahlreiche Überlegungen und Argumente, die in die vorliegende Fassung des *Kapital* nicht eingegangen sind.

Es mag etwas kühn erscheinen, wenn ich versuche, den Sinn und die zentralen Thesen der Marx'schen Kritik auf wenigen Seiten zusammenzufassen. Eine Anzahl der ausgewählten Passagen aus den genannten Texten kann diesen Deutungsversuch ergänzen und illustrieren.

Frühmenschliche Jäger- und Sammlergesellschaften waren feste Einheiten. Ihre Mitglieder hatten eine Art kollektive Identität, die zugleich mit dem Stammeseigentum, dem Wild des Jagdgebietes oder später Herden, verbunden war. Der Einzelne hatte nur als Stammesmitglied Eigentum, ihm fehlte – wie noch Reflexionen der klassischen Philosophen deutlich machen – ein Bewusstsein seiner Individualität. Auf einer späteren Stufe tritt eine feste Verbindung der bäuerlichen Existenz mit dem Grund und Boden als wichtigstem Produktionsmittel ein. Die grundbesitzende Familie ist – so wie es in der Versprachlichung noch lange sich ausdrücken wird – mit ihrem Grundeigentum identisch. Soweit hierarchische Sozialstrukturen sich entwickeln, verfügen Feudalherren als Grundeigentümer über die »hörigen«, am »Boden hängenden« bäuerlichen Personen wie über eine Art Eigentum. Die Differenzierung der feudalen Sozialformation interessiert Marx für die prinzipiellen Entwicklungsschritte wenig. Entscheidend ist für die Entstehung der kapitalistischen Produktionsweise die Loslösung der Personen von ihrem produktiven Eigentum. Auch wenn Bauern wie die ersten Handwerker (meist Schmiede, die Werkzeuge für die bäuerliche Arbeit herstellen) im Besitz ihres Arbeitsmittels waren, hatte die Eigentumsordnung für sie noch keine unabhängige und verselbständigte Gestalt. Erst mit der Loslösung einer wachsenden Anzahl von Personen von ihren Betriebsmitteln – Grund und Boden in erster Linie – entsteht eine Klasse von Eigentumslosen. Damit sind Personen gemeint, die auf dem sich entwickelnden Markt nichts anderes anzubieten haben als ihre eigene *Arbeitskraft*. Streng genommen sind sie daher nicht völlig eigentumslos, sondern nur außerstande, in Ermangelung eigner Produktionsmittel Produkte auf dem entstandenen Markt anzubieten. Während Bauern und Schmiede noch ihre Produkte gegeneinander austauschen konnten, haben diese Eigentumslosen nichts anderes als ihre eigene Arbeitskraft zu »verkaufen«. Vorausgesetzt freilich, dass sie nicht – wie in der römischen Antike und im frühen Feudalzeitalter – Sklaven oder Leibeigne sind. Die Entstehung dieser Klasse von eigentumslosen Arbeitern stellt einen wesentlichen Fortschritt der sozialhistorischen Entwicklung dar. Dieser Schritt kann auf unterschiedliche Weise vollzogen werden, klassisch ereignet er sich in England durch die »ursprüngliche Akkumulation«, die aus lehnpflichtigen Bauern Pächter und »freie« Arbeiter macht. Die Verwandlung von Ackerbauland in Viehweiden erleichtert diesen Schritt, da für Herdewirtschaft weniger Arbeitskräfte benötigt werden als für Ackerbau.

Die kapitalistische Produktionsweise stellt einen kulturellen Fortschritt dar, auf den Marx wiederholt aufmerksam macht, auch wenn im Zuge dieses Fortschritts große Teile der Bevölkerung verarmen. Zunächst wird die Produktionstechnik durch die kapitalistischen Eigentümer der Produktionsmittel noch kaum verändert. Eine typische Form dieser frühen Stufe der Entwicklung der neuen Produktionsweise stellt das Verlagswesen dar. Während zuvor Bauern für ihren Eigenbedarf auch handwerklich tätig waren (Hausbau z.B.) und nur vereinzelt Produkte ihrer Handarbeit über ihren Eigenbedarf hinaus auf den Markt brachten, teilt jetzt ein kapitalistischer Unternehmer armen Bauern und Eigentumslosen Arbeitsinstrumente zu, liefert ihnen den nötigen Rohstoff und kauft ihnen dann die Fertigprodukte ab. Marx nennt diesen Zustand »formelle Subsumtion der Arbeit unters Kapital«. Formell, weil die Art und Weise des Produzierens sich zunächst noch nicht verändert hat, auch wenn das Kommando über die Arbeit sich zum kapitalistischen Unternehmer hin verlagert.

Um die Produktivität der Arbeit zu steigern, ist der kapitalistische Unternehmer an technischen Fortschritten interessiert. Darüber hinaus kann der Vorteil einer zunehmenden Arbeitsteilung zur Zusammenfassung arbeitsteilig produzierender Personen zur *Manufakturfabrik* führen. So entstehen z.B. schon relativ früh Manufakturen, die zur Herstellung von Stoffen dienen, daneben auch Einrichtungen zum Bau von Fahrzeugen, von Handwerkszeug usw. Einen entscheidenden Schritt in der produktionstechnischen Entwicklung stellt die Entdeckung der Dampfkraft dar, die es erlaubt, menschliche und tierische Kraft zu ersetzen. Aus einfachen Handwerkzeugen entwickeln sich *Maschinen* und am bereits erkennbaren künftigen Zielpunkt der Entwicklung *automatische Maschinen*. Erst in dieser technischen Gestalt hat die kapitalistische Produktionsweise die ihr entsprechende eigene Gestalt gefunden. Der einzelne Arbeiter benutzt jetzt nicht mehr ein von ihm und seiner Geschicklichkeit beherrschtes Werkzeug, sondern *dient* einer ihm gegenüberstehenden Maschine. Marx charakterisiert dieses Verhältnis als *Entfremdung*. Bei diesen Maschinen und sogar bei automatischen Fabriken handelt es sich zwar auch um Produkte kooperativer Arbeit von menschlichen Produzenten. Die Kooperation erscheint aber einstweilen noch als Erzeugnis des Kommandos des Kapitals über die Arbeit (bzw. die Arbeiter). Vereinzelt und in der Mehrheit außerstande, die in den Maschinen verborgene Wissenschaft zu verstehen, erfahren die Arbeiter sich als Diener einer mächtigen und fremden Gewalt. Zwar wird die Arbeit durch Maschinen erleichtert, körperlich weniger anstrengend und weiterhin auch mit weniger Ausbildung realisierbar, die Arbeit ist fast nur noch Aufsicht und korrigierender Eingriff wenn die automatische Maschine versagt, die Maschine wie die automatische Fabrik bleiben aber den einzelnen Arbeitern fremd und als »Kapital« übermächtig. Der kulturelle (zivilisatorische) Fortschritt den die Entwicklung automatischer Produktion darstellt, kommt den eigentumslosen Arbeitern jedoch noch nicht zugute. Immerhin entstehen in der entwickelten kapitalistischen Gesellschaft neue *Zwischenschichten* von Personen, die von mühsamer Arbeit enthoben sind und dadurch zur Entwicklung von Wissenschaft, Kunst, Philosophie usw. Möglichkeiten haben. Auf diese Tatsache hat Marx wiederholt hingewiesen, meist aber im Zusammenhang mit der Bemerkung, dass ursprünglich die neue Kapitalistenklasse diesen Personenkreis als »unproduktive Arbeiter« bezeichnet und möglichst eingespart habe. Damit waren Spaßmacher, persönliche Diener, Pfarrer usw. gemeint. Dass aber auch für die Entwicklung von Produktion und Zivilisation höchst nützliche Personen zu diesen Schichten gehören, haben unter anderem auch bürgerliche Ökonomen wie James Mill festgestellt, auf die sich Marx zustimmend beruft.

In den meisten seiner Texte rekonstruiert Marx lediglich die hiermit skizzierte Entwicklung. Lediglich in nicht zur Publikation bestimmten Manuskripten geht er einen Schritt darüber hinaus und deutet an, wodurch sich eine emanzipierte Gesellschaft der Zukunft von der bisherigen unterscheiden würde. Am meisten zur Beantwortung der Frage nach einer befreiten Gesellschaft mit von Entfremdung emanzipierten Individuen erfährt man in einigen Passagen der *Grundrisse der politischen Ökonomie*. Im Unterschied zu Adam Smith, der produktive Tätigkeit prinzipiell mit Mühe und Last verbindet, betont Marx, dass »das Individuum, ›in seinem normalen Zustand von Gesundheit, Kraft, Tätigkeit, Geschicklichkeit, Gewandtheit‹ auch das Bedürfnis einer normalen Portion von Arbeit hat, und von Aufhebung der Ruhe [...].« Arbeit ist nicht nur Überwindung von Hindernissen, sondern auch »Selbstverwirklichung, Vergegenständlichung des Subjekts, daher reale Freiheit, deren Aktion eben die Arbeit, ahnt A. Smith ebensowenig. Allerdings hat er Recht, daß in den historischen Formen der Arbeit als Sklaven-, Fronde-, Lohnarbeit die Arbeit stets repulsiv, stets als *äußre Zwangsarbeit* erscheint und ihr gegenüber die Nichtarbeit als ›Freiheit, und Glück‹.« Das gilt vor allem für Arbeit, »die sich noch nicht die Bedingungen, subjektive und objektive, geschaffen hat (oder auch gegen den Hirten- etc. -zustand, die sie verloren hat), damit Arbeit travail attractif, Selbstverwirklichung des Individuums sei, was keineswegs meint, daß sie bloßer Spaß sei, bloßes amusement, wie Fourier es sehr grisettenmäßig naiv auffaßt. Wirklich freie Arbeiten, z.B. Komponieren ist grade zugleich verdammtester Ernst, intensivste Anstrengung. Die Arbeit der materiellen Produktion kann diesen Charakter nur erhalten, dadurch daß 1) ihr gesellschaftlicher Charakter gesetzt ist, 2) daß sie wissenschaftlichen Charakter, zugleich allgemeine Arbeit ist, nicht Anstrengung des Menschen als bestimmt dressierter Naturkraft, sondern als Subjekt, das in dem Produktionsprozeß nicht in bloß natürlicher, naturwüchsiger Form, sondern als alle Naturkräfte regelnde Tätigkeit erscheint« (*Grundrisse*, S. 505). Nebenbei bemerkt Marx, daß »selbst der halbkünstlerische Arbeiter des Mittelalters« nicht unter die smithsche Beschreibung fällt. Aufschlussreich ist, dass Marx hier gar nicht von den Eigentumsverhältnissen spricht, sondern ausschließlich von der menschlichen Tätigkeit und der Denkmöglichkeit ihrer Befreiung von Mühsal, Entfremdung und Spezialisierung.

Die wichtigste Voraussetzung für die Emanzipation wird daher in der Verkürzung der Arbeitszeit gesehen. Was einstweilen nur einer begünstigten Mittelschicht möglich ist, die Entfaltung von wissenschaftlichen und künstlerischen Fähigkeiten, sollte schließlich allen Individuen möglich werden. Während die kapitalistische Produktionsweise die Produktivität der Arbeit nur steigert, um in möglichst kurzer Zeit den Wert der Ware Arbeitskraft und den der Produktionsmittel herstellen zu können, damit eine möglichst große Profitrate entstehen kann, wird mit der Aufhebung der kapitalistischen Sozialstruktur die Vergrößerung der Produktivität zur Verringerung der Arbeitszeit für alle und damit zur Entwicklung allseitig entwickelter Individuen. Ihnen wird damit »alle frei gewordene Zeit« zur »künstlerischen, wissenschaftlichen etc. Ausbildung« dienen (ebd., S. 493). Und noch einmal wiederholt Marx, daß »die Schöpfung von viel disposable time (verfügbare Zeit) ... auf dem Standpunkt des Kapitals wie aller frühren Stufen, als Nicht-Arbeitszeit, freie Zeit für einige« erscheint. »Das Kapital fügt hinzu, daß es die Surplusarbeitszeit der Masse durch alle Mittel der Kunst und Wissenschaft vermehrt, weil sein Reichtum direkt in der Aneignung von Surplusarbeitszeit besteht; da sein Zweck direkt der Wert, nicht der Gebrauchswert. Es ist so malgré lui (wider Willen), instrumental in creating the means of social disposable time, um die Arbeitszeit für die ganze Gesellschaft auf ein fallendes Minimum zu reduzieren, und so die Zeit aller frei für ihre eigne Entwicklung zu machen« (ebd., S. 596). Auch wenn die Tendenz der kapitalistischen Produktionsweise letztlich von dem Ziel Steigerung der Mehrwertrate und damit der Profitrate bestimmt wird, realisiert sie damit doch zugleich einen zivilisatorischen Fortschritt. Schafft die Voraussetzungen für eine Emanzipation der Tätigkeit und eine Überwindung der Entfremdung.

»Die wirkliche Ökonomie – Ersparung – besteht in Ersparung von Arbeitszeit (Minimum (und Reduktion zum Minimum) der Produktionskosten; diese Ersparung aber identisch mit Entwicklung der Produktivkraft. Also keineswegs Entsagen vom Genuß (das war nach Adam Smith die allgemeine Charakterisierung von Arbeit), sondern *entwickeln von power, von Fähigkeiten zur Produktion und damit sowohl der Fähigkeiten, wie der Mittel des Genusses.* Die Fähigkeit des Genusses ist Bedingung für denselben also erstes Mittel desselben und diese Fähigkeit ist Entwicklung einer individuellen Anlage, Produktivkraft. Die Ersparung von Arbeitszeit gleich Vermehrung der freien Zeit, dh. Zeit für die volle Entwicklung des Individuums, die selbst wieder als größte Produktivkraft zurückwirkt auf die Produktivkraft der Arbeit« (ebd., S. 599). Unter den Bedingungen der kapitalistischen Produktionsweise hat das die Vergrößerung des »capital fixe«, des in Maschinen investierten Kapitals zur Folge, erst nach dessen Überwindung entsteht so die gemeinschaftliche Produktivkraft der assoziierten Produzenten.

Charles Fourier, dessen Beschreibung der Arbeit als travail attractif Marx zwar ihrer Naivetät wegen kritisiert, hat in seinen Augen jedenfalls das Verdienst »die Aufhebung nicht der Distribution (wie viele der frühen Sozialisten), sondern der Produktionsweise selbst in höhre Form als ultimate object (als höchstes Ziel) ausgesprochen zu haben« (ebd., S. 599) weist in die richtige Richtung. »Die freie Zeit – die *sowohl Mußezeit als Zeit für höhre Tätigkeit* ist – hat ihren Besitzer natürlich in ein andres Subjekt verwandelt und als dies andre Subjekt tritt er dann auch in den unmittelbaren Produktionsprozeß. Es ist dieser zugleich *Disziplin*, mit Bezug auf den werdenden Menschen betrachtet, wie Ausübung, Experimentalwissenschaft, materiell schöpferische und sich vergebenständlichende Wissenschaft mit Bezug auf den *gewordenen Menschen, in dessen Kopf das akkumulierte Wissen der Gesellschaft existiert.* Für beide, soweit Arbeit praktisches Handanlegen erfordert, und freie Bewegung, wie in der Agrikultur, zugleich exercise« (ebd., S. 600).

Damit ist der durchaus utopisch erscheinende Endpunkt der von Marx erwarteten (oder zumindest erhofften) Entwicklung skizziert. Nachdem sich durch die Dynamik der Entwicklung der kapitalistischen Produktionsweise die materielle Gestalt der Produktivkräfte in wissenschaftlichen und letztlich automatischen Maschinen vergegenständlicht hat, kann die Entfremdung dieser verdinglichten Wirklichkeit nur dadurch überwunden werden, dass sich die assoziierten Produzenten als vergemeinschaftete Subjekte zu dieser Realität selbstbewusst produktiv verhalten. Auch wenn man sich kaum vorstellen kann, dass in jedem Einzelnen wie Marx formuliert das »akkumulierte Wissen der Gesellschaft« existiert, so ist es doch in der produzierenden und ihre Tätigkeit wissenschaftlich verstehenden Assoziation der Gesellschaftsglieder vorhanden. Damit kehrt die Entwicklung der stets ihr Leben d.h. ihre Lebensvoraussetzungen produzierenden Menschheit auf höhrer Stufe, erstmals bewusst zum Ausgangspunkt zurück. Die Individuen haben zwar nicht aufgehört, bewusste Einzelwesen zu sein, sie sind sich aber jetzt ihrer Zusammengehörigkeit als gemeinsame, kooperative Hersteller ihrer materiellen Lebensgrundlagen bewusst.

Diese zwischen 1857 und 1858 skizzierte Aufhebung der sozialökonomischen (»materiellen«) Entfremdung fügt Marx kritisch den früheren Versuchen, religiöse und politische Entfremdung zu überwinden, als eine höhere, konkrete Gestalt der Emanzipation hinzu. Hegel hatte die politische Befreiung im modernen Staat dadurch zu realisieren versucht, daß er den Citoyen als »subjektiven Geist« interpretierte, der im »objektiven Geist« des vernünftigen Staates bei sich selbst bleibt. Der reale »Bourgeois« freilich blieb im »Not- und Verstandesstaat« der bürgerlichen Gesellschaft notwendig beschränkt durch die gegensätzlichen Interessen und Bestrebungen der Individuen und Klassen. Emanzipation war daher für Hegel identisch mit Vergeistigung. Der vergeistigte und damit vernünftige Mensch (als »subjektiver Geist«) allein konnte frei sein. Die Feuerbach'sche Religionskritik interpretierte den Gottesbegriff als ideelle und idealisierte imaginäre Verwirklichung des Menschen. Der religiöse Mensch projizierte den idealen, vollendeten (allwissenden und allmächtigen) Menschen an einen transzendenten Himmel. Diese Entfremdung konnte dadurch überwunden werden, dass die Projektion erkannt und als Selbsttäuschung entlarvt wurde. Auch wenn Feuerbach sich als »Materialist« verstand, handelte es sich bei dieser Überwindung der religiösen Entfremdung doch auch nur um einen kritischen intellektuellen Prozess.

Es fragt sich aber, ob die von Marx in den *Grundrissen* skizzierte Aufhebung der sozialökonomischen Entfremdung gegenüber diesen früheren Idealismen wirklich »materialistisch« genannt werden kann. Letztlich sind die assoziierten Produzenten, welche die für die Bedürfnisse von Menschen vergegenständlichten Produktionsmittel wie die Natur unterworfen haben, auch vergeistigte Wesen, »in denen das akkumulierte Wissen der Gesellschaft existiert«. Auch die für diesen befreienden Schritt notwendige Aufhebung des Privateigentums an den Produktionsmitteln ist ja im Grunde ein geistiger, kein materieller Akt.

Im dritten Band des *Kapital*, der allerdings bisher in der von Friedrich Engels bearbeiteten Fassung vorlag, wird der von der sozialökonomischen Entwicklung erwartete Zustand der Befreiung weniger euphorisch und deshalb wohl auch realistischer beschrieben. Leider lässt sich nicht genau feststellen, wann Marx von seiner philosophisch anspruchsvollen Formulierung in den *Grundrissen* zu dieser einfacheren und bescheideneren übergegangen ist. Im 48. von 51 vollendeten Kapiteln beginnt Marx einen Satz ähnlich wie in den *Grundrissen* mit den Worten: »Der wirkliche Reichtum der Gesellschaft und die Möglichkeit beständiger Erweiterung ihres Reproduktionsprozesses hängt also nicht ab von der Länge der Mehrarbeit [die für die kapitalistische Produktionsweise allein maßgeblich ist, I.F.], sondern von ihrer Produktivität und von den mehr oder minder reichhaltigen Produktionsbedingungen, worin sie sich vollzieht. Das *Reich der Freiheit* beginnt in der Tat erst da, *wo das Arbeiten, das durch Not und äußere Zweckmäßigkeit bestimmt ist, aufhört;* es liegt also der Natur der Sache nach *jenseits der Sphäre der eigentlichen materiellen Produktion.* Wie der Wilde mit der Natur ringen muß, um seine Bedürfnisse zu befriedigen, um sein Leben zu erhalten und zu reproduzieren, so muß es der Zivilisierte, und er muß es in allen Gesellschaftsformen und unter allen möglichen Produktionsweisen. Mit seiner Entwicklung *erweitert sich dies Reich der Naturnotwendigkeit*, weil die Bedürfnisse; aber zugleich erweitern sich die Produktivkräfte, die diese befriedigen. Die Freiheit in diesem Gebiet kann nur darin bestehn, daß der *vergesellschaftete Mensch*, die *assoziierten Produzenten*, diesen ihren Stoffwechsel mit der Natur rationell regeln, unter ihre gemeinschaftliche Kontrolle bringen, statt von ihm als von einer blinden Macht beherrscht zu werden [...]. Aber es *bleibt* dies immer ein Reich der Notwendigkeit. *Jenseits deselben beginnt die menschliche Kraftentwicklung, die sich als Selbstzweck gilt, das wahre Reich der Freiheit*, das aber nur auf jenem Reich der Notwendigkeit als seiner Basis aufblühen kann. Die Verkürzung des Arbeitstags ist die Grundbedingung« (MEW Bd. 25, S. 828; Hervorh. v. I.F.).

Der Unterschied zur Formulierung in den *Grundrissen* besteht darin, dass Marx dort annimmt, dass die Verkürzung des Arbeitstags für alle dazu führe, produktive Tätigkeit zugleich als wissenschaftliche und als Selbstverwirklichung zu erfahren. Auch wenn Marx in diesem Fall nicht von einem »Reich der Freiheit« spricht, würde er doch nicht von Unfreiheit oder Notwendigkeit sprechen. Damit übergeht er allerdings die Tatsache, dass die Beherrschung der Naturbedingungen und ihre Indienststellung für menschliche Lebensbedürfnisse nach wie vor notwendig bleibt. Man muss vermutlich annehmen, dass dieser genuin menschliche Umgang mit der Natur idealerweise als Ausdruck kreativer Freiheit und Selbstverwirklichung verstanden werden sollte. Die Formulierung im *Kapital* nimmt dagegen diese »menschliche Kraftentwicklung« erst in einer Sphäre *jenseits* der produktiven Herstellung menschlicher Lebensverhältnisse an. Das könnte die Sphäre von Kunst und Philosophie und auch der nicht auf Anwendung zielenden Wissenschaft sein. Für den Marx von 1857/58 gab es aber diesen Unterschied von jenseits der Verwirklichung der Lebensgrundlagen stattfindender Tätigkeit und allgemeiner kreativer Naturbeherrschung nicht, sonst hätte er das musikalische Komponieren nicht in diesem Zusammenhang als Beispiel erwähnen können. Ob man nun die Formulierungen im *Kapital* als realistisch oder resignativ bezeichnet oder als Abschied von utopischem Überschwang – sie dürften uns heute eher plausibel erscheinen, auch wenn wir uns dabei mit Bedauern vom utopischen Denker Marx verabschieden.

10. Kritik der Politischen Ökonomie

Zur Kritik der politischen Ökonomie. Vorwort (1859)

Ich betrachte das System der bürgerlichen Ökonomie in dieser Reihenfolge: *Kapital, Grundeigentum, Lohnarbeit; Staat, auswärtiger Handel, Weltmarkt.* Unter den drei ersten Rubriken untersuche ich die ökonomischen Lebensbedingungen der drei großen Klassen, worin die moderne bürgerliche Gesellschaft zerfällt; der Zusammenhang der drei andern Rubriken springt in die Augen. Die erste Abteilung des ersten Buchs, das vom Kapital handelt, besteht aus folgenden Kapiteln: 1. die Ware; 2. das Geld oder die einfache Zirkulation; 3. das Kapital im allgemeinen. Die zwei ersten Kapitel bilden den Inhalt des vorliegenden Heftes. Das Gesamtmaterial liegt vor mir in Form von Monographien, die in weit auseinanderliegenden Perioden zu eigner Selbstverständigung, nicht für den Druck niedergeschrieben wurden, und deren zusammenhängende Verarbeitung nach dem angegebenen Plan von äußern Umständen abhängen wird.

Eine allgemeine Einleitung[1], die ich hingeworfen hatte, unterdrücke ich, weil mir bei näherem Nachdenken jede Vorwegnahme erst zu beweisender Resultate störend scheint, und der Leser, der mir überhaupt folgen will, sich entschließen muß, von dem einzelnen zum allgemeinen aufzusteigen. Einige Andeutungen über den Gang meiner eignen politisch-ökonomischen Studien mögen dagegen hier am Platz scheinen.

Mein Fachstudium war das der Jurisprudenz, die ich jedoch nur als untergeordnete Disziplin neben Philosophie und Geschichte betrieb. Im Jahr 1842/43, als Redakteur der »Rheinischen Zeitung«, kam ich zuerst in die Verlegenheit, über sogenannte materielle Interessen mitsprechen zu müssen. Die Verhandlungen des Rheinischen Landtags über Holzdiebstahl

1 Siehe S. 253 ff.

und Parzellierung des Grundeigentums, die amtliche Polemik, die Herr von Schaper, damals Oberpräsident der Rheinprovinz, mit der »Rheinischen Zeitung« über die Zustände der Moselbauern eröffnete, Debatten endlich über Freihandel und Schutzzoll, gaben die ersten Anlässe zu meiner Beschäftigung mit ökonomischen Fragen. Andererseits hatte zu jener Zeit, wo der gute Wille »weiterzugeben« Sachkenntnis vielfach aufwog, ein schwach philosophisch gefärbtes Echo des französischen Sozialismus und Kommunismus sich in der »Rheinischen Zeitung« hörbar gemacht. Ich erklärte mich gegen diese Stümperei, gestand aber zugleich in einer Kontroverse mit der »Allgemeinen Augsburger Zeitung« rund heraus, daß meine bisherigen Studien mir nicht erlaubten, irgendein Urteil über den Inhalt der französischen Richtungen selbst zu wagen. Ich ergriff vielmehr begierig die Illusion der Geranten der »Rheinischen Zeitung«, die durch schwächere Haltung des Blattes das über es gefällte Todesurteil rückgängig machen zu können glaubten, um mich von der öffentlichen Bühne in die Studierstube zurückzuziehn.

Die erste Arbeit, unternommen zur Lösung der Zweifel, die mich bestürmten, war eine kritische Revision der Hegelschen Rechtsphilosophie, eine Arbeit, wovon die Einleitung in den 1844 in Paris herausgegebenen »Deutsch-Französischen Jahrbüchern« erschien.[1] Meine Untersuchung mündete in dem Ergebnis, daß Rechtsverhältnisse wie Staatsformen weder aus sich selbst zu begreifen sind noch aus der sogenannten allgemeinen Entwicklung des menschlichen Geistes, sondern vielmehr in den materiellen Lebensverhältnissen wurzeln, deren Gesamtheit Hegel, nach dem Vorgang der Engländer und Franzosen des 18. Jahrhunderts, unter dem Namen »bürgerliche Gesellschaft« zusammenfaßt, daß aber die Anatomie der bürgerlichen Gesellschaft in der politischen Ökonomie zu suchen sei. Die Erforschung der letztern, die ich in Paris begann, setzte ich fort zu Brüssel, wohin ich infolge eines Ausweisungsbefehls des Herrn

1 Siehe ›Zur Kritik der Hegelschen Rechtsphilosophie. Einleitung‹, hier S. 81

Guizot übergewandert war. Das allgemeine Resultat, das sich mir ergab und, einmal gewonnen, meinen Studien zum Leitfaden diente, kann kurz so formuliert werden: In der gesellschaftlichen Produktion ihres Lebens gehen die Menschen bestimmte, notwendige, von ihrem Willen unabhängige Verhältnisse ein, Produktionsverhältnisse, die einer bestimmten Entwicklungsstufe ihrer materiellen Produktivkräfte entsprechen. Die Gesamtheit dieser Produktionsverhältnisse bildet die ökonomische Struktur der Gesellschaft, die reale Basis, worauf sich ein juristischer und politischer Überbau erhebt, und welcher bestimmte gesellschaftliche Bewußtseinsformen entsprechen. Die Produktionsweise des materiellen Lebens bedingt den sozialen, politischen und geistigen Lebensprozeß überhaupt. Es ist nicht das Bewußtsein der Menschen, das ihr Sein, sondern umgekehrt ihr gesellschaftliches Sein, das ihr Bewußtsein bestimmt. Auf einer gewissen Stufe ihrer Entwicklung geraten die materiellen Produktivkräfte der Gesellschaft in Widerspruch mit den vorhandenen Produktionsverhältnissen oder, was nur ein juristischer Ausdruck dafür ist, mit den Eigentumsverhältnissen, innerhalb deren sie sich bisher bewegt hatten. Aus Entwicklungsformen der Produktivkräfte schlagen diese Verhältnisse in Fesseln derselben um. Es tritt dann eine Epoche sozialer Revolution ein. Mit der Veränderung der ökonomischen Grundlage wälzt sich der ganze ungeheure Überbau langsamer oder rascher um. In der Betrachtung solcher Umwälzungen muß man stets unterscheiden zwischen der materiellen, naturwissenschaftlich treu zu konstatierenden Umwälzung in den ökonomischen Produktionsbedingungen und den juristischen, politischen, religiösen, künstlerischen oder philosophischen, kurz, ideologischen Formen, worin sich die Menschen dieses Konflikts bewußt werden und ihn ausfechten. Sowenig man das, was ein Individuum ist, nach dem beurteilt, was es sich selbst dünkt, ebensowenig kann man eine solche Umwälzungsepoche aus ihrem Bewußtsein beurteilen, sondern muß vielmehr dies Bewußtsein aus den Widersprüchen des materiellen Lebens, aus dem vorhandenen

Konflikt zwischen gesellschaftlichen Produktivkräften und Produktionsverhältnissen erklären. Eine Gesellschaftsformation geht nie unter, bevor alle Produktivkräfte entwickelt sind, für die sie weit genug ist, und neue höhere Produktionsverhältnisse treten nie an die Stelle, bevor die materiellen Existenzbedingungen derselben im Schoß der alten Gesellschaft selbst ausgebrütet worden sind. Daher stellt sich die Menschheit immer nur Aufgaben, die sie lösen kann, denn genauer betrachtet wird sich stets finden, daß die Aufgabe selbst nur entspringt, wo die materiellen Bedingungen ihrer Lösung schon vorhanden oder wenigstens im Prozeß ihres Werdens begriffen sind. In großen Umrissen können asiatische, antike, feudale und modern bürgerliche Produktionsweisen als progressive Epochen der ökonomischen Gesellschaftsformation bezeichnet werden. Die bürgerlichen Produktionsverhältnisse sind die letzte antagonistische Form des gesellschaftlichen Produktionsprozesses, antagonistisch nicht im Sinn von individuellem Antagonismus, sondern eines aus den gesellschaftlichen Lebensbedingungen der Individuen hervorwachsenden Antagonismus, aber die im Schoß der bürgerlichen Gesellschaft sich entwickelnden Produktivkräfte schaffen zugleich die materiellen Bedingungen zur Lösung dieses Antagonismus. Mit dieser Gesellschaftsformation schließt daher die Vorgeschichte der menschlichen Gesellschaft ab.

Friedrich Engels, mit dem ich seit dem Erscheinen seiner genialen Skizze zur Kritik der ökonomischen Kategorien (in den »Deutsch-Französischen Jahrbüchern«) einen steten schriftlichen Ideenaustausch unterhielt, war auf anderm Wege (vergleiche seine »Lage der arbeitenden Klasse in England«) mit mir zu demselben Resultat gelangt, und als er sich im Frühling 1845 ebenfalls in Brüssel niederließ, beschlossen wir, den Gegensatz unsrer Ansicht gegen die ideologische der deutschen Philosophie gemeinschaftlich auszuarbeiten, in der Tat mit unserm ehemaligen philosophischen Gewissen abzurechnen. Der Vorsatz ward ausgeführt in der Form einer Kritik der nachhegelschen Philosophie. Das Manuskript, zwei starke Oktavbände, war längst an seinem Verlagsort in Westphalen angelangt, als wir die Nachricht erhielten, daß veränderte Umstände den Druck nicht erlaubten. Wir überließen das Manuskript der nagenden Kritik der Mäuse um so williger, als wir unsern Hauptzweck erreicht hatten – Selbstverständigung. Von den zerstreuten Arbeiten, worin wir damals nach der einen oder andern Seite hin unsre Ansichten dem Publikum vorlegten, erwähne ich nur das von Engels und mir gemeinschaftlich verfaßte »Manifest der Kommunistischen Partei« und einen von mir veröffentlichten »Discours sur le libre échange«. Die entscheidenden Punkte unsrer Ansicht wurden zuerst wissenschaftlich, wenn auch nur polemisch, angedeutet in meiner 1847 herausgegebenen und gegen Proudhon gerichteten Schrift »Misère de la philosophie etc.« Eine deutsch geschriebene Abhandlung über die »Lohnarbeit«, worin ich meine über diesen Gegenstand im Brüsseler Deutschen Arbeiterverein gehaltenen Vorträge zusammenflocht, wurde im Druck unterbrochen durch die Februarrevolution und meine infolge derselben stattfindende gewaltsame Entfernung aus Belgien.

Die Herausgabe der »Neuen Rheinischen Zeitung« 1848 und 1849 und die später erfolgten Ereignisse unterbrachen meine ökonomischen studien, die erst im Jahr 1850 in London wiederaufgenommen werden konnten. Das ungeheure Material für Geschichte der politischen Ökonomie, das im British Museum aufgehäuft ist, der günstige Standpunkt, den London für die Beobachtung der bürgerlichen Gesellschaft gewährt, endlich das neue Entwicklungsstadium, worin letztere mit der Entdeckung des kalifornischen und australischen Goldes einzutreten schien, bestimmten mich, ganz von vorn wieder anzufangen und mich durch das neue Material kritisch durchzuarbeiten. Diese Studien führten teils von selbst in scheinbar ganz abliegende Disziplinen, in denen ich kürzer oder länger verweilen mußte. Namentlich aber wurde die mir zu Gebot stehende Zeit geschmälert durch die gebieterische Notwendigkeit einer Erwerbstätigkeit. Eine nun achtjährige Mitarbeit an der ersten englisch-amerikanischen Zeitung, der »New-York Tribune«, machte, da ich mit eigentlicher Zeitungskorrespondenz mich nur ausnahmsweise befasse, eine außerordentliche Zersplitterung der Studien nötig. Indes bildeten Artikel über auffalende ökonomische Ereignisse in England und auf dem Kontinent einen so bedeutenden Teil meiner Beiträge, daß ich genötigt ward, mich mit praktischen Details vertraut zu machen, die außerhalb des Bereichs der eigentlichen Wissenschaft der politischen Ökonomie liegen.

Diese Skizze über den Gang meiner Studien im Gebiet der politischen Ökonomie soll nur beweisen, daß meine Ansichten, wie man sie immer beurteilen mag und wie wenig sie mit den interessierten Vorurteilen der herrschenden Klassen übereinstimmen, das Ergebnis gewissenhafter und langjähriger Forschung sind. Bei dem Eingang in die Wissenschaft aber, wie beim Eingang in die Hölle, muß die Forderung gestellt werden:

> Qui si convien lasciare ogni sospetto
> Ogni viltà convien che qui sia morta.[1]

London, im Januar 1859

Karl Marx

---

1 Hier mußt du allen Zweifelmut ertöten,
   Hier ziemt sich keine Zagheit fürderhin. (Dante, »Göttliche Komödie«.)

Einleitung (1857)

*

I. Produktion, Konsumtion, Distribution, Austausch (Zirkulation)

1) Produktion

Selbständige Individuen. 18.-Jahrhundert-Ideen.

a) Der vorliegende Gegenstand zunächst die *materielle Produktion*.

In Gesellschaft produzierende Individuen – daher gesellschaftlich bestimmte Produktion der Individuen ist natürlich der Ausgangspunkt. Der einzelne und vereinzelte Jäger und Fischer, womit Smith und Ricardo beginnen, gehört zu den phantasielosen Einbildungen der 18.-Jahrhundert-Robinsonaden, die keineswegs, wie Kulturhistoriker sich einbilden, bloß einen Rückschlag gegen Überverfeinerung und Rückkehr zu einem mißverstandnen Naturleben ausdrücken. Sowenig wie Rousseaus contrat social, der die von Natur independenten Subjekte durch Vertrag in Verhältnis und Verbindung bringt, auf solchem Naturalismus beruht. Dies Schein und nur der ästhetische Schein der kleinen und großen Robinsonaden. Es ist vielmehr die Vorwegnahme der »bürgerlichen Gesellschaft«, die seit dem 16. Jahrhundert sich vorbereitete und im 18. Riesenschritte zu ihrer Reife machte. In dieser Gesellschaft der freien Konkurrenz erscheint der Einzelne losgelöst von den Naturbanden usw., die ihn in frühren Geschichtsepochen zum Zubehör eines bestimmten, begrenzten menschlichen Konglomerats machen. Den Propheten des 18. Jahrhunderts, auf deren Schultern Smith und Ricardo noch ganz stehn, schwebt dieses Individuum des 18. Jahrhunderts – das Produkt einerseits der Auflösung der feudalen Gesellschaftsformen, andrerseits der seit dem 16. Jahrhundert neuentwickelten Produktivkräfte – als Ideal vor, dessen Existenz eine vergangne sei. Nicht als ein historisches Resultat, sondern als Ausgangspunkt der Geschichte. Weil als das Naturgemäße Individuum, angemessen ihrer Vorstellung von der menschlichen Natur, nicht als ein geschichtlich entstehendes, sondern von der Natur gesetztes. Diese Täuschung ist jeder neuen Epoche bisher eigen gewesen. Steuart, der in mancher Hinsicht im Gegensatz zum 18. Jahrhundert und als Aristokrat mehr auf historischem Boden steht, hat diese Einfältigkeit vermieden.

Je tiefer wir in der Geschichte zurückgehen, je mehr erscheint das Individuum, daher auch das produzierende Individuum, als unselbständig, einem größren Ganzen angehörig: erst noch in ganz natürlicher Weise in der Familie und der zum Stamm erweiterten Familie; später in dem aus dem Gegensatz und Verschmelzung der Stämme hervorgehenden Gemeinwesen in seinen verschiednen Formen. Erst in dem 18. Jahrhundert, in der »bürgerlichen Gesellschaft«, treten die verschiednen Formen des gesellschaftlichen Zusammenhangs dem Einzelnen als bloßes Mittel für seine Privatzwecke entgegen, als äußerliche Notwendigkeit. Aber die Epoche, die diesen Standpunkt erzeugt, den des vereinzelten Einzelnen, ist grade die der bisher entwickeltsten gesellschaftlichen (allgemeinen von diesem Standpunkt aus) Verhältnisse. Der Mensch ist im wörtlichsten Sinn ein ζῶον πολιτικόν, nicht nur ein geselliges Tier, sondern ein Tier, das *nur* in der Gesellschaft sich vereinzeln kann. Die Produktion des vereinzelten Einzelnen außerhalb der Gesellschaft – eine Rarität, die einem durch Zufall in die Wildnis verschlagnen Zivilisierten wohl vorkommen kann, der in sich dynamisch schon die Gesellschaftskräfte besitzt – ist ein ebensolches Unding als Sprachentwicklung ohne *zusammen* lebende und zusammen sprechende Individuen. Es ist sich dabei nicht länger aufzuhalten. Der Punkt wäre gar nicht zu berühren, wenn die Fadaise, die bei den Leuten des 18. Jahrhunderts Sinn und Verstand hatte, von Bastiat, Carey, Proudhon etc. nicht wieder ernsthaft mitten in die modernste Ökonomie hereingezogen würde. Für Proudhon u.a. ist es natürlich angenehm, den Ursprung eines ökonomischen Verhältnisses, dessen geschichtliche Entstehung er nicht kennt, dadurch geschichtsphilosophisch zu entwickeln, daß er mythologisiert, Adam oder Prometheus sei auf die Idee fix und fertig gefallen, dann sei sie eingeführt worden cte. Nichts ist langweilig trockener als der phantasierende locus communis.

Verewigung historischer Produktionsverhältnisse. –
Produktion und Distribution im Allgemeinen. – Eigentum.

Wenn also von Produktion die Rede ist, ist immer die Rede von Produktion auf einer bestimmten gesellschaftlichen Entwicklungsstufe – von der Produktion gesellschaftlicher Individuen. Es könnte daher scheinen, daß, um überhaupt von der Produktion zu sprechen, wir entwederden geschichtlichen Entwicklungsprozeß in seinen verschiednen Phasen verfolgen müssen, oder von vornherein erklären, daß wir es mit einer bestimmten historischen Epoche zu tun haben, also z.B. mit der modernen bürgerlichen Produktion, die in der Tat unser eigentliches Thema ist. Allein alle Epochen der Produktion haben gewisse Merkmale gemein, gemeinsame Bestimmungen. Die *Produktion im Allgemeinen* ist eine Abstraktion, aber eine verständige Abstraktion, sofern sie wirklich das Gemeinsame hervorhebt, fixiert, und uns daher die Wiederholung erspart. Indes dies *Allgemeine*, oder das durch Vergleichung herausgesonderte Gemeinsame, ist selbst ein vielfach Gegliedertes, in verschiedne Bestimmungen Auseinanderfahrendes. Einiges davon gehört allen Epochen; andres einigen gemeinsam. [Einige] Bestimmungen werden der modernsten Epoche mit der ältesten gemeinsam sein. Es wird sich keine Produktion ohne sie denken lassen; allein, wenn die entwickeltsten Sprachen Gesetze und Bestimmungen mit den unentwickeltsten gemein haben, so muß grade das, was ihre Entwicklung ausmacht, den Unterschied von diesem Allgemeinen und Gemeinsamen, die Bestimmungen, die für die Produktion überhaupt gelten, müssen grade gesondert werden, damit über der Einheit – die schon daraus hervorgeht, daß das Subjekt, die Menschheit, und das Objekt, die Natur, dieselben – die wesentliche Verschiedenheit nicht vergessen wird. In diesem Vergessen liegt z.B. die ganze Weisheit der modernen Ökonomen, die die Ewigkeit und Harmonie der bestehenden sozialen Verhältnisse beweisen. Zum Beispiel. Keine Produktion möglich ohne ein Produktionsinstrument, wäre dies Instrument auch nur die Hand. Keine möglich ohne vergangne, aufgehäufte Arbeit, wäre diese Arbeit auch nur die Fertigkeit, die in der Hand des Wilden durch wiederholte Übung angesammelt und konzentriert ist. Das Kapital ist unter andrem auch Produktionsinstrument, auch vergangne, objektivierte Arbeit. Also ist das Kapital ein allgemeines, ewiges Naturverhältnis; d.h. wenn ich grade das Spezifische weglasse, was »Produktionsinstrument«, »aufgehäufte Arbeit« erst zum Kapital macht. Die ganze Geschichte der Produktionsverhältnisse erscheint daher z.B. bei Carey als eine durch die Regierungen böswillig veranlaßte Verfälschung.

Wenn es keine Produktion im Allgemeinen gibt, so gibt es auch keine allgemeine Produktion. Die Produktion ist immer ein *besondrer* Produktionszweig – z.B. Agrikultur, Viehzucht, Manufaktur etc. – oder sie ist *Totalität*. Allein die politische Ökonomie ist nicht Technologie. Das Verhältnis der allgemeinen Bestimmungen der Produktion auf einer gegebnen gesellschaftlichen Stufe zu den besondren Produktionsformen anderswo zu entwickeln (später). Endlich ist die Produktion auch nicht nur besondre. Sondern es ist stets ein gewisser Gesellschaftskörper, ein gesellschaftliches Subjekt, das in einer größren oder dürftigen Totalität von Produktionszweigen tätig ist. Das Verhältnis, das die wissenschaftliche Darstellung zur reellen Bewegung hat, gehört ebenfalls noch nicht hierher. Produktion im Allgemeinen. Besondre Produktionszweige. Totalität der Produktion.

Es ist Mode, der Ökonomie einen allgemeinen Teil vorherzuschicken – und es ist grade der, der unter dem Titel »Produktion« figuriert (siehe zum Beispiel J. St. Mill) –, worin die *allgemeinen Bedingungen* aller Produktion abgehandelt werden. Dieser allgemeine Teil besteht oder soll angeblich bestehn: 1) aus den Bedingungen, ohne welche Produktion nicht möglich ist. D.h. also in der Tat nichts als die wesentlichen Momente aller Produktion angeben. Es reduziert sich dies in der Tat aber, wie wir sehn werden, auf einige sehr einfache Bestimmungen, die in flachen Tautologien breitgeschlagen werden; 2) den Bedingungen, die mehr oder weniger die Produktion fördern, wie z.B. Adam Smiths fortschreitender und stagnanter Gesellschaftszustand. Um dies, was als Aperçu bei ihm seinen Wert hat, zu wissenschaftlicher Bedeutung zu erheben, wären Untersuchungen nötig über die Perioden der *Grade der Produktivität* in der Entwicklung einzelner Völker – eine Untersuchung, die außerhalb der eigentlichen Grenzen des Themas liegt, soweit sie aber in dasselbe gehört, bei der Entwicklung der Konkurrenz, Akkumulation etc. anzubringen ist. In der allgemeinen Fassung läuft die Antwort auf das Allgemeine heraus, daß ein industrielles Volk die Höhe seiner Produktion in dem Moment besitzt, worin es überhaupt seine geschichtliche Höhe einnimmt. In fact. Industrielle Höhe eines Volks, solange noch nicht der Gewinn, sondern das Gewinnen ihm Hauptsache ist. Sofern die Yankees über den Engländern. Oder aber: daß z.B. gewisse Racen, Anlagen, Klimate, Naturverhältnisse, wie Seelage, Fruchtbarkeit des Bodens etc. der Produktion günstiger sind als andre. Läuft auch wieder auf die Tautologie hinaus, daß der Reichtum in dem Grade leichter geschaffen wird, als subjektiv und objektiv seine Elemente in höherm Grad vorhanden sind.

Das ist es aber alles nicht, worum es den Ökonomen wirklich in diesem allgemeinen Teil sich handelt. Die Produktion soll vielmehr – siehe z. B. Mill – im Unterschied von der Distribution etc. als eingefaßt in von der Geschichte unabhängigen ewigen Naturgesetzen dargestellt werden, bei welcher Gelegenheit dann ganz unter der Hand *bürgerliche* Verhältnisse als unumstößliche Naturgesetze der Gesellschaft in abstracto untergeschoben werden. Dies ist der mehr oder minder bewußte Zweck des ganzen Verfahrens. Bei der Distribution dagegen sollen die Menschen in der Tat allerlei Willkür sich erlaubt haben. Ganz abgesehn von dem rohen Auseinanderreißen von Produktion und Distribution und ihrem wirklichen Verhältnis, muß soviel von vornherein einleuchten, daß, wie verschiedenartig die Distribution auf verschiednen Gesellschaftsstufen sein mag, es ebenso möglich sein muß, ebensogut wie in der Produktion, gemeinsame Bestimmungen herauszuheben und ebenso möglich alle historischen Unterschiede zu konfundieren oder auszulöschen in *allgemein menschlichen* Gesetzen. Zum Beispiel der Sklave, der Leibeigne, der Lohnarbeiter erhalten alle ein Quantum Nahrung, das ihnen möglich macht als Sklave, als Leibeigner, als Lohnarbeiter zu existieren. Der Eroberer, der vom Tribut, oder der Beamte, der von der Steuer, oder der Grundeigentümer, der von der Rente, oder der Mönch, der vom Almosen, oder der Levit, der vom Zehnten lebt, erhalten alle ein Quotum der gesellschaftlichen Produktion, das nach andren Gesetzen bestimmt ist als das des Sklaven etc. Die beiden Hauptpunkte, die alle Ökonomen unter diese Rubrik stellen, sind: 1) Eigentum; 2) Sicherung desselben durch Justiz, Polizei etc. Es ist darauf sehr kurz zu antworten:

ad 1. Alle Produktion ist Aneignung der Natur von seiten des Individuums innerhalb und vermittelst einer bestimmten Gesellschaftsform. In diesem Sinn ist es Tautologie zu sagen, daß Eigentum (Aneignen) eine Bedingung der Produktion sei. Lächerlich aber ist es, hiervon einen Sprung auf eine bestimmte Form des Eigentums, z. B. das Privateigentum zu machen. (Was dazu noch eine gegensätzliche Form, die *Nichteigentum* ebensowohl als Bedingung unterstellt.) Die Geschichte zeigt vielmehr Gemeineigentum (z.B. bei den Indern, Slawen, alten Celten etc.) als die ursprünglichere Form, eine Form, die unter der Gestalt des Gemeindeeigentums noch lange eine bedeutende Rolle spielt. Von der Frage, ob der Reichtum sich besser unter dieser oder jener Form des Eigentums entwickle, ist hier noch gar nicht die Rede. Daß aber von keiner Produktion, also auch von keiner Gesellschaft die Rede sein kann, wo keine Form des Eigentums existiert, ist eine Tautologie. Eine Aneignung, die sich nichts zu eigen macht, ist contradictio in subjecto.

ad 2. Sicherstellung des Erworbnen etc. Wenn diese Trivialitäten auf ihren wirklichen Gehalt reduziert werden, so sprechen sie mehr aus, als ihre Prediger wissen. Nämlich daß jede Form der Produktion ihre eignen Rechtsverhältnisse, Regierungsform etc. erzeugt. Die Roheit und Begriffslosigkeit liegt eben darin, das organisch Zusammengehörende zufällig aufeinander zu beziehn, in einen bloßen Reflexionszusammenhang zu bringen. Den bürgerlichen Ökonomen schwebt nur vor, daß sich mit der modernen Polizei besser produzieren lasse als z.B. im Faustrecht. Sie vergessen nur, daß auch das Faustrecht ein Recht ist, und daß das Recht des Stärkeren unter andrer Form auch in ihrem »Rechtsstaat« fortlebt.

Wenn die einer bestimmten Stufe der Produktion entsprechenden gesellschaftlichen Zustände erst entstehn, oder wenn sie schon vergehn, treten natürlich Störungen der Produktion ein, obgleich in verschiednem Grad und von verschiedner Wirkung.

Zu resümieren: Es gibt allen Produktionsstufen gemeinsame Bestimmungen, die vom Denken als allgemeine fixiert werden; aber die sogenannten *allgemeinen Bedingungen* aller Produktion sind nichts als diese abstrakten Momente, mit denen keine wirkliche geschichtliche Produktionsstufe begriffen ist.

2) Das allgemeine Verhältnis der Produktion zu Distribution, Austausch, Konsumtion

Ehe in eine weitere Analyse der Produktion eingegangen wird, ist es nötig, die verschiednen Rubriken, die die Ökonomen neben sie stellen, ins Aug zu fassen.

Die flach auf der Hand liegende Vorstellung: In der Produktion eignen (bringen hervor, gestalten) die Gesellschaftsglieder die Naturprodukte menschlichen Bedürfnissen an; die Distribution bestimmt das Verhältnis, worin der Einzelne teilnimmt an diesen Produkten; der Austausch führt ihm die besondren Produkte zu, in die er das ihm durch die Distribution zugefallne Quotum umsetzen will; endlich in der Konsumtion, werden die Produkte Gegenstände des Genusses, der individuellen Aneignung. Die Produktion bringt die den Bedürfnissen entsprechenden Gegenstände hervor; die Distribution verteilt sie nach gesellschaftlichen Gesetzen; der Austausch verteilt wieder das schon Verteilte nach dem einzelnen Bedürfnis; endlich in der Konsumtion tritt das Produkt aus dieser gesellschaftlichen Bewegung heraus, wird direkt Gegenstand und Diener des einzelnen Bedürfnisses und befriedigt es im Genuß. Produktion erscheint so als der Ausgangspunkt, Konsumtion als der Endpunkt, Distribution und Austausch als die Mitte, die selbst wieder doppelt ist, indem die Distribution als das von der Gesellschaft, der Austausch als das von den Individuen ausgehende Moment bestimmt ist. In der Produktion objektiviert sich die Person, in der Person subjektiviert sich die Sache; in der Distribution übernimmt die Gesellschaft in der Form allgemeiner, herrschender Bestimmungen die Vermittlung zwischen der Produktion und Konsumtion; in dem Austausch sind sie vermittelt durch die zufällige Bestimmtheit des Individuums.

Die Distribution bestimmt das Verhältnis (das Quantum), worin die Produkte an die Individuen fallen; der Austausch bestimmt die Produktion, worin das Individuum den ihm durch die Distribution zugewiesnen Anteil verlangt.

Produktion, Distribution, Austausch, Konsumtion bilden so

einen regelrechten Schluß; Produktion die Allgemeinheit, Distribution und Austausch die Besonderheit, Konsumtion die Einzelnheit, worin sich das Ganze zusammenschließt. Dies ist allerdings ein Zusammenhang, aber ein flacher. Die Produktion ist durch allgemeine Naturgesetze bestimmt; die Distribution durch gesellschaftlichen Zufall, und sie kann daher mehr oder weniger befördernd auf die Produktion wirken; der Austausch liegt zwischen beiden als formalgesellschaftliche Bewegung, und der schließende Akt der Konsumtion, der nicht nur als Endziel, sondern auch als Endzweck gefaßt wird, liegt eigentlich außerhalb der Ökonomie, außer soweit er wieder zurückwirkt auf den Ausgangspunkt, und den ganzen Vorgang von neuem einleitet.

Die Gegner der politischen Ökonomen – seien es Gegner innerhalb oder außerhalb ihres Berings –, die ihnen barbarische Auseinanderreißung des Zusammengehörigen vorwerfen, stehn entweder mit ihnen auf demselben Boden oder unter ihnen. Nichts gewöhnlicher als der Vorwurf, die politischen Ökonomen faßten die Produktion zu ausschließlich als Selbstzweck ins Auge. Es komme ebensosehr auf die Distribution an. Diesem Vorwurf liegt grade die ökonomische Vorstellung zugrunde, daß die Distribution als selbständige, unabhängige Sphäre neben der Produktion haust. Oder die Momente würden nicht in ihrer Einheit gefaßt. Als wenn dies Auseinanderreißen nicht aus der Wirklichkeit in die Lehrbücher, sondern umgekehrt aus den Lehrbüchern in die Wirklichkeit gedrungen sei, und es sich hier um eine dialektische Ausgleichung von Begriffen handele, und nicht um die Auffassung realer Verhältnisse!

[Konsumtion und Produktion]

a_1) Die Produktion ist unmittelbar auch Konsumtion. Doppelte Konsumtion, subjektive und objektive: das Individuum, das im Produzieren seine Fähigkeiten entwickelt, gibt sie auch aus, verzehrt sie im Akt der Produktion, ganz wie das natürliche Zeugen eine Konsumtion von Lebenskräften ist. Zweitens: Konsumtion der Produktionsmittel, die gebraucht und abgenutzt werden und zum Teil (wie z.B. bei der Feurung) in die allgemeinen Elemente wieder aufgelöst werden. Ebenso Konsumtion des Rohstoffs, der nicht in seiner natürlichen Gestalt und Beschaffenheit bleibt, die vielmehr aufgezehrt wird. Der Akt der Produktion selbst ist daher in allen seinen Momenten auch ein Akt der Konsumtion. Aber dies geben die Ökonomen zu. Die Produktion als unmittelbar identisch mit der Konsumtion, die Konsumtion als unmittelbar zusammenfallend mit der Produktion, nennen sie *produktive Konsumtion*. Diese Identität von Produktion und Konsumtion kommt hinaus auf Spinozas Satz: determinatio est negatio.

Aber diese Bestimmung der produktiven Konsumtion wird eben nur aufgestellt, um die mit der Produktion identische Konsumtion zu trennen von der eigentlichen Konsumtion, die vielmehr als vernichtender Gegensatz der Produktion gefaßt wird. Betrachten wir also die eigentliche Konsumtion.

Die Konsumtion ist unmittelbar auch Produktion, wie in der Natur die Konsumtion der Elemente und der chemischen Stoffe Produktion der Pflanze ist. Daß in der Nahrung z.B., einer Form der Konsumtion, der Mensch seinen eignen Leib produziert, ist klar. Es gilt dies aber von jeder andren Art der Konsumtion, die in einer oder der andren Art den Menschen nach einer Seite hin produziert. Konsumptive Produktion. Allein, sagt die Ökonomie, diese mit der Konsumtion identische Produktion ist eine zweite, aus der Vernichtung des ersten Produkts hervorgehende. In der ersten versachlichte sich der Produzent, in der zweiten personifiziert sich die von ihm geschaffne Sache. Also ist diese konsumptive Produktion – obgleich sie eine unmittelbare Einheit zwischen Produktion und Konsumtion ist – wesentlich verschieden von der eigentlichen Produktion. Die unmittelbare Einheit, worin die Produktion mit der Konsumtion und die Konsumtion mit der Produktion zusammenfällt, läßt ihre unmittelbare Zweiheit bestehn.

Die Produktion ist also unmittelbar Konsumtion, die Konsumtion ist unmittelbar Produktion. Jede ist unmittelbar ihr Gegenteil. Zugleich aber findet eine vermittelnde Bewegung zwischen beiden statt. Die Produktion vermittelt die Konsumtion, deren Material sie schafft, der ohne sie der Gegenstand fehlte. Aber die Konsumtion vermittelt auch die Produktion, indem sie den Produkten erst das Subjekt schafft, für das sie Produkte sind. Das Produkt erhält erst den letzten finish in der Konsumtion. Eine Eisenbahn, auf der nicht gefahren wird, die also nicht abgenutzt, nicht konsumiert wird, ist nur eine Eisenbahn δυνάμει, nicht der Wirklichkeit nach. Ohne Produktion keine Konsumtion; aber auch ohne Konsumtion keine Produktion, da die Produktion so zwecklos wäre. Die Konsumtion produziert die Produktion doppelt, 1) indem erst in der Konsumtion das Produkt wirkliches Produkt wird. Z.B. ein Kleid wird erst wirklich Kleid durch den Akt des Tragens; ein Haus, das nicht bewohnt wird, ist in fact kein wirkliches Haus; also als Produkt, im Unterschied von bloßem Naturgegenstand, bewährt sich, *wird* das Produkt erst in der Konsumtion. Die Konsumtion gibt, indem sie das Produkt auflöst, ihm erst den finishing stroke; denn Produkt ist die Produktion nicht als versachlichte Tätigkeit, sondern nur als Gegenstand für das tätige Subjekt; 2) indem die Konsumtion das Bedürfnis *neuer* Produktion schafft, also den idealen, innerlich treibenden Grund der Produktion, der ihre Voraussetzung ist. Die Konsumtion schafft den Trieb der Produktion; sie schafft auch den Gegenstand, der als zweckbestimmend in der Produktion tätig ist. Wenn es klar ist, daß die Produktion den Gegenstand der Konsumtion äußerlich darbietet, so ist daher ebenso klar, daß die Konsumtion den Gegenstand der Produktion *ideal setzt*, als innerliches Bild, als Bedürfnis, als Trieb und als Zweck. Sie schafft die Gegenstände der Produktion in noch subjektiver form. Ohne Bedürfnis keine Produktion. Aber die Konsumtion reproduziert das Bedürfnis.

Dem entspricht von seiten der Produktion, daß sie 1) der Konsumtion das Material, den Gegenstand liefert. Eine Konsumtion ohne Gegenstand ist keine Konsumtion; also schafft nach dieser Seite, produziert die Produktion die Konsumtion. 2) Aber es ist nicht nur der Gegenstand, den die Produktion der Konsumtion schafft. Sie gibt auch der Konsumtion ihre Bestimmtheit, ihren Charakter, ihren finish. Ebenso wie die Konsumtion dem Produkt seinen finish als Produkt gab, gibt die Produktion den finish der Konsumtion. *Einmal* ist der Gegenstand kein Gegenstand überhaupt, sondern ein bestimmter Gegenstand, der in einer bestimmten, durch die Produktion selbst wieder [zu] vermittelnden Art konsumiert werden muß. Hunger ist Hunger, aber Hunger, der sich durch gekochtes, mit Gabeln und Messer gegeßnes Fleisch befriedigt, ist ein andrer Hunger als das rohe Fleisch mit Hilfe von Hand, Nagel und Zahn verschlingt. Nicht nur der Gegenstand der Konsumtion, sondern auch die Weise der Konsumtion wird daher durch die Produktion produziert, nicht nur objektiv, sondern auch subjektiv. Die Produktion schafft also den Konsumenten. 3) Die Produktion liefert dem Bedürfnis nicht nur ein Material, sondern sie liefert dem Material auch ein Bedürfnis. Wenn die Konsumtion aus ihrer ersten Naturrohheit und Unmittelbarkeit heraustritt – und das Verweilen in derselben wäre selbst noch das Resultat einer in der naturrohheit steckenden Produktion –, so ist sie selbst als Trieb vermittelt durch den Gegenstand. Das Bedürfnis, das sie nach ihm fühlt, ist durch die Wahrnehmung desselben geschaffen. Der Kunstgegenstand – ebenso jedes andre Produkt – schafft ein kunstsinniges und schönheitsgenußfähiges Publikum. Die Produktion produziert daher nicht nur einen Gegenstand für das Subjekt, sondern auch ein Subjekt für den Gegenstand. Die Produktion produziert die Konsumtion daher, 1) indem sie ihr das Material schafft; 2) indem sie die Weise der Konsumtion bestimmt; 3) indem sie die erst von ihr als Gegenstand gesetzten Produkte als Bedürfnis im Konsumenten erzeugt. Sie produziert daher Gegenstand der Konsumtion, Weise der Konsumtion, Trieb der Konsumtion. Ebenso produziert die Konsumtion die *Anlage* des Produzenten, indem sie ihn als zweckbestimmendes Bedürfnis sollizitiert.

Die Identitäten zwischen Konsumtion und Produktion erscheinen also dreifach:

1) *Unmittelbare Identität:* Die Produktion ist Konsumtion; die Konsumtion ist Produktion. Konsumtive Produktion. Produktive Konsumtion. Die Nationalökonomen nennen beides produktive Konsumtion. Machen aber noch einen Unterschied. Die erste figuriert als Reproduktion; die zweite als produktive Konsumtion. Alle Untersuchungen über die erste sind die über produktive oder unproduktive Arbeit; die über die zweite über produktive oder nicht produktive Konsumtion.

2) Daß jede als Mittel der andren erscheint; von ihr vermittelt wird; was als ihre wechselseitige Abhängigkeit ausgedrückt wird; eine Bewegung, wodurch sie aufeinander bezogen werden und sich wechselseitig unentbehrlich erscheinen, aber sich doch noch äußerlich bleiben. Die Produktion schafft das Material als äußerlichen Gegenstand für die Konsumtion; die Konsumtion schafft das Bedürfnis als innern Gegenstand, als Zweck für die Produktion. Ohne Produktion keine Konsumtion; ohne Konsumtion keine Produktion. Figuriert in der Ökonomie in vielen Formen.

3) Die Produktion ist nicht nur unmittelbar Konsumtion und die Konsumtion unmittelbar Produktion; noch ist die Produktion nur Mittel für die Konsumtion und die Konsumtion Zweck für die Produktion, d.h. daß jede der andren ihren Gegenstand liefert, die Produktion äußerlichen der Konsumtion, die Konsumtion vorgestellten der Produktion; sondern jede derselben ist nicht nur unmittelbar die andre, noch die andere nur vermittelnd, sondern jede der beiden schafft, indem sie sich vollzieht, die andre; sich als die andre. Die Konsumtion vollzieht erst den Akt der Produktion, indem sie das Produkt als Produkt vollendet, indem sie es auflöst, die selbständig sachliche Form an ihm verzehrt; indem sie die in dem ersten Akt der Produktion entwickelte Anlage durch das Bedürfnis der Wiederholung zur Fertigkeit steigert; sie ist also nicht nur der abschließende Akt, wodurch das Produkt Produkt, sondern auch, wodurch der

Produzent Produzent wird. Andrerseits produziert die Produktion die Konsumtion, indem sie die bestimmte Weise der Konsumtion schafft, und dann, indem sie den Reiz der Konsumtion, die Konsumtionsfähigkeit selbst schafft als Bedürfnis. Diese letztre unter 3) bestimmte Identität in der Ökonomie vielfach erläutert in dem Verhältnis von Nachfrage und Zufuhr, von Gegenständen und Bedürfnissen, von durch die Sozietät geschaffnen und natürlichen Bedürfnissen.

Hiernach für einen Hegelianer nichts einfacher als Produktion und Konsumtion identisch zu setzen. Und das ist geschehn nicht nur von sozialistischen Belletristen, sondern von prosaischen Ökonomen selbst, z.B. Say; in der Form, daß wenn man ein Volk betrachte, seine Produktion seine Konsumtion sei. Oder auch die Menschheit in abstracto. Storch hat dem Say das Falsche nachgewiesen, indem ein Volk z.B. nicht rein sein Produkt konsumiert, sondern auch Produktionsmittel schafft etc., fixes Kapital etc. Die Gesellschaft als Ein einziges Subjekt betrachten, ist sie überdem falsch betrachten; spekulativ. Bei einem Subjekt erscheinen Produktion und Konsumtion als Momente eines Akts. Das Wichtige ist hier nur hervorzuheben, daß, betrachte man Produktion und Konsumtion als Tätigkeiten eines Subjekts oder vieler Individuen, sie jedenfalls als Momente eines Prozesses erscheinen, worin die Produktion der wirkliche Ausgangspunkt und darum auch das übergreifende Moment ist. Die Konsumtion als Notdurft, als Bedürfnis ist selbst ein innres Moment der produktiven Tätigkeit. Aber die letztre ist der Ausgangspunkt der Realisierung und daher auch ihr übergreifendes Moment, der Akt, worin der ganze Prozeß sich wieder verläuft. Das Individuum produziert einen Gegenstand und kehrt durch dessen Konsumtion wieder in sich zurück, als produktives Individuum, und sich selbst reproduzierendes. Die Konsumtion erscheint so als Moment der Produktion.

In der Gesellschaft aber ist die Beziehung des Produzenten auf das Produkt, sobald es fertig ist, eine äußerliche und die Rückkehr desselben zu dem Subjekt hängt ab von seinen Beziehungen zu andren Individuen. Es wird desselben nicht unmittelbar habhaft. Auch ist die unmittelbare Aneignung desselben nicht sein Zweck, wenn es in der Gesellschaft produziert. Zwischen den Produzenten und die Produkte tritt die *Distribution*, die durch gesellschaftliche Gesetze seinen Anteil an der Welt der Produkte bestimmt, also zwischen die Produktion und Konsumtion tritt.

Steht nun die Distribution als selbständige Sphäre neben und außerhalb der Produktion?

Distribution und Produktion.

b_1) Wenn man die gewöhnlichen Ökonomien betrachtet, muß zunächst auffallen, daß alles in ihnen doppelt gesetzt wird. Zum Beispiel in der Distribution figurieren Grundrente, Arbeitslohn, Zins und Profit, während in der Produktion Erde, Arbeit, Kapital figurieren als Agenten der Produktion. Mit dem Kapital nun ist von vornherein einleuchtend, daß es doppelt gesetzt ist, 1) als Produktionsagent; 2) als Einnahmequelle; als bestimmend bestimmte Distributionsformen. Zins und Profit figurieren daher auch als solche in der Produktion, insofern sie Formen sind, in denen das Kapital sich vermehrt, anwächst, also Momente seiner Produktion selbst. Zins und Profit als Distributionsformen unterstellen das Kapital als Agenten der Produktion. Sie sind Distributionsweisen, die zur Voraussetzung das Kapital als Produktionsagenten haben. Sie sind ebenso Reproduktionsweisen des Kapitals.

Arbeitslohn ist ebenso die unter einer andren Rubrik betrachtete Lohnarbeit: die Bestimmtheit, die die Arbeit hier als Produktionsagent hat, erscheint als Distributionsbestimmung. Wäre die Arbeit nicht als Lohnarbeit bestimmt, so erschiene die Art, wie sie an den Produkten teilnimmt, nicht als Arbeitslohn, wie z.B. in der Sklaverei. Endlich die Grundrente, um gleich die entwickeltste Form der Distribution zu nehmen, worin das Grundeigentum an den Produkten teilnimmt, unterstellt das große Grundeigentum (eigentlich die große Agrikultur) als Produktionsagenten, nicht die Erde schlechthin, sowenig wie das Salär die Arbeit schlechthin. Die Distributionsverhältnisse und -weisen erscheinen daher nur als Kehrseite der Produktionsagenten. Ein Individuum, das in der Form der Lohnarbeit an der Produktion teilnimmt, nimmt in der Form des Arbeitslohns an den Produkten, den Resultaten der Produktion teil. Die Gliederung der Distribution ist vollständig bestimmt durch die Gliederung der Produktion. Die Distribution ist selbst ein Produkt der Produktion, nicht nur dem Gegenstand nach, daß nur die Resultate der Produktion distribuiert werden können, sondern auch der Form nach, daß die bestimmte Art der Teilnahme an der Produktion die besondren Formen der Distribution, die Form, worin an der Distribution teilgenommen wird, bestimmt. Es ist durchaus eine Illusion, in der Produktion Erde, in der Distribution Grundrente zu setzen etc.

Ökonomen wie Ricardo, denen am meisten vorgeworfen wird, sie hätten nur die Produktion im Auge, haben daher ausschließlich die Distribution als Gegenstand der Ökonomie bestimmt, weil sie instinktiv die Distributionsformen als den bestimmtesten Ausdruck faßten, worin die Produktionsagenten in einer gegebnen Gesellschaft sich fixieren.

Dem einzelnen Individuum gegenüber erscheint natürlich die Distribution als ein gesellschaftliches Gesetz, das seine Stellung innerhalb der Produktion bedingt, innerhalb deren es produziert, die also der Produktion vorausgeht. Das Individuum hat von Haus aus kein Kapital, kein Grundeigentum. Es ist von Geburt auf die Lohnarbeit angewiesen durch die gesellschaftliche Distribution. Aber dies Angewiesensein selbst ist das Resultat, daß Kapital, Grundeigentum als selbständige Produktionsagenten existieren.

Ganze Gesellschaften betrachtet, scheint die Distribution nach noch einer Seite hin der Produktion vorherzugehn und sie zu bestimmen; gleichsam als anteökonomisches fact. Ein eroberndes Volk verteilt das Land unter die Eroberer und imponiert so eine bestimmte Verteilung und Form des Grundeigentums; bestimmt daher die Produktion. Oder es macht die Eroberten zu Sklaven und macht so Sklavenarbeit zur Grundlage der Produktion. Oder ein Volk, durch Revolution, zerschlägt das große Grundeigentum in Parzellen; gibt also durch diese neue Distribution der Produktion einen neuen Charakter. Oder die Gesetzgebung verewigt das Grundeigentum in gewissen Familien, oder verteilt die Arbeit [als] erbliches Privileg und fixiert sie so kastenmäßig. In allen diesen Fällen, und sie sind alle historisch, scheint die Distribution nicht durch die Produktion, sondern umgekehrt die Produktion durch die Distribution gegliedert und bestimmt.

Die Distribution in der flachsten Auffassung erscheint als Distribution der Produkte, und so weiter entfernt von und quasi selbständig gegen die Produktion. Aber ehe die Distribution Distribution der Produkte ist, ist sie: 1) Distribution der Produktionsinstrumente, und 2), was eine weitere Bestimmung desselben Verhältnisses ist, Distribution der Mitglieder der Gesellschaft unter die verschiednen Arten der Produktion. (Subsumtion der Individuen unter bestimmte Produktionsverhältnisse.) Die Distribution der Produkte ist offenbar nur Resultat dieser Distribution, die innerhalb des Produktionsprozesses selbst einbegriffen ist und die Gliederung der Produktion bestimmt. Die Produktion abgesehn von dieser in ihr eingeschloßnen Distribution betrachten, ist offenbar leere Abstraktion, während umgekehrt die Distribution der Produkte von selbst gegeben ist mit dieser ursprünglich ein Moment der Produktion bildenden Distribution. Ricardo, dem es darum zu tun war die moderne Produktion in ihrer bestimmten sozialen Gliederung aufzufassen, und der der Ökonom der Produktion par excellence ist, erklärt eben deswegen *nicht* die Produktion, sondern die Distribution für das eigentliche Thema der modernen Ökonomie. Es folgt hieraus wieder die Abgeschmacktheit der Ökonomen, die die Produktion als ewige Wahrheit entwickeln, während sie die Geschichte in den Bereich der Distribution bannen.

Welches Verhältnis diese die Produktion selbst bestimmende

Distribution zu ihr einnimmt, ist offenbar eine Frage, die innerhalb der Produktion selbst fällt. Sollte gesagt werden, daß dann wenigstens, da die Produktion von einer gewissen Distribution der Produktionsinstrumente ausgehn muß, die Distribution in dieser Bedeutung der Produktion vorhergeht, ihre Voraussetzung bildet, so ist darauf zu antworten, daß die Produktion in der Tat ihre Bedingungen und Voraussetzungen hat, die Momente derselben bilden. Diese mögen im ersten Beginn als naturwüchsig erscheinen. Durch den Prozeß der Produktion selbst werden sie aus naturwüchsigen in geschichtliche verwandelt, und wenn sie für eine Periode als natürliche Voraussetzung der Produktion erscheinen, waren sie für eine andre ihr geschichtliches Resultat. Innerhalb der Produktion selbst werden sie beständig verändert. Zum Beispiel die Anwendung der Maschinerie veränderte die Distribution sowohl der Produktionsinstrumente als der Produkte. Das moderne große Grundeigentum selbst ist das Resultat sowohl des modernen Handels und der modernen Industrie, wie der Anwendung der letzteren auf die Agrikultur.

Die oben aufgeworfenen Fragen lösen sich alle in letzter Instanz dahin auf, wie allgemeingeschichtliche Verhältnisse in die Produktion hineinspielen, und ihr Verhältnis zur geschichtlichen Bewegung überhaupt. Die Frage gehört offenbar in die Erörterung und Entwicklung der Produktion selbst.

Indes in der trivialen Form, worin sie oben aufgeworfen sind, können sie ebenso kurz abgefertigt werden. Bei allen Eroberungen ist dreierlei möglich. Das erobernde Volk unterwirft das Eroberte seiner eignen Produktionsweise (z.B. die Engländer in Irland in diesem Jahrhundert, zum Teil in Indien); oder es läßt die alte bestehn und begnügt sich mit Tribut (z.B. Türken und Römer); oder es tritt eine Wechselwirkung ein, wodurch ein Neues entsteht, eine Synthese (zum Teil in den germanischen Eroberungen). In allen Fällen ist die Produktionsweise, sei es des erobernden Volks, sei es des eroberten, sei es die aus der Verschmelzung beider hervorgehende, bestimmend für die neue Distribution, die eintritt. Obgleich diese als Voraussetzung für die neue Produktionsperiode erscheint, ist sie so selbst wieder ein Produkt der Produktion, nicht nur der geschichtlichen im allgemeinen, sondern der bestimmten geschichtlichen Produktion.

Die Mongolen mit ihren Verwüstungen in Rußland z.B. handelten ihrer Produktion, der Viehweide, gemäß, für die große unbewohnte Strecken eine Hauptbedingung. Die germanischen Barbaren, für die Ackerbau mit Leibeignen hergebrachte Produktion war und isoliertes Leben auf dem Land, konnten die römischen Provinzen um so leichter diesen Bedingungen unterwerfen, als die dort stattgehabte Konzentration des Grundeigentums die älteren Agrikulturverhältnisse schon ganz umgeworfen hatte.

Es ist eine hergebrachte Vorstellung, daß in gewissen Perioden nur vom Raub gelebt ward. Um aber Rauben zu können, muß etwas zu rauben da sein, also Produktion. Und die Art des Raubs ist selbst wieder durch die Art der Produktion bestimmt. Eine stock-jobbing nation z.B. kann nicht beraubt werden, wie eine Nation von Kuhhirten.

In dem Sklaven wird das Produktionsinstrument direkt geraubt. Dann aber muß die Produktion des Landes, für das er geraubt wird, so gegliedert sein, um Sklavenarbeit zuzulassen, oder (wie in Südamerika etc.) es muß eine dem Sklaven entsprechende Produktionsweise geschaffen werden.

Gesetze können ein Produktionsinstrument, z.B. Land, in gewissen Familien verewigen. Diese Gesetze bekommen nur ökonomische Bedeutung, wenn das große Grundeigentum in Harmonie mit der gesellschaftlichen Produktion ist, wie z.B. in England. In Frankreich wurde kleine Agrikultur getrieben trotz des großen Grundeigentums, letztres daher auch von der Revolution zerschlagen. Aber die Verewigung der Parzellierung z.B. durch Gesetze? Trotz dieser Gesetze konzentriert sich das Eigentum wieder. Der Einfluß der Gesetze zur Festhaltung von Distributionsverhältnissen, und dadurch ihre Einwirkung auf die Produktion, besonders zu bestimmen.

c_1) Austausch endlich und Zirkulation

Austausch und Produktion.

Die Zirkulation selbst nur ein bestimmtes Moment des Austauschs oder auch der Austausch in seiner Totalität betrachtet.

Insofern der *Austausch* nur ein vermittelndes Moment zwischen der Produktion und der durch sie bestimmten distribution mit der Konsumtion ist; insofern letztre aber selbst als ein Moment der Produktion erscheint, ist der Austausch offenbar auch in [der] letztren einbegriffen als Moment.

Es ist erstens klar, daß der Austausch von Tätigkeiten und Fähigkeiten, der in der Produktion selbst geschieht, direkt zu ihr gehört und sie wesentlich ausmacht. Dasselbe gilt zweitens vom Austausch der Produkte, soweit er zur Herstellung des fertigen, für die unmittelbare Konsumtion bestimmten Produkts Mittel ist. Soweit ist der Austausch selbst in der Produktion einbegriffner Akt. Drittens, der sogenannte Exchange zwischen dealers und dealers ist sowohl seiner Organisation nach ganz durch die Produktion bestimmt, als selbst produzierende Tätigkeit. Der Austausch erscheint nur unabhängig neben, indifferent gegen die Produktion in dem letzten Stadium, wo das Produkt unmittelbar für die Konsumtion ausgetauscht wird. Aber 1) kein Austausch ohne Teilung der Arbeit, sei diese nun naturwüchsig oder selbst schon geschichtliches Resultat. 2) Privataustausch setzt Privatproduktion voraus; 3) die Intensivität des Austauschs, wie seine Extension, wie seine Art, durch die Entwicklung und Gliederung der Produktion bestimmt. Zum Beispiel. Austausch zwischen Stadt und Land, Austausch auf dem Land, in der Stadt etc. Der Austausch erscheint so in allen seinen Momenten in der Produktion entweder direkt einbegriffen oder durch sie bestimmt.

Das Resultat, wozu wir gelangen, ist nicht, daß Produktion, Distribution, Austausch, Konsumtion identisch sind, sondern daß sie alle Glieder einer Totalität bilden, Unterschiede innerhalb einer Einheit. Die Produktion greift über, sowohl über sich in der gegensätzlichen Bestimmung der Produktion, als über die andren Momente. Von ihr beginnt der Prozeß immer wieder von neuem. Daß Austausch und Konsumtion nicht das Übergreifende sein können, ist von selbst klar. Ebenso von der Distribution als Distribution der Produkte. Als Distribution der Produktionsagenten aber ist sie selbst ein Moment der Produktion. Eine bestimmte Produktion bestimmt also bestimmte Konsumtion, Distribution, Austausch und *bestimmte Verhältnisse dieser verschiednen Momente zueinander.* Allerdings wird auch die Produktion, *in ihrer einseitigen form,* ihrerseits bestimmt durch die andren Momente. Zum Beispiel, wenn der Markt sich ausdehnt, d.h. die Sphäre des Austauschs, wächst die Produktion dem Umfang nach und teilt sich tiefer ab. Mit Veränderung der Distribution ändert sich die Produktion; z.B. mit Konzentration des Kapitals, verschiedner Distribution der Bevölkerung in Stadt und Land etc. Endlich bestimmen die Konsumtionsbedürfnisse die Produktion. Es findet Wechselwirkung zwischen den verschiednen Momenten statt. Dies der Fall bei jedem organischen Ganzen.

3) Die Methode der politischen Ökonomie

Wenn wir ein gegebnes Land politisch-ökonomisch betrachten, so beginnen wir mit seiner Bevölkerung, ihrer Verteilung in Klassen, Stadt, Land, See, den verschiednen Produktionszweigen, Aus- und Einfuhr, jährlicher Produktion und Konsumtion, Warenpreisen etc.

Es scheint das Richtige zu sein mit dem Realen und Konkreten, der wirklichen Voraussetzung zu beginnen, also z.B. in der Ökonomie mit der Bevölkerung, die die Grundlage und das Subjekt des ganzen gesellschaftlichen Produktionsakts ist. Indes zeigt sich dies bei näherer Betrachtung [als] falsch. Die Bevölkerung ist eine Abstraktion, wenn ich z.B. die Klassen, aus denen sie besteht, weglasse. Diese Klassen sind wieder ein leeres Wort, wenn ich die Elemente nicht kenne, auf denen sie beruhn. Z.B.

Lohnarbeit, Kapital etc. Diese unterstellen Austausch, Teilung der Arbeit, Preise etc. Kapital z.B. ohne Lohnarbeit ist nichts, ohne Wert, Geld, Preis etc. Finge ich also mit der Bevölkerung an, so wäre das eine chaotische Vorstellung des Ganzen und durch nähere Bestimmung würde ich analytisch immer mehr auf einfachere Begriffe kommen; von dem vorgestellten Konkreten auf immer dünnere Abstrakta, bis ich bei den einfachsten Bestimmungen angelangt wäre. Von da wäre nun die Reise wieder rückwärts anzutreten, bis ich endlich wieder bei der Bevölkerung anlangte, diesmal aber nicht als bei einer chaotischen Vorstellung eines Ganzen, sondern als einer reichen Totalität von vielen Bestimmungen und Beziehungen. Der erste Weg ist der, den die Ökonomie in ihrer Entstehung geschichtlich genommen hat. Die Ökonomen des 17. Jahrhunderts z.B. fangen immer mit dem lebendigen Ganzen, der Bevölkerung, der Nation, Staat, mehren Staaten etc. an; sie enden aber immer damit, daß sie durch Analyse einige bestimmte abstrakte, allgemeine Beziehungen, wie Teilung der Arbeit, Geld, Wert, etc. herausfinden. Sobald diese einzelnen Momente mehr oder weniger fixiert und abstrahiert waren, begannen die ökonomischen Systeme, die von dem Einfachen, wie Arbeit, Teilung der Arbeit, Bedürfnis, Tauschwert aufstiegen bis zum Staat, Austausch der Nationen, und Weltmarkt. Das letzte ist offenbar die wissenschaftlich richtige Methode. Das Konkrete ist konkret, weil es die Zusammenfassung vieler Bestimmungen ist, also Einheit des Mannigfaltigen. Im Denken erscheint es daher als Prozeß der Zusammenfassung, als Resultat, nicht als Ausgangspunkt, obgleich es der wirkliche Ausgangspunkt und daher auch der Ausgangspunkt der Anschauung und Vorstellung ist. Im ersten Weg wurde die volle Vorstellung zu abstrakter Bestimmung verflüchtigt; im zweiten führen die abstrakten Bestimmungen zur Reproduktion des Konkreten im Weg des Denkens. Hegel geriet daher auf die Illusion das Reale als Resultat des sich in sich zusammenfassenden, in sich vertiefenden, und aus sich selbst sich bewegenden Denkens zu fassen, während die Methode vom Abstrakten zum Konkreten aufzusteigen, nur die Art für das Denken ist, sich das Konkrete anzueignen, es als ein geistig Konkretes zu reproduzieren. Keineswegs aber der Entstehungsprozeß des Konkreten selbst. Zum Beispiel die einfachste ökonomische Kategorie, sage z.B. Tauschwert, unterstellt Bevölkerung, Bevölkerung produzierend in bestimmten Verhältnissen; auch gewisse Sorte von Familien- oder Gemeinde- oder Staatswesen etc. Er kann nie existieren außer als abstrakte, einseitige Beziehung eines schon gegebnen konkreten, lebendigen Ganzen. Als Kategorie führt dagegen der Tauschwert ein antediluvianisches Dasein. Für das Bewußtsein daher – und das philosophische Bewußtsein ist so bestimmt –, dem das begreifende Denken der wirkliche Mensch und daher die begriffne Welt als solche erst das Wirkliche ist, – erscheint daher die Bewegung der Kategorien als der wirkliche Produktionsakt – der leider nur einen Anstoß von außen erhält –, dessen Resultat die Welt ist; und dies ist – dies ist aber wieder eine Tautologie – soweit richtig, als die konkrete Totalität als Gedankentotalität, als ein Gedankenkonkretum, in fact ein Produkt des Denkens, des Begreifens ist; keineswegs aber des außer oder über der Anschauung und Vorstellung denkenden und sich selbst gebärenden Begriffs, sondern der Verarbeitung von Anschauung und Vorstellung in Begriffe. Das Ganze, wie es im Kopfe als Gedankenganzes erscheint, ist ein Produkt des denkenden Kopfes, der sich die Welt in der ihm einzig möglichen Weise aneignet, einer Weise, die verschieden ist von der künstlerischen, religiösen, praktisch-geistigen Aneignung dieser Welt. Das reale Subjekt bleibt nach wie vor außerhalb des Kopfes in seiner Selbständigkeit bestehn; solange sich der Kopf nämlich nur spekulativ verhält, nur theoretisch. Auch bei der theoretischen Methode daher muß das Subjekt, die Gesellschaft, als Voraussetzung stets der Vorstellung vorschweben.

Aber haben diese einfachen Kategorien nicht auch eine unabhängige historische oder natürliche Existenz vor den konkretern? Ça dépend. Zum Beispiel Hegel fängt die Rechtsphilosophie richtig mit dem Besitz an, als der einfachsten rechtlichen

Beziehung des Subjekts. Es existiert aber kein Besitz vor der Familie oder Herrschafts- und Knechtsverhältnissen, die viel konkretre Verhältnisse sind. Dagegen wäre es richtig zu sagen, daß Familien, Stammesganze existieren, die nur noch *besitzen*, nicht *Eigentum* haben. Die einfachere Kategorie erscheint also als Verhältnis einfacher Familien- oder Stammgenossenschaften im Verhältnis zum Eigentum. In der höhern Gesellschaft erscheint sie als das einfachere Verhältnis einer entwickelten Organisation. Das konkrete Substrat, dessen Beziehung der Besitz ist, ist aber immer vorausgesetzt. Man kann sich einen einzelnen Wilden besitzend vorstellen. Dann ist aber der Besitz kein Rechtsverhältnis. Es ist unrichtig, daß der Besitz sich historisch zur Familie entwickelt. Er unterstellt vielmehr immer diese »konkretere Rechtskategorie«. Indes bliebe dann immer soviel, daß die einfachen Kategorien Ausdrücke von Verhältnissen sind, in denen das unentwickeltere Konkrete sich realisiert haben mag, ohne noch die vielseitigre Beziehung oder Verhältnis, das in der konkretern Kategorie geistig ausgedrückt ist, gesetzt zu haben; während das entwickeltere Konkrete dieselbe Kategorie als ein untergeordnetes Verhältnis beibehält. Geld kann existieren und hat historisch existiert, ehe Kapital existierte, ehe Banken existierten, ehe Lohnarbeit existierte etc. Nach dieser Seite hin kann also gesagt werden, daß die einfachre Kategorie herrschende Verhältnisse eines unentwickeltern Ganzen oder untergeordnete Verhältnisse eines entwickeltern Ganzen ausdrücken kann, die historisch schon Existenz hatten, eh das Ganze sich nach der Seite entwickelte, die in einer konkretern Kategorie ausgedrückt ist. Insofern entspräche der Gang des abstrakten Denkens, das vom Einfachsten zum Kombinierten aufsteigt, dem wirklichen historischen Prozeß.

Andrerseits kann gesagt werden, daß es sehr entwickelte, aber doch historisch unreifere Gesellschaftsformen gibt, in denen die höchsten Formen der Ökonomie, z.B. Kooperation, entwickelte Teilung der Arbeit etc. stattfinden, ohne daß irgendein Geld existiert, z.B. Peru. Auch bei den slawischen Gemeinwe-

sen tritt das Geld, und der es bedingende Austausch, nicht oder
wenig innerhalb der einzelnen Gemeinwesen hervor, sondern an
ihrer Grenze, im Verkehr mit andren, wie es denn überhaupt
falsch ist den Austausch mitten in das Gemeinwesen zu setzen,
als das ursprünglich konstituierende Element. Er tritt vielmehr
im Anfang eher in der Beziehung der verschiednen Gemeinwesen aufeinander, als für die Mitglieder innerhalb eines und desselben hervor. Ferner: Obgleich das Geld sehr früh und allseitig
eine Rolle spielt, so ist es im Altertum doch als herrschendes
Element nur einseitig bestimmten Nationen, Handelsnationen,
zugewiesen. Und selbst im gebildetsten Altertum, bei Griechen
und Römern, erscheint seine völlige Entwicklung, die in der
modernen bürgerlichen Gesellschaft vorausgesetzt ist, nur in
der Periode ihrer Auflösung. Also diese ganz einfache Kategorie
erscheint in ihrer Intensivität nicht historisch als in den entwik-
keltsten Zuständen der Gesellschaft. Keineswegs alle ökonomischen Verhältnisse durchwadend. Zum Beispiel im römischen
Reich, in seiner größten Entwicklung, blieb Naturalsteuer und
Naturallieferung Grundlage. Das Geldwesen eigentlich nur
vollständig dort entwickelt in der Armee. Es ergriff auch nie das
Ganze der Arbeit. So, obgleich die einfachre Kategorie historisch existiert haben mag vor der konkretern, kann sie in ihrer völligen intensiven und extensiven Entwicklung grade einer
kombinierten Gesellschaftsform angehören, während die konkretere in einer weniger entwickelten Gesellschaftsform völliger
entwickelt war.

Arbeit scheint eine ganz einfache Kategorie. Auch die Vorstellung derselben in dieser Allgemeinheit – als Arbeit überhaupt –
ist uralt. Dennoch, ökonomisch in dieser Einfachheit gefaßt, ist
»Arbeit« eine ebenso moderne Kategorie, wie die Verhältnisse,
die diese einfache Abstraktion erzeugen. Das Monetarsystem
z.B. setzt den Reichtum noch ganz objektiv, als Sache außer sich
im Geld. Gegenüber diesem Standpunkt war es ein großer Fortschritt, wenn das Manufaktur- oder kommerzielle System aus
dem Gegenstand in die subjektive Tätigkeit – die kommerzielle

und Manufakturarbeit – die Quelle des Reichtums setzt, aber immer noch bloß diese Tätigkeit selbst in der Begrenztheit als Geldmachend auffaßt. Diesem System gegenüber das physiokratische, das eine bestimmte Form der Arbeit – die Agrikultur – als die Reichtumschaffende setzt, und das Objekt selbst nicht mehr in der Verkleidung des Geldes, sondern als Produkt überhaupt, als allgemeines Resultat der Arbeit. Dieses Produkt noch der Begrenztheit der Tätigkeit gemäß als immer noch Naturbestimmtes Produkt – Agrikulturprodukt, Endprodukt par excellence.

Es war ein ungeheurer Fortschritt von Adam Smith jede Bestimmtheit der reichtumzeugenden Tätigkeit fortzuwerfen – Arbeit schlechthin, weder Manufaktur-, noch kommerzielle, noch Agrikulturarbeit, aber sowohl die eine wie die andre. Mit der abstrakten Allgemeinheit der reichtumschaffenden Tätigkeit nun auch die Allgemeinheit des als Reichtum bestimmten Gegenstandes, Produkt überhaupt oder wieder Arbeit überhaupt, aber als vergangne, vergegenständlichte Arbeit. Wie schwer und groß dieser Übergang war, geht daraus hervor, wie Adam Smith selbst noch von Zeit zu Zeit wieder in das physiokratische System zurückfällt. Nun konnte es scheinen, als ob damit nur der abstrakte Ausdruck für die einfachste und urälteste Beziehung gefunden, worin die Menschen – sei es in welcher Gesellschaftsform immer – als produzierend auftreten. Das ist nach einer Seite hin richtig. Nach der andren nicht. Die Gleichgültigkeit gegen eine bestimmte Art der Arbeit setzt eine sehr entwickelte Totalität wirklicher Arbeitsarten voraus, von denen keine mehr die alles beherrschende ist. So entstehn die allgemeinsten Abstraktionen überhaupt nur bei der reichsten konkreten Entwicklung, wo Eines vielen Gemeinsam erscheint, allen gemein. Dann hört es auf, nur in besondrer Form gedacht werden zu können. Andrerseits ist diese Abstraktion der Arbeit überhaupt nicht nur das geistige Resultat einer konkreten Totalität von Arbeiten. Die Gleichgültigkeit gegen die bestimmte Arbeit entspricht einer Gesellschaftsform, worin die Individuen mit Leichtigkeit aus einer Arbeit in die andre übergehn und die bestimmte Art der Arbeit ihnen zufällig, daher gleichgültig ist. Die Arbeit ist hier nicht nur in der Kategorie, sondern in der Wirklichkeit als Mittel zum Schaffen des Reichtums überhaupt geworden, und hat aufgehört als Bestimmung mit den Individuen in einer Besonderheit verwachsen zu sein. Ein solcher Zustand ist am entwickeltsten in der modernsten Daseinsform der bürgerlichen Gesellschaften – den Vereinigten Staaten. Hier also wird die Abstraktion der Kategorie »Arbeit«, »Arbeit überhaupt«, Arbeit sans phrase, der Ausgangspunkt der modernen Ökonomie, erst praktisch wahr. Die einfachste Abstraktion also, welche die moderne Ökonomie an die Spitze stellt, und die eine uralte und für alle Gesellschaftsformen gültige Beziehung ausdrückt, erscheint doch nur in dieser Abstraktion praktisch wahr als Kategorie der modernsten Gesellschaft. Man könnte sagen, was in den Vereinigten Staaten als historisches Produkt, erscheine bei den Russen z.B. – diese Gleichgültigkeit gegen die bestimmte Arbeit – als Naturwüchsige Anlage. Allein einmal verteufelter Unterschied, ob Barbaren Anlage haben zu allem verwandt zu werden, oder ob Zivilisierte sich selbst zu allem verwenden. Und dann entspricht praktisch bei den Russen dieser Gleichgültigkeit gegen die Bestimmtheit der Arbeit das traditionelle Festgerittensein in eine ganz bestimmte Arbeit, woraus sie nur durch Einflüsse von außen herausgeschleudert werden.

Dies Beispiel der Arbeit zeigt schlagend, wie selbst die abstraktesten Kategorien, trotz ihrer Gültigkeit – eben wegen ihrer Abstraktion – für alle Epochen, doch in der Bestimmtheit dieser Abstraktion selbst ebensosehr das Produkt historischer Verhältnisse sind und ihre Vollgültigkeit nur für und innerhalb dieser Verhältnisse besitzen.

Die bürgerliche Gesellschaft ist die entwickeltste und mannigfaltigste historische Organisation der Produktion. Die Kategorien, die ihre Verhältnisse ausdrücken, das Verständnis ihrer Gliederung, gewähren daher zugleich Einsicht in die Gliederung und die Produktionsverhältnisse aller der untergegangnen Gesellschaftsformen, mit deren Trümmern und Elementen sie sich aufgebaut, von denen teils noch unüberwundne Reste sich in ihr fortschleppen, bloße Andeutungen sich zu ausgebildeten Bedeutungen entwickelt haben etc. In der Anatomie des Menschen ist ein Schlüssel zur Anatomie des Affen. Die Andeutungen auf Höhres in den untergeordnetren Tierarten können dagegen nur verstanden werden, wenn das Höhere selbst schon bekannt ist. Die bürgerliche Ökonomie liefert so den Schlüssel zur antiken etc. Keineswegs aber in der Art der Ökonomen, die alle historischen Unterschiede verwischen und in allen Gesellschaftsformen die bürgerlichen sehen. Man kann Tribut, Zehnten etc. verstehn, wenn man die Grundrente kennt. Man muß sie aber nicht identifizieren. Da ferner die bürgerliche Gesellschaft selbst nur eine gegensätzliche Form der Entwicklung, so werden Verhältnisse frührer Formen oft nur ganz verkümmert in ihr anzutreffen sein, oder gar travestiert. Zum Beispiel Gemeindeeigentum. Wenn daher wahr ist, daß die Kategorien der bürgerlichen Ökonomie eine Wahrheit für alle andren Gesellschaftsformen besitzen, so ist das nur cum grano salis zu nehmen. Sie können dieselben entwickeln, verkümmert, karikiert etc. enthalten, immer in wesentlichem Unterschied. Die sogenannte historische Entwicklung beruht überhaupt darauf, daß die letzte Form die vergangnen als Stufen zu sich selbst betrachtet, und, da sie selten, und nur unter ganz bestimmten Bedingungen fähig ist, sich selbst zu kritisieren – es ist hier natürlich nicht von solchen historischen Perioden die Rede, die sich selbst als Verfallzeit vorkommen –, sie immer einseitig auffaßt. Die christliche Religion war erst fähig zum objektiven Verständnis der frühern Mythologien zu verhelfen, sobald ihre Selbstkritik zu einem gewissen Grad, sozusagen δυνάμει, fertig war. So kam bürgerliche Ökonomie erst zum Verständnis der feudalen, antiken, orientalen, sobald die Selbstkritik der bürgerlichen Gesellschaft begonnen. Soweit die bürgerliche Ökonomie nicht mythologisierend sich rein identifiziert mit der vergangnen, glich ihre Kritik der frühern, namentlich der feudalen, mit der sie noch direkt zu kämpfen hatte, der Kritik, die das Christentum am Heidentum, oder auch der Protestantismus am Katholizismus ausübte.

Wie überhaupt bei jeder historischen, sozialen Wissenschaft, ist bei dem Gang der ökonomischen Kategorien immer festzuhalten, daß, wie in der Wirklichkeit, so im Kopf, das Subjekt, hier die moderne bürgerliche Gesellschaft, gegeben ist, und daß die Kategorien daher Daseinsformen, Existenzbestimmungen, oft nur einzelne Seiten dieser bestimmten Gesellschaft, dieses Subjekts ausdrücken, und daß sie daher *auch wissenschaftlich* keineswegs da erst anfängt, wo nun von ihr *als solcher* die Rede ist. Dies ist festzuhalten, weil es gleich über die Einteilung Entscheidendes zur Hand gibt. Zum Beispiel nichts scheint naturgemäßer als mit der Grundrente zu beginnen, dem Grundeigentum, da es an die Erde, die Quelle aller Produktion und allen Daseins, gebunden ist, und an die erste Produktionsform aller einigermaßen befestigten Gesellschaften – die Agrikultur. Aber nichts wäre falscher. In allen Gesellschaftsformen ist es eine bestimmte Produktion, die allen übrigen, und deren Verhältnisse daher auch allen übrigen, Rang und Einfluß anweist. Es ist eine allgemeine Beleuchtung, worein alle übrigen Farben getaucht sind und [welche] sie in ihrer Besonderheit modifiziert. Es ist ein besondrer Äther, der das spezifische Gewicht alles in ihm hervorstechenden Daseins bestimmt. Zum Beispiel bei Hirtenvölkern (bloße Jäger- und Fischervölker liegen außer dem Punkt, wo die wirkliche Entwicklung beginnt). Bei ihnen kommt gewisse Form des Ackerbaus vor, sporadische. Das Grundeigentum ist dadurch bestimmt. Es ist gemeinsames und hält diese Form mehr oder minder bei, je nachdem diese Völker mehr oder minder noch an ihrer Tradition festhalten, z.B. das Gemeindeeigentum der Slawen. Bei Völkern von festsitzendem Ackerbau – dies Festsetzen schon große Stufe –, wo dieser vorherrscht wie bei den Antiken und Feudalen, hat selbst die Industrie und ihre Organisation und die Formen des Eigentums, die ihr entsprechen, mehr oder minder Grundeigentümlichen Charakter; ist [sie] entweder ganz von ihm abhängig wie bei den ältern Römern oder, wie im Mittelalter, ahmt [sie] die Organisation des Landes in der Stadt und ihren Verhältnissen nach. Das Kapital selbst im Mittelalter – soweit es nicht reines Geldkapital ist – als traditionelles Handwerkszeug etc. hat diesen grundeigentümlichen Charakter. In der bürgerlichen Gesellschaft ist es umgekehrt. Die Agrikultur wird mehr und mehr ein bloßer Industriezweig und ist ganz vom Kapital beherrscht. Ebenso die Grundrente. In allen Formen, worin das Grundeigentum herrscht, die Naturbeziehung noch vorherrschend. In denen, wo das Kapital herrscht, das gesellschaftlich, historisch geschaffne Element. Die Grundrente kann nicht verstanden werden ohne das Kapital. Das Kapital aber wohl ohne die Grundrente. Das Kapital ist die alles beherrschende ökonomische Macht der bürgerlichen Gesellschaft. Es muß Ausgangspunkt, wie Endpunkt bilden und vor dem Grundeigentum entwickelt werden. Nachdem beide besonders betrachtet sind, muß ihre Wechselbeziehung betrachtet werden.

Es wäre also untubar und falsch, die ökonomischen Kategorien in der Folge aufeinanderfolgen zu lassen, in der sie historisch die bestimmenden waren. Vielmehr ist ihre Reihenfolge bestimmt durch die Beziehung, die sie in der modernen bürgerlichen Gesellschaft aufeinander haben, und die genau das umgekehrte von dem ist, was als ihre naturgemäße erscheint oder der Reihe der historischen Entwicklung entspricht. Es handelt sich nicht um das Verhältnis, das die ökonomischen Verhältnisse in der Aufeinanderfolge verschiedener Gesellschaftsformen historisch einnehmen. Noch weniger um ihre Reihenfolge »in der Idee« *(Proudhon)*, (einer verschwimmelten Vorstellung der historischen Bewegung). Sondern um ihre Gliederung innerhalb der modernen bürgerlichen Gesellschaft.

Die Reinheit (abstrakte Bestimmtheit), in der die Handelsvölker – Phönizier, Karthaginienser – in der alten Welt erscheinen, ist eben durch das Vorherrschen der Agrikulturvölker selbst gegeben. Das Kapital als Handels- oder Geldkapital erscheint eben in dieser Abstraktion, wo das Kapital noch nicht das beherrschende Element der Gesellschaften ist. Lombarden, Juden nehmen dieselbe Stellung gegenüber den agrikulturtreibenden mittelaltrigen Gesellschaften ein.

Als weitres Beispiel der verschiednen Stellung, die dieselben Kategorien in verschiednen Gesellschaftsstufen einnehmen: Eine der letzten Formen der bürgerlichen Gesellschaft: *jointstock-companies*. Erscheinen aber auch im Beginn derselben in den großen privilegierten und mit Monopol versehnen Handelskompanien.

Der Begriff des Nationalreichtums selbst schleicht sich bei den Ökonomen des 17. Jahrhunderts so ein – eine Vorstellung, die noch zum Teil bei denen des 18. fortgeht –, daß bloß für den Staat der Reichtum geschaffen wird, seine macht aber im Verhältnis zu diesem Reichtum steht. Es war dies noch unbewußt heuchlerische Form, worin sich der Reichtum selbst und die Produktion desselben als Zweck der modernen Staaten ankündigt und sie nur noch als Mittel zur Produktion des Reichtums betrachtet.

Die Einteilung offenbar so zu machen, daß 1) die allgemein abstrakten Bestimmungen, die daher mehr oder minder allen Gesellschaftsformen zukommen, aber im oben auseinandergesetzten Sinne. 2) Die Kategorien, die die innre Gliederung der bürgerlichen Gesellschaft ausmachen und worauf die fundamentalen Klassen beruhn. Kapital, Lohnarbeit, Grundeigentum. Ihre Beziehung zueinander. Stadt und Land. Die drei großen gesellschaftlichen Klassen. Austausch zwischen denselben. Zirkulation. Kreditwesen (private). 3) Zusammenfassung der bürgerlichen Gesellschaft in der Form des Staats. In Beziehung zu sich selbst betrachtet. Die »unproduktiven« Klassen. Steuern. Staatsschuld. Öffentlicher Kredit. Die Bevölkerung. Die Kolonien. Auswanderung. 4) Internationales Verhältnis der Produktion. Internationale Teilung der Arbeit. Internationaler Austausch. aus- und Einfuhr. Wechselkurs. 5) Der Weltmarkt und die Krisen.

4) *Produktion. Produktionsmittel und Produktionsverhältnisse.*
Produktionsverhältnisse und Verkehrsverhältnisse.
Staats- und Bewußtseinsformen im Verhältnis zu den
Produktions- und Verkehrsverhältnissen. Rechtsverhältnisse.
Familienverhältnisse.

Notabene in bezug auf Punkte, die hier zu erwähnen, und nicht vergessen werden dürfen:

1) *Krieg* früher ausgebildet wie der Frieden; Art, wie durch den Krieg und in den Armeen etc. gewisse ökonomische Verhältnisse, wie Lohnarbeit, Maschinerie etc. früher entwickelt als im Innren der bürgerlichen Gesellschaft. Auch das Verhältnis von Produktivkraft und Verkehrsverhältnissen besonders anschaulich in der Armee.

2) *Verhältnis der bisherigen idealen Geschichtschreibung zur realen. Namentlich der sogenannten Kulturgeschichten,* die alle Religions- und Staatengeschichte. (Bei der Gelegenheit kann auch etwas gesagt werden über die verschiednen Arten der bisherigen Geschichtsschreibung. Sogenannte Objektive. Subjektive (Moralische u.a.). Philosophische.)

3) *Sekundäres und Tertiäres,* überhaupt *abgeleitete, übertragne,* nicht ursprüngliche Produktionsverhältnisse. Einspielen hier internationaler Verhältnisse.

4) *Vorwürfe über Materialismus dieser Auffassung. Verhältnis zum naturalistischen Materialismus.*

5) *Dialektik der Begriffe Produktivkraft (Produktionsmittel) und Produktionsverhältnis,* eine Dialektik, deren Grenzen zu bestimmen und die realen Unterschied nicht aufhebt.

6) *Das unegale Verhältnis der Entwicklung der materiellen Produktion z.B. zur künstlerischen.* Überhaupt der Begriff des Fortschritts nicht in der gewöhnlichen Abstraktion zu fassen. Moderne Kunst etc. Diese Disproportion noch nicht so wichtig und schwierig zu fassen, als innerhalb praktisch-sozialer Verhältnisse selbst. Z.B. der Bildung. Verhältnis der *United States* zu Europa. Der eigentlich schwierige Punkt, hier zu erörtern, ist

aber der, wie die Produktionsverhältnisse als Rechtsverhältnisse in ungleiche Entwicklung treten. Also z.B. das Verhältnis des römischen Privatrechts (im Kriminalrecht und öffentlichen das weniger der Fall) zur modernen Produktion.

7) *Diese Auffassung erscheint als notwendige Entwicklung.* Aber Berechtigung des Zufalls. Wie. (Der Freiheit u.a. auch.) (Einwirkung der Kommunikationsmittel. Weltgeschichte existierte nicht immer; die Geschichte als Weltgeschichte Resultat.)

8) *Der Ausgangspunkt natürlich von der Naturbestimmtheit;* subjektiv und objektiv. Stämme, Racen etc.

1) Bei der Kunst bekannt, daß bestimmte Blütezeiten derselben keineswegs im Verhältnis zur allgemeinen Entwicklung der Gesellschaft, also auch der materiellen Grundlage, gleichsam des Knochenbaus ihrer Organisation, stehn. Zum Beispiel die Griechen verglichen mit den Modernen oder auch Shakespeare. Von gewissen Formen der Kunst, z.B. dem Epos sogar anerkannt, daß sie, in ihrer weltepochemachenden, klassischen Gestalt nie produziert werden können, sobald die Kunstproduktion als solche eintritt; also daß innerhalb des Berings der Kunst selbst gewisse bedeutende Gestaltungen derselben nur auf einer unentwickelten Stufe der Kunstentwicklung möglich sind. Wenn dies im Verhältnis der verschiednen Kunstarten innerhalb des Bereichs der Kunst selbst der Fall ist, ist es schon weniger auffallend, daß es im Verhältnis des ganzen Bereichs der Kunst zur allgemeinen Entwicklung der Gesellschaft der Fall ist. Die Schwierigkeit besteht nur in der allgemeinen Fassung dieser Widersprüche. Sobald sie spezifiziert worden, sind sie schon erklärt.

Nehmen wir z.B. das Verhältnis der griechischen Kunst und dann Shakespeares zur Gegenwart. Bekannt, daß die griechische Mythologie nicht nur das Arsenal der griechischen Kunst, sondern ihr Boden. Ist die Anschauung der Natur und der gesellschaftlichen Verhältnisse, die der griechischen Phantasie und daher der griechischen [Mythologie] zugrunde liegt, möglich mit self-actors und Eisenbahnen und Lokomotiven und elektrischen Telegraphen? Wo bleibt Vulkan gegen Roberts et Co., Jupiter gegen den Blitzableiter und Hermes gegen den Crédit mobilier? Alle Mythologie überwindet und beherrscht und gestaltet die Naturkräfte in der Einbildung und durch die Einbildung; verschwindet also mit der wirklichen Herrschaft über dieselben. Was wird aus der Fama neben Printinghouse square? Die griechische Kunst setzt die griechische Mythologie voraus, d.h. die Natur und die gesellschaftlichen Formen selbst schon in einer unbewußt künstlerischen Weise verarbeitet durch die volksphantasie. Das ist ihr Material. Nicht jede beliebige Mythologie, d.h. nicht jede beliebige unbewußt künstlerische Verarbeitung der Natur (hier darunter alles Gegenständliche, also die Gesellschaft eingeschlossen). Ägyptische Mythologie konnte nie der Boden oder der Mutterschoß griechischer Kunst sein. Aber jedenfalls *eine* Mythologie. Also keinenfalls eine Gesellschaftsentwicklung, die alles mythologische Verhältnis zur Natur ausschließt, alles mythologisierende Verhältnis zu ihr; also vom Künstler eine von Mythologie unabhängige Phantasie verlangt.

Von einer andren Seite: ist Achilles möglich mit Pulver und Blei? Oder überhaupt die Iliade mit der Druckerpresse, und gar Druckmaschine? Hört das Singen und Sagen und die Muse mit dem Preßbengel nicht notwendig auf, also verschwinden nicht notwendige Bedingungen der epischen Poesie?

Aber die Schwierigkeit liegt nicht darin zu verstehn, daß griechische Kunst und Epos an gewisse gesellschaftliche Entwicklungsformen geknüpft sind. Die Schwierigkeit ist, daß sie uns noch Kunstgenuß gewähren und in gewisser Beziehung als Norm und unerreichbare Muster gelten.

Ein Mann kann nicht wieder zum Kind werden, oder er wird kindisch. Aber freut ihn die Naivetät des Kindes nicht, und muß er nicht selbst wieder auf einer höhern Stufe streben seine Wahrheit zu reproduzieren? Lebt in der Kindernatur nicht in jeder Epoche ihr eigner Charakter in Naturwahrheit auf? Warum sollte die geschichtliche Kindheit der Menschheit, wo sie am schönsten entfaltet, als eine nie wiederkehrende Stufe nicht ewigen Reiz ausüben? Es gibt ungezogne Kinder und altkluge Kinder. Viele der alten Völker gehören in diese Kategorie. Normale Kinder waren die Griechen. Der Reiz ihrer Kunst für uns steht nicht im Widerspruch zu der unentwickelten Gesellschaftsstufe, worauf sie wuchs. Ist vielmehr ihr Resultat und hängt vielmehr unzertrennlich damit zusammen, daß die unreifen gesellschaftlichen Bedingungen, unter denen sie entstand, und allein entstehn konnte, nie wiederkehren können.

Grundrisse der Kritik der Politischen Ökonomie (1857/58)

Die ursprüngliche Akkumulation

Die ursprüngliche Akkumulation besteht in einer Loslösung der Produzierenden von ihren Produktionsmitteln. In erster Linie von der Erde, aus der agrarische Produzenten Lebensmittel gewinnen. Der langwierige und z.T. gewaltsame Prozess schafft auf der einen Seite eigentumslose Personen, die nur noch ihre Arbeitskraft auf dem so entstehenden Arbeitsmarkt verkaufen können, auf der anderen Seite die Besitzer von Produktionsmitteln – Erde, Geräte, usw. Während in früheren Sozialformationen die individuellen Glieder der Gesellschaft mit ihren Mitbürgern verbunden waren und als Glieder der Gemeinschaft über Produktionsmittel verfügten, entstehen jetzt selbständige Personen, denen gegenüber die Produktionsmittel als fremdes Eigentum, von dem sie abhängig sind, erscheinen. Sobald das Kapitalverhältnis vorhanden ist, spielt dieser Ursprung keine Rolle mehr.

Aber *so viel* ist klar: derselbe Prozeß, der eine Menge Individuen von ihren bisherigen – d'une manière or d'une autre – affirmativen Beziehungen zu den *objektiven Bedingungen der Arbeit* geschieden, diese Beziehungen negiert, und diese Individuen dadurch in *freie Arbeiter* verwandelt hat, derselbe Prozeß hat diese *objektiven Bedingungen der Arbeit* – Grund und Boden, Rohmaterial, Lebensmittel, Arbeitsinstrumente, Geld oder alles dies – δυνάμει freigemacht von ihrem *bisherigen Gebundensein* an die nun von ihnen losgelösten Individuen. Sie sind noch *vorhanden*, aber in andrer Form vorhanden; als *freier fonds*, an dem alle alten politischen etc. relations ausgelöscht, und die nur noch in der Form von *Werten*, an sich festhaltenden Werten, jenen losgelösten Eigentumslosen Individuen gegenüberstehn. Derselbe Prozeß, der die Masse als freie Arbeiter den *objektiven Arbeitsbedingungen* gegenübergestellt, hat auch diese Bedingungen als *Kapital* den freien Arbeitern gegenübergestellt. Der historische Prozeß war die Scheidung bisher verbundner Elemente – sein Resultat ist daher nicht, daß eins der Elemente verschwindet, sondern daß jedes derselben in negativer Beziehung auf das andre erscheint – der freie Arbeiter (der Möglichkeit nach) auf der einen Seite, das Kapital (der Möglichkeit nach) auf der andern. Die Scheidung der objektiven Bedingungen von seiten der Klassen, die in freie Arbeiter verwandelt worden, muß ebensosehr als eine Verselbständigung dieser selben Bedingungen am entgegengesetzten Pol erscheinen.

Wenn das Verhältnis von Kapital und Lohnarbeit nicht als selbst schon maßgebend und übergreifend über das Ganze der Produktion betrachtet wird,[1] sondern als historisch entstehend – d.h. wenn die ursprüngliche Verwandlung von Geld in Kapital betrachtet wird, der Austauschprozeß zwischen dem nur nach der δυνάμει existierenden Kapital auf der einen Seite mit den der δυνάμει [nach] existierenden freien Arbeitern auf der andern –, so drängt sich natürlich die einfache Bemerkung auf, aus der die Ökonomen großes Wesen machen, daß die Seite, die als Kapital auftritt: im Besitz sein muß von Rohstoffen, Arbeitsinstrumen-

---

1 Denn in diesem Fall ist das als Bedingung der Lohnarbeit vorausgesetzte Kapital ihr eignes Produkt und als Bedingung von ihr sich selbst vorausgesetzt, als Voraussetzung für sie selbst von ihr selbst geschaffen.

ten und Lebensmitteln, damit der Arbeiter während der Produktion leben kann, bevor die Produktion vollendet ist. Es erscheint dies ferner so, daß eine Akkumulation – eine der Arbeit vorhergegangne und nicht aus ihr entsproßne Akkumulation – auf seiten des Kapitalisten vorgegangen sein muß, die ihn befähigt den Arbeiter ans Werk zu setzen und wirksam zu erhalten, als lebendiges Arbeitsvermögen zu erhalten.[1] Diese von der Arbeit unabhängige, nicht gesetzte Tat des Kapitals wird dann ferner aus dieser Geschichte seiner Entstehung verlegt in die Gegenwart, in ein Moment seiner Wirklichkeit und seines Wirksamseins, seiner Selbstformation verwandelt. Es wird daraus dann endlich abgeleitet das ewige Recht des Kapitals auf die Früchte fremder Arbeit, oder vielmehr seine Erwerbsweise wird aus den einfachen und »gerechten« Gesetzen des Austauschs von Äquivalenten entwickelt.

Bei den Versuchen ›bürgerlicher‹ Ökonomen, den Kapitalgewinn zu rechtfertigen, wird (unbewusst?) auf die Entstehung der kapitalistischen Produktionsweise durch die ursprüngliche Akkumulation zurückgegriffen, deren Bedeutung für die Fortsetzung des Prozesses der Akkumulation und der Kapitalprofite keine Bedeutung mehr hat.

---

1 Sobald einmal das Kapital und Lohnarbeit als ihr eigne Voraussetzung gesetzt sind, als der Produktion selbst vorausgesetzte Basis, erscheint die Sache zunächst so, daß der Kapitalist außer dem Fonds von Rohmaterial und Arbeitsmitteln, nötig damit der Arbeiter sich selbst reproduziert, die nötigen Lebensmittel schafft, i.e. die *notwendige Arbeit* realisiert, einen Fonds von Rohmaterial und Arbeitsmitteln besitzt, in dem der Arbeiter seine Surplusarbeit, d.h. den Profit des Kapitalisten verwirklicht. Bei fernerer Analyse gestaltet es sich so, daß der Arbeiter beständig einen doppelten Fonds für den Kapitalisten schafft, oder in der Form des Kapitals schafft, wovon ein Teil die Bedingungen seiner eignen Existenz und der andre die Bedingungen der Existenz des Kapitals fortwährend erfüllt. Wie wir gesehn haben, ist im Surpluskapital – und Surpluskapital im Verhältnis zu seinem antediluvianischen Verhältnis zur Arbeit – ist alles *reale, gegenwärtige Kapital*, jedes Element desselben gleichmäßig als vergegenständlichte und vom Kapital angeeignete *fremde Arbeit*, ohne Austausch, ohne dafür gereichtes Äquivalent *angeeignet*.

Die bürgerlichen Ökonomen, die das Kapital als eine ewige und *naturgemäße* (nicht geschichtsgemäße) Form der Produktion betrachten, suchen es dann wieder zu rechtfertigen, indem sie die Bedingungen seines Werdens als die Bedingungen seiner gegenwärtigen Verwirklichung aussprechen, d.h. die Momente, in denen der Kapitalist als Nicht-Kapitalist sich noch aneignet – weil er erst wird –, für die very conditions ausgeben, in denen er *als Kapitalist* sich aneignet. Diese Versuche der Apologetik beweisen böses Gewissen und die Ohnmacht, die Aneignungsweise des Kapitals als Kapitals mit den von der Gesellschaft des Kapitals selbst proklamierten *allgemeinen Eigentumsgesetzen* in Harmonie zu bringen. Andrerseits, was viel wichtiger für uns ist, zeigt unsre Methode die Punkte, wo die historische Betrachtung hereintreten muß, oder wo die bürgerliche Ökonomie als bloß historische Gestalt des Produktionsprozesses über sich hinausweist auf frühre historische Weisen der Produktion. Es ist daher nicht nötig, um die Gesetze der bürgerlichen Ökonomie zu entwickeln, die *wirkliche Geschichte der Produktionsverhältnisse* zu schreiben. Aber die richtige Anschauung und Deduktion derselben als selbst historisch gewordner Verhältnisse führt immer auf erste Gleichungen – wie die empirischen Zahlen z.B. in der Naturwissenschaft –, die auf eine hinter diesem System liegende Vergangenheit hinweisen.

Angebliche Entstehung des Kapitaleigentums durch asketisches Sparen. Empfehlung an eigentumslose Arbeiter, durch Sparen Reichtum zu erwerben.

Die Illusion als wenn die Kapitalisten faktisch »entsagten« – und dadurch Kapitalisten würden – eine Forderung und Vorstellung, die überhaupt nur Sinn hatte innerhalb der Vorzeit, worin sich das Kapital aus feudalen etc. Verhältnissen herausbildet –, ist von allen zurechnungsfähigen modernen Ökonomen aufgegeben. Der Arbeiter soll sparen, und viel Wesens ist gemacht worden mit Sparkassen etc. (Bei letztren wird indes selbst von den

Ökonomen zugegeben, daß ihr eigentlicher Zweck auch nicht der Reichtum, sondern nur zweckmäßigre Verteilung der Ausgabe ist, so daß sie im Alter, oder wenn Krankheiten, Krisen etc. dazwischen kommen, nicht den Armenhäusern, dem Staat, dem Bettel (in einem Wort der Arbeiterklasse selbst und namentlich nicht den Kapitalisten zur Last fallen und auf deren Tasche vegetieren), also sparen für die Kapitalisten; ihre Produktionskosten für dieselben vermindern.) Allein kein Ökonom wird leugnen, daß, wenn die Arbeiter *allgemein*, also als *Arbeiter* (was der Einzelne Arbeiter im Unterschied von seinem genus tut oder tun kann, kann eben nur als *Ausnahme*, nicht als *Regel* existieren, weil es nicht in der Bestimmung des Verhältnisses selbst liegt), also als *Regel* diese Forderungen erfüllten (abgesehn von dem Schaden, den sie der allgemeinen Konsumtion zufügen würden – der Ausfall wäre enorm –, also auch der Produktion, also auch der Anzahl und Masse der Austausche, die sie mit dem Kapital machen könnten, also sich selbst als Arbeitern), er absolut Mittel anwendete, die ihren eignen Zweck aufheben, und ihn grade degradieren müßten zum Irländer, zu der Stufe des Lohnarbeiters, wo das tierischste Minimum von Bedürfnissen, von Lebensmitteln ihm als der einzige Gegenstand und Zweck seines Austauschs mit dem Kapital erscheint. Mit dem Zweck den Reichtum, statt des Gebrauchswerts zu seinem Zweck zu machen, würde er nicht nur daher zu keinem Reichtum kommen, sondern den Gebrauchswert obendrein in den Kauf verlieren. Denn als Regel würde das Maximum des Fleißes, der Arbeit, und das Minimum der Konsumtion – und dieses ist das Maximum seiner Entsagung und seines Geldmachens – zu weiter nichts führen können, als daß er für ein Maximum von Arbeit ein Minimum von Lohn erhielte. Er würde durch die Anstrengung nur das allgemeine *Niveau* der Produktionskosten seiner eignen Arbeit und darum ihren allgemeinen Preis vermindert haben. Es ist nur als Ausnahme, daß der Arbeiter durch Willenskraft, physische Kraft und Ausdauer, Geiz etc. seine Münze in Geld verwandeln kann, als Ausnahme von seiner Klasse und den allgemeinen Bedingungen seines Daseins. Sind alle oder die Mehrzahl überfleißig (soweit der Fleiß in der modernen Industrie überhaupt ihrem Gutdünken überlassen ist, was in den wichtigsten und entwickeltsten Produktionszweigen nicht der Fall ist), so vermehren sie nicht den Wert ihrer Ware, sondern nur ihre Quantität; also die Forderungen, die an sie als Gebrauchswert gestellt würden. Sparen sie alle, so wird eine allgemeine Reduktion des Lohns sie schon wieder auf den richtigen Fuß setzen; denn das allgemeine Sparen zeigte dem Kapitalisten, daß ihr Lohn allgemein zu hoch steht, daß sie mehr als ihr Äquivalent für ihre Ware, die Dispositionsfähigkeit über ihre Arbeit, erhalten; da es gerade das Wesen des einfachen Austauschs – und in diesem Verhältnis stehn sie zu ihm – ist, daß keiner mehr in die Zirkulation hereinwirft, als er entzieht; aber ihr auch nur entziehn kann, was er hereingeworfen hat. Ein einzelner Arbeiter kann nur *fleißig* sein über das Niveau hinaus, mehr als er es sein muß, um als Arbeiter zu leben, weil ein andrer unter dem Niveau steht, fauler ist; er kann nur sparen, weil und wenn ein andrer verschwendet. Das Höchste, wozu er es im Durchschnitt mit seiner Sparsamkeit bringen kann, ist, die Ausgleichung der Preise – hohe und niedere, ihren Kreislauf – besser ertragen zu können; also nur zweckmäßiger seine Genüsse zu verteilen, nicht Reichtum zu erwerben. Und das ist auch die eigentliche Forderung der Kapitalisten. Die Arbeiter sollen in der guten Geschäftszeit soviel sparen, daß sie in der schlechten mehr oder minder leben können, short time ertragen, oder das Herabsetzen der Löhne etc. (Er würde dann noch tiefer fallen.) Also Forderung, daß sie sich immer auf einem Minimum von Lebensgenuß halten sollen und den Kapitalisten die Krisen erleichtern etc. Sich als reine Arbeitsmaschine und ihren tear and wear selbst möglichst zahlen sollen. Von der reinen Vertierung, worin dies ausliefe – und solche Vertierung machte selbst unmöglich, den Reichtum in allgemeiner Form, als Geld, als angehäuftes Geld, [auch] nur anzustreben – abgesehn (und der Anteil, den der Arbeiter an höheren, auch geistigen Genüssen, nimmt, die Agitation für seine eignen Interessen, Zeitungen halten, Vorlesungen hören, Kinder erziehen, Geschmack entwickeln etc., sein einziger Anteil an der Zivilisation, der ihn vom Sklaven scheidet, ist ökonomisch nur dadurch möglich, daß er den Kreis seiner Genüsse in den guten Geschäftszeiten erweitert, also in den Zeiten, wo Sparen zu einem gewissen Grade möglich), [abgesehn] davon, würde er, wenn er recht in ascetischer Weise sparte und so Prämien für das Lumpenproletariat, Spitzbuben etc. aufhäufte, die im Verhältnis zur Nachfrage wachsen würden, seine Ersparnisse, – wenn sie über die Sparbüchse der offiziellen Sparkassen hinausgehn, die ihm ein Minimum von Zins zahlen, damit die Kapitalisten große Zinsen aus ihren Ersparnissen schlagen oder der Staat sie aufißt, womit er bloß die Macht seiner Gegner und seine eigne Abhängigkeit vermehrt – seine Ersparnisse bloß konservieren und fruchtbringend machen können, indem er sie in Banken etc. legt, so daß er nachher in Zeiten der Krisen seine Depositen verliert, während er in Zeiten der Prosperität allem Lebensgenuß entsagt hat, um die Macht des Kapitals zu vermehren; also in jeder Weise *für* das Kapital, nicht für sich gespart hat.

Übrigens – soweit das Ganze nicht heuchlerische Phrase der bürgerlichen »Philanthropie« ist, die überhaupt darin besteht, den Arbeiter mit »frommen Wünschen« abzuspeisen – verlangt jeder Kapitalist zwar, daß seine Arbeiter sparen sollen, aber nur *seine*, weil sie ihm als Arbeiter gegenüberstehn; beileibe nicht die übrige *Welt der Arbeiter*, denn sie stehn ihm als Konsumenten gegenüber. In spite aller »frommen« Redensarten, sucht er daher alle Mittel auf, um sie zum Konsum anzuspornen, neue Reize seinen Waren zu geben, neue Bedürfnisse ihnen anzuschwatzen etc. Es ist grade diese Seite des Verhältnisses von Kapital und Arbeit, die ein wesentliches Zivilisationsmoment ist, und worauf die historische Berechtigung, aber auch die gegenwärtige Macht des Kapitals beruht.

Die Konkurrenz entwickelt die kapitalistische Produktion, es entsteht eine für alle wirksame Durchschnittsprofitrate.

(In der Konkurrenz ist das Grundgesetz, das entwickelt wird im Unterschied zu dem über den Wert und Surpluswert aufgestellten, daß er bestimmt ist nicht durch die in ihm enthaltne Arbeit, oder die Arbeitszeit, worin er produziert ist, sondern die Arbeitszeit, worin er produziert werden kann, oder die zur Reproduktion notwendige Arbeitszeit. Dadurch wird das einzelne Kapital realiter erst in die Bedingungen des Kapitals überhaupt gestellt, obgleich es den Schein hat, als ob das ursprüngliche Gesetz umgeworfen. Die *notwendige* Arbeitszeit als durch die Bewegung des Kapitals selbst bestimmt, ist aber so erst gesetzt. Dies ist das Grundgesetz der Konkurrenz. Nachfrage, Zufuhr, Preis (Produktionskosten) sind weitere Formbestimmungen; der Preis als Marktpreis; oder der allgemeine Preis. Dann das setzen einer allgemeinen Profitrate. Infolge des Marktpreises verteilen sich dann die Kapitalien an verschiedne Zweige. Herabsetzen der Produktionskosten etc. Kurz hier erscheinen alle Bestimmungen *umgekehrt* wie in dem Kapital im Allgemeinen. Dort Preis bestimmt durch die Arbeit, hier Arbeit bestimmt durch den Preis etc. etc. Wirkung der einzelnen Kapitalien aufeinander bewirkt eben, daß sie als *Kapital* sich verhalten müssen; das scheinbar unabhängige Wirken der Einzelnen und ihr regelloses Zusammenstoßen ist grade das Setzen ihres allgemeinen Gesetzes. Markt erhält hier noch andre Bedeutung. Das Wirken der Kapitalien als einzelner aufeinander wird so grade ihr Setzen als allgemeiner und Aufheben der scheinbaren Unabhängigkeit und selbständigen Bestehns der Einzelnen. Noch mehr findet diese Aufhebung statt im Kredit. Und die äußerste Form, wozu die Aufhebung geht, die aber zugleich das *ultimate Setzen* des Kapitals in seiner ihm adäquaten Form – das Aktienkapital.)
(Nachfrage, Zufuhr, Preis, Produktionskosten, Gegensatz von Profit und Zins, verschiedne Relations von Tauschwert und Gebrauchswert, Konsumtion und Produktion.)

Zur Notwendigkeit von Kommunikations- und Transportmitteln für die Entwicklung der kapitalistischen Produktionsweise.

Zunächst vom Staat (durch Steuermittel) bereitgestellt, erst auf höhrer Entwicklungsstufe privatkapitalistisch.

Je mehr die Produktion auf dem Tauschwert, daher auf dem Austausch beruht, desto wichtiger werden für sie die physischen Bedingungen des Austauschs – Kommunikations- und Transportmittel. Das Kapital treibt seiner Natur nach über jede räumliche Schranke hinaus. Die Schöpfung der physischen Bedingungen des Austauschs – von Kommunikations- und Transportmitteln – wird also für es in ganz andrem Maße zur Notwendigkeit – die Vernichtung des Raums durch die Zeit. Insofern das unmittelbare Produkt nur massenhaft verwertet werden kann auf fernen Märkten im Maße als Transportkosten abnehmen und insofern andrerseits Kommunikationsmittel und Transport selbst nur Sphären der Verwertung, der vom Kapital betriebnen Arbeit abgeben können; insofern massenhafter Verkehr stattfindet – wodurch mehr als die notwendige Arbeit ersetzt wird –, ist die Produktion wohlfeiler Transport- und Kommunikationsmittel Bedingung für die auf das Kapital gegründete Produktion und wird *daher* von ihm hergestellt. Alle Arbeit, die erheischt wird, um das fertige Produkt in Zirkulation zu werfen – in ökonomischer Zirkulation befindet es sich erst, sobald es auf dem Markt befindlich ist –, ist vom Standpunkt des Kapitals aus zu überwindende Schranke – wie alle Arbeit, die erheischt ist als *Bedingung* für den Produktionsprozeß (so z.B. Kosten für Sicherheit des Austauschs etc.). Wasserweg als selbstwandelnder, selbstbewegter Weg der Handelsvölker χατ' ἐξοχήν. Andrerseits Kommunikationsstraßen fallen ursprünglich dem Gemeinwesen, später lange Zeit den Regierungen anheim, als reine Abzüge an der Produktion, die vom gemeinschaftlichen Surplusprodukt des Landes abgehn, aber keine Quelle seines Reichtums ausmachen, d.h. ihre Produktionskosten nicht decken. In den ursprünglichen asiatischen, self-sustaining Gemeinwesen, einerseits kein Bedürfnis nach Wegen; andrerseits hält der Mangel derselben sie fest in ihrer Abgeschlossenheit und bildet daher ein wesentliches

Moment ihrer unveränderten Fortdauer (wie in Indien). Straßenbauten durch Fronarbeit oder, was andre Form ist, durch Steuer, ist zwangsweise Verwandlung eines Teils der Surplusarbeit oder des Surplusprodukts des Landes in Straßen. Damit das einzelne Kapital das übernimmt, d. h. die außer dem unmittelbaren *Produktions*prozeß liegenden Bedingungen desselben herstellt – muß die Arbeit sich verwerten.

Kommunikations- und Transportmittel

Alle *allgemeinen Bedingungen der Produktion*, wie Wege, Kanäle etc., sei es, daß sie die Zirkulation erleichtern oder gar erst möglich machen, oder auch die Produktivkraft vermehren (wie Irrigationen etc. in Asien und übrigens noch in Europa von den Regierungen gebaut), unterstellen, um vom Kapital unternommen zu werden, statt von der Regierung, die das Gemeinwesen als solches repräsentiert, höchste Entwicklung der auf das Kapital gegründeten Produktion. Die Ablösung der *travaux publics* vom Staat und ihr Übergehn in die Domäne der vom Kapital selbst unternommenen Arbeiten, zeigt den Grad an, wozu sich das reelle Gemeinwesen in der Form des Kapitals konstituiert hat. Ein Land, z. B. die United States, kann selbst in produktiver Beziehung die Notwendigkeit von Eisenbahnen fühlen; dennoch kann der unmittelbare Vorteil, der für die Produktion daraus hervorgeht, zu gering sein, als daß die Produktion daraus hervorgeht, zu gering sein, als daß die Auslage anders als *à fonds perdu* erschiene. Dann wälzt das Kapital sie auf die Schultern des Staats, oder, wo der Staat traditionell ihm gegenüber noch eine superiore Stellung einnimmt, besitzt er noch das Privilegium und den Willen die Gesamtheit zu zwingen, einen Teil ihrer *Revenu*, nicht ihres Kapitals, in solche allgemein nützliche Arbeiten [zu stecken], die zugleich als *allgemeine* Bedingungen der Produktion erscheinen, und daher nicht als *besondre* Bedingung für irgendeinen Kapitalisten – und solange das Kapital nicht die Form der Aktiengesellschaft annimmt, sucht es immer nur die *besondren* Bedingungen seiner Verwertung, die *gemeinschaft-lichen* schiebt es als Landesbedürfnisse dem ganzen Land auf. Das Kapital unternimmt nur *vorteilhafte*, in seinem Sinn vorteil-hafte Unternehmungen. Allerdings spekuliert es auch falsch, und *muß*, wie wir so sehen werden, so spekulieren. Es unter-nimmt dann *Anlagen*, die sich nicht rentieren und erst rentieren, sobald sie *entwertet* sind zu einem gewissen Grade. Daher die vielen Unternehmungen, wo der erste *mise de capital* à fonds perdu ist, die ersten Unternehmer kaputtgehn – und erst in zweiter oder dritter Hand, wo das Anlagekapital durch die *Ent-wertung* geringer geworden, sich verwerten. Übrigens der Staat selbst und was drum und dran hängt, gehört zu diesen Abzügen von der *Revenu*, sozusagen den *Konsumtionskosten* für den Ein-zelnen, den Produktionskosten für die Gesellschaft. Ein Weg selbst kann die Produktivkräfte so vermehren, daß er einen Ver-kehr schafft, durch den er sich nun rentiert. Es können Arbeiten notwendig sein und Auslagen, ohne produktiv im Sinn des Ka-pitals zu sein, d.h. ohne daß die in ihnen enthaltne *Surplusarbeit* durch die Zirkulation, durch den Austausch als *Surpluswert* rea-lisiert wird. Wenn ein Arbeiter z.B. 12 Stunden während des Jahrs täglich an einem Weg arbeitet und die allgemein notwen-dige Arbeitszeit im Durchschnitt = 6 Stunden, so hat er eine Sur-plusarbeit von 6 Stunden gearbeitet. Kann aber der Weg nicht verkauft werden zu 12 Stunden, vielleicht nur zu 6, so ist der Wegbau kein Unternehmen für das Kapital, und das Wegbauen keine produktive Arbeit für dasselbe. Das Kapital muß den Weg verkaufen können (Zeitraum und Art des Verkaufens geht uns hier nichts an), so daß die notwendige Arbeit, sowohl wie die Surplusarbeit verwertet wird [...].

Die Form der Arbeitsteilung im kapitalistischen Produktionsprozess

Eine andre Voraussetzung des Austauschs, die das Ganze der Bewegung betrifft, ist die, daß die Subjekte desselben als unter die Teilung der gesellschaftlichen Arbeit subsumiert produzieren. Die gegeneinander auszutauschenden Waren sind ja in der Tat nichts andres als Arbeit in unterschiednen Gebrauchswerten vergegenständlicht, also auf verschiedne Weise vergegenständlicht, sie sind in der Tat nur das gegenständliche Dasein der Teilung der Arbeit, Vergegenständlichung qualitativ verschiedner, verschiednen Systemen von Bedürfnissen entsprechender Arbeiten. Indem ich *Ware* produziere, ist die Voraussetzung, daß zwar mein Produkt Gebrauchswert hat, aber nicht für mich, nicht unmittelbar Lebensmittel (im weitesten Sinn) für mich ist, sondern für mich unmittelbarer Tauschwert; Lebensmittel erst wird, nachdem es im Geld die Form des allgemeinen gesellschaftlichen Produkts angenommen hat und nun in jeder Form fremder, qualitativ verschiedner Arbeit realisiert werden kann. Ich produziere daher nur für mich, indem ich für die Gesellschaft produziere, deren jedes Glied wieder in einem andren Kreise für mich arbeitet.

Es ist ferner klar, daß die Voraussetzung, daß die Austauschenden Tauschwerte produzieren, nicht nur Teilung der Arbeit überhaupt, sondern eine spezifisch entwickelte Form derselben voraussetzt. Z.B. in Peru war auch die Arbeit geteilt; so in den selbstgenügsamen (selfsupporting) kleinen indischen Gemeinwesen. Es ist dies aber eine Teilung der Arbeit, die nicht nur nicht auf den Tauschwert gegründete, sondern umgekehrt eine mehr oder minder direkt gemeinschaftliche Produktion voraussetzt. Die Grundvoraussetzung, daß die Subjekte der Zirkulation Tauschwerte produziert haben, Produkte, die unmittelbar unter der gesellschaftlichen Bestimmtheit des Tauschwerts gesetzt sind, also auch subsumiert unter eine Teilung der Arbeit von bestimmter historischer Gestaltung produziert haben, schließt eine Masse Voraussetzungen ein, die weder aus dem Willen des Individuums hervorgehn, noch aus seiner unmittelbaren Natürlichkeit, sondern aus geschichtlichen Bedingungen und Verhältnissen, wodurch das Individuum schon sich *gesellschaftlich*, als durch die Gesellschaft bestimmt findet; ebenso wie diese Voraussetzung Verhältnisse einschließt, die sich in andren Produktionsbeziehungen der Individuen, als den einfachen, worin sie sich in der Zirkulation gegenübertreten, darstellen. Der Austauschende hat Ware produziert und zwar für Warenproduzierende. Dies enthält: Einerseits: er hat als unabhängiges Privatindividuum produziert, aus eigner Initiative, bloß bestimmt durch sein eignes Bedürfnis und seine eignen Fähigkeiten, aus sich selbst und für sich selbst, weder als Glied eines naturwüchsigen Gemeinwesens, noch als Individuum, das unmittelbar als gesellschaftliches an der Produktion teilnimmt, und daher sich auch zu seinem Produkt nicht als unmittelbarer Existenzquelle verhält. Andererseits aber hat es *Tauschwert* produziert, ein Produkt, das erst durch einen bestimmten gesellschaftlichen Prozeß, eine bestimmte Metamorphose für es selbst zum Produkt wird. Es hat also schon produziert in einem Zusammenhang, unter Produktionsbedingungen und Verkehrsverhältnissen, die erst durch einen geschichtlichen Prozeß geworden sind, die aber für es selbst als Naturnotwendigkeit erscheinen. Die Unabhängigkeit d[er] individuellen Produkt[ion] ist so ergänzt durch eine gesellschaftliche Abhängigkeit, die in der Teilung der Arbeit ihren entsprechenden Ausdruck findet.

Der *Privatcharakter* der Produktion des Tauschwerte produzierenden Individuums erscheint selbst als historisches Produkt – *seine Isolierung, punktuelle Verselbständigung innerhalb der Produktion*, bedingt durch eine Teilung der Arbeit, die ihrerseits wieder auf einer ganzen Reihe von ökonomischen Bedingungen beruht, wodurch das Individuum in seinem Zusammenhang mit andren und seiner eignen Existenzweise nach allen Seiten hin bedingt ist.

Ein englischer Pächter und ein französischer Bauer, soweit Bodenprodukte die Ware, die sie verkaufen, stehn in demselben ökonomischen Verhältnis. Allein der Bauer verkauft nur den kleinen Überschuß über die Produktion seiner Familie. Den Hauptteil verzehrt er selbst, verhält sich also zu dem größten Teil seines Produkts nicht als Tauschwert, sondern als Gebrauchswert, unmittelbarem Subsistenzmittel. Der englische Pächter dagegen hängt durchaus *ab* vom Verkauf seines Produkts, also von ihm als Ware, daher von dem gesellschaftlichen Gebrauchswert seines Produkts. Seine Produktion ist also ihrem ganzen Umfang nach vom Tauschwert ergriffen und bestimmt. Es ist nun klar, welche höchst verschiedne Entwicklung die Produktivkräfte der Arbeit, Teilung derselben, welche verschiednen Beziehungen der Individuen innerhalb der Produktion erheischt sind, damit das Getreide z.B. als bloßer Tauschwert produziert wird und also ganz in die Zirkulation eingeht; welche ökonomischen Prozesse erheischt sind, um aus einem französischen Bauern einen englischen Pächter zu machen. Ad. Smith in seiner Entwicklung des Tauschwerts begeht noch den Mißbriff, die unentwickelte Form des Tauschwerts, wo er nur noch als Überschuß über den zu eigner Subsistenz des Produzenten erzeugten Gebrauchswert erscheint, als die adäquate Form desselben festzuhalten, während sie nur eine Form seines historischen Auftretens innerhalb eines noch nicht von ihm als allgemeiner Form ergriffnen Produktionssystems ist. In der bürgerlichen Gesellschaft aber muß er als die herrschende Form gefaßt werden, so daß *alles unmittelbare Verhältnis der Produzenten zu ihren Produkten* als Gebrauchswerten verschwunden ist; *alle Produkte als Handelsprodukte.* Nehmen wir einen Arbeiter in einer modernen Fabrik, z.B. Kattunfabrik. Hätte er keinen Tauschwert produziert, so hätte er überhaupt nichts produziert, da er seine Finger auf keinen einzigen faßbaren Gebrauchswert legen kann und sagen: das ist mein Produkt. Je vielseitiger das System der gesellschaftlichen Bedürfnisse und je einseitiger die Produktion des Einzelnen wird, d.h. mit der Entwicklung der gesellschaftlichen Teilung der Arbeit, wird die Produktion des Produkts als Tauschwert oder der *Charakter des Produkts als Tauschwert entscheidend.*

Zur historischen Leistung der kapitalistischen Produktionsweise (Entwicklung der Bedürfnisse, Maschinen nehmen die Arbeit ab, Arbeit nicht mehr Arbeit, sondern volle Entwicklung der Tätigkeit). Der Übergang in eine höhere Form der Gesellschaftsordnung vollzieht sich, wenn die Entwicklung im Kapital eine Schranke findet.

Die große geschichtliche Seite des Kapitals ist diese *Surplusarbeit*, überflüssige Arbeit vom Standpunkt des bloßen Gebrauchswerts, der bloßen Subsistenz aus, zu *schaffen*, und seine historische Bestimmung ist erfüllt, sobald einerseits die Bedürfnisse soweit entwickelt sind, daß die Surplusarbeit über das Notwendige hinaus selbst allgemeines Bedürfnis ist, aus den individuellen Bedürfnissen selbst hervorgeht, – andrerseits die allgemeine Arbeitsamkeit durch die strenge Disziplin des Kapitals, wodurch die sich folgenden Geschlechter durchgegangen sind, entwickelt ist als allgemeiner Besitz des neuen Geschlechts, – endlich durch die Entwicklung der Produktivkräfte der Arbeit, die das Kapital in seiner unbeschränkten Bereicherungssucht und den Bedingungen, worin es sie allein realisieren kann, beständig voranpeitscht, soweit gediehen ist, daß der Besitz und die Erhaltung des allgemeinen Reichtums einerseits nur eine geringe Arbeitszeit für die ganze Gesellschaft erfordert und die arbeitende Gesellschaft sich wissenschaftlich zu dem Prozeß ihrer fortschreitenden Reproduktion, ihrer Reproduktion in stets größrer Fülle verhält; also die Arbeit, wo der Mensch in ihr tut, was er Sachen für sich tun lassen kann, aufgehört hat. Kapital und Arbeit verhalten sich demnach hierin wie Geld und Ware; ist das eine die allgemeine Form des Reichtums, die andre nur die Substanz, die unmittelbare Konsumtion bezweckt. Als das rastlose Streben nach der allgemeinen Form des Reichtums treibt aber das Kapital die Arbeit über die Grenzen ihrer Naturbedürftigkeit hinaus und schafft so die materiellen Elemente für die Entwicklung der reichen Individualität, die ebenso allseitig in ihrer Produktion als Konsumtion ist und deren Arbeit daher auch nicht mehr als Arbeit, sondern als volle Entwicklung der Tätigkeit selbst erscheint, in der die Naturnotwendigkeit in ihrer unmittelbaren Form verschwunden ist; weil an die Stelle der Naturbedürfnisse ein geschichtlich erzeugtes getreten ist. Daher ist das *Kapital produktiv*; d.h. ein *wesentliches Verhältnis für die Entwicklung der gesellschaftlichen Produktivkräfte*. Es hört erst auf als solches zu sein, wo die Entwicklung dieser Produktivkräfte selbst an dem Kapital selbst eine Schranke findet.

Die Zunahme der Konsumbedürfnisse der eigentumslosen Arbeiter ist die Voraussetzung ihrer Arbeitsamkeit. Wutschrei der Planter angesichts der mit ihrem einfachen Leben zufriedenen, faulen »freien Nigger« Jamaikas.

In der *Times* vom November 1857 findet sich ein allerliebster Wutschrei von Seiten eines westindischen Planters. Mit großer sittlicher Entrüstung setzt dieser Davokat – als Plädoyer für die Wiedereinführung der Negersklaverei – auseinander, wie die *Quashees* (die freien niggers von Jamaica) sich damit begnügen, das für ihren eignen Konsum strikt Notwendige zu produzieren und als den eigentlichen Luxusartikel neben diesem »Gebrauchswert« die Faulenzerei selbst betrachten (indulgence and idleness); wie sie sich den Teufel um Zucker und das in den plantations ausgelegte capital fixe scheren, vielmehr mit ironischer Schadenfreude den zugrundegehenden Planter anschmunzeln, und selbst das ihnen angelernte Christentum nur ausbeuten als Schönfärberei dieser schadenfrohen Stimmung und Indolenz. Sie haben aufgehört Sklaven zu sein, aber nicht um Lohnarbeiter zu werden, sondern self-sustaining, für den eignen notdürftigen Konsum arbeitende peasants. Das Kapital als Kapital existiert ihnen gegenüber nicht, weil der verselbständigte Reichtum überhaupt *nur* existiert entweder durch *unmittelbare* Zwangsarbeit, Sklaverei, oder *vermittelte* Zwangsarbeit, *Lohnarbeit*. Der unmittelbaren Zwangsarbeit steht der Reichtum nicht als Kapital gegenüber, sondern als *Herrschaftsverhältnis*; es wird daher auf ihrer Basis auch nur das Herrschaftsverhältnis reproduziert, für das der Reichtum selbst nur Wert als Genuß hat, nicht als

Reichtum selbst, das daher auch nie die *allgemeine Industrie* schaffen kann. (Auf dies Verhältnis von Sklaverei und Lohnarbeit werden wir zurückkommen.)

Die Schranke des *Kapitals* ist, daß diese ganze Entwicklung gegensätzlich vor sich geht und das Herausarbeiten der Produktivkräfte, des allgemeinen Reichtums etc., Wissens etc. so erscheint, daß das arbeitende Individuum selbst sich *entäußert*; zu den aus ihm herausgearbeiteten nicht als den Bedingungen *seines eignen*, sondern *fremden Reichtums* und seiner eignen Armut sich verhält. Diese gegensätzliche Form selbst aber ist verschwindend und produziert die realen Bedingungen ihrer eignen Aufhebung. Resultat ist: die ihrer Tendenz und δυνάμει nach allgemeine Entwicklung der Produktivkräfte – des Reichtums überhaupt – als Basis, ebenso die Universalität des Verkehrs, daher der Weltmarkt als Basis. Die Basis als Möglichkeit der universellen Entwicklung des Individuums, und die wirkliche Entwicklung der Individuen von dieser Basis aus als beständige Aufhebung ihrer *Schranke*, die als Schranke gewußt ist, nicht als *heilige Grenze* gilt. Die Universalität des Individuums nicht als gedachte oder eingebildete, sondern als Universalität seiner realen und ideellen Beziehungen. Daher auch Begreifen seiner eignen Geschichte als eines *Prozesses* und Wissen der Natur (ebenso als praktische Macht über sie vorhanden) als seines realen Leibes. Der Prozeß der Entwicklung selbst als Voraussetzung desselben gesetzt und gewußt. Dazu aber nötig vor allem, daß die volle Entwicklung der Produktivkräfte *Produktionsbedingung* geworden; nicht bestimmte *Produktionsbedingungen* als Grenze für die Entwicklung der Produktivkräfte gesetzt sind. –

Zur Entwicklung der Produktion hin zur automatischen Maschine, in der die Wissenschaft vergegenständlicht ist. Erst hier hat das Kapital die ihm adäquate Gestalt gefunden. Zugleich setzt es die Tätigkeit der Arbeiter auf bloßes Überwachen und Reparieren der eigentlich »arbeitenden« automatischen Maschinen herab.

Ökonomisch erscheint die automatische Fabrik als capital fixe.
Nach der Abschaffung der kapitalistischen Produktionsweise
hören die automatischen Maschinen nicht auf zu funktionieren.
Die Entwicklung dieser vollendeten Produktionstechnik ist die
kulturelle Leistung der kapitalistischen Sozialformation.

Solange das Arbeitsmittel im eigentlichen Sinn des Wortes Arbeitsmittel bleibt, so wie es unmittelbar, historisch, vom Kapital in seinen Verwertungsprozeß hineingenommen ist, erleidet es nur eine formelle Veränderung dadurch, daß es jetzt nicht nur seiner stofflichen Seite nach als Mittel der Arbeit erscheint, sondern zugleich als eine durch den Gesamtprozeß des Kapitals bestimmte besondre Daseinsweise desselben – als *capital fixe*.

In den Produktionsprozeß des Kapitals aufgenommen, durchläuft das Arbeitsmittel aber verschiedne Metamorphosen, deren letzte die *Maschine* ist oder vielmehr ein *automatisches System der Maschinerie* (System der Maschinerie; das *automatische* ist nur die vollendetste adäquateste Form derselben und verwandelt die Maschinerie erst in ein System), in Bewegung gesetzt durch einen Automaten, bewegende Kraft, die sich selbst bewegt; dieser Automat bestehend aus zahlreichen mechanischen und intellektuellen Organen, so daß die Arbeiter selbst nur als bewußte Glieder desselben bestimmt sind. In der Maschine und noch mehr in der Maschinerie als einem automatischen System, ist das Arbeitsmittel verwandelt seinem Gebrauchswert nach, d.h. seinem stofflichen Dasein nach in eine dem capital fixe und dem Kapital überhaupt adäquate Existenz und die Form, in der es als unmittelbares Arbeitsmittel in den Produktionsprozeß des Kapitals aufgenommen wurde, in eine durch das Kapital selbst gesetzte und ihm entsprechende Form aufgehoben. Die Maschine erscheint in keiner Beziehung als Arbeitsmittel des einzelnen Arbeiters. Ihre differentia specifica ist keineswegs, wie beim Arbeitsmittel, die Tätigkeit des Arbeiters auf das Objekt zu vermitteln, sondern diese Tätigkeit ist vielmehr so gesetzt, daß sie nur noch die Arbeit der Maschine, ihre Aktion auf das

Rohmaterial vermittelt – überwacht und sie vor Störungen bewahrt. Nicht wie beim Instrument, das der Arbeiter als Organ mit seinem eignen Geschick und Tätigkeit beseelt, und dessen Handhabung daher von seiner Virtuosität abhängt. Sondern die Maschine, die für den Arbeiter Geschick und Kraft besitzt, ist selbst der Virtuose, der eine eigne Seele besitzt in den in ihr wirkenden mechanischen Gesetzen und zu ihrer beständigen Selbstbewegung, wie der Arbeiter Nahrungsmittel, so Kohlen, Öl etc. konsumiert (matières instrumentales). Die Tätigkeit des Arbeiters, auf eine bloße Abstraktion der Tätigkeit beschränkt, ist nach allen Seiten hin bestimmt und geregelt durch die Bewegung der Maschinerie, nicht umgekehrt. Die Wissenschaft, die die unbelebten Glieder der Maschinerie zwingt durch ihre Konstruktion zweckgemäß als Automat zu wirken, existiert nicht im Bewußtsein des Arbeiters, sondern wirkt durch die Maschine als fremde Macht auf ihn, als Macht der Maschine selbst. Die Aneignung der lebendigen Arbeit durch die vergegenständlichte Arbeit – der verwertenden Kraft oder Tätigkeit durch den für sich seienden Wert –, die im Begriff des Kapitals liegt, ist in der auf Maschinerie beruhnden Produktion als Charakter des Produktionsprozesses selbst, auch seinen stofflichen Elementen und seiner stofflichen Bewegung nach gesetzt. Der Produktionsprozeß hat aufgehört Arbeitsprozeß in dem Sinn zu sein, daß die Arbeit als die ihn beherrschende Einheit über ihn übergriffe. Sie erscheint vielmehr nur als bewußtes Organ, an vielen Punkten des mechanischen Systems in einzelnen lebendigen Arbeitern; zerstreut, subsumiert unter den Gesamtprozeß der Maschinerie selbst, selbst nur ein Glied des Systems, dessen Einheit nicht in den lebendigen Arbeitern, sondern in der lebendigen (aktiven) Maschinerie existiert, die seinem einzelnen, unbedeutenden Tun gegenüber als gewaltiger Organismus ihm gegenüber erscheint. In der Maschinerie tritt die vergegenständlichte Arbeit der lebendigen Arbeit im Arbeitsprozeß selbst als die sie beherrschende Macht gegenüber, die das Kapital als Aneignung der lebendigen Arbeit seiner Form nach ist. Das Aufnehmen des

Arbeitsprozesses als bloßes Moment des Verwertungsprozesses des Kapitals ist auch der stofflichen Seite nach gesetzt durch die Verwandlung des Arbeitsmittels in Maschinerie und der lebendigen Arbeit in bloßes lebendiges Zubehör dieser Maschinerie; als Mittel ihrer Aktion. Die Vermehrung der Produktivkraft der Arbeit und die größte Negation der notwendigen Arbeit ist die notwendige Tendenz des Kapitals, wie wir gesehn. Die Verwirklichung dieser Tendenz ist die Verwandlung des Arbeitsmittels in Maschinerie. In der Maschinerie tritt die vergegenständlichte Arbeit stofflich der lebendigen als die beherrschende Macht entgegen und als aktive Subsumtion derselben unter sich, nicht nur durch Aneignung derselben, sondern im realen Produktionsprozeß selbst; das Verhältnis des Kapitals als des die verwertende Tätigkeit sich aneignenden Werts, ist in dem fixen Kapital, das als Maschinerie existiert, zugleich gesetzt als das Verhältnis des Gebrauchswerts des Kapitals zum Gebrauchswert des Arbeitsvermögens; der in der Maschinerie vergegenständlichte Wert erscheint ferner als eine Voraussetzung, wogegen die verwertende Kraft des einzelnen Arbeitsvermögens als ein unendlich kleines verschwindet; durch die Produktion in enormen Massen, die mit der Maschinerie gesetzt ist, verschwindet ebenso am Produkt jede Beziehung auf das unmittelbare Bedürfnis des Produzenten und daher auf unmittelbaren Gebrauchswert; in der Form, wie das Produkt produziert wird, und in Verhältnissen, worin es produziert wird, ist schon so gesetzt, daß es nur produziert ist als Träger von Wert und sein Gebrauchswert nur als Bedingung hierfür. Die vergegenständlichte Arbeit erscheint in der Maschinerie unmittelbar selbst nicht nur in der Form des Produkts oder des als Arbeitsmittel angewandten Produkts, sondern der Produktivkraft selbst. Die Entwicklung des Arbeitsmittels zur Maschinerie ist nicht zufällig für das Kapital, sondern ist die historische Umgestaltung des traditionell überkommnen Arbeitsmittels als dem Kapital adäquat umgewandelt. Die Akkumulation des Wissens und des Geschicks, der allgemeinen Produktivkräfte des gesellschaftlichen Hirns, ist so der

Arbeit gegenüber absorbiert in dem Kapital und erscheint daher als Eigenschaft des Kapitals, und bestimmter des *capital fixe*, soweit es als eigentliches Produktionsmittel in den Produktionsprozeß eintritt. Die *Maschinerie* erscheint also als die adäquateste Form des *capital fixe* und das capital fixe, soweit das Kapital in seiner Beziehung auf sich selbst betrachtet wird, als die *adäquateste Form des Kapitals überhaupt*. Andrerseits, soweit das capital fixe in seinem Dasein als bestimmter Gebrauchswert festgebannt, entspricht es nicht dem Begriff des Kapitals, das als Wert gleichgültig gegen jede bestimmte Form des Gebrauchswerts und jede derselben als gleichgültige Inkarnation annehmen oder abstreifen kann. Nach dieser Seite hin, nach der Beziehung des Kapitals nach außen, erscheint das *capital circulant* als die adäquate Form des Kapitals gegenüber dem capital fixe.

Insofern ferner die Maschinerie sich entwickelt mit der Akkumulation der gesellschaftlichen Wissenschaft, Produktivkraft überhaupt, ist es nicht in der Arbeit, sondern im Kapital, daß sich die allgemein gesellschaftliche Arbeit darstellt. Die Produktivkraft der Gesellschaft ist gemessen an dem *capital fixe*, existiert in ihm in gegenständlicher Form und umgekehrt entwickelt sich die Produktivkraft des Kapitals mit diesem allgemeinen Fortschritt, den das Kapital sich gratis aneignet. Es ist hier nicht in die Entwicklung der Maschinerie en détail einzugehn; sondern nur nach der allgemeinen Seite hin, soweit im *capital fixe* das *Arbeitsmittel*, nach seiner stofflichen Seite, seine unmittelbare Form verliert und stofflich dem Arbeiter als *Kapital* gegenübertritt. Das Wissen erscheint in der Maschinerie als fremdes außer ihm; und die lebendige Arbeit subsumiert unter die selbständig wirkende vergegenständlichte. Der Arbeiter erscheint als überflüssig, soweit seine Aktion nicht bedingt ist durch das Bedürfnis [des Kapitals].

Die volle Entwicklung des Kapitals findet also erst statt – oder das Kapital hat erst die ihm entsprechende Produktionsweise gesetzt –, sobald das Arbeitsmittel nicht nur formell als *capital fixe* bestimmt ist, sondern in seiner unmittelbaren Form aufgehoben, und das *capital fixe* innerhalb des Produktionsprozesses der Arbeit gegenüber als Maschine auftritt; der ganze Produktionsprozeß aber als nicht subsumiert unter die unmittelbare Geschicklichkeit des Arbeiters, sondern als technologische Anwendung der Wissenschaft. Der Produktion wissenschaftlichen Charakter zu geben daher die Tendenz des Kapitals und die unmittelbare Arbeit herabgesetzt zu einem bloßen Moment dieses Prozesses. Wie bei der Verwandlung des Werts in Kapital, so zeigt sich bei der nähern Entwicklung des Kapitals, daß es einerseits eine bestimmte gegebne historische Entwicklung der Produktivkräfte voraussetzt – unter diesen Produktivkräften auch die Wissenschaft –, andrerseits sie vorantreibt und forciert.

Der quantitative Umfang, worin, und die Wirksamkeit (Intensivität), worin das Kapital als capital fixe entwickelt ist, zeigt daher überhaupt den degree an, worin das Kapital als Kapital, als die Macht über die lebendige Arbeit entwickelt ist und sich den Produktionsprozeß überhaupt unterworfen hat. Auch nach der Seite hin, daß es die Akkumulation der vergegenständlichten Produktivkräfte ausdrückt und ebenso der vergegenständlichten Arbeit. Wenn aber das Kapital in der Maschinerie und andren stofflichen Daseinsformen des capital fixe, wie Eisenbahnen etc. (worauf wir später kommen werden) sich erst seine adäquate Gestalt als Gebrauchswert innerhalb des Produktionsprozesses gibt, so heißt das keineswegs, daß dieser Gebrauchswert – die Maschinerie an sich – Kapital ist, oder daß ihr Bestehn als Maschinerie identisch ist mit ihrem Bestehn als Kapital; sowenig, wie das Gold aufhörte seinen Gebrauchswert als Gold zu haben, sobald es nicht mehr *Geld* wäre. Die Maschinerie verliert ihren Gebrauchswert nicht, sobald sie aufhörte Kapital zu sein. Daraus, daß die Maschinerie die entsprechendste Form des Gebrauchswerts des capital fixe, folgt keineswegs, daß die Subsumtion unter das gesellschaftliche Verhältnis des Kapitals das entsprechendste und letzte gesellschaftliche Produktionsverhältnis für die Anwendung der Maschinerie.

In demselben Maße wie die Arbeitszeit – das bloße Quantum

Arbeit – durch das Kapital als einzig bestimmendes Element gesetzt wird, in demselben Maße verschwindet die unmittelbare Arbeit und ihre Quantität als das bestimmende Prinzip der Produktion – der Schöpfung von Gebrauchswerten – und wird sowohl quantitativ zu einer geringen Proportion herabgesetzt, wie qualitativ als ein zwar unentbehrliches, aber subalternes Moment gegen die allgemeine wissenschaftliche Arbeit, technologische Anwendung der Naturwissenschaften nach der einen Seite, wie [gegen die] aus der gesellschaftlichen Gliederung in der Gesamtproduktion hervorgehende allgemeine Produktivkraft – die als Naturgabe der gesellschaftlichen Arbeit (obgleich historisches Produkt) erscheint. Das Kapital arbeitet so an seiner eignen Auflösung als die Produktion beherrschende Form.

Wenn so einerseits die Verwandlung des Produktionsprozesses aus dem einfachen Arbeitsprozeß in einen wissenschaftlichen Prozeß, der die Naturgewalten seinem Dienst unterwirft und sie im Dienst der menschlichen Bedürfnisse wirken läßt, als Eigenschaft des *capital fixe* gegenüber der lebendigen Arbeit erscheint; wenn die einzelne Arbeit als solche überhaupt aufhört als produktiv zu erscheinen, vielmehr nur produktiv ist in den gemeinsamen die Naturgewalten sich unterordnenden Arbeiten und diese Erhebung der unmittelbaren Arbeit in gesellschaftliche als Reduktion der einzelnen Arbeit auf Hilfslosigkeit gegen die im Kapital repräsentierte, konzentrierte Gemeinsamkeit erscheint; so andrerseits erscheint nun als Eigenschaft des *capital circulant* das Erhalten der Arbeit in einem Produktionszweig durch *co-existing labour* in einem andren. In der kleinen Zirkulation avanciert das Kapital dem Arbeiter das Salär, das dieser austauscht gegen zu seiner Konsumtion nötige Produkte. Das von ihm erhaltne Geld hat nur diese Macht, weil gleichzeitig neben ihm gearbeitet wird; und nur weil das Kapital sich seine Arbeit angeeignet, kann es ihm im Geld Anweisung auf fremde Arbeit geben. Dieser Austausch der eignen Arbeit mit der fremden erscheint hier nicht durch die gleichzeitige Koexistenz der Arbeit der andern vermittelt und bedingt, sondern durch die

Avance, die das Kapital macht. Es erscheint als Eigenschaft des Teils des *circulating capital*, der an den Arbeiter abgetreten wird, und des circulating capital überhaupt, daß der Arbeiter während der Produktion den zu seiner Konsumtion nötigen Stoffwechsel vornehmen kann. Es erscheint nicht als Stoffwechsel der gleichzeitigen Arbeitskräfte, sondern als Stoffwechsel des Kapitals; so, daß circulating capital existiert. So werden alle Kräfte der Arbeit transponiert in Kräfte des Kapitals; im capital fixe die Produktivkraft der Arbeit (die außer ihr gesetzt ist und als unabhängig (sachlich) von ihr existierend); und im capital circulant einerseits dies, daß der Arbeiter selbst die Bedingungen der Wiederholung seiner Arbeit sich vorausgesetzt hat, andrerseits der Austausch dieser seiner Arbeit durch die koexistierende Arbeit andrer vermittelt ist, erscheint so, daß das Kapital ihm die Avancen macht und andrerseits die Gleichzeitigkeit der Arbeitszweige setzt. (Die beiden letztren Bestimmungen gehören eigentlich in die Akkumulation.) Das Kapital setzt sich als Vermittler zwischen den verschiednen labourers in der Form des capital circulant.

Das *capital fixe*, in seiner Bestimmung als Produktionsmittel, deren adäquateste Form die Maschinerie, produziert nur Wert, d. h. vermehrt den Wert des Produkts nur nach zwei Seiten hin: 1) soweit es *Wert* hat; d. h. selbst Produkt der Arbeit, ein gewisses quantum Arbeit in vergegenständlichter Form ist; 2) insofern es das Verhältnis der Surplusarbeit zur notwendigen Arbeit vermehrt, indem es die Arbeit befähigt, durch Vermehrung ihrer Produktivkraft, eine größre Masse zum Unterhalt des lebendigen Arbeitsvermögens nötiger Produkte in kürzrer Zeit zu schaffen. Es ist also eine höchst absurde bürgerliche Phrase, daß der Arbeiter mit dem Kapitalisten teilt, weil dieser durch das capital fixe (das übrigens selbst das Produkt der Arbeit und vom Kapital nur angeeignete *fremde Arbeit*) ihm seine Arbeit erleichtert (er raubt ihr durch die Maschine vielmehr alle Selbständigkeit und attrayanten Charakter) oder seine Arbeit abkürzt. Das Kapital wendet die Maschine vielmehr nur an, soweit sie den Arbeiter befähigt einen größren Teil seiner Zeit für das Kapital zu arbeiten, zu einem größren Teil seiner Zeit als ihm nicht angehöriger sich zu verhalten, länger für einen Andren zu arbeiten. Durch diesen Prozeß wird in der Tat das Quantum zur Produktion eines gewissen Gegenstandes nötige Arbeit auf ein Minimum reduziert, aber nur damit ein Maximum von Arbeit in dem Maximum solcher Gegenstände verwertet werde. Die erste Seite ist wichtig, weil das Kapital hier – ganz unabsichtlich – die menschliche Arbeit auf ein Minimum reduziert, die Kraftausgabe. Dies wird der emanzipierten Arbeit zugute kommen und ist die Bedingung ihrer Emanzipation. Aus dem Gesagten geht die Absurdität Lauderdales hervor, wenn er das capital fixe zu einer von der Arbeitszeit unabhängigen, selbständigen Quelle des Werts machen will. Es ist solche Quelle nur, sofern es selbst vergegenständlichte Arbeitszeit und sofern es Surplusarbeitszeit setzt. Die Maschinerie selbst zu ihrer Anwendung setzt historisch voraus – sieh oben Ravenstone – überflüssige Hände. Nur wo der Überfluß an Arbeitskräften vorhanden, kommt die Maschinerie dazwischen, um Arbeit zu ersetzen. Es passiert nur in der Einbildung der Ökonomen, daß sie dem einzelnen Arbeiter beispringt. Nur mit Massen von Arbeitern kann sie wirken, deren Konzentration gegenüber dem Kapital eine seiner historischen Voraussetzungen, wie wir gesehn. Sie kommt nicht herein, um fehlende Arbeitskraft zu ersetzen, sondern um massenhaft vorhandne auf ihr nötiges Maß zu reduzieren. Nur wo das Arbeitsvermögen in Masse vorhanden, kommt die Maschinerie hinein. (Hierauf zurückzukommen.)

Lauderdale glaubt große Entdeckung gemacht zu haben, daß Maschinerie nicht die Produktivkraft der Arbeit vermehrt, weil sie dieselbe vielmehr ersetzt, oder tut, was die Arbeit nicht mit ihrer Kraft tun kann. Es gehört zum Begriff des Kapitals, daß die vermehrte Produktivkraft der Arbeit vielmehr als Vermehrung einer Kraft außer ihr und als ihre eigne Entkräftung gesetzt ist. Das Arbeitsmittel macht den Arbeiter selbständig – setzt ihn als Eigentümer. Die Maschinerie – als capital fixe – setzt ihn als unselbständig, setzt ihn als angeeignet. Diese Wirkung der Maschinerie gilt nur, soweit sie als capital fixe bestimmt, und sie ist nur dadurch als solche bestimmt, daß der Arbeiter als Lohnarbeiter, und das tätige Individuum überhaupt als bloßer Arbeiter sich zu ihr verhält.

Wie aus Geld Kapital wird

Geld wird zu Kapital, wenn es auf dem Markt die Ware Arbeitskraft findet, die von eigentumslosen Arbeitern angeboten wird. Der Gebrauchswert dieser Ware ermöglicht dem Kapitalisten die Erzielung von Mehrwert.

Die Bedingung der Verwandlung von Geld in Kapital ist, daß der *Eigner* des Geldes Geld gegen das fremde Arbeitsvermögen als Ware umtauschen kann. Also daß innerhalb der Zirkulation das Arbeitsvermögen als Ware feilgeboten wird, denn innerhalb der einfachen Zirkulation stehn sich die Austauschenden nur als Käufer und Verkäufer gegenüber. Die Bedingung ist also, daß der Arbeiter sein Arbeitsvermögen als zu vernutzende Ware feilbietet: also der freie Arbeiter. Die Bedingung ist, daß der Arbeiter erstens als freier Eigentümer über sein Arbeitsvermögen disponiert, sich zu ihm als *Ware* verhält; dazu muß er freier Eigentümer desselben sein. Zweitens aber, daß er seine Arbeit nicht mehr in der Form einer andren Ware, vergegenständlichter Arbeit auszutauschen hat, sondern die einzige Ware, die er anzubieten hat, zu verkaufen hat, eben sein lebendiges, in seiner lebendigen Leiblichkeit vorhandnes Arbeitsvermögen ist, die Bedingungen der Vergegenständlichung seiner Arbeit, die gegenständlichen Bedingungen seiner Arbeit also als fremdes Eigentum, in der Zirkulation auf der andren Seite, jenseits seiner selbst befindliche Waren existieren. Daß der Geldbesitzer – oder das Geld, denn einstweilen ist der erstere uns in dem ökonomischen Prozeß selbst nur die Personifikation des letztren – das Arbeitsvermögen auf dem Markt, in den Grenzen der Zirkulation als Ware *vorfindet*, diese Voraussetzung, von der wir hier ausgehn, und von der die bürgerliche Gesellschaft in ihrem Produktionsprozeß ausgeht, ist offenbar das Resultat einer langen historischen Entwicklung, das Resumé vieler ökonomischen Umwälzungen, und setzt den Untergang andrer Produktionsweisen (gesellschaftlichen Produktionsverhältnisse) und bestimmter Entwicklung der Produktivkräfte der gesellschaftlichen Arbeit voraus. Der bestimmte vergangne historische Prozeß, der in dieser Voraussetzung gegeben ist, wird sich noch bestimmter formulieren bei weitrer Betrachtung des Verhältnisses. Diese historische Entwicklungsstufe aber der ökonomischen Produktion – deren Produkt selbst schon *der freie Arbeiter* – ist aber Voraussetzung für das Werden und noch mehr das Dasein des Kapitals als solchen. Seine Existenz ist das Resultat eines langwierigen historischen Prozesses in der ökonomischen Gestaltung der Gesellschaft. Es zeigt sich an diesem Punkt bestimmt, wie die dialektische Form der Darstellung nur richtig ist, wenn sie ihre Grenzen kennt. Aus der Betrachtung der einfachen Zirkulation ergibt sich *uns* der allgemeine Begriff des Kapitals, weil innerhalb der bürgerlichen Produktionsweise die einfache Zirkulation selbst nur als Voraussetzung des Kapitals und es voraussetzend existiert. Das Ergeben derselben macht das Kapital nicht zur Inkarnation einer ewigen Idee; sondern zeigt es, wie es in der Wirklichkeit erst, nur als *notwendige* Form, in die Tauschwertsetzende Arbeit, auf dem Tauschwert beruhnde Produktion münden muß.

Es ist wesentlich wichtig, diesen Punkt festzuhalten, daß das Verhältnis, wie es hier als einfaches Zirkulationsverhältnis vorkommt – zunächst noch ihr ganz angehörig und nur durch den spezifischen Gebrauchswert der eingetauschten Waren über die Grenzen der einfachen Zirkulation hinaustreibend – nur Verhältnis von Geld und Ware ist, der Äquivalente in der Form der beiden gegensätzlichen Pole, wie sie in der einfachen Zirkulation erscheinen. Innerhalb der Zirkulation, und der Austausch zwischen Kapital und Arbeit, wie er selbst als bloßes Zirkulationsverhältnis da ist – ist nicht der Austausch zwischen Geld und

Arbeit, sondern der Austausch zwischen *Geld* und dem *lebendigen Arbeitsvermögen*. Als Gebrauchswert wird das Arbeitsvermögen realisiert nur in der Tätigkeit der Arbeit selbst, aber ganz in derselben Weise, wie eine Bouteille Wein, die gekauft wird, der Gebrauchswert erst im Trinken des Weins realisiert wird. Die Arbeit selbst fällt so wenig in den einfachen Zirkulationsprozeß, wie das Trinken. Der Wein als Vermögen, δυνάμει nach, ist Trinkbares und das Kaufen des Weins Aneignung von Trinkbarem. So das Kaufen des Arbeitsvermögens Dispositionsfähigkeit über Arbeit. Da das Arbeitsvermögen in der Lebendigkeit des Subjekts selbst existiert, und sich nur als eigne Lebensäußerung desselben manifestiert, so stellt natürlich der Ankauf des Arbeitsvermögens, die Aneignung des Titels auf den Gebrauch desselben, während dem Akt des Gebrauchs, Käufer und Verkäufer in andres Verhältnis als dies bei vergegenständlichter Arbeit der Fall ist, die als Gegenstand außer dem Produzenten vorhanden ist. Dies beeinträchtigt das einfache Austauschverhältnis nicht. Es ist nur die spezifische Natur des Gebrauchswerts, der mit dem Geld gekauft wird – nämlich daß seine Konsumtion, die Konsumtion der Arbeitsvermögen, Produktion, vergegenständlichende Arbeitszeit, Tauschwertsetzende Konsumtion ist – sein wirkliches Dasein als Gebrauchswert Schaffen des Tauschwerts ist –, welches den Austausch zwischen Geld und Arbeit zu dem spezifischen Austausch G–W–G macht, worin als Zweck dieses Austauschs der Tauschwert selbst gesetzt ist und *der erkaufte Gebrauchswert unmittelbar Gebrauchswert für den Tauschwert ist, d. h. Werts[etzen]der Gebrauchswert.*

Es ist gleichgültig ob das Geld hier als einfaches Zirkulationsmittel (Kaufmittel) oder als Zahlungsmittel betrachtet wird. Insofern Einer, der mir z. B. den 12-stündigen Gebrauchswert seines Arbeitsvermögens, sein Arbeitsvermögen für 12 Stunden verkauft, es mir in der Tat erst verkauft hat, sobald er, wenn ich darauf bestehe, 12 Stunden gearbeitet hat, erst am Ende der 12 Stunden mir sein Arbeitsvermögen für 12 Stunden geliefert hat, liegt es in der Natur des Verhältnisses, daß das Geld hier als

Zahlungsmittel erscheint; Kauf und Verkauf nicht unmittelbar auf beiden Seiten gleichzeitig realisiert werden. Das Wichtige ist hier nur, *daß das Zahlungsmittel, das allgemeines Zahlungsmittel, Geld ist,* und der Arbeiter daher nicht durch eine besondre naturwüchsige Weise der Zahlung in andre als die Zirkulationsverhältnisse zum Käufer tritt. Er verwandelt sein Arbeitsvermögen unmittelbar in das allgemeine Äquivalent, als Besitzer dessen er dasselbe Verhältnis – den Umfang seiner Wertgröße – gleiche Verhältnis in der allgemeinen Zirkulation behauptet, wie jeder andre; und ebenso der allgemeine Reichtum, der Reichtum in seiner allgemeinen gesellschaftlichen Form und als die Möglichkeit aller Genüsse der Zweck dieses Verkaufs ist.

Zur Dynamik der Entwicklung der Produktionskräfte bis an die Grenze der kapitalistischen Produktionsweise

Während das Kapital also einerseits dahin streben muß, jede örtliche Schranke des Verkehrs, i.e. des Austauschs niederzureißen, die ganze Erde als seinen Markt zu erobern, strebt es andrerseits danach den Raum zu vernichten durch die Zeit; d.h. die Zeit, die die Bewegung von einem Ort zum andren kostet, auf ein Minimum zu reduzieren. Je entwickelter das Kapital, je ausgedehnter daher der Markt, auf dem es zirkuliert, der die räumliche Bahn seiner Zirkulation bildet, desto mehr strebt es zugleich nach größrer räumlicher Ausdehnung des Markts und nach größrer Vernichtung des Raums durch die Zeit. (Wenn die Arbeitszeit nicht als Arbeitstag des einzelnen Arbeiters, sondern als unbestimmter Arbeitstag einer unbestimmten Arbeiterzahl betrachtet wird, kommen hier alle *Populationsverhältnisse* herein; die Grundlehren der Population sind daher ebenso in diesem ersten Kapital des Kapitals enthalten, wie die von Profit, Preis, Kredit etc.) Die universelle Tendenz des Kapitals erscheint hier, die es von allen früheren Produktionsstufen unterscheidet. Obgleich seiner Natur nach selbst borniert, strebt es nach universeller Entwicklung der Produktivkräfte und wird so die Vorausset-

315

zung neuer Produktionsweise, die gegründet ist nicht auf die Entwicklung der Produktivkräfte, um einen bestimmten Zustand zu reproduzieren und höchstens auszuweiten, sondern wo die – freie, ungehemmte, progressive, und universelle Entwicklung der Produktivkräfte selbst die Voraussetzung der Gesellschaft und daher ihrer Reproduktion bildet; wo die einzige Voraussetzung das Hinausgehn über den Ausgangspunkt. Diese Tendenz – die das Kapital hat, aber die zugleich ihm selbst als einer bornierten Produktionsform widerspricht und es daher zu seiner Auflösung treibt – unterscheidet das Kapital von allen frühren Produktionsweisen und enthält zugleich das in sich, daß es als bloßer Übergangspunkt gesetzt ist. Alle bisherigen Gesellschaftsformen gingen unter an der Entwicklung des Reichtums – oder, was dasselbe ist, der gesellschaftlichen Produktivkräfte. Bei den Alten, die das Bewußtsein hatten, wird der Reichtum daher direkt als Auflösung des Gemeinwesens denunziert. Die Feudalverfassung ihrerseits ging unter an städtischer Industrie, Handel, moderner Agrikultur (sogar an einzelnen Erfindungen, wie Pulver und Druckerpresse). Mit der Entwicklung des Reichtums – und daher auch neuer Kräfte und erweiterten Verkehrs der Individuen – lösten sich die ökonomischen Bedingungen auf, worauf das Gemeinwesen beruhte, die politischen Verhältnisse der verschiednen Bestandteile des Gemeinwesens, die dem entsprachen: die Religion, worin es idealisiert angeschaut wurde (und beides beruhte wieder auf einem gegebnen Verhältnis zur Natur, in die sich alle Produktivkraft auflöst); der Charakter, Anschauung etc. der Individuen. Die *Entwicklung der Wissenschaft allein* – i.e. der solidesten Form des Reichtums, sowohl Produkt wie Produzent desselben – war hinreichend diese Gemeinwesen aufzulösen. Die *Entwicklung der Wissenschaft*, dieses ideellen und zugleich praktischen Reichtums, ist aber nur eine Seite, eine Form, worin die *Entwicklung der menschlichen Produktivkräfte*, i.e. des Reichtums erscheint. *Ideell* betrachtet reichte die Auflösung einer bestimmten Bewußtseinsform hin, um eine ganze Epoche zu töten. Reell entspricht diese Schranke des Bewußtseins einem *bestimmten Grad der Entwicklung der materiellen Produktivkräfte* und daher des Reichtums. Allerdings fand Entwicklung statt nicht nur auf der alten Basis, sondern *Entwicklung dieser Basis selbst*. Die höchste Entwicklung dieser *Basis* selbst (die Blüte, worin sie sich verwandelt; es ist aber doch immer *diese* Basis, *diese* Pflanze als Blüte; daher Verwelken *nach* der Blüte und als Folge der Blüte) ist der Punkt, worin sie selbst zu der Form ausgearbeitet ist, worin sie mit der *höchsten Entwicklung der Produktivkräfte* vereinbar, daher auch der reichsten Entwicklung der Individuen. Sobald dieser Punkt erreicht ist, erscheint die weitere Entwicklung als Verfall und die neue Entwicklung beginnt von einer neuen Basis.

Muss Arbeit immer Mühsal sein?

Für den ›bürgerlichen‹ Ökonomen Adam Smith bleibt Arbeit stets Mühsal – ganz im Sinne des biblischen »Du sollst im Schweiß deines Angesichts ...« Marx stellt im Unterschied dazu fest, dass produktive Tätigkeit auch reale Freiheit und Selbstverwirklichung sein kann.

[[A. *Smiths* Ansicht, daß nie *die Arbeit ihren Wert wechselt* in dem Sinn, daß *bestimmtes Quantum Arbeit für den Arbeiter* immer bestimmtes *Quantum Arbeit ist*, d.h. bei A. Smith *quantitativ gleich großes Opfer ist. Ob ich viel oder wenig für eine Arbeitsstunde erhalte – was von ihrer Produktivität abhängt und andren Umständen – ich habe Eine Stunde gearbeitet.* Was ich habe zahlen müssen für das Resultat meiner Arbeit, meinen Arbeitslohn, ist immer dieselbe *Arbeitsstunde*, das Resultat mag wechseln, wie es will. »Gleiche Quantitäten der Arbeit müssen zu allen Zeiten und an allen Orten für den, welcher arbeitet, einen gleichen Wert haben. In seinem normalen Zustand von Gesundheit, Kraft und Tätigkeit, und nach dem gewöhnlichen Grad von Geschicklichkeit und Gewandtheit, die er besitzen kann, muß er immer die *nämliche Portion seiner Ruhe, Freiheit,* und seines *Glücks* geben. Wie die Quantität von Waren, die er als Belohnung seiner Arbeit erhält auch beschaffen sei, der *Preis, den er zahlt,* ist immer derselbe. Dieser Preis kann zwar bald eine kleinere, bald eine größre Quantität dieser Waren kaufen, aber bloß weil ihr Wert wechselt, nicht der Wert der Arbeit, der sie kauft. Die Arbeit allein wechselt also nie ihren eignen Wert. Sie ist also der *Realpreis* der Waren, das Geld ist nur ihr Nominalwert«. (ed. von Garnier, t. I, p. 64–66.) (Heft, S. 7.) Du sollst arbeiten im Schweiß deines Angesichts! war Jehovas Fluch, den er Adam mitgab. Und so als Fluch nimmt A. Smith die Arbeit. Die »Ruhe« erscheint als der adäquate Zustand, als identisch mit »Freiheit« und »Glück«. Daß das Individuum »in seinem normalen Zustand von Gesundheit, Kraft, Tätigkeit, Geschicklichkeit, Gewandtheit« auch das Bedürfnis einer normalen Portion von Arbeit hat, und von Aufhebung der Ruhe, scheint A. Smith ganz fernzuliegen. Allerdings erscheint das Maß der Arbeit selbst äußerlich gegeben, durch den zu erreichenden Zweck und die Hindernisse, die zu seiner Erreichung durch die Arbeit zu überwinden. Daß aber diese Überwindung von Hindernissen an sich Betätigung der Freiheit – und daß ferner die äußren Zwecke den Schein bloß äußrer Naturnotwendigkeit abgestreift erhalten und als Zwecke, die das Individuum selbst erst setzt, gesetzt werden – also als Selbstverwirklichung, Vergegenständlichung des Subjekts, daher reale Freiheit, deren Aktion eben die Arbeit, ahnt A. Smith ebensowenig. Allerdings hat er Recht, daß in den historischen Formen der Arbeit als Sklaven-, Fronde-, Lohnarbeit die Arbeit stets repulsiv, stets als *äußre Zwangsarbeit* erscheint und ihr gegenüber die Nichtarbeit als »Freiheit, und Glück«. Es gilt doppelt: von dieser gegensätzlichen Arbeit; und, was damit zusammenhängt, der Arbeit, die sich noch nicht die Bedingungen, subjektive und objektive, geschaffen hat (oder auch gegen den Hirten- etc. -zustand, die sie verloren hat), damit die Arbeit travail attractif, Selbstverwirklichung des Individuums sei, was keineswegs meint, daß sie bloßer Spaß sei, bloßes amusement, wie Fourier es sehr grisettenmäßig naiv auffaßt.

Wirklich freie Arbeiten, z.B. Komponieren ist grade zugleich verdammtester Ernst, intensivste Anstrengung. Die Arbeit der materiellen Produktion kann diesen Charakter nur erhalten, dadurch daß 1) ihr gesellschaftlicher Charakter gesetzt ist, 2) daß sie wissenschaftlichen Charakters, zugleich allgemeine Arbeit ist, nicht Anstrengung des Menschen als bestimmt dressierter Naturkraft, sondern als Subjekt, das in dem Produktionsprozeß nicht in bloß natürlicher, naturwüchsiger Form, sondern als alle Naturkräfte regelnde Tätigkeit erscheint. Übrigens denkt A. Smith nur an die Sklaven des Kapitals. Zum Beispiel selbst der halbkünstlerische Arbeiter des Mittelalters ist nicht zu rangieren unter seine Definition.

Produktivitätssteigerung und freie Zeit

Die Vermehrung der frei verfügbaren Zeit ist eine Folge der Steigerung der Produktivität. Unter den Bedingungen der kapitalistischen Produktionsweise profitieren davon nur wenige. In einer emanzipierten Gesellschaft käme diese freie Zeit allen zugute. Da es unter den existierenden Bedingungen auf den größeren Mehrwert ankommt, müssen die eigentumslosen Arbeiter paradoxerweise im Maschinenzeitalter länger arbeiten als zuvor.

[[Die Schöpfung von viel *disposable time* außer der notwendigen Arbeitszeit für die Gesellschaft überhaupt und jedes Glied derselben (d.h. Raum für die Entwicklung der vollen Produktivkräfte der Einzelnen, daher auch der Gesellschaft), diese Schöpfung von Nicht-Arbeitszeit erscheint auf dem Standpunkt des Kapitals, wie aller frühren Stufen, als Nicht-Arbeitszeit, freie Zeit für einige. Das Kapital fügt hinzu, daß es die Surplusarbeitszeit der Masse durch alle Mittel der Kunst und Wissenschaft vermehrt, weil sein Reichtum direkt in der Aneignung von Surplusarbeitszeit besteht; da sein *Zweck direkt der Wert*, nicht der Gebrauchswert. Es ist so, malgré lui, instrumental in creating the means of social disposable time, um die Arbeitszeit für die ganze

Gesellschaft auf ein fallendes Minimum zu reduzieren, und so die Zeit aller frei für ihre eigne Entwicklung zu machen. Seine Tendenz aber immer, einerseits *disposable time zu schaffen, andrerseits to convert it into surplus labour.* Gelingt ihm das erstre zu gut, so leidet es an Surplusproduktion und dann wird die notwendige Arbeit unterbrochen, weil *keine surplus labour vom Kapital* verwertet werden kann. Je mehr dieser Widerspruch sich entwickelt, um so mehr stellt sich heraus, daß das Wachstum der Produktivkräfte nicht mehr gebannt sein kann an die Aneignung fremder surplus labour, sondern die Arbeitermasse selbst ihre Surplusarbeit sich aneignen muß. Hat sie das getan, – und hört damit die *disposable time* auf, *gegensätzliche* Existenz zu haben – so wird einerseits die notwendige Arbeitszeit ihr *Maß* an den Bedürfnissen des gesellschaftlichen Individuums haben, andrerseits die Entwicklung der gesellschaftlichen Produktivkraft so rasch wachsen, daß, obgleich nun auf den Reichtum aller die Produktion berechnet ist, die *disposable time* aller wächst. Denn der wirkliche Reichtum ist die entwickelte Produktivkraft aller Individuen. Es ist dann keineswegs mehr die Arbeitszeit, sondern die disposable time das Maß des Reichtums. Die *Arbeitszeit als Maß des Reichtums* setzt den Reichtum selbst als auf der Armut begründet und die disposable time als existierend *im und durch den Gegensatz zur Surplusarbeitszeit* oder Setzen der ganzen Zeit eines Individuums als Arbeitszeit und Degradation desselben daher zum bloßen Arbeiter, Subsumtion unter die Arbeit. *Die entwickeltste Maschinerie zwingt den Arbeiter daher jetzt länger zu arbeiten als der Wilde tut oder als er selbst mit den einfachsten, rohsten Werkzeugen tat.]]*

Befreite Arbeit in der emanzipierten Zukunftsgesellschaft

Die kapitalistische Produktionsweise hat das historische Verdienst, durch die Entwicklung der automatischen Produktion die Voraussetzung für eine emanzipierte künftige Produktionsweise zu schaffen.

[[Die wirkliche Ökonomie – Ersparung – besteht in Ersparung von Arbeitszeit; (Minimum (und Reduktion zum Minimum) der Produktionskosten); diese Ersparung aber identisch mit Entwicklung der Produktivkraft. Also keineswegs *Entsagen vom Genuß*, sondern Entwickeln von power, von Fähigkeiten zur Produktion und daher sowohl der Fähigkeiten, wie der Mittel des Genusses. Die Fähigkeit des Genusses ist Bedingung für denselben, als erstes Mittel desselben und diese Fähigkeit ist Entwicklung einer individuellen Anlage, Produktivkraft. Die Ersparung von Arbeitszeit gleich Vermehren der freien Zeit, d.h. Zeit für die volle Entwicklung des Individuums, die selbst wieder als die größte Produktivkraft zurückwirkt auf die Produktivkraft der Arbeit. Sie kann vom Standpunkt des unmittelbaren Produktionsprozesses aus betrachtet werden als Produktion von *capital fixe; dies capital fixe being man himself.* Daß übrigens die unmittelbare Arbeitszeit selbst nicht in dem abstrakten Gegensatz zu der freien Zeit bleiben kann – wie sie vom Standpunkt der bürgerlichen Ökonomie aus erscheint – versteht sich von selbst. Die Arbeit kann nicht Spiel werden, wie Fourier will, dem das große Verdienst bleibt die Aufhebung nicht der Distribution, sondern der Produktionsweise selbst in höhre Form als ultimate object ausgesprochen zu haben. Die freie Zeit – die sowohl Mußezeit als Zeit für höhre Tätigkeit ist – hat ihren Besitzer natürlich in ein andres Subjekt verwandelt und als dies andre Subjekt tritt er dann auch in den unmittelbaren Produktionsprozeß. Es ist dieser zugleich Disziplin, mit Bezug auf den werdenden Menschen betrachtet, wie Ausübung, Experimentalwissenschaft, materiell schöpferische und sich vergegenständlichende Wissenschaft mit Bezug auf den gewordnen Menschen, in dessen Kopf das akkumulierte Wissen der Gesellschaft existiert. Für beide, soweit die Arbeit praktisches Handanlegen erfordert und freie Bewegung, wie in der Agrikultur, zugleich exercise.

Wie uns erst nach und nach das System der bürgerlichen Ökonomie entwickelt, so auch die Negation seiner selbst, die ihr letztes Resultat ist. Wir haben es jetzt noch zu tun mit dem unmittelbaren Produktionsprozeß. Betrachten wir die bürgerliche Gesellschaft im großen und ganzen, so erscheint immer als letztes Resultat des gesellschaftlichen Produktionsprozesses die Gesellschaft selbst, d.h. der Mensch selbst in seinen gesellschaftlichen Beziehungen. Alles, was feste Form hat, wie Produkt etc., erscheint nur als Moment, verschwindendes Moment in dieser Bewegung. Der unmittelbare Produktionsprozeß selbst erscheint hier nur als Moment. Die Bedingungen und Vergegenständlichungen des Prozesses sind selbst gleichmäßig Momente desselben, und als die Subjekte desselben erscheinen nur die Individuen, aber die Individuen in Beziehungen aufeinander, die sie ebenso reproduzieren, wie neuproduzieren. Ihr eigner beständiger Bewegungsprozeß, in dem sie sich ebensosehr erneuern, als die Welt des Reichtums, die sie schaffen.]]

Resultate des unmittelbaren Produktionsprozesses
(1861/63)

Bürgerliche Borniertheit und das Wesen
der »produktiven Arbeit«

Der Arbeiter ist *produktiv*, der *produktive Arbeit* verrichtet und die *Arbeit ist produktiv*, die unmittelbar *Mehrwert* schafft, d.h. das Kapital *verwertet*.

Bloss die bürgerliche Borniertheit, die die kapitalistische Form der Produktion für die absolute Form derselben hält, daher für eine einzige Naturform der Produktion, kann die Frage, was *produktive Arbeit* und *produktiver Arbeiter* vom Standpunkt des Kapitals sind, verwechseln mit der Frage, was überhaupt *produktive* Arbeit ist und sich daher bei der tautologischen Antwort begnügen, dass alle Arbeit produktiv ist, die überhaupt produziert, in einem Produkt, oder irgend einem Gebrauchswert, überhaupt in einem Resultat resultiert.

Nur der Arbeiter ist produktiv, dessen Arbeitsprozess = dem *produktiven Konsumtionsprozess* des Arbeitsvermögens – des Trägers dieser Arbeit – durch das Kapital oder den Kapitalisten ist.

Es ergibt sich hieraus sofort zweierlei:

Erstens: Da mit der Entwicklung der *reellen Subsumtion der Arbeit unter das Kapital* oder der *spezifisch kapitalistischen Produktionsweise* nicht der einzelne Arbeiter, sondern mehr und mehr ein *sozial kombiniertes Arbeitsvermögen* der *wirkliche Funktionär* des Gesamtarbeitsprozesses wird, und die verschiedenen Arbeitsvermögen, die konkurrieren, und die gesamte produktive Maschine bilden, in sehr verschiedener Weise an dem unmittelbaren Prozess der Waren- oder besser hier Produktbildung teilnehmen, der eine mehr mit der Hand, der andre mehr mit dem Kopf arbeitet, der eine als manager, engineer, Technolog etc., der andre als overlooker, der dritte als direkter Handarbeiter, oder gar bloss Handlanger, so werden mehr und mehr *Funktionen von Arbeitsvermögen* unter den unmittelbaren Begriff der *produktiven Arbeit* und ihre Träger unter den Begriff der *produktiven Arbeiter,* direkt vom Kapital ausgebeuteter und seinem Verwertungs- und Produktionsprozess überhaupt *untergeordneter* Arbeiter einrangiert. Betrachtet man den *Gesamtarbeiter,* aus dem das Atelier besteht, so verwirklicht sich materialiter seine *kombinierte Tätigkeit* unmittelbar in einem *Gesamtprodukt,* das zugleich eine *Gesamtmasse von Waren* ist, wobei es ganz gleichgültig, ob die Funktion des einzelnen Arbeiters, der nur ein Glied dieses Gesamtarbeiters, ferner oder näher der unmittelbaren Handarbeit steht. Dann aber: Die Tätigkeit dieses Gesamtarbeitsvermögens ist seine *unmittelbare produktive Konsumtion durch das Kapital,* d.h. also Selbstverwertungsprozess des Kapitals, unmittelbare Produktion von Mehrwert, und daher, wie dies später noch weiter entwickelt werden soll, *unmittelbare Verwandlung desselben in Kapital.*

Zweitens: Die näheren Bestimmungen der produktiven Arbeit folgen von selbst aus den gegebenen charakteristischen Merkmalen des kapitalistischen Produktionsprozesses. *Erstens* tritt der Besitzer des Arbeitsvermögens als *Verkäufer* desselben, irrationell, wie wir gesehn haben ausgedrückt, als direkter Verkäufer von *lebendiger Arbeit, nicht von Ware,* dem Kapital oder dem Kapitalisten gegenüber. Er ist *Lonharbeiter.* Dies ist die *erste Voraussetzung.* Zweitens aber, eingeleitet durch diesen vorläufigen, der Zirkulation angehörigen Prozess, wird sein Arbeitsvermögen und seine Arbeit als *lebendiger Faktor* dem Produktionsprozess des Kapitals unmittelbar einverleibt, wird selbst einer seiner *Bestandteile,* und zwar der *variierende,* der nicht nur die vorgeschossenen Kapitalwerte teils erhält, teils reproduziert, sondern zugleich *vermehrt* und daher erst durch Schöpfung des Mehrwerts, in sich verwertenden Wert, in Kapital verwandelt. Diese Arbeit *vergegenständlicht* sich unmittelbar während des Produktionsprozesses als *fliessender Wertgrösse.*

Es kann einerseits die *erste Bedingung stattfinden, ohne dass die zweite stattfindet.* Ein Arbeiter kann *Lonharbeiter,* Taglöhner etc. sein. Es findet dies jedesmal statt, wenn das zweite Moment fehlt. Jeder produktive Arbeiter ist Lohnarbeiter, aber deswegen ist nicht jeder Lohnarbeiter produktiver Arbeiter. So oft die Arbeit gekauft wird, um als *Gebrauchswert* verzehrt zu werden, als *Dienst* nicht um als *lebendiger Faktor* an die Stelle des Werts des variablen Kapitals zu treten, und dem kapitalistischen Produktionsprozess einverleibt zu werden, ist die Arbeit keine produktive Arbeit und der Lohnarbeiter kein produktiver Arbeiter. Seine Arbeit wird dann ihres *Gebrauchswerts* wegen, nicht als *Tauschwert setzend,* sie wird *unproduktiv,* nicht produktiv konsumiert. Der Kapitalist steht ihr daher nicht als Kapitalist, als Repräsentant des Kapitals gegenüber. Er tauscht sein Geld gegen sie als *Revenu,* nicht als *Kapital* aus. Ihre Konsumtion konstituiert nicht G-W-G', sondern W-G-W (letztres die *Arbeit* oder der *Dienst* selbst). Das Geld funktioniert hier nur als Zirkulationsmittel, nicht als Kapital.

So wenig die *Waren,* die der Kapitalist kauft zu seinem Privatkonsum, produktiv konsumiert werden, *Faktoren des Kapitals* werden, so wenig die *Dienste,* die er freiwillig oder gezwungen (beim Staat etc.) ihres *Gebrauchswerts* wegen, zu seiner Konsumtion kauft. Sie werden kein Faktor des Kapitals. Sie sind daher keine produktiven Arbeiten und ihre Träger keine *produktiven Arbeiter.*

*

Das Kapital ist also *produktiv,*

1) als *Zwang zur Surplusarbeit.* Die Arbeit ist *produktiv* eben als Verrichter dieser Surplusarbeit, durch die Differenz zwischen dem Wert des Arbeitsvermögens und seiner Verwertung.

2) als *Personifikation und Repräsentant,* verdinglichte Gestalt der »gesellschaftlichen Produktivkräfte der Arbeit« oder der Produktivkräfte der gesellschaftlichen Arbeit. Wie das Gesetz der kapitalistischen Produktion – die Kreation von Mehrwert

etc. – hierzu zwingt, früher auseinandergesetzt. Es erscheint als ein Zwang, den die Kapitalisten sich wechselseitig und den Arbeitern antun, – also in der Tat als Gesetz des Kapitals gegen beide. Die gesellschaftliche Naturkraft der Arbeit entwickelt sich nicht im *Verwertungsprozess* als solchem; sondern im *wirklichen Arbeitsprozess*. Sie stellt sich daher dar als Eigenschaften, die dem Kapital als Ding zukommen, als sein Gebrauchswert. Die produktive Arbeit – als Wert produzierend, steht dem Kapital stets als Arbeit der *vereinzelten* Arbeiter gegenüber, welche gesellschaftlichen Kombinationen diese Arbeiter immer im Produktionsprozess eingehn mögen. Während das Kapital so den Arbeitern gegenüber die gesellschaftliche Produktivkraft der Arbeit, stellt die produktive Arbeit dem Kapital gegenüber immer nur die Arbeit des *vereinzelten* Arbeiter dar.

*

Die beständige Transposition der Arbeit in das Kapital gut ausgedrückt in folgenden naiven Sätzen *Destutt de Tracys*:

[»Diejenigen, die vom Profit leben – (die industriellen Kapitalisten) ernähren alle anderen und vermehren allen das öffentliche Vermögen und erzeugen alle Genußmittel. Das muß so sein, da sie allein der aktuellen Arbeit eine nützliche Orientierung geben, indem sie sich die akkumulierte Arbeit zunutze machen« (Destutt de Tracy, ›Traité d'Economie Politique‹; Übersetzt v. Iring Fetscher)] Weil die Arbeit die Quelle alles Reichtums ist, ist das Kapital der Vermehrer allen Reichtums. »Nos facultés sont notre seule richesse originaire, notre travail produit tous les autres, et tout travail bien dirigé est productif.« (243. l.c.). Unsre Vermögen sind unser einziger Originalreichtum. Darum ist das Arbeitsvermögen kein Reichtum. Die Arbeit produziert alle andren Reichtümer, d.h. sie produziert Reichtümer für alle andern ausser sich selbst, und nicht sie selbst ist Reichtum, sondern bloss ihr Produkt. Jede wohldirigierte Arbeit ist produktiv; d.h. jede produktive Arbeit, jede Arbeit, die dem Kapitalisten Profit abwirft, ist wohldirigiert.

So sehr ist in der Vorstellung die Transposition der gesellschaftlichen Produktivkräfte der Arbeit in dingliche Eigenschaften des Kapitals eingebürgert, dass die Vorteile der Maschinerie, Anwendung der Wissenschaft, Erfindung usw. in dieser ihrer *entfremdeten* Form als die *notwendige* Form, und daher dies alles als *Eigenschaften des Kapitals* vorgestellt wird. Was hier als Basis dient, ist 1) die Form, worin sich auf Basis der kapitalistischen Produktion, also auch im Bewusstsein der in dieser Produktionsweise Befangenen, die Sache darstellt; 2) das historische Faktum, dass zuerst und im Unterschied zu frühern Produktionsweisen in der *kapitalistischen* Produktionsweise diese Entwicklung stattfindet, der *gegensätzliche* Charakter dieser Entwicklung also ihr immanent *scheint*.

Lohnarbeit und Preis der Ware Arbeitskraft

Die eigentümliche Natur dieser spezifischen Ware, des Arbeitsvermögens, bringt es mit sich, dass mit der Abschliessung des Kontrakts zwischen Käufer und Verkäufer die verkaufte Ware erst wirklich als Gebrauchswert in die Hände des Käufers übergegangen ist. Der Tauschwert dieser Ware, gleich dem jeder andren Ware, ist bestimmt, bevor sie in Zirkulation tritt, weil sie als Vermögen, als Kraft verkauft wird und eine bestimmte Arbeitszeit erheischt war, um dieses Vermögen, diese Kraft zu produzieren. Der Tauschwert dieser Ware existiert daher vor ihrem Verkauf, aber ihr Gebrauchswert besteht erst in der nachträglichen Kraftäusserung. Die Veräusserung der Kraft und ihre wirkliche Aeusserung, d.h. ihr Dasein als Gebrauchswert fallen daher der Zeit nach aus einander. Es verhält sich wie mit einem Hause, dessen Gebrauch mir für einen Monat verkauft ist. Der Gebrauchswert ist mir hier erst geliefert, nachdem ich das Haus einen Monat bewohnt habe. So ist mir der Gebrauchswert des Arbeitsvermögens erst geliefert, nachdem ich es verbraucht habe, in der Tat für mich habe arbeiten lassen. Bei solchen Gebrauchswerten aber, wo die formelle Entäusserung der Ware durch den Verkauf und das wirkliche Ueberlassen ihres Gebrauchswerts an den Käufer der Zeit nach aus einander fallen, wirkt, wie wir früher gesehn, das Geld des Käufers erst als *Zahlungsmittel*. Das Arbeitsvermögen wird für den Tag, die Woche usw. *verkauft*, aber es wird erst *bezahlt*, nachdem es während eines Tags, einer Woche usw. konsumiert worden ist. In allen Ländern von entwickeltem Kapitalverhältnis wird das Arbeitsvermögen erst *bezahlt*, nachdem es funktioniert hat. Ueberall *schiesst* daher der Arbeiter dem Kapitalisten den Gebrauch seiner Ware *vor*, lässt sie vom Käufer konsumieren, *kreditiert* sie, bevor er ihren Tauschwert bezahlt erhält. In Zeiten von Krisen und selbst bei einzelnen Bankerotten zeigt sich, dass dies beständige Kreditieren der Arbeiter an die Kapitalisten, das aus der besondren Natur des verkauften Gebrauchswerts enspringt, kein leerer Wahn ist.

Indes ändert es an der Natur des Warenaustausches selbst nichts, ob Geld als Kaufmittel oder als Zahlungsmittel funktioniert. Der Preis des Arbeitsvermögens wird im Kauf kontraktlich festgesetzt, obgleich er erst später realisiert wird. Diese Form der Zahlung ändert ebenso wenig daran, dass diese Preisbestimmung sich auf den *Wert des Arbeitsvermögens* bezieht und weder auf den *Wert des Produkts*, noch auf den *Wert der Arbeit*, die als solche überhaupt nicht Ware ist.

Der *Tauschwert* des Arbeitsvermögens, wie sich gezeigt, wird gezahlt, wenn der Preis der Lebensmittel gezahlt wird, die in einem gegebenen Gesellschaftszustand gewohnheitsmässig notwendig sind, damit der Arbeiter sein Arbeitsvermögen mit dem notwendigen Grad von Kraft, Gesundheit, Lebensfähigkeit überhaupt ausübe und sich durch Ersatzmänner verewige.

Über den Wert der Ware Arbeitskraft, über Lohnunterschiede und die Rolle von Gewerkschaften zur Verbesserung der Verhandlungsposition der Arbeiter

Wenn der Mensch sich vor allen andren Tieren durch Schrankenlosigkeit und Dehnbarkeit seiner Bedürfnisse auszeichnet, gibt es andrerseits kein Tier, das seine Bedürfnisse in demselben unglaublichen Grad kontrahieren und sich auf dasselbe Minimum seiner Lebensbedingungen beschränken kann, mit einem Wort, kein Tier, welches dasselbe Talent zum *Verirländern* besitzt. Von einem solchen *physischen Minimum* der Existenz ist nicht die Rede, wenn es sich vom *Wert* des Arbeitsvermögens handelt. Wie bei jeder Ware kann beim Arbeitsvermögen sein Preis *über* seinen Wert steigen oder *unter* ihn fallen, also nach einer oder der andren Richtung von dem Preise abweichen, der nur der Geldausdruck des Wertes selbst ist. Das Niveau der Lebensbedürfnisse selbst, deren Gesamtwert den Wert des Arbeitsvermögens bildet, kann steigen oder sinken. Die Analyse dieser Schwankungen gehört jedoch nicht hierher, sondern in die Lehre vom Arbeitslohn. Es wird sich im Fortgang dieser Untersuchung zeigen, dass es für die Analyse des Kapitals ganz gleichgültig ist, ob man das Niveau der Arbeiterbedürfnisse hoch oder niedrig voraussetzt. Wie in der Theorie, wird übrigens auch in der Praxis vom *Wert* des Arbeitsvermögens als einer *gegebnen Grösse* ausgegangen. Ein Geldbesitzer z.B., der sein Geld in Kapital, z.B. in das Betriebskapital einer Baumwollfabrik, verwandeln will, erkundigt sich vor allem nach der durchschnittlichen Höhe des Arbeitslohns an dem Ort, wo er die Fabrik zu errichten beabsichtigt. Er weiss, dass wie die Baumwollpreise, so der Arbeitslohn beständig von dem Durchschnitt abweicht, aber er weiss zugleich, dass diese Schwankungen sich ausgleichen. In seinen Rechnungsanschlag geht der Arbeitslohn daher als eine *gegebne Wertgrösse* ein. Andrerseits bildet der *Wert des Arbeitsvermögens* die bewusste und ausgesprochene Grundlage der *Trades' Unions*, deren Wichtigkeit für die englische Arbeiterklasse kaum überschätzt werden kann. die *Trades' Unions* bezwecken nichts andres als das *Sinken des Niveaus* des Arbeitslohns unter seine traditionell in verschiedenen Geschäftszweigen gegebne Höhe zu verhindern, das Herunterdrücken des *Preises* des Arbeitsvermögens unter seinen *Wert*. Sie wissen natürlich, dass ein

Wechsel im Verhältnis der Nachfrage und Zufuhr einen Wechsel im Marktpreis hervorbringt. Einerseits aber ist das Eintreten eines solchen Wechsels sehr verschieden von der einseitigen Behauptung des Käufers, in diesem Falle des Kapitalisten, dass solcher Wechsel eingetreten ist. Andrerseits existiert »ein grosser Unterschied zwischen der durch Nachfrage und Zufuhr bestimmten Höhe des Arbeitslohns, d.h. der Höhe, welche die ehrliche (fair) Operation des Warenaustauschs ergibt, *wenn Käufer und Verkäufer auf gleichem Fusse verhandeln,* und der Höhe des Arbeitslohns, die der Verkäufer, der Arbeiter, sich gefallen lassen muss, wenn der Kapitalist mit jedem Mann *einzeln* verhandelt und eine Herabdrückung durch Exploitation der zufälligen Not Einzelner Arbeiter (die unabhängig von dem allgemeinen Verhältnis von Nachfrage und Zufuhr) diktiert. Die Arbeiter *kombinieren,* um sich *in dem Konrakt über den Verkauf ihrer Arbeit* einigermaßen auf den Fuss der *Gleichheit* mit dem Kapitalisten zu setzen. Dies ist das *Rationale* (der logische Grund) der *Trades' Unions«.* Was sie bezwecken ist, »dass die zufällige unmittelbare Bedürftigkeit eines Arbeiters ihn nicht zwinge, sich mit geringerem Arbeitslohn zu begnügen, als Nachfrage und Zufuhr *vorher,* in dem bestimmten Arbeitszweig festgesetzt hat« und so den *Wert* des Arbeitsvermögens in einer bestimmten Sphäre überhaupt unter sein gewohnheitsmässiges Niveau herabzudrücken. Dieser *Wert* des Arbeitsvermögens wird »von den Arbeitern selbst als das *Minimum des Lohns,* von dem Kapitalisten als *uniformer, gleichmässiger Arbeitslohn* für alle Arbeiter in einem Geschäft betrachtet«. Die Unions erlauben daher ihren Mitgliedern nie *unter* diesem Minimum des Lohns zu arben.[1] Sie sind von den Arbeitern selbst

---

1 Es versteht sich, dass die Kapitalisten diesen »*uniform rate of laberou«* als Eingriff in die persönliche Freiheit des Arbeiters denunzieren, als ein Hindernis, das den Kapitalisten hindere, dem Zug seines Herzens zu folgen und das besondre Talent usw. besonders zu belohnen. Herr *Dunne* *, dessen eben zitierte Schrift nicht nur die Sache trifft, sondern mit glücklicher Ironie behandelt, antwortet, dass die Trades' Unions dem Kapitalisten erlauben »to pay for superior skill, or wirking ability, as much more as he pleases«, ihn aber verhindern, 99/100 der Lohnmasse, d.h. den Lohn des »common run of

gestiftete Assekuranzgesellschaften hierzu. Ein Beispiel mag den Zweck dieser zur Protektion des *Werts* des Arbeitsvermögens gebildeten Kombinationen unter den Arbeitern erklären. In allen Geschäften in London gibt es sogenannte »*Sweaters*« (Ausschweisser). »Ein *Sweater* ist jemand, der es übernimmt, eine gewisse Quantität Werk zum gewohnheitsmässigen Arbeitslohn einem ersten Unternehmer zu liefern, es jedoch durch andre zu einem niedrigeren Preise verrichten lässt; diese Differenz, die seinen Profit bildet, ist aus den Arbeitern, die wirklich das Werk verrichten, *ausgeschweisst*« und stellt nichts vor als den Unterschied zwischen dem *Wert* des Arbeitsvermögens, der vom ersten Unternehmer *gezahlt* wird und dem *unter* dem Wert des Arbeitsvermögens stehenden Preis, den der Ausschwitzer den wirklichen Arbeitern zahlt [...].

Von der formellen zur reellen Subsumtion der Arbeit unters Kapital. Wissenschaft und Naturkräfte erscheinen dem einzelnen Arbeiter gegenüber als Bestandteile des Kapitals

Die *Produktivität* des Kapitals besteht zunächst, die *formelle* Subsumtion betrachtet, bloss in dem *Zwang zur Surplusarbeit;*

men«, der Durchschnittsarbeiter in jedem Geschäft, unter das »*Minimum des Salairs*«, d.h. den gewohnheitsmässigen Wert des durchschnittlichen Arbeitsvermögens herabzudrücken. Dass die Verbindungen der Arbeiter gegen den Despotismus des Kapitals von einem Edinburgh Reviewer (1860. Ueber die combinations of Trade) als eine Sklaverei denunziert werden, der sich diese freeborn Britons in unbegreiflicher Verblendung freiwillig unterwerfen, ist in der Ordnung. Im Krieg wünscht man, dass die feindliche Armee sich nicht dem Despotismus der Disziplin unterwerfe. Aber der moralisch indignierte *Reviewer* entdeckt noch Schlimmeres. Die Trades' Unions sind ein Sacrilegium, denn sie verletzen die *Gesetze* des *Free Trade*! Quelle horreur! Herr Dunne * antwortet u.a.: »It would not be *a free exchange of blows*, if one of the parties were to have one arm disabled or tied down, while the other had the free use of [both ... the employer wishes to deal with his men singly, so that he whenever he pleases, may give the »sweaters« price for their labour; their right arm as bargainers being tied down by their necessities in its sale. This he calls *free trade*, but the freedom is all on his own side. Call it *trade*, if you will, it is not free *exchange*«. (47, l.c.)

ein Zwang, den die kapitalistische Produktionsweise mit frühern Produktionsweisen teilt, aber in einer der Produktion günstigeren Form ausübt.

Selbst das bloss *formelle* Verhältnis betrachtet, die *allgemeine* Form der kapitalistischen Produktion, die ihre minder mit ihrer mehr entwickelten Weise teilt, erscheinen die *Produktionsmittel*, die *sachlichen Arbeitsbedingungen*, nicht als dem Arbeiter, sondern er ihnen subsumiert. Capital *employs* labour. Schon dies Verhältnis in seiner Einfachheit Personifizierung der Sachen und Versachlichung der Personen.

Komplizierter aber und scheinbar mysteriöser wird das Verhältnis, indem mit der Entwicklung der spezifisch kapitalistischen Produktionsweise, nicht nur diese Dinge – diese Produkte der Arbeit, als Gebrauchswerte wie als Tauschwerte – sich dem Arbeiter gegenüber auf die Füsse stellen und ihm als *»Kapital«* gegenübertreten, sondern der gesellschaftlichen Form der Arbeit sich als *Entwicklungsformen des Kapitals* darstellen und daher die so entwickelten Produktivkräfte der gesellschaftlichen Arbeit als *Produktivkräfte des Kapitals*. Als solche gesellschaftliche Kräfte sind sie der Arbeit gegenüber *»kapitalisiert«*. In der Tat ist die *gemeinschaftliche* Einheit in der Kooperation, die Kombination in der Teilung der Arbeit, die Anwendung der Naturkräfte und Wissenschaften, der Produkte der Arbeit als *Maschinerie* – alles dies tritt den einzelnen Arbeitern als *fremd, sachlich, vorgefunden,* ohne und oft gegen ihr Zutun da, selbständig gegenüber, als blosse Daseinsformen der von ihnen unabhängigen und sie *beherrschenden Arbeitsmittel,* soweit sie *sachlich,* und den im Kapitalisten oder seinen understrappers (Repräsentanten) inkarnierten Einsicht und Willen des Gesamtateliers, soweit dies durch ihre eigne Kombination gebildet – als *Funktionen* des Kapitals, das im Kapitalisten lebt. Die gesellschaftlichen Formen ihrer eignen Arbeit – subjektiv-objektiv – oder die Form ihrer eignen gesellschaftlichen Arbeit sind von den einzelnen Arbeitern ganz unabhängig gebildete Verhältnisse; die Arbeiter als unter das Kapital subsumiert, werden Elemente dieser gesellschaftlichen Bildungen, aber diese gesellschaftlichen Bildungen gehören nicht ihnen. Sie treten ihnen daher gegenüber als *Gestalten* des Kapitals selbst, als im Unterschied von ihrem vereinzelten Arbeitsvermögen dem Kapital gehörige, aus ihm entspringende und ihm einverleibte Kombinationen. Und dies nimmt um so realere Form an, je mehr einerseits ihr Arbeitsvermögen selbst durch diese Formen so modifiziert wird, dass es in seiner Selbständigkeit, also *ausser* diesem kapitalistischen Zusammenhang ohnmächtig wird, seine selbständige Produktionsfähigkeit gebrochen wird, andrerseits mit der Entwicklung der Maschinerie auch technologisch die Bedingungen der Arbeit als die Arbeit beherrschend erscheinen und zugleich sie ersetzen, unterdrücken, überflüssig machen in ihren selbständigen Formen. In diesem Prozess, worin die *gesellschaftlichen* Charaktere ihrer Arbeit ihnen gewissermassem *kapitalisiert* gegenübertreten – wie z.B. in der Maschinerie die sichtbaren Produkte der Arbeit als Beherrscher der Arbeit erscheinen – findet natürlich dasselbe statt für die Naturkräfte und die Wissenschaft, das Produkt der allgemeinen geschichtlichen Entwicklung in ihrer abstrakten Quintessenz – sie treten ihnen als *Mächte* des Kapitals gegenüber. Sie trennen sich in der Tat von dem Geschick und der Kenntnis des einzelnen Arbeiters – und obgleich sie an ihrer Quelle betrachtet wieder das Produkt der Arbeit sind – erscheinen sie überall, wo sie in den Arbeitsprozess eintreten, als dem Kapital *einverleibt*. Der Kapitalist, der eine Maschine anwendet, braucht sie nicht zu verstehn. (Sieh Ure). Aber *in der Maschine* erscheint die realisierte Wissenschaft als *Kapital* den Arbeitern gegenüber. Und in der Tat erscheinen alle diese auf *gesellschaftliche Arbeit* begründete Anwendung von Wissenschaft, Naturkraft, und Produkte der Arbeit in grossen Massen, ja selbst nur als *Exploitationsmittel* der Arbeit, als Mittel Surplusarbeit anzueignen, daher als dem Kapital angehörige *Kräfte* gegenüber der Arbeit. Das Kapital wendet natürlich alle diese Mittel nur an, um die Arbeit zu exploitieren, aber, um sie zu exploitieren, muss es sie auf die Produktion anwenden.

Und so erscheint die Entwicklung der *gesellschaftlichen* Produktivkräfte der Arbeit und die Bedingungen dieser Entwicklungen, als *Tat des Kapitals*, zu der sich der einzelne Arbeiter nicht nur passiv verhält, sondern die im Gegensatz zu ihm vorgehn.

Die Klassen der kapitalistischen Gesellschaft: Theorien über den Mehrwert (1861/63)

Das Manuskript von Marx, mit dem Friedrich Engels das 52. Kapitel des Dritten Bandes des ›Kapital‹ verfasst hat, bricht nach eineinhalb Seiten unvermittelt ab. Es beginnt mit einem Absatz, der als einziger in die typischen Formulierungen der meisten Marxisten eingegangen ist: »Die Eigentümer von bloßer Arbeitskraft, die Eigentümer von Kapital und die Grundeigentümer, deren respektive Einkommenquelle Arbeitslohn, Profit und Grundrente sind, also Lohnarbeiter, Kapitalisten und Grundeigentümer, bilden die drei großen Klassen der modernen, auf der kapitalistischen Produktionsweise beruhenden Gesellschaft« *(MEW Bd. 25, S. 892). Die klassische Entwicklung der kapitalistischen Gesellschaft in England habe die* »Produktionsmittel mehr und mehr von der Arbeit« *geschieden,* »und die zersplitterten Produktionsmittel mehr und mehr in große Gruppen« *konzentriert, also die Arbeit in Lohnarbeit und die Produktionsmittel in Kapital« verwandelt (ebd.). An diese Feststellung schließt noch kurz die Frage an, ob zum Beispiel Ärzte und Beamte, deren Einnahmen aus unterschiedlichen Quellen fließen, auch zwei unterschiedliche Klassen bildeten, oder ob sich die Grundeigentümer in* »Weinbergsbesitzer, Äckerbesitzer, Waldbesitzer, Bergwerksbesitzer, Fischereibesitzer« *aufspalten (ebd., S. 893).*

Was Marx in diesem Zusammenhang noch nicht erwähnt, ist die unter anderem an mehreren Stellen in den ›Theorien über den Mehrwert‹ zwischen 1861 und 1863 beschriebene Entstehung neuer Mittelschichten. Es ist gut möglich, dass ihm die Beurteilung dieser Schichten oder Klassen noch nicht gelungen war und dass deshalb das von Engels verwendete Manuskript unvollendet blieb.

Über die Zunahme der »classe moyenne« als »Gang der Bourgeoisgesellschaft«

Derselbe »tiefe Philosoph« bemerkt.

»Es *ist klar, daß nicht alle Menschen zu den Mittelklassen gehören können.* Die oberen und die unteren Klassen sind unvermeidlich« (natürlich, keine Mitte ohne Extreme) »und überdies sehr nützlich. Wenn man der Gesellschaft die Hoffnung nähme zu steigen und die Furcht zu sinken und wenn nicht die Arbeit ihre Belohnung und die Trägheit ihre Strafe mit sich brächte, würde man nirgends jene Emsigkeit, jenen Eifer sehen, womit jeder dahin strebt, seine Lage zu verbessern, was die wichtigste Triebfeder des allgemeinen Wohls bildet.« [...]

Die Untern müssen sein, damit die Obern zu fallen fürchten, und die Obern, damit die Untern zu steigen hoffen. Damit die indolence sa punition[1] hat, muß der Arbeiter arm und der Rentier oder der von Malthus so sehr geliebte Grundeigentümer reich sein. Was versteht aber Malthus unter der récompense du travail[2]? Wie wir später sehn werden, daß der Arbeiter einen Teil seiner Arbeit ohne Äquivalent verrichten muß. Schöner Stachel, wenn die »récompense« und nicht der Hunger der Stachel wäre. Das Ganze kömmt höchstens darauf hinaus, daß ein Arbeiter hoffen kann, auch einmal Arbeiter zu exploitieren.

»Je mehr sich das Monopol ausdehnt«, sagt Rousseau, »desto schwerer wird die Kette für die Ausgebeuteten.«

Anders der »tiefe Denker« Malthus. Seine höchste Hoffnung – die er selbst als plus ou moins utopistisch bezeichnet – ist, daß die Masse der classe moyenne[3] wächst und das Proletariat (das

1 Trägheit ihre Strafe
2 Belohnung der Arbeit
3 Mittelschicht

arbeitende) einen immer verhältnismäßig kleinren Teil der Ge-
samtpopulation bildet (wenn es auch absolut wächst). Dies ist in
der Tat der *Gang* der Bourgeoisgesellschaft.

Der ›bürgerliche‹ Ökonom Ricardo hingegen vergisst die
ständige Vermehrung der Mittelschichten

Was er vergißt hervorzuheben, die beständige Vermehrung der
zwischen workmen auf der einen Seite, Kapitalist und landlord
auf der andren Seite, in der Mitte stehenden und sich in stets
größrem Umfang, großenteils von der Revenue direkt fed Mittelklassen, die als eine Last auf der working Unterlage lasten und
die soziale Sicherheit und Macht der upper ten thousand vermehren. Die Bourgeois stellen die Verewigung der wages-sla-
very durch Anwendung der Maschinerie als »Apologie« derselben auf.

Bürgerliche Ökonomen diskutieren die Zugehörigkeit
»unproduktiver« Personengruppen zur produktiven Klasse.

Der großen Masse sog. »höherer« Arbeiter – wie der Staatsbe-
amten, Militärs, Virtuosen, Ärzte, Pfaffen, Richter, Advokaten
usw. –, die zum Teil nicht nur nicht produktiv sind, sondern wesentlich destruktiv, aber sehr großen Teil des »materiellen«
Reichtums teils durch Verkauf ihrer »immateriellen« Waren, teils
durch gewaltsame Aufdrängung derselben sich anzueignen wissen, war es keineswegs angenehm, *ökonomisch* in dieselbe Klasse
mit den buffoons und menial servants[1] verwiesen zu werden und
bloß als Mitkonsumenten, Parasiten der eigentlichen Produzenten (oder vielmehr Produktionsagenten) zu erscheinen. Es war
dies eine sonderbare Entheiligung grade der Funktionen, die
bisher mit einem Heiligenschein umgeben waren, abergläu-
bische Verehrung genossen. Die politische Ökonomie in ihrer

---

1 Possenreißern und Dienstboten

klassischen Periode, ganz wie die Bourgeoisie selbst in ihrer Parvenuperiode, verhält sich streng und kritisch zu der Staatsmaschinerie etc. Später sieht sie ein und – zeigt sich auch praktisch – lernt sie durch die Erfahrung, daß aus ihrer eignen Organisation die Notwendigkeit der ererbten Gesellschaftskombination aller dieser zum Teil ganz unproduktiven Klassen hervorwächst.

Soweit jene »unproduktiven Arbeiter« nicht Genüsse schaffen und ihr Kauf daher ganz abhängig von der Art, wie der Produktionsagent sein Salair oder seinen Profit verausgaben will – sofern sie vielmehr teils durch physische Gebrechen (wie Ärzte) oder geistige Schwächen (wie Pfaffen) oder durch den Konflikt der Privatinteressen und der Nationalinteressen (wie Staatsleute, alle lawyers[1], Polizisten, Soldaten) nötig werden oder sich selbst nötig machen, erscheinen sie dem A. Smith wie dem industriellen Kapitalisten selbst und der Arbeiterklasse als faux frais de production, die also möglichst auf das notwendigste Minimum zu reduzieren und möglichst wohlfeil herzustellen sind. Die bürgerliche Gesellschaft produziert alles das in ihrer eignen Form wieder, was sie in feudaler oder absolutistischer Form bekämpft hatte. Zunächst also für die Sykophanten dieser Gesellschaft, speziell der höhern Stände, ein Hauptgeschäft, selbst den bloß parasitischen Teil dieser »unproduktiven Arbeiter« theoretisch zu restaurieren oder auch die übertriebnen Ansprüche des unentbehrlichen Teils derselben nachzuweisen. Es war in der Tat die *Abhängigkeit* der ideologischen etc. Klassen von den *Kapitalisten* proklamiert.

Zweitens aber wurde ein Teil der Produktionsagenten (der materiellen Produktion selbst) bald von diesen, bald von jenen Ökonomen als »unproduktiv« nachgewiesen. Z.B. der Grundeigentümer von dem Teil der Ökonomen, die das industrielle Kapital vertreten (Ricardo). Andre (z.B. Carey) erklärten den eigentlichen commerçant[2] für einen »unproduktiven« Arbeiter.

1 Juristen
2 Händler

Nun kamen gar Dritte, die den »Kapitalisten« selbst für unproduktiv erklärten oder wenigstens seine Ansprüche an den materiellen Reichtum auf »Salair«, d.h. auf den Lohn eines »produktiven Arbeiters«, reduzieren wollten. Viele der geistigen Arbeiter schienen dieser Skepsis sich anzuschließen. Es war also Zeit, Kompromiß zu machen und die »Produktivität« aller nicht direkt unter die Agenten der materiellen Produktion eingeschlossenen Klassen anzuerkennen. Eine Hand wäscht die andre, und wie in der »fable of the bees«[1] war nachzuweisen, daß auch vom »produktiven«, ökonomischen Standpunkt aus die bürgerliche Welt mit allen den »unproduktiven Arbeitern« die beste aller Welten ist; um so mehr, da die »unproduktiven Arbeiter« ihrerseits kritische Betrachtungen über die Produktivität der Klassen anstellten, die überhaupt »fruges consumere nati«[2] – oder auch über die Produktionsagenten, wie Grundeigentümer, die gar nichts tun, usw. Sowohl die *Nichtstuer* als ihre *Parasiten* mußten ihren Platz in der besten Weltordnung finden.

Drittens: Wie sich die Herrschaft des Kapitals entwickelte und in der Tat auch die nicht direkt auf Schöpfung des materiellen Reichtums bezüglichen Produktionssphären immer mehr von ihm abhängig wurden – namentlich die positiven Wissenschaften (Naturwissenschaften) als Mittel der materiellen Produktion dienstbar gemacht wurden –, glaubten sykophantische underlings[3] der politischen Ökonomie jede Wirkungssphäre dadurch verherrlichen zu müssen und rechtfertigen, daß sie selbe »im Zusammenhang« mit der Produktion des materiellen Reichtums darstellten – als Mittel für denselben – und jeden damit beehrten, daß sie ihn zum »produktiven Arbeiter« im »ersten« Sinn machten, nämlich zu einem labourer, der im Dienst des Kapitals arbeite, ihm in der einen oder andren Weise in seiner Bereicherung nützlich sei, etc.

1 *Bienenfabel* von Bernard Mandeville.
2 (lat.) Geboren, um die Früchte der Erde zu essen
3 Schranzen

Da sind noch solche Leute wie Malthus vorzuziehn, die direkt die Notwendigkeit und Nützlichkeit »*unproduktiver* Arbeiter« und bloßer Parasiten verteidigen.

Vom Zwang der kapitalistischen Produktion zur erweiterten Reproduktion – Ricardos Unzulänglichkeit

Erstens übersieht er, daß in der Wirklichkeit, wo nicht nur Kapitalist und workman, sondern capitalist, workman, landlord, moneyed interest, fixed incomes[1] vom Staat etc. sich gegenüberstehn, der Fall der Warenpreise, der beide, industriellen Kapitalisten und workmen, trifft, den andren Klassen zugut kommt.

Zweitens, daß die kapitalistische Produktion keineswegs auf einer willkürlichen Stufe produziert, sondern je mehr sie sich entwickelt, um so mehr gezwungen ist, auf einer Stufenleiter zu produzieren, die mit der immediate demand[2] nichts zu tun hat, sondern von einer beständigen Erweiterung des Weltmarkts abhängt. Er flüchtet zu der abgeschmackten Sayschen Voraussetzung, als ob der Kapitalist nicht für den Profit, den Mehrwert, sondern für den Konsum, den Gebrauchswert – seinen eignen Konsum – direkt produziere. Er übersieht, daß die Ware in Geld verwandelt werden muß. Die demand der Arbeiter genügt nicht, da der Profit ja grade dadurch herkommt, daß die demand der Arbeiter kleiner als der Wert ihres Produkts, und um so größer ist, je relativ kleiner diese demand. Die demand der capitalists untereinander genügt ebensowenig. Die Überproduktion bringt keinen *permanenten* Fall des Profits hervor, aber sie ist permanent *periodisch*. Es folgt ihr Unterproduktion usw. Die Überproduktion geht grade daraus hervor, daß die Masse des Volks nie mehr als die average quantity of necessaries[3] konsumieren kann, ihre Konsumtion also nicht entsprechend wächst mit der

---

1 Kapitalist, Arbeitsmann, Grundeigentümer, Geldkapitalist, [Empfänger von] festen Einkommen
2 unmittelbaren Nachfrage
3 durchschnittliche Menge der lebenswichtigen Güter

Produktivität der Arbeit. Doch dieser ganze Abschnitt gehört in die *Konkurrenz der Kapitalien*. Alles, was Ric[ardo] darüber sagt, ist keinen Schuß Pulver wert. (Es ist dies ch. XXI *»Effects of Accumulation on Profits and Interest«*.)

»Es gibt nur einen Fall, und auch dieser wird nur *zeitweilig* auftreten, in dem die Akkumulation von Kapital bei niedrigem Nahrungsmittelpreis von einem Fall des Profits begleitet sein kann, und zwar dann, wenn die zum Unterhalt der Arbeit bestimmten Fonds sich sehr viel rascher als die Bevölkerung vermehren; dann werden die Löhne hoch und die Profite niedrig sein.« [...]

Die Konkurrenz der Kapitalien wird [von Ricardo] nicht betrachtet, ebensowenig das Kreditwesen, ebensowenig die wirkliche Konstitution der Gesellschaft, die keineswegs bloß aus den Klassen der Arbeiter und industriellen Kapitalisten besteht, wo also Konsumenten und Produzenten nicht identisch, die erstere Kategorie (deren Revenuen zum Teil sekundäre, vom Profit und Salair abgeleitete, keine primitiven sind) der Konsumenten viel weiter ist als die zweite, und daher die Art, wie sie ihre Revenue spendet, und der Umfang der letztren sehr große Modifikationen im ökonomischen Haushalt und speziell im Zirkulations- und Reproduktionsprozesse des Kapitals hervorbringt.

Unterschiedliche Auffassungen von Malthus und Ricardo hinsichtlich der »unproduktiven Klassen«.

Malthus' Konsequenzen sind ganz richtig aus seiner Grundtheorie vom Wert gezogen; aber diese Theorie ihrerseits paßte merkwürdig für seinen Zweck, die Apologetik der bestehenden englischen Zustände, landlordism, »state and church«, pensioners, tax-gatherers, tenths, national debt, stock-jobbers, beadles, parsons and menial servants (»national expenditure«)[1], die von

---

1 Landlordismus, »Staat und Kirche«, Pensionäre, Steuereinnehmer, Zehnten, Staatsschuld, Börsenjobber, Büttel, Pfaffen und Dienstboten (»nationale Ausgaben«)

den Ricardians als ebenso viele nutzlose und superannuated draw-backs[1] der bürgerlichen Produktion, [als] nuisances[2] bekämpft wurden. Ricardo vertrat die bürgerliche Produktion quand même[3], soweit sie möglichst ungezügelte Entfaltung der sozialen Produktivkräfte [bedeutete], unbekümmert um das Schicksal der Träger der Produktion, seien sie Kapitalisten oder Arbeiter. Er hielt am *geschichtlichen* Recht und [der] Notwendigkeit dieser Stufe der Entwicklung [fest]. So sehr ihm der geschichtliche Sinn für die Vergangenheit fehlt, so sehr lebt er in dem geschichtlichen Springpunkt seiner Zeit. Malthus will auch die möglichst freie Entwicklung der kapitalistischen Produktion, soweit nur das Elend ihrer Hauptträger, der arbeitenden Klassen, Bedingung dieser Entwicklung [ist], aber sie soll sich gleichzeitig anpassen den »Konsumtionsbedürfnissen« der Aristokratie und ihrer Sukkursalen in Staat und Kirche, soll zugleich als materielle Basis dienen für die veralteten Ansprüche der Repräsentanten der von dem Feudalismus und der absoluten Monarchie vererbten Interessen. Malthus will die bürgerliche Produktion, soweit sie nicht revolutionär ist, kein geschichtliches Entwicklungsmoment, bloß eine breitere und bequemere materielle Basis für die »alte« Gesellschaft schafft.

Einerseits also die Arbeiterklasse, durch das Prinzip der Bevölkerung, stets im Verhältnis der ihr bestimmten Lebensmittel redundant[4], Überbevölkerung aus Unterproduktion; dann die Kapitalistenklasse, die infolge dieses Bevölkerungsprinzips stets fähig ist, den Arbeitern ihr eignes Produkt zu solchen Preisen wieder zu verkaufen, daß sie nur so viel davon zurückerhalten als nötig, um Leib und Seele zusammenzuhalten; dann ein ungeheurer Teil der Gesellschaft, aus Parasiten bestehend, schwelgerischen Drohnen, teils Herrn, teils Knechte, die eine beträchtliche Masse des Reichtums, teils unter dem Titel der Rente, teils

1 überlebte Nachteile
2 Krebsschäden
3 trotzdem
4 im Überfluß vorhanden

unter politischen Titeln sich gratis aneignen von der Kapitalistenklasse, deren Waren sie aber über dem Wert mit dem denselben Kapitalisten entzognen Geld bezahlen; die Kapitalistenklasse vom Akkumulationstrieb in die Produktion gepeitscht, die Unproduktiven ökonomisch den bloßen Konsumtionstrieb, die Verschwendung darstellend. Und zwar dies das einzige Mittel, der Überproduktion zu entgehn, die zugleich existiert mit einer Überbevölkerung im Verhältnis zur Produktion. Als bestes Heilmittel für beide die Überkonsumtion außerhalb der Produktion stehender Klassen. Das Mißverhältnis zwischen der Arbeiterpopulation und der Produktion wird dadurch aufgehoben, daß ein Teil des Produkts von Nichtproduzenten, Faulenzern aufgegessen wird. Das Mißverhältnis der Überproduktion der Kapitalisten [wird aufgehoben] durch die Überkonsumtion des genießenden Reichtums.

Die von Marx als Angehörige der Mittelschichten und als »unproduktiv« bezeichneten Personen gehören sehr unterschiedlichen Berufen an. Neben Hausdienern, Spaßmachern, Köchen, Pfarrern, Polizisten, Soldaten und Ministern tauchen in einigen Listen auch Wissenschaftler, Erfinder und Ingenieure auf. Während Malthus vor allem an der Aufrechterhaltung der Bediensten der ehemals privilegierten Stände interessiert ist, macht sich Marx nur über den Versuch einiger Ökonomen lustig, den von ihnen geschätzten Personen das Prädikat »produktiv« zu geben. Ob aber z.B. Naturwissenschaftler und Ingenieure zu den Schichten gehören, die von der Revenue, den Einnahmen der Kapitalisten oder den Löhnen der Arbeiter bezahlt werden, bleibt zweifelhaft. Jedenfalls wissen wir heute, dass z.B. wissenschaftliche Erfinder, die für ihre Erfindungen Patente erhalten haben, diese Patente anstatt ihrer Arbeitskraft auf den Markt bringen können, wo sie dann von Fabrikanten in ihr »fixes Kapital« aufgenommen werden können. Sie tragen also durchaus zur Reproduktion und Vergrößerung des Kapitals bei und stellen keinen »Luxus« dar.

11. Politische Publizistik – Zeitgeschichte

Welthistorischer Fortschritt trotz allem:
›Die britische Herrschaft in Indien‹

London, Freitag, 10. Juni 1853
Telegraphische Depeschen aus Wien melden, daß man dort von der friedlichen Lösung der türkischen, sardinischen und schweizerischen Fragen überzeugt ist.

Die Indien-Debatte wurde gestern abend im Unterhaus in der üblichen stumpfsinnigen Weise fortgesetzt! Herr Blackett beschuldigte Sir Charles Wood und Sir J. Hogg, daß ihre Erklärungen den Stempel eines falschen Optimismus tragen. Ein Häuflein Verteidiger des Ministeriums und des Direktoriums suchte, so gut es konnte, die Anwürfe zurückzuweisen, und der sattsam bekannte Herr Hume forderte in seinem Resümee die Minister auf, ihre Gesetzesvorlage zurückzuziehen. Die Debatte wurde vertagt.

Hindustan ist ein Italien von asiatischem Ausmaß, mit dem Himalaja an Stelle der Alpen, der Ebene von Bengalen an Stelle der lombardischen Ebene, dem Dekhan an Stelle der Apenninen und der Insel Ceylon an Stelle der Insel Sizilien. Dort wie hier dieselbe reiche Mannigfaltigkeit der Bodenerzeugnisse und dieselbe Zerrissenheit in der politischen Struktur. Wie Italien von Zeit zu Zeit nur durch das Schwert des Eroberers zu verschiedenen Staatsgebilden zusammengeschlagen wurde, genauso finden wir Hindustan, wenn es nicht das Joch der Mohammedaners, des Moguls oder des Briten trug, in ebensoviele voneinander unabhängige, sich gegenseitig befehdende Staaten zersplittert, wie es Städte, ja Dörfer zählte. Jedoch vom sozialen Gesichtspunkt aus betrachtet, ist Hindustan nicht das Italien, sondern das Irland des Ostens. Und diese seltsame Kombination von Italien und Irland, einer Welt der Lust und einer Welt des Leids, taucht schon in den alten Traditionen der Religion Hindustans auf.

343

Diese Religion ist zu gleicher Zeit eine Religion sinnlicher Üppigkeit und selbstquälerischer Askese, eine Religion des Lingam und des Dschagannat, die Religion des Mönchs und der Bajadere.

Ich teile nicht die Auffassung derer, die an ein Goldnes Zeitalter Hindustans glauben, ohne mich jedoch, wie Sir Charles Wood, zur Bekräftigung meiner Ansicht auf die Autorität des Khuli-Khan zu berufen. Man nehme aber beispielsweise das Zeitalter des Aurangzeb; oder die Epoche, da die Moguln im Norden erschienen und die Portugiesen im Süden; oder die Zeit der mohammedanischen Invasion und der Heptarchie in Südindien; oder, wenn man noch weiter zurückgehn will – bis in die graue Vorzeit, die mythologische Zeitrechnung der Brahmanen, die den Beginn des indischen Elends in eine noch vor der christlichen Weltschöpfung liegende Epoche zurückverlegt.

Es kann jedoch keinem Zweifel unterliegen, daß das von den Briten über Hindustan gebrachte Elend wesendlich anders geartet und unendlich qualvoller ist als alles, was Hindustan vorher zu erdulden hatte. Ich denke dabei nicht an den europäischen Despotismus, den die britische Ostindische Kompanie dem asiatischen Despotismus aufgepfropft hat, eine Kombination, weit ungeheuerlicher als irgendeines der göttlichen Ungeheuer, deren Anblick uns im Tempel von Salsette mit Schaudern erfüllt. Dabei handelt es sich nicht um eine besondre Eigentümlichkeit der britischen Kolonialherrschaft, sondern nur um eine Nachahmung der holländischen, und dies so sehr, daß man, um das Wirken der britischen Ostindischen Kompanie zu charakterisieren, nur wörtlich zu wiederholen braucht, was Sir Stamford Raffles, der *englische* Gouverneur von Java, über die alte holländische Ostindische Kompanie sagte:

»Die holländische Kompanie, deren einzige Triebfeder Gewinnsucht war und die ihre Untertanen weit gleichgültiger und rücksichtsloser behandelte als ehedem ein westindischer Pflanzer eine Rotte Sklaven auf seiner Plantage – denn dieser hatte das Kaufgeld für das menschliche Eigentum bezahlt, jene dagegen nicht –, bot den ganzen vorhandenen Apparat des Despotismus auf, um aus dem Volk das letzte Quentchen Tribut und die letzte Neige ihrer Arbeitsleistung herauszupressen, und verschlimmerte so die Übel einer unberechenbaren und halbbarbarischen Herrschaft noch dadurch, daß sie sie mit der ganzen Gerissenheit ausgepichter Politiker und mit der ganzen Selbstsucht monopolistischer Händler ausübte.«

Alle die Bürgerkriege, Invasionen, Revolutionen, Eroberungen, Hungersnöte, so seltsam verwickelt, rapide und zerstörerisch ihre ununterbrochen aufeinanderfolgende Wirkung in Hindustan auch erscheinen mag, berührten doch nur die Oberfläche. England hat das ganze Gefüge der indischen Gesellschaft niedergerissen, ohne daß bisher auch nur die Spur eines Neuaufbaus sichtbar geworden wäre. Dieser Verlust seiner alten Welt, ohne daß eine neue gewonnen worden wäre, gibt dem heutigen Elend des Hindu eine besondere Note von Melancholie und zieht einen Trennungsstrich zwischen dem von England beherrschten Hindustan und den ehrwürdigen Überlieferungen seiner ganzen geschichtlichen Vergangenheit.

Seit undenklichen Zeiten gab es in Asien nur drei Regierungsdepartements: das der Finanzen oder für die Ausplünderung des eigenen Volkes; das des Krieges oder für die Ausplünderung anderer Völker; und schließlich das der öffentlichen Arbeiten. Klimatische und territoriale Verhältnisse, besonders die weiten Wüstenstriche, die sich von der Sahara quer durch Arabien, Persien, Indien und die Tatarei bis an das höchste asiatische Hochland ziehen, bedingten künstliche Berieselung durch Kanäle und Wasserwerke, die Grundlage der orientalischen Landwirtschaft. Wie in Ägypten und Indien, werden Überschwemmungen auch in Mesopotamien, Persien und anderen Ländern nutzbar gemacht, um die Fruchtbarkeit des Bodens zu steigern; hoher Wasserstand wird zur Speisung von Bewässerungskanälen ausgenutzt. Die unbedingte Notwendigkeit einer sparsamen und gemeinschaftlichen Verwendung des Wassers, die im Okzident, z.B. in Flandern und Italien, zu freiwilligem Zusammenschluß privater Unternehmungen führte, machte im Orient, wo die Zivilisation zu niedrig und die territoriale Ausdehnung zu groß war, um freiwillige Assoziationen ins Leben zu rufen, das Eingreifen einer zentralisierenden Staatsgewalt erforderlich. Hierdurch wurde allen asiatischen Regierungen eine ökonomische Funktion zugewiesen, die Funktion, für öffentliche Arbeiten zu sorgen. Diese künstliche Fruchtbarmachung des Bodens, die vom Eingreifen einer Zentralregierung abhängt und sofort in Verfall gerät, wenn diese Regierung Bewässerung und Dränierung vernachlässigt, erklärt die sonst verwunderliche Tatsache, daß wir heute ganz große Gebiete wüst und öde finden, die einstmals glänzend kultiviert waren, so Palmgyra und Petra, die Ruinen im Jemen und weite Landstriche in Ägypten, Persien und Hindustan; sie erklärt auch, wie ein einziger Verwüstungskrieg imstande war, ein Land auf Jahrhunderte zu entvölkern und es seiner ganzen Zivilisation zu berauben.

Die Briten übernahmen nun in Ostindien von ihren Vorgängern die Departements der Finanzen und des Krieges, vernachlässigten aber völlig das Departement der öffentlichen Arbeiten. Daher der Verfall einer Landwirtschaft, die nicht fähig ist, nach dem britischen Grundsatz der freien Konkurrenz, des laissez-faire und laissez-aller, betrieben zu werden. In asiatischen Reichen sind wir es jedoch durchaus gewohnt, zu sehen, daß die Landwirtschaft unter der einen Regierung in Verfall gerät und unter einer anderen wieder auflebt. Hier hängen die Ernten ebenso von guten oder schlechten Regierungen ab, wie sie in Europa mit guten oder schlechten Jahreszeiten wechseln. Daher brauchte die Bedrückung und Vernachlässigung der Landwirtschaft, so schlimm sie an sich auch sein mochte, noch nicht als Todesstoß des britischen Eindringlings gegen die indische Gesellschaftsordnung betrachtet zu werden, wäre sie nicht von einem Umstand begleitet gewesen, der von ganz anderer Bedeutung war, eine Neuheit in den Annalen der ganzen asiatischen Welt. Wie wechselvoll auch immer das politische Bild der Vergangenheit Indiens gewesen sein möge, seine sozialen Verhältnisse waren doch von den frühesten Zeiten bis ins erste Jahrzehnt des 19. Jahrhunderts unverändert geblieben. Der Handwebstuhl und das Spinnrad, die immer wieder ihre regelrechten Myriaden von Spinnern und Webern hervorbringen, waren die strukturellen Angelpunkte dieser Gesellschaft. Seit undenklichen Zeiten bezog Europa die wundervollen Gewebe indischer Arbeit, für die es im Austausch Edelmetalle lieferte, das Material für den Goldschmied, dieses unentbehrliche Mitglied der indischen Gesellschaft, deren Vorliebe für Schmuck so groß ist, daß selbst die Angehörigen der niedrigsten Klasse, die fast nackt herumlaufen, gewöhnlich ein Paar goldene Ohrringe und irgendein anderes goldenes Schmuckstück am Halse tragen. Auch Finger- und Zehenringe waren allgemein verbreitet. Frauen wie Kinder trugen häufig massive Arm- und Fußspangen aus Gold oder Silver, in den Häusern waren goldene oder silberne Statuetten von Gottheiten zu finden. Es war der britische Eindringling, der den indischen Handwebstuhl zerstörte und das Spinnrad zerbrach. England begann damit, daß es den indischen Kattun vom europäischen Markt verdrängte; dann führte es Maschinengarn nach Hindustan ein und überschwemmte schließlich das eigentliche Mutterland des Kattuns mit Kattunwaren. Von 1818 bis 1836 stieg die Garnausfuhr aus Großbritannien nach Indien im Verhältnis von 1 zu 5200. Während 1824 die Ausfuhr von englischem Musselin nach Indien kaum eine Million Yard erreichte, belief sie sich 1837 schon auf über 64 Millionen Yard. In dem gleichen Zeitraum jedoch sank die Bevölkerung Daccas von 150000 auf 20000 Einwohner. Dieser Niedergang der durch ihre Gewebe berühmten indischen Städte war indessen bei weitem noch nicht die schlimmste Folge der britischen Herrschaft. Englische Dampfkraft und englische Wissenschaft zerstörten in ganz Hindustan die Bande zwischen Ackerbau und Handwerk.

Die erwähnten beiden Umstände – einerseits, daß der Hindu, wie alle orientalischen Völker, es der Zentralregierung überließ, sich um die großen öffentlichen Arbeiten zu kümmern, die noch die erste Voraussetzung für seinen Ackerbau und Handel sind, andrerseits, daß die Bevölkerung über das ganze Land hin verstreut lebte und nur dadurch, daß Ackerbau und Handwerk häuslich vereinigt waren, kleine, dichter bevölkerte Zentren bildete –, diese beiden Umstände hatten seit den ältesten Zeiten ein gesellschaftliches System mit besonderen Charakterzügen hervorgebracht, das sogenannte *Dorfsystem*, das jeder dieser kleinen Einheiten ihre unabhängige Organisation und ihr Eigenleben gab. Ein Urteil über den besondren Charakter dieses Systems kann man gewinnen an Hand der folgenden Schilderung, die einem alten offiziellen Bericht des britischen Unterhauses über indische Fragen entnommen ist:

»Ein Dorf ist, geographisch betrachtet, ein Stück Land, das einige Hundert oder Tausend Acres urbaren und unbebauten Bodens umfaßt; politisch gesehen, ähnelt es einer Korporation oder Stadtgemeinde. Zu seinem eigentlichen Personal an Amts- und Hilfspersonen gehören: Der *Potail* oder Haupteinwohner, dem gewöhnlich die Oberaufsicht über die Dorfangelegenheiten obliegt. Er schlichtet Streitigkeiten zwischen den Einwohnern, übt Polizeigewalt aus und versieht das Amt des Steuereinnehmers in seinem Dorfe, für welche Aufgabe er durch sein persönliches Ansehen und seine gründliche Vertrautheit mit der Lage und den Verhältnissen der Bevölkerung am besten geeignet ist. Der *Kurnum* führt Rechnung über den Ackerbau und registriert alles darauf Bezügliche. Dann der *Taillier* und der *Totie*; die Aufgabe des ersten besteht in der Untersuchung von Verbrechen und Vergehen sowie im Geleit und Schutz von Personen, die von einem Dorf zum andern ziehen, während der Wirkungskreis des letzteren unmittelbar auf das Dorf beschränkt zu sein scheint und u.a. darin besteht, die Erträge zu bewachen und bei ihrer Feststellung mitzuwirken. Der *Grenzmann* sorgt für die Erhaltung der Dorfgrenzen und legt über sie in Streitfällen Zeugnis ab. Der Vorsteher der Zisternen und Wasserläufe verteilt das Wasser für landwirtschaftliche Zwecke. Der *Brahmane* verrichtet im Dorfe den religiösen Kultus. Der Schulmeister lehrt die Dorfkinder, im Sande zu lesen und zu schreiben. Ferner der Kalenderbrahmane oder Astrolog usw. Aus diesen Amts- oder Hilfspersonen setzt sich gewöhnlich die Dorfverwaltung zusammen. In einigen Teilen des Landes ist sie jedoch weniger umfangreich, weil dort mehrere der oben geschilderten Funktionen in einer Person vereinigt sind; in anderen Gegenden geht sie über den erwähnten Personenkreis noch hinaus. Unter dieser einfachen Form der Gemeindeverwaltung haben die Einwohner des Landes seit unvordenklichen Zeiten gelebt. Die Grenzen der Dorfgebiete wurden nur selten geändert; und obgleich die Dörfer wiederholt durch Krieg, Hungersnot und Seuchen heimgesucht, ja verwüstet wurden, haben derselbe Name, dieselben Grenzen, dieselben Interessen und selbst dieselben Familien sich durch Generationen fortgesetzt. Die Einwohner ließen sich durch den Zusammenbruch und die Teilung von Königreichen nicht anfechten; solange das Dorf ungeteilt bleibt, ist es ihnen gleichgültig, an welche Macht es abgetreten wird oder welchem Herrscher es zufällt. Seine innere Wirtschaft bleibt unverändert. Der Potail ist immer noch der Haupteinwohner und übt seine Funktion als Bagatell- oder Friedensrichter, als Steuer- oder Pachteinnehmer des Dorfes noch immer aus.«

Diese kleinen stereotypen Formen des gesellschaftlichen Organismus haben sich zum größten Teil aufgelöst und stehen im Begriff zu verschwinden, nicht so sehr infolge des brutalen Eingreifens des britischen Steuereintreibers und des britischen Soldaten als vermöge der Wirkung des englischen Dampfes und des englischen Freihandels. Jene auf der Familie beruhenden Gemeinwesen hatten ihre Grundlage im Hausgewerbe, in jener eigenartigen Verbindung von Handweberei, Handspinnerei und handbetriebenem Ackerbau, die sie in den Stand setzten, sich selbst zu versorgen. Das Eingreifen der Engländer, das den Spinner nach Lancashire, den Weber nach Bengalen verpflanzte oder beide, den indischen Spinner wie den indischen Weber, hinwegfegte, führte zur Auflösung dieser kleinen, halb barbarischen, halb zivilisierten Gemeinwesen, indem es ihre ökonomische Grundlage sprengte und so die größte und, die Wahrheit zu sagen, einzige *soziale* Revolution hervorrief, die Asien je gesehen.

Sosehr es nun auch dem menschlichen Empfinden widerstreben mag, Zeuge zu sein, wie Myriaden betriebsamer patriarchalischer und harmloser sozialer Organisationen zerrüttet und in ihre Einheiten aufgelöst werden, hineingeschleudert in ein Meer von Leiden, wie zu gleicher Zeit ihre einzelnen Mitglieder ihrer alten Kulturformen und ihrer ererbten Existenzsmittel verlustig gehen, so dürfen wir doch darüber nicht vergessen, daß diese idyllischen Dorfgemeinschaften, so harmlos sie auch aussehen mögen, seit jeher die feste Grundlage des orientalischen Despotismus gebildet haben, daß sie den menschlichen Geist auf den denkbar engsten Gesichtskreis beschränkten, ihn zum gefügigen Werkzeug des Aberglaubens, zum unterwürfigen Sklaven traditioneller Regeln machten und ihn jeglicher Größe und geschichtlicher Energien beraubten. Wir dürfen nicht die barbarische Selbstsucht vergessen, die, an einem elenden Stückchen Land klebend, ruhig dem Untergang ganzer Reiche, der Verübung unsäglicher Grausamkeiten, der Niedermetzelung der Einwohnerschaft großer Städte zusah, ohne sich darüber mehr Gedanken zu machen als über Naturereignisse, dabei selbst jedem Angreifer, der sie auch nur eines Blickes zu würdigen geruhte, hilflos als Beute preisgegeben. Wir dürfen nicht vergessen, daß dieses menschenunwürdige, stagnierende Dahinvegetieren, diese passive Art zu leben, auf der andern Seite ihre Ergänzung fanden in der Beschwörung wilder, zielloser, hemmungsloser Kräfte der Zerstörung, und in Hindustan selbst aus dem Mord einen religiösen Ritus machten. Wir dürfen nicht vergessen, daß diese kleinen Gemeinwesen durch Kastenunterschiede und Sklaverei befleckt waren, daß sie den Menschen unter das Joch äußerer Umstände zwangen, statt den Menschen zum Beherrscher der Umstände zu erheben, daß sie einen sich naturwüchsig entwickelnden Gesellschaftszustand in ein unveränderliches, naturgegebnes Schicksal transformieren und so zu jener tierisch rohen Naturanbetung gelangten, deren Entartung zum Ausdruck kam in der Tatsache, daß der Mensch, der Beherrscher der Natur, vor Hanuman, dem Affen, und Sabbala, der Kuh, andächtig in die Knie sank.

Gewiß war schnödester Eigennutz die einzige Triebfeder Englands, als es eine soziale Revolution in Indien auslöste, und die Art, wie es seine Interessen durchsetzte, war stupid. Aber nicht das ist hier die Frage. Die Frage, ob die Menschheit ihre Bestimmung erfüllen kann ohne radikale Revolutionierung der sozialen Verhältnisse in Asien. Wenn nicht, so war England, welche Verbrechen es auch begangen haben mag, doch das unbewußte Werkzeug der Geschichte, indem es diese Revolution zuwege brachte.

Dann haben wir, so erschütternd das Schauspiel des Zerfalls einer alten Welt für unser persönliches Empfinden auch sein mag, vor der Geschichte das Recht, mit Goethe auszurufen:

> »Sollte diese Qual uns quälen,
> Da sie unsre Lust vermehrt;
> Hat nicht Myriaden Seelen
> Timurs Herrschaft aufgezehrt?«

Kritik der Todesstrafe

London, Freitag, 28. Januar 1853

Die »Times« vom 25. Januar bringt unter der Überschrift »Amateure des Henkerhandwerks« folgende Betrachtung:

»Man hat schon oft die Beobachtung gemacht, daß in unserem Lande jeder öffentlichen Hinrichtung eine Reihe von Selbstmorden oder tödlichen Unfällen durch Erhängen folgt, offenbar unter dem gewaltigen Einfluß, den die Hinrichtung eines bekannten Verbrechers auf unreife und kranke Gemüter ausübt.«

Bei den verschiedenen Fällen, die die »Times« zur Illustration dieser Behauptung anführt, handelt es sich einmal um einen Irren in Sheffield, der, nachdem er sich mit anderen Irren über die Hinrichtung Barbours unterhalten hatte, seinem Leben ein Ende machte, indem er sich erhängte. Ein zweiter Fall ist der eines vierzehnjährigen Jungen, der sich ebenfalls erhängte.

Ein vernünftiger Mensch wird kaum erraten, um welcher Doktrin willen diese Fälle angeführt werden; geht es doch um nichts weniger als eine direkte Apotheose des Henkers und um die Lobpreisung der Todesstrafe als ultima ratio[1] der Gesellschaft. Und dies geschieht in einem leitenden Artikel des »leitenden Blattes«.

Der »Morning Advertiser« kritisiert aufs schärfste die blutige Logik der »Times« und ihre Vorliebe für den Scharfrichter und schließt seine zutreffende Kritik mit der Angabe folgender interessanter Daten von dreiundzwanzig Tagen des Jahres 1849:

Hinrichtung von:		Morde und Selbstmorde:	
Millan	20. März	Hannah Sandles	22. März
		M. G. Newton	22. März
Pulley	26. März	J. G. Gleeson – vier Morde in Liverpool	27. März
Smith	27. März	Mord und Selbstmord in Leicester	2. April
Howe	31. März	Vergiftung in Bath	7. April
		W. Bailey	8. April
Landick	9. April	J. Ward ermordet seine Mutter	13. April
Sarah Thomas	13. April	Yardley	14. April
		Doxy, Vatermord	14. April
		J. Barley tötet seine zwei Kinder und sich selbst	17. April
Griffith	18. April	Chas. Overton	18. April
Rush	21. April	Daniel Holmston	2. Mai

1 letztes Mittel

Die »Times« selbst muß zugeben, daß diese Tabelle nicht nur Selbstmorde, sondern auch die scheußlichsten Verbrechen aufweist, die immer unmittelbar auf die Hinrichtung von Verbrechern folgen. Der bewußte Artikel bringt erstaunlicherweise auch nicht ein Argument zugunsten der darin propagierten barbarischen Theorie. Es ist eben schwer, wenn nicht gar unmöglich, ein Prinzip aufzustellen, womit man die Berechtigung und Zweckmäßigkeit der Todesstrafe in einer auf ihre Zivilisation stolzen Gesellschaft zu begründen vermöchte. Man hat die Strafe gemeinhin verteidigt als ein Mittel zur Besserung oder zur Einschüchterung. Aber welches Recht hat man, mich zu strafen, um andere zu bessern oder einzuschüchtern? Außerdem gibt es so etwas wie die Statistik, und es gibt die Geschichte, und beide beweisen voll und ganz, daß die Welt seit Kain durch Strafen weder gebessert noch eingeschüchtert worden ist. Ganz im Gegenteil. Vom Standpunkt des abstrakten Rechts gibt es nur eine Theorie der Bestrafung, die die menschliche Würde abstrakt anerkennt, und das ist die Kantsche Theorie, besonders in der strengeren Fassung von Hegel. Dieser sagt: »Strafe ist das *Recht* des Verbrechens. Sie ist ein Akt seines eigenen Willens. Die Verletzung des Rechts proklamiert der Verbrecher als sein Recht. Sein Verbrechen ist die Negation des Rechts. Strafe ist die Negation dieser Negation und folglich eine Bestätigung des Rechts, die der Verbrecher selbst herausfordert und sich selbst aufzwingt.«

Zweifellos hat dieser Grundsatz etwas Bestechendes, da Hegel, statt in dem Verbrecher ein bloßes Objekt, nur den Sklaven der Justiz zu sehen, ihn zum Rang eines freien Wesens erhebt, das über sich selbst bestimmt. Sehen wir jedoch etwas näher zu, so entdecken wir, daß der deutsche Idealismus hier, wie in den meisten andern Fällen, nur die Gesetze der bestehenden Gesellschaft durch übersinnliche Argumente sanktioniert. Täuscht man sich nicht selbst, wenn man an Stelle des Individuums mit seinen wirklichen Beweggründen, mit den zahlreichen, ihn bedrängenden sozialen Verhältnissen die Abstraktion des »freien

Willens« setzt, eine der vielen menschlichen Eigenschaften an Stelle des Menschen selbst? Diese Theorie, die die Strafe als das Ergebnis des eigenen Willens des Verbrechers ansieht, ist nur ein metaphysischer Ausdruck jenes alten »jus talionis«[1]: Aug' um Auge, Zahn um Zahn, Blut um Blut. Wenn wir die Dinge offen aussprechen und auf alle Umschreibungen verzichten, so ist die Strafe nichts anderes als ein Verteidigungsmittel der Gesellschaft gegen die Verletzung ihrer Lebensbedingungen, was auch immer deren Inhalt sein mag. – Was für eine Gesellschaft ist das aber, die kein besseres Instrument ihrer Verteidigung kennt als den Scharfrichter und die durch das »leitende Blatt der Welt« ihre Brutalität als ewiges Gesetz verkünden läßt?

A. Quételet sagt in seinem ausgezeichneten gelehrten Werk »L'home et ses facultés«:

»Es gibt ein Budget, das mit einer schauerlichen Regelmäßigkeit bezahlt wird, nämlich das der Gefängnisse, der Galeeren und der Schafotte ... Wir können voraussagen, wie viele Individuen ihre Hände mit dem Blute ihrer Mitmenschen besudeln werden, wie viele Fälscher, wie viele Giftmischer zu verzeichnen sein werden, fast ebenso wie man im voraus die Geburten und Todesfälle angeben kann.«

Und Quételet sagte in einer Wahrscheinlichkeitsberechnung der Verbrechen, die er im Jahre 1829 veröffentlichte, mit erstaunlicher Sicherheit nicht nur die Zahl, sondern auch alle die verschiedenen Arten der Verbrechen voraus, die in Frankreich 1830 begangen wurden. Daß es nicht so sehr die besonderen politischen Einrichtungen eines Landes sind als vielmehr die grundlegenden Bedingungen der modernen bürgerlichen Gesellschaft im ganzen, die eine durchschnittliche Anzahl Verbrechen in einem gegebenen nationalen Teil der Gesellschaft hervorbringen, das zeigt die folgende Tabelle, die Quételet für die Jahre 1822 bis 1824 mitteilt. Unter hundert verurteilten Verbrechern finden wir in Amerika und Frankreich:

1 Vergeltungsrechtes

Alter	Philadelphia	Frankreich
Unter 21 Jahren	19	19
21 bis 30 Jahre	44	35
30 bis 40 Jahre	23	23
Über 40 Jahre	14	23
	Total 100	100

Wenn also Verbrechen, sobald man sie in großer Zahl beobachtet, in ihrer Häufigkeit und Art die Regelmäßigkeit von Naturerscheinungen zeigen, wenn es, um mit Quételet zu sprechen, schwierig wäre, zu entscheiden, »auf welchem der beiden Gebiete« (der physischen Welt oder des gesellschaftlichen Lebens) »die effektiven Ursachen ihre Wirkungen mit größerer Regelmäßigkeit nach sich ziehen«, besteht da nicht die Notwendigkeit – statt den Scharfrichter zu verherrlichen, der eine Partie Verbrecher beseitigt, nur um wieder Platz für neue zu schaffen –, ernstlich über die Änderung des Systems nachzudenken, das solche Verbrechen züchtet?

Zu den Ereignissen in Nordamerika

Der kurze Feldzug in Maryland hat das Schicksal des Amerikanischen Bürgerkrieges entschieden, wie immer für kürzere oder längere Zeit das Kriegsglück zwischen den streitenden Parteien noch schwanken möge. Es wurde früher in diesen Blättern entwickelt, daß der Kampf um den Besitz der Grenzsklavenstaaten der Kampf um die Herrschaft über die Union ist, und die Konföderation ist in diesem Kampfe, den sie unter günstigsten, nie wiederkehrenden Umständen aufnahm, unterlegen.

Maryland galt mit Recht als der Kopf, Kentucky als der Arm der Sklavenhalterpartei in den Grenzstaaten. Marylands Hauptstadt, Baltimore, wurde bis jetzt nur durch Standrecht »loyal« erhalten. Es war ein Dogma, nicht nur des Südens, sondern des

Nordens, daß die Erscheinung derKonföderierten in Maryland das Signal einer Volkserhebung en masse geben werden gegen »die Satelliten Lincolns«. Es galt hier nicht nur einen militärischen Erfolg, sondern eine moralische Demonstration, die die südlichen Elemente in allen Grenzstaaten elektrisieren und gewaltsam in ihren Wirbel fortziehen sollte.

Mit Maryland fiel Washington, war Philadelphia bedroht und New York nicht mehr sicher. Der gleichzeitige Einfall in Kentucky, durch Bevölkerung, Lage und ökonomische Hilfsmittel der wichtigste der Grenzstaaten, war, isoliert betrachtet, eine bloße Diversion. Gestützt auf entscheidende Erfolge in Maryland, erdrückte er die Unionspartei in Tennessee, überflügelte Missouri, sicherte Arkansas und Texas, bedrohte New Orleans, und, vor allem, verlegte den Krieg nach Ohio, dem Zentralstaate des Nordens, dessen Besitz ganz so den Norden unterwirft, wie der Besitz Georgias den Süden. Eine konföderierte Armee in Ohio schnitt den Westen der nördlichen Staaten vom Osten ab und bekämpfte den Gegner von seinem eigenen Zentrum aus. Nach dem Fiasko der rebellischen Hauptarmee in Maryland schrumpfte der Kentucky-Einfall, der, mit wenig Energie vorangestoßen, nirgendwo auf volkstümliche Sympathie stieß, zu einem unbedeutenden Guerillazug herab. Selbst die Einnahme Louisvilles würde jetzt nur »die Riesen des Westens«, die Scharen von Iowa, Illinois, Indiana und Ohio zu einer ähnlichen »Lawine« vereinigen, wie sie während des ersten glorreichen Kentucky-Feldzuges dem Süden auf das Haupt platzte.

So hat der Maryland-Feldzug bewiesen, daß den Wellen der Sezession die Schnellkraft mangelt, über den Potomac hinaus und an den Ohio hinanzuschlagen. Der Süden ist auf die Defensive beschränkt; aber *nur in der Offensive* lag die Möglichkeit seines Erfolges. Der Grenzstaaten beraubt, eingekeilt zwischen den Mississippi im Westen und dem Atlantischen Ozean im Osten, hat er sich nichts erobert, außer einer – Grabstätte.

Man muß keinen Augenblick vergessen, daß die Südlichen die Grenzstaaten besaßen, politisch beherrschten, als sie die Fahne der Rebellion aufpflanzten. Was sie verlangten, waren die Territorien. Sie haben mit den Territorien die Grenzstaaten verloren. Und dennoch wurde der Einfall in Maryland unter den möglichst günstigen Konjunkturen gewagt. Eine schmähliche Reihe unerhörter Niederlagen auf seiten des Nordens; die föderalistische Armee demoralisiert; »Stonewall« Jackson der Held des Tages; Lincoln und seine Regierung Kindergespötte; die Demokratische Partei im Norden von neuem erstarkt und eine Präsidentschaft »Jefferson Davis« bereits eskomptierend; Frankreich und England auf dem Sprung, die innerlich anerkannte Legitimität der Sklavenhalter laut zu proklamieren! »E pur si muove.«[1] Die Vernunft siegt dennoch in der Weltgeschichte.

Wichtiger noch als der Maryland-Feldzug ist Lincolns Proklamation. Lincolns Figur ist »sui generis«[2] in den Annalen der Geschichte. Keine Initiative, keine idealistische Schwungkraft, kein Kothurn, keine historische Draperie. Er tut das Bedeutendste immer in der möglichst unbedeutendsten Form. Andere, denen es sich um Quadratfüße Land handelt, proklamieren den »Kampf für eine Idee«. Lincoln selbst, wo er für die Idee handelt, proklamiert ihre »Quadratfüße«. Zögernd, widerstrebend, unwillig singt er die Bravour-Arie seiner Rolle, als ob er um Verzeihung bäte, daß die Umstände ihn nötigen, »Löwe zu sein«. Die furchtbarsten, geschichtlich ewig merkwürdigen Dekrete, die er dem Feind entgegenschleudert, sehen alle aus und bestreben sich auszusehen wie alltägliche Ladungen, die ein Anwalt dem Anwalt der Gegenpartei zustellt, Rechtsschikanen, engherzig verklausulierte actiones juris[3]. Denselben Charakter trägt seine jüngste Proklamation, das bedeutendste Aktenstück der amerikanischen Geschichte seit Begründung der Union, die Zerreißung der alten amerikanischen Verfassung, sein Manifest für die Abschaffung der Sklaverei.

1 »Und sie bewegt sich doch.«
2 »von eigener Art«
3 Klagerechte

Nichts leichter als das ästhetisch Widerliche, logisch Unzulängliche, formell Burleske und politisch Widerspruchsvolle an Lincolns Haupt- und Staatsaktionen nachzuweisen, wie es die englischen Pindars der Sklaverei tun, die »Times«, die »Saturday Review« und tutti quanti[1]. Und dennoch wird Lincoln in der Geschichte der Vereinigten Staaten und der Menschheit unmittelbar Platz nehmen nach Washington! Ist es denn heutzutage, wo das Unbedeutende diesseits des Atlantischen Ozeans sich melodramatisch aufspreizt, so ganz ohne Bedeutung, daß in der neuen Welt das Bedeutende im Alltagsrocke einherschreitet?

Lincoln ist nicht die Ausgeburt einer Volksrevolution. Das gewöhnliche Spiel des allgemeinen Stimmrechts, unbewußt der großen Geschicke, über die es zu entscheiden, warf ihn an die Spitze, einen Plebejer, der sich vom Steinklopfer bis zum Senator in Illinois hinaufgearbeitet, ohne intellektuellen Glanz, ohne besondere Größe des Charakters, ohne ausnahmsweise Bedeutung – eine Durchschnittsnatur von gutem Willen. Niemals hat die neue Welt einen größeren Sieg errungen als in dem Beweis, daß mit ihrer politischen und sozialen Organisation Durchschnittsnaturen von gutem Willen hinreichen, um das zu tun, wozu es in der alten Welt der Heroen bedürfen würde!

Hegel hat schon bemerkt, daß in der Tat die Komödie über der Tragödie steht, der Humor der Vernunft über ihrem Pathos. Wenn Lincoln nicht den Pathos der geschichtlichen Aktion besitzt, besitzt er als volkstümliche Durchschnittsfigur ihren Humor. In welchem Augenblick erläßt er die Proklamation, daß vom 1. Januar 1863 die Sklaverei in der Konföderation abgeschafft ist? In demselben Augenblicke, worin die Konföderation als selbständiger Staat eine »Friedensunterhandlung« auf dem Kongreß von Richmond beschließt. In demselben Augenblicke, wo die Sklavenhalter der Grenzstaaten »the peculiar institution« (»die eigentümliche Institution«) durch den Einfall der Süd-

1 die übrigen

lichen in Kentucky ebenso verbürgt glaubten als ihre Herrschaft über ihren Landsmann, den Präsidenten Abraham Lincoln zu Washington.

An Abraham Lincoln,
Präsident der Vereinigten Staaten von Amerika

Sir,

wir wünschen dem amerikanischen Volk Glück zu Ihrer mit großer Majorität erfolgten Wiederwahl!

Wenn Widerstand gegen die Macht der Sklavenhalter die maßvolle Losung Ihrer ersten Wahl war, so ist Tod der Sklaverei! der triumphierende Schlachtruf Ihrer Wiederwahl.

Vom Anfang des amerikanischen Titanenkampfs an fühlten die Arbeiter Europas instinktmäßig, daß an dem Sternenbanner das Geschick ihrer Klasse hing. Der Kampf um die Territorien, welcher die furchtbar gewaltige Epopöe eröffnete, hatte er nicht zu entscheiden, ob der jungfräuliche Boden unermeßlicher Landstrecken der Arbeit des Einwanderers vermählt oder durch den Fuß des Sklaventreibers befleckt werden sollte?

Als die Oligarchie der 300000 Sklavenhalter zum erstenmal in den Annalen der Welt das Wort Sklaverei auf das Banner der bewaffneten Rebellion zu schreiben wagte; als auf dem selbigen Boden, dem kaum ein Jahrhundert vorher zuerst der Gedanke einer großen demokratischen Republik entsprungen war, von dem die erste Erklärung der Menschenrechte ausging und der erste Anstoß zu der europäischen Revolution des 18. Jahrhunderts gegeben wurde; als auf diesem selbigen Boden die Kontrerevolution mit systematischer Gründlichkeit sich rühmte, »die zur Zeit des Aufbaues der alten Verfassung herrschenden Ideen« umzustoßen, und »die Sklaverei als eine heilsame Einrichtung – ja als die einzige Lösung des großen Problems der Beziehungen der Arbeit zum Kapital hinstellte« und zynisch das Eigentumsrecht auf den Menschen als den »Eckstein des neuen Gebäudes«

proklamierte; da begriffen die Arbeiter Europas sofort, selbst noch ehe sie durch die fanatische Parteinahme der oberen Klassen für den Konföderiertenadel gewarnt worden, daß die Rebellion der Sklavenhalter die Sturmglocke zu einem allgemeinen Kreuzzug des Eigentums gegen die Arbeit läuten würde und daß für die Männer der Arbeit außer ihren Hoffnungen auf die Zukunft auch ihre vergangnen Eroberungen in diesem Riesenkampfe jenseits des Ozeans auf dem Spiele standen. Überall trugen sie darum geduldig die Leiden, welche die Baumwollenkrisis ihnen auferlegte, widersetzten sich voll Begeisterung der Intervention zugunsten der Sklaverei, welche die höheren und »gebildeten« Klassen mit solchem Eifer herbeizuführen suchten, und entrichteten aus den meisten Teilen Europas ihre Blutsteuer für die gute Sache.

Solange die Arbeiter, die wahren Träger der politischen Macht im Norden, es erlaubten, daß die Sklaverei ihre eigene Republik besudelte; solange sie es dem Neger gegenüber, der ohne seine Zustimmung einen Herrn hatte und verkauft wurde, als das höchste Vorrecht des weißen Arbeiters rühmten, daß er selbst sich verkaufen und seinen Herrn wählen könne – solange waren sie unfähig, die wahre Freiheit der Arbeit zu erringen oder ihre europäischen Brüder in ihrem Befreiungskampfe zu unterstützen. Dieses Hindernis des Fortschritts ist von dem roten Meere des Bürgerkrieges hinweggeschwemmt worden.

Die Arbeiter Europas sind von der Überzeugung durchdrungen, daß wie der amerikanische Unabhängigkeitskrieg eine neue Epoche der Machtentfaltung für die Mittelklasse einweihte, so der amerikanische Krieg gegen die Sklaverei eine neue Epoche der Machtentfaltung für die Arbeiterklasse einweihen wird. Sie betrachtet es als ein Wahrzeichen der kommenden Epoche, daß Abraham Lincoln, dem starksinnigen, eisernen Sohn der Arbeiterklasse, das Los zugefallen ist, sein Vaterland durch den beispiellosen Kampf für dieErlösung einer geknechteten Race und für die Umgestaltung der sozialen Welt hindurchzuführen.

Unterzeichnet im Namen der Internationalen Arbeiterassoziation vom Zentralrat:

Le Lubez, korrespondierender Sekretär für Frankreich;
F. Rybczinsky (Polen); *Emile Holtorp* (Polen); *J. B. Bocquet;
H. Jung,* korrespondierender Sekretär für die Schweiz; *Morisot;
George W. Wheeler; J. Denoual; P. Bordage; Le Roux; Tallan-
dier; Jourdain; Dupont; R. Gray; D. Lama; C. Setacci; F. Solustri;
P. Aldovrandi; D. G. Bagnagatti; G. P. Fontana,* korrespondie-
render Sekretär für Italien; *G. Lake; J. Buckley; G. Howell;
J. Osborne; J. D. Stainsby; J. Grossmith; G. Eccarius; Friedrich
Leßner; Wolff; K. Kaub; Heinrich Bolleter; Ludwig Otto; N. P.
Hansen* (Dänemark); *Carl Pfaender; Georg Lochner; Peter
Petersen; Karl Marx, korrespondierender Sekretär für Deutsch-
land; A. Dick; L. Wolf; J. Whitlock; J. Carter; W. Morgan;
William Dell; John Weston; Peter Fox; Robert Shaw; John M.
Longmaid; Robert Henry Side; William C. Worley; Blockmoor;
R. Hartwell; W. Pidgeon; B. Lucraft; J. Nieass*

       G. Odger, Präsident des Rats
       William R. Cremer, ehrenamtlicher Generalsekretär

Die revolutionäre Rolle der britischen Arbeiterklasse: ›Ein Londoner Arbeitermeeting‹

London, 28. Januar 1862

Die Arbeiterklasse, ein so vorwiegender Bestandteil in einer Gesellschaft, die seit Menschengedenken keinen *Bauernstand* mehr
besitzt, ist bekanntlich nicht im Parlament vertreten. Dennoch
ist sie nicht ohne politischen Einfluß. Keine bedeutende Neue-
rung, keine entscheidende Maßregel ist hierzulande je durchgeführt worden ohne pressure from without (Druck von außen),
sei es, daß die Opposition solcher pressure gegen die Regierung,
oder die Regierung der pressure gegen die Opposition bedurfte.
Unter pressure from without versteht der Engländer große, au-

ßerparlamentarische Volksdemonstrationen, die natürlich ohne lebhafte Mitwirkung der Arbeiterklasse nicht in Szene gesetzt werden können. *Pitt* verstand es, in seinem Antijakobinerkrieg die Massen gegen die Whigs zu gebrauchen. Die katholische Emanzipation, die Reformbill, die Abschaffung der Korngesetze, die Zehnstundenbill, der Krieg gegen Rußland, die Verwerfung von Palmerstons Verschwörungsbill, alle waren die Frucht stürmischer außerparlamentarischer Demonstrationen, worin die Arbeiterklasse bald künstlich gehetzt, bald spontan handelnd, nur als persona dramatis, nur als Chor, die Hauptrolle, oder – je nach Umständen – auch die Spektakelrolle spielte. Um so auffallender ist die Haltung der englischen Arbeiterklasse mit Bezug auf den Amerikanischen Bürgerkrieg.

Das Elend, welches die durch die Blockade der Sklavenstaaten *motivierte* Stillsetzung der Fabriken und Verkürzung der Arbeitszeit in den nördlichen Manufaktur-Distrikten unter den Arbeitern erzeugt hat, ist unglaublich und täglich im Wachsen begriffen. Die anderen Bestandteile der Arbeiterklasse leiden nicht in demselben Grade, aber sie leiden empfindlich unter der Rückwirkung der Krise der Baumwollindustrie auf die übrigen Industriezweige, unter der Verkürzung der Ausfuhr ihrer eigenen Produkte nach dem Norden Amerikas infolge des Morrill-Tarifs und der Vernichtung dieser Ausfuhr nach dem Süden infolge der Blockade. Englische Einmischung in Amerika ist daher in diesem Augenblicke zur Messer- und Gabelfrage für die arbeitende Klasse geworden. Dazu wird von seiten ihrer »natural superiors« (natürliche Vorgesetzte) kein Mittel verschmäht, um ihren Zorn gegen die Vereinigten Staaten zu entflammen. Das einzige noch existierende große und weitverbreitete Arbeiterorgan, *»Reynold's Newspaper«*, ist eigens gekauft, um seit sechs Monaten in tobenden Diatriben das Ceterum censeo der englischen Intervention wöchentlich zu wiederholen. Die Arbeiterklasse ist sich daher völlig bewußt, daß die Regierung nur auf den Interventionsschrei von unten lauert, die pressure from without, um der amerikanischen Blockade und dem englischen

Elend ein Ende zu machen. Unter diesen Umständen ist die Hartnäckigkeit bewundernswert, womit die Arbeiterklasse schweigt oder ihr Schweigen nur bricht, um ihre Stimme gegen die Intervention, *für* die Vereinigten Staaten zu erheben. Es ist dies ein neuer glänzender Beweis der unverwüstlichen Tüchtigkeit der englischen Volksmasse, jener Tüchtigkeit, die das Geheimnis der Größe Englands bildet, und die, um in der hyperbolischen Sprache Mazzinis zu reden, den gemeinen englischen Soldaten während des Krimkrieges und der indischen Insurrektion als einen Halbgott erscheinen ließ.

Zur Charakteristik der »Politik« der Arbeiterklasse diene folgender Bericht über ein großes *Arbeitermeeting*, das gestern in Marylebone, dem volksreichsten Distrikt Londons, stattfand:

Herr *Steadman*, der Vorsitzende, eröffnete das Meeting mit dem Bemerken, es handle sich um einen Entschluß über die *Empfangsnahme der Herren Mason und Slidell* seitens des englischen Volkes.

»Es sei zu erwägen, ob diese Gentlemen hergereist kämen, um die Sklaven von ihrer Kette zu befreien oder einen neuen Ring dieser Kette zuzuschmieden.«

Herr *Yates:*

»Die Arbeiterklasse darf bei der jetzigen Gelegenheit nicht schweigen. Die zwei Gentlemen, die über den Atlantischen Ozean unserem Lande zusegeln, sind die Agenten sklavenhaltender und tyrannischer Staaten. Sie befanden sich in offener Rebellion gegen die gesetzliche Konstitution ihres Landes und kommen her, um unsere Regierung zur Anerkennung der Unabhängigkeit der Sklavenstaaten zu bestimmen. Es ist die Pflicht der Arbeiterklasse, jetzt ihre Meinung auszusprechen, soll die englische Regierung nicht glauben, daß wir gleichgültig ihrer auswärtigen Politik zuschauen. Wir müssen zeigen, daß das von diesem Volke für Sklavenemanzipation verausgabte Geld nicht nutzlos vergeudet werden darf. Hätte unsere Regierung ehrlich gehandelt, so würde sie mit Herz und Seele die Nordstaaten in der Unterdrückung dieser furchtbaren Rebellion unterstützt haben.«

Nach einer ausführlichen Verteidigung der Nordstaaten und der Bemerkung, daß »Herrn Lovejoys heftige Tirade gegen England herausgefordert war durch die Schmähungen der englischen Presse«, stellte der Redner folgenden Antrag:

»Dieses Meeting beschließt, daß die Agenten der Rebellion, Mason und Slidell, jetzt auf der Reise von Amerika nach England, ganz und gar der moralischen Sympathien der Arbeiterklasse dieses Landes unwürdig sind, da sie sowohl Sklavenbesitzer sind als die eingestandenen Agenten der tyrannischen Fraktion, die in diesem Augenblicke gegen die amerikanische Republik rebelliert und die geschworne Feindin der sozialen und politischen Rechte der Arbeiterklasse in allen Ländern ist.«

Herr *Whynne* unterstützte den Antrag. Es verstehe sich übrigens von selbst, daß man jeden persönlichen Insult gegen Mason und Slidell während ihrer Anwesenheit in London vermeiden müsse.

Herr *Nichols*, ein Bewohner »*des äußersten Nordens* der Vereinigten Staaten«, wie er sich ankündigte, in der Tat als Advocatus Diaboli von Herren Yancey und Mann auf das Meting entsendet, protestierte gegen den Antrag.

»Ich bin hier, weil hier Redefreiheit herrscht. Bei uns zu Hause hat die Regierung seit drei Monaten keinem Menschen erlaubt, den Mund aufzutun. Die Freiheit ist nicht nur im Süden, sondern auch im Norden zermalmt worden. Der Krieg hat viele Feinde im Norden, aber sie wagen nicht zu sprechen. Nicht weniger als zweihundert Zeitungen sind unterdrückt oder vom Pöbel zerstört worden. Die Südstaaten haben dasselbe Recht, vom Norden zu sezedieren, das die Vereinigten Staaten hatten, von England abzufallen.«

Trotz der Beredsamkeit des Herrn Nichols ging der erste Antrag einstimmig durch. Er erhob sich nun von neuem: »Wenn sie Herrn Mason und Slidell vorwürfen, daß sie Sklavenhalter seien, so gelte dasselbe von Washington und Jefferson usw.«

Herr *Beales* widerlegte Nichols in einer ausführlichen Rede und stellte dann einen zweiten Antrag dahin:

»In Anbetracht der schlechtversteckten Anstrengungen der ›Times‹ und anderer irreleitender Journale, die englische öffentliche Meinung über alle amerikanischen Angelegenheiten falsch darzustellen, uns auf beliebige Vorwände hin in Krieg mit Millionen unserer Blutsverwandten zu verwickeln, die augenblicklichen Gefahren der Republik zur Verleumdung demokratischer Institutionen zu mißbrauchen, – betrachtet dieses Meeting als die ganz besondere Pflicht der Arbeiter, da sie im Senat der Nation nicht repräsentiert sind, ihre Sympathie mit den Vereinigten Staaten in ihrem gigantischen Kampf für die Aufrechterhaltung der Union auszusprechen, die schmähliche Unehrlichkeit und Sklavenhalterei-Advokatur der ›Times‹ und verwandter aristokratischer Journale zu denunzieren; den emphatischesten Ausdruck zugunsten der strengsten Nicht-Interventions-Politik in Angelegenheiten der Vereinigten Staaten zu geben, zugunsten der Schlichtung aller etwaigen Streitfälle durch von beiden Seiten ernannte Kommissäre oder Schiedsgerichte; die Kriegspolitik des Organs der Börsenschwindler zu denunzieren und die wärmste Sympathie an den Bestrebungen der Abolitionisten für eine schließliche Lösung der Sklavenfrage kundzugeben.«

Dieser Antrag wurde einstimmig angenommen sowie der schließliche Antrag, »vermittelst des Herrn Adams der amerikanischen Regierung eine Kopie der gefaßten Beschlüsse als des Ausdrucks der Gefühle und Meinungen der Arbeiterklasse Englands zukommen zu lassen«.

Ein Vortrag zur irischen Frage (16. 12. 1867)

Am 16. Dezember hielt Karl Marx eine Vorlesung im Londoner Arbeiterbildungsverein über die Zustände Irlands, aus welcher hervorgeht, daß alle Versuche, welche die englische Regierung in früheren Jahrhunderten gemacht, die irische Bevölkerung zu englisieren, fruchtlos waren. Die bis zur Zeit der Reformation eingewanderten Engländer, einschließlich der Aristokraten, wurden durch die irischen Weiber in Irländer verwandelt, und ihre Nachkommen kämpften gegen England. Die Grausamkeiten der Kriegführung gegen die Irländer unter der Königin Elisabeth, Vernichtung der Saaten, Versetzung der Bevölkerung aus einer Gegend in die andere, um Platz für englische Kolonisten zu finden, änderten nichts an der Sache. Zu jener Zeit erhielten gentlemen und merchant adventurers große Stücken Land unter der Bedingung, sie mit Engländern zu kolonisieren. Zur Zeit von Cromwell fochten die Nachkommen dieser Kolonisten mit den Iren gegen die Engländer. Cromwell verkaufte viele derselben als Sklaven nach Westindien. Unter der Restauration wurde Irland vielfach begünstigt. Unter Wilhelm III. kam eine Klasse an die Herrschaft, die nur Geld machen wollte, und um die Irländer zu zwingen, ihre Rohprodukte um jeden Preis an England zu verkaufen, wurde die Industrie Irlands unterdrückt. Mit Hülfe des protestantischen Strafgesetzes erhielten die neuen Aristokraten freies Spiel unter der Königin Anna. Das irische Parlament war ein Unterdrückungsmittel. Wer katholisch war, konnte kein öffentliches Amt bekleiden, konnte kein Landeigentümer sein, durfte kein Testament machen, konnte keine Erbschaft erheben; katholischer Bischof zu sein, war Hochverrat. Alles dieses waren Mittel, die Irländer ihres Landes zu berauben; dennoch ist mehr als die Hälfte der englischen Nachkommenschaft in Ulster katholisch geblieben. Das Volk wurde in die Arme der katholischen Geistlichkeit getrieben, sie erhielt dadurch ihre Macht. Alles, was der englischen Regierung gelungen, ist, eine Aristokratie in Irland zu pflanzen. Die von den Engländern erbauten Städte sind irisch geworden. Daher gibt es unter den Feniern so viele englische Namen.

Zur Zeit des amerikanischen Befreiungskriegs wurden die Zügel etwas nachgelassen. Weitere Konzessionen wurden zur Zeit der Französischen Revolution nötig. Irland erhob sich so rasch, daß seine Bewohner die Engländer zu überflügeln drohten. Die englische Regierung trieb sie zur Rebellion, und durch Bestechung erwirkte [sie] die Union. Durch die Union erhielt die wiederauflebende irische Industrie den Todesstoß. Meagher sagte bei einer Gelegenheit, alle irischen Industriezweige sind zerstört, nur das Fabrizieren von Särgen ist uns geblieben. Land zu haben wurde Lebensbedingung, die großen Grundeigentümer verpachteten ihre Ländereien an Spekulanten, es ging durch vier oder fünf Abstufungen von Pachtkontrakten, bis es an den Bauer kam, wodurch die Preise unverhältnismäßig hoch wurden. Die Ackerbaubevölkerung lebte von Kartoffeln und Wasser; Weizen oder Fleisch wurde nach England geschickt; die Rente wurde in London, in Paris und in Florenz verzehrt. Im Jahre 1836 wurden 7000000 Pfd.St. an abwesende Grundeigentümer ins Ausland geschickt. Mit den Produkten und der Rente wurde auch der Dünger exportiert, das Land wurde erschöpft. Partielle Hungersnot fiel häufig vor, aber durch die Kartoffelkrankheit von 1846 kam es zu einer allgemeinen Hungersnot. 1000000 Menschen verhungerten. Die Kartoffelkrankheit war eine Folge der Erschöpfung des Bodens, ein Produkt der englischen Herrschaft.

Durch die Abschaffung der Korngesetze verlor Irland das Monopol des englischen Markts, die alte Pacht konnte nicht länger bezahlt werden. Hohe Fleischpreise und der Bankrott der noch übriggebliebenen kleinen Grundeigentümer haben dazu beigetragen, daß die kleinen Bauern vertrieben und ihr Land in Schafweiden verwandelt wird. Seit 1860 sind über eine halbe Million Ackerland außer Bebauung gesetzt. Der Ertrag per Akker hat sich vermindert: Hafer 16 Prozent, Flachs 36 Prozent, Kartoffeln 50 Prozent. Jetzt wird nur Hafer für den englischen Markt gebaut, und Weizen wird eingeführt.

Mit der Erschöpfung des Bodens hat sich die Bevölkerung physisch verschlechtert. Die Lahmen, die Blinden, die Taubstummen und die Geisteskranken haben sich bei abnehmender Bevölkerung absolut vermehrt.

Über 1100000 Menschen sind durch 9600000 Schafe ersetzt worden. In Europa ist etwas Ähnliches unerhört. Die Russen ersetzen die transportierten Polen durch Russen, nicht durch Schafe. Nur unter den Mongolen in China wurde die Frage einst beraten, die Städte abzureißen, um Platz für Schafe zu machen.

Die irische Frage ist daher keine einfache Nationalitätsfrage, sondern eine Land- und Existenzfrage. Untergang oder Revolution ist das Losungswort; die Irländer sind alle überzeugt, daß, wenn etwas geschehen soll, so muß es schnell geschehen. Die Engländer sollten Trennung verlangen und den Irländern allein überlassen, die Frage des Grundeigentums zu lösen. Alles andere ist nutzlos. Geschieht es nicht bald, so wird die irische Emigration einen Krieg mit Amerika herbeiführen. Die Beherrschung Irlands ist heute das Pachteintreiben für die englische Aristokratie.

Die irische Frage und die englischen Arbeiter: Brief an Sigfried Meyer und August Vogt (9. 4. 1870)

Ich bin nach jahrelanger Beschäftigung mit der irischen Frage zu dem Resultat gekommen, daß der entscheidende Schlag gegen die herrschenden Klassen in England (und er ist entscheidend für die Arbeiterbewegung all over the world) *nicht in England*, sondern *nur in Irland* geführt werden kann.

Am 1. Januar 1870 erließ der Generalrat ein geheimes, in französischer Sprache von mir verfaßtes Rundschreiben – {für die Rückwirkung auf England sind nur die französischen, nicht die deutschen Blätter wichtig} – über das Verhältnis des irischen Nationalkampfs zur Emanzipation der Arbeiterklasse und daher über die Stellung, welche die Internationale Assoziation der irischen Frage gegenüber einzunehmen hat.

Ich gebe Euch hier nur ganz kurz die entscheidenden Punkte. Irland ist das bulwark[1] der *englischen Grundaristokratie*. Die Ausbeutung dieses Landes ist nicht nur eine Hauptquelle ihres materiellen Reichtums. Es ist ihre größte *moralische* Macht. Sie repräsentieren in fact die *Herrschaft Englands über Irland*. Ir-

1 Bollwerk

land ist daher das grand moyen[1], wodurch die englische Aristokratie ihre *Herrschaft in England* selbst erhält.

Andrerseits: Zieht morgen die englische Armee und Polizei aus Irland fort, und Ihr habt sofort an agrarian revolution[2] in Ireland. Der Sturz der englischen Aristokratie in Irland bedingt aber und hat notwendig zur Folge ihren Sturz in England. Damit wäre die Vorbedingung der proletarischen Revolution in England erfüllt. Weil in Irland die *Landfrage* bis jetzt die *ausschließliche Form* der sozialen Frage ist, weil sie eine Existenzfrage, eine *Frage von Leben oder Tod* für die immense Majorität des irischen Volks ist, weil sie zugleich unzertrennlich von der *nationalen* Frage ist, ist die Vernichtung der englischen Grundaristokratie in Irland eine unendlich leichtere Operation als in England selbst. Ganz abgesehn von dem leidenschaftlicheren und mehr revolutionären Charakter der Irländer als der Engländer.

Was die englische *Bourgeoisie* angeht, so hat sie d'abord[3] mit der englischen Aristokratie das Interesse gemein, Irland in ein bloßes Weideland zu verwandeln, welches for the English market Fleisch und Wolle zu den möglichst billigen Preisen liefert. Sie hat dasselbe Interesse, die irische Bevölkrung auf eine so geringe Zahl durch eviction[4] und zwangsweise Emigration zu reduzieren, daß *englisches Kapital* (Pachtkapital) mit »security« in diesem Land funktionieren kann. Sie hat dasselbe Interesse in clearing the estate of Ireland[5], welches sie in the clearing of the agricultural districts of[6] England und Scotland hatte. Die 6000–10 000 £ Absentee- und andrer irischen Revenuen, die jetzt jährlich nach London fließen, sind auch mitzunehmen.

Aber die englische Bourgeoisie hat noch viel wichtigere Interessen in der jetzigen irischen Wirtschaft. Irland liefert durch die

1 große Mittel
2 eine Agrarrevolution
3 zunächst
4 Besitzwegnahme
5 an der Lichtung der Güter in Irland
6 an der Lichtung der landwirtschaftlichen Bezirke von

beständig zunehmende Konzentration der Pachten beständig sein surplus für den englischen Labour market[1] und drückt dadurch wages[2] und materielle und moralische Position der English Working class herab.

Und das Wichtigste! Alle industriellen und kommerziellen Zentren Englands besitzen jetzt eine Arbeiterklasse, die in zwei *feindliche* Lager *gespalten* ist, englische proletarians und irische proletarians. Der gewöhnliche englische Arbeiter haßt den irischen Arbeiter als einen Konkurrenten, welcher den standard of life herabdrückt. Er fühlt sich ihm gegenüber als Glied der *herrschenden Nation* und macht sich eben deswegen zum Werkzeug seiner Aristokraten und Kapitalisten *gegen Irland*, befestigt damit deren Herrschaft *über sich selbst*. Er hegt religiöse, soziale und nationale Vorurteile gegen ihn. Er verhält sich ungefähr zu ihm wie die poor whites zu den niggers in den ehemaligen Sklavenstaaten der amerikanischen Union. Der Irländer pays him back with interest in his own money[3]. Er sieht zugleich in dem englischen Arbeiter den Mitschuldigen und das stupide Werkzeug der *englischen Herrschaft in Irland.*

Dieser Antagonismus wird künstlich wachgehalten und gesteigert durch die Presse, die Kanzel, die Witzblätter, kurz, alle den herrschenden Klassen zu Gebot stehenden Mittel. *Dieser Antagonismus* ist das *Geheimnis der Ohnmacht der englischen Arbeiterklasse,* trotz ihrer Organisation. Er ist das Geheimnis der Machterhaltung der Kapitalistenklasse. Letztre ist sich dessen völlig bewußt.

Das Übel hört hier nicht auf. Es wälzt sich über den Ozean fort. Der Antagonismus zwischen Engländern und Irländern ist die geheime Grundlage des Konflikts zwischen United States und England. Er macht jede ernste und aufrichtige Kooperation zwischen den Arbeiterklassen beider Länder unmöglich. Er er-

---

1 Arbeitsmarkt
2 Löhne
3 zahlt ihm mit gleicher Münze zurück

laubt den Regierungen beider Länder, sooft sie es für gut halten, dem sozialen Konflikt die Pointe abzubrechen durch ihr mutual bullying[1] und, in case of need[2], durch Krieg zwischen beiden Ländern.

England, als Metropole des Kapitals, als bis jetzt den Weltmarkt beherrschende Macht, ist einstweilen das wichtigste Land für die Arbeiterrevolution, dazu das *einzige* Land, wo die materiellen Bedingungen dieser Revolution bis zu einem gewissen Reifegrad entwickelt sind. Die soziale Revolution in England zu beschleunigen, daher der wichtigste Gegenstand der Internationalen Arbeiterassoziation. Das einzige Mittel sie zu beschleunigen, ist die Unabhängigkeitmachung Irlands. Daher Aufgabe der »International«, überall den Konflikt zwischen England und Irland in den Vordergrund zu stellen, überall für Irland offen Partei zu nehmen. Die spezielle Aufgabe des Zentralrats in London, das Bewußtsein in der englischen Arbeiterklasse wachzurufen, daß die *nationale Emanzipation Irlands für sie* keine question of abstract justice or humanitarian sentiment[3] ist, sondern *the first condition of their own social emancipation*[4].

Dies ungefähr sind die Hauptpunkte des Rundschreibens, welches dadurch zugleich die raisons d'étre[5] der Beschlüsse des Zentralrats über die irische Amnestie gab. Kurz nachher sandte ich einen anonymen heftigen Artikel über die englische Behandlung der Fenians etc. gegen Gladstone etc. in die »*Internationale*« (Organ unsres belgischen Zentralkomitees zu Brüssel). Ich klagte darin zugleich die French Republicans an – (die »*Marseillaise*« hatte von dem elenden Tallandier dahier dummes Zeug über Irland gedruckt) –, in ihrem nationalen Egoismus alle ihre colères[6] für das Empire zu sparen.

1 Aufhetzen
2 nötigenfalls
3 Frage des abstrakten Rechts oder menschenfreundlichen Gefühls
4 die erste Bedingung für ihre eigene soziale Befreiung
5 Begründung
6 Wut

Dies zog. Meine Tochter Jenny schrieb als J. Williams (sie nannte sich Jenny Williams im Privatbrief an die Redaktion) [eine] Reihe Artikel an die »*Marseillaise*«, publizierte u.a. den Brief von O'Donovan Rossa. Hence immense noise.[1] *Gladstone* nach vieljähriger zynischer Weigerung endlich *dadurch* gezwungen, *parlamentarische Enquête* über die Behandlung der Fenian prisoners[2] zu bewilligen. Sie ist jetzt regular correspondent on Irish affairs[3] für die »Marseillaise«. *(Dies natürlich ist Geheimnis unter uns.)* Todesärger der englischen Regierung und Presse, daß die irische Frage jetzt so in Frankreich am Ordre du jour[4] und daß diese Kanaillen nun auf dem ganzen Kontinent via Paris überwacht und bloßgelegt werden.

Andre Fliege mit derselben Klappe geschlagen. Wir haben die irischen Führer, Pressleute etc. in Dublin so gezwungen, mit uns in Verbindung zu treten, was dem *Generalrat* bis jetzt mißlungen war!

Ihr habt ein großes Feld in Amerika, um im selben Sinn zu arbeiten. *Koalition der deutschen Arbeiter mit den irischen* (natürlich auch den englischen und amerikanischen, die darauf eingehn wollen) ist das größte, was Ihr jetzt ins Werk setzen könnt. Dies muß im Namen der »Internationale« geschehn. Die soziale Bedeutung der irischen Frage muß klargelegt werden.

Nächstens einiges speziell über die englischen Arbeiterverhältnisse.

Salut et fraternité![5]

Karl Marx

---

1 Daher der ungeheure Lärm.
2 gefangenen Fenier
3 ordentlicher Korrespondent für irische Angelegenheiten
4 auf der Tagesordnung
5 Gruß und Brüderlichkeit!

[Polen, Preußen und Russland] (1863/64)

Die polnische Adelsdemokratie war in eine Anarchie ausgeartet, die nur noch den einen Kern besaß, das Privilegium einiger Oligarchen, Polen an den Meistbietenden zu verkaufen. Die oligarchische Anarchie war nur der politische Ausdruck des sozialen Verfalls Polens. Rußland selbst trieb die Polen zur Einsicht, daß innere Reform die Grundbedingung zur Wiedererlangung ihrer nationalen Unabhängigkeit. Rußland tat für die Polen, was nie ein Volk für das andre getan hat. Es sammelte alle auflösenden Elemente ihrer Konstitution, verquickte sie mit russischen Zusätzen, faßte sie in ein Kompendium zusammen und überschrieb dies Kompendium: *Polnische Konstitution*, garantiert Polen diese Konstitution für alle Lebzeiten. Rußland selbst proklamierte durch diese *Garantie* die zur Spitze getriebenen und russisch verquickten altpolnischen Verfassungsgebrechen als ebensoviel *Garantien des russischen Jochs.* Den Polen selbst erschien jetzt die ganze aus ihrem Verfall entwickelte Regierungsform als ihnen von Rußland zum Zweck seiner Herrschaft aufgedrungene Erfindung. »Polen«, heißt es in einer Schrift *Malachowskis*, des Reichsmarschalls, und *Ignaz Potockis* (nicht mit dem elenden Russenknecht *Felix Potocki* zu verwechseln), »Polen war notgedrungen, sich an eine *neue Konstitution* zu machen und zwar um so schleuniger, da wegen der in den Jahren 1768, 1773 und 1776 von Rußland aufgeworfenen Regierungsform *keinem einzigen Bedürfnisse der Nation* anders als durch Staatsumwälzung abgeholfen werden konnte. Polen mußte eine neue Konstitution gründen, um die *fremde* anarchische zu vernichten, die Rußland in den Jahren 1768 und 1773 aufgestellt hat und gleichwohl für uralt ausgibt.« So fiel für die Polen der nationale Kampf gegen Rußland zusammen mit dem Kampf gegen *die politische Verfassung*, den Ausdruck und die Sanktion ihrer sozialen Gebresten. Rußland protestierte natürlich sofort gegen einen Versuch, der sein Werk von dreiviertel Jahrhunderten bedrohte. Es berief sich auf sein

Recht als *Garant* der polnischen Verfassung. Gleichzeitig, von der erkauften Oligarchie unterstützt, bot es den Polen eine Offensiv- und Defensivallianz an, um sie in seinen Türkenkrieg zu verwickeln und die einen seiner Urfeinde mit den anderen zu schlagen. Der polnische Reichstag schlug nicht nur die Allianz mit Rußland ab, sondern zwang die moskovitische Armee, die seit 1709 mit nur kurzen Zwischenräumen in Polen kantoniert hatte, erst unter dem Vorwand, die sächsische Dynastie zu schützen, später, um sie auszuschließen, abzumarschieren. Er schuf eine neue Armee. Die alte, unter Einwirkung Peters I. reduzierte, hatte seit 1717 nie die Anzahl von 18000 Mann erreicht. Adel und Geistlichkeit verzichteten freiwillig auf das Privilegium der Steuerbefreiung. Die nichtuniierten Griechen, die unter der Hoheit der Petersburger Synode standen, wurden meisterhaft von Rußland abgelöst. Das Verfassungswerk schritt so rasch voran, daß am *3. Mai 1791* die neue Verfassung proklamiert werden konnte. Diese Verfassung beseitigte zunächst die politischen Privilegien, auf denen die Oligarchie in Polen beruhte. Sie verwandelte den Thron Polens aus einem Wahlthron in den Erbthron der sächsischen Dynastie. Sie hob das *liberum veto* auf, das jeden einzelnen polnischen Reichstagsabgeordneten befähigte, die Beschlüsse der Majorität aufzuheben, und daher der Stimme jedes einzelnen Oligarchen einen großen Marktpreis für das Ausland gab. Sie erhielt zwar die Privilegien des Adels, emanzipierte nicht die Bauern, sicherte ihnen aber gesetzlichen Schutz und bahnte den Weg zur Emanzipation durch freiwillige Übereinkunft der Bauern mit den Gutsbesitzern. Sie nahm die städtische Bevölkerung in den Kreis politischer Gleichberechtigung auf und sanktionierte die in Polen [notorische] Preßfreiheit und die erst durch östreichischen, dann russischen Einfluß verletzte Religionsfreiheit. Mit allen ihren Mängeln erscheint diese Konstitution mitten in der russisch-preußisch-östereichischen Barbarei als das einzige *Freiheitswerk*, das Osteuropa je selbständig aufgerichtet hat. Und sie ging ausschließlich »von der bevorrechteten Klasse«, dem

Adel, aus. Die Weltgeschichte bietet kein andres Beispiel von ähnlichen Adel des Adels.

Diese Konstitution schnitt tief genug in die Privilegien der Aristokratie, um sie zu offnem Verrat Polens an Rußland zu treiben, während sie zu oberflächlich war, um die große Masse – das Landvolk – zu einem Volkskrieg zu begeistern. Ehern das Gesetz in die Tafeln der Weltgeschichte eingeschrieben, daß keine Revolution innerhalb der von der herrschenden Klasse beliebten Schranken siegen kann. Dennoch konnte sich Polen von dieser Grundlage aus weiter entwickeln, wäre Rußland nicht unterstützt worden durch die Schilderhebung der polnischen Aristokratie, den Abfall von Katharinas fancyman, Stanislaus Poniatowski, den Rückzug Englands und – die *Niedertracht Preußens*.

Wir haben gesehn, wie der Hirschparkheilige, *Friedrich Wilhelm II.*, verfemt von Rußland und Östreich, in der Gunst der europäischen Verhältnisse und namentlich in der polnischen Resurrektion seinen Schutz fand. Unter Englands Beitrag schloß er sich in der Tat offiziell an die Türkei und Polen an, und obgleich seine von den russischen Parteigängern in Polen ausgebeuteten Gelüste auf Danzig Schwierigkeiten hervorriefen, machte er bonne mine au mauvais jeu. Stellen wir nun die Erklärungen, in denen er 1793 die zweite Teilung Polens mit Rußland vollzieht, zusammen mit seinen Erklärungen von 1778–1791.

Kaum hat der russische Gesandte Stackelberg Preußen den Plan einer russisch-polnischen Allianz eröffnet, als *Buchholtz* im Namen Preußens (12. Oktober 1788) bei dem polnischen Reichstag Protest einlegt. Das Projekt sei nur *gegen Preußen* gerichtet und bezwecke außerdem, Polen in den Krieg mit der Pforte zu verwickeln. Der Protest setzt die Gefahr einer solchen Allianz auseinander und droht mit Maßregeln gegen »Anschläge, die so schädlich für beide Parteien seien«. Rußlands Einfluß in Polen wird gebrandmarkt als »fremde Bedrückung«. Gegen die russischen Partisane ruft Friedrich Wilhelm II. »die *wahrhaften Patrioten* und *echten Bürger Polens* auf, sich mit ihm zu verbinden«. Er konzentrierte sogar eine preußische Armee an der Grenze, »die gleich bereit sein sollte, in die Länder der Republik einzuziehn, sobald die Polen«, wie damals der preußische Gesandte sich ausdrückte, »von *Rußland berückt,* ihr Heil hartnäckig von sich stießen und *das russische Joch der Freiheit und den großmütigen Anerbietungen des preußischen Königs* vorzögen«.

Derselbe Elende, in *der Deklaration vom 16. Januar 1793,* beim Einmarsch der Preußen in Großpolen, nennt die alten Anschläge Rußlands *»heilsame Absichten«,* schimpft den Widerstand des Reichstags gegen Rußland »ein *hartnäckiges Erfrechen der vermeinten patriotischen Partei«* und denunziert »die wahrhaften Patrioten und echten Bürger Polens« als *»polnische Meutemacher«.*

Als der polnische Reichstag, Rußlands Protest zum Trotz, das Kriegsdepartament, einen Bestandteil des von Rußland oktroyierten permanenten Rats, abschafft und damit die Beseitigung der von Rußland oktroyierten und garantierten Konstitution einleitet, erklärt Friedrich Wilhelm II. in einer Deklaration an den Reichstag vom 19. November 1788 die russische Garantie für *»ungültig«.* »Keine einzige vorhergegangene und Partikulargarantie«, schreibt er, »kann die Verbesserung der Regierungsform hindern.« Sobald der Reichstag mit dem Verfassungswerke vorgeht, erklärt der italienische Lotterbube *Lucchesini,* der preußische Gesandte in Warschau, im Namen Friedrich Wilhelm II., daß er »in der Errichtung einer vollkommnen inneren Regierungsverfassung Polens, die es seiner politischen Existenz gewiß mache, mehr politischen Nutzen wahrnehme als selbst in der Zahl eines Heers von 300000 Mann, bei einer Verfassung, die das Land immerwährenden Revolutionen und Veränderungen aussetzen könnte«. Die Deputation für Reichsverfassung teilt von nun an dem preußischen und englischen Gesandten alle ihre Arbeiten mit. Als endlich die Preußen zuvor mitgeteilte neue Konstitution vom 3. Mai 1791 zustande kam, überreichte der preußische Gesandte dem Reichstag durch die Deputation der auswärtigen Angelegenheiten einen eigenhändigen Brief des Preußenkönigs. *Friedrich Wilhelm II.* schreibt u.a.: »Zufolge der herzlichsten Zuneigung, mit der ich der Wohlfahrt und der *Gründung ihrer neuen Konstitution stets ergeben war ... genehmige* und *preise* ich den *mächtigen Schritt*, den sich die Nation zu tun vorgenommen hat und *den ich als wesentlich zur Gründung ihres Glücks betrachte.*«

Derselbe Elende, sobald Rußland wegen der »*slavischen* Konstitution« von 1791 und zur »Herstellung der republikanischen Freiheit« Polen den Krieg erklärt, erklärt seinerseits mündlich durch Lucchesini, »daß Seine Majestät der König von Preußen *an der Konstitution vom 3. Mai nie den geringsten Anteil gehabt haben;* und sollte die Partei der Patrioten sie mit gewaffneter Hand verteidigen wollen, so hält sich der König von Preußen zur Hilfe nicht verbunden«. Lucchesini, als italienischer Harlekin, konnte sich bei dieser Gelegenheit (4. Mai 1792) den Jux nicht versagen hinzuzufügen, dies sei »*ein neuer Beweis von der bekannten Redlichkeit des Königs von Preußen*«. Friedrich Wilhelm II. selbst schreibt eigenhändig an den *König von Polen* (8. Juni 1792): »Ich betrachte mit ruhigem Auge die polnische Konstitution, die die Republik sich *ohne mein Wissen* (à mon insu) und *ohne meine Mitwirkung* (sans ma concurrence) gegeben hat. Ich habe *nie daran gedacht*, sie zu unterstützen oder zu protegieren.« In der Tat hatte er »*niemals daran gedacht*« (trotz den gegenteiligen Behauptungen des königlich-preußischen Geschichtsfälschers und Fortschrittsmanns *von Sybel*), den Polen sein Wort zu halten.

Friedrich Wilhelm II. hatte es nicht bei Aufhetzungen der Polen gegen Rußland, Ermunterungen für das Verfassungswerk und Versprechungen für Polen bewenden lassen. Er hatte den Polen statt der Allianz mit Rußland eine *Allianz mit Preußen* angetragen. Als das Zustandekommen dieser Allianz durch seine Danziggelüste bedroht schien, erklärte er in einem eigenhändigen Brief an den polnischen Reichstag, daß »ich« (Friedrich Wilhelm II.) »sie« (die Republik) »nicht verlassen werde: sie kann sich auf *meinen Charakter*, auf *meine Denkart* und endlich darauf verlassen, *daß ich weiß, worin mein eigentliches und wesentliches Interesse bestehe*«. Am 29. *März 1790* schloß er in der Tat ein *Defensivbündnis mit Polen*, dessen Artikel VI., direkt gegen Rußland gerichtet, folgendermaßen lautet:

»Wenn irgendeine auswärtige Macht aus irgendeinem Beweggrunde … sich das Recht anmaßen sollte, *sich in die inneren Angelegenheiten der Republik Polen* und was dazu gehört, *zu mischen*, so werden Ihro Majestät der König von Preußen zuerst die allerwirksamsten bona officia (guten Dienste) verwenden … Wofern aber solche bona officia ohne Wirkung bleiben und aus gedachter Veranlassung unfreundliche Auftritte für Polen erfolgen sollten, so erkennen Ihro Majestät der König von Preußen einen solchen Fall als in dem Bündnis begriffen und werden die Republik zu unterstützen nicht unterlassen, zufolge des vierten Artikels dieses Vertrags.«

Dieser Artikel der preußisch-polnischen Allianz sah also einen russischen Krieg auf Grund der Verfassungsumwälzung in Polen vor und bezeichnete einen solchen Krieg ausdrücklich als einen Fall, worin Preußen bewaffnete Hilfe zu leisten verpflichtet war. Bevor das gefürchtete Ereignis eintrat, suchte Preußen jeden Verdacht Polens abzuwälzen. Nach der Reichenbacher Konvention zwischen Preußen und Östreich waren in Polen Gerüchte über einen preußisch-östreichischen Teilungsvertrag aufgetaucht. *Friedrich Wilhelm II.* schrieb an den polnischen Reichstag den *23. März 1791*: »Ich kann Ihnen meine Verwunderung nicht genug zu erkennen geben, daß ein solches Gerücht hat nach Polen kommen können und noch mehr, daß es, da es mir Ansichten von[1]

---

1 Mit diesen Worten bricht das Manuskript ab.

Proklamation des Deutschen Bildungsvereins für Arbeiter in London über Polen

Oktober 1863

Der *Londoner Deutsche Arbeiter-Bildungsverein* hat im Einverständnis mit einem Agenten der polnischen Nationalregierung das unterzeichnete Komitee beauftragt, eine Geldsammlung für Polen unter den deutschen Arbeitern in England, Deutschland, der Schweiz und den Vereinigten Staaten zu veranstalten. Wenn auf diesem Wege den Polen nur wenig materielle, kann ihnen große moralische Hülfe geleistet werden.

Die polnische Frage ist die deutsche Frage. Ohne ein unabhängiges Polen kein unabhängiges und einiges Deutschland; keine Emanzipation Deutschlands von der russischen Oberherrschaft, die mit der ersten Teilung Polens begann. Die deutsche Aristokratie hat schon längst den Zaren als geheimen Ober-Landesvater anerkannt. Die deutsche Bourgeoisie sieht stumm, tatlos und gleichgültig dem Abschlachten des Heldenvolkes zu, das Deutschland allein noch vor der muskovitischen Sündflut beschützt. Ein Teil der Bourgeoisie begreift die Gefahr, opfert aber bereitwillig das deutsche Interesse dem Interesse deutscher Sonderstaaten, deren Fortbestand durch die Zerstückelung Deutschlands und die Erhaltung der russischen Hegemonie bedingt ist. Ein anderer Teil der Bourgeoisie betrachtet die Autokratie im Osten ganz wie die Herrschaft des Staatsstreichs im Westen, als notwendige Stütze der *Ordnung*. Ein dritter Teil endlich ist so ganz und gar vom wichtigen Geschäft des Geldmachens unterjocht, daß er das Verständnis und den Blick für große geschichtliche Verhältnisse völlig eingebüßt hat. Durch ihre laute Demonstration für Polen zwang die deutsche Bürgerschaft von 1831 und 1832 wenigstens den Bundestag zu Gewaltschritten. Heutzutage findet Polen seine eifrigsten Widersacher, Rußland also seine nützlichsten Werkzeuge, unter den liberalen Koryphäen des sogenannten *Nationalvereins*. Jeder mag für sich selbst entscheiden, wie weit dies liberale Russentum zusammenhängt mit der *preußischen Spitze.*

Lauten Protest gegen den deutschen Verrat an Polen, der zugleich ein Verrat an Deutschland und Europa ist, schuldet die deutsche Arbeiterklasse in diesem verhängnisvollen Augenblick den Polen, dem Auslande und ihrer eignen Ehre. *Wiederherstellung Polens* muß sie in Flammenzügen auf ihre Fahne schreiben, nachdem der bürgerliche Liberalismus diese glorreiche Parole von seiner Fahne weggestrichen hat. Die englische Arbeiterklasse hat dadurch unsterbliche geschichtliche Ehre geerntet, daß sie den wiederholten Versuch der herrschenden Klassen zur Intervention für die amerikanischen Sklavenhalter durch enthusiastische Massenmeetings niederschlug, obgleich die Fortdauer des Amerikanischen Bürgerkriegs einer Million englischer Arbeiter die furchtbarsten Leiden und Entsagungen aufbürdet.

Wenn polizeiliche Zustände der Arbeiterklasse in Deutschland Demonstrationen solchen Umfangs für Polen untersagen, zwingen sie dieselbe doch keinesfalls, durch Teilnahmlosigkeit und Verstummen sich als Mitschuldige des Verrats in den Augen aller Welt zu brandmarken.

Das unterzeichnete Komitee bittet Geldsendungen an Herrn *Bolleter,* den Inhaber des Vereinslokals, No. 2, Nassau Street, Soho, London, einzusenden. Die Verwendung des Geldes geschieht unter Kontrolle des Vereins, und wird darüber, sobald es der Zweck dieser Sammlung erlaubt, öffentlich Rechenschaft abgelegt werden.

Bolleter, Berger, Eccarius, Krüger,
Leßner, Limburg, Linden, Matzrath,
Tatschky, Toups, Wolff

Zerstörung der Natur: Brief an Friedrich Engels
(25. 3. 1868)

[London] 25. März 1868

Dear Fred,

Ich wollte Dir gestern vom Museum schreiben, aber ich wurde plötzlich so überaus unwohl, daß ich das sehr interessante Buch, das ich in der Hand hatte, zuschlagen mußte. Es kam mir wie ein schwarzer Flor über die Augen. Dabei furchtbarstes Kopfweh und Brustbeklemmung. Ich strolchte also nach Haus. Die Luft und das Licht taten mir wohl, und zu Haus schlief ich for some time. Mein Zustand ist derart, daß ich eigentlich alles Arbeiten und Denken für some time aufgeben müßte; aber das *würde mir schwer, selbst wenn ich die Mittel zum Strolchen hätte.*

Ad vocem Maurer: Seine Bücher sind außerordentlich bedeutend. Nicht nur die Urzeit, sondern die ganze spätere Entwicklung der freien Reichsstädte, der Immunität besitzenden Gutsbesitzer, der öffentlichen Gewalt, des Kampfs zwischen freiem Bauerntum und Leibeigenschaft erhält eine ganz neue Gestalt.

Es geht in der Menschengeschichte wie in der Paläontologie. Sachen, die vor der Nase liegen, werden prinzipiell, durch a certain judicial blindness, selbst von den bedeutendsten Köpfen nicht gesehn. Später, wenn die Zeit angebrochen, wundert man sich, daß das Nichtgesehne allüberall noch seine Spuren zeigt. Die erste Reaktion gegen die französische Revolution und das damit verbundne Aufklärertum war natürlich alles mittelaltrig, romantisch zu sehn, und selbst Leute wie Grimm sind nicht frei davon. Die 2. Reaktion ist – und sie entspricht der sozialistischen Richtung, obgleich jene Gelehrten keine Ahnung haben, daß sie damit zusammenhängen – über das Mittelalter hinaus in die Urzeit jeden Volks zu sehn. Da sind sie dann überrascht, im Ältesten das Neuste zu finden, und sogar Egalitarians to a degree, wovor Proudhon schaudern würde.

Wie sehr wir alle in dieser judicial blindness befangen: Direkt in *meiner* Gegend, auf dem *Hunsrücken*, hat das altdeutsche System bis in die *letzten* Jahre fortgedauert. Ich erinnere mich jetzt, daß mein Vater *als Advokat* mir davon sprach! Andrer Beweis: Wie die Geologen gewisse faits, selbst die besten, wie Cuvier, ganz verkehrt ausgelegt, so *übersetzten* Philologen von der force eines Grimm die einfachsten lateinischen Sätze falsch, weil von Möser etc. (der, ich erinnre mich, entzückt, daß bei den Deutschen die »Freiheit« nie existierte, wohl aber »Luft macht eigen«) beherrscht. Z. B. die bekannte Stelle bei Tacitus: »*arva per annos* mutant, et *superest ager*«, was heißt: sie wechseln (durch Los, daher auch *sortes* in allen Leges Barbarorum später) die Felder (arva), und es bleibt Gemeindeland (ager im Gegensatz von arva als ager publicus) übrig, übersetzt Grimm etc.: sie bauen jedes Jahr neue Äcker, und es bleibt immer noch (unbebautes) Land übrig!

Ebenso die Stelle: »Colunt *discreti ac diversi*«[1] sollte beweisen, daß die Deutschen von jeher als westfälische Junker auf Einzelhöfen wirtschafteten. Aber in *derselben* Stelle heißt es weiter: »*Vicos locant* non in nostrum morem *connexis* et *cohaerentibus aedificiis:* suum quisque locum *spatio circumdat*«[2], und solche germanische Urdörfer in der beschriebnen Form existieren noch hier und da in Dänemark. Skandinavien mußte natürlich für deutsche Jurisprudenz und Ökonomie so wichtig werden wie für deutsche Mythologie. Und von da ausgehend konnten wir erst wieder unsre Vergangenheit entziffern. Übrigens fanden ja selbst Grimm etc. bei Cäsar, daß die Deutschen sich immer als Geschlechtsgenossenschaften, nicht als Einzelne ansiedelten: »gentibus cognationibusque, qui uno coiereant«[3].

Was würde aber old Hegel sagen, wenn er erführe jenseits, daß das *Allgemeine* im Deutschen und Nordischen nichts bedeutet als das Gemeinland, und das *Sundre, Besondre*, nichts als das aus dem Gemeindeland ausgeschiedne Sondereigen? Da gehn denn

---

1 »Sie bebauen *einzeln und voneinander getrennt*«
2 »*Dörfer legen sie* nicht in unserer Weise, mit *zusammenhängenden* und *aneinander anschließenden Gebäuden an:* jeder *umgibt seinen Platz mit einem freien Raum*«
3 »nach Geschlechtern und Sippen, die sich zusammen niederließen«

doch verflucht die logischen Kategorien aus »unsrem Verkehr« hervor.

Sehr interessant ist von Fraas (1847): »*Klima und Pflanzenwelt in der Zeit, eine Geschichte beider*«, nämlich zum Nachweis, daß in *historischer* Zeit Klima und Flora wechseln. Er ist vor Darwin Darwinist und läßt die *Arten* selbst in der historischen Zeit entstehn. Aber zugleich Agronom. Er behauptet, daß mit der Kultur – entsprechend ihrem Grad – die von den Bauern sosehr geliebte »Feuchtigkeit« verlorengeht (daher auch die Pflanzen von Süden nach Norden wandern) und endlich Steppenbildung eintritt. Die erste Wirkung der Kultur nützlich, schließlich verödend durch Entholzung etc. Dieser Mann ist ebensosehr grundgelehrter Philolog (er hat *griechische* Bücher geschrieben) als Chemiker, Agronom etc. Das Fazit ist, daß die Kultur – wenn naturwüchsig vorschreitend und nicht *bewußt beherrscht* (dazu kommt er natürlich als Bürger nicht) – Wüsten hinter sich zurückläßt, Persien, Mesopotamien etc., Griechenland. Also auch wieder sozialistische Tendenz unbewußt!

Auch dieser Fraas ist interessant für das Deutschtum. Erst Dr. med., dann Inspektor und Lehrer der Chemie und Technologie. Jetzt Chef des bairischen Veterinärwesens, Universitätsprofessor, Chef der agronomischen Staatsexperimente etc. In seinen letzten Sachen sieht man das hohe Alter, aber immer noch flotter Bursche. Viel sich in Griechenland, Kleinasien, Ägypten herumgetrieben! Auch seine Geschichte der Agrikultur wichtig. Fourier nennt er diesen »frommen und humanistischen Sozialisten«. Von den Albanesen etc. »jede Art affenschänderischer Un- und Notzucht«.

Nötig, das Neue und Neuste über Agrikultur genau anzusehn. Die *physikalische* Schule steht der *chemischen* gegenüber.

Vergiß nicht, mir den Brief des Kugelmannschen Fabrikanten rückzuschicken.

Freue mich auf nichts mehr, als Dich hier zu sehn.

Dein
K. M.

Über die Nationalisierung des Grund und Bodens

Das Eigentum an Grund und Boden ..., diese ursprüngliche Quelle allen Reichtums, ist das große Problem geworden, von dessen Lösung die Zukunft der Arbeiterklasse abhängt.

Ohne hier alle Argumente diskutieren zu wollen, die von den Verteidigern des Privateigentums an Grund und Boden – Juristen, Philosophen und politischen Ökonomen – vorgebracht werden, werden wir zunächst nur feststellen, daß sie das *ursprüngliche Faktum* der Eroberung unter dem Mantel des »Naturrechts« verbergen. Wenn die Eroberung ein Naturrecht der wenigen schuf, dann brauchen die vielen nur genügend Kraft zu sammeln, um das Naturrecht auf Rückeroberung dessen zu erlangen, was ihnen genommen worden ist.

Im Verlauf der Geschichte versuchen die Eroberer vermittels der von ihnen selbst erlassenen Gesetze, ihrem ursprünglich der Gewalt entstammenden Besitzrecht eine gewisse gesellschaftliche Bestätigung zu geben. Zum Schluß kommt der Philosoph und erklärt, diese Gesetze besäßen die allgemeine Zustimmung der Gesellschaft. Gründete sich das Privateigentum an Grund und Boden tatsächlich auf solch eine allgemeine Zustimmung, so wäre es offensichtlich in dem Augenblick aufgehoben, wo es von der Mehrheit einer Gesellschaft nicht mehr anerkannt wird.

Lassen wir indessen die sogenannten »Rechte« des Eigentums beiseite, so stellen wir fest, daß die ökonomische Entwicklung der Gesellschaft, das Wachstum und die Konzentration der Bevölkerung, die Notwendigkeit der kollektiven und organisierten Arbeit sowie die Maschinerie und andere Erfindungen für die Landwirtschaft, die Nationalisierung des Grund und Bodens zu einer *»gesellschaftlichen Notwendigkeit«* machen, wogegen kein Gerede über Eigentumsrechte aufkommen kann.

Ändrungen, die von einer gesellschaftlichen Notwendigkeit diktiert werden, bahnen sich früher oder später ihren Weg; wenn sie zu einem dringenden Bedürfnis der Gesellschaft geworden sind, müssen sie befriedigt werden, und die Gesetzgebung wird immer gezwungen sein, sich ihnen anzupassen.

Was wir brauchen, ist eine tägliche Steigerung der Produktion, deren Erfordernisse nicht befriedigt werden können, wenn es einigen wenigen Individuen erlaubt ist, sie nach ihren Launen und privaten Interessen zu regeln oder aus Unwissenheit die Kräfte des Bodens zu erschöpfen. Sämtliche modernen Methoden wie Bewässerung, Entwässerung, Anwendung des Dampfpflugs, chemische Bearbeitung etc. müßten endlich in der Landwirtschaft Eingang finden. Aber die wissenschaftlichen Kenntnisse, die wir besitzen, und die technischen Mittel der Landbearbeitung, die wir beherrschen, wie Maschinerie etc., können wir nie erfolgreich anwenden, wenn wir nicht einen Teil des Bodens in großem Maßstab bearbeiten.

Wenn die Bearbeitung des Bodens in großem Maßstab – sogar in seiner jetzigen kapitalistischen Form, die den Produzenten zum bloßen Arbeitstier herabwürdigt – zu Ergebnissen führt, die denen der Bearbeitung kleiner und zersplitterter Flächen weit überlegen sind, würde sie dann nicht, in nationalem Maßstab angewendet, der Produktion zweifellos einen ungeheuren Impuls geben? Die ständig wachsenden Bedürfnisse der Bevölkerung einerseits, das dauernde Steigen der Preise landwirtschaftlicher Erzeugnisse andererseits liefern den unbestreitbaren Beweis, daß die Nationalisierung des Grund und Bodens zu einer »gesellschaftlichen Notwendigkeit« geworden ist.

Der Rückgang der landwirtschaftlichen Produktion, der seine Ursache im individuellen Mißbrauch hat, wird unmöglich, sobald die Bodenbearbeitung unter der Kontrolle, auf Kosten und zum Nutzen der Nation durchgeführt wird.

Es ist oft auf Frankreich hingewiesen worden, aber mit seinen *bäuerlichen Eigentumsverhältnissen* ist es weiter von der Nationalisierung des Grund und Bodens entfernt als England mit seiner Großgrundbesitzerwirtschaft. In Frankreich ist zwar der Grund und Boden allen zugänglich, die ihn kaufen können, aber gerade diese Möglichkeit führte zur Aufteilung des Grund und

Bodens in kleine Parzellen, die von Menschen bearbeitet werden, welche nur über spärliche Mittel verfügen und vornehmlich auf ihre eigene körperliche Arbeit und die ihrer Familien angewiesen sind. Diese Form des Grundeigentums mit seiner Bearbeitung zersplitterter Flächen schließt nicht nur jede Anwendung moderner landwirtschaftlicher Verbesserungen aus, sondern macht zugleich den Landmann selbst zum entschiedensten Feind jeden gesellschaftlichen Fortschritts und vor allem der Nationalisierung des Grund und Bodens.

Gefesselt an den Boden, an den er alle seine Lebenskraft wenden muß, um einen verhältnismäßig kleinen Ertrag zu erzielen; gezwungen, den größeren Teil seiner Erzeugnisse in Form von Steuern dem Staat, in Form von Gerichtskosten dem Juristenklüngel und in Form von Zinsen dem Wucherer abzutreten; in völliger Unkenntnis der gesellschaftlichen Bewegung außerhalb seines engen Tätigkeitsfeldes – hängt er trotzdem mit blinder Liebe an seinem Stückchen Erde und seinem bloß nominellen Besitzrecht. Dadurch ist der französische Bauer in einen höchst verhängnisvollen Gegensatz zur Industriearbeiterklasse gedrängt worden. Eben weil die bäuerlichen Eigentumsverhältnisse das größte Hindernis für die »Nationalisierung des Grund und Bodens« sind, ist Frankreich in seinem jetzigen Zustand gewiß nicht der Ort, wo wir eine Lösung dieses großen Problems suchen müssen.

Die Nationalisierung des Bodens und seine Verpachtung in kleinen Parzellen an Einzelpersonen oder an Arbeitergenossenschaften würde unter einer bürgerlichen Regierung nur eine rücksichtslose Konkurrenz unter ihnen auslösen und eine gewisse Steigerung der »Rente« mit sich bringen und dadurch den Aneignern neue Möglichkeiten bieten, auf Kosten der Produzenten zu leben.

Auf dem Internationalen Kongreß in Brüssel 1868 sagte einer meiner Freunde:

»Das kleine Privateigentum hat der Urteilsspruch der Wissenschaft zum Untergang verdammt, das große die Gerechtigkeit. Es bleibt also nur eine Alternative. Der Boden muß entweder das Eigentum von landwirtschaftlichen Assoziationen werden oder das Eigentum der gesamten Nation. Die Zukunft wird diese Frage entscheiden.«

Ich hingegen sage: Die Zukunft wird entscheiden, daß der Boden nur nationales Eigentum sein kann. Das Land an assoziierte Landarbeiter zu übergeben, würde heißen, die ganze Gesellschaft einer besonderen Klasse von Produzenten auszuliefern. Die Nationalisierung des Grund und Bodens wird eine vollkommene Änderung in den Beziehungen zwischen Arbeit und Kapital mit sich bringen und schließlich die gesamte kapitalistische Produktion beseitigen, sowohl in der Industrie wie in der Landwirtschaft. Nur dann werden die Klassenunterschiede und Privilegien verschwinden, zusammen mit der ökonomischen Basis, der sie entspringen, und die Gesellschaft wird in eine Assoziation freier »Produzenten« verwandelt werden. Von anderer Leute Arbeit zu leben wird eine Angelegenheit der Vergangenheit sein! Dann wird es weder eine Regierung noch einen Staat geben, die im Gegensatz zur Gesellschaft selbst stehen!

Landwirtschaft, Bergbau, Industrie, mit einem Wort alle Zweige der Produktion werden allmählich auf die nutzbringendste Art organisiert werden. *Die nationale Zentralisation der Produktionsmittel* wird die natürliche Basis einer Gesellschaft werden, die sich aus Assoziationen freier und gleichgestellter, nach einem gemeinsamen und rationellen Plan bewußt tätiger Produzenten zusammensetzt. Das ist das Ziel, welchem die große ökonomische Bewegung des 19. Jahrhunderts zustrebt.

Die Preß- und Redefreiheit in Deutschland

[An den Redakteur der »Daily News«]

Sir,

Als Bismarck die französische Regierung beschuldigte, »die freie Meinungsäußerung von Presse und Volksvertretern in Frankreich unmöglich gemacht zu haben«, hatte er offenbar lediglich die Absicht, einen Berliner Witz zu reißen. Wenn Sie die »wahre« öffentliche Meinung in Frankreich kennenlernen wollen, dann wenden Sie sich bitte an Herrn Stieber, den Herausgeber des Versailler »Moniteur« und notorischen preußischen Polizeispitzel!

Auf Bismarcks ausdrücklichen Befehl sind die Herren Bebel und Liebknecht unter dem Vorwand einer Anklage wegen Hochverrats einfach darum verhaftet worden, weil sie es gewagt hatten, ihre Pflichten als deutsche Volksvertreter zu erfüllen, das heißt im Reichstag gegen die Annexion von Elsaß und Lothringen zu protestieren, gegen neue Kriegskredite zu stimmen, ihre Sympathie für die Französische Republik auszudrücken und den Versuch der Verwandlung Deutschlands in eine einzige preußische Kaserne zu verurteilen. Für die Äußerung derselben Ansichten sind die Mitglieder des Braunschweiger Ausschusses der Sozialdemokratischen Arbeiterpartei seit Anfang September vorigen Jahres wie Galeerensträflinge behandelt worden und müssen noch jetzt eine Justizkomödie unter der Anklage des Hochverrats über sich ergehen lassen. Das gleiche Schicksal hat zahlreiche Arbeiter ereilt, die das Braunschweiger Manifest propagierten. Unter ähnlichen Vorwänden wird Herr Hepner, der zweite Redakteur des Leipziger »Volksstaats«, wegen Hochverrats verfolgt. Die wenigen außerhalb Preußens erscheinenden unabhängigen deutschen Zeitungen dürfen in das Herrschaftsgebiet der Hohenzollern nicht eingeführt werden. In Deutschland werden täglich Arbeiterversammlungen für einen ehrenhaften Frieden mit Frankreich von der Polizei auseinandergejagt. Nach der offiziellen preußischen Doktrin, wie sie in naiver Weise von General Vogel von Falckenstein dargelegt wurde, ist jeder Deutsche, »der versucht, den voraussichtlichen Zielen der preußischen Kriegführung in Frankreich zuwiderzuhandeln«, des Hochvrats schuldig. Wenn die Herren Gambetta und Co. gleich den Hohenzollern gezwungen wäre, die öffentliche Meinung mit Gewalt zu unterdrücken, brauchten sie nur die preußische Methode anzuwenden und unter dem Vorwand des Krieges über ganz Frankreich den Belagerungszustand zu verhängen. Die einzigen französischen Soldaten, die sich auf deutschem Boden befinden, schmachten in preußischen Kerkern. Dennoch fühlt sich die preußische Regierung bemäßigt, rigoros den Berlagerungszustand beizubehalten, das heißt die roheste und empörendste Form des Militärdespotismus und die Aufhebung aller Gesetze. Der Boden Frankreichs ist von fast einer Million deutscher Eindringlinge heimgesucht. Trotzdem kann die französische Regierung unbesorgt auf jene preußische Methode, »die freie Meinungsäußerung zu ermöglichen«, verzichten. Vergleichen Sie die beiden Bilder! Deutschland hat sich jedoch als ein zu enges Feld für Bismarcks allumfassende Liebe zur unabhängigen Meinungsäußerung erwiesen. Als die Luxemburger ihren Sympathien für Frankreich Ausdruck gaben, machte Bismarck diese Gefühlsäußerung zu einem seiner Vorwände für die Kündigung des Londoner Neutralitätsvertrages. Als die belgische Presse eine ähnliche Sünde beging, forderte der preußische Botschafter in Brüssel, Herr von Balan, die belgische Regierung auf, nicht nur alle antipreußischen Zeitungsartikel, sondern sogar das Drucken bloßer Nachrichten zu verbieten, die darauf berechnet waren, den Franzosen in ihrem Unabhängigkeitskrieg Mut zuzusprechen. Fürwahr eine sehr bescheidene Forderung, die belgische Verfassung »pour le roi de Prusse«[1] aufzuheben! Kaum hatten einige Stockholmer Zeitungen es sich erlaubt, ein paar harmlose Witze über die notorische »Frömmelei« Wilhelm Annexanders zu machen, als sich Bismarck mit

1 dem preußischen König zuliebe

grimmigen Sendschreiben auf das schwedische Kabinett stürzte. Sogar am Längengrad von St. Petersburg brachte er es fertig, eine allzu zügellose Presse zu erspähen. Auf seine ganz ergebene Bitte wurden die Redakteure der wichtigsten Petersburger Zeitungen vorden Chefzensor geladen, der ihnen befahl, sich aller kritischen Bemerkungen über den treuen borussischen Vasallen des Zaren zu enthalten. Einer dieser Redakteure, Herr Saguljajew, war unvorsichtig genug, das Geheimnis dieser Warnungen in den Spalten des »Golos« zu lüften. Sofort stürzte sich die russische Polizei auf ihn und verfrachtete ihn in irgendeine abgelegene Provinz. Es wäre ein Fehler, zu glauben, daß diese Gendarmeriemethoden nur dem Paroxysmus des Kriegsfiebers zuzuschreiben sind. Sie sind im Gegenteil die genaue methodische Anwendung des Geistes der preußischen Gesetze. Es existiert in der Tat im preußischen Strafgesetzbuch eine sonderbare Bestimmung, kraft deren jeder Ausländer auf Grund seiner Handlungen oder Schriften in seinem oder einem andern fremden Lande wegen »Beleidigung des preußischen Königs« und wegen »Hochverrats gegen Preußen« verfolgt werden kann! Frankreich – und seine Sache ist glücklicherweise weit davon entfernt, verzweifelt zu sein – kämpft im Augenblick nicht nur für seine eigene nationale Unabhängigkeit, sondern für die Freiheit Deutschlands und Europas.

Ich verbleibe, Sir, hochachtungsvoll Ihr

Karl Marx

Der Bürgerkrieg in Frankreich (1871)
(Adresse des Generalrats an die Mitglieder der Internationalen
Arbeiterassoziation in Europa und den Vereinigten Staaten)

I

Am 4. September 1870, als die Pariser Arbeiter die Republik
proklamierten, der fast in demselben Augenblick ganz Frankreich ohne eine einzige Stimme des Widerspruchs zujubelte –
da nahm eine Kabale stellenjagender Advokaten, mit Thiers
als Staatsmann und Trochu als General, Besitz vom Hôtel de
Ville (Stadthaus). Diese Leute waren damals durchdrungen von
einem so fanatischen Glauben an den Beruf von Paris, in allen
Epochen geschichtlicher Krisis Frankreich zu vertreten, daß, um
ihre usurpierten Titel des Regenten Frankreichs zu rechtfertigen, es ihnen genügend schien, ihre verfallenen Mandate als Abgeordnete für Paris vorzuzeigen. In unsrer zweiten Adresse über
den letzten Krieg, fünf Tage nach dem Emporkommen dieser
Leute, sagten wir euch, wer sie waren. Und dennoch, im Sturm
der Überrumpelung, mit den wirklichen Führern der Arbeit
noch in Bonapartes Gefängnissen und mit den Preußen schon
im vollen Marsch auf Paris, duldete Paris ihre Ergreifung der
Staatsmacht; aber nur auf die ausdrückliche Bedingung hin, daß
diese Staatsmacht dienen sollte einzig und allein zum Zweck der
nationalen Verteidigung. Paris aber war nicht zu verteidigen,
ohne seine Arbeiterklasse zu bewaffnen, sie in eine brauchbare
Kriegsmacht zu verwandeln und ihre Reihen durch den Krieg
selbst einzuschulen. Aber Paris in Waffen, das war die Revolution in Waffen. Ein Sieg von Paris über den preußischen Angreifer wäre ein Sieg gewesen des französischen Arbeiters über den
französischen Kapitalisten und seine Staatsparasiten. In diesem
Zwiespalt zwischen nationaler Pflicht und Klasseninteresse zauderte die Regierung der nationalen Verteidigung keinen Augenblick – sie verwandelte sich in eine Regierung des nationalen
Verrats.

Das erste, was sie tat, war, Thiers auf die Wanderung zu schikken, zu allen Höfen Europas, um dort Vermittlung zu erbetteln mit dem Angebot, die Republik gegen einen König auszutauschen. Vier Monate nach Beginn der Belagerung, als der Augenblick gekommen schien, das erste Wort von Kapitulation fallen zu lassen, redete Trochu, in Gegenwart von Jules Favre und andern Regierungsmitgliedern, die versammelten Maires (Bezirksbürgermeister) von Paris an wie folgt:

»Die erste Frage, die mir von meinen Kollegen noch am selben Abend des 4. Septembers, vorgelegt wurde, war diese: Kann Paris, mit irgendwelcher Aussicht auf Erfolg, eine Belagerung durch die preußische Armee aushalten? Ich zögerte nicht, dies zu *verneinen*. Mehrere meiner hier anwesenden Kollegen werden einstehn für die Wahrheit meiner Worte und für mein Beharren auf dieser Meinung. Ich sagte ihnen, in diesen selben Worten, daß, wie die Dinge lägen, der Versuch, Paris gegen eine preußische Belagerung zu halten, eine Torheit sei. Ohne Zweifel, fügte ich hinzu, eine heroische Torheit; aber das würde auch alles sein ... Die Ereignisse« (die er selbst leitete) »haben meine Voraussicht nicht Lügen gestraft.«

Diese nette kleine Rede Trochus wurde nachher von einem der anwesenden Maires, Herrn Corbon, veröffentlicht.

Also: Am selben Abend, wo die Republik proklamiert wurde, war es Trochus Kollegen bekannt, daß Trochus ›Plan‹ in der Kapitulation von Paris bestand. Wäre die nationale Verteidigung mehr gewesen als ein bloßer Vorwand für die persönliche Herrschaft von Thiers, Favre und Kompanie – die Emporkömmlinge des 4. September hätten am 5. abgedankt, hätten das Pariser Volk eingeweiht in Trochus ›Plan‹ und hätten es aufgefordert, entweder sofort zu kapitulieren oder sein eignes Geschick in seine eigne Hand zu nehmen. Statt dessen aber beschlossen die ehrlosen Betrüger, die ›heroische Torheit‹ von Paris durch Behandlung mit Hunger und blutigen Köpfen zu kurieren und es inzwischen zum Narren zu halten durch großsprechende Manifeste, wie z. B.: »Trochu, der Gouverneur von Paris, wird nie kapitulieren!« und Jules Favre, der auswärtige Minister, »wird nicht einen Zoll breit unsres Gebiets und nicht einen Stein unsrer Festungen abtreten«. In einem Brief an Gambetta bekennt derselbe Jules Favre, daß das, wogegen sie sich ›verteidigten‹, nicht die preußischen Soldaten waren, sondern die *Pariser Arbeiter*. Während der ganzen Belagerung rissen die bonapartistischen Gurgelabschneider, denen Trochu weislich das Kommando der Pariser Armee anvertraut hatte, in ihrer vertraulichen Korrespondenz schnöde Witze über den wohlverstandnen Hohn der Verteidigung. Man sehe z.B. die Korrespondenz von Alphonse Simon Guiod, Oberkommandant der Artillerie der Pariser Armee, Großkreuz der Ehrenlegion, an Susane, Divisionsgeneral der Artillerie, welche Korrespondenz von der Kommune veröffentlicht wurde. Endlich, am 28. Januar 1871, ließen sie die Trugmaske fallen. Mit dem ganzen Heldenmut der äußersten Selbsterniedrigung trat die Regierung der nationalen Verteidigung in der Kapitulation von Paris hervor, als *die Regierung Frankreichs durch Bismarcks Gefangene* – eine Rolle von solcher Niedertracht, daß selbst Louis-Napoleon in Sedan von ihr zurückgebebt war. Nach dem 18. März, in ihrer wilden Flucht nach Versailles, ließen die ›Capitulards‹ den aktenmäßigen Beweis ihres Verrats in Paris zurück. Um diesen zu zerstören, sagt die Kommune in einem ihrer Manifeste an die Provinzen, »würden diese Leute nicht davor zurückschrecken, Paris in einen Trümmerhaufen zu verwandeln, umspült von einem Blutmeer«. Aber um einen solchen Ausgang herbeizuführen, dafür hatten mehrere der Hauptmitglieder der Verteidigungsregierung außerdem noch ganz besondre Privatgründe.

Kurz nach Abschluß des Waffenstillstands veröffentlichte Milière, Abgeordneter für Paris zur Nationalversammlung, jetzt erschossen auf expressiven Befehl von Jules Favre, eine Reihe authentischer gerichtlicher Aktenstücke zum Beweise, daß Jules Favre, in wilder Ehe lebend mit der Frau eines in Algier wohnenden Trunkenbolds, durch eine höchst verwegne Anhäufung von Fälschungen, die sich über eine lange Reihe von Jahren erstrecken, im Namen der Kinder seines Ehebruchs eine große Erbschaft erschlichen und sich dadurch zum reichen Mann gemacht hatte; und daß, in einem von den rechtmäßigen Erben unternommenen Prozesse, er der Entdeckung nur entging durch die besondre Begünstigung der bonapartistischen Gerichte. Da über diese trockenen gerichtlichen Aktenstücke nicht hinwegzukommen war, auch nicht mit noch so viel rhetorischen Pferdekräften, hielt Jules Favre zum erstenmal in seinem Leben den Mund, in aller Stille den Ausbruch des Bürgerkriegs erwartend, um dann das Pariser Volk wütend zu verlästern als eine Bande ausgebrochner Sträflinge, in hellem Aufruhr gegen Familie, Religion, Ordnung und Eigentum. Und dieser selbe Fälscher war kaum zur Herrschaft gekommen, als er, gleich nach dem 4. September, Pic und Taillefer mitfühlend in Freiheit setzte, die beide, sogar unter dem Kaiserreich, wegen Fälschung verurteilt waren bei der Skandalgeschichte mit der Zeitung ›L'Étendard‹. Einer dieser Edlen, Taillefer, hatte die Frechheit, unter der Kommune nach Paris hineinzugehn und wurde sofort wieder eingesteckt; und darauf rief Jules Favre von der Tribüne der Nationalversammlung in die Welt hinaus, daß die Pariser alle ihre Zuchthäusler freiließen!

Ernest Picard, der Karl Vogt der Regierung der nationalen Verteidigung, der sich selbst zum Minister des Innern der Republik ernannte, nachdem er vergeblich gestrebt, der Minister des Innern des Kaiserreichs zu werden – ist der Bruder eines gewissen Arthur Picard, der als Schwindler von der Pariser Börse ausgestoßen (Bericht der Pariser Polizeipräfektur vom 31. Juli 1867) und auf eignes Geständnis überführt wurde eines Diebstahls von 300000 Franken, begangen als Direktor eines Zweigbüros der Société générale, Rue Palestro Nr. 5 (Bericht der Polizeipräfektur vom 11. Dezember 1868). Diesen Arthur Picard ernannte Ernest Picard zum Redakteur seines Blattes ›L'Électeur libre‹. Während die gewöhnliche Sorte Börsenleute durch die offiziellen Lügen dieses Ministerialblatts irregeleitet wurden, lief Arthur Picard hin und her zwischen dem Ministerium und der

Börse und verwandelte hier die Niederlagen der französischen Armeen in baren Profit. Die ganze Geschäftskorrespondenz dieses biedern Brüderpaars fiel in die Hände der Kommune.

Jules Ferry, vor dem 4. September ein brotloser Advokat, brachte es fertig, als Maire von Paris während der Belagerung, aus der Hungersnot ein Vermögen für sich herauszuschwindeln. Der Tag, an dem er sich wegen seiner Mißverwaltung zu verantworten haben wird, wird auch der Tag seiner Verurteilung sein. Diese Männer nun konnten ihre tickets-of-leave nur in den Ruinen von Paris finden; sie waren gerade die Leute, die Bismarck brauchte. Ein wenig Taschenspielerei – und Thiers, bisher der geheime Zuflüsterer der Regierung, erschien jetzt als ihre Spitze, mit den ticket-of-leave-Männern als Ministern.

Thiers, diese Zwergmißgeburt, hat die französische Bourgeoisie mehr als ein halbes Jahrhundert lang bezaubert, weil er der vollendetste geistige Ausdruck ihrer eigenen Klassenverderbtheit ist. Ehe er Staatsmann wurde, hatte er schon seine Stärke im Lügen als Geschichtsschreiber dargetan. Die Chronik seines öffentlichen Lebens ist die Geschichte der Unglücke Frankreichs. Verbündet, vor 1830, mit den Republikanern, erhaschte er unter Louis-Philippe eine Ministerstelle, indem er seinen Protektor Laffitte verriet. Beim König schmeichelte er sich ein durch Anhetzung von Pöbelexzessen gegen die Geistlichkeit, während deren die Kirche Saint-Germain l'Auxerrois und der erzbischöfliche Palast geplündert wurden, und durch sein Benehmen gegen die Herzogin von Berry, bei der er zu gleicher Zeit den Ministerspion und den Gefängnisgeburtshelfer spielte. *Sein* Werk war die Niedermetzelung der Republikaner in der Rue Transnonain, *sein* Werk die darauffolgenden infamen Septembergesetze gegen Presse und Assoziationsrecht. 1840, wo er als Ministerpräsident wieder auftauchte, setzte er Frankreich in Erstaunen mit seinem Plan, Paris zu befestigen. Den Republikanern, die diesen Plan als heimtückisches Komplott gegen die Freiheit von Paris anklagten, antwortete er in der Deputiertenkammer:

»Wie? Sie bilden sich ein, daß Festungswerke je die Freiheit gefährden könnten? Vor allem verleumden Sie jede mögliche Regierung, wenn Sie voraussetzen, sie könnte je versuchen, sich durch ein Bombardement von Paris aufrechtzuerhalten ... eine solche Regierung wäre nach ihrem Siege hundertmal unmöglicher als vorher.«

In der Tat, keine Regierung würde je gewagt haben, Paris von den Forts zu bombardieren, außer der Regierung, die vorher diese selben Forts den Preußen ausgeliefert hatte.

Als König Bomba sich im Januar 1848 an Palermo versuchte, erhob sich Thiers, damals schon lange kein Minister mehr, abermals in der Kammer:

»Sie wissen, meine Herren, was in Palermo vorgeht. Sie alle erbeben vor Schauder« (im parlamentarischen Sinn), »wenn Sie hören, daß achtundvierzig Stunden lang eine große Stadt bombardiert worden ist – von wem? Von einem fremden Feind, in Anwendung des Kriegsrechts? Nein, meine Herren, von ihrer eignen Regierung. Und weswegen? Weil die unglückliche Stadt ihre Rechte forderte. Und für die Forderung ihrer Rechte erhielt sie achtundvierzig Stunden Bombardement ... Erlauben Sie mir, an die Meinung von Europa zu appellieren. Es heißt der Menschlichkeit einen Dienst zu erweisen, wenn man sich erhebt und von vielleicht der größten Tribüne Europas widerhallen läßt einige Worte« (jawohl, Worte!) »der Entrüstung gegen solche Taten. Als der Regent Espartero, der seinem Lande Dienste geleistet hatte« (und das war mehr, als Thiers je getan), »beabsichtigte, Barcelona zu bombardieren zur Unterdrückung eines Aufstandes, da erhob sich von allen Enden der Welt ein allgemeiner Schrei der Entrüstung.«

Achtzehn Monate später befand sich Thiers unter den wütendsten Verteidigern des Bombardements von Rom durch eine französische Armee. Der Fehler des Königs Bomba scheint in der Tat darin gelegen zu haben, daß er sein Bombardement auf achtundvierzig Stunden beschränkte.

Wenige Tage vor der Februarrevolution, unwirsch ob der langen Verbannung vom Amt und Unterschleif, wozu Guizot ihn verurteilt hatte, und in der Luft eine herannahende Volksbewegung witternd, erklärte Thiers, in dem falschen Heldenstil, der ihm den Spottnamen Mirabeau-mouche (Mirabeau-Fliege) einbrachte, der Deputiertenkammer:

»Ich gehöre zur Partei der Revolution, nicht allein in Frankreich, sondern in Europa. Ich wünsche, daß die Regierung der Revolution in den Händen gemäßigter Männer bleiben möge; ... aber sollte diese Regierung in die Hände heftiger Leute fallen, selbst in die von Radikalen, so werde ich darum doch meine Sache nicht im Stich lassen. Ich werde zur Partei der Revolution gehören.«

Die Februarrevolution kam. Statt das Ministerium Guizot durch das Ministerium Thiers zu ersetzen, wie das Männlein geträumt hatte, verdrängte sie Louis-Philippe durch die Republik. Am ersten Tag des Sieges versteckte er sich sorgfältig, vergessend, daß die Verachtung der Arbeiter ihn vor ihrem Haß schützte. Dennoch hielt er sich, mit seinem altbekannten Mut, von der öffentlichen Bühne fern, bis die Junimetzeleien sie für seine Sorte Aktion freigefegt hatten. Dann wurde er der leitende Kopf der ›Ordnungspartei‹ mit ihrer parlamentarischen Republik, jenem anonymen Zwischenreich, in dem alle die verschiedenen Fraktionen der herrschenden Klasse *mit*einander konspirierten zur Unterdrückung des Volkes, und *gegen*einander, jede zur Wiederherstellung ihrer eigenen Monarchie. Damals wie jetzt klagte Thiers die Republikaner an als das einzige Hindernis der Befestigung der Republik; damals wie jetzt sprach er zur Republik wie der Henker zu Don Carlos: »Ich werde dich morden, aber zu deinem eigenen Besten.« Jetzt wie damals wird er ausrufen müssen am Tag nach seinem Siege: »L'Empire est fait!« – Das Kaiserreich ist fertig. Trotz seiner heuchlerischen Predigten von ›notwendigen Freiheiten‹ und seines persönlichen Ärgers gegen Louis Bonaparte, der ihn gebraucht und den Parlamentarismus hinausgeworfen hatte – und außerhalb der künstlichen Atmosphäre des Parlamentarismus schrumpft das Männlein, wie es wohl weiß, zu einem Nichts zusammen –, trotz alledem hatte

Thiers seine Hand in allen Infamien des zweiten Kaiserreichs, von der Besetzung Roms durch französische Truppen bis zum Kriege gegen Preußen, zu dem er aufhetzte durch seine heftigen Ausfälle gegen die deutsche Einheit – nicht als Deckmantel für den preußischen Despotismus, sondern als Eingriff in das ererbte Anrecht Frankreichs auf die deutsche Uneinigkeit. Während seine Zwergsarme gern im Angesicht Europas das Schwert des ersten Napoleon umherschwangen, dessen historischer Schuhputzer er geworden war, gipfelte seine auswärtige Politik stets in der äußersten Erniedrigung Frankreich, von der Londoner Konvention von 1841 bis zur Pariser Kapitulation von 1871 und zum jetzigen Bürgerkrieg, worin er, mit hoher obrigkeitlicher Erlaubnis Bismarcks, die Gefangenen von Sedan und Metz gegen Paris hetzte. Trotz der Beweglichkeit seines Talents und der Veränderlichkeit seiner Zielpunkte ist dieser Mann sein ganzes Leben lang an die allerfossilste Routine gekettet gewesen. Es ist klar, daß ihm die tiefer liegenden Strömungen der modernen Gesellschaft ewig verborgen bleiben mußten; aber selbst die handgreiflichsten Veränderungen auf der gesellschaftlichen Oberfläche widerstrebten einem Gehirn, dessen ganze Lebenskraft in die Zunge geflüchtet war. So wurde er nie müde, jede Abweichung von dem veralteten französischen Schutzzollsystem als eine Heiligtumsschändung anzuklagen. Als Minister Louis-Philippes versuchte er, die Eisenbahnen als ein hirnverbranntes Blendwerk niederzuschreien; in der Opposition unter Louis Bonaparte brandmarkte er als eine Entheiligung jeden Versuch zur Reform des verfaulten französischen Heerwesens. Niemals in seiner langen politischen Laufbahn hat er sich einer einzigen, auch nicht der geringsten Maßregel von praktischem Nutzen schuldig gemacht. Thiers war konsequent nur in seiner Gier nach Reichtum und in seinem Haß gegen die Leute, die ihn hervorbringen. Er trat in sein erstes Ministerium unter Louis-Philippe arm wie Hiob; er verließ es als Millionär. Als sein letztes Ministerium unter demselben König (vom 1. März 1840) ihm in der Kammer öffentliche Anklagen wegen Unterschleif zuzog, begnügte er sich, durch Tränen zu antworten – ein Artikel, in dem er ebenso flott ›machte‹ wie Jules Favre oder irgendein andres Krokodil. In Bordeaux 1871 war sein erster Schritt zur Rettung Frankreichs vom hereinbrechenden Finanzruin der, sich selbst mit drei Millionen jährlich auszustatten; es war dies das erste und letzte Wort jener ›sparsamen Republik‹, worauf er seinen Pariser Wählern 1869 Aussicht gemacht hatte. Einer seiner früheren Kollegen aus der Kammer von 1830, selbst ein Kapitalist – was ihn nicht verhinderte, ein aufopferndes Mitglied der Pariser Kommune zu sein –, Herr Beslay, sagte neulich in einem Maueranschlage zu Thiers:

»Die Knechtung der Arbeit durch das Kapital ist jederzeit der Eckstein Ihrer Politik gewesen, und seit Sie die Republik der Arbeit im Pariser Stadthaus eingesetzt sehn, haben Sie ohne Aufhören Frankreich zugerufen: ›Seht diese Verbrecher!‹«

Ein Meister kleiner Staatsschufterei, ein Virtuose des Meineids und Verrats, ausgelernt in allen den niedrigen Kriegslisten, heimtückischen Kniffen und gemeinen Treulosigkeiten des parlamentarischen Parteikampfs; stets bereit, wenn vom Amte verdrängt, eine Revolution anzufachen und sie mit Blut zu ersticken, sobald er am Staatsruder; mit Klassenvorurteilen an Stelle von Ideen; mit Eitelkeit an Stelle eines Herzens; sein Privatleben so infam, wie sein öffentliches Leben niederträchtig – kann er nicht umhin, selbst jetzt, wo er die Rolle eines französischen Sulla spielt, die Scheußlichkeiten seiner Taten zu erhöhen durch die Lächerlichkeit seiner Großtuerei.

Die Kapitulation von Paris, die den Preußen nicht nur Paris, sondern ganz Frankreich überlieferte, beschloß die lang andauernden verräterischen Intrigen mit dem Feinde, die die Usurpatoren des 4. Septembers, wie Trochu selbst gesagt, schon an diesem selben Tage begonnen. Andererseits eröffnete sie den Bürgerkrieg, den sie jetzt, mit preußischer Unterstützung, gegen die Republik und Paris zu führen hatten. Schon in dem Wortlaut der Kapitulation selbst war die Falle gelegt. Damals war über ein Drittel des Landes in den Händen des Feindes, die Hauptstadt war von den Provinzen abgeschnitten, alle Verkehrsmittel waren in Unordnung. Es war unmöglich, unter solchen Umständen eine wirkliche Vertretung Frankreichs zu erwählen, wenn nicht volle Zeit zur Vorbereitung gegeben wurde. *Gerade deshalb* bedang die Kapitulation, daß eine Nationalversammlung innerhalb acht Tagen zu wählen sei, so daß in manchen Teilen Frankreichs die Nachricht von der vorzunehmenden Wahl erst den Tag vorher ankam. Ferner sollte die Versammlung, nach einem ausdrücklichen Artikel der Kapitulation, gewählt werden für den einzigen Zweck, über Krieg und Frieden zu entscheiden und vorkommendenfalls einen Friedensvertrag abzuschließen. Das Volk mußte fühlen, daß die Waffenstillstandsbedingungen die Fortführung des Kriegs unmöglich machten, und daß, um den von Bismarck aufgenötigten Frieden zu bestätigen, die schlechtesten Leute in Frankreich gerade die besten seien. Aber, nicht zufrieden mit allen diesen Vorsichtsmaßregeln, hatte Thiers, schon ehe das Geheimnis des Waffenstillstands den Parisern mitgeteilt worden, sich auf eine Wahlreise nach den Provinzen begeben, um dort die legitimistische Partei ins Leben zurückzugalvanisieren, die jetzt mit den Orleanisten die Stelle der augenblicklich unmöglich gewordnen Bonapartisten auszufüllen hatte. Er hatte keine Angst vor ihnen. Unmöglich als Regierung des modernen Frankreichs und daher verächtlich als Nebenbuhler – welche Partei gab ein willkommeneres Werkzeug der Reaktion ab als die Partei, deren Aktion, in Thiers' eignen Worten (Deputiertenkammer, 5. Januar 1833), »sich immer beschränkt hatte auf die drei Hülfsquellen: auswärtige Invasion, Bürgerkrieg und Anarchie«?

Sie aber, die Legitimisten, glaubten in Wahrheit an den Advent ihres rückwärtsgewandten tausendjährigen Reichs. Da waren die Fersen auswärtiger Invasion, die Frankreich zu Boden traten; da war der Fall eines Kaiserreichs und die Gefangenschaft eines Bonaparte; und da waren sie selber wieder. Das Rad der Geschichte hatte sich sichtbarlich zurückgedreht bis zu der Chambre introuvable (der Landrats- und Junkerkammer) von

1816. In den Versammlungen der Republik 1848 bis 1851 waren sie vertreten gewesen durch ihre gebildeten und eingeschulten parlamentarischen Führer; jetzt aber drängten sich die gemeinen Soldaten der Partei hervor – alle Pourceaugnacs von Frankreich.

Sobald diese Versammlung von Ruraux (Krautjunkern) in Bordeaux eröffnet war, machte Thiers es ihnen klar, daß sie die Friedenspräliminarien sofort anzunehmen hätten, selbst ohne die Ehrenbezeugung einer parlamentarischen Debatte, als einzige Bedingung, unter der Preußen ihnen erlauben werde, gegen die Republik und ihre feste Burg, Paris, den Krieg zu eröffnen. Die Kontrerevolution hatte in der Tat keine Zeit zu verlieren. Das zweite Kaiserreich hatte die Staatsschuld verdoppelt und die großen Städte in schwere Lokalschulden gestürzt. Der Krieg hatte die Ansprüche an die Nation furchtbar erhöht und ihre Hülfsquellen rücksichtslos verwüstet. Zur Vollendung des Ruins stand da der preußische Shylock mit seinem Schein für den Unterhalt einer halben Million seiner Soldaten auf französischem Boden, für seine Entschädigung von fünf Milliarden und Zinsen zu 5 Prozent auf deren unbezahlte Raten. Wer sollte die Rechnung zahlen? Nur durch den gewaltsamen Sturz der Republik konnten die Aneigner des Reichtums hoffen, die Kosten eines von ihnen selbst herbeigeführten Kriegs auf die Schultern der Hervorbringer dieses Reichtums zu wälzen. Und so spornte gerade der unermeßliche Ruin Frankreichs diese patriotischen Vertreter von Grundbesitz und Kapital an, unter den Augen und der hohen Protektion des fremden Eroberers, den auswärtigen Krieg zu ergänzen durch einen Bürgerkrieg, eine Sklavenhalter-Rebellion.

Dieser Verschwörung stand im Wege ein großes Hindernis – Paris. Paris zu entwaffnen, war erste Bedingung des Erfolgs. Paris wurde daher von Thiers aufgefordert, seine Waffen niederzulegen. Dann wurde Paris aufgehetzt durch die tollen antirepublikanischen Demonstrationen der Krautjunker-Versammlung und durch Thiers' eigne zweideutige Aussprüche über den rechtlichen Bestand der Republik; durch die Drohung, Paris zu enthaupten und zu enthauptstadten (décapiter et décapitaliser); die Ernennung orleanistischer Gesandten; Dufaures Gesetze wegen der verfallnen Wechsel und Hausmieten, die den Handel und die Industrie von Paris mit dem Untergang bedrohten; Pouyer-Quertiers Steuer von 2 Centimen auf jedes Exemplar jeder nur möglichen Druckschrift; die Todesurteile gegen Blanqui und Flourens; die Unterdrückung der republikanischen Blätter; die Verlegung der Nationalversammlung nach Versailles; die Erneuerung des von Palikao erklärten und durch den 4. September vernichteten Belagerungszustandes; die Ernennung des Dezemberhelden Vinoy zum Gouverneur, des Gendarmen Valentin zum Polizeipräfekten und des Jesuitengenerals d'Aurelle de Paladines zum Oberkommandanten der Nationalgarde von Paris.

Und nun haben wir an Herrn Thiers und an die Herren von der Nationalverteidigung, seine Kommis, eine Frage zu richten. Es ist bekannt, daß durch seinen Finanzminister, Herr Pouyer-Quertier, Thiers ein Anlehen von zwei Milliarden beantragt hatte, sofort zahlbar. Ist es nun wahr oder nicht:

1. daß dies Geschäft so abgemacht wurde, daß eine Provision von mehreren hundert Millionen in die Privattaschen von Thiers, Jules Favre, Ernest Picard, Pouyer-Quertier und Jules Simon floß, und

2. daß keine Zahlung gemacht werden sollte, bis *nach* der ›Pacification‹ von Paris?

In jedem Falle muß die Sache sehr dringlich gewesen sein, denn Thiers und Jules Favre baten ohne alle Scham, im Namen der Versammlung von Bordeaux, um Besetzung von Paris durch preußische Truppen. Das paßte aber nicht in Bismarcks Spiel, wie er, spöttisch und ganz öffentlich, den bewundernden Frankfurter Philistern bei seiner Rückkehr nach Deutschland erzählte.

II

Paris war das einzige ernstliche Hindernis auf dem Wege der kontrerevolutionären Verschwörung. Paris mußte also entwaffnet werden. In Beziehung auf diesen Punkt war die Bordeauxer Versammlung die Aufrichtigkeit selbst. Wäre das rasende Gebrüll ihrer Krautjunker nicht hörbar genug gewesen, die Überantwortung von Paris durch Thiers in die Hände des Triumvirats – Vinoy, der Dezembermörder, Valentin, der bonapartistische Gendarm, und Aurelle de Paladines, der Jesuitengeneral – hätte auch den letzten Zweifel unmöglich gemacht. Aber während die Verschwörer den wahren Zweck der Entwaffnung frech zur Schau stellten, forderten sie Paris zur Waffenstreckung auf unter einem Vorwande, der die schreiendste, schamloseste Lüge war. Das Geschütz der Nationalgarde, sagte Thiers, gehört dem Staat und muß dem Staat wieder abgegeben werden. Die Tatsache war diese: Von dem Tage der Kapitulation an, als Bismarcks Gefangene Frankreich an Bismarck ausgeliefert, aber sich selbst eine zahlreiche Leibwache ausbedungen hatten und dem ausdrücklichen Zwecke, Paris niederzuhalten, – von dem Tage an stand Paris auf der Wacht. Die Nationalgarde reorganisierte sich und vertraute ihre Oberleitung einem Zentralkomitee an, das durch ihre ganze Masse, einige der alten bonapartistischen Abteilungen ausgenommen, erwählt war. Am Vorabend des Einmarsches der Preußen in Paris besorgte das Zentralkomitee den Transport nach Montmartre, La Villette und Bellevile der von den Capitulards verräterischerweise in und bei den von den Preußen zu besetzenden Stadtteilen zurückgelassenen Kanonen und Mitrailleusen. *Dies* Geschütz war durch die Beiträge der Nationalgarde selbst beschafft worden. Als ihr Eigentum war es amtlich anerkannt in der Kapitulation vom 28. Januar und in dieser besonderen Eigenschaft ausgenommen worden von der allgemeinen Ablieferung der dem Staat gehörenden Waffen an den Sieger. Und Thiers war so durch und durch bar eines jeden, auch des durchsichtigsten Vorwandes, um den Krieg mit Paris einzuleiten, daß er auf die platte Lüge angewiesen blieb: das Geschütz der Nationalgarde sei Staatseigentum!

Die Beschlagnahme des Geschützes sollte nur dienen als Vorspiel der allgemeinen Entwaffnung von Paris und damit der Entwaffnung der Revolution vom 4. September. Aber diese Revolution war der gesetzliche Zustand Frankreichs geworden. Die Republik, ihr Werk, war im Wortlaut der Kapitulation vom Sieger anerkannt. Nach der Kapitulation war sie anerkannt worden von allen fremden Mächten; in ihrem Namen war die Versammlung berufen. Die Pariser Arbeiterrevolution vom 4. September war der einzige Rechtstitel der Nationalversammlung in Bordeaux und ihrer vollziehenden Gewalt. Ohne den 4. September hätte die Nationalversammlung sofort dem 1869 unter französischer und nicht unter preußischer Herrschaft durch allgemeines Stimmrecht erwählten und gewaltsam von der Revolution zersprengten gesetzgebenden Körper Platz machen müssen. Thiers und seine ticket-of-leave-Leute hätten verhandeln müssen wegen eines Geleitscheines, unterzeichnet von Louis Bonaparte, um eine Reise nach Cayenne zu entgehn. Die Nationalversammlung mit ihrer Vollmacht, den Frieden mit Preußen abzumachen, war nur ein einzelner Zwischenfall in jener Revolution, deren wahre Verkörperung noch immer das bewaffnete Paris war; dasselbe Paris, das diese Revolution gemacht, das um ihretwillen eine fünfmonatige Belagerung mit ihren Schrecken der Hungersnot ausgehalten und das in seinem trotz Trochus ›Plan‹ verlängerten Widerstand die Grundlage eines hartnäckigen Verteidigungskriegs in den Provinzen geliefert hatte. Und Paris sollte jetzt entweder seine Waffen niederlegen auf das beleidigende Geheisch der rebellischen Sklavenhalter von Bordeaux und anerkennen, daß seine Revolution vom 4. September nur die einfache Übertragung der Staatsmacht von Louis Bonaparte an seine königlichen Nebenbuhler bedeute; – oder es mußte vortreten als der selbstopfernde Vorkämpfer Frankreichs, dessen Rettung vom Untergang und dessen Wiedergeburt unmöglich waren ohne den revolutionären Umsturz der politischen und gesellschaftlichen Bedingungen, die das zweite Kaisertum erzeugt hatten und die unter seiner schützenden Obhut bis zur äußersten Fäulnis herangereift waren. Paris, noch abgezehrt von fünfmonatlicher Aushungerung, zauderte keinen Augenblick. Es beschloß heldenmütig, alle Gefahren des Widerstandes gegen die französischen Verschwörer auszuhalten, trotzdem, daß noch immer preußische Kanonen von seinen eignen Forts auf es herabgähnten. Dabei aber, in seinem Abscheu gegen den Bürgerkrieg, in den Paris hineingetrieben werden sollte, beharrte das Zentralkomitee in einer verteidigenden Haltung, trotz der Aufreizung der Versammlung, der Eingriffe der vollziehenden Gewalt und der drohenden Truppenzusammenziehungen in und um Paris.

Thiers selbst eröffnete also den Bürgerkrieg, indem er den Vinoy an der spitze eines Haufens Polizeisergeanten und einiger Linienregimenter auf einen nächtlichen Raubzug gegen Montmartre ausschickte, um dort durch Überraschung das Geschütz der Nationalgarde wegzunehmen. Es ist bekannt, wie dieser Versuch scheiterte am Widerstand der Nationalgarde und an der Verbrüderung der Truppen mit dem Volk. Aurelle de Paladines hatte schon im voraus seinen Siegesbericht gedruckt, und Thiers hielt die Maueranschläge bereit, die seine Staatsstreich-Maßregeln verkünden sollten. Beides mußte jetzt ersetzt werden durch Thiers' Aufrufe, worin er seinen großmütigen Entschluß verkündete, der Nationalgarde ihre Waffen zu lassen; es zweifle nicht, sagte er, sie werde sie benutzen, um sich gegen die Rebellen an die Regierung anzuschließen. Unter allen 300000 Nationalgardisten entsprachen nur 300 diesem Aufruf des kleinen Thiers, sich, gegen sich selbst, an ihn anzuschließen. Die ruhmvolle Arbeiterrevolution des 18. März nahm unbestritten Besitz von Paris. Das Zentralkomitee war ihre provisorische Regierung. Europa schien einen Augenblick zu zweifeln, ob seine neulichen erstaunlichen Haupt-, Staats- und Kriegsaktionen irgendwelche Wirklichkeit besäßen, oder ob sie die Träume einer längst verschwundenen Vergangenheit seien.

Vom 18. März zum Eindringen der Versailler Truppen in Paris blieb die proletarische Revolution so rein von allen den Gewalttaten, von denen die Revolutionen und noch mehr die Kontrerevolutionen der ›höheren Klassen‹ strotzen, daß die Gegner keine andern Handhaben für ihre Entrüstung finden als die Hinrichtung der Generale Lecomte und Clément Thomas und den Zusammenstoß auf der Place Vendôme.

Einer der bonapartistischen Offiziere, der bei dem nächtlichen Überfall auf Montmartre eine Rolle spielte, General Lecomte, hatte viermal dem 81. Linienregiment befohlen, auf einen unbewaffneten Haufen in der Place Pigalle zu feuern; als die Truppen sich weigerten, schimpfte er sie wütend aus. Statt Weiber und Kinder zu erschießen, erschossen seine eignen Leute ihn selbst. Die eingewurzelten Gewohnheiten, die den Soldaten unter der Zucht der Feinde der Arbeiter beigebracht worden, verlieren sich selbstredend nicht in demselben Augenblick, wo diese Soldaten zu den Arbeitern übergehn. Dieselben Leute richteten auch Clément Thomas hin.

›General‹ Clément Thomas, ein malkontenter Ex-Wachtmeister, hatte sich in der letzten Zeit Louis-Philippes bei der Reaktion des republikanischen Blattes ›Le National‹ anwerben lassen, wo er gleichzeitig die Posten eines verantwortlichen Strohmanns (gérant responsable, der das Absitzen der Gefängnisstrafen übernahm) und Duellanten bei diesem sehr kampflustigen Blatt ausfüllte. Als nach der Februarrevolution die Herren vom ›National‹ ans Ruder kamen, verwandelten sie diesen alten Wachtmeister in einen General. Es war dies am Vorabend der Junischlächterei, die er, wie auch Jules Favre, mitgeplant hatte, und bei der er eine der niederträchtigsten Henkerrollen übernahm. Dann verschwand er samt seiner Generalschaft auf lange Zeit, um wieder aufzutauchen am 1. November 1870. Den Tag vorher hatte die ›Regierung der Verteidigung‹ im Stadthause Blanqui, Flourens und anderen Vertretern der Arbeiter ihr feierliches Wort gegeben, ihre usurpierte Gewalt in die Hände einer frei gewählten Pariser Kommune niederzulegen. Statt ihr Wort zu halten, ließ sie gegen Paris die Bretonen Trochus los, die jetzt die Korsen Bonapartes vertraten. Der General Tamisier allein weigerte sich, seinen Namen mit einem solchen Wortbruch zu beflecken, und legte seinen Posten als Oberkommandant der

Nationalgarde nieder. An seiner Stelle wurde jetzt Clément Thomas wieder ein General. Während seines ganzen Oberkommandos führte er Krieg, nicht gegen die Preußen, sondern gegen die Pariser Nationalgarde. Er verhinderte ihre allgemeine Bewaffnung, hetzte die Bourgeoisbataillone gegen die Arbeiterbataillone, beseitigte die dem ›Plan‹ Trochus feindlichen Offiziere und löste, unter dem Brandmal der Feigheit, dieselben proletarischen Bataillone auf, deren Heldenmut jetzt ihren erbittertsten Feinden Bewunderung abgerungen hat. Clément Thomas war ordentlich stolz darauf, seinen alten Juni-Vorrang als persönlicher Feind des Pariser Proletariats wiedererobert zu haben. Noch einige Tage vor dem 18. März legte er dem Kriegsminister Le Flô einen eignen Plan vor zur ›Ausrottung der Blüte der Pariser Kanaille‹. Nach Vinoys Niederlage konnte er es sich nicht versagen, als Privatspion auf dem Kampfplatz zu erscheinen. Das Zentralkomitee und die Pariser Arbeiter waren ebenso verantwortlich für die Erschießung von Clément Thomas und Lecomte, wie die Prinzessin von Wales für das Geschick der bei ihrem Einzug in London im Gedränge zu Tode gequetschten Leute.

Die angebliche Schlächterei unbewaffneter Bürger in der Place Vendôme ist ein Märchen, wovon Thiers und die Krautjunker in der Versammlung hartnäckig geschwiegen haben, und dessen Verbreitung sie ausschließlich der Bedientenstube der europäischen Tagespresse anvertrauten.

Die ›Ordnungsmänner‹, die Reaktionäre von Paris, zitterten bei dem Siege des 18. März. Für sie war es das Wahrzeichen der endlich hereinbrechenden Volksvergeltung. Die Gespenster der unter ihren Händen gemordeten Opfer, von den Junitagen 1848 bis zum 22. Januar 1871, stiegen vor ihren Augen empor. Ihr Schrecken war ihre einzige Strafe. Selbst die Polizeisergeanten, statt wie sich's gebührte, entwaffnet und eingesperrt zu werden, fanden die Tore von Paris weit geöffnet, um sicher nach Versailles zu entkommen. Nicht allein, daß den Ordnungsmännern nichts geschah, man erlaubte ihnen sogar, sich wieder zu sammeln und mehr als einen starken Posten mitten in Paris zu besetzen. Diese Nachsicht des Zentralkomitees, diese Großmut der bewaffneten Arbeiter, so sonderbar im Widerspruch mit den Gewohnheiten der Ordnungspartei, wurden von dieser Partei als Zeichen bewußter Schwäche mißdeutet. Daher ihr alberner Plan, unter dem Deckmantel einer unbewaffneten Demonstration das noch einmal zu versuchen, was Vinoy mit seinen Kanonen und Mitrailleusen nicht hatte erreichen können. Am 22. März setzte sich von den Stadtvierteln des Wohllebens ein Zug ›feiner Herren‹ in Bewegung, alle Stutzer in ihren Reihen, und an ihrer Spitze die wohlbekannten Stammgäste des Kaisertums, die Heeckeren, Coëtlogon, Henri de Pène etc. Unter dem feigen Vorwand einer friedlichen Demonstration, aber im geheimen gerüstet mit den Waffen des Meuchelmörders, ordnete sich diese Bande, entwaffnete und mißhandelte die Posten und Patrouillen der Nationalgarde, auf die ihr Zug stieß, und, aus der Rue de la Prix in die Place Vendôme vordringend, versuchte sie, unter dem Ruf »Nieder mit dem Zentralkomitee! Nieder mit den Mördern! Es lebe die Nationalversammlung!« die dort aufgestellte Wache zu durchbrechen und so das dahinter gelegene Hauptquartier der Nationalgarde zu überrumpeln. Als Antwort auf ihre Revolverschüsse wurden die regelmäßigen gesetzlichen Aufforderungen an sie gemacht; als diese wirkungslos blieben, kommandierte der General der Nationalgarde Feuer. *Eine* Salve zerstreute in wilde Flucht die albernen Gecken, die erwartet hatten, die bloße Schaustellung ihrer ›anständigen Gesellschaft‹ werde auf die Pariser Revolution wirken wie die Trompeten Josuas auf den Mauern von Jericho. Sie ließen zurück zwei Nationalgarden tot, neun schwerverwundet (darunter ein Mitglied des Zentralkomitees) und den ganzen Schauplatz ihrer Großtat bestreut mit Revolvern, Dolchen und Stockdegen, zum Zeugnis des ›bewaffneten‹ Charakters ihrer ›friedlichen‹ Demonstration. Als am 13. Juni 1849 die Pariser Nationalgarde eine wirklich friedliche Demonstration machte, um gegen den räuberischen Angriff französischer Truppen auf Rom zu protestieren – da wurde Changarier, damals General der Ordnungspartei, von der

Nationalversammlung, und besonders von Thiers, als der Retter der Gesellschaft ausgerufen, weil er seine Truppen von allen Seiten auf diese waffenlosen Leute losgelassen hatte, um sie niederzuschießen, niederzusäbeln und unter ihren Pferdehufen zu zertreten. Damals wurde Paris in Belagerungszustand erklärt; Dufaure hetzte neue Unterdrückungsgesetze durch die Versammlung; neue Verhaftungen, neue Ächtungen, eine neue Schreckensherrschaft traten ein. Aber die ›unteren Klassen‹ machen das anders. Das Zentralkomitee von 1871 ließ die Helden der ›friedlichen Demonstration‹ einfach laufen, und so waren sie bereits zwei Tage später imstande, sich unter dem Admiral Saisset zu jener *bewaffneten* Demonstration zusammenzufinden, die mit dem bewußten Ausreißen nach Versailles endigte. In seinem Widerstreben, den durch Thiers' nächtlichen Einbruch in Montmartre eröffneten Bürgerkrieg aufzunehmen, machte sich das Zentralkomitee diesmal eines entscheidenden Fehlers dadurch schuldig, daß es nicht sofort auf das damals vollständig hülflose Versailles marschierte und damit den Verschwörungen des Thiers und seiner Krautjunker ein Ziel setzte. Statt dessen erlaubte man der Ordnungspartei, nochmals ihre Stärke an der Wahlurne zu versuchen, als am 26. März die Kommune gewählt wurde. An diesem Tage wechselten die Ordnungsmänner in den Bezirksbürgermeistereien wohlwollende Worte der Versöhnung mit ihren nur zu großmütigen Siegern, gleichzeitig in ihren Herzen feierliche Gelübde knurrend, seiner Zeit blutige Rache zu nehmen.

Und jetzt schaut die Kehrseite der Medaille! Thiers eröffnete seinen zweiten Feldzug gegen Paris anfangs April. Die erste Kolonne von Pariser Gefangenen, die nach Versailles hineinkam, wurde empörend behandelt, während Ernest Picard, die Hände in den Hosentaschen, herumschlenderte und sie verhöhnte und die Frauen von Thiers und Favre, in Mitte ihrer Ehren(?)damen, vom hohen Balkon herab die Schändlichkeiten des Versailler Pöbels beklatschten. Die gefangenen Liniensoldaten wurden einfach erschossen; unser tapferer Freund General Duval, der

Eisengießer, wurde ohne alle Form Rechtens gemordet. Galliffet, der ›Louis‹ seiner Frau, so notorisch durch die schamlose Schaustellung ihres Leibes bei den Gelagen des zweiten Kaisertums, Galliffet prahlte in einer Proklamation, daß der die Ermordung einiger durch seine Reiter überraschten und entwaffneten Nationalgardisten samt ihrem Hauptmann und Lieutenant, befohlen habe. Vinoy, der Ausreißer, wurde von Thiers zum Großkreuz der Ehrenlegion ernannt für seinen Tagesbefehl, worin er vorschrieb, jeden bei den Kommunalisten gefangenen Liniensoldaten zu erschießen. Desmaret, der Gendarm, wurde dekoriert, weil er den hochherzigen und ritterlichen Flourens verräterisch nach Metzgerart in Stücke zerhauen hatte, Flourens, der am 31. Oktober 1870 der Verteidigungsregierung ihre Köpfe gerettet hatte. Die ›ermunternden Einzelheiten‹ seiner Ermordung wurden von Thiers in der Nationalversammlung mit Behagen des breiteren mitgeteilt. Mit der aufgeblasenen Eitelkeit eines parlamentarischen Däumlings, dem man erlaubt, die Rolle des Tamerlan zu spielen, verweigerte er den Rebellen gegen seine Winzigkeit jedes Recht zivilisierter Kriegsführung, selbst das der Neutralität für ihre Verbandplätze. Nichts Scheußlicheres als dieser Affe, schon von Voltaire vorgeahnt, der für eine kleine Zeit seinen Tigergelüsten freien Lauf lassen kann.

Nachdem die Kommune (Dekret vom 7. April) Vergeltungsmaßregeln angeordnet und es für ihre Pflicht erklärt hatte, »Paris gegen die kannibalischen Taten der Versailler Banditen zu schützen und Aug' um Auge, Zahn um Zahn zu verlangen« – stellte Thiers dennoch die grausame Behandlung der Gefangenen nicht ein; er beleidigte sie obendrein noch in seinen Berichten wie folgt: »Niemals ist der betrübte Blick ehrlicher Leute auf so entwürdigende Gesichter einer entwürdigenden Demokratie gefallen« – ehrlicher Leute wie Thiers selbst und seine ticket-of-leave-Männer. Trotzdem wurde das Erschießen der Gefangenen für einige Zeit eingestellt. Kaum aber hatten Thiers und seine Dezembergenerale gefunden, daß das Vergeltungsdekret der Kommune nur eine leere Drohung war, daß selbst ihre Gendarmenspione, die in Paris, als Nationalgardisten verkleidet, abgefangen waren, daß selbst Polizeisergeanten, Träger von Brandgranaten, verschont blieben – so fing auch das massenweise Erschießen der Gefangenen wieder an und wurde bis zum Ende durchgeführt. Häuser, in welche Nationalgardisten geflüchtet waren, wurden von Gendarmen umringt, mit Petroleum (das hier zum erstenmal vorkommt) übergossen und in Brand gesteckt; die halbverbrannten Leichen wurden später von der Ambulanz der Presse (in Les Ternes) herausgeholt. Vier Nationalgardisten, die sich am 25. April bei Belle-Epine einigen berittenen Jägern ergeben hatten, wurden nachher einer nach dem andern vom Rittmeister, einem würdigen Knecht Galliffets, niedergeschossen. Einer der vier, Scheffer, für tot zurückgelassen, kroch zu den Pariser Vorposten und legte gerichtliches Zeugnis ab über diese Tatsache vor einem Ausschuß der Kommune. Als Tolain den Kriegsminister über den Bericht dieses Ausschusses interpellierte, erstickte das Geschrei der Krautjunker seine Stimme; sie verboten Le Flô zu antworten. Es wäre eine Beleidigung für ihr ›ruhmvolles‹ Heer, von seinen Taten – zu sprechen. Der nachlässige Ton, in dem Thiers' Berichte die Niedermetzelung der bei Moulin-Saquet im Schlafe überraschten Nationalgardisten und die massenhaften Erschießungen in Clamart mitteilten, verletzte selbst die Nerven der wahrhaftig nicht überempfindlichen Londoner ›Times‹. Aber es wäre lächerlich, die bloß einleitenden Scheußlichkeiten aufzählen zu wollen, begangen von den Bombardierern von Paris und den Aufhetzern einer Sklavenhalter-Rebellion unter dem Schutz des fremden Eroberers. Inmitten aller dieser Schrecken vergißt Thiers seinen parlamentarischen Jammer von wegen der furchtbaren Verantwortlichkeit, die auf seinen Zwergschultern lastet, prahlt, daß l'Assemblée siège paisiblement (die Versammlung tagt in Frieden weiter), und beweist durch seine steten Festessen, heute mit Dezembergeneralen, morgen mit deutschen Prinzen, daß seine Verdauung nicht im mindesten gestört ist, nicht einmal durch die Gespenster von Lecomte und Clément Thomas.

Am Morgen des 18. März 1871 wurde Paris geweckt durch den Donnerruf: ›Es lebe die Kommune!‹ Was die Kommune, diese Sphinx, die den Bourgeoisverstand auf so harte Proben setzt?

»Die Proletarier von Paris«, sagte das Zentralkomitee in seinem Manifest vom 18. März, »inmitten der Niederlagen und des Verrats der herrschenden Klassen, haben begriffen, daß die Stunde geschlagen hat, wo sie die Lage retten müssen, dadurch, daß sie die Leitung der öffentlichen Angelegenheiten in ihre eignen Hände nehmen ... Sie haben begriffen, daß es ihre höchste Pflicht und ihr absolutes Recht ist, sich zu Herren ihrer eignen Geschicke zu machen und die Regierungsgewalt zu ergreifen.«

Aber die Arbeiterklasse kann nicht die fertige Staatsmaschinerie einfach in Besitz nehmen und diese für ihre eignen Zwecke in Bewegung setzen.

Die zentralisierte Staatsmacht, mit ihren allgegenwärtigen Organen – stehende Armee, Polizei, Bürokratie, Geistlichkeit, Richterstand, Organe, geschaffen nach dem Plan einer systematischen und hierarchischen Teilung der Arbeit – stammt her aus den Zeiten der absoluten Monarchie, wo sie der entstehenden Bourgeoisgesellschaft als eine mächtige Waffe in ihren Kämpfen gegen den Feudalismus diente. Dennoch blieb ihre Entwicklung gehemmt durch allerhand mittelalterlichen Schutt, grundherrliche und Adelsvorrechte, Lokalprivilegien, städtische und Zunftmonopole und Provinzialverfassungen. Der riesige Besen der französischen Revolution des 18. Jahrhunderts fegte alle diese Trümmer vergangener Zeiten weg und reinigte so gleichzeitig den gesellschaftlichen Boden von den letzten Hindernissen, die dem Überbau des modernen Staatsgebäudes im Wege gestanden. Dies moderne Staatsgebäude erhob sich unter dem ersten Kaisertum, das selbst wieder erzeugt worden war durch die Koalitionskriege des alten halbfeudalen Europas gegen das moderne Frankreich. Während der nachfolgenden Herrschaftsformen wurde die Regierung unter parlamentarische Kontrolle gestellt, d.h. unter die direkte Kontrolle der besitzenden Klassen. Einerseits entwickelte sie sich jetzt zu einem Treibhaus für kolossale Staatsschulden und erdrückende Steuern und wurde vermöge der unwiderstehlichen Anziehungskraft ihrer Amtsgewalt, ihrer Einkünfte und ihrer Stellenvergebung der Zankapfel für die konkurrierenden Fraktionen und Abenteurer der herrschenden Klassen – andererseits änderte sich ihr politischer Charakter gleichzeitig mit den ökonomischen Veränderungen der Gesellschaft. In dem Maße, wie der Fortschritt der modernen Industrie den Klassengegensatz zwischen Kapital und Arbeit entwickelte, erweiterte, vertiefte, in demselben Maße erhielt die Staatsmacht mehr und mehr den Charakter einer öffentlichen Gewalt zur Unterdrückung der Arbeiterklasse, einer Maschine der Klassenherrschaft. Nach jeder Revolution, die einen Fortschritt des Klassenkampfes bezeichnet, tritt der rein unterdrückende Charakter der Staatsmacht offner und offner hervor. Die Revolution von 1830 übertrug die Regierung von den Grundbesitzern auf die Kapitalisten und damit von den entfernteren auf die direkteren Gegner der Arbeit. Die Bourgeoisrepublikaner, die im Namen der Februarrevolution das Staatsruder ergriffen, gebrauchten es zur Herbeiführung der Junischlächtereien, um der Arbeiterklasse zu beweisen, daß die ›soziale‹ Republik weiter nichts bedeute, als ihre soziale Unterdrückung durch die Republik; und um der königlich gesinnten Masse der Bourgeois und Grundbesitzer zu beweisen, daß sie die Sorgen und die Geldvorteile der Regierung ruhig den Bourgeoisrepublikanern überlassen könnten. Nach dieser ihrer einzigen Heldentat vom Juni blieb den Bourgeoisrepublikanern jedoch nur übrig, zurückzutreten aus dem ersten Glied ins letzte Glied der ›Ordnungspartei‹ – einer Koalition, gebildet aus allen konkurrierenden Fraktionen und Fraktionen der aneignenden Klassen in ihrem jetzt offen erklärten Gegensatz zu den hervorbringenden Klassen. Die angemessene Form ihrer Gesamtregierung war die parlamentarische Republik mit Louis Bonaparte als Präsidenten; eine Regierung des unverhohlnen Klassenterrorismus und der absichtlichen Beleidigung der ›vile multitude‹ (der schoflen

Menge). Wenn, wie Thiers sagte, die parlamentarische Republik die Staatsform war, die die Fraktionen der herrschenden Klasse am wenigsten trennte, so eröffnete sie dagegen einen Abgrund zwischen dieser Klasse und dem ganzen, außerhalb ihrer dünngesäten Reihen lebenden Gesellschaftskörper. Die Schranken, die, unter früheren Regierungen, die inneren Spaltungen jener Klasse der Staatsmacht noch auferlegt hatten, waren durch ihre Vereinigung jetzt gefallen. Angesichts der drohenden Erhebung des Proletariats benutzte die vereinigte besitzende Klasse jetzt die Staatsmacht rücksichtslos und frech als das nationale Kriegswerkzeug des Kapitals gegen die Arbeit. Aber ihr ununterbrochner Kreuzzug gegen die produzierenden Massen zwang sie nicht nur, die vollziehende Gewalt mit stets wachsender Unterdrückungsmacht auszustatten; er zwang sie auch, ihre eigne parlamentarische Zwingburg – die Nationalversammlung – nach und nach aller Verteidigungsmittel gegen die vollziehende Gewalt zu entblößen. Die vollziehende Gewalt, in der Person des Louis Bonaparte, setzte sie vor die Tür. Der leibliche Nachkomme der Republik der ›Ordnungspartei‹ war das zweite Kaisertum.

Das Kaisertum, mit dem Staatsstreich als Geburtsschein, dem allgemeinen Stimmrecht als Beglaubigung und dem Säbel als Zepter, gab vor, sich auf die Bauern zu stützen, auf jene große Masse der Produzenten, die nicht unmittelbar in den Kampf zwischen Kapital und Arbeit verwickelt waren. Es gab vor, die Arbeiterklasse zu retten, indem es den Parlamentarismus brach und mit ihm die unverhüllte Unterwürfigkeit der Regierung unter die besitzenden Klassen. Es gab vor, die besitzenden Klassen zu retten durch Aufrechterhaltung ihrer ökonomischen Hoheit über die Arbeiterklasse; und schließlich gab es vor, alle Klassen zu vereinigen, durch die Wiederbelebung des Trugbilds des nationalen Ruhms. In Wirklichkeit war es die einzige mögliche Regierungsform zu einer Zeit, wo die Bourgeoisie die Fähigkeit, die Nation zu beherrschen, schon verloren und wo die Arbeiterklasse diese Fähigkeit noch nicht erworben hatte. Die ganze

Welt jauchzte ihm zu als dem Retter der Gesellschaft. Unter seiner Herrschaft erreichte die Bourgeoisgesellschaft, aller politischen Sorgen enthoben, eine von ihr selbst nie geahnte Entwicklung. Ihre Industrie, ihr Handel dehnten sich zu unermeßlichen Verhältnissen aus; der Finanzschwindel feierte kosmopolitische Orgien; das Elend der Massen hob sich grell ab gegenüber dem schamlosen Prunk eines gleißenden, überladnen und schuftigriechenden Luxus. Die Staatsmacht, scheinbar hoch über der Gesellschaft schwebend, war dennoch selbst der skandalöseste Skandal dieser Gesellschaft und gleichzeitig die Brutstätte aller ihrer Fäulnis. Ihre eigne Verrottung und die Verrottung der von ihr geretteten Gesellschaft wurde bloßgelegt durch die Bajonette Preußens, das selbst vor Begierde brannte, den Schwerpunkt ihres Regimes von Paris nach Berlin zu verlegen. Der Imperialismus ist die prostituierteste und zugleich die schließliche Form jener Staatsmacht, die von der entstehenden bürgerlichen Gesellschaft ins Leben gerufen war als das Werkzeug ihrer eignen Befreiung vom Feudalismus und die die vollentwickelte Bourgeoisgesellschaft verwandelt hatte in ein Werkzeug zur Knechtung der Arbeit durch das Kapital.

Der gerade Gegensatz des Kaisertums war die Kommune. Der Ruf nach der ›sozialen Republik‹, womit das Pariser Proletariat die Februarrevolution einführte, drückte nur das unbestimmte Verlangen aus nach einer Republik, die nicht nur die monarchische Form der Klassenherrschaft beseitigen sollte, sondern die Klassenherrschaft selbst. Die Kommune war die bestimmte Form dieser Republik.

Paris, der Mittelpunkt und Sitz der alten Regierungsmacht und gleichzeitig der gesellschaftliche Schwerpunkt der französischen Arbeiterklasse, Paris hatte sich in Waffen erhoben gegen den Versuch des Thiers und seiner Krautjunker, diese ihnen vom Kaisertum überkommne alte Regierungsmacht wiederherzustellen und zu verewigen. Paris konnte nur Widerstand leisten, weil es infolge der Belagerung die Armee losgeworden war, an deren Stelle es eine hauptsächlich aus Arbeitern bestehende Nationalgarde gesetzt hatte. Diese Tatsache galt es jetzt in eine bleibende Einrichtung zu verwandeln. Das erste Dekret der Kommune war daher die Unterdrückung des stehenden Heeres und seine Ersetzung durch das bewaffnete Volk.

Die Kommune bildete sich aus den durch allgemeines Stimmrecht in den verschiedenen Bezirken von Paris gewählten Stadträten. Sie waren verantwortlich und jederzeit absetzbar. Ihre Mehrzahl bestand selbstredend aus Arbeitern oder anerkannten Vertretern der Arbeiterklasse. Die Kommune sollte nicht eine parlamentarische, sondern eine arbeitende Körperschaft sein, vollziehend und gesetzgebend zu gleicher Zeit. Die Polizei, bisher das Werkzeug der Staatsregierung, wurde sofort aller ihrer politischen Eigenschaften entkleidet und in das verantwortliche und jederzeit absetzbare Werkzeug der Kommune verwandelt. Ebenso die Beamten aller andern Verwaltungszweige. Von den Mitgliedern der Kommune an abwärts, mußte der öffentliche Dienst für *Arbeiterlohn* besorgt werden. Die erworbnen Anrechte und die Repräsentationsgelder der hohen Staatsbürger verschwanden mit diesen Würdenträgern selbst. Die öffentlichen Ämter hörten auf, das Privateigentum der Handlanger der Zentralregierung zu sein. Nicht nur die städtische Verwaltung, sondern auch die ganze, bisher durch den Staat ausgeübte Initiative wurde in die Hände der Kommune gelegt.

Das stehende Heer und die Polizei, die Werkzeuge der materiellen Macht der alten Regierung einmal beseitigt, ging die Kommune sofort darauf aus, das geistliche Unterdrückungswerkzeug, die Pfaffenmacht, zu brechen; sie dekretierte die Auflösung und Enteignung aller Kirchen, soweit sie besitzende Körperschaften waren. Die Pfaffen wurden in die Stille des Privatlebens zurückgesandt, um dort, nach dem Bilde ihrer Vorgänger, der Apostel, sich von dem Almosen der Gläubigen zu nähren. Sämtliche Unterrichtsanstalten wurden dem Volk unentgeltlich geöffnet und gleichzeitig von aller Einmischung des Staats und der Kirche gereinigt. Damit war nicht nur die Schulbildung für jedermann zugänglich gemacht, sondern auch die

Wissenschaft selbst von den ihr durch das Klassenvorurteil und die Regierungsgewalt auferlegten Fesseln befreit.

Die richterlichen Beamten verloren jene scheinbare Unabhängigkeit, die nur dazu gedient hatte, ihre Unterwürfigkeit unter alle aufeinanderfolgenden Regierungen zu verdecken, deren jeder sie, der Reihe nach, den Eid der Treue geschworen und gebrochen hatten. Wie alle übrigen öffentlichen Diener, sollten sie fernerhin gewählt, verantwortlich und absetzbar sein.

Die Pariser Kommune sollte selbstverständlich allen großen gewerblichen Mittelpunkten Frankreichs zum Muster dienen. Sobald die kommunale Ordnung der Dinge einmal in Paris und den Mittelpunkten zweiten Ranges eingeführt war, hätte die alte zentralisierte Regierung auch in den Provinzen der Selbstregierung der Produzenten weichen müssen. In einer kurzen Skizze der nationalen Organisation, die die Kommune nicht die Zeit hatte, weiter auszuarbeiten, heißt es ausdrücklich, daß die Kommune die politische Form selbst des kleinsten Dorfs sein, und daß das bestehende Heer auf dem Lande durch eine Volksmiliz mit äußerst kurzer Dienstzeit ersetzt werden sollte. Die Landgemeinden eines jeden Bezirks sollten ihre gemeinsamen Angelegenheiten durch eine Versammlung von Abgeordneten in der Bezirkshauptstadt verwalten, und diese Bezirksversammlungen dann wieder Abgeordnete zur Nationaldelegation in Paris schicken; die Abgeordneten sollten jederzeit absetzbar und an die bestimmten Instruktionen ihrer Wähler gebunden sein. Die wenigen, aber wichtigen Funktionen, welche dann noch für eine Zentralregierung übrigblieben, sollten nicht, wie dies absichtlich gefälscht worden, abgeschafft, sondern an kommunale, d.h. streng verantwortliche Beamte übertragen werden. Die Einheit der Nation sollte nicht gebrochen, sondern im Gegenteil organisiert werden durch die Kommunalverfassung; sie sollte eine Wirklichkeit werden durch die Vernichtung jener Staatsmacht, welche sich für die Verkörperung dieser Einheit ausgab, aber unabhängig und überlegen sein wollte gegenüber der Nation, an deren Körper sie doch nur ein Schmarotzerauswuchs war.

Während es galt, die bloß unterdrückenden Organe der alten Regierungsmacht abzuschneiden, sollten ihre berechtigten Funktionen einer Gewalt, die über der Gesellschaft zu stehn beanspruchte, entrissen und den verantwortlichen Dienern der Gesellschaft zurückgegeben werden. Statt einmal in drei oder sechs Jahren zu entscheiden, welches Mitglied der herrschenden Klasse das Volk im Parlament ver- und zertreten soll, sollte das allgemeine Stimmrecht dem in Kommunen konstituierten Volk dienen, wie das individuelle Stimmrecht jedem andern Arbeitgeber dazu dient, Arbeiter, Aufseher und Buchhalter in seinem Geschäft auszusuchen. Und es ist bekannt genug, daß Gesellschaften ebensogut wie einzelne, in wirklichen Geschäftssachen gewöhnlich den rechten Mann zu finden und, falls sie sich einmal täuschen, dies bald wieder gutzumachen wissen. Andrerseits aber konnte nichts dem Geist der Kommune fremder sein, als das allgemeine Stimmrecht durch hierarchische Investitur zu ersetzen.

Es ist das gewöhnliche Schicksal neuer geschichtlicher Schöpfungen, für das Seitenstück älterer und selbst verlebter Formen des gesellschaftlichen Lebens versehn zu werden, denen sie einigermaßen ähnlich sehn. So ist diese neue Kommune, die die moderne Staatsmacht bricht, angesehen worden für eine Wiederbelebung der mittelalterlichen Kommunen, welche jener Staatsmacht erst vorausgingen und dann ihre Grundlage bildeten. – Die Kommunalverfassung ist versehn worden für einen Versuch, einen Bund kleiner Staaten, wie Montesquieu und die Girondins ihn träumten, an die Stelle jener Einheit großer Völker zu setzen, die, wenn ursprünglich durch Gewalt zustande gebracht, doch jetzt ein mächtiger Faktor der gesellschaftlichen Produktion geworden ist. – Der Gegensatz der Kommune gegen die Staatsmacht ist versehn worden für eine übertriebne Form des alten Kampfes gegen Überzentralisation. Besondre geschichtliche Umstände mögen die klassische Entwicklung der Bourgeoisregierungsform, wie sie in Frankreich vor sich gegangen, in andren Ländern verhindert, und mögen gestattet haben, daß, wie in England, die großen zentralen Staatsorgane sich ergänzen durch korrupte Pfarreiversammlungen (vestries), geldschachernde Stadträte und wutschnaubende Armenverwalter in den Städten und durch tatsächlich erbliche Friedensrichter auf dem Lande. Die Kommunalverfassung würde im Gegenteil dem gesellschaftlichen Körper alle die Kräfte zurückgegeben haben, die bisher der Schmarotzerauswuchs ›Staat‹, der von der Gesellschaft sich nährt und ihre freie Bewegung hemmt, aufgezehrt hat. Durch diese Tat allein würde sie die Wiedergeburt Frankreichs in Gang gesetzt haben. – Die Mittelklasse der Provinzialstädte sah in der Kommune einen Versuch zur Wiederherstellung der Herrschaft, die sie unter Louis-Philippe über das Land ausgeübt hatte und die unter Louis Bonaparte verdrängt wurde durch die angebliche Herrschaft des Landes über die Städte. In Wirklichkeit aber hätte die Kommunalverfassung die ländlichen Produzenten unter die geistige Führung der Bezirkshauptstädte gebracht und ihnen dort, in den städtischen Arbeitern, die natürlichen Vertreter ihrer Interessen gesichert. – Das bloße Bestehn der Kommune führte, als etwas Selbstverständliches, die lokale Selbstregierung mit sich, aber nun nicht mehr als Gegengewicht gegen die, jetzt überflüssig gemachte, Staatsmacht. Es konnte nur einem Bismarck einfallen, der, wenn nicht von seinen Blut- und Eisenintrigen in Anspruch genommen, gern zu seinem alten, seinem geistigen Kaliber so sehr zusagenden Handwerk als Mitarbeiter am ›Kladderadatsch‹ zurückkehrt – nur einem solchen Kopf konnte es einfallen, der Pariser Kommune eine Sehnsucht unterzuschieben nach jener Karikatur der alten französischen Städteverfassung von 1791, der preußischen Städteordnung, die die städtischen Verwaltungen zu bloßen untergeordneten Rädern in der preußischen Staatsmaschinerie erniedrigt. – Die Kommune machte das Stichwort aller Bourgeoisrevolutionen – wohlfeile Regierung – zur Wahrheit, indem sie die beiden größten Ausgabequellen, die Armee und das Beamtentum, aufhob. Ihr bloßes Bestehn setzte das Nichtbestehn der Monarchie voraus, die, wenigstens in Europa, der regelrechte Ballast und der unentbehrliche Deckmantel der Klassenherrschaft ist. Sie verschaffte der Republik die Grundlage wirklich demokratischer Einrichtungen. Aber weder ›wohlfeile Regierung‹ noch die ›wahre Republik‹ war ihr Endziel; beide ergaben sich nebenbei und von selbst.

Die Mannigfaltigkeit der Deutungen, denen die Kommune unterlag, und die Mannigfaltigkeit der Interessen, die sich in ihr ausgedrückt fanden, beweisen, daß sie eine durch und durch ausdehnungsfähige politische Form war, während alle früheren Regierungsformen wesentlich unterdrückend gewesen waren. Ihr wahres Geheimnis war dies: Sie war wesentlich eine *Regierung der Arbeiterklasse*, das Resultat des Kampfs der hervorbringenden gegen die aneignende Klasse, die endlich entdeckte politische Form, unter der die ökonomische Befreiung der Arbeit sich vollziehn konnte.

Ohne diese letzte Bedingung war die Kommunalverfassung eine Unmöglichkeit und Täuschung. Die politische Herrschaft des Produzenten kann nicht bestehn neben der Verewigung seiner gesellschaftlichen Knechtschaft. Die Kommune sollte daher als Hebel dienen, um die ökonomischen Grundlagen umzustürzen, auf denen der Bestand der Klassen und damit der Klassenherrschaft ruht. Einmal die Arbeit emanzipiert, so wird jeder Mensch ein Arbeiter, und produktive Arbeit hört auf, eine Klasseneigenschaft zu sein.

Es ist eine eigentümliche Tatsache: Trotz all des großen Geredes und der unermeßlichen Literatur der letzten sechzig Jahre über die Emanzipation der Arbeiter – kaum nehmen die Arbeiter irgendwo die Sache in ihre eignen Hände, so ertönen auch sofort wieder die apologetischen Redensarten der Fürsprecher der jetzigen Gesellschaft mit ihren beiden Polen: Kapital und Lohnsklaverei (der Grundbesitzer ist jetzt nur noch der stille Gesellschafter des Kapitalisten), als lebte die kapitalistische Gesellschaft noch im Stande reinster jungfräulicher Unschuld, alle ihre Grundsätze noch unentwickelt, alle ihre Selbsttäuschungen noch unenthüllt, alle ihre prostituierte Wirklichkeit noch nicht bloßgelegt! Die Kommune, rufen sie aus, will das Eigentum, die Grundlage aller Zivilisation, abschaffen! Jawohl, meine Herren, die Kommune wollte jenes Klasseneigentum abschaffen, das die Arbeit der vielen in den Reichtum der wenigen verwandelt. Sie beabsichtigte die Enteignung der Enteigner. Sie wollte das individuelle Eigentum zu einer Wahrheit machen, indem sie die Produktionsmittel, den Erdboden und das Kapital, jetzt vor allem die Mittel zur Knechtung und Ausbeutung der Arbeit, in bloße Werkzeuge der freien und assoziierten Arbeit verwandelt. – Aber dies ist der Kommunismus, der ›unmögliche‹ Kommunismus! Nun, diejenigen Leute aus den herrschenden Klassen, die verständig genug sind, die Unmöglichkeit der Fortdauer des jetzigen Systems einzusehn – und deren gibt es viele –, haben sich zu zudringlichen und großmäuligen Aposteln der genossenschaftlichen Produktion aufgeworfen. Wenn aber die genossenschaftliche Produktion nicht eitel Schein und Schwindel bleiben, wenn sie das kapitalistische System verdrängen, wenn die Gesamtheit der Genossenschaften die nationale Produktion nach einem gemeinsamen Plan regeln, sie damit unter ihre eigne Leitung nehmen und der beständigen Anarchie und den periodisch wiederkehrenden Konvulsionen, welche das unvermeidliche Schicksal der kapitalistischen Produktion sind, ein Ende machen soll – was wäre das andres, meine Herren, als der Kommunismus, der ›mögliche‹ Kommunismus?

Die Arbeiterklasse verlangte keine Wunder von der Kommune. Sie hat keine fix und fertigen Utopien durch Volksbeschluß einzuführen. Sie weiß, daß, um ihre eigne Befreiung und mit ihr jene höhre Lebensform hervorzuarbeiten, der die gegenwärtige Gesellschaft durch ihre eigne ökonomische Entwicklung unwiderstehlich entgegenstrebt, daß sie, die Arbeiterklasse, lange Kämpfe, eine ganze Reihe geschichtlicher Prozesse durchzumachen hat, durch welche die Menschen wie die Umstände gänzlich umgewandelt werden. Sie hat keine Ideale zu verwirklichen; sie hat nur die Elemente der neuen Gesellschaft in Freiheit zu setzen, die sich bereits im Schoß der zusammenbrechenden Bourgeoisgesellschaft entwickelt haben. Im vollen Bewußtsein ihrer geschichtlichen Sendung und mit dem Heldenentschluß, ihrer würdig zu handeln, kann die Arbeiterklasse sich begnügen, zu lächeln gegenüber den plumpen Schimpfereien der Lakaien von der Presse wie gegenüber der lehrhaften Protektion wohlmeinender Bourgeoisdoktrinäre, die ihre unwissenden Gemeinplätze und Sektierermarotten im Orakelton wissenschaftlicher Unfehlbarkeit abpredigen.

Als die Pariser Kommune die Leitung der Revolution in ihre eigne Hand nahm, als einfache Arbeiter zum erstenmal es wagten, das Regierungsprivilegium ihrer ›natürlichen Obern‹, der Besitzenden, anzutasten, und, unter Umständen von beispielloser Schwierigkeit, ihre Arbeit bescheiden, gewissenhaft und wirksam verrichteten – sie verrichteten für Gehalte, deren höchstes kaum ein Fünftel von dem war, was nach einem hohen wissenschaftlichen Gewährsmann (Professor Huxley) das geringste ist für einen Sekretär des Londoner Schulrats –, da wand sich die alte Welt in Wutkrämpfen beim Anblick der roten Fahne, die, das Symbol der Republik der Arbeit, über dem Stadthause wehte. Und doch war dies die erste Revolution, in der die Arbeiterklasse offen anerkannt wurde als die einzige Klasse, die noch einer gesellschaftlichen Initiative fähig war; anerkannt selbst durch die große Masse der Pariser Mittelklasse – Kleinhändler, Handwerker, Kaufleute –, die reichen Kapitalisten allein ausgenommen. Die Kommune hatte sie gerettet durch eine weise Erledigung jener immer wiederkehrenden Ursache des Streits unter der Mittelklasse selbst, der Frage zwischen Schuldnern und Gläubigern. Derselbe Teil der Mittelklasse hatte sich 1848 bei der Unterdrückung des Arbeiteraufstandes vom Juni beteiligt; und unmittelbar darauf war er durch die konstituierende Versammlung ohne alle Umstände seinen Gläubigern zum Opfer gebracht worden. Aber dies war nicht der einzige Grund, weswegen er sich jetzt an die Arbeiter anschloß. Er fühlte, daß es nur noch eine Wahl gab: die Kommune oder das Kaisertum, gleichviel unter welchem Namen. Das Kaisertum hatte diese

Mittelklasse ökonomisch ruiniert durch seine Verschlechterung des öffentlichen Reichtums, durch den von ihm großgezognen Finanzschwindel, durch seine Beihülfe zur künstlich beschleunigten Zentralisation des Kapitals und die dadurch bedingte Enteignung eines großen Teils dieser Mittelklasse. Es hatte sie politisch unterdrückt, sie sittlich entrüstet durch seine Orgien, es hatte ihren Voltairianismus beleidigt durch Überlieferung der Erziehung ihrer Kinder an die ›unwissenden Brüderlein‹, es hatte ihre Nationalgefühle als Franzosen empört, indem es sie kopfüber in einen Krieg stürzte, der für alle die Verwüstung, die er anrichtete, nur einen Ersatz ließ – die Vernichtung des Kaisertums. In der Tat, nach der Auswanderung der hohen bonapartistischen und kapitalistischen Zigeunerbande aus Paris trat die wahre Ordnungspartei der Mittelklasse hervor als die ›Union républicaine‹, stellte sich unter die Fahne der Kommune und verteidigte sie gegen Thiers' absichtliche Entstellungen. Ob die Dankbarkeit dieser großen Masse der Mittelklasse die jetzigen schweren Prüfungen bestehen wird, bleibt abzuwarten.

Die Kommune hatte vollständig recht, als sie den Bauern zurief: »Unser Sieg ist eure Hoffnung!« Von allen den Lügen, die in Versailles ausgeheckt und von den ruhmvollen europäischen Preßzuaven weiterposaunt wurden, war eine der ungeheuerlichsten die, daß die Krautjunker der Nationalversammlung die Vertreter der französischen Bauern seien. Man denke sich nur die Liebe des französischen Bauern für die Leute, denen er, nach 1815, eine Milliarde Entschädigung zahlen mußte! In den Augen der französischen Bauern ist ja schon die bloße Existenz eines großen Grundbesitzers ein Eingriff in seine Eroberungen von 1789. Der Bourgeois hatte 1848 die Bodenparzelle des Bauern mit der Zuschlagsteuer von 45 Centimen auf den Franken belastet, aber er tat es im Namen der Revolution; jetzt hatte er einen Bürgerkrieg gegen die Revolution entzündet, um die Hauptlast der den preußen bewilligten fünf Milliarden Kriegsentschädigung den Bauern aufzubürden. Die Kommune dagegen erklärte gleich in einer ihrer ersten Proklamationen, daß die wirklichen

Urheber des Krieges auch dessen Kosten tragen müßten. Die Kommune würde dem Bauer die Blutsteuer abgenommen, ihm eine wohlfeile Regierung gegeben und seine Blutsauger, den Notar, den Advokaten, den Gerichtsvollzieher und andre gerichtliche Vampire, in besoldete Kommunalbeamte, von ihm selbst gewählt und ihm verantwortlich, verwandelt haben. Sie würde ihn befreit haben von der Willkürherrschaft des Flurschützen, des Gendarmen und des Präfekten; sie würde an Stelle der Verdummung durch die Pfaffen die Aufklärung durch den Schullehrer gesetzt haben. Und der französische Bauer ist vor allem ein Mann, der rechnet. Er würde es äußerst vernünftig gefunden haben, daß die Bezahlung des Pfaffen, statt von dem Steuereinnehmer eingetrieben zu werden, nur von der freiwilligen Betätigung des Frömmigkeitstriebs seiner Gemeinde abhängen solle. Dies waren die großen unmittelbaren Wohltaten, die die Herrschaft der Kommune – und sie nur – den französischen Bauern in Aussicht stellte. Es ist daher ganz überflüssig, hier näher einzugehen auf die verwickelteren wirklichen Lebensfragen, die die Kommune allein fähig und gleichzeitig gezwungen war, zugunsten des Bauern zu lösen – die Hypothekenschuld, die wie ein Alp auf seiner Parzelle lastete, das ländliche Proletariat, das täglich auf ihr heranwuchs, und seine eigne Enteignung von dieser Parzelle, die mit stets wachsender Geschwindigkeit durch die Entwicklung der modernen Ackerbauwirtschaft und die Konkurrenz des kapitalistischen Bodenbaus sich durchsetzte.

Der französische Bauer hatte Louis Bonaparte zum Präsidenten der Republik gewählt, aber die Ordnungspartei schuf das zweite Kaisertum. Was der französische Bauer wirklich bedarf, fing er an, 1849 und 50 zu zeigen, indem er überall seinen Maire dem Regierungspräfekten, seinen Schullehrer dem Regierungspfaffen und sich selbst dem Regierungsgendarmen entgegenstellte. Alle von der Ordnungspartei im Januar und Februar 1850 erlassenen Gesetze waren eingestandene Zwangsmaßregeln gegen die Bauern. Der Bauer war Bonapartist, weil die große Revolution, mit all ihren Vorurteilen für ihn, in seinen Augen in

Napoleon verkörpert war. Diese Täuschung, die unter dem zweiten Kaisertum rasch am Zusammenbrechen war (und sie war ihrer ganzen Natur nach den Krautjunkern feindlich), dies Vorurteil der Vergangenheit, wie hätte es bestehn können gegenüber dem Appell der Kommune an die lebendigen Interessen und dringenden Bedürfnisse der Bauern?

Die Krautjunker – dies war in der Tat ihre Hauptbefürchtung – wußten, daß drei Monate freien Verkehrs zwischen dem kommunalen Paris und den Provinzen einen allgemeinen Bauernaufstand zuwege bringen würden. Daher ihre ängstliche Eile, Paris mit einer Polizeiblockade zu umgeben und die Verbreitung der Rinderpest zu hemmen.

Wenn sonach die Kommune die wahre Vertreterin aller gesunden Elemente der französischen Gesellschaft war, und daher die wahrhaft nationale Regierung, so war sie gleichzeitig, als eine Arbeiterregierung, als der kühne Vorkämpfer der Befreiung der Arbeit, im vollen Sinn des Worts international. Unter den Augen der preußischen Armee, die zwei französische Provinzen an Deutschland annexiert hatte, annexierte die Kommune die Arbeiter der ganzen Welt an Frankreich.

Das zweite Kaisertum war das Jubelfest der kosmopolitischen Prellerei gewesen, die Hochstapler aller Länder waren auf seinen Ruf herzugestürzt, teilzunehmen an seinen Orgien und an der Ausplünderung des französischen Volks. Selbst in diesem Augenblick noch ist Thiers' rechte Hand Ganesco, der walachische Lump, und seine linke Hand Markowski, der russische Spion. Die Kommune ließ alle Fremden zu zu der Ehre, für eine unsterbliche Sache zu fallen. – Zwischen dem durch ihren Verrat verlorenen auswärtigen Krieg und dem durch ihre Verschwörung mit dem fremden Eroberer entzündeten Bürgerkrieg hatte die Bourgeoisie Zeit gefunden, ihren Patriotismus durch die Organisation von Polizeijagden auf die Deutschen in Frankreich zu betätigen. Die Kommune machte einen Deutschen zu ihrem Arbeitsminister. – Thiers, die Bourgeoisie, das zweite Kaisertum hatten Polen immerfort durch laute Verheißungen der Teilnahme getäuscht, während sie in Wirklichkeit es an Rußland verrieten und Rußlands schmutzige Arbeit verrichteten. Die Kommune ehrte die Heldensöhne Polens, indem sie sie an die Spitze der Verteidigung von Paris stellt. Und, um ganz unverkennbar die neue geschichtliche Ära zu bezeichnen, die sie einzuleiten sich bewußt war, warf die Kommune, unter den Augen, hier der siegreichen Preußen, dort der von bonapartistischen Generalen geführten bonapartistischen Armee, das kolossale Symbol des Kriegsruhms nieder, die Vendôme-Säule.

Die große soziale Maßregel der Kommune war ihr eignes arbeitendes Dasein. Ihre besondern Maßregeln konnten nur die Richtung andeuten, in der eine Regierung des Volks durch das Volk sich bewegt. Dahin gehören die Abschaffung der Nachtarbeit der Bäckergesellen; das Verbot, bei Strafe, der bei Arbeitgebern üblichen Praxis, den Lohn herabzudrücken durch Auferlegung von Geldstrafen auf die Arbeiter unter allerlei Vorwänden – ein Verfahren, wobei der Arbeitgeber in einer Person Gesetzgeber, Richter und Vollstrecker ist und obendrein das Geld einsteckt. Eine andre Maßregel dieser Art war die Auslieferung von allen geschlossenen Werkstätten und Fabriken an Arbeitergenossenschaften, unter Vorbehalt der Entschädigung, gleichwohl, ob der betreffende Kapitalist geflüchtet war oder aber vorzog, die Arbeit einzustellen.

Die finanziellen Maßregeln der Kommune, ausgezeichnet durch ihre Einsicht und Mäßigung, konnten sich nur auf solche beschränken, die mit der Lage einer belagerten Stadt verträglich waren. In Anbetracht der ungeheuren Diebstähle, begangen an der Stadt Paris durch die großen Finanzkompanien und Bauunternehmer unter Haussmanns Herrschaft, hätte die Kommune ein weit größeres Recht gehabt, ihr Eigentum zu konfiszieren, als Louis Bonaparte das der Familie Orléans. Die Hohenzollern und die englischen Oligarchen, die beide ein gutes Stück ihrer Besitzungen von geraubtem Kircheneigentum herleiten, waren natürlich höchst entrüstet über die Kommune, die aus der Säkularisation nur 8000 Franken profitierte.

Während die Verailler Regierung, sobald sie wieder zu etwas Mut und Stärke gekommen, die gewaltsamsten Mittel gegen die Kommune anwandte; während sie die freie Meinungsäußerung über ganz Frankreich unterdrückte und sogar Versammlungen von Delegierten der großen Städte verbot; während sie Versailles und das übrige Frankreich einer Spionage, weit schlimmer als die des zweiten Kaisertums, unterwarf; während sie durch ihre Gendarmen-Inquisitoren alle in Paris gedruckten Zeitungen verbrannte und alle Briefe von und nach Paris erbrach; während in der Nationalversammlung die furchtsamsten Versuche, ein Wort für Paris zu verlautbaren, niedergeheult wurden in einer, selbst in der Junkerkammer von 1816 unerhörten Weise; während der blutdürstigen Kriegsführung der Versailler außerhalb und ihrer Versuche der Bestechung und Verschwörung innerhalb Paris – hätte da die Kommune nicht ihre Stellung schmählich verraten, wenn sie alle Anstandsformen des Liberalismus, wie im tiefsten Frieden, beobachtet hätte? Wäre die Regierung der Kommune der des Herrn Thiers verwandt gewesen, es wäre ebensowenig Veranlassung dagewesen, Ordnungsparteiblätter in Paris wie Kommunalblätter in Versailles zu unterdrücken.

Es war in der Tat ärgerlich für die Krautjunker, daß gerade um die Zeit, wo sie die Rückkehr zur Kirche als einziges Mittel zur Rettung Frankreichs erklärten, die ungläubige Kommune die eigentümlichen Geheimnisse des Nonnenklosters Picpus und der Kirche St. Laurent aufdeckte. Es war ein Satire auf Thiers, daß, während er Großkreuze auf die bonapartistischen Generale regnen ließ für ihre Meisterschaft im Schlachtenverlieren, Kapitulationsunterzeichnen und Wilhelmshöher Zigarettendrehen, die Kommune ihre Generale absetzte und verhaftete, sobald sie der Vernachlässigung ihres Dienstes verdächtig waren. Die Ausstoßung und Verhaftung eines Mitgliedes, das sich unter falschem Namen eingeschlichen und früher in Lyon sechs Tage Gefängnis wegen einfachen Bankerotts erlitten hatte – war sie nicht eine vorbedachte Beleidigung, ins Gesicht geschleudert vom Fälscher Jules Favre, damals noch immer auswärtiger Mini-

427

ster Frankreichs, noch immer Frankreich verkaufend an Bismarck, noch immer Befehle diktierend jener unvergleichlichen belgischen Regierung? Aber in der Tat, die Kommune machte keinen Anspruch auf Unfehlbarkeit, wie dies alle die alten Regierungen ohne Ausnahme tun. Sie veröffentlichte alle Reden und Handlungen, sie weihte das Publikum ein in alle ihre Unvollkommenheiten.

In jeder Revolution drängen sich, neben ihren wirklichen Vertretern, Leute andern Gepräges vor. Einige sind die Überlebenden früherer Revolutionen, mit denen sie verwachsen sind; ohne Einsicht in die gegenwärtige Bewegung, aber noch im Besitz großen Einflusses auf das Volk durch ihren bekannten Mut und Charakter oder auch durch bloße Tradition. Andre sind bloße Schreier, die, jahrelang dieselben ständigen Deklamationen gegen die Regierung des Tages wiederholend, sich in den Ruf von Revolutionären des reinsten Wassers eingeschlichen haben. Auch nach dem 18. März kamen solche Leute zum Vorschein und spielten sogar in einigen Fällen eine hervorragende Rolle. Soweit ihre Macht ging, hemmten sie die wirkliche Aktion der Arbeiterklasse, wie sie die volle Entwicklung jeder frühern Revolution gehemmt haben. Sie sind ein unvermeidliches Übel; mit der Zeit schüttelt man sie ab; aber gerade diese Zeit wurde der Kommune nicht gelassen.

Wunderbar in der Tat war die Verwandlung, die die Kommune an Paris vollzogen hatte! Keine Spur mehr von dem buhlerischen Paris des zweiten Kaisertums. Paris war nicht länger der Sammelplatz von britischen Grundbesitzern, irischen Absentees, amerikanischen Ex-Sklavenhaltern und Emporkömmlingen, russischen Ex-Leibeignenbesitzern und walachischen Bojaren. Keine Leichen mehr in der Morgue, keine nächtlichen Einbrüche und fast keine Diebstähle mehr; seit den Februartagen von 1848 waren die Straßen von Paris wirklich einmal wieder sicher, und das ohne irgendwelche Polizei.

»Wir«, sagte ein Mitglied der Kommune, »wir hören jetzt nichts mehr von Mord, Raub und Tätlichkeiten gegen Personen:

es scheint in der Tat, als ob die Polizei alle ihre konservativen Freunde mit nach Versailles geschleppt habe.«

Die Kokotten hatten die Fährte ihrer Beschützer wiedergefunden – der flüchtigen Männer der Familie, der Religion und vor allem des Eigentums. An ihrer Stelle kamen die wirklichen Weiber von Paris wieder an die Oberfläche – heroisch, hochherzig und aufopfernd wie die Weiber des Altertums. Paris, arbeitend, denkend, kämpfend, blutend, über seiner Vorbereitung einer neuen Gesellschaft fast vergessend der Kannibalen vor seinen Toren, strahlend in der Begeisterung seiner geschichtlichen Initiative!

Und nun, gegenüber dieser neuen Welt in Paris, siehe da die alte Welt in Versailles – diese Versammlung der Ghuls aller verstorbenen Regimes, Legitimisten und Orleanisten, gierig, vom Leichnam der Nation zu zehren – mit einem Schwanz vorsintflutlicher Republikaner, die durch ihre Gegenwart in der Versammlung der Sklavenhalter-Rebellion zustimmten, die die Erhaltung ihrer parlamentarischen Republik von der Eitelkeit des bejahrten Pickelhärings an der Spitze der Regierung erhofften und 1789 karikierten durch Abhaltung ihrer gespensterhaften Versammlungen im Jeu de Paume (Ballspielhaus, wo die Nationalversammlung von 1789 ihre berühmten Beschlüsse faßte). Da war sie, diese Versammlung, die Vertretern von allem, was abgestorben war in Frankreich, aufgestützt zur Positur scheinbaren Lebens durch nichts als die Säbel der Generale von Louis Bonaparte. Paris ganz Wahrheit, Versailles ganz Lüge, und diese Lüge losgelassen durch den Mund Thiers'.

Thiers sagt einer Deputation der Bürgermeister des Seine- und Oise-Departements:

»Sie können sich auf mein Wort verlassen, das ich *nie* gebrochen habe!«

Der Versammlung selbst sagte er, sie sei »die freiestgewählte und liberalste Versammlung, die Frankreich je besessen«; seiner buntgemischten Soldateska, sie sei »die Bewunderung der Welt und die schönste Armee, die Frankreich je gehabt«; den Provinzen, das Bombardement von Paris sei ein Märchen:

»Wenn einige Kanonenschüsse gefallen sind, so geschah das nicht durch die Versailler Armee, sondern durch einige Insurgenten, die glauben machen wollen, sie schlügen sich, wo sie sich doch nirgends zu zeigen wagen.«

Dann wieder sagt er den Provinzen:

»Die Artillerie von Versailles bombardiert Paris nicht, sie kanoniert es bloß.«

Dem Erzbischof von Paris sagt er, die den Versailler Truppen nacherzählten Erschießungen und Repressalien (!) seien lauter Lügen. Er verkündet an Paris, er beabsichtige nur, »es von den scheußlichen Tyrannen zu befreien, die es bedrücken«, und das Paris der Kommune sei in der Tat »nur eine Handvoll Verbrecher«. Das Paris des Thiers war nicht das wirkliche Paris der »schoflen Menge«, sondern ein Phantasie-Paris, das Paris der Francs-fileurs, das Paris der Boulevards, männlich wie weiblich, das reiche, das kapitalistische, das vergoldete, das faulenzende Paris, das sich jetzt mit seinen Lakaien, seinen Hochstaplern, seiner literarischen Zigeunerbande und seinen Kokotten in Versailles, Saint-Denis, Rueil und Saint-Germain drängte; für das der Bürgerkrieg nur ein angenehmes Zwischenspiel war; das den Kampf durchs Fernglas betrachtete, die Kanonenschüsse zählte und bei seiner eignen Ehre und der seiner Huren schwor, das Schauspiel sei unendlich besser arrangiert, als es im Theater der Porte Saint-Martin je gewesen. Die Gefallnen waren wirklich tot, das Geschrei der Verwundeten war kein bloßer Schein; und dann, wie welthistorisch war nicht die ganze Sache!

Dies ist das Paris des Herrn Thiers, ganz wie die Emigration von Koblenz das Frankreich des Herrn von Calonne war.

IV

Der erste Versuch der Sklavenhalterverschwörung zur Unterwerfung von Paris, wonach die Preußen es besetzen sollten, scheiterte an Bismarcks Weigerung. Der zweite Versuch, am 18. März, endigte mit der Niederlage der Armee und der Flucht der Regierung nach Versailles, wohin ihr die gesamte Verwaltungsmaschinerie folgen mußte. Durch Vorspiegelung von Friedensunterhandlungen mit Paris gewann Thiers jetzt die Zeit, den Krieg gegen Paris vorzubereiten. Aber woher eine Armee nehmen? Die Überbleibsel der Linienregimenter waren schwach an Zahl und unsicher von Stimmung. Seine dringenden Anrufe an die Provinzen, Versailles mit ihren Nationalgarden und Freiwilligen zu Hülfe zu eilen, stießen auf offene Weigerung. Nur die Bretagne sandte eine Handvoll Chouans, die unter der weißen Fahne fochten, jeder mit dem Herzen Jesu in weißem Linnen auf der Brust, und deren Schlachtruf war: Vive le Roi! (Es lebe der König!) Thiers blieb also darauf angewiesen, in aller Eile eine buntscheckige Bande zusammenzutrommeln, Matrosen, Seesoldaten, päpstliche Zuaven, Valentins Gendarmen, Piétris Stadtsergeanten und Mouchards (Spitzel). Diese Armee wäre jedoch bis zur Lächerlichkeit ungenügend gewesen ohne die nach und nach eintreffenden imperialistischen Kriegsgefangenen, die Bismarck in Abschlagszahlungen losließ, hinreichend einerseits, den Bürgerkrieg in Gang und andrerseits Versailles in kriechender Abhängigkeit von Preußen zu halten. Im Verlauf dieses Kriegs selbst hatte die Versailler Polizei der Versailler Armee aufzupassen, während die Gendarmen diese Armee mit sich fortreißen mußten, indem sie sich überall an den gefährlichsten Posten zuerst aussetzten. Die Forts, welche fielen, wurden nicht genommen, sondern gekauft. Der Heldenmut der Kommunalisten überzeugte Thiers, daß der Widerstand von Paris nicht durch sein eignes strategisches Genie und die ihm verfügbaren Bajonette zu brechen war.

Gleichzeitig wurden seine Beziehungen zu den Provinzen immer schwieriger. Nicht eine einzige Billigungsadresse lief ein, um Thiers und seine Krautjunker aufzuheitern. Ganz im Gegenteil. Deputationen und Adressen strömten ein von allen Seiten und verlangten, in einem keineswegs achtungsvollen Ton, Versöhnung mit Paris auf Grundlage der unzweideutigen Anerkennung der Republik, der Bestätigung der kommunalen Freiheiten und der Auflösung der Nationalversammlung, deren Mandat erloschen sei. In solchen Massen kamen sie an, daß Dufaure, Thiers' Justizminister, den Staatsanwälten in einem Zirkular vom 23. April befahl, ›den Ruf nach Versöhnung‹ als ein Verbrechen zu behandeln! Im Hinblick jedoch auf die hoffnungslose Aussicht, die ihm sein Feldzug eröffnete, beschloß Thiers, seine Taktik zu ändern, und schrieb für das ganze Land Gemeinderatswahlen für den 23. April aus, auf Grund der neuen, von ihm der Nationalversammlung diktierten Gemeindeordnung. Mit den Intrigen seiner Präfekten hier, mit der Einschüchterung seiner Polizei dort, erwartete er ganz zuversichtlich, durch den Wahrspruch der Provinzen der Nationalversammlung die moralische Macht zu geben, die sie nie besessen hatte, und von den Provinzen die materielle Macht zu erhalten, deren er zur Besiegung von Paris bedurfte.

Seinen Räuberkrieg gegen Paris, verherrlicht in seinen eignen Bulletins, und die Versuche seiner Minister, in ganz Frankreich eine neue Schreckensherschaft zu errichten, hatte Thiers gleich von Anfang für nötig gehalten, durch eine kleine Versöhnungskomödie zu ergänzen, die mehr als einem Zwecke dienen sollte. Sie sollte die Provinzen hinters Licht führen, die Mittelklasse in Paris anlocken und vor allem den angeblichen Republikanern der Nationalversammlung die Gelegenheit geben, ihren Verrat gegen Paris hinter ihrem Glauben an Thiers zu verbergen. Am 21. März, als er noch keine Armee besaß, hatte er der Versammlung erklärt:

»Komme was da will, ich werde keine Armee nach Paris schicken.«

Am 27. März erhob er sich wieder:

»Ich habe die Republik als vollendete Tatsache vorgefunden, und ich bin fest entschlossen, sie aufrechtzuerhalten.«

In Wirklichkeit unterdrückte er die Revolution in Lyon und Marseille im Namen der Republik, während das Gebrüll seiner Krautjunker die bloße Erwähnung ihres Namens in Versailles niederheulte. Nach dieser Heldentat milderte er die vollendete Tatsache herab zu einer vorausgesetzten Tatsache. Die Orléansprinzen, die er vorsichtig aus Bordeaux wegbeschieden hatte, durften jetzt, in offnem Gesetzesbruch, frei in Dreux intrigieren. Die Zugeständnisse, die Thiers in seinen endlosen Zusammenkünften mit den Delegierten von Paris und den Provinzen in Aussicht stellte – so sehr sie auch fortwährend in Ton und Färbung wechselten –, liefen schließlich immer darauf hinaus, daß seine Rache sich voraussichtlich auf die »Handvoll Verbrecher, beteiligt beim Morde von Clément Thomas und Lecomte« beschränken solle, unter der wohlverstandenen Bedingung, daß Paris und Frankreich den Herrn Thiers selbst rückhaltlos als die beste der Republiken anerkennen sollte, grade wie er 1830 mit Louis-Philippe getan. Und selbst die Zugeständnisse – nicht nur, daß er Sorge trug, sie zweifelhaft zu machen durch die offiziellen Erläuterungen, die seine Minister in der Nationalversammlung dazu machten; nein, er hatte auch seinen Dufaure zum Handeln. Dufaure, dieser alte orleanistische Advokat, war jederzeit der Oberrichter des Belagerungszustands gewesen, wie jetzt, 1871, unter Thiers, so 1839 unter Louis-Philippe und 1849 unter Louis Bonapartes Präsidentschaft. Wenn er nicht Minister war, bereicherte er sich, indem er für die Pariser Kapitalisten plädierte, und machte politisches Kapital, indem er gegen die von ihm selbst eingeführten Gesetze plädierte. Jetzt, nicht zufrieden, eine Reihe Unterdrückungsgesetze durch die Nationalversammlung zu hetzen, die, nach dem Fall von Paris, die letzten Reste republikanischer Freiheit in Paris ausrotten sollten – deutete er selbst das Geschick von Paris im voraus an, indem er die, ihm noch zu langwierige, Verfahrensweise der Kriegsgerichte abkürzte und ein neugebacknes drakonisches Deportationsgesetz einbrachte. Die Revolution von 1848, welche die Todesstrafe für politische Verbrecher abschaffte, hatte sie durch Deportation ersetzt. Louis-Napoleon wagte nicht, die Herrschaft der Guillotine wiederherzustellen, wenigstens nicht offen ausgesprochen. Die Junkerversammlung, noch nicht kühn genug, selbst nur anzudeuten, daß die Pariser nicht Rebellen, sondern Mörder seien, mußte deshalb ihre vorweggenommene Rache gegen Paris auf Dufaures neues Deportationsgesetz beschränken. Unter allen diesen Umständen würde Thiers seine Versöhnungskomödie unmöglich so lange fortgespielt haben, hätte sie nicht, was er gerade wollte, das Wutgeschrei der Krautjunker hervorgerufen, deren wiederkäuender Verstand weder das Spiel verstand noch die Notwendigkeit seiner Heuchelei, Falschheit und Hinhaltung.

Angesichts der bevorstehenden Gemeinderatswahlen vom 30. April führte Thiers am 27. eine seiner großen Versöhnungsszenen auf. Mitten in einer Flut sentimentalen Redeergusses rief er von der Tribüne der Nationalversammlung aus:

»Die einzige Verschwörung gegen die Republik, die es gibt, ist die von Paris, die uns zwingt, französisches Blut zu vergießen. Ich wiederhole es aber und abermals: Laßt diese ruchlosen Waffen fallen aus den Händen derer, die sie führen, und die Strafe wird augenblicklich aufgehalten werden durch einen Friedensakt, der nur die Kleine Zahl der Verbrecher ausschließt.«

Den heftigen Unterbrechungen der Krautjunker antwortete er:

»Sagen Sie mir, meine Herren, ich bitte Sie inständig, habe ich unrecht? Tut es Ihnen wirklich leid, daß ich die Wahrheit sagen konnte, daß der Verbrecher nur eine Handvoll sind? Ist es nicht ein Glück inmitten all unsres Unglücks, daß die Leute, die fähig waren, das Blut von Clément Thomas und General Lecomte zu vergießen, nur seltne Ausnahmen bilden?«

Frankreich jedoch hatte nur taube Ohren für Thiers' Reden, in denen er sich schmeichelte, einen parlamentarischen Sirenensang geleistet zu haben. Aus allen den 700000 Gemeinderäten, gewählt in den 35000 noch bei Frankreich gebliebenen Gemeinden, setzten die vereinigten Legitimisten, Orleanisten und Bonapartisten nicht 8000 durch. Die nachfolgenden Nach- und Stichwahlen fielen noch feindseliger aus. Die Nationalversammlung, statt von den Provinzen die so sehr benötigte materielle Macht zu erhalten, verlor selbst den letzten Anspruch auf moralische Macht: den, der Ausdruck des allgemeinen Stimmrechts von Frankreich zu sein. Und um die Niederlage zu vollenden, bedrohten die neugewählten Gemeinderäte aller französischen Städte die usurpatorische Versammlung von Versailles mit einer Gegenversammlung in Bordeaux.

Damit war der lang erwartete Augenblick zum entscheidenden Auftreten für Bismarck gekommen. Er befahl Thiers im Herrscherton, unverzüglich Bevollmächtigte für den endgültigen Friedensschluß nach Frankfurt zu senden. In demütigem Gehorsam gegen den Ruf seines Herrn und Meisters beeilte sich Thiers, seinen bewährten Jules Favre, unterstützt von Pouyer-Quertier, abzuschicken. Pouyer-Quertier, ein ›hervorragender‹ Baumvollspinner von Rouen, ein glühender und selbst serviler Anhänger des zweiten Kaisertums, hatte an diesem nie etwas Unrechtes entdeckt, außer dem Handelsvertrag mit England, der seinem eignen Fabrikanteninteresse schadete. Kaum in Bordeaux zum Finanzminister von Thiers eingesetzt, klagte er auch schon diesen ›unheiligen‹ Vertrag an, machte Andeutungen, daß er bald abgeschafft werde, und hatte sogar die Unverschämtheit, wenn auch umsonst (da er seine Rechnung ohne Bismarck gemacht hatte), die sofortige Wiedereinführung der alten Schutzzölle gegen das Elsaß zu versuchen, wo, wie er sagte, dem keine noch gültigen internationalen Verträge im Wege stünden. Dieser Mann, der die Kontrerevolution als ein Mittel ansah, um den Arbeitslohn in Rouen herunterzudrücken, und die Abtretung französischer Provinzen als ein Mittel, den Preis seiner Waren in Frankreich heraufzuschrauben – war er nicht schon im voraus angezeigt als der würdige Genosse Jules Favres, in seinem letzten, sein ganzes Werk krönenden Verrat?

Als dies fürtreffliche Paar von Bevollmächtigten nach Frankfurt kam, schnauzte Bismarck sie alsbald mit dem Kommando an: Entweder Wiederherstellung des Kaisertums, oder unweigerliche Annahme meiner eignen Friedensbedingungen! Diese Bedingungen enthielten eine Abkürzung der Zahlungsfristen für die Kriegsentschädigung, nebst fortdauernder Besetzung der Pariser Forts durch preußische Truppen, bis Bismarck mit dem

Stand der Dinge in Frankreich sich zufrieden erklärte – so daß Preußen als höchster Schiedsrichter in den innern Angelegenheiten Frankreichs anerkannt wurde! Dagegen war er bereit, zur Ausrottung von Paris die gefangne bonapartistische Armee loszulassen und ihnen die direkte Unterstützung der Truppen des Kaisers Wilhelm zu leihen. Er verbürgte seine Ehrlichkeit dadurch, daß er die Zahlung der ersten Entschädigungsrate von der ›Pazifikation‹ von Paris abhängig machte. Solch ein Köder wurde natürlich von Thiers und seinen Bevollmächtigten gierig verschlungen. Sie unterschrieben den Vertrag am 10. Mai und besorgten seine Bestätigung durch die Nationalversammlung schon am 18.

In der Zwischenzeit, vom Friedensschluß bis zur Ankunft der bonapartistischen Gefangenen, fühlte sich Thiers um so mehr verpflichtet, seine Versöhnungskomödie wiederaufzunehmen, als seine republikanischen Handlanger in äußerster Bedrängnis waren wegen eines Vorwands, um bei den Vorbereitungen zum Pariser Blutbad ein Auge zuzudrücken. Noch am 8. Mai antwortete er einer Deputation von versöhnlichen Mittelbürgern:

»Sobald die Insurgenten sich zur Kapitulation entschließen, sollen die Tore von Paris eine Woche lang weit geöffnet werden für alle, außer den Mördern der Generale Clément Thomas und Lecomte.«

Einige Tage nachher, heftig von den Krautjunkern wegen dieser Zusage zur Rede gestellt, weigerte er alle Auskunft, fügte aber diesen bezeichnenden Wink hinzu:

»Ich sage Ihnen, es gibt Ungeduldige unter Ihnen, die zu viel Eile haben. Diese müssen noch acht Tage warten; am Ende dieser acht Tage wird keine Gefahr mehr sein, und die Aufgabe wird dann ihrem Mut und ihren Fähigkeiten entsprechen.«

Sobald Mac-Mahon imstande war, zu versprechen, daß er bald in Paris einrücken könne, erklärte Thiers der Nationalversammlung, er »werde in Paris einziehen mit dem *Gesetz* in der Hand und volle Sühne verlangen an den Elenden, die das

Leben von Soldaten geopfert und öffentliche Denkmäler zerstört hätten«.

Als der Augenblick der Entscheidung heranrückte, sagte er zur Nationalversammlung: »Ich werde ohne Barmherzigkeit sein«; zu Paris, sein Urteil sei gesprochen; und zu seinen bonapartistischen Banditen, sie hätten Staatserlaubnis, an Paris ihre Rache nach Herzenslust auszuüben. Endlich, als am 21. Mai der Verrat dem General Douay die Tore von Paris geöffnet hatte, enthüllte Thiers, am 22., seinen Krautjunkern das ›Ziel‹ seiner Versöhnlichkeitskomödie, die sie so hartnäckig mißverstanden hatten.

»Ich habe Ihnen vor einigen Tagen gesagt, wir näherten uns dem Ziele; heute komme ich Ihnen zu sagen – das Ziel ist erreicht. Der Sieg der Ordnung, Gerechtigkeit und Zivilisation ist endlich gewonnen.«

Und das war es. Die Zivilisation und Gerechtigkeit der Bourgeoisordnung tritt hervor in ihrem wahren, gewitterschwangeren Licht, sobald die Sklaven in dieser Ordnung sich gegen ihre Herren empören. Dann stellt sich diese Zivilisation und Gerechtigkeit dar als unverhüllte Wildheit und gesetzlose Rache. Jede neue Krisis im Klassenkampf zwischen dem Aneigner und dem Hervorbringer des Reichtums bringt diese Tatsache greller zum Vorschein. Selbst die Scheußlichkeiten der Bourgeois vom Juni 1848 verschwinden vor der unsagbaren Niedertracht von 1871. Der selbstopfernde Heldenmut, womit das Pariser Volk – Männer, Weiber und Kinder – acht Tage lang nach dem Einrücken der Versailler fortkämpften, strahlt ebensosehr zurück die Größe ihrer Sache, wie die höllischen Taten der Soldateska zurückstrahlen den eingebornen Geist jener Zivilisation, deren gemietete Vorkämpfer und Rächer sie sind. Eine ruhmvolle Zivilisation in der Tat, deren Lebensfrage darin besteht: wie die Haufen von Leichen loswerden, die sie mordete, nachdem der Kampf vorüber war!

Um ein Seitenstück zu finden für das Benehmen des Thiers und seiner Bluthunde, müssen wir zurückgehn zu den Zeiten des Sulla und der beiden römischen Triumvirate. Dieselbe massenweise Schlächterei bei kaltem Blut; dieselbe Mißachtung, beim Morden, von Alter und Geschlecht; dasselbe System, Gefangne zu martern; dieselben Ächtungen, aber diesmal gegen eine ganze Klasse; dieselbe wilde Jagd nach den versteckten Führern, damit auch nicht einer entkomme; dieselbe Angeberei gegen politische und Privatfeinde; dieselbe Gleichgültigkeit bei der Niedermetzlung von dem Kampf ganz fremden Leuten. Nur der eine Unterschied ist da, daß die Römer noch keine Mitrailleusen hatten, um die Geächteten schockweise abzutun, und daß sie nicht ›in ihren Händen das Gesetz‹ trugen, noch auf ihren Lippen den Ruf der ›Zivilisation‹.

Und nach diesen Schandtaten, seht jetzt auf die andre, noch ekelhaftere Seite dieser Bourgeoiszivilisation, beschrieben durch ihre eigne Presse!

»Während«, schreibt der Pariser Korrespondent eines Londoner Tory-Blattes, »während noch einzelne Schüsse in der Ferne ertönen und unverpflegte Verwundete zwischen den Grabsteinen des Père-Lachaise verenden, während 6000 erschreckte Insurgenten im Todeskampf der Verzweiflung in den Irrgängen der Katakomben sich verloren haben und man Unglückliche noch durch die Straßen treiben sieht, um von den Mitrailleusen schockweise niedergeschossen zu werden – ist es empörend, die Cafés gefüllt zu sehn mit Absinthtrinkern, Billard- und Dominospielern; zu sehn, wie weibliche Verworfenheit sich auf den Boulevards breitmacht, und zu hören, wie der laute Schall der Schwelgerei aus den Privatzimmern vornehmer Restaurants die Nachtruhe stört.«

Herr Edouard Hervé schreibt im »Journal de Paris«, einem von der Kommune unterdrückten versaillistischen Journal:

»Die Art, wie die Pariser Bevölkerung (!) gestern ihre Befriedigung an den Tag legte, war in der Tat mehr als frivol, und wir fürchten, das wird mit der Zeit schlimmer werden. Paris hat jetzt ein festliches Aussehn, das wahrscheinlich nicht am Platze ist, und falls wir nicht die ›Pariser des Verfalls‹ genannt zu werden wünschen, muß dem ein Ende gemacht werden.«

Und dann zitiert er die Stelle des Tacitus:

»Und doch, den Morgen nach jenem schrecklichen Kampf, und selbst ehe er vollständig ausgefochten war, begann Rom, erniedrigt und verderbt, von neuem sich zu wälzen in jenem Sumpf der Wollust, der seinen Leib zerstörte und seine Seele befleckte – alibi proelia et vulnera, alibi balneae popinaeque (hier Kämpfe und Wunden, dort Bäder und Restaurants).«

Herr Hervé vergißt nur, daß die ›Pariser Bevölkerung‹, von der er spricht, nur die Bevölkerung des Paris von Thiers ist, die Francs-fileurs, die haufenweise von Versailles, Saint-Denis, Rueil und Saint-Germain zurückkehren, in der Tat das ›Paris des Verfalls‹.

In jedem ihrer blutigen Triumphe über die selbstopfernden Vorkämpfer einer neuen und besseren Gesellschaft übertäubt diese, auf die Knechtung der Arbeit gegründete, schmähliche Zivilisation das Geschrei ihrer Schlachtopfer durch einen Hetzruf der Verleumdung, den ein weltweites Echo widerhallt. Das heitere Arbeiter-Paris der Kommune verwandelt sich plötzlich, unter den Händen der Bluthunde der ›Ordnung‹, in ein Pandämonium. Und was beweist diese ungeheure Verwandlung dem Bourgeoisverstand aller Länder? Nichts, als daß die Kommune sich gegen die Zivilisation verschworen hat! Das Pariser Volk opfert sich begeistert für die Kommune; die Zahl seiner Toten ist unerreicht in irgendeiner früheren Schlacht. Was beweist das? Nichts, als daß die Kommune nicht des Volks eigne Regierung, sondern die Gewalthandlung einer Handvoll Verbrecher war! Die Weiber von Paris geben freudig ihr Leben hin, an den Barrikaden wie auf dem Richtplatz. Was beweist das? Nichts, als daß der Dämon der Kommune sie in Megären und Hekaten verwandelt hat! Die Mäßigung der Kommune, während zweimonatlicher unbestrittner Herrschaft, findet ihresgleichen nur in dem Heldenmut ihrer Verteidigung. Was beweist das? Nichts, als daß die Kommune zwei Monate lang, unter der Maske der Mäßigung und Menschlichkeit, den Blutdurst ihrer teuflischen Gelüste sorgfältig verbarg, um sie in der Stunde ihres Todeskampfs loszulassen!

Das Paris der Arbeiter hat im Akt seiner heroischen Selbst-opferung Gebäude und Monumente mit in die Flammen ge-zogen. Wenn die Beherrscher des Proletariats seinen lebendigen Leib in Stücke reißen, dürfen sie nicht länger darauf rechnen, tri-umphierend in die unangetasteten Mauern ihrer Wohnsitze wie-der einzuziehn. Die Versailler Regierung schreit: Brandstiftung! und flüstert dies Stichwort allen ihren Handlangern zu bis ins entfernteste Dorf, auf ihre Gegner überall Jagd zu machen als der gewerbsmäßigen Brandstiftung verdächtig. Die Bourgeoisie der ganzen Welt sieht der Massenschlächterei *nach* der Schlacht wohlgefällig zu, aber sie entsetzt sich über die Entweihung von Dach und Fach!

Wenn Regierungen ihren Kriegsflotten Staatsfreibrief geben, ›zu töten, zu verbrennen und zu zerstören‹, ist das ein Freibrief für Brandstiftung? Als die britischen Truppen mutwillig das Kapitol in Washington und den Sommerpalast des Kaisers von China verbrannten, war das Brandstiftung? Als Thiers sechs Wochen lang Paris bombardierte, unter dem Vorwand, daß er bloß solche Häuser anzünden wollte, in denen Leute seien, war das Brandstiftung? – Im Krieg ist Feuer eine vollständig recht-mäßige Waffe. Gebäude, vom Feind besetzt, bombardiert man, um sie anzuzünden. Müssen die Verteidiger sie verlassen, so stecken sie selber sie in Brand, damit die Angreifer sich nicht darin festsetzen können. Niedergebrannt zu werden, war stets das unvermeidliche Schicksal aller in der Schlachtfront aller re-gelmäßigen Armeen der Welt gelegnen Gebäude. Aber im Krieg der Geknechteten gegen ihre Unterdrücker, dem einzig recht-mäßigen Krieg in der Geschichte, da soll dies beileibe nicht gel-ten! Die Kommune hat das Feuer, im strengsten Sinne des Worts, als Verteidigungsmittel gebraucht. Sie wandte es an, um den Ver-sailler Truppen jene langen graden Straßen zu versperren, die Haussmann absichtlich dem Artilleriefeuer offengelegt hatte; sie wandte es an, um ihren Rückzug zu decken, grade wie die Ver-sailler in ihrem Vordringen ihre Granaten anwandten, die min-destens ebensoviel Häuser zerstörten wie das Feuer der Kommune. Noch jetzt ist es streitig, welche Gebäude durch die Verteidiger und welche durch die Angreifer angezündet wurden. Und die Verteidiger nahmen Zuflucht zum Feuer erst dann, als die Versailler Truppen bereits mit ihrem Massenabmorden der Gefangenen begonnen hatten. – Zudem hatte die Kommune längst vorher öffentlich angekündigt, daß, wenn zum äußersten getrieben, sie sich unter den Trümmern von Paris begraben und aus Paris ein zweites Moskau machen werde, wie die Verteidigungsregierung, freilich nur als Deckmantel ihres Verrats, dies ebenfalls versprochen hatte. Grade für diesen Zweck hatte Trochu das nötige Petroleum herbeigeschafft. Die Kommune wußte, daß ihren Gegnern nichts lag am Leben des Pariser Volks, aber sehr viel an ihren eignen Pariser Gebäuden. Und Thiers, seinerseits, hatte erklärt, er werde in seiner Rache unerbittlich sein. Sobald er erst seine Armee schlagfertig hatte auf der einen Seite, und auf der andern die Preußen den Ausgang absperrten, rief er aus: »Ich werde erbarmungslos sein! Die Buße wird vollständig sein, die Justiz streng.« Wenn die Taten der Pariser Arbeiter Vandalismus waren, so waren sie der Vandalismus der verzweifelten Verteidigung, nicht der Vandalismus des Triumphs, wie der, dessen die Christen sich schuldig machten an den wirklich unschätzbaren Kunstwerken des heidnischen Altertums; und selbst dieser Vandalismus ist vom Geschichtsschreiber gerechtfertigt worden als ein unumgängliches und verhältnismäßig unbedeutendes Moment in dem Riesenkampf zwischen einer neuen, emporkommenden und einer alten, zusammenbrechenden Gesellschaft. Noch weniger war es der Vandalismus Haussmanns, der das historische Paris wegfegte, um dem Paris des Bummlers Platz zu schaffen.

Aber die Hinrichtung der vierundsechzig Geiseln, voran der Erzbischof von Paris, durch die Kommune! – Die Bourgeoisie und ihre Armee hatten im Juni 1848 eine längst aus der Kriegsführung verschwundene Sitte wieder eingeführt – das Erschießen ihrer wehrlosen Gefangnen. Diese brutale Sitte ist seitdem mehr oder weniger angewandt worden bei jeder Unterdrückung eines Volksaufstandes in Europa und Indien, womit bewiesen ist, daß sie ein wirklicher ›Fortschritt der Zivilisation‹ war! Andrerseits hatten die Preußen in Frankreich die Sitte wieder ins Leben gerufen, Geiseln zu nehmen – unschuldige Leute, die ihnen mit ihrem Leben für die Handlungen andrer hafteten. Als Thiers, wie wir sahn, schon vom Anfang des Kampfes an die menschliche Sitte des Erschießens der kommunalistischen Gefangnen in Kraft setzte, blieb der Kommune nichts übrig, zum Schutz des Lebens dieser Gefangnen, als zur preußischen Sitte des Geiselngreifens ihre Zuflucht zu nehmen. Das Leben der Geiseln war aber und abermals verwirkt durch das anhaltende Erschießen von Gefangnen durch die Versailler. Wie konnte man ihrer noch länger schonen nach dem Blutbade, womit Mac-Mahons Prätorianer ihren Einmarsch in Paris feierten? Sollte auch das letzte Gegengewicht gegen die rücksichtslose Wildheit der Bourgeoisregierungen – die Ergreifung von Geiseln – zum bloßen Gespött werden? Der wirkliche Mörder des Bischofs Darboy ist Thiers. Die Kommune hatte aber und abermals angeboten, den Erzbischof und einen ganzen Haufen Pfaffen in den Kauf auszuwechseln, gegen den einzigen von Thiers festgehaltenen Blanqui. Thiers weigerte sich hartnäckig. Er wußte, daß er der Kommune mit Blanqui einen Kopf geben werde, während der Erzbischof seinen Zwecken am besten dienen würde als – Leiche. Thiers ahmte hierin Cavaignac nach. Welchen Schrei des Entsetzens ließen nicht im Juni 1848 Cavaignac und seine Ordnungsmänner los, als sie die Insurgenten als Mörder des Erzbischofs Affre brandmarkten! Und doch wußten sie ganz genau, daß der Erzbischof von den Ordnungssoldaten erschossen worden. Jacquemet, der Generalvikar des Erzbischofs, hatte ihm unmittelbar nach der Tat sein dahin lautendes Zeugnis eingehändigt.

Dieser ganze Verleumdungschor, den die Ordnungspartei in ihren Blutfesten nie verfehlt, gegen ihre Schlachtopfer anzustimmen, beweist bloß, daß der heutige Bourgeois sich für den rechtmäßigen Nachfolger des ehemaligen Feudalherrn ansieht, der jede Waffe, in seiner eignen Hand, für gerechtfertigt hielt gegenüber dem Plebejer, während irgendwelche Waffen in der Hand des Plebejers von vornherein ein Verbrechen ausmachte.

Die Verschwörung der herrschenden Klasse zum Umsturz der Revolution durch einen unter dem Schutz des fremden Eroberers geführten Bürgerkrieg – eine Verschwörung, deren Spuren wir gefolgt sind vom September bis herab zum Einmarsch der Mac-Mahonschen Prätorianer durch das St. Clouder Tor – gipfelte in dem Blutbade von Paris. Bismarck schaut mit vergnügten Sinnen auf die Trümmer von Paris, in denen er vielleicht die ›erste Rate‹ jener allgemeinen Zerstörung der großen Städte sah, die er bereits erfleht hatte, als er noch ein einfacher Rural in der preußischen Chambre introuvable von 1849 war. Er schaut zufrieden auf die Leichen des Pariser Proletariats. Für ihn ist dies nicht nur die Austilgung der Revolution, sondern zugleich die Austilgung Frankreichs, das jetzt in Wirklichkeit enthauptet ist, und durch die französische Regierung obendrein. Mit der allen erfolgreichen Staatsmännern eignen Seichtigkeit sieht er nur die Oberfläche dieses ungeheuren geschichtlichen Ereignisses. Wo hat je vorher die Geschichte das Schauspiel vorgeführt eines Siegers, der seinen Sieg damit krönt, daß er sich nicht nur zum Gendarmen, sondern auch zum gemieteten Bravo der besiegten Regierung hergibt? Zwischen Preußen und der Kommune von Paris war kein Krieg. Im Gegenteil, die Kommune hatte die Friedenspräliminarien angenommen, und Preußen hatte seine Neutralität erklärt. Preußen war also keine kriegsführende Partei. Es handelte als Bravo; als feiger Bravo, weil es keinerlei Gefahr auf sich lud; als gemieteter Bravo, weil es im voraus die Zahlung seines Blutgelds von 500 Millionen von dem Fall von Paris abhängig machte. Und so kam denn endlich an den Tag der wahre Charakter jenes Kriegs, den die Vorsehung angeordnet hatte zur Züchtigung des gottlosen und liederlichen Frankreichs durch das fromme und sittliche Deutschland! Und dieser unerhörte Bruch des Völkerrechts, selbst wie es von den Juristen der alten Welt verstanden, statt die ›zivilisierten‹ Regierungen Europas aufzurütteln, daß sie dies rechtsbrüchige Preußen, das bloße Werkzeug des Petersburger Kabinetts, in die Acht der Völker erklären – treibt sie nur zu der Erwägung, ob die wenigen Schlachtopfer, die der doppelten Postenkette um Paris entgehen, nicht auch noch dem Versailler Henker auszuliefern sind!

Daß nach dem gewaltigsten Krieg der neuern Zeit die siegreiche und die besiegte Armee sich verbünden zum gemeinsamen Abschlachten des Proletariats – ein so unerhörtes Ereignis beweist, nicht wie Bismarck glaubt, die endliche Niederdrückung der sich emporarbeitenden neuen Gesellschaft, sondern die vollständige Zerbröckelung der alten Bourgeoisgesellschaft. Der höchste heroische Aufschwung, dessen die alte Gesellschaft noch fähig war, ist der Nationalkrieg, und dieser erweist sich jetzt als reiner Regierungsschwindel, der keinen andern Zweck mehr hat, als den Klassenkampf hinauszuschieben, und der beiseite fliegt, sobald der Klassenkampf im Bürgerkrieg auflodert. Die Klassenherrschaft ist nicht länger imstande, sich unter einer nationalen Uniform zu verstecken; die nationalen Regierungen sind eins gegenüber dem Proletariat!

Nach Pfingstsonntag 1871 kann es keinen Frieden und keine Waffenruhe mehr geben zwischen den Arbeitern Frankreichs und den Aneignern ihrer Arbeitserzeugnisse. Die eiserne Hand einer gemieteten Soldateska mag beide Klassen, für eine Zeitlang, in gemeinsamer Unterdrückung niederhalten. Aber der Kampf muß aber und abermals ausbrechen, in stets wachsender Ausbreitung, und es kann kein Zweifel sein, wer der endliche Sieger sein wird – die wenigen Aneigner oder die ungeheure arbeitende Majorität. Und die französischen Arbeiter bilden nur die Vorhut des ganzen modernen Proletariats.

Während die europäischen Regierungen so, vor Paris, den internationalen Charakter der Klassenherrschaft bestätigen, schreien sie Zeter über die Internationale Arbeiterassoziation die internationale Gegenorganisation der Arbeit gegen die weltbürgerliche Verschwörung des Kapitals – als Hauptquelle alles dieses Unheils. Thiers klagte sie an als den Despoten der Arbeit, der sich als ihren Befreier ausgebe. Picard befahl alle Verbindung der französischen Internationalen mit denen des Auslandes abzuschneiden; Graf Jaubert, der alte, zur Mumie gewordene Mitschuldige des Thiers von 1835, erklärte es für die Hauptaufgabe aller Regierungen, sie auszurotten. Die Krautjunker der Nationalversammlung heulen gegen sie, und die gesamte europäische Presse stimmt ein in den Chor. Ein ehrenwerter französischer Schriftsteller, der unsrer Assoziation durchaus fremd ist, spricht sich aus wie folgt:

»Die Mitglieder des Zentralkomitees der Nationalgarde, wie auch der größte Teil der Mitglieder der Kommune, sind die tätigsten, einsichtigsten und energischsten Köpfe der Internationalen Arbeiterassoziation ... Leute, durchaus ehrlich, aufrichtig, einsichtig, voll Hingebung, rein und fanatisch im *guten* Sinn des Wortes.«

Der polizeigefärbte Bourgeoisverstand stellt sich natürlich die Internationale Arbeiterassoziation vor als eine Art geheimer Verschwörung, deren Zentralbehörde von Zeit zu Zeit Ausbrüche in verschiedenen Ländern befiehlt. Unsere Assoziation ist aber in der Tat nur das internationale Band, das die fortgeschrittensten Arbeiter in den verschiedenen Ländern der zivilisierten Welt vereinigt. Wo immer, und in welcher Gestalt immer, und unter welchen Bedingungen immer der Klassenkampf irgendwelchen Bestand erhält, da ist es auch natürlich, daß Mitglieder unsrer Assoziation im Vordergrund stehen. Der Boden, aus dem sie emporwächst, ist die moderne Gesellschaft selbst. Sie kann nicht niedergestampft werden durch noch soviel Blutvergießen. Um sie niederzustampfen, müßten die Regierungen vor allem die Zwingherrschaft des Kapitals über die Arbeit niederstampfen – also die Bedingung ihres eigenen Schmarotzerdaseins.

Das Paris der Arbeiter, mit seiner Kommune, wird ewig gefeiert werden als der ruhmvolle Vorbote einer neuen Gesellschaft. Seine Märtyrer sind eingeschreint in dem großen Herzen der Arbeiterklasse. Seine Vertilger hat die Geschichte schon jetzt an jenen Schandpfahl genagelt, von dem sie zu erlösen alle Gebete ihrer Pfaffen ohnmächtig sind.

Der Generalrat:
M. J. Boon, Fred. Bradnick, G. H. Buttery, Caihil, William Hales, Kolb, Fred. Leßner, G. Milner, Thomas Mottershead, Charles Murray, Pfänder, Roach, Rühl, Sadler, Cowell Stepney, Alf. Taylor, W. Townshend

Korrespondierende Sekretäre:
Eugène Dupont für Frankreich, Karl Marx für Deutschland und Holland, Friedrich Engels für Belgien und Spanien, Hermann Jung für die Schweiz, P. Giovacchini für Italien, Zévy Maurice für Ungarn, Antoni Żabicki für Polen, J. Cohen für Dänemark, J. G. Eccarius für die Vereinigten Staaten

Hermann Jung, Vorsitzender
John Weston, Schatzmeister
George Harris, Finanzsekretär
John Hales, Generalsekretär

256, High Holborn, London, W. C.
30. Mai 1871

Konspekt zu Bakunins ›Staatlichkeit und Anarchie‹ (1874/75)

[...] Schülerhafte Eselei! Eine radikale soziale Revolution ist an gewisse historische Bedingungen der ökonomischen Entwicklung geknüpft; letztre sind ihre Voraussetzung. Sie ist also nur möglich, wo mit der kapitalistischen Produktion das industrielle Proletariat wenigstens eine bedeutende Stellung in der Volksmasse einnimmt. Und damit es irgendeine Chance zum Sieg habe, muß es wenigstens fähig sein, soviel unmittelbar mutatis mutandis für die Bauern zu tun, als die französische Bourgeoisie in ihrer Revolution für die damaligen französischen Bauern tat. Schöne Idee, daß der Arbeit Herrschaft einschließt Unterdrükkung der ländlichen Arbeit! Aber hier kommt der innerste Gedanke des Herrn Bak. heraus. Er versteht absolut nichts von sozialer Revolution, nur die politischen Phrasen davon; die ökonomischen Bedingungen derselben existieren nicht für ihn. Da nun alle bisherigen ökonomischen Formen, entwickelt oder unentwickelt, Knechtschaft des Arbeiters (sei es in der Form des Lohnarbeiters, Bauern etc.) einschließen, so glaubt er, daß in allen gleichmäßig *radikale Revolution* möglich. Aber noch mehr! Er will, daß die auf der ökonomischen Basis der kapitalistischen Produktion gegründete europäische soziale Revolution auf dem Niveau der russischen oder slawischen Agrikultur- und Hirtenvölker sich vollziehe, dies Niveau nicht übertreffe, obgleich er einsieht, daß die *Meerschiffahrt* Unterschied unter den Brüdern bildet, aber auch nur die *Seeschiffahrt*, weil d[ies] auch allen Politikern bekannter Unterschied! Der *Wille*, nicht die ökonomischen Bedingungen, ist die Grundlage seiner sozialen Revolution.

»Wenn Staat ist (государство), dann ist unvermeidlich Herrschaft (господство), folglich auch <Sklaverei>; Herrschaft ohne Sklaverei, verborgen oder maskiert, undenkbar – deswegen sind wir Feinde des <Staats>« (S. 278).

»Was heißt das, das Proletariat, <das als herrschende Klasse organi­siert>?«

D.h., daß das Proletariat, statt im einzelnen gegen die ökonomisch privilegierten Klassen zu kämpfen, Stärke und Organisation genug gewonnen hat, um allgemeine Zwangsmittel im Kampf gegen sie anzuwenden; es kann aber nur ökonomische Mittel anwenden, die seinen eignen Charakter als salariat[1], daher

---

1 Lohnarbeiter

als Klasse aufheben; mit seinem völligen Sieg ist daher auch seine Herrschaft zu Ende, weil sein Klassencharakter [verschwunden].

»Wird vielleicht das ganze Proletariat an der Spitze der Regierung stehn?«

Bildet z.B. bei einer Trade-Union die ganze Union ihr Exekutivkomitee? Wird alle Teilung der Arbeit in der Fabrik aufhören und die verschiednen Funktionen, die daraus entspringen? Und bei der Bakuninschen Bildung <von unten nach oben> werden alle <oben> sein? Dann gibt es ja kein <unten>. Werden alle Mitglieder der Gemeine zugleich die gemeinschaftlichen Interessen des <Gebiets> verwalten? Dann kein Unterschied von Gemeine und <Gebiet>.

»Die Deutschen zählen ungefähr 40 Millionen. Werden z.B. alle 40 Millionen Glieder der Regierung sein?«

Certainly! Da die Sache mit der Selbstregierung der Gemeine anfängt.

»Das ganze Volk wird regieren, und es wird keine Regierten geben.«

Wenn ein Mensch sich selbst beherrscht, beherrscht er sich nach diesem Prinzip nicht; denn er ist doch er selbst und kein andrer.

»Dann wird es keine Regierung geben, keinen Staat, aber wenn Staat sein wird, wird es auch Regierende und Sklaven geben.« (S. 279).

D.h. bloß: wenn die Klassenherrschaft verschwunden, und es keinen Staat im jetzigen politischen Sinne geben [wird].

»Dies Dilemma in der Theorie der Marxisten löst sich einfach. Unter Volksregierung verstehn sie« (d.h. Bak.) »die Regierung des Volkes vermittelst einer geringen Zahl von Vorstehern, auserwählt (gewählt) durch das Volk.«

Asine![1] Dies demokratische Gekohl, politische Faselei! Die Wahl – politische Form, die in der kleinsten russischen Kom-

1 Esel!

mune und im Artel. Der Charakter der Wahl hängt nicht von diesem Namen ab, sondern von der ökonomischen Grundlage, den ökonomischen Zusammenhängen der Wähler; und sobald die Funktionen aufgehört haben, politisch zu sein, existiert 1. keine Regierungsfunktion; 2. die Verteilung der allgemeinen Funktionen ist Geschäftssache geworden, die keine Herrschaft gibt; 3. die Wahl hat nichts von heutigem politischen Charakter.

»Das allgemeine Wahlrecht durch das ganze Volk« –

so ein Ding wie das ganze Volk im jetzigen Sinne Phantasma –

»von Volksrepräsentanten und <Beherrschern des Staats> – das ist das letzte Wort der Marxisten, wie auch der demokratischen Schule – Lüge, unter der sich verbirgt der Despotismus der *regierenden Minderheit,* um soviel gefährlicher, als sie erscheint als Ausdruck des sogenannten Volkswillens.«

Auf Kollektiveigentum verschwindet der sogenannte Volkswillen, um den wirklichen Willen des Kooperativs Platz zu machen.

»So Resultat: Lenkung der großen Mehrheit der Volksmasse durch privilegierte Minorität. Aber diese Minderheit, sagen die Marxisten,«

wo?

»wird aus Arbeitern bestehn. Ja, mit Erlaubnis, aus gewesnen Arbeitern, aber die, sobald sie nur Repräsentanten oder Regierer des Volks geworden sind, *aufhören Arbeiter zu sein«* –

sowenig, wie ein Fabrikant heute dadurch aufhört Kapitalist zu sein, daß er Gemeinderat wird –

»und sehn werden auf die ganze gemeine Arbeiterwelt von der Höhe der <Staatlichkeit>; sie werden nicht mehr das Volk vertreten, sondern sich und ihre <Ansprüche> auf die Volksregierung. Wer daran zweifeln kann, der durchaus nicht bekannt mit der Natur der Menschen.« (S. 279).

Wäre der Herr Bakunin bekannt auch nur mit der Stellung eines Managers in einer Arbeiter-Kooperativ-Fabrik, alle seine herrschaftlichen Träume zum Teufel. Hätte sich fragen sollen: welche Form können Verwaltungsfunktionen auf Grundlage dieses Arbeiterstaats, wenn er es so nennen will, annehmen?

(S. 279) »Aber diese Auserwählten werden glühend überzeugte und daher gelehrte Sozialisten sein. Das Wort *gelehrter Sozialismus*« –

Nie gebraucht worden –,

»wissenschaftlicher Sozialismus« –

gebraucht worden nur im Gegensatz zum utopistischen Sozialismus, der neue Hirngespinste dem Volk aufheften will, statt seine Wissenschaft auf der Erkenntnis der vom Volk selbst gemachten sozialen Bewegung zu beschränken; siehe meine Schrift gegen Proudhon –,

»welches unaufhörlich angewandt wird in den Werken und Reden der Lassalleaner und Marxisten, zeigen durch sich selbst, daß der sog. Volksstaat nichts andres sein wird als die sehr despotische Lenkung der Volksmassen durch neue und sehr wenig zahlreiche Aristokratie wirklicher oder angeblicher Gelehrten. Das Volk ist nicht wissenschaftlich, das bedeutet, es wird ganz und gar befreit werden von der Sorge der Regierung, es wird ganz und gar eingeschlossen werden im regierten Stall. Schöne Befreiung!«

(S. 279, 280.)

»Die Marxisten fühlen diesen (!) Widerspruch und, erkennend, daß die Regierung der Gelehrten« (quelle rêverie![1]) »die drückendste, verhaßteste, verächtlichste der Welt, trotz aller demokratischen Formen tatsächliche Diktatur sein wird, trösten sie sich mit dem Gedanken, daß diese Diktatur nur vorübergehend und kurz sein wird.«

Non, mon cher! – Daß die *Klassenherrschaft* der Arbeiter über den mit ihnen kämpfenden Schichten der alten Welt nur so lang bestehn kann, als die ökonomische Grundlage der Klassenexistenz nicht vernichtet ist.

1 welche Phantasterei!

»Sie sagen, daß ihre einzige Sorge und Ziel sein wird, *zu bilden und zu erheben* das *Volk*« (Wirtshauspolitiker!) »wie ökonomisch so politisch auf solche Stufe, daß alle Regierung bald nutzlos wird und der Staat allen politischen Charakter verliert, das heißt <beherrschenden> Charakter, sich durch sich selbst verwandeln wird in freie Organisation ökonomischer Interessen und Gemeinden. Das offenbarer Widerspruch. Wenn ihr Staat wirklich volkstümlich sein wird, warum ihn vernichten, und wenn seine Vernichtung notwendig zur wirklichen Befreiung des Volks, warum wagen sie ihn volkstümlich zu nennen?« (S. 280.)

Abgesehn von dem Herumreiten auf dem Liebknechtschen *Volksstaat*, der Blödsinn ist, gegen das kommunistische Manifest etc. gewandt, heißt es nur: da das Proletariat während der Periode des Kampfs zum Umsturz der alten Gesellschaft noch auf der Basis der alten Gesellschaft agiert und daher auch noch in politischen Formen sich bewegt, die ihr mehr oder minder angehörten, hat es seine schließliche Konstitution noch nicht erreicht während dieser Kampfperiode und wendet Mittel zur Befreiung an, die nach der Befreiung wegfallen; daher schließt Herr B., daß es lieber gar nichts tun soll ... den *Tag der allgemeinen Liquidation* – des jüngsten Gerichts – abwarten soll.

[...]

Randglossen zum Programm der deutschen Arbeiterpartei (Gothaer Programm, 1875)

I

1. »Die Arbeit ist die Quelle alles Reichtums und aller Kultur, *und da* nutzbringende Arbeit nur in der Gesellschaft und durch die Gesellschaft möglich ist, gehört der Ertrag der Arbeit unverkürzt, nach gleichem Rechte, allen Gesellschaftsgliedern.«

Erster Teil des Paragraphen: »Die Arbeit ist die Quelle alles Reichtums und aller Kultur.«

Die Arbeit ist *nicht die Quelle* alles Reichtums. Die *Natur* ist ebensosehr die Quelle der Gebrauchswerte (und aus solchen besteht doch wohl der sachliche Reichtum!) als die Arbeit, die selbst nur die Äußerung einer Naturkraft ist, der menschlichen Arbeitskraft. Jene Phrase findet sich in allen Kinderfibeln und ist insofern richtig, als *unterstellt* wird, daß die Arbeit mit den dazugehörigen Gegenständen und Mitteln vorgeht. Ein sozialistisches Programm darf aber solchen bürgerlichen Redensarten nicht erlauben, die *Bedingungen* zu verschweigen, die ihnen allein einen Sinn geben. Nur soweit der Mensch sich von vornherein als Eigentümer zur Natur, der ersten Quelle aller Arbeitsmittel und -gegenstände, verhält, sie als ihm gehörig behandelt, wird seine Arbeit Quelle von Gebrauchswerten, also auch von Reichtum. Die Bürger haben sehr gute Gründe, der Arbeit *übernatürliche Schöpfungskraft* anzudichten; denn gerade aus der Naturbedingtheit der Arbeit folgt, daß der Mensch, der kein andres Eigentum besitzt als seine Arbeitskraft, in allen Gesellschafts- und Kulturzuständen der Sklave der andern Menschen sein muß, die sich zu Eigentümern der gegenständlichen Arbeitsbedingungen gemacht haben. Er kann nur mit ihrer Erlaubnis arbeiten, also nur mit ihrer Erlaubnis leben.

Lassen wir jetzt den Satz, wie er geht und steht, oder vielmehr hinkt. Was hätte man als Schlußfolgerung erwartet? Offenbar dies:

»Da die Arbeit die Quellen alles Reichtums ist, kann auch in der Gesellschaft sich niemand Reichtum aneignen, außer als Produkt der Arbeit. Wenn er also nicht selber arbeitet, lebt er von fremder Arbeit und eignet sich auch seine Kultur auf Kosten fremder Arbeit an.«

Statt dessen wird durch die Wortschraube ›und da‹ ein zweiter Satz angefügt, um aus ihm, nicht aus dem ersten, eine Schlußfolgerung zu ziehn.

Zweiter Teil des Paragraphen: »Nutzbringende Arbeit ist nur in der Gesellschaft und durch die Gesellschaft möglich.«

Nach dem ersten Satz war die Arbeit die Quelle alles Reichtums und aller Kultur, also auch keine Gesellschaft ohne Arbeit möglich. Jetzt erfahren wir umgekehrt, daß keine ›nutzbringende‹ Arbeit ohne Gesellschaft möglich ist.

Man hätte ebensogut sagen können, daß nur in der Gesellschaft nutzlose und selbst gemeinschädliche Arbeit ein Erwerbszweig werden kann, daß man nur in der Gesellschaft vom Müßiggang leben kann etc. etc. – kurz, den ganzen Rousseau abschreiben können.

Und was ist ›nutzbringende‹ Arbeit? Doch nur die Arbeit, die den bezweckten Nutzeffekt hervorbringt. Ein Wilder – und der Mensch ist Wilder, nachdem er aufgehört hat, Affe zu sein –, der ein Tier mit einem Stein erlegt, der Früchte sammelt etc., verrichtet ›nutzbringende‹ Arbeit.

Drittens: Die Schlußfolgerung: »Und da nutzbringende Arbeit nur in der Gesellschaft und durch die Gesellschaft möglich ist – gehört der Ertrag der Arbeit unverkürzt, nach gleichem Recht, allen Gesellschaftsgliedern.«

Schöner Schluß! Wenn die nutzbringende Arbeit nur in der Gesellschaft und durch die Gesellschaft möglich ist, gehört der Arbeitsertrag der Gesellschaft – und kommt dem einzelnen Arbeiter davon nur soviel zu, als nicht nötig ist, um die ›Bedingung‹ der Arbeit, die Gesellschaft, zu erhalten.

In der Tat ist dieser Satz auch zu allen Zeiten *von den Verfechtern des jedesmaligen Gesellschaftszustands* geltend gemacht worden. Erst kommen die Ansprüche der Regierung mit allem, was daran klebt, denn sie ist das gesellschaftliche Organ zur Erhaltung der gesellschaftlichen Ordnung; dann kommen die Ansprüche der verschiednen Sorten von Privateigentümern, denn die verschiednen Sorten Privateigentum sind die Grundlagen der Gesellschaft etc. Man sieht, man kann solche hohlen Phrasen drehn und wenden, wie man will.

Irgendwelchen verständigen Zusammenhang haben der erste und zweite Teil des Paragraphen nur in dieser Fassung:

»Quelle des Reichtums und der Kultur wird die Arbeit nur als gesellschaftliche Arbeit« oder, was dasselbe ist, »in und durch die Gesellschaft.«

Dieser Satz ist unstreitig richtig, denn wenn die vereinzelte Arbeit (ihre sachlichen Bedingungen vorausgesetzt) auch Gebrauchswerte schaffen kann, kann sie weder Reichtum noch Kultur schaffen.

Aber ebenso unstreitig ist der andre Satz:

»Im Maße, wie die Arbeit sich gesellschaftlich entwickelt und dadurch Quelle von Reichtum und Kultur wird, entwickeln sich Armut und Verwahrlosung auf seiten des Arbeiters, Reichtum und Kultur auf seiten des Nichtarbeiters.«

Dies ist das Gesetz der ganzen bisherigen Geschichte. Es war also, statt allgemeine Redensarten über ›die Arbeit‹ und ›die Gesellschaft‹ zu machen, hier bestimmt nachzuweisen, wie in der jetzigen kapitalistischen Gesellschaft endlich die materiellen etc. Bedingungen geschaffen sind, welche die Arbeiter befähigen und zwingen, jenen geschichtlichen Fluch zu brechen.

In der Tat aber ist der ganze, stilistisch und inhaltlich verfehlte Paragraph nur da, um das Lassallesche Stichwort vom ›unverkürzten Arbeitsertrag‹ als Losungswort auf die Spitze der Parteifahne zu schreiben. Ich komme später zurück auf den ›Arbeitsertrag‹, ›das gleiche Recht‹ etc., da dieselbe Sache in etwas andrer Form wiederkehrt.

2. »In der heutigen Gesellschaft sind die Arbeitsmittel Monopol der Kapitalistenklasse; die hierdurch bedingte Abhängigkeit der Arbeiterklasse ist die Ursache des Elends und der Knechtschaft in allen Formen.«

Der dem internationalen Statut entlehnte Satz ist in dieser ›verbesserten‹ Ausgabe falsch.

In der heutigen Gesellschaft sind die Arbeitsmittel Monopol der Grundeigentümer (das Monopol des Grundeigentums ist sogar Basis des Kapitalmonopols) *und* der Kapitalisten. Das internationale Statut nennt im betreffenden Passus weder die eine noch die andere Klasse der Monopolisten. Es spricht vom ›*Monopol der Arbeitsmittel, d.h. der Lebensquellen*‹; Der Zusatz ›Lebensquellen‹ zeigt hinreichend, daß der Grund und Boden in den Arbeitsmitteln einbegriffen ist.

Die Verbesserung wurde angebracht, weil Lassalle, aus jetzt allgemein bekannten Gründen, *nur* die Kapitalistenklasse angriff, nicht die Grundeigentümer. In England ist der Kapitalist meistens nicht einmal der Eigentümer des Grund und Bodens, auf dem seine Fabrik steht.

3. »Die Befreiung der Arbeit erfordert die Erhebung der Arbeitsmittel zu Gemeingut der Gesellschaft und die genossenschaftliche Regelung der Gesamtarbeit mit gerechter Verteilung des Arbeitsertrags.«

»Erhebung der Arbeitsmittel zu Gemeingut«! Soll wohl heißen ihre ›Verwandlung in Gemeingut‹. Doch dies nur nebenbei.

Was ist ›*Arbeitsertrag*‹? Das Produkt der Arbeit oder sein Wert? Und im letzteren Fall, der Gesamtwert des Produkts oder nur der Wertteil, den die Arbeit dem Wert der aufgezehrten Produktionsmittel neu zugesetzt hat?

›Arbeitsertrag‹ ist eine lose Vorstellung, die Lassalle an die Stelle bestimmter ökonomischer Begriffe gesetzt hat.

Was ist ›gerechte‹ Verteilung?

Behaupten die Bourgeois nicht, daß die heutige Verteilung ›gerecht‹ ist? Und ist sie in der Tat nicht die einzige ›gerechte‹ Verteilung auf Grundlage der heutigen Produktionsweise? Werden die ökonomischen Verhältnisse durch Rechtsbegriffe geregelt, oder entspringen nicht umgekehrt die Rechtsverhältnisse aus den ökonomischen? Haben nicht auch die sozialistischen Sektierer die verschiedensten Vorstellungen über ›gerechte‹ Verteilung?

Um zu wissen, was man sich bei dieser Gelegenheit unter der Phrase ›gerechte Verteilung‹ vorzustellen hat, müssen wir den ersten Paragraphen mit diesem zusammenhalten. Letzterer unterstellt eine Gesellschaft, worin »die Arbeitsmittel Gemeingut sind und die Gesamtarbeit genossenschaftlich geregelt ist«, und aus dem ersten Paragraphen ersehn wir, daß »der Ertrag der Arbeit unverkürzt, nach gleichem Rechte, allen Gesellschaftsgliedern gehört«.

»Allen Gesellschaftsgliedern«? Auch den nicht arbeitenden? Wo bleibt da »der unverkürzte Arbeitsertrag«? Nur den arbeitenden Gesellschaftsgliedern? Wo bleibt da »das gleiche Recht« aller Gesellschaftsglieder?

Doch ›alle Gesellschaftsglieder‹ und ›das gleiche Recht‹ sind offenbar nur Redensarten. Der Kern besteht darin, daß in dieser kommunistischen Gesellschaft jeder Arbeiter seinen ›unverkürzten‹ Lassalleschen ›Arbeitsertrag‹ erhalten muß.

Nehmen wir zunächst das Wort ›Arbeitsertrag‹ im Sinne des Produkts der Arbeit, so ist der genossenschaftliche Arbeitsertrag das *gesellschaftliche Gesamtprodukt*.

Davon ist nun abzuziehen:

Erstens: Deckung zum Ersatz der verbrauchten Produktionsmittel.

Zweitens: zusätzlicher Teil für Ausdehnung der Produktion.

Drittens: Reserve- oder Assekuranzfonds gegen Mißfälle, Störungen durch Naturereignisse etc.

Diese Abzüge vom ›unverkürzten Arbeitsertrag‹ sind eine ökonomische Notwendigkeit, und ihre Größe ist zu bestimmen nach vorhandenen Mitteln und Kräften, zum Teil durch Wahrscheinlichkeitsrechnung, aber sie sind in keiner Weise aus der Gerechtigkeit kalkulierbar.

Bleibt der andere Teil des Gesamtprodukts, bestimmt, als Konsumtionsmittel zu dienen.

Bevor es zur individuellen Teilung kommt, geht hiervon wieder ab: Erstens: *die allgemeinen, nicht direkt zur Produktion gehörigen Verwaltungskosten.*

Dieser Teil wird von vornherein aufs bedeutendste beschränkt im Vergleich zur jetzigen Gesellschaft und vermindert sich im selben Maß, als die neue Gesellschaft sich entwickelt.

Zweitens: was zur gemeinschaftlichen Befriedigung von Bedürfnissen bestimmt ist, wie Schulen, Gesundheitsvorrichtungen etc. Dieser Teil wächst von vornherein bedeutend im Vergleich zur jetzigen Gesellschaft und nimmt im selben Maß zu, wie die neue Gesellschaft sich entwickelt.

Drittens: Fonds für Arbeitsunfähige etc. kurz, für, was heute zur sog. offiziellen Armenpflege gehört.

Erst jetzt kommen wir zu der ›Verteilung‹, die das Programm, unter Lassalleschem Einfluß, bornierterweise allein ins Auge faßt, nämlich an den Teil der Konsumtionsmittel, der unter die individuellen Produzenten der Genossenschaft verteilt wird.

Der ›unverkürzte Arbeitsertrag‹ hat sich unterderhand bereits in den ›verkürzten‹ verwandelt, obgleich, was dem Produzenten in seiner Eigenschaft als Privatindividuum entgeht, ihm direkt oder indirekt in seiner Eigenschaft als Gesellschaftsglied zugut kommt. Wie die Phrase des ›unverkürzten Arbeitsertrags‹ verschwunden ist, verschwindet jetzt die Phrase des ›Arbeitsertrags‹ überhaupt.

Innerhalb der genossenschaftlichen, auf Gemeingut an den Produktionsmitteln gegründeten Gesellschaft tauschen die Produzenten ihre Produkte nicht aus; ebensowenig erscheint hier die auf Produkte verwandte Arbeit *als Wert* dieser Produkte, als eine von ihnen besessene sachliche Eigenschaft, da jetzt, im Gegensatz zur kapitalistischen Gesellschaft, die individuellen Arbeiten nicht mehr auf einem Umweg, sondern unmittelbar als Bestandteile der Gesamtarbeit existieren. Das Wort ›Arbeitsertrag‹, auch heutzutage wegen seiner Zweideutigkeit verwerflich, verliert so allen Sinn.

Womit wir es hier zu tun haben, ist eine kommunistische Gesellschaft, nicht wie sie sich auf ihrer eignen Grundlage *entwickelt* hat, sondern umgekehrt, wie sie eben aus der kapitalistischen Gesellschaft *hervorgeht*, also in jeder Beziehung, ökonomisch, sittlich, geistig, noch behaftet ist mit den Muttermalen der alten Gesellschaft, aus deren Schoß sie herkommt. Demgemäß erhält der einzelne Produzent – nach den Abzügen – exakt zurück, was er ihr gibt. Was er ihr gegeben hat, ist sein individuelles Arbeitsquantum. Z.B. der gesellschaftliche Arbeitstag besteht aus der Summe der individuellen Arbeitsstunden. Die individuelle Arbeitszeit des einzelnen Produzenten ist der von ihm gelieferte Teil des gesellschaftlichen Arbeitstags, sein Anteil daran. Er erhält von der Gesellschaft einen Schein, daß er soundso viel Arbeit geliefert (nach Abzug seiner Arbeit für die gemeinschaftlichen Fonds), und zieht mit diesem Schein aus dem gesellschaftlichen Vorrat von Konsumtionsmitteln soviel heraus, als gleich viel Arbeit kostet. Dasselbe Quantum Arbeit, das er der Gesellschaft in einer Form gegeben hat, erhält er in der andern zurück.

Es herrscht hier offenbar dasselbe Prinzip, das den Warenaustausch regelt, soweit er Austausch Gleichwertiger ist. Inhalt und Form sind verändert, weil unter den veränderten Umständen niemand etwas geben kann außer seiner Arbeit und weil andrerseits nichts in das Eigentum der einzelnen übergehn kann außer individuellen Konsumtionsmitteln. Was aber die Verteilung der letzteren unter die einzelnen Produzenten betrifft, herrscht dasselbe Prinzip wie beim Austausch von Warenäquivalenten, es wird gleich viel Arbeit in einer Form gegen gleich viel Arbeit in einer andern ausgetauscht.

Das gleiche Recht ist hier daher immer noch – dem Prinzip nach – *das bürgerliche Recht*, obgleich Prinzip und Praxis sich nicht mehr in den Haaren liegen, während der Austausch von Äquivalenten beim Warenaustausch nur *im Durchschnitt*, nicht für den einzelnen Fall existiert.

Trotz dieses Fortschritts ist dieses *gleiche Recht* stets noch mit einer bürgerlichen Schranke behaftet. Das Recht der Produzenten ist ihren Arbeitslieferungen *proportionell*; die Gleichheit besteht darin, daß an *gleichem Maßstab*, der Arbeit, gemessen wird. Der eine ist aber physisch oder geistig dem andern überlegen, liefert also in derselben Zeit mehr Arbeit oder kann während mehr Zeit arbeiten; und die Arbeit, um als Maß zu dienen, muß der Ausdehnung oder der Intensität nach bestimmt werden, sonst hörte sie auf, Maßstab zu sein. Dies *gleiche* Recht ist ungleiches Recht für ungleiche Arbeit. Es erkennt keine Klassenunterschiede an, weil jeder nur Arbeiter ist wie der andre; aber es erkennt stillschweigend die ungleiche individuelle Begabung und daher Leistungsfähigkeit der Arbeiter als natürliche Privilegien an. *Es ist daher ein Recht der Ungleichheit, seinem Inhalt nach, wie alles Recht.* Das Recht kann seiner Natur nach nur in Anwendung von gleichem Maßstab bestehn; aber die ungleichen Individuen (und sie wären nicht verschiedne Individuen, wenn sie nicht ungleiche wären) sind nur an gleichem Maßstab meßbar, soweit man sie unter einen gleichen Gesichtspunkt bringt, sie nur von einer *bestimmten* Seite faßt; z.B. im gegebnen Fall sie *nur als Arbeiter* betrachtet und weiter nichts in ihnen sieht, von allem andern absieht. Ferner: Ein Arbeiter ist verheiratet, der andre nicht; einer hat mehr Kinder als der andre etc. etc. Bei gleicher Arbeitsleistung und daher gleichem Anteil an dem gesellschaftlichen Konsumtionsfonds erhält also der eine faktisch mehr als der andre, ist der eine reicher als der andre etc. Um alle diese Mißstände zu vermeiden, müßte das Recht, statt gleich, vielmehr ungleich sein.

Aber diese Mißstände sind unvermeidbar in der ersten Phase der kommunistischen Gesellschaft, wie sie eben aus der kapitalistischen Gesellschaft nach langen Geburtswehen hervorgegangen ist. Das Recht kann nie höher sein als die ökonomische Gestaltung und dadurch bedingte Kulturentwicklung der Gesellschaft.

In einer höheren Phase der kommunistischen Gesellschaft, nachdem die knechtende Unterordnung der Individuen unter die Teilung der Arbeit, damit auch der Gegensatz geistiger und körperlicher Arbeit verschwunden ist; nachdem die Arbeit nicht nur Mittel zum Leben, sondern selbst das erste Lebensbedürfnis geworden; nachdem mit der allseitigen Entwicklung der Individuen auch ihre Produktivkräfte gewachsen und alle Springquellen des genossenschaftlichen Reichtums voller fließen – erst dann kann der enge bürgerliche Rechtshorizont ganz überschritten werden und die Gesellschaft auf ihre Fahne schreiben: Jeder nach seinen Fähigkeiten, jedem nach seinen Bedürfnissen!

Ich bin weitläufiger auf den ›unverkürzten Arbeitsertrag‹ einerseits, ›das gleiche Recht‹, ›die gerechte Verteilung‹ andrerseits eingegangen, um zu zeigen, wie sehr man frevelt, wenn man einerseits Vorstellungen, die zu einer gewissen Zeit einen Sinn hatten, jetzt aber zu veraltetem Phrasenkram geworden, unsrer

Partei wieder als Dogmen aufdrängen will, andrerseits aber die realistische Auffassung, die der Partei so mühvoll beigebracht worden, aber Wurzeln in ihr geschlagen, wieder durch ideologische Rechts- und andre, den Demokraten und französischen Sozialisten so geläufige Flausen verdreht.

Abgesehn von dem bisher Entwickelten war es überhaupt fehlerhaft, von der sog. *Verteilung* Wesens zu machen und den Hauptakzent auf sie zu legen.

Die jedesmalige Verteilung der Konsumtionsmittel ist nur Folge der Verteilung der Produktionsbedingungen selbst; letztere Verteilung aber ist ein Charakter der Produktionsweise selbst. Die kapitalistische Produktionsweise z.B. beruht darauf, daß die sachlichen Produktionsbedingungen Nichtarbeitern zugeteilt sind unter der Form von Kapitaleigentum und Grundeigentum, während die Masse nur Eigentümer der persönlichen Produktionsbedingung, der Arbeitskraft, ist. Sind die Elemente der Produktion derart verteilt, so ergibt sich von selbst die heutige Verteilung der Konsumtionsmittel. Sind die sachlichen Produktionsbedingungen genossenschaftliches Eigentum der Arbeiter selbst, so ergibt sich ebenso eine von der heutigen verschiedne Verteilung der Konsumtionsmittel. Der Vulgärsozialismus (und von ihm wieder ein Teil der Demokratie) hat es von den bürgerlichen Ökonomen überkommen, die Distribution als von der Produktionsweise unabhängig zu betrachten und zu behandeln, daher den Sozialismus hauptsächlich als um die Distribution sich drehend darzustellen. Nachdem das wirkliche Verhältnis längst klargelegt, warum wieder rückwärtsgehn?

4. »Die Befreiung der Arbeit muß das Werk der Arbeiterklasse sein, der gegenüber alle andren Klassen *nur eine reaktionäre Masse* sind.«

Die erste Strophe ist aus den Eingangsworten der internationalen Statuten, aber ›verbessert‹. Dort heißt es: »Die Befreiung der Arbeiterklasse muß die Tat der Arbeiter selbst sein«; hier hat dagegen »die Arbeiterklasse« zu befreien – was? »die Arbeit«. Begreife wer kann.

Zum Schadenersatz ist dagegen die Gegenstrophe Lassalle-sches Zitat vom reinsten Wasser: »der (der Arbeiterklasse) gegenüber alle andern Klassen *nur eine reaktionäre Masse* bilden«.

Im ›Kommunistischen Manifest‹ heißt es: »Von allen Klassen, welche heutzutage der Bourgeoisie gegenüberstehn, ist nur das Proletariat eine *wirklich revolutionäre Klasse*. Die übrigen Klassen verkommen und gehn unter mit der großen Industrie, das Proletariat ist ihr eigenstes Produkt.«

Die Bourgeoisie ist hier als revolutionäre Klasse aufgefaßt – als Trägerin der großen Industrie – gegenüber Feudalen und Mittelständen, welche alle gesellschaftlichen Positionen behaupten wollen, die das Gebilde veralteter Produktionsweisen. Sie bilden also nicht *zusammen mit der Bourgeoisie* nur eine reaktionäre Masse.

Andrerseits ist das Proletariat der Bourgeoisie gegenüber revolutionär, weil es, selbst erwachsen auf dem Boden der großen Industrie, der Produktion den kapitalistischen Charakter abzustreifen strebt, den die Bourgeoisie zu verewigen sucht. Aber das Manifest setzt hinzu: daß die »Mittelstände … revolutionär (werden) … im Hinblick auf ihren bevorstehenden Übergang ins Proletariat«.

Von diesem Gesichtspunkt ist es also wieder Unsinn, daß sie, ›zusammen mit der Bourgeoisie‹ und obendrein den Feudalen, gegenüber der Arbeiterklasse ›nur eine reaktionäre Masse bilden‹.

Hat man bei den letzten Wahlen Handwerkern, kleinen Industriellen etc. und *Bauern* zugerufen: Uns gegenüber bildet ihr mit Bourgeois und Feudalen nur eine reaktionäre Masse?

Lassalle wußte das ›Kommunistische Manifest‹ auswendig wie seine Gläubigen die von ihm verfaßten Heilsschriften. Wenn er es also so grob verfälschte, geschah es nur, um seine Allianz mit den absolutistischen und feudalen Gegnern wider die Bourgeoisie zu beschönigen.

Im obigen Paragraph wird nun zudem sein Weisheitsspruch an den Haaren herbeigezogen, ohne allen Zusammenhang mit dem verballhornten Zitat aus dem Statut der Internationalen. Es ist also hier einfach eine Impertinenz, und zwar keineswegs Herrn Bismarck mißfällige, eine jener wohlfeilen Flegeleien, worin der Berliner Marat macht.

5. »Die Arbeiterklasse wirkt für ihre Befreiung zunächst *im Rahmen des heutigen nationalen Staats*, sich bewußt, daß das notwendige Ergebnis ihres Strebens, welches den Arbeitern aller Kulturländer gemeinsam ist, die internationale Völkerverbrüderung sein wird.«

Lassalle hatte, im Gegensatz zum ›Kommunistischen Manifest‹ und zu allem früheren Sozialismus die Arbeiterbewegung vom engsten nationalen Standpunkt gefaßt. Man folgt ihm darin – und dies nach dem Wirken der Internationalen!

Es versteht sich ganz von selbst, daß, um überhaupt kämpfen zu können, die Arbeiterklasse sich bei sich zu Haus organisieren muß *als Klasse*, und daß das Inland der unmittelbare Schauplatz ihres Kampfs. Insofern ist ihr Klassenkampf, nicht dem Inhalt, sondern, wie das ›Kommunistische Manifest‹ sagt, ›der Form nach‹ national. Aber der ›Rahmen des heutigen nationalen Staats‹, z. B. des Deutschen Reichs, steht selbst wieder ökonomisch ›im Rahmen des Weltmarkts‹, politisch ›im Rahmen des Staatensystems‹. Der erste beste Kaufmann weiß, daß der deutsche Handel zugleich ausländischer Handel ist, und die Größe des Herrn Bismarck besteht ja eben in seiner Art *internationaler* Politik.

Und worauf reduziert die deutsche Arbeiterpartei ihren Internationalismus? Auf das Bewußtsein, daß das Ergebnis ihres Strebens ›die *internationale Völkerverbrüderung* sein wird‹ – eine dem bürgerlichen Freiheits- und Friedensbund entlehnte Phrase, die als Äquivalent passieren soll für die internationale Verbrüderung der Arbeiterklassen im gemeinschaftlichen Kampf gegen die herrschenden Klassen und ihre Regierungen. *Von internationalen Funktionen* der deutschen Arbeiterklasse also kein Wort! Und so soll sie ihrer eignen, mit den Bourgeois aller andern Länder bereits gegen sie verbrüderten Bourgeoisie und

Herrn Bismarcks internationaler Verschwörungspolitik das Paroli bieten!

In der Tat steht das internationale Bekenntnis des Programms *noch unendlich tief* unter dem der Freihandelspartei. Auch sie behauptet, das Ergebnis ihres Strebens sei ›die internationale Völkerverbrüderung‹. Sie *tut* aber auch etwas, um den Handel international zu machen, und begnügt sich keineswegs bei dem Bewußtsein – daß alle Völker bei sich zu Haus Handel treiben.

Die internationale Tätigkeit der Arbeiterklassen hängt in keiner Art von der Existenz der ›*Internationalen Arbeiterassoziation*‹ ab. Diese war nur der erste Versuch, jener Tätigkeit ein Zentralorgan zu schaffen; ein Versuch, der durch den Anstoß, welchen er gab, von bleibendem Erfolg, aber in *seiner ersten historischen Form* nach dem Fall der Pariser Kommune nicht länger durchführbar war.

Bismarcks ›Norddeutsche‹ war vollständig im Recht, wenn sie zur Zufriedenheit ihres Meisters verkündete, die deutsche Arbeiterpartei habe in dem neuen Programm dem Internationalismus abgeschworen.

II

»Von diesen Grundsätzen ausgehend, erstrebt die deutsche Arbeiterpartei mit allen gesetzlichen Mitteln den *freien Staat – und* – die sozialistische Gesellschaft; die Aufhebung des Lohnsystems *mit* dem *ehernen Lohngesetz* – und – der Ausbeutung in jeder Gestalt; die Beseitigung aller sozialen und politischen Ungleichheit.«

Auf den ›freien‹ Staat komme ich später zurück.

Also in Zukunft hat die deutsche Arbeiterpartei an Lassalles ›ehernes Lohngesetz‹ zu glauben! Damit es nicht verlorengeht, begeht man den Unsinn, von ›Aufhebung des Lohnsystems‹ (sollte heißen: System der Lohnarbeit) ›*mit* dem ehernen Lohngesetz‹ zu sprechen. Hebe ich die Lohnarbeit auf, so hebe ich natürlich auch ihre Gesetze auf, seien sie ›ehern‹ oder schwammig. Aber Lassalles Bekämpfung der Lohnarbeit dreht sich fast nur um dies sog. Gesetz. Um daher zu beweisen, daß die Lassallesche Sekte gesiegt hat, muß das ›Lohnsystem *mit* dem ehernen Lohngesetz‹ aufgehoben werden und nicht ohne dasselbe.

Von dem ›ehernen Lohngesetz‹ gehört Lassalle bekanntlich nichts als das den Goetheschen ›ewigen, ehernen, großen Gesetzen‹ entlehnte Wort ›ehern‹. Das Wort *ehern* ist eine Signatur, woran sich die Rechtsgläubigen erkennen. Nehme ich aber das Gesetz mit Lassalles Stempel und daher in seinem Sinn, so muß ich es auch mit seiner Begründung nehmen. Und was ist sie? Wie Lange schon kurz nach Lassalles Tod zeigte: die (von Lange selbst gepredigte) Malthussche Bevölkerungstheorie. Ist diese aber richtig, so kann ich wieder das Gesetz *nicht* aufheben, und wenn ich hundertmal die Lohnarbeit aufhebe, weil das Gesetz dann nicht nur das System der Lohnarbeit, sondern *jedes* gesellschaftliche System beherrscht. Grade hierauf fußend, haben seit fünfzig Jahren und länger die Ökonomisten bewiesen, daß der Sozialismus das *naturbegründete* Elend nicht aufheben, sondern nur *verallgemeinern*, gleichzeitig über die ganze Oberfläche der Gesellschaft verteilen könne!

Aber all das ist nicht die Hauptsache. *Ganz abgesehn* von der *falschen* Lassalleschen Fassung des Gesetzes, besteht der wahrhaft empörende Rückschritt darin:

Seit Lassalles Tode hat sich die wissenschaftliche Einsicht in *unsrer* Partei Bahn gebrochen, daß der *Arbeitslohn* nicht das ist, was er zu sein *scheint*, nämlich der *Wert* respektive *Preis der Arbeit*, sondern nur eine maskierte Form für den *Wert resp. Preis der Arbeitskraft*. Damit war die ganze bisherige bürgerliche Auffassung des Arbeitslohns sowie die ganze bisher gegen selbe gerichtete Kritik ein für allemal über den Haufen geworfen und klargestellt, daß der Lohnarbeiter nur die Erlaubnis hat, für sein eignes Leben zu arbeiten, d. h. *zu leben*, soweit er gewisse Zeit umsonst für den Kapitalisten (daher auch für dessen Mitzehrer am Mehrwert) arbeitet; daß das ganze kapitalistische Produktionssystem sich darum dreht, diese Gratisarbeit zu verlängern durch Ausdehnung des Arbeitstags oder durch Entwicklung der Produktivität, größere Spannung der Arbeitskraft etc.; daß also das System der Lohnarbeit ein System der Sklaverei, und zwar einer Sklaverei ist, die im selben Maß härter wird, wie sich die gesellschaftlichen Produktivkräfte derArbeit entwicklen, ob nun der Arbeiter bessere oder schlechtere Zahlung empfange. Und nachdem diese Einsicht unter unsrer Partei sich mehr und mehr Bahn gebrochen, kehrt man zu Lassalles Dogmen zurück, obgleich man nun wissen mußte, daß Lassalle *nicht wußte*, was der Arbeitslohn war, sondern, im Gefolge der bürgerlichen Ökonomen, den Schein für das Wesen der Sache nahm.

Es ist, als ob unter Sklaven, die endlich hinter das Geheimnis der Sklaverei gekommen und in Rebellion ausgebrochen, ein in veralteten Vorstellungen befangener Sklave auf das Programm der Rebellion schriebe: Die Sklaverei muß abgeschafft werden, weil die Beköstigung der Sklaven im System der Sklaverei ein gewisses niedriges Maximum nicht überschreiten kann!

Die bloße Tatsache, daß die Vertreter unsrer Partei fähig waren, ein so ungeheuerliches Attentat auf die in der Parteimasse verbreitete Einsicht zu begehn – beweist sie nicht allein, mit welchem <frevelhaften> Leichtsinn, <mit welcher Gewissenlosigkeit> sie bei Abfassung des Kompromißprogramms zu Werke gingen!

Anstatt der unbestimmten Schlußphrase des Paragraphen, »die Beseitigung aller sozialen und politischen Ungleichheit«, war zu sagen, daß mit der Abschaffung der Klassenunterschiede von selbst alle aus ihnen entspringende soziale und politische Ungleichheit verschwindet.

III

»Die deutsche Arbeiterpartei verlangt, um *die Lösung der sozialen Frage anzubahnen*, die Errichtung von Produktivgenossenschaften mit *Staatshilfe unter der demokratischen Kontrolle des arbeitenden Volks*. Die Produktivgenossenschaften sind für Industrie und Ackerbau in solchem Umfang *ins Leben zu rufen*, *daß aus ihnen die sozialistische Organisation der Gesamtarbeit entsteht.*«

Nach dem Lassalleschen ›ehernen Lohngesetz‹ das Heilsmittel des Propheten! Es wird in würdiger Weise ›angebahnt‹! An die Stelle des existierenden Klassenkampfs tritt eine Zeitungsschreiberphrase – ›*die soziale Frage*‹, deren ›*Lösung*‹ man ›anbahnt‹. Statt aus dem revolutionären Umwandlungsprozesse der Gesellschaft ›entsteht‹ die ›sozialistische Organisation der Gesamtarbeit‹ aus der ›Staatshilfe‹, die der Staat Produktivgenossenschaften gibt, die *er*, nicht der Arbeiter, ›*ins Leben ruft*‹. Es ist dies würdig der Einbildung Lassalles, daß man mit Staatsanlehn ebensogut eine neue Gesellschaft bauen kann wie eine neue Eisenbahn!

Aus <einem Rest von> Scham stellt man ›die Staatshilfe‹ – ›unter die demokratische Kontrolle des arbeitenden Volks‹.

Erstens besteht ›das arbeitende Volk‹ in Deutschland zur Majorität aus Bauern und nicht aus Proletariern.

Zweitens heißt ›demokratisch‹ zu deutsch ›volksherrschaftlich‹. Was heißt aber »die volksherrschaftliche Kontrolle des arbeitenden Volkes‹? Und nun gar bei einem Arbeitervolk, das durch diese Forderungen, die es an den Staat stellt, sein volles Bewußtsein ausspricht, daß es weder an der Herrschaft ist, noch zur Herrschaft reif ist!

Auf die Kritik des von Buchez unter Louis-Philippe im *Gegensatz* gegen die französischen Sozialisten verschriebnen und von den reaktionären Arbeitern des ›Atelier‹ angenommenen Rezepts ist es überflüssig, hier einzugehn. Es liegt auch der Hauptanstoß nicht darin, daß man diese spezifische Wunderkur ins Programm geschrieben, sondern daß man überhaupt vom Standpunkt der Klassenbewegung zu dem der Sektenbewegung zurückgeht.

Daß die Arbeiter die Bedingungen der genossenschaftlichen Produktion auf sozialem und zunächst bei sich, also [auf] nationalem Maßstab herstellen wollen, heißt nur, daß sie an der Umwälzung der jetzigen Produktionsbedingungen arbeiten, und hat nichts gemein mit der Stiftung von Kooperativgesellschaften mit Staatshilfe! Was aber die jetzigen Kooperativgesellschaften betrifft, so haben sie *nur* Wert, soweit sie unabhängige, weder von den Regierungen noch von den Bourgeois protegierte Arbeiterschöpfungen sind.

[IV]

Ich komme jetzt zum demokratischen Abschnitt.

A. »*Freiheitliche Grundlage des Staats.*«

Zunächst nach II erstrebt die deutsche Arbeiterpartei ›den freien Staat‹.

Freier Staat – was ist das?

Es ist keineswegs Zweck der Arbeiter, die den beschränkten Untertanenverstand losgeworden, den Staat ›frei‹ zu machen. Im Deutschen Reich ist der ›Staat‹ fast so ›frei‹ als in Rußland. Die Freiheit besteht darin, den Staat aus einem der Gesellschaft übergeordneten in ein ihr durchaus untergeordnetes Organ zu verwandeln, und auch heutig sind die Staatsformen freier oder unfreier im Maß, worin sie die ›Freiheit des Staats‹ beschränken.

Die deutsche Arbeiterpartei – wenigstens, wenn sie das Programm zu dem ihrigen macht – zeigt, wie ihr die sozialistischen Ideen nicht einmal hauttief sitzen, indem sie, statt die bestehende Gesellschaft (und das gilt von jeder künftigen) als *Grundlage* des bestehenden *Staats* (oder künftigen, für künftige Gesellschaft) zu behandeln, den Staat vielmehr als ein selbständiges Wesen behandelt, das seine eignen ›*geistigen, sittlichen, freiheitlichen Grundlagen*‹ besitzt.

Und nun gar der wüste Mißbrauch, den das Programm mit den Worten ›*heutiger Staat*‹, ›*heutige Gesellschaft*‹ treibt, und den noch wüsteren Mißverstand, den es über den Staat anrichtet, an den es seine Forderungen richtet!

Die ›heutige Gesellschaft‹ ist die kapitalistische Gesellschaft, die in allen Kulturländern existiert, mehr oder weniger frei von mittelalterlichem Beisatz, mehr oder weniger durch die besondre geschichtliche Entwicklung jedes Landes modifiziert, mehr oder weniger entwickelt. Dagegen der ›heutige Staat‹ wechselt mit der Landesgrenze. Es ist ein andrer im preußisch-deutschen Reich als in der Schweiz, ein andrer in England als in den Vereinigten Staaten. ›*Der* heutige Staat‹ ist also eine Fiktion.

Jedoch haben die verschiednen Staaten der verschiednen Kulturländer, trotz ihrer bunten Formverschiedenheit, alle das gemein, daß sie auf dem Boden der modernen bürgerlichen Gesellschaft stehn, nur einer mehr oder minder kapitalistisch entwickelten. Sie haben daher auch gewisse wesentliche Charaktere gemein. In diesem Sinn kann man von ›heutigem Staatswesen‹ sprechen, im Gegensatz zur Zukunft, worin seine jetzige Wurzel, die bürgerliche Gesellschaft, abgestorben ist.

Es fragt sich dann: Welche Umwandlung wird das Staatswesen in einer kommunistischen Gesellschaft untergehn? In andern Worten, welche gesellschaftliche Funktionen bleiben dort übrig, die jetzigen Staatsfunktionen analog sind? Diese Frage ist nur wissenschaftlich zu beantworten, und man kommt dem Problem durch tausendfache Zusammensetzung des Worts Volk mit dem Wort Staat auch nicht um einen Flohsprung näher.

Zwischen der Kapitalistischen und der kommunistischen Gesellschaft liegt die Periode der revolutionären Umwandlung der einen in die andre. Der entspricht auch eine politische Übergangsperiode, deren Staat nichts andres sein kann als die *revolutionäre Diktatur des Proletariats*.

Das Programm nun hat es weder mit letzterer zu tun, noch mit dem zukünftigen Staatswesen der kommunistischen Gesellschaft. Seine politischen Forderungen enthalten nichts, außer der aller Welt bekannten demokratischen Litanei: allgemeines Wahlrecht, direkte Gesetzgebung, Volksrecht, Volkswehr etc. Sie sind bloßes Echo der bürgerlichen Volkspartei, des Friedens- und Freiheitsbundes. Es sind lauter Forderungen, die, soweit nicht in phantastischer Vorstellung übertrieben, bereits *realisiert* sind. Nur liegt der Staat, dem sie angehörigen, nicht innerhalb der deutschen Reichsgrenze, sondern in der Schweiz, den Vereinigten Staaten etc. Diese Sorte ›Zukunftsstaat‹ ist *heutiger Staat*, obgleich außerhalb ›des Rahmens‹ des deutschen Reichs existierend.

Aber man hat eins vergessen. Da die deutsche Arbeiterpartei ausdrücklich erklärt, sich innerhalb ›des heutigen nationalen Staats‹, also ihres Staats, des preußisch-deutschen Reichs, zu bewegen – ihre Forderungen wären ja sonst auch großenteils sinnlos, da man nur fordert, was man noch nicht hat –, so durfte sie die Hauptsache nicht vergessen, nämlich daß alle jene schönen Sächelchen auf der Anerkennung der sog. Volkssouveränität beruhn, daß sie daher nur in einer *demokratischen Republik* am Platze sind.

Da man nicht den Mut hat – und weislich, denn die Verhältnisse gebieten Vorsicht –, die demokratische Republik zu verlangen, wie es die französischen Arbeiterprogramme unter Louis-Philippe und unter Louis-Napoleon taten – so hätte man auch nicht zu der <weder ›ehrlichen‹ noch würdigen> Finte flüchten sollen, Dinge, die nur in einer demokratischen Republik Sinn haben, von einem Staat zu verlangen, der nichts andres als ein mit parlamentarischen Formen verbrämter, mit feudalem Beisatz vermischter und zugleich schon von der Bourgeoisie beeinflußter, bürokratisch gezimmerter, polizeilich gehüteter Militärdespotismus ist, <und diesem Staat obendrein noch zu beteuern, daß man ihm dergleichen ›mit gesetzlichen Mitteln‹ aufdringen zu können wähnt!>

Selbst die vulgäre Demokratie, die in der demokratischen Republik das Tausendjährige Reich sieht und keine Ahnung davon hat, daß gerade in dieser letzten Staatsform der bürgerlichen Gesellschaft der Klassenkampf definitiv auszufechten ist – selbst sie steht noch berghoch über solcherart Demokratentum innerhalb der Grenzen des polizeilich Erlaubten und logisch Unerlaubten.

Daß man in der Tat unter ›Staat‹ die Regierungsmaschine versteht oder den Staat, soweit er einen durch Teilung der Arbeit von der Gesellschaft besonderen, eignen Organismus bildet, zeigen schon die Worte: »*Die deutsche Arbeiterpartei verlangt als wirtschaftliche Grundlage des Staats*: eine einzige progressive

Einkommensteuer etc.« Die Steuern sind die wirtschaftliche Grundlage der Regierungsmaschinerie und von sonst nichts. In dem in der Schweiz existierenden Zukunftsstaat ist diese Forderung ziemlich erfüllt. Einkommensteuer setzt die verschiednen Einkommenquellen der verschiednen gesellschaftlichen Klassen voraus, also die kapitalistische Gesellschaft. Es ist also nichts Auffälliges, daß die Financial Reformers von Liverpool – Bourgeois mit Gladstones Bruder an der Spitze – dieselbe Forderung stellen wie das Programm.

B. »Die deutsche Arbeiterpartei verlangt als geistige und sittliche Grundlage des Staats:

1. Allgemeine und *gleiche Volkserziehung* durch den Staat. Allgemeine Schulpflicht. Unentgeltlichen Unterricht.«

Gleiche Volkserziehung? Was bildet man sich unter diesen Worten ein? Glaubt man, daß der heutigen Gesellschaft (und man hat nur mit der zu tun) die Erziehung für alle Klassen *gleich* sein kann? Oder verlangt man, daß auch die höheren Klassen zwangsweise auf das Modikum Erziehung – der Volksschule – reduziert werden sollen, das allein mit den ökonomischen Verhältnissen nicht nur der Lohnarbeiter, sondern auch der Bauern verträglich ist?

»Allgemeine Schulpflicht. Unentgeltlicher Unterricht.« Die erste existiert selbst in Deutschland, das zweite in der Schweiz [und] den Vereinigten Staaten für Volksschulen. Wenn in einigen Staaten der letzteren auch ›höhere‹ Unterrichtsanstalten ›unentgeltlich‹ sind, so heißt das faktisch nur, den höheren Klassen ihre Erziehungskosten aus dem allgemeinen Steuersäckel bestreiten. Nebenbei gilt dasselbe von der unter A. 5 verlangten ›unentgeltlichen Rechtspflege‹. Die Kriminaljustiz ist überall unentgeltlich zu haben; die Ziviljustiz dreht sich fast nur um Eigentumskonflikte, berührt also fast nur die besitzenden Klassen. Sollen sie auf Kosten des Volkssäckels ihre Prozesse führen?

Der Paragraph über die Schulen hätte wenigstens technische Schulen (theoretische und praktische) in Verbindung mit der Volksschule verlangen sollen.

Ganz verwerflich ist eine ›*Volkserziehung durch den Staat*‹. Durch ein allgemeines Gesetz die Mittel der Volksschulen bestimmen, die Qualifizierung des Lehrerpersonals, die Unterrichtszweige etc. und, wie es in den Vereinigten Staaten geschieht, durch Staatsinspektoren die Erfüllung dieser gesetzlichen Vorschriften überwachen, ist etwas ganz andres, als den Staat zum Volkserzieher zu ernennen! Vielmehr sind Regierung und Kirche gleichmäßig von jedem Einfluß auf die Schule auszuschließen. Im preußisch-deutschen Reich nun gar (und man helfe sich nicht mit der faulen Ausflucht, daß man von einem ›Zukunftsstaat‹ spricht; wir haben gesehn, welche Bewandtnis es damit hat) bedarf umgekehrt der Staat einer sehr rauhen Erziehung durch das Volk.

Doch das ganze Programm, trotz allen demokratischen Geklingels, ist durch und durch vom Untertanenglauben der Lassalleschen Sekte an den Staat verpestet oder, was nicht besser, vom demokratischen Wunderglauben, oder vielmehr ist es ein Kompromiß zwischen diesen zwei Sorten, dem Sozialismus gleich fernen, Wunderglauben.

›*Freiheit der Wissenschaft*‹ lautet ein Paragraph der preußischen Verfassung. Warum also hier?

›*Gewissensfreiheit*‹! Wollte man zu dieser Zeit des Kulturkampfes dem Liberalismus seine alten Stichworte zu Gemüt führen, so konnte es doch nur in dieser Form geschehen: Jeder muß seine religiöse wie seine leibliche Notdurft verrichten können, ohne daß die Polizei ihre Nase hineinsteckt. Aber die Arbeiterpartei mußte doch bei dieser Gelegenheit ihr Bewußtsein darüber aussprechen, daß die bürgerliche ›Gewissensfreiheit‹ nichts ist außer der Duldung aller möglichen Sorten *religiöser Gewissensfreiheit*, und daß sie vielmehr die Gewissen vom religiösen Spuk zu befreien strebt. Man beliebt aber das ›bürgerliche‹ Niveau nicht zu überschreiten.

Ich bin jetzt zu Ende gelangt, denn der nun im Programm folgende Anhang bildet keinen *charakteristischen* Bestandteil desselben. Ich habe mich daher hier ganz kurz zu fassen.

»2. Normalarbeitstag.«

Die Arbeiterpartei keines andern Landes hat sich auf solch unbestimmte Forderung beschränkt, sondern stets die Länge des Arbeitstags fixiert, die sie unter den gegebnen Umständen für normal hält.

»3. Beschränkung der Frauen- und Verbot der Kinderarbeit.« Die Normierung des Arbeitstags muß die Beschränkung der Frauenarbeit schon einschließen, soweit sie sich auf Dauer, Pausen etc. des Arbeitstags bezieht; sonst kann sie nur Ausschluß der Frauenarbeit aus Arbeitszweigen bedeuten, die speziell gesundheitswidrig für den weiblichen Körper oder für das weibliche Geschlecht sittenwidrig sind. Meinte man das, so mußte es gesagt werden.

›Verbot der Kinderarbeit‹! Hier war absolut nötig, die *Altersgrenze* anzugeben.

Allgemeines Verbot der Kinderarbeit ist unverträglich mit der Existenz der großen Industrie und daher leerer frommer Wunsch.

Durchführung desselben – wenn möglich – wäre reaktionär, da, bei strenger Regelung der Arbeitszeit nach den verschiednen Altersstufen und sonstigen Vorsichtsmaßregeln zum Schutz der Kinder, frühzeitige Verbindung produktiver Arbeit mit Unterricht eines der mächtigsten Umwandlungsmittel der heutigen Gesellschaft ist.

»4. Staatliche Überwachung der Fabrik-, Werkstatt- und Hausindustrie.«

Gegenüber dem preußisch-deutschen Staat war bestimmt zu verlangen, daß die Inspektoren nur gerichtlich absetzbar sind; daß jeder Arbeiter sie wegen Pflichtverletzung den Gerichten denunzieren kann; daß sie dem ärztlichen Stand angehören müssen.

»5. Regelung der Gefängnisarbeit.«

Kleinliche Forderung in einem allgemeinen Arbeiterprogramm. Jedenfalls mußte man klar aussprechen, daß man aus Konkurrenzneid die gemeinen Verbrecher nicht wie Vieh behandelt wissen und ihnen namentlich ihr einziges Besserungsmittel, produktive Arbeit, nicht abschneiden will. Das war doch das Geringste, was man von Sozialisten erwarten durfte.

»6. Ein wirksames Haftgesetz.«

Es war zu sagen, was man unter ›wirksamem‹ Haftgesetz versteht.

Nebenbei bemerkt, hat man beim Normalarbeitstag den Teil der Fabrikgesetzgebung übersehn, der Gesundheitsmaßregeln und Schutzmittel gegen Gefahr etc. betrifft. Das Haftgesetz tritt erst in Wirkung, sobald diese Vorschriften verletzt werden.

(Kurz, auch dieser Anhang zeichnet sich durch schlottrige Redaktion aus.)

Dixi et salvavi animam meam.

Marx als empirischer Sozialforscher: ›Fragebogen für Arbeiter‹ (1880)

I

1. In welchem Gewerbe arbeiten Sie?

2. Gehört das Unternehmen, in dem Sie arbeiten, Privatkapitalisten oder einer Aktiengesellschaft? Nennen Sie die Namen des privaten Unternehmers oder des Direktors der Gesellschaft.

3. Nennen Sie die Anzahl der Beschäftigten.

4. Nennen Sie deren Geschlecht und Alter.

5. Was ist das Mindestalter, zu dem Kinder – männlich oder weiblich – eingestellt werden?

6. Nennen Sie die Anzahl der Aufsichtspersonen und *anderen Angestellten*, die keine einfachen Lohnarbeiter sind.

7. Sind Lehrlinge beschäftigt? – Wieviele?

8. Gibt es außer den häufig und regelmäßig beschäftigten Arbeitern auch solche, die zu einer bestimmten Saison von außerhalb herbeigeholt werden?

9. Arbeitet der Betrieb Ihres Lohnherrn ausschließlich oder hauptsächlich für ortsansässige Kunden, für den allgemeinen Binnenmarkt oder für den Export in andere Länder?

10. Liegt die Arbeitsstätte auf dem Lande oder in der Stadt?

11. Falls Ihr Gewerbe auf dem Lande betrieben wird: bildet es Ihre hauptsächliche Erwerbsquelle oder betreiben Sie es zusätzlich zu oder gemeinsam mit der Landwirtschaft?

12. Beruht die Arbeit gänzlich oder in der Hauptsache auf Hand- oder Maschinenarbeit?

13. Berichten Sie über die Arbeitsteilung in dem Gewerbe, in dem Sie arbeiten.

14. Wird Dampf als Antriebskraft verwandt?

15. Berichten Sie über die Anzahl der Arbeitsräume, die den verschiedenen Zweigen des Gewerbes dienen, und beschreiben Sie jenen Teil des Arbeitsprozesses, an dem sie mitwirken, nicht nur in technischer Hinsicht, sondern auch in bezug auf die Muskel- und Nervenanspannung, die die Arbeit erfordert, und die allgemeinen Auswirkungen auf die Gesundheit der Arbeiter.

16. Beschreiben Sie die hygienischen Bedingungen der Arbeitsstätte in bezug auf Größe (des jedem Arbeiter zur Verfügung stehenden Platzes), Lüftung, Temperatur, ob die Wände geweißt sind, über Abortverhältnisse, allgemeine Reinlichkeit, Maschinenlärm, Staub, Feuchtigkeit etc.

17. Werden seitens der Regierung oder der Stadt die hygienischen Bedingungen der Arbeitsstätte überwacht?

18. Gibt es in Ihrem Gewerbe irgendwelche besondere schädliche Einwirkungen, die unter den Arbeitern bestimmte Krankheiten hervorrufen?

19. Ist die Arbeitsstätte mit Maschinen überfüllt?

20. Sind die Antriebskraft, die Transmissionsvorrichtungen und die laufenden Maschinen mit ausreichenden Schutzvorrichtungen gegen Unfälle versehen?

21. Berichten Sie aus eigener Erfahrung von Unfällen, die Verletzungen bzw. den Tod von Arbeitern verursachten.

22. Falls Sie in einem Bergwerk arbeiten, berichten Sie über Schutzmaßnahmen, die Ihr Unternehmer ergriffen hat, um für Lüftung zu sorgen und Explosionen sowie andere gefährliche Unfälle zu verhindern.

23. Falls Sie in einer Metallwaren- oder chemischen Fabrik, bei der Eisenbahn oder in einem anderen mit besonderen Gefahren verbundenem Gewerbe arbeiten, berichten Sie über die von Ihrem Unternehmer ergriffenen Schutzmaßnahmen.

24. Womit wird Ihr Arbeitsplatz beleuchtet, mit Gas, Petroleum etc.?

25. Sind im Falle eines Brandes genügend Fluchtmöglichkeiten innerhalb und außerhalb der Arbeitsgebäude vorhanden?

26. Ist der Unternehmer bei Unfällen *gesetzlich* verpflichtet, den Betroffenen oder seine Familie zu entschädigen?

27. Wenn das nicht der Fall ist, entschädigt er in irgendeiner Weise diejenigen, die Unfälle dabei erlitten, als sie durch ihre Arbeit zu seiner Bereicherung beitrugen?

28. Ist an Ihrer Arbeitsstätte für ärztliche Hilfe gesorgt?

29. Falls Sie Heimarbeit leisten, beschreiben Sie den Zustand Ihres Arbeitsraums; berichten Sie, ob Sie nur Werkzeuge oder auch kleine Maschinen benutzen; ob Sie sich von Ihrer Frau und den Kindern oder anderen Gehilfen, Erwachsenen oder Kindern, männlich oder weiblich, bei Ihrer Arbeit helfen lassen; ob Sie für Privatkunden oder für einen »entrepreneur«[1] arbeiten; ob Sie mit ihm direkt oder durch eine Zwischenperson verhandeln.

II

1. Wieviel Stunden arbeiten Sie täglich und wieviel Tage in der Woche?

2. Wieviel Feiertage haben Sie während des Jahres?

3. Welche Pausen treten während des Arbeitstages ein?

4. Sind für Mahlzeiten bestimmte regelmäßige Pausen festgesetzt oder werden sie unregelmäßig eingenommen?

5. Wird während der Mahlzeiten weitergearbeitet?

6. Falls Dampfkraft benutzt wird, nennen Sie die genauen Zeiten, wann sie an- und abgestellt wird.

7. Gibt es Nachtarbeit?

---

1 »Unternehmer«

8. Wieviel Stunden arbeiten Kinder und Jugendliche unter 16 Jahren?

9. Lösen sich Kinder und Jugendliche schichtweise während des Arbeitstages ab?

10. Sorgt die Regierung für die Einhaltung der *gesetzlichen Bestimmungen* über Kinderarbeit, soweit es solche gibt, und werden sie von den Unternehmern genau befolgt?

11. Bestehen irgendwelche Schulen für Kinder und Jugendliche, die in Ihrem Gewerbe arbeiten? Wenn ja, zu welcher Tageszeit sind die Kinder in der Schule? Was lehrt man sie?

12. Falls Tag und Nacht gearbeitet wird, wie ist der Schichtwechsel geregelt? Erfolgt die Ablösung einer Gruppe Arbeiter durch eine andere Gruppe?

13. Wieviel Arbeitsstunden werden in Zeiten besonders starker Geschäftstätigkeit zusätzlich zu den üblichen geleistet?

14. Werden die Maschinen von einer besonderen Gruppe Arbeiter gereinigt, die für diese Arbeit angestellt sind, oder besorgen die an den Maschinen beschäftigten Arbeiter die Reinigung unentgeltlich während ihres gewöhnlichen Arbeitstages?

15. Welche Bestimmungen und Strafen gibt es, um pünktliches Erscheinen der Arbeiter bei Beginn des Tagewerks oder nach den Mahlzeiten zu sichern?

16. Wieviel Zeit verlieren Sie täglich für den Weg zur Arbeitsstätte und für den Rückweg zu Ihrer Wohnung?

III

1. Welcher Art ist das Arbeitsverhältnis mit Ihrem Lohnherrn? Sind Sie für den Tag, für die Woche oder für den Monat etc. eingestellt?

2. Welche Fristen sind für die Kündigung seitens des Unternehmers oder Ihrerseits festgesetzt?

3. Welche Strafen sieht Kontraktbruch vor, wenn der Lohnherr der schuldige Teil ist?

4. Welche Strafen erwarten den Arbeiter, wenn er der schuldige Teil ist?

5. Falls Lehrlinge beschäftigt sind, nennen Sie ihre Vertragsbedingungen.

6. Stehen Sie dauernd in Arbeit oder mit Unterbrechungen?

7. Wird in Ihrem Gewerbe hauptsächlich während einer bestimmten Saison gearbeitet, oder ist die Arbeit mehr oder weniger gleichmäßig über das ganze Jahr verteilt? Falls Ihre Arbeit an eine bestimmte Saison gebunden ist, wie leben Sie dann in der Zwischenzeit?

8. Erhalten Sie Zeit- oder Stücklohn?

9. Wenn Zeitlohn, wird er nach der Stunde oder nach dem ganzen Arbeitstag berechnet?

10. Erfolgt eine besondere Entlohnung – und welche – im Falle von *Überstunden?*

11. Wenn Sie Lohn *nach der Stückzahl* erhalten, berichten Sie, wie dieser festgesetzt wird. Falls Sie in Industriezweigen beschäftigt sind, wo die geleistete Arbeit nach Quantität oder Gewicht berechnet wird (wie z.B. in Kohlengruben), so berichten sie, ob der Lohnherr und seine Kreaturen zu Prellereien greifen, um Sie um einen Teil des Verdienstes zu betrügen.

12. Falls Sie im Stücklohn bezahlt werden: wird die Qualität des Produkts zum Vorwand genommen, um Ihren Lohn auf betrügerische Weise zu kürzen?

13. Ob Sie nun im Zeit- oder im Stücklohn beschäftigt sind, *nach welcher Frist* erhalten Sie Ihren Lohn? Mit anderen Worten, wie lange müssen Sie warten, bis Ihr Lohnherr Ihnen den Lohn für bereits ausgeführte Arbeit auszahlt? Wird Ihr Lohn nach einer Woche, einem Monat etc. bezahlt?

14. Werden Sie durch solche Verzögerungen bei der Lohnzahlung gezwungen, häufig das Pfandhaus in Anspruch zu nehmen, dort hohe Zinsen zu zahlen und obendrein Gegenstände zu entbehren, die sie nötig gebrauchen, oder müssen Sie bei den Kaufleuten Schulden machen und werden dadurch als Schuldner deren Opfer?

15. Werden die Löhne direkt vom »patron«[1] oder durch eine Zwischenperson, einen »marchandeur«[2] etc. bezahlt?

16. Wie sind die Bedingungen Ihres Kontrakts, falls die Löhne durch »marchandeurs« oder andere Zwischenpersonen ausgezahlt werden?

17. Wie hoch ist Ihr Geldlohn pro Tag oder pro Woche?

18. Wie hoch sind die entsprechenden Löhne der Frauen und Kinder, die mit Ihnen in der gleichen Werkstatt arbeiten?

19. Nennen Sie den höchsten und den niedrigsten Tagelohn im vergangenen Monat.

20. Nennen Sie den höchsten und den niedrigsten Stücklohn im vergangenen Monat.

21. Nennen Sie Ihr tatsächliches Einkommen während dieser Zeit, und, falls Sie Familie haben, auch das Ihrer Frau und der Kinder.

22. Werden die Löhne in Geld oder zum Teil auf andere Weise gezahlt?

23. Falls der Unternehmer Ihnen die Wohnung vermietet, unter welchen Bedingungen geschieht das? Zieht er die Miete von Ihrem Lohn ab?

24. Nennen Sie die Preise der notwendigen Dinge, wie zum Beispiel:

a) Ihre Wohnungsmieter und dazu die Mietbedingungen; Zahl der Zimmer und der Personen, die darin wohnen; Reparaturen und Versicherung; Kauf und Unterhalt des Mobiliars; Schlafstelle; Feuerung; Beleuchtung; Wasser etc.

b) Nahrung: Brot, Fleisch, Gemüse (Kartoffeln etc.), Milchprodukte, Eier, Fisch; Butter, Öl, Fett; Zucker, Salz, Gewürze; Kaffee, Tee, Zichorie; Bier, Apfelwein, Wein etc., Tabak.

c) Kleidung (für Eltern und Kinder); Wäsche; Körperpflege, Bäder, Seife etc.

---

1 »Herrn«
2 »Zwischenmeister«

d) Verschiedene Ausgaben, wie Briefporto, Darlehen, Aufbewahrungskosten in den Pfandhäusern, Schulgeld für die Kinder, Lehrgeld, Erwerb von Zeitungen, Büchern etc.; Mitgliedsbeiträge, Beiträge für Gesellschaften zur gegenseitigen Hilfe, für Streikkassen, für verschiedene Vereinigungen, Gewerkschaften etc.

e) Kosten, sofern es solche gibt, die durch die Ausübung Ihres Berufs entstehen.

f) Steuern.

25. Versuchen Sie, Ihre wöchentlichen und jährlichen Einnahmen (und die Ihrer Familie, falls Sie eine haben) und die wöchentlichen und jährlichen Ausgaben in Form eines Budgets aufzuschreiben.

26. Haben Sie aus eigener Erfahrung ein stärkeres Ansteigen der Preise für die lebensnotwendigen Dinge (wie Wohnungsmiete, Nahrung etc.) als das der Löhne festgestellt?

27. Berichten Sie über die Lohnschwankungen, so weit Sie sich zurückerinnern können.

28. Berichten Sie über das Absinken der Löhne in Zeiten der Stagnation oder Krise.

29. Berichten Sie über das Steigen der Löhne in sogenannten Zeiten der Prosperität.

30. Berichten Sie über Arbeitsunterbrechungen infolge Veränderungen in der Mode und infolge von Teil- oder allumfassenden Krisen.

31. Berichten Sie über Veränderungen *im Preis der Waren*, die Sie produzieren, bzw. der Dienste, die Sie leisten, und berichten Sie zum Vergleich, ob Ihr Lohn sich *gleichzeitig verändert* hat oder ob er der alte geblieben ist.

32. Kennen Sie Fälle, daß Arbeiter infolge Einführung von Maschinen oder anderen Vervollkommnungen ihren Arbeitsplatz verloren haben?

33. Haben mit der Entwicklung der Maschinen und der Erhöhung der Arbeitsproduktivität die Intensität und die Dauer der Arbeit zu- oder abgenommen?

34. Sind Ihnen Lohnerhöhungen als Folge von erhöhter Produktion bekannt?

35. Sind Ihnen jemals Fälle bekannt geworden, daß ein einfacher Arbeiter mit dem Geld, das er als Lohnarbeiter verdient hatte, sich im Alter von 50 Jahren zur Ruhe setzen konnte?

36. Wieviel Jahre kann in Ihrem Gewerbe ein Arbeiter von durchschnittlicher Gesundheit seine Arbeit ausführen?

IV

1. Gibt es in Ihrem Gewerbe Gewerkschaften und wie werden sie geleitet?

2. Wieviel Streiks fanden nach Ihren persönlichen Erfahrungen statt?

3. Wie lange haben diese Streiks gedauert?

4. Waren es Teilstreiks oder allgemeine Streiks?

5. War das Ziel der Streiks eine Lohnerhöhung, oder wurde gestreikt, um gegen eine Lohnherabsetzung zu kämpfen; oder ging es bei den Streiks um die Länge des Arbeitstags; oder hatten sie andere Ursachen?

6. Welches waren ihre Ergebnisse?

7. Unterstützt man in Ihrem Gewerbe die Streiks von Arbeitern aus anderen Gewerben?

8. Nennen Sie die von Ihrem Lohnherrn zur Beherrschung seiner Arbeiter erlassenen Bestimmungen und die Strafen, wenn sie verletzt werden.

9. Bestehen Vereinigungen der Lohnherren, um Lohnkürzungen, Verlängerung des Arbeitstags zu erzwingen, um Streiks zu zerschlagen und um im allgemeinen der Arbeiterklasse ihren Willen aufzuzwingen?

10. Kennen Sie Fälle, wo die Regierung die bewaffnete Macht mißbrauchte und sie den Lohnherren gegen ihre Arbeiter zur Verfügung gestellt hat?

11. Haben Sie erlebt, daß die gleiche Regierung sich jemals im Interesse der Arbeiter eingeschaltet hat, wenn die Lohnherren Übergriffe begingen und sich ungesetzlich zusammenschlossen?

12. Verschafft die gleiche Regierung den Fabrikgesetzen, soweit welche bestehen, gegenüber den Lohnherren Geltung? Nehmen ihre Inspektoren – soweit es welche gibt – ihre Pflichten ernst?

13. Gibt es in Ihrem Betrieb oder in Ihrem Gewerbe Gesellschaften zur gegenseitigen Hilfe und Unterstützung bei Unfällen, Krankheiten, Todesfällen, vorübergehender Arbeitsunfähigkeit und im hohen Alter etc.?

14. Ist die Mitgliedschaft in solchen Gesellschaften freiwillig oder obligatorisch? Stehen ihre Mittel ausschließlich unter Kontrolle der Arbeiter?

15. Falls die Beiträge obligatorisch sind und unter der Kontrolle des Lohnherrn stehen: zieht er die Beiträge vom Lohn ab; zahlt er Zinsen dafür? Werden die Beiträge den Arbeitern zurückerstattet, wenn sie kündigen oder entlassen werden?

16. Gibt es in Ihrem Industriezweig Arbeitergenossenschaften? Wie werden sie geleitet? Sind in ihnen auch andere Lohnarbeiter in derselben Weise wie bei den Kapitalisten beschäftigt?

17. Gibt es in Ihrem Gewerbe Betriebe, in denen ein Teil der Bezahlung der Arbeiter unter dem Namen Lohn, ein anderer Teil in Form angeblicher Gewinnbeteiligung am Profit Ihres Lohnherrn erfolgt? Vergleichen Sie das gesamte Einkommen dieser Arbeiter mit demjenigen, das andere Arbeiter erhalten, bei denen keine angebliche Gewinnbeteiligung besteht. Berichten Sie über die Verpflichtungen der Arbeiter, die unter diesen Bedingungen arbeiten. Können sie sich an Streiks beteiligen etc. oder dürfen sie nur die ergebenen »Diener« ihres Lohnherrn sein?

18. Wie ist der allgemeine körperliche, geistige und moralische Zustand der in Ihrem Beruf beschäftigten Arbeiter und Arbeiterinnen?

Die Zukunft der russischen Dorfgemeinde und der Sozialismus: Erster Entwurf einer Antwort auf den Brief von Vera Sassulitsch (1881)

Am 16. Februar 1881 schreibt Vera Sasulitsch aus Genf, wo sie im Exil lebt, einen Brief an Karl Marx, in dem sie ihn um seine Meinung über die künftigen Entwicklungschancen der russischen Dorfgemeinschaft bittet. Der vollständige Text liegt daher nur im 1. Band des »Marx-Engels Archivs« vor, der 1926 in Frankfurt von David Rjazanov veröffentlicht wurde.[1]

Geehrter Citoyen!

Sie wissen vermutlich, dass Ihr »Kapital« in Russland sich großer Popularität erfreut. Trotz der Beschlagnahme der Ausgabe werden die wenigen verbliebenen Ausgaben von einer großen Masse von mehr oder minder gebildeten Leuten unseres Landes wieder und wieder gelesen. Es gibt ernsthafte Leute, die das Buch studieren. Sie wissen vermutlich nicht, welche Rolle Ihr »Kapital« in den Diskussionen über die ländliche Kommune in Russland spielt. Sie wissen besser als wer sonst, wie dringend diese Frage in Russland ist. Sie wissen, was Tschernischewski darüber dachte. Unsere fortschrittliche Literatur wie die »Vaterländischen Notizen« entwickeln seine Ideen weiter. Diese Frage ist aber eine von Leben und Tod meines Erachtens vor allem für unsere sozialistische Partei. Auf die eine oder andere Weise hängt von Ihnen und Ihrer Auffassung in dieser Frage sogar das persönliche Schicksal unserer revolutionären Sozialisten ab. Entweder kann sich die ländliche Kommune befreit von extrem hohen Steuerabgaben und Bezahlungen an Grundbesitzer sowie willkürlicher Verwaltung auf dem Weg zum Sozialismus entwickeln, d. h. nach und nach die Produktion und Verteilung der Produkte

---

[1] Aus: D. Rjazanov: Marx-Angels-Archiv, Zeitschrift des Marx-Engels Instituts in Moskau, 1. Band Marx-Engels Archiv, Verlagsgesellschaft Frankfurt a.M. 1926, S. 316–317. Aus dem Französischen von Iring Fetscher.

auf kollektiver Basis verwirklichen. In diesem Fall würde der revolutionäre Sozialismus alle seine Kräfte für die Befreiung der Kommune und ihre Entwicklung einsetzen. Wenn aber die Kommune zum Untergang bestimmt ist, dann bleibt den Sozialisten nichts andres übrig, als sich auf mehr oder minder schlecht fundierte Berechnungen einzulassen, um herauszufinden, wie viele dutzende Jahre es dauern wird, bis das russische Bauernland in die Hände der Bourgeoisie gefallen ist, und wie viele Jahrzehnte es dauern wird, bis der Kapitalismus in Russland den Grad der Entwicklung Westeuropas erreicht hat. Sie müssten dann nur unter den städtischen Arbeitern Propaganda machen, die ständig in den bäuerlichen Massen untergehen, die infolge der Auflösung der ländlichen Kommune auf der Suche nach Lohn aufs städtische Pflaster geworfen werden.

In letzter Zeit hören wir oft, die ländliche Kommune sei eine archaische historische Form, in einem Wort: etwas, was der wissenschaftliche Sozialismus für indiskutabel und zum Untergang verurteilt hält. Leute, die das sagen, nennen sich Ihre Schüler, »Marxisten«. Das stärkste ihrer Argumente lautet: »das ist, was Marx sagt«.

»Wie aber leiten Sie das aus seinem ›Kapital‹ ab? Dort behandelt er die Agrarfrage nicht und spricht nicht von Russland«, hält man ihnen entgegen.

»Er hätte es gesagt, wenn er von unserem Land gesprochen hätte«, erwidern Ihre Schüler vielleicht etwas waghalsig.

Sie verstehen also, Citoyen, wie sehr Ihre Meinung zu dieser Frage uns interessiert. Welchen großen Dienst sie uns leisten würden, indem Sie Ihre Ideen über das mögliche Schicksal unserer Landkommunen und über die Theorie der historischen Notwendigkeit für alle Länder der Welt, alle Phasen der kapitalistischen Produktionsweise zu durchlaufen.

Ich erlaube mir, Citoyen, Sie im Namen meiner Freunde zu bitten, uns diesen Dienst zu leisten.

Wenn es Ihre Zeit erlaubt, Ihre Ideen zu diesen Fragen mehr oder weniger detailliert zu entwickeln, so haben Sie zumindest

*die Freundlichkeit, uns in Gestalt eines Briefes Ihre Ideen zu ent-
wickeln. Eines Briefes, für den ich um die Erlaubnis bitte, ihn für
die Publikation in Russland übersetzen zu dürfen.*

Erlauben Sie Citoyen, meine respektvollen Grüße
Vera Sassulitsch

[Erster Entwurf]

1. Bei der Behandlung der Genesis der kapitalistischen Produktion habe ich gesagt, daß ihr »die radikale Trennung des Produzenten von den Produktionsmitteln zugrunde liegt« (p. 315,
col. 1, éd. frçs. »Le Capital«) und: »die Grundlage dieser ganzen
Entwicklung ist die Expropriation der Ackerbauern. Sie ist auf
radikale Weise erst in England durchgeführt ... Aber alle anderen Länder Westeuropas durchlaufen die gleiche Bewegung«
(l.c. col. 2).

Ich habe also die »historische Unvermeidlichkeit« dieser Bewegung *ausdrücklich auf die Länder Westeuropas* beschränkt.
Und warum? Vergleichen Sie, bitte, das Kapitel XXXII, wo zu
lesen ist:

»Der Vernichtungsprozeß, der die Verwandlung der individuellen und zersplitterten Produktionsmittel in gesellschaftlich
konzentrierte bewirkt, der das zwerghafte Eigentum vieler zum
riesigen Eigentum einiger weniger macht, ... diese qualvolle und
furchtbare Expropriation des arbeitenden Volkes – das ist der
Ursprung, das ist die Genesis des Kapitals ... *Das Privateigentum*, das auf persönlicher Arbeit gegründet ist ... wird verdrängt
durch *das kapitalistische Privateigentum*, das auf der Ausbeutung der Arbeit andrer, der Lohnarbeit gegründet ist« (p. 341,
col. 2).

Auf diese Weise erfolgt hier in letzter Instanz die *Verwandlung einer Form des Privateigentums in eine andere Form des
Privateigentums*. Da aber das in den Händen der russischen
Bauern befindliche Land niemals *ihr Privateigentum* gewesen
ist, wie läßt sich diese Entwicklung auf sie anwenden?

2. Vom historischen Standpunkt aus gesehen ist das einzige ernsthafte Argument, das zugunsten der *unvermeidlichen Auflösung* der Gemeinde der *russischen Bauern* angeführt werden könnte, folgendes: Wenn man sehr weit zurückblickt, findet man überall in Westeuropa das Gemeineigentum eines mehr oder weniger archaischen Typus'; es ist mit dem gesellschaftlichen Fortschritt überall verschwunden. Warum sollte es demselben Schicksal allein in Rußland entgehen?

Ich antworte: Weil in Rußland, dank eines einzigartigen Zusammentreffens von Umständen, die noch in nationalem Maßstab vorhandene Dorfgemeinde sich nach und nach von ihren primitiven Wesenszügen befreien und sich unmittelbar als Element der kollektiven Produktion in nationalem Maßstab entwickeln kann. Gerade auf Grund ihrer Gleichzeitigkeit mit der kapitalistischen Produktion kann sie sich deren positive Errungenschaften aneignen, ohne ihre furchtbaren Wechselfälle durchzumachen. Rußland lebt nicht isoliert von der modernen Welt, noch weniger ist es die Beute eines fremden Eroberers wie Ostindien.

Wenn die russischen Verehrer des kapitalistischen Systems die *theoretische* Möglichkeit einer solchen Evolution verneinen, dann würde ich sie fragen: Ist Rußland wie der Westen gezwungen gewesen, eine lange *Inkubationsperiode* der Maschinenindustrie durchzumachen, um Maschinen, Dampfschiffe, Eisenbahnen etc. benutzen zu können? Mögen sie mir außerdem erklären, wie sie es zustande gebracht haben, im Handumdrehen den ganzen Tauschmechanismus (Banken, Kreditgesellschaften etc.) bei sich einzuführen, dessen Herausbildung dem Westen Jahrhunderte gekostet hat?

Wenn die Dorfgemeinde im Augenblick der Bauernemanzipation von vornherein in normale Umstände versetzt worden wäre; wenn ferner die ungeheure Staatsschuld, die zum größten Teil auf Kosten und zu Lasten der Bauern abgetragen wird, mit den anderen Riesensummen, die vom Staat (und immer auf Kosten und zu Lasten der Bauern) den »neuen Stützen der Gesellschaft« gewährt werden, die sich in Kapitalisten verwandelt haben; wenn alle diese Aufwendungen *der Weiterentwicklung* der Dorfgemeinde gedient hätten, dann würde heute niemand über die »historische Unvermeidlichkeit« der Vernichtung der Gemeinde grübeln: Alle würden in ihr das Element der Wiedergeburt der russischen Gesellschaft erkennen und ein Element der Überlegenheit über die Länder, die noch vom kapitalistischen Regime versklavt sind.

Ein weiterer für die Erhaltung der russischen Gemeinde (in ihrer Entwicklung) günstiger Umstand ist der, daß sie nicht nur Zeitgenossin der kapitalistischen Produktion ist und auch jene Periode überdauert hat, als sich dieses Gesellschaftssystem noch intakt zeigte, sondern daß sich dieses Gesellschaftssystem heute, in Westeuropa ebensogut wie in den Vereinigten Staaten, im Kampfe befindet gegen die Wissenschaft, gegen die Volksmassen und gegen die Produktivkräfte, die es erzeugt. Mit einem Wort, sie findet den Kapitalismus in einer Krise, die erst mit seiner Abschaffung, mit der Rückkehr der modernen Gesellschaften zum »archaischen« Typus des Gemeineigentums enden wird, oder, wie ein amerikanischer Autor, der keineswegs revolutionärer Tendenzen verdächtig ist und in seinen Arbeiten durch die Regierung in Washington unterstützt wird, es sagt – das neue System, zu dem die moderne Gesellschaft tendiert, »wird eine Wiedergeburt (a revival) des archaischen Gesellschaftstypus in einer höheren Form (in a superior form) sein«. Man darf sich nur nicht allzusehr von dem Wort »archaisch« erschrecken lassen.

Aber es wäre dann mindestens notwendig, diese Wechselfälle zu kennen. Wir wissen jedoch nichts davon.

Die Geschichte des Verfalls der Urgemeinschaften (man würde einen Fehler begehen, wenn man sie alle über einen Leisten schlagen wollte; ebenso wie in den geologischen Formationen gibt es auch in den historischen Formationen eine ganze Reihe von primären, sekundären, tertiären etc. Typen) ist noch zu schreiben. Bisher hat man dazu nur magere Skizzen geliefert. Aber auf jeden Fall ist die Forschung weit genug vorgeschritten, um zu bestätigen: 1. daß die Lebensfähigkeit der Urgemeinschaften unvergleichlich größer war als die der semitischen, griechischen, römischen etc. Gesellschaften und a fortiori als die der modernen kapitalistischen Gesellschaften; 2. daß die Ursachen ihres Verfalls von den ökonomischen Gegebenheiten herrühren, die sie hinderten, eine gewisse Stufe der Entwicklung zu überschreiten, von historischen Milieus herrühren, die mit dem historischen Milieu der russischen Dorfgemeinde von heute keineswegs übereinstimmen.

Beim Lesen der von Bourgeois geschriebenen Geschichten der Urgemeinschaften muß man auf der Hut sein. Sie schrecken nicht einmal vor Fälschungen zurück. Sir Henry Maine z.B., der ein eifriger Mitarbeiter der englischen Regierung bei ihrem Werk der gewaltsamen Zerstörung der indischen Gemeinden war, versichert uns heuchlerisch, daß alle edlen Bemühungen der Regierung, diese Gemeinden zu erhalten, an der spontanen Gewalt der ökonomischen Gesetze gescheitert seien!

Auf die eine oder andere Weise ist diese Gemeinde in den unaufhörlichen äußeren und inneren Kriegen zugrunde gegangen; sie starb wahrscheinlich eines gewaltsamen Todes. Als die germanischen Stämme Italien, Spanien, Gallien etc. eroberten, hat ihre Gemeinde von archaischem Typus nicht mehr existiert. Ihre *natürliche Lebensfähigkeit* ist jedoch durch zwei Tatsachen erwiesen. Es gibt einige verstreute Exemplare, die alle Wechselfälle des Mittelalters überlebt und sich bis auf unsere Tage erhalten haben, z.B. in meiner Heimat, der Gegend von Trier. Aber am wichtigsten ist, daß sie der Gemeinde, von der sie verdrängt wurde, eine Gemeinde, in der das Ackerland Privateigentum geworden ist, während Wälder, Weiden, Ödland etc. immer noch Gemeineigentum bleibt, ihre charakteristischen Wesenszüge so deutlich aufgeprägt hat, daß Maurer, als er diese Gemeinde sekundärer Formation entdeckte, den archaischen Prototyp rekonstruieren konnte. Dank der diesem Prototyp entlehnten charakteristischen Züge wurde die neue, von den Germanen in allen eroberten Ländern eingeführte Gemeinde während des ganzen Mittelalters zum einzigen Hort der Volksfreiheit und des Volkslebens.

Wenn wir nach der Epoche des Tacitus weder etwas vom Leben der *Gemeinde* noch von der Art und der Zeit ihres Verschwindens wissen, so kennen wir doch dank der Beschreibung Julius Cäsars wenigstens den Ausgangspunkt dieses Prozesses. Zu seiner Zeit wurde der Boden schon jährlich aufgeteilt, aber unter *die Gentes* und *Stämme* der germanischen Stammesverbände und noch nicht unter die einzelnen Mitglieder einer Gemeinde. Die *Dorfgemeinde* ist also in Germanien aus einem archaischeren Typus hervorgegangen, sie war hier das Produkt einer natürlichen Entwicklung, statt völlig fertig aus Asien eingeführt zu werden. Dort – in Ostindien – begegnen wir ihr auch und immer als der *letzten Stufe* oder letzten Periode der archaischen Formation.

Um die möglichen Schicksale der Dorfgemeinde von einem rein theoretischen Standpunkt zu beurteilen, d.h. immer unter der Voraussetzung normaler Lebensbedingungen, muß ich jetzt gewisse charakteristische Züge anführen, die die »Ackerbaugemeinde« von den archaischeren Typen unterscheidet.

Zunächst beruhen alle früheren Urgemeinschaften auf der Blutsverwandtschaft ihrer Mitglieder; indem sie dieses starke, aber enge Band zerreißt, kann die Ackerbaugemeinde sich besser anpassen, ausdehnen und dem Kontakt mit Fremden standhalten.

Dann sind in ihr das Haus und sein Zubehör, der Hof, schon Privateigentum des Ackerbauern, während bereits lange vor dem Aufkommen des Ackerbaus das gemeinsame Haus eine der materiellen Grundlagen der vorangegangenen Gemeinschaften war.

Schließlich wird das Ackerland, obwohl es Gemeineigentum bleibt, periodisch zwischen den Mitgliedern der Ackerbaugemeinde derart aufgeteilt, daß jeder Ackerbauer die ihm zugewiesenen Felder auf eigene Rechnung bewirtschaftet und sich deren Früchte individuell aneignet, während in den archaischeren Gemeinschaften gemeinsam produziert und nur das Produkt aufgeteilt wurde. Dieser primitive Typus der genossenschaftlichen oder kollektiven Produktion war wohlbemerkt das Ergebnis der Schwäche des einzelnen isolierten Individuums und nicht der Vergesellschaftung der Produktionsmittel.

Es ist leicht zu verstehen, daß der der »Ackerbaugemeinde« innewohnende Dualismus sie mit großer Lebenskraft erfüllen kann, denn einerseits festigen das Gemeineigentum und alle sich daraus ergebenden sozialen Beziehungen ihre Grundlage, während gleichzeitig das private Haus, die parzellenweise Bewirtschaftung des Ackerlandes und die private Aneignung der Früchte eine Entwicklung der Persönlichkeit gestatten, die mit den Bedingungen der Urgemeinschaften unvereinbar war. Aber es ist nicht weniger offensichtlich, daß der gleiche Dualismus mit der Zeit zu einer Quelle der Zersetzung werden kann. Abgesehen von allen Einflüssen eines feindlichen Milieus, wirken schon die graduelle Akkumulation von beweglichem Reichtum, der mit dem Viehreichtum beginnt (und sogar den Reichtum an Leibeigenen zuläßt), die immer bedeutender werdende Rolle, die das bewegliche Element im Ackerbau selber spielt, und eine Menge anderer von dieser Akkumulation untrennbarer Umstände, deren Darlegung mich jedoch zu weit führen würde, als das Zersetzende Element der ökonomischen und sozialen Gleichheit, und lassen innerhalb der Gemeinde selbst einen Interessenkonflikt entstehen, der zunächst die Umwandlung des Ackerlandes in Privateigentum nach sich zieht und mit der privaten Aneignung der bereits zu *Gemeindeanhängseln* des Privateigentums gewordenen Wälder, Weiden, des Brachlandes etc. endet. Deshalb stellt die »Ackerbaugemeinde« überall *den jüngsten Typus* der archaischen Gesellschaftsformation dar, und deshalb erscheint in der historischen Entwicklung des alten und des modernen Westeuropa die Periode der Ackerbaugemeinde als Übergangsperiode vom Gemeineigentum zum Privateigentum, als Übergangsperiode von der primären zur sekundären Formation. Aber heißt das, daß unter allen Umständen die Entwicklung der »Ackerbaugemeinde« diesen Weg nehmen muß? Keineswegs. Ihre Grundform läßt diese Alternative zu: entweder wird das in ihr enthaltene Element des Privateigentums über das kollektive Element, oder dieses über jenes siegen. Alles hängt von dem historischen Milieu ab, in dem sie sich befindet ... diese beiden Lösungen sind a priori möglich, aber für jede von ihnen ist offensichtlich ein völlig anderes historisches Milieu Voraussetzung.

3. Rußland ist das einzige europäische Land, in dem sich die »Ackerbaugemeinde« im nationalen Maßstab bis auf den heutigen Tag behauptet hat. Sie ist nicht, wie Ostindien, die Beute eines fremden Eroberers, und sie lebt auch nicht isoliert von der modernen Welt. Einerseits gestattet ihr das Gemeineigentum am Boden, den parzellierten und individualistischen Ackerbau unmittelbar und allmählich in kollektive Bearbeitung umzuwandeln; und die russischen Bauern betreiben dies ja bereits auf den ungeteilten Wiesen. Die physische Beschaffenheit des russischen Bodens lädt zu einer maschinellen Bearbeitung in großem Maßstabe geradezu ein; das Vertrautsein des Bauern mit den Artelbeziehungen erleichtert ihm den Übergang von der Parzellen- zur genossenschaftlichen Arbeit, und schließlich schuldet ihm die russische Gesellschaft, die so lange auf seine Kosten gelebt hat, die notwendigen Vorschüsse für einen solchen Übergang. Andererseits wird es Rußland ermöglicht, durch die *Gleichzeitigkeit* mit der westlichen Produktion, die den Weltmarkt beherrscht, der Gemeinde alle positiven Errungenschaften, die durch das kapitalistische System geschaffen worden sind, einzuverleiben, ohne durch das Kaudinische Joch gehen zu müssen.

Falls die Wortführer der »neuen Stützen der Gesellschaft« die *theoretische* Möglichkeit der Evolution der heutigen Dorfgemeinde verneinen würden, dann könnte man sie fragen, ob Rußland wie der Westen gezwungen gewesen sei, eine lange Inkubationsperiode der Maschinenindustrie durchzumachen, um zu Maschinen, Dampfschiffen, Eisenbahnen etc. zu gelangen? Man könnte sie auch fragen, wie sie es fertiggebracht haben, bei sich im Handumdrehen den ganzen Tauschmechanismus (Banken, Aktiengesellschaften etc.) einzuführen, dessen Herausbildung dem Westen Jahrhunderte gekostet hat?

Es gibt eine Eigentümlichkeit der »Ackerbaugemeinde« in Rußland, die sie schwächt und ihr in jeder Hinsicht schädlich ist. Das ist ihre Isolierung, die fehlende Verbindung zwischen dem Leben der einen Gemeinde mit dem der anderen, dieser *lokal gebundene Mikrokosmos*, den man zwar nicht überall als einen immanenten Charakterzug dieses Typus antrifft, der aber überall, wo man ihn antrifft, einen mehr oder weniger zentralen Despotismus über die Gemeinden aufrichtet. Die Föderation der nordrussischen Republiken beweist, daß diese Isolierung, ursprünglich wahrscheinlich durch die unermeßliche Weite des Territoriums verursacht, zu einem großen Teil durch die politischen Schicksalsschläge gefestigt wurde, die Rußland seit der mongolischen Invasion zu erleiden hatte. Heute ist das ein Hindernis, das ganz leicht zu beseitigen wäre. Man müßte einfach die волость[1], eine Regierungsinstitution, durch eine Bauernversammlung ersetzen, die die Gemeinden selbst wählen und die als ökonomisches und administratives Organ ihren Interessen dienen würde.

Es ist ein vom historischen Gesichtspunkt aus äußerst günstiger Umstand für die Erhaltung der »Ackerbaugemeinde« auf dem Wege ihrer Weiterentwicklung, daß sie nicht nur Zeitgenossin der kapitalistischen Produktionsweise des Westens ist, und sich daher deren Ergebnisse aneignen kann, ohne sich ihrem modus operandi unterwerfen zu müssen, sondern daß sie auch die Periode überdauert hat, in der sich das kapitalistische System noch intakt zeigte. Jetzt dagegen befindet es sich, in Westeuropa wie in den Vereinigten Staaten, im Kampf sowohl mit den arbeitenden Massen, mit der Wissenschaft, als auch mit den Produktivkräften, die es selbst erzeugt hat – mit einem Wort, es durchlebt eine Krise, die mit der Beseitigung des Kapitalismus und der

1 den Amtsbezirk

Rückkehr der modernen Gesellschaft zu einer höheren Form des »archaischen« Typus des kollektiven Eigentums und der kollektiven Produktion enden wird.

Es versteht sich, daß die Evolution der Gemeinde allmählich vor sich geht und daß der erste Schritt sein müßte, sie *auf ihrer gegenwärtigen Basis* in normale Bedingungen zu versetzen.

Aber ihr gegenüber erhebt sich das Grundeigentum, das fast die Hälfte des Bodens, und zwar den besseren Teil, in seinen Händen hält, ganz zu schweigen von den Staatsdomänen. Eben deswegen stimmt die Erhaltung der »Dorfgemeinde« auf dem Wege ihrer Weiterentwicklung mit der allgemeinen Bewegung der russischen Gesellschaft überein, deren Wiedergeburt nur zu diesem Preis erkauft werden kann.

Sogar vom rein ökonomischen Gesichtspunkt aus kann Rußland aus der Sackgasse, in der sich seine Landwirtschaft befindet, nur durch die Entwicklung seiner Dorfgemeinde herauskommen; es wäre ein vergebliches Bemühen sein, ihr durch das englische kapitalistische Pachtverhältnis zu entkommen, alle landwirtschaftlichen Bedingungen des Landes widersprechen dem.

Wenn man von allem Elend, das die russische Dorfgemeinde gegenwärtig bedrückt, absieht und nur die Form ihres Aufbaus und ihr historisches Milieu betrachtet, so ist es auf den ersten Blick augenscheinlich, daß einer ihrer charakteristischen Grundzüge, das Gemeineigentum am Boden, die natürliche Grundlage für die kollektive Produktion und Aneignung ist. Außerdem würde das Vertrautsein des russischen Bauern mit dem *Artel*verhältnis ihm den Übergang von der Parzellen- zur kollektiven Wirtschaft erleichtern, die er schon in gewissem Maße auf den ungeteilten Wiesen, bei den Entwässerungs- und anderen Arbeiten von öffentlichem Interesse durchführt. Aber damit die kollektive Arbeit im eigentlichen Ackerbau die Parzellenwirtschaft, die Quelle der privaten Aneignung, ersetzen kann, sind zwei Dinge notwendig: das ökonomische Bedürfnis zu einer solchen Umwandlung und die materiellen Voraussetzungen für ihre Durchführung.

Was das ökonomische Bedürfnis anbelangt, so würde es sich bei der »Dorfgemeinde« bereits von dem Augenblick an fühlbar machen, da sie in normale Bedingungen versetzt werden würde, d.h., sobald die Lasten, die auf ihr liegen, beseitigt wären und das von ihr zu bebauende Land eine normale Ausdehnung erlangt hätte. Die Zeit ist vorbei, da die russische Landwirtschaft nur des Bodens und des mit mehr oder weniger primitiven Geräten ausgerüsteten Parzellenbauern bedurfte. Diese Zeit ist um so rascher vorbei, da die Unterdrückung des Ackerbauern sein Feld erschöpft und unfruchtbar macht. Er braucht jetzt die im großen Maßstab organisierte genossenschaftliche Arbeit. Und überdies, würde denn der Bauer, dem die notwendigsten Dinge für die Bebauung von 2 oder 3 Desjatinen fehlen, mit einer zehnfachen Anzahl Desjatinen besser dastehen?

Wo aber das Inventar, den Dung, die agronomischen Methoden etc., all die zur kollektiven Arbeit unerläßlichen Mittel hernehmen? Darin beruht gerade die große Überlegenheit der russischen »Dorfgemeinde« über die archaischen Gemeinden vom gleichen Typus. Sie allein hat sich in Europa im großen, nationalen Maßstabe behauptet. Sie befindet sich daher in einem historischen Milieu, wo die Gleichzeitigkeit mit der kapitalistischen Produktion ihr alle Voraussetzungen für die kollektive Arbeit liefert. Sie kann sich alle positiven Errungenschaften aneignen, die von dem kapitalistischen System geschaffen worden sind, ohne dessen Kaudinisches Joch passieren zu müssen. Die physische Beschaffenheit des russischen Bodens lädt zu einer mit Hilfe von Maschinen betriebenen, in großem Maßstabe organisierten und auf genossenschaftlicher Arbeit beruhenden Landwirtschaft geradezu ein. Was die ersten Einrichtungskosten – intellektuelle und materielle Kosten – anbelangt, so schuldet die russische Gesellschaft diese der »Dorfgemeinde«, auf deren Kosten sie so lange gelebt hat und in der sie auch ihr »Element der Regeneration« suchen muß.

Der beste Beweis dafür, daß diese Entwicklung der »Dorfgemeinde« dem historischen Verlauf unserer Epoche entspricht, ist die verhängnisvolle Krise, die die kapitalistische Produktion in den europäischen und amerikanischen Ländern durchläuft, in denen sie den größten Aufschwung genommen hatte, eine Krise, die mit der Abschaffung des Kapitalismus und mit der Rückkehr der modernen Gesellschaft zu einer höheren Form des archaischsten Typus – der kollektiven Produktion und Aneignung – enden wird.

4. Um sich entwickeln zu können, muß man vor allem leben, und es ist für niemand ein Geheimnis, daß gegenwärtig das Leben der »Dorfgemeinde« gefährdet ist.

Um die Ackerbauern zu expropriieren, braucht man sie nicht von ihrem Land zu verjagen, wie das in England und anderweitig geschehen ist, man braucht auch nicht das Gemeineigentum durch einen Ukas abzuschaffen. Geht doch und nehmt den Bauern das Produkt ihrer landwirtschaftlichen Arbeit über ein gewisses Maß hinaus weg, und es wird euch trotz eurer Gendarmerie und eurer Armee nicht gelingen, sie an ihre Felder zu fesseln! In den letzten Jahren des Römischen Reichs flohen die Provinzdekurionen, keine Bauern, sondern Grundeigentümer, aus ihren Häusern, ließen ihre Ländereien im Stich, verkauften sich sogar in die Sklaverei, und das alles, um sich von einem Eigentum zu befreien, das nur noch ein offizieller Vorwand war, um sie ohne Gnade und Barmherzigkeit auszupressen.

Nach der sogenannten Bauernemanzipation wurde die russische Gemeinde durch den Staat in anormale ökonomische Bedingungen versetzt, und seit dieser Zeit hat er nicht aufgehört, sie mit Hilfe der in seinen Händen konzentrierten gesellschaftlichen Kräfte zu unterdrücken. Entkräftet durch die fiskalischen Erpressungen, wurde sie zu einem widerstandslosen Objekt der Ausbeutung durch Handel, Grundbesitz und Wucher. Diese von außen kommende Unterdrückung hat innerhalb der Gemeinde selbst den bereits vorhandenen Interessenkonflikt entfesselt und die Keime der Zersetzung in ihr rasch entwickelt. Aber das ist nicht alles. Auf Kosten und zu Lasten der Bauern hat der Staat jene Zweige des westlichen kapitalistischen Systems wie im Treibhaus großgezogen, die, ohne irgendwie die Produktivkräfte der Landwirtschaft zu entwickeln, am geeignetsten sind, den Diebstahl ihrer Früchte durch die unproduktiven Mittelsmänner zu erleichtern und zu beschleunigen. Er hat auf diese Weise zur Bereicherung eines neuen kapitalistischen Ungeziefers beigetragen, das der ohnehin geschwächten »Dorfgemeinde« die letzten Blutstropfen aussaugt.

… mit einem Wort, der Staat hat seinen Beistand zu einer voreiligen Entwicklung jener technischen und ökonomischen Mittel geliehen, die am geeignetsten waren, um die Ausbeutung des Ackerbauern, d.h. der größten Produktivkraft Rußlands, zu erleichtern und zu beschleunigen und die »neuen Stützen der Gesellschaft« zu bereichern.

5. Dieses Zusammenwirken zerstörender Einflüsse muß natürlich, wenn es nicht durch eine mächtige Gegenbewegung zerschlagen wird, zum Untergang der Dorfgemeinde führen.

Aber man fragt sich: Warum verschwören sich wissentlich alle diese Interessengruppen (einschließlich der unter der Vormundschaft des Staates stehenden großen Industrien), die bei dem jetzigen Zustand der Dorfgemeinde so gut auf ihre Kosten kommen, um die Henne zu töten, die ihnen goldene Eier legt? Eben darum, weil sie fühlen, daß »dieser jetzige Zustand« nicht mehr zu halten ist, daß infolgedessen die jetzige Methode, die Dorfgemeinde auszubeuten, nicht mehr zeitentsprechend ist. Schon hat sich das Elend des Ackerbauern auf die Erde übertragen, die unfruchtbar wird. Die guten Ernten werden durch Hungersnöte aufgewogen. Der Durchschnitt der letzten zehn Jahre offenbarte nicht nur eine stagnierende, sondern sogar rückläufige landwirtschaftliche Produktion. Schließlich muß Rußland zum erstenmal Getreide importieren, statt es zu exportieren. Es gilt also, keine Zeit mehr zu verlieren. Man muß dem ein Ende bereiten. Man muß die mehr oder weniger begüterte Minderheit der Bauern zu einer ländlichen Mittelklasse konstituieren und die Mehrheit der Bauern in gewöhnliche Proletarier verwandeln. Zu diesem Zweck bezeichnen die

Wortführer der »neuen Stützen der Gesellschaft« die von ihnen selbst der Gemeinde geschlagenen Wunden als natürliche Symptome ihrer Altersschwäche.

Da so viel verschiedene Interessengruppen und besonders diejenigen der »neuen Stützen der Gesellschaft«, die unter der wohlwollenden Herrschaft Alexanders II. errichtet wurden, bei dem *jetzigen Zustand* der »Dorfgemeinde« auf ihre Kosten gekommen sind, warum verschwören sie sich wissentlich, um ihren Tod herbeizuführen? Warum bezeichnen ihre Wortführer die ihr geschlagenen Wunden als unwiderlegbare Beweise ihrer natürlichen Hinfälligkeit? Warum wollen sie ihre Henne mit den goldenen Eiern töten?

Einfach, weil die ökonomischen Tatsachen, deren Analyse mich zu weit führen würde, das Geheimnis enthüllt haben, *daß der jetzige Zustand der Gemeinde nicht mehr zu halten ist* und daß schon allein durch den notwendigen Gang der Dinge die augenblickliche Art, die Volksmassen auszubeuten, bald nicht mehr zeitentsprechend sein wird. Also ist etwas Neues notwendig, und dieses unter den verschiedensten Formen insinuierte Neue läuft immer auf folgendes hinaus: das Gemeineigentum abschaffen, die mehr oder weniger begüterte Minderheit der Bauern als ländliche Mittelklasse konstituieren und die große Mehrheit der Bauern in gewöhnliche Proletarier verwandeln.

Einerseits ist die »Dorfgemeinde« schon bis an den Rand des Untergangs gebracht, und andererseits liegt eine mächtige Verschwörergruppe auf der Lauer, um ihr den Todesstoß zu versetzen. Um die russische Gemeinde zu retten, ist eine russische Revolution nötig. Übrigens tun die politischen und gesellschaftlichen Machthaber ihr Bestes, um die Massen auf eine solche Katastrophe vorzubereiten.

Zur selben Zeit, da man die Gemeinde schröpft, sie martert, ihr Land unfruchtbar macht und aussaugt, bezeichnen die literarischen Lakaien der »neuen Stützen der Gesellschaft« ironisch die Wunden, die man ihr geschlagen hat, als Symptome ihrer natürlich bedingten Altersschwäche. Man behauptet, daß sie eines natürlichen Todes sterbe und daß man gut daran täte, ihre Agonie abzukürzen. Hier handelt es sich nicht mehr um ein Problem, das es zu lösen gilt, hier handelt es sich einfach um einen Feind, der geschlagen werden muß. Um die russische Gemeinde zu retten, ist eine russische Revolution nötig. Übrigens tun die russische Regierung und die »neuen Stützen der Gesellschaft« ihr Bestes, um die Massen auf eine solche Katastrophe vorzubereiten. Wenn die Revolution zur rechten Zeit erfolgt, wenn sie alle ihre Kräfte konzentriert, um den freien Aufschwung der Dorfgemeinde zu sichern, wird diese sich bald als ein Element der Regeneration der russischen Gesellschaft und als ein Element der Überlegenheit über die vom kapitalistischen Regime versklavten Länder entwickeln.

Brief an Nikolai Franzewitsch Danielson (10. 4. 1879)

London, 10. April 1879

Werter Herr,

Als ich Ihren Brief vom Februar erhielt (und gleichzeitig die wertvollen Druckschriften in meine Hände gelangten sowie die anderen Sachen, die Sie erwähnen), war meine Frau so krank, daß die Ärzte bezweifelten, ob sie den Anfall übersteht, und inzwischen habe ich gesundheitlich einiges durchgemacht. (Seitdem ich wegen der Lage in Deutschland und Österreich meine jährliche Reise nach Karlsbad nicht unternehmen konnte, war es mit meiner Gesundheit in der Tat nie sonderlich gut bestellt.) Unter diesen Umständen, die sich erst vor ganz kurzer Zeit gebessert haben, konnte ich das mir zugesandte Material nicht studieren. In der Zwischenzeit hatte ich Ihnen durch einen Deutschen, der auf dem Wege nach St. Petersburg war, einen Brief geschickt, in dem ich mich auf die Bestätigung Ihres Briefes beschränkte und Ihnen den Überbringer empfahl. Doch zu meinem großen Erstaunen erschien er gestern wieder hier und berichtete, daß er infolge einiger Zwischenfälle nicht weiter als nach Berlin gekommen sei und ganz auf die Reise nach Petersburg verzichtet habe.

Und nun muß ich Ihnen zunächst mitteilen (cela est tout-à-fait confidentiel[1]), daß ich aus Deutschland die Information erhielt, mein zweiter Band *könne nicht veröffentlicht werden*, solange das gegenwärtige Regime in seiner jetzigen Strenge bestehen bleibe. Diese Nachricht war in Anbetracht des status quo keine Überraschung für mich, und ich muß gestehen, daß sie mich aus folgenden Gründen auch gar nicht ärgerte:

Erstens: Ich hätte unter keinen Umständen den zweiten Band veröffentlicht, ehe die augenblickliche industrielle Krise in England ihren Höhepunkt erreicht hat. Die Phänomene sind diesmal ganz eigenartig, sie unterscheiden sich in vieler Beziehung von den früheren, und dies – ganz abgesehen von anderen modifizierenden Umständen – erklärt sich leicht durch die Tatsache, daß niemals zuvor der *englischen Krise* ungeheure und jetzt fast schon fünf Jahre andauernde Krisen in den *Vereinigten Staaten, Südamerika, Deutschland, Österreich usw. vorausgingen.*

Man muß also den gegenwärtigen Verlauf beobachten, bis die Dinge ausgereift sind, dann erst kann man sie »produktiv konsumieren«, das heißt »*theoretisch*«.

Eine der Besonderheiten des augenblicklichen Zustandes ist diese: Es fanden, wie Sie wissen, Bankkrachs in Schottland und in einigen englischen Grafschaften, hauptsächlich in den westlichen (Cornwall und Wales) statt. Doch das wirkliche *Zentrum des Geldmarkts* – nicht nur des Vereinigten Königreiches, sondern der Welt –, *London*, ist bis jetzt nur wenig berührt worden. Im Gegenteil, von wenigen Ausnahmen abgesehen, haben die großen Aktienbanken, wie die Bank von England, bisher von der allgemeinen Flaute nur *profitiert.* Und was diese Flaute bedeutet, können Sie schließen aus der völligen Hoffnungslosigkeit des englischen kommerziellen und industriellen Philisters, jemals wieder bessere Zeiten zu sehen. Ich habe so etwas noch

1 dies ganz im Vertrauen

nicht erlebt, bin noch nie Zeuge einer ähnlichen Kopflosigkeit gewesen, obwohl ich 1857 und 1866 in London war!

Ohne Zweifel kommt dem Londoner Geldmarkt unter anderem die Lage der *Bank von Frankreich* zugute, die seit der jüngsten Entwicklung des Verkehrs zwischen den beiden Ländern eine *Zweigstelle* der Bank von England geworden ist. Die Bank von Frankreich unterhält einen immensen Vorrat an Edelmetall, da die Konvertibilität ihrer Banknoten noch nicht wiederhergestellt ist, und bei dem geringsten Anzeichen einer Störung an der Londoner Börse fließt französisches Geld herein, um momentan entwertete Papiere zu kaufen. Wäre im vergangenen Herbst das französische Geld plötzlich zurückgezogen worden, so hätte die Bank von England sicher zu ihrem letzten Heilmittel *in extremis*, zur *Suspension des Bankgesetzes* Zuflucht nehmen müssen, und dann hätten wir den Krach auf dem Geldmarkt gehabt.

Andrerseits hat die ruhige Art, mit der man in den Vereinigten Staaten die Wiederaufnahme der Barzahlungen bewerkstelligte, jede Anspannung der Reserven der Bank von England, soweit sie von dorther kam, beseitigt. Was aber bisher hauptsächlich dazu beigetragen hat, eine Explosion auf dem Londoner Geldmarkt zu verhindern, ist die sichtlich ruhige Lage der Banken von *Lancashire* und der anderen industriellen Distrikte (außer den Bergbaudistrikten des Westens); und doch ist es ganz sicher, daß diese Banken nicht nur einen großen Teil ihrer Mittel in Wechseldiskonte und in Vorschüsse auf unprofitable Transaktionen der Fabrikanten gesteckt, sondern auch, wie z. B. in Oldham, große Kapitalien durch Gründung neuer Fabriken angelegt haben. Gleichzeitig nehmen die Vorräte besonders an Baumwollwaren nicht nur in Asien (vor allem in Indien), wohin sie auf Konsignation geschickt werden, sondern auch in Manchester usw. usw. täglich zu. Wie das ohne einen allgemeinen Krach enden soll, der zuerst die Fabrikanten und in der Folge die Lokalbanken erfaßt und dann unmittelbar auf den Londoner Geldmarkt zurückwirkt, ist schwer abzusehen.

Inzwischen werden Streiks und Verwirrung allgemein.

Ich bemerke *en passant*, daß während des vergangenen, für das übrige Geschäftsleben so ungünstigen Jahres die *Eisenbahnen* florierten, allerdings nur auf Grund außerordentlicher Umstände, wie der Pariser Ausstellung usw. In Wahrheit halten sie nur noch den Schein einer Prosperität durch Anhäufung von Schulden aufrecht, mit denen sie täglich ihr *Kapitalkonto* erhöhen.

Wie sich nun diese Krise auch entwickeln mag – deren detaillierte Beobachtung für den Erforscher der kapitalistischen Produktion und für den professionellen Theoretiker freilich von höchster Wichtigkeit ist –, sie wird wie ihre Vorgängerinnen vorübergehen und einen neuen »industriellen Zyklus« mit allen seinen verschiedenen Phasen von Prosperität usw. einleiten.

Doch unter der Decke dieser »offensichtlich« so soliden englischen Gesellschaft lauert eine andere Krise – die in der *Agrikultur*, die große und tiefgehende Veränderungen in ihrer sozialen Struktur hervorrufen wird. Ich werde auf diese Sache bei anderer Gelegenheit zurückkommen. Im Augenblick würde es mich zu weit führen.

Zweitens: Die Masse an Material, die ich nicht nur aus *Rußland*, sondern auch aus den *Vereinigten Staaten* usw. erhalten habe, gibt mir glücklicherweise den »Vorwand«, meine Untersuchungen fortzusetzen, »anstatt sie endgültig für die Veröffentlichung abzuschließen«.

Drittens: Mein ärztlicher Berater hat mich ermahnt, meinen »Arbeitstag« bedeutend zu verkürzen, wenn ich nicht wieder auf den Zustand vor 1874 und der folgenden Jahre herunterkommen wollte, wo mir öfters schwindlig wurde und ich nach wenigen Stunden ernster Anstrengung nicht mehr weiterarbeiten konnte.

In bezug auf Ihren sehr bemerkenswerten Brief will ich mich mit wenigen Hinweisen begnügen.

Die Eisenbahnen entstanden zuerst als »couronnement de l'œuvre«[1] in jenen Ländern, in denen die *moderne Industrie*

1 »Krönung des Werkes«

am weitesten entwickelt war, in England, den Vereinigten Staaten, Belgien, Frankreich usw. Ich nenne sie »couronnement de l'œuvre« nicht nur in dem Sinn, daß sie endlich (zusammen mit Dampfschiffen für den Ozeanverkehr und Telegraphen) die *Kommunikationsmittel* waren, die den modernen Produktionsmitteln adäquat sind, sondern auch, weil sie die Grundlage für riesige Aktiengesellschaften abgaben und damit gleichzeitig einen neuen Ausgangspunkt für alle *anderen Arten* von Aktiengesellschaften bildeten, angefangen mit Bankgesellschaften. Mit einem Wort, sie gaben der *Konzentration des Kapitals* einen vorher nie geahnten Anstoß und trugen auch zur Beschleunigung und mächtigen Steigerung der *kosmopolitischen Aktivität des Leihkapitals* bei, das nun die Welt mit einem Netzwerk finanziellen Schwindels und gegenseitiger *Verschuldung*, der kapitalistischen Form »internationaler« Brüderlichkeit, umspannt.

Andererseits ermöglichte das Aufkommen des Eisenbahnsystems in den führenden Ländern des Kapitalismus, ja es trieb sogar mit Notwendigkeit dazu, daß Staaten, in denen der Kapitalismus noch auf wenige Punkte der Gesellschaft beschränkt war, nunmehr in kürzester Zeit ihren kapitalistischen *Überbau* schufen und zu Dimensionen erweiterten, die in völligem Mißverhältnis stehen zum überwiegenden Teil der Gesellschaft, der den Hauptteil der Produktion in den traditionellen Formen betreibt. Es besteht daher nicht der geringste Zweifel, daß in diesen Staaten der Bau von Eisenbahnen die soziale und politische Zersetzung gefördert hat, wie er in den fortgeschritteneren Staaten die endgültige Entwicklung der kapitalistischen Produktion und damit ihre schließliche Wandlung beschleunigte. In allen Staaten, mit Ausnahme Englands, wurden die Eisenbahngesellschaften durch die Regierungen auf Kosten der Staatskasse bereichert und großgezogen. In den Vereinigten Staaten bekamen sie außer ihrem Profit einen großen Teil des Staatslandes als Geschenk, und zwar nicht nur das zum Bau der Eisenbahnlinien erforderliche, sondern darüber hinaus viele Meilen Land auf beiden Seiten der Linien, mit Wäldern usw. So wurden sie die größten

Grundeigentümer, da natürlich die kleinen einwandernden Farmer derart gelegenes Land bevorzugten, um sich bequeme Transportmöglichkeiten für ihre Produkte zu sichern.

Das in Frankreich von Louis-Philippe begründete System, die Eisenbahnen einer kleinen Bande von Finanzaristokraten auszuliefern, ihnen langfristige Eigentumstitel zu gewähren, die Zinsen aus dem Staatssäckel zu garantieren usw. usw. wurde von Louis Bonaparte auf die äußerste Spitze getrieben, dessen Regime sich in der Tat im wesentlichen auf den Handel mit Eisenbahnkonzessionen gründete, wobei er so gnädig war, verschiedenen Konzessionären Kanäle usw. zu schenken.

Aber in Österreich und vor allem in Italien waren die Eisenbahnen eine neue Quelle unerträglicher Staatsverschuldung und Belastung der Massen.

Im allgemeinen gaben natürlich die Eisenbahnen der Entwicklung des auswärtigen Handels einen mächtigen Impuls, doch dieser Handel steigerte in Ländern, die hauptsächlich *Rohprodukte* exportieren, das Elend der Massen. Nicht nur, daß die neuen von den Regierungen zugunsten der Eisenbahnen kontrahierten Schulden, die die Massen niederdrückende *Steuerlast* vergrößerten, sondern es kam hinzu, daß seit dem Augenblick, da die gesamte lokale Produktion in kosmopolitisches Gold verwandelt werden konnte, viele *früher billige*, weil großenteils unverkäufliche Waren, wie Obst, Wein, Fisch, Wild usw., sich *verteuerten* und dem Konsum des Volkes entzogen wurden; andrerseits wurde die *Produktion selbst*, ich meine die spezielle *Art des Produkts*, entsprechend ihrer *mehr oder weniger guten Eignung für den Export* verändert, während sie früher hauptsächlich dem Konsum *in loco* angepaßt war. So wurde z.B. in Schleswig-Holstein Ackerland in Weide verwandelt, weil der Export von Vieh profitabler war; gleichzeitig aber wurde die Landbevölkerung vertrieben. All diese Veränderungen waren für den großen Grundeigentümer, den Wucherer, den Kaufmann, die Eisenbahnen, die Bankiers usw. in der Tat sehr vorteilhaft, aber sehr traurig für den wirklichen Produzenten!

Es ist, um damit diesen Brief abzuschließen (die Zeit, ihn zur Post zu bringen, rückt immer näher), unmöglich, wirkliche Analogien zwischen den Vereinigten Staaten und Rußland zu finden. Dort vermindern sich die Regierungskosten täglich, und die Staatsschuld reduziert sich rasch und in jedem Jahr, hier erscheint der Staatsbankrott immer mehr als das unvermeidliche Ende. Dort ist der Staat (wenn auch in höchst infamer Weise zum Vorteil der Gläubiger und auf Kosten des menu peuple[1]) vom Papiergeld losgekommen, hier geht keine Fabrik so gut wie die Papiergeldfabrik. Dort ist die Konzentration des Kapitals und die schrittweise Expropriation der Massen nicht nur Voraussetzung, sondern auch natürliche (allerdings durch den Bürgerkrieg künstlich beschleunigte) Ergebnis einer beispiellos raschen industriellen Entwicklung, eines Fortschritts in der Agrikultur usw.; Rußland erinnert mehr an die Zeiten Ludwigs XIV. und Ludwigs XV., wo der finanzielle, kommerzielle, industrielle Überbau oder vielmehr die *Fassade* des sozialen Gebäudes wie eine Satire auf den stagnierenden Zustand des Hauptteils der Produktion (Agrikultur) und auf die Not der Produzenten wirkte (obwohl man eine viel solidere Grundlage hatte als in Rußland). Im Tempo des ökonomischen Fortschritts haben die Vereinigten Staaten England jetzt weit übertroffen, wenn sie auch noch, was das Ausmaß des angeeigneten Reichtums angeht, zurückstehen; aber gleichzeitig sind die Massen regsamer und haben größere politische Mittel in den Händen, die Form eines Fortschritts abzulehnen, der sich auf ihre Kosten vollzieht. Ich brauche die Antithesen nicht fortzusetzen.

Apropos. Was ist nach Ihrer Meinung das beste russische Werk über Kredit und Banken?

Herr Kaufman war so freundlich, mir sein Buch über »Theorie und Praxis des Bankgeschäftes« zu schicken, aber ich war etwas erstaunt, daß sich mein ehemaliger intelligenter Kritiker vom Petersburger »Messenger de l'Europe« in eine Art Pindar

1 der kleinen Leute

des modernen Börsenschwindels verwandelt hat. Außerdem ist das Buch lediglich vom Fachstandpunkt betrachtet – und im allgemeinen erwarte ich nicht mehr von Büchern dieser Art –, in seinen Einzelheiten alles andere als originell. Der beste Teil darin ist die Polemik gegen das Papiergeld.

Es wird behauptet, gewisse ausländische Bankiers, bei denen eine gewisse Regierung neue Anleihen aufnehmen wollte, hätten als Garantie eine Verfassung verlangt. Ich glaube das kaum, da ihre moderne Methode, Geschäfte zu machen, sich bis jetzt wenigstens mit allen Regierungsformen vertrug und das auch konnte.

Ihr ergebener
A. Wiliams[1]

---

1 Deckname von Marx

12. Anhang

Interviews (12. 8. 1872 und 18. 12. 1878)

I

London, 3. Juli

… Ich kam sofort auf den Zweck meines Besuchs zu sprechen. Die Welt, sagte ich, scheint im Dunkel zu sein über die Internationale; sie haßt sie sehr, ohne erklären zu können, was es eigentlich ist, das sie haßt. Einige, die glauben, tiefer als die andern in dieses Dunkel eingedrungen zu sein, behaupten, sie sei eine Art Januskopf, mit dem gütigen ehrlichen Lächeln eines Arbeiters auf dem einen Gesicht und dem mörderischen Blick eines Verschwörers auf dem andern. Ich bat Marx, das Geheimnis zu lüften, das diese Theorie umhüllt. Der Gelehrte lächelte und schmunzelte leise – so schien mir – bei dem Gedanken, daß wir solche Angst vor ihm haben.

Mein lieber Herr, es gibt gar kein Geheimnis zu lüften, begann Marx in einer sehr gepflegten Form des Hans-Breitmann-Dialekts, es sei denn das Geheimnis der menschlichen Dummheit bei jenen, die beharrlich die Tatsache ignorieren, daß unsere Assoziation in der Öffentlichkeit wirkt und daß ausführliche Berichte über ihre Tätigkeit veröffentlicht werden für alle, die sie lesen wollen. Sie können unsere Statuten für einen Penny kaufen, und wenn Sie einen Shilling ausgeben, so können Sie Broschüren kaufen, aus denen Sie fast alles über uns erfahren können, was wir selbst wissen.

Ich: »Fast« – das mag stimmen. Doch ist nicht gerade das, was ich nicht weiß, vielleicht das allerwichtigste? Ich will ganz offen mit Ihnen sein und die Frage so stellen, wie ein Außenstehender sie stellen muß: Beweist nicht gerade die allgemeine abfällige Einstellung zu Ihrer Organisation mehr als die unwissende Böswilligkeit der Massen? Und würden Sie mir, nach allem, was Sie mir soeben gesagt haben, noch die Frage gestatten: Was ist die Internationale eigentlich?

Dr. Marx: Sie brauchen sich doch nur die Menschen anzusehen, aus denen sie besteht – es sind Arbeiter.

Ich: Ja, aber Soldaten sind nicht immer die Exponenten der Regierung, die über sie verfügt. Ich kenne einige Ihrer Mitglieder, und ich glaube sehr wohl, daß sie nicht aus dem Stoff sind, aus dem Verschwörer gemacht werden. Überdies würde ein Geheimnis, das man mit Millionen Menschen teilt, kein Geheimnis bleiben. Was aber, wenn diese Menschen nur Werkzeuge in den Händen eines kühnen und – ich hoffe, Sie werden es mir verzeihen, wenn ich hinzufüge – in seinen Mitteln nicht gerade sehr wählerischen Konklaves wären?

Dr. Marx: Nichts beweist, daß dem so wäre.

Ich: Und der letzte Aufstand in Paris?

Dr. Marx: Zuerst einmal bitte ich Sie, zu beweisen, daß es überhaupt eine Verschwörung gegeben hat, und daß nicht alles, was geschah, die gesetzmäßige Folge der vorhandenen Umstände gewesen ist. Doch angenommen, es sei eine Verschwörung gewesen, dann bitte ich Sie, mir zu beweisen, daß die Internationale Assoziation daran beteiligt war.

Ich: Das Vorhandensein so vieler Mitglieder der Assoziation in der Kommune.

Dr. Marx: Dann könnte es genauso eine Verschwörung der Freimaurer gewesen sein, denn ihr individueller Anteil war keineswegs gering. Ich wäre wirklich nicht erstaunt, wenn der Papst ihnen den ganzen Aufstand in die Schuhe schieben würde. Doch versuchen wir, eine andere Erklärung zu finden. Der Aufstand in Paris ist von den Pariser Arbeitern gemacht worden. Die fähigsten Arbeiter müssen folglich seine Führer und Vollstrecker gewesen sein; doch die fähigsten Arbeiter sind gleichzeitig auch Mitglieder der Internationalen Assoziation. Und trotzdem braucht die Assoziation als solche in keiner Weise für ihre Handlungen verantwortlich zu sein.

Ich: Die Welt wird das mit andern Augen betrachten. Die Leute reden von geheimen Instruktionen aus London und sogar von finanzieller Unterstützung. Kann behauptet werden, daß das angebliche Wirken der Assoziation in der Öffentlichkeit die Möglichkeit jeglicher geheimer Verbindungen ausschließt?

Dr. Marx: Hat es je eine Assoziation gegeben, die ihre Arbeit durchgeführt hat, ohne sowohl vertrauliche als auch öffentliche Verbindungen gehabt zu haben? Aber von geheimen Instruktionen aus London als von Dekreten in Fragen des Glaubens und der Moral zu sprechen, die von irgendeinem Zentrum päpstlicher Herrschaft und Intrige ausgehen, würde bedeuten, das Wesen der Internationale völlig mißverstehen. Das würde eine zentralisierte Regierungsform in der Internationale voraussetzen; in Wirklichkeit gewährt jedoch die Organisationsform der Internationale gerade der örtlichen Initiative und Unabhängigkeit den größten Spielraum. In Wirklichkeit ist die Internationale überhaupt keine Regierung der Arbeiterklasse, sie ist eher eine Vereinigung als ein Befehlsorgan.

Ich: Und welchen Zweck verfolgt diese Vereinigung?

Dr. Marx: Die ökonomische Emanzipation der Arbeiterklasse durch die Eroberung der politischen Macht. Die Anwendung dieser politischen Macht für die Verwirklichung sozialer Ziele. Unsere Ziele müssen so umfangreich sein, damit sie alle Formen der Wirksamkeit der Arbeiterklasse einschließen. Hätten wir ihnen einen besonderen Charakter gegeben, dann hätten wir sie den Bedürfnissen nur einer Sektion, der Arbeiterklasse nur einer Nation anpassen müssen. Doch wie könnte man alle Menschen veranlassen, sich für die Interessen einiger weniger zu vereinigen? Wenn unsere Assoziation dies täte, dann hätte sie nicht mehr das Recht, sich Internationale zu nennen. Die Assoziation diktiert keine bestimmte Form der politischen Bewegung; sie verlangt nur, daß diese Bewegung auf ein und denselben Endzweck ausgerichtet ist. Sie umfaßt ein Netz von Zweiggesellschaften, das sich über die ganze Welt der Arbeit erstreckt. In jedem Teil der Welt ergeben sich besondere Aspekte des Problems, die Arbeiter berücksichtigen diese und gehen auf ihre eigne Art an die Lösung heran. Die Vereinigungen der Arbeiter können nicht bis ins letzte Detail in Newcastle und in Barcelona, in London und in Berlin absolut identisch sein. In England zum Beispiel steht der Arbeiterklasse der Weg offen, wie sie ihre politische Macht entwickeln will. Ein Aufstand wäre dort eine Dummheit, wo man durch friedliche Agitation rascher und sicherer den Zweck erreicht. In Frankreich scheint die Vielzahl der Unterdrückungsgesetze und der tödliche Antagonismus zwischen den Klassen eine gewaltsame Lösung der sozialen Auseinandersetzungen notwendig zu machen. Ob eine solche Lösung gewählt wird, das ist Sache der Arbeiterklasse dieses Landes. Die Internationale maßt es sich nicht an, in dieser Frage zu diktieren oder auch kaum, Ratschläge zu erteilen. Doch drückt sie jeder Bewegung ihre Sympathien aus und gewährt ihr im Rahmen ihrer eigenen Gesetze Hilfe.

Ich: Und welcher Natur ist diese Hilfe?

Dr. Marx: Ich will es an einem Beispiel erläutern. Eine der Formen, welche die Bewegung für die Emanzipation am meisten anwendet, ist der Streik. Brach früher in irgendeinem Lande ein Streik aus, so wurde er durch die Importation von Arbeitern aus anderen Ländern abgewürgt. Die Internationale hat mit all dem fast Schluß gemacht. Sie erhält über den beabsichtigten Streik Informationen, gibt diese an ihre Mitglieder weiter, die sofort zur Kenntnis nehmen, daß der Ort, wo dieser Kampf ausgetragen wird, für sie tabu ist. So sind die Fabrikanten nur auf ihre eignen Arbeiter angewiesen. In den meisten Fällen brauchen die Streikenden keine andere Hilfe. Ihre eignen Beiträge oder die Sammlungen in andern Gesellschaften, denen sie unmittelbar angeschlossen sind, versorgen sie mit Mitteln. Wenn ihre Lage jedoch zu schwierig wird und der Streik die Billigung der Assoziation gefunden hat, dann werden die erforderlichen Mittel aus einer gemeinsamen Kasse zur Verfügung gestellt. Auf diese Weise wurde vor einigen Tagen der Streik der Zigarrenarbeiter von Barcelona siegreich zu Ende geführt. Doch die Assoziation ist nicht an Streiks interessiert, wenn sie solche auch unter gewissen Bedingungen unterstützt. Vom finanziellen Gesichtspunkt aus kann sie durch Streiks keineswegs gewinnen, aber leicht verlieren. Fassen wir kurz zusammen: Die Arbeiterklasse bleibt inmitten des wachsenden Wohlstands arm und verelendet inmitten des gesteigerten Luxus. Ihre materielle Not verkrüppelt die Arbeiter moralisch und auch physisch. Auf Hilfe von außen können sie nicht rechnen. Daher wurde es für sie zur zwingenden Notwendigkeit, ihre Sache selbst in die Hand zu nehmen. Sie müssen die Beziehungen zwischen sich und den Kapitalisten und den Landlords verändern, und das bedeutet, daß sie die Gesellschaft verändern müssen. Das ist das gemeinsame Ziel jeder bekannten Arbeiterorganisation; die Land and Labour Leagues, die Gewerksgenossenschaften und die Gesellschaften zur gegenseitigen Unterstützung, die Konsum- und Produktivgenossenschaften sind nur Mittel zur Erreichung dieses Ziels. Eine wirklich echte Solidarität zwischen diesen Organisationen herzustellen ist Aufgabe der Internationalen Assoziation. Ihr Einfluß beginnt sich überall fühlbar zu machen: Zwei Zeitungen verbreiten ihre Ansichten in Spanien, drei in Deutschland, die gleiche Anzahl in Österreich und in Holland, sechs in Belgien und sechs in der Schweiz. Nachdem ich Ihnen nun erzählt habe, was die Internationale ist, können Sie sich vielleicht schon selbst eine Meinung über die angeblichen Verschwörungen bilden.

Ich: Und Mazzini, ist er Mitglied Ihrer Organisation?

Dr. Marx (lachend): Aber nein! Unsere Erfolge wären nicht sehr groß, hätten wir keine besseren Ideen gehabt als er.

Ich: Sie überraschen mich. Ich war fest davon überzeugt, daß er äußerst fortgeschrittene Ideen vertritt.

Dr. Marx: Er vertritt nichts anderes als die alte Idee von der bürgerlichen Republik. Wir aber wollen mit der Bourgeoisie nichts gemein haben. Er ist hinter der modernen Bewegung so weit zurückgeblieben wie die deutschen Professoren, die in Europa nichtsdestoweniger noch immer für die Apostel des entwickelten Demokratismus der Zukunft gehalten werden. Sie waren dies ohne Zweifel einmal, vielleicht vor 1848, als die deutsche Bourgeoisie, im englischen Sinne, kaum ihre eigentliche Entwicklung erreicht hatte. Doch jetzt haben sie sich mit Leib und Seele der Reaktion verschrieben, und das Proletariat kennt sie nicht mehr.

Ich: Manche Leute glauben, in Ihrer Organisation Elemente des Positivismus entdeckt zu haben.

Dr. Marx: Keineswegs. Es gibt unter uns Positivisten, und es gibt Positivisten, die nicht unserer Organisation angehören, aber ebenfalls tätig sind. Doch ist dies keineswegs das Verdienst ihrer Philosophie, die nichts gemein haben will mit den Ideen der Volksmacht, wie wir sie verstehen; ihre Philosophie will nur die alte Hierarchie durch eine neue ersetzen.

Ich: Mir scheint, die Führer der modernen internationalen Bewegung müßten so, wie sie ihre eigne Assoziation geschaffen haben, auch ihre eigne Philosophie erarbeitet haben.

Dr. Marx: Das stimmt. Es ist zum Beispiel kaum anzunehmen, daß wir in unserm Krieg gegen das Kapital erfolgreich sein könnten, wenn wir unsere Taktik – sagen wir – von der politischen Ökonomie eines Mill ableiten würden. Er hat eine Art der Beziehungen zwischen Arbeit und Kapital umrissen. Wir hoffen zu beweisen, daß es möglich ist, eine andere Beziehung herzustellen.

Ich: Und die Vereinigten Staaten?

Dr. Marx: Die Hauptzentren unserer Wirksamkeit befinden sich gegenwärtig in der Alten Welt, in den europäischen Ländern.

Viele Umstände neigten bisher dazu, zu verhindern, daß die Arbeiterfrage eine alles überschattende Bedeutung in den Vereinigten Staaten erhält. Aber diese Umstände verschwinden rasch, und mit dem Wachstum der Arbeiterklasse in den Vereinigten Staaten beginnt sich der Gedanke durchzusetzen, daß es dort, wie auch in Europa, eine Arbeiterklasse gibt, die sich von der übrigen Gesellschaft unterscheidet und vom Kapital getrennt ist.

Ich: Es scheint mir, daß die erhoffte Lösung, welcher Art sie auch sein mag, in unserem Lande ohne die gewaltsamen Mittel der Revolution erreicht werden wird. Die englische Methode, auf Versammlungen und in der Presse zu agitieren, bis die Minderheit zur Mehrheit wird, ist ein hoffnungsvolles Zeichen.

Dr. Marx: Ich bin in dieser Hinsicht nicht so optimistisch wie Sie. Die englische Bourgeoisie hat sich immer bereit gezeigt, das Urteil der Mehrheit anzunehmen, solange sie das Monopol bei den Wahlen besitzt. Doch seien Sie gewiß, sobald sie in Fragen, die sie für lebenswichtig hält, in der Minderheit sein wird, werden wir uns einem neuen Krieg der Sklavenhalter gegenübersehen.

II

London, den 18. Dezember [1878]
In einer kleinen Villa in Haverstock Hill, im nordwestlichen Teil Londons, wohnt Karl Marx, der Grundleger des modernen Sozialismus. Er ist 1844 wegen Verbreitung revolutionärer Theorien aus seinem Heimatlande Deutschland verbannt worden. Im Jahre 1848 kehrte er zurück, wurde aber ein paar Monate später erneut ausgewiesen. Darauf ließ er sich in Paris nieder, wo er 1849 seiner politischen Theorien wegen ebenfalls ausgewiesen wurde. Seitdem ist London sein Hauptquartier. Seine Überzeugungen haben ihm von Anfang an Schwierigkeiten bereitet. Nach seinem Heim zu urteilen, haben sie ihm keinen großen Wohlstand eingebracht. In all diesen Jahren hat Marx hartnäckig seine Ansichten mit einem Nachdruck vertreten, der zweifels-

ohne in seiner festen Überzeugung von ihrer Richtigkeit begründet ist. Wie sehr man auch gegen die Verbreitung dieser Ideen sein mag, so muß man doch der Selbstverleugnung des jetzt ehrwürdigen Mannes eine gewisse Achtung zollen.

Ich habe Dr. Marx zwei- oder dreimal besucht und ihn jeweils in seiner Bibliothek angetroffen, wo er mit einem Buch in der einen Hand und einer Zigarette in der anderen saß. Er muß über siebzig sein. Er ist gut gebaut, breitschultrig und von aufrechter Haltung. Er hat einen Intellektuellen-Kopf und das Äußere eines gebildeten Juden. Haar und Bart sind lang und eisengrau, die schwarzfunkelnden Augen werden von buschigen Brauen überschattet. Er ist Fremden gegenüber außerordentlich vorsichtig, doch Ausländer empfängt er im allgemeinen. Aber die ehrwürdig aussehende Deutsche, welche die Besucher empfängt, ist angewiesen, solche aus dem Vaterland nur zuzulassen, wenn sie ein Empfehlungsschreiben vorzeigen können. Wenn man jedoch einmal in der Bibliothek ist und Marx sein Einglas eingeklemmt hat, um einem sozusagen intellektuell Maß zu nehmen, dann gibt er die Zurückhaltung auf. Er entfaltet dann für den interessierten Besucher sein Wissen um Menschen und Dinge überall in der Welt. In der Konversation ist er nicht einseitig, sondern er berührt so viele Gebiete wie die Bände in seinen Bücherschränken. Man kann jemanden meistens nach den Büchern beurteilen, die er liest. Der Leser möge seine eigenen Schlußfolgerungen ziehen, wenn ich ihm sage, was mir ein flüchtiger Blick zeigte: Shakespeare, Dickens, Thackeray, Molière, Racine, Montaigne, Bacon, Goethe, Voltaire, Paine; englische, amerikanische und französische Blaubücher; politische und philosophische Werke in russischer, deutscher, spanischer, italienischer Sprache usw. usw.

Bei unseren Unterhaltungen hat mich Marx' eingehende Kenntnis der amerikanischen Probleme der letzten zwanzig Jahre sehr überrascht. Die erstaunliche Genauigkeit in seiner Kritik unserer National- und Staatsgesetzgebung machte mir den Eindruck, daß er seine Informationen aus vertraulichen

Quellen bezieht. Jedoch beschränkt sich diese Kenntnis nicht auf Amerika, sondern umfaßt sie ganz Europa.

Wenn er über sein Lieblingsthema, den Sozialismus, spricht, dann schwelgt er nicht in jenen melodramatischen Tiraden, die ihm allgemein zugeschrieben werden. Er verweilt dann bei seinen utopischen Plänen für »die Emanzipation der Menschheit« mit einem Ernst und einer Nachdrücklichkeit, die darauf weisen, daß er fest überzeugt ist von der Verwirklichung seiner Theorien, wenn nicht in diesem, dann zumindest im nächsten Jahrhundert.

Dr. Karl Marx ist in Amerika vielleicht am besten bekannt geworden als Verfasser des »Kapital« und als Gründer der Internationale oder zumindest als ihr hauptsächlichster Träger. Das folgende Interview wird zeigen, was er über diese Gesellschaft in ihrer heutigen Form zu sagen hat. Hier folgen erst einige Auszüge aus den gedruckten Statuten, die 1871 im Auftrage des Generalrates veröffentlicht worden sind und aus denen man sich ein unparteiisches Urteil über Zweck und Ziel der Internationale bilden kann.

Während meines Besuches wies ich Dr. Marx darauf hin, daß J. C. Bancroft Davis 1877 in seinem offiziellen Bericht ein Programm mitteilt, das mir die bis jetzt deutlichste knappe Darstellung der Ziele des Sozialismus zu sein schien. Er antwortete, das Programm sei dem Bericht über den Gothaer Sozialisten-Kongreß vom Mai 1875 entnommen. Aber die Übersetzung sei fehlerhaft. Dr. Marx erbot sich, sie zu verbessern, und ich lasse sie hier nach seinem Diktat folgen:

1. Allgemeines, gleiches, direktes Wahl- und Stimmrecht mit geheimer und obligatorischer Stimmabgabe aller Staatsangehörigen vom zwanzigsten Lebensjahre an für alle Wahlen und Abstimmungen in Staat und Gemeinde. Der Wahl- oder Abstimmungstag muß ein Sonntag oder Feiertag sein.

2. Direkte Gesetzgebung durch das Volk. Entscheidung über Krieg und Frieden durch das Volk.

3. Allgemeine Wehrhaftigkeit. Volkswehr an Stelle der stehenden Heere.

4. Abschaffung aller Ausnahmegesetze, namentlich der Preß-, Vereins- und Versammlungsgesetze; überhaupt aller Gesetze, welche die freie Meinungsäußerung, das freie Denken und Forschen beschränken.

5. Rechtsprechung durch das Volk. Unentgeltliche Rechtspflege.

6. Allgemeine und gleiche Volkserziehung durch den Staat. Allgemeine Schulpflicht. Unentgeltlichen Unterricht in allen Bildungsanstalten.

7. Möglichste Ausdehnung der politischen Rechte und Freiheiten im Sinne der obigen Forderungen.

8. Eine einzige progressive Einkommensteuer für Staat und Gemeinde, anstatt aller bestehenden, insbesondere der das Volk belastenden indirekten Steuern.

9. Unbeschränktes Koalitionsrecht.

10. Einen den Gesellschaftsbedürfnissen entsprechenden Normalarbeitstag. Verbot der Sonntagsarbeit.

11. Verbot der Kinderarbeit und aller die Gesundheit und Sittlichkeit schädigenden Frauenarbeit.

12. Schutzgesetze für Leben und Gesundheit der Arbeiter. Sanitätliche Kontrolle der Arbeiterwohnungen. Überwachung der Bergwerke, der Fabrik-, Werkstatt- und Hausindustrie durch von den Arbeitern gewählte Beamte.

Ein wirksames Haftpflichtgesetz.

13. Regelung der Gefängnisarbeit.

In Bancroft Davis' Bericht kommt noch ein zwölfter Artikel vor, der der wichtigste von allen ist und lautet:

»Die Errichtung von sozialistischen Produktivgenossenschaften mit Staatshilfe unter der demokratischen Kontrolle des arbeitenden Volkes.«

Ich fragte den Direktor, weshalb er diesen Artikel ausgelassen habe, und er antwortete:

Marx: »Zur Zeit der Gothaer Versammlung, 1875, gab es eine Spaltung in der Sozialdemokratie. Den einen Flügel bildeten die Anhänger Lassalles; den anderen jene, welche im allgemeinen das Programm der Internationale anerkannt hatten und die Eisenacher Partei genannt wurden. Der angeführte zwölfte Artikel wurde nicht in das eigentliche Programm aufgenommen, sondern als Konzession gegenüber den Lassalleanern in der allgemeinen Einleitung untergebracht. Nachher wurde nie wieder davon gesprochen. Herr Davis sagt nichts darüber, daß dieser Artikel als Kompromiß ohne irgendeine besondere Wichtigkeit in das Programm hineingenommen wurde, sondern er hebt ihn in vollem Ernst als einen der Hauptgrundsätze des Programms hervor.«

Frage: »Aber die Sozialisten betrachten doch ganz allgemein die Überführung der Arbeitsmittel in gesellschaftliches Gemeineigentum als das große Ziel der Bewegung?

Marx: »Gewiß, wir sagen, daß dies das Ergebnis der Bewegung sein wird. Doch wird das eine Frage der Zeit, der Erziehung und der Ausbildung höherer Gesellschaftsformen sein.«

Frage: »Dieses Programm gilt wohl nur für Deutschland und ein oder zwei andere Länder?«

Marx: »Wenn Sie nur aus diesem einen Programm Schlüsse ziehen wollen, so verkennen Sie die Tätigkeit der Bewegung. Mehrere Punkte dieses Programmes sind außerhalb Deutschlands ohne Bedeutung. Spanien, Rußland, England und Amerika haben eigene Programme, die jeweils ihren besonderen Schwierigkeiten angepaßt sind. Ihre einzige Ähnlichkeit besteht in dem gemeinsamen Endziel.«

Frage: »Und das ist die Arbeiterherrschaft?«

Marx: »Das ist die Freimachung der Arbeit.«

Frage: »Wird die amerikanische Bewegung von den europäischen Sozialisten ernstgenommen?«

Marx: »Ja. Sie ist das natürliche Resultat der Entwicklung dieses Landes. Man hat gesagt, die Arbeiterbewegung sei von Ausländern importiert worden. Als vor fünfzig Jahren die Arbeiterbewegung in England ungemütlich wurde, hat man dasselbe gesagt. Und das war lange bevor von Sozialismus die Rede war! In Amerika hat die Arbeiterbewegung erst seit 1857 größere Bedeutung erlangt. Damals nahmen die örtlichen Gewerkschaften ihren Aufschwung, dann wurden Zentralgewerkschaften für die verschiedenen Berufe gebildet, und nachdem kam die Nationale Arbeiter-Union. Dieser chronologische Fortschritt zeigt, daß der Sozialismus in Amerika ohne ausländische Hilfe und lediglich durch die Kapitalskonzentration sowie durch die veränderten Beziehungen zwischen den Arbeitern und Unternehmern entstanden ist.«

Frage: »Was hat der Sozialismus bis jetzt erreicht?«

Marx: »Zwei Dinge: die Sozialisten haben bewiesen, daß der allgemeine Kampf zwischen Kapital und Arbeit überall stattfindet, kurz, sie haben seinen kosmopolitischen Charakter bewiesen. Sie haben daher versucht, eine Verständigung zwischen den Arbeitern der verschiedenen Länder zustande zu bringen. Dies wurde um so notwendiger, als die Kapitalisten stets kosmopolitischer wurden und nicht nur in Amerika, sondern auch in England, Frankreich und Deutschland ausländische Arbeitskräfte anheuerten und sie gegen die einheimischen Arbeiter benutzten. Sofort entstanden internationale Verbindungen zwischen den Arbeitern der verschiedenen Länder: es zeigte sich, daß der Sozialismus nicht nur ein örtliches, sondern ein internationales Problem war, das durch internationale Aktion der Arbeiter gelöst werden mußte. Die arbeitenden Klassen sind spontan in Bewegung gekommen, ohne zu wissen, wohin die Bewegung sie führen werde. Die Sozialisten erfinden keine Bewegung, aber sie erklären den Arbeitern ihren Charakter und ihre Ziele.«

Frage: »Das heißt: Der Umsturz der herrschenden Gesellschaftsordnung?«

Marx: »In diesem System sind das Kapital und das Land im Besitze der Unternehmer, während die Arbeiter nur ihre bloße Arbeitskraft haben, die sie wie eine Ware verkaufen müssen. Wir behaupten, dieses System ist lediglich eine historische Phase, es wird verschwinden und einer höheren Gesellschaftsordnung Platz machen. Wir stellen überall eine Teilung der Gesellschaft [in Klassen] fest. Der Antagonismus dieser beiden Klassen geht Hand in Hand mit der Entwicklung der industriellen Hilfsquellen in den zivilisierten Ländern. Vom sozialistischen Standpunkte aus gesehen, sind bereits die Mittel vorhanden, um die gegenwärtige historische Phase revolutionär zu verändern. In vielen Ländern haben sich aus den Gewerkschaften politische Organisationen entwickelt. In Amerika ist deutlich geworden, daß man eine unabhängige Arbeiterpartei braucht. Die Arbeiter können den Politikern nicht mehr trauen. Spekulanten und Cliquen haben sich der gesetzgebenden Körperschaften bemächtigt, und die Politik ist ein Geschäft geworden. Darin steht Amerika nicht allein, aber dort ist das Volk entschlossener als in Europa. In Amerika reift alles schneller, man redet nicht um die Sache herum und nennt die Dinge beim rechten Namen.«

Frage: »Wie erklären Sie das rasche Anwachsen der sozialistischen Partei in Deutschland?«

Marx: »Die heutige sozialistische Partei ist spät entstanden. Die deutschen Sozialisten haben sich nicht mit den utopischen Systemen aufgehalten, die in Frankreich und in England einige Bedeutung erlangten. Die Deutschen neigen mehr als andere Völker zum Theoretisieren, und sie haben aus früheren Erfahrungen [anderer] praktische Schlüsse gezogen. Sie dürfen nicht vergessen, daß für Deutschland im Gegensatz zu anderen Ländern der moderne Kapitalismus etwas völlig Neues ist. Er stellte Fragen auf die Tagesordnung, welche in Frankreich und England schon fast vergessen waren. Die neuen politischen Kräfte, denen sich die Völker jener Länder gefügt hatten, sahen sich in Deutschland einer Arbeiterklasse gegenüber, die bereits von sozialistischen Theorien durchdrungen war. Daher konnten die Arbeiter schon fast bei der Einführung des modernen Industrie-Systems eine unabhängige politische Partei bilden. Sie hatten ihre eigenen Vertreter im Parlament. Es gab keine Oppositionspartei gegen die Regierungspolitik, und diese Rolle fiel der Arbeiterpartei zu. Es würde zu weit führen, hier die Geschichte der Partei schildern zu wollen. Aber ich darf dies sagen: die deutsche

Bourgeoisie, wenn sie nicht, im Gegensatz zur amerikanischen und englischen, aus den größten Feiglingen bestünde, hätte schon längst diese Oppositionspolitik gegen die Regierung führen müssen.«

Frage: »Wieviel Lassalleaner gibt es in den Reihen der Internationalen?«

Marx: »Die Lassalleaner existieren nicht als Partei. Es gibt natürlich ein paar Gläubige bei uns, aber nur eine kleine Anzahl. Lassalle hat unsere allgemeinen Grundsätze schon vorher angwendet. Als er nach der Reaktion, die auf 1848 folgte, seine Bewegung begann, glaubte er die Arbeiterbewegung am besten wiederbeleben zu können, wenn er Arbeiter-Produktivgenossenschaften empfahl. Damit wollte er die Arbeiter zur Tätigkeit anstacheln. Er betrachtete dies als ein bloßes Mittel zum Erreichen des wirklichen Zieles der Bewegung. Ich habe Briefe in diesem Sinne von ihm.«

Frage: »Dies war also gewissermaßen sein Heilsmittel?«

Marx: »Genau das. Er suchte Bismarck auf und erzählte ihm, was er beabsichtige. Bismarck ermutigte damals Lassalles Bestrebungen auf alle denkbare Weise.«

Frage: »Welche Absicht hatte Bismarck dabei?«

Marx: »Er wollte die Arbeiterklasse gegen die Bourgeoisie ausspielen, von der die 1848er Revolution ausgegangen war.«

Frage: »Man sagt, Sie seien das Haupt und der Lenker der sozialistischen Bewegung, und in Ihrem Hause ziehen Sie alle Drähte, die zu den Organisationen, Revolutionen usw. führen. Ist das so?«

Marx: »Ich weiß. Es ist sehr abgeschmackt, hat aber eine komische Seite. Zwei Monate vor Hödels Attentat hat sich Bismarck in der ›*Norddeutschen* [*Allgemeinen*] *Zeitung*‹ darüber beklagt, ich stünde im Bunde mit dem Jesuitengeneral Beckx, und wir seien verantwortlich dafür, daß Bismarck nichts mit der sozialistischen Bewegung anfangen könne.«

Frage: »Aber Ihre ›Internationale Gesellschaft‹ in London leitet doch die Bewegung?«

Marx: »Die Internationale hat ihren Nutzen gehabt, aber sie hat sich überlebt und es gibt sie nicht mehr. Es hat sie gegeben und sie hat die Bewegung geführt. Sie ist überflüssig geworden durch das Wachsen der sozialistischen Bewegung in den letzten Jahren. In den verschiedenen Ländern sind Zeitungen gegründet worden, die gegenseitig ausgetauscht werden. Das ist die einzige Verbindung, welche die Parteien der verschiedenen Länder miteinander unterhalten. Die Internationale war in erster Linie geschaffen worden, um die Arbeiter zusammenzubringen und ihnen zu zeigen, wie ratsam es ist, eine Organisation zwischen ihren verschiedenen Nationalitäten herzustellen. Die Interessen der einzelnen Parteien in den verschiedenen Ländern ähneln sich nicht. Jenes Gespenst der Internationale-Führer, die in London sitzen, ist reine Erfindung. Richtig ist, daß wir ausländischen Arbeiterorganisationen Vorschriften gemacht haben, als die Organisation der Internationalen fest gegründet war. So waren wir gezwungen, einige New-Yorker Sektionen auszuschließen, unter anderen eine, in der Frau Woodhull sehr in den Vordergrund trat. Das war 1871. Es gibt mehrere amerikanische Politiker, die gerne ihr Geschäft mit der Bewegung machen würden. Ich will keine Namen nennen – die amerikanischen Sozialisten kennen sie sehr gut.«

Frage: »Ihren Anhängern und Ihnen, Herr Dr. Marx, werden allerhand Brandreden gegen die Religion zugeschrieben. Sie möchten natürlich gerne das ganze System mit Stumpf und Stiel ausgerottet sehen?«

Marx: »Wir wissen, daß Gewaltmaßnahmen gegen die Religion unsinnig sind. Nach unserer Auffassung wird die Religion verschwinden in dem Maße, wie der Sozialismus erstarkt. Die gesellschaftliche Entwicklung muß diesem Verschwinden Vorschub leisten, wobei der Erziehung eine wichtige Rolle zufällt.«

Frage: »Der Pfarrer Joseph Cook in Boston hat letztens in einer Vorlesung behauptet: Karl Marx soll gesagt haben, in den Vereinigten Staaten und in Großbritannien, vielleicht auch in

Frankreich, sei eine Arbeits-Reform ohne blutige Revolution durchführbar, aber in Deutschland und in Rußland sowie in Italien und Österreich müßte dazu Blut vergossen werden.«

Marx: »Ich habe von Herrn Cook gehört. Er ist über den Sozialismus sehr schlecht unterrichtet. Man braucht kein Sozialist zu sein, um vorauszusehen, daß es in Rußland, Deutschland, Österreich, und möglicherweise in Italien, wenn die Italiener auf dem bisherigen Weg fortschreiten, zu blutigen Revolutionen kommen wird. Die Ereignisse der Französischen Revolution könnten sich in diesen Ländern noch einmal abspielen. Das ist jedem Kenner der politischen Verhältnisse deutlich. Aber diese Revolutionen werden von der Mehrheit gemacht werden. Revolutionen werden nicht von einer Partei gemacht, sondern von der ganzen Nation.«

Frage: »Der erwähnte Geistliche hat einen Auszug aus einem Briefe zitiert, den Sie 1871 an die Pariser Kommunarden geschrieben haben sollen, und in dem es heißt: ›Jetzt sind wir höchstens 3 Millionen. Aber in zwanzig Jahren werden wir 50 oder vielleicht 100 Millionen sein. Dann wird uns die Welt gehören, dann werden sich nicht nur Paris, Lyon und Marseille gegen das verhaßte Kapital erheben, sondern auch Berlin, München, Dresden, London, Liverpool, Manchester, Brüssel, St. Petersburg und New York – kurz, die ganze Welt. Und vor diesem neuen, in der Geschichte noch nicht dagewesenen Aufstande wird die Vergangenheit wie ein abscheulicher Alpdruck verschwinden: der an hundert Stellen gleichzeitig ausbrechende Volksbrand wird sogar die Erinnerung an die Vergangenheit auslöschen.‹ Geben Sie zu, Herr Doktor, diesen Auszug geschrieben zu haben?«

Marx: »Nicht ein Wort. Ich schreibe niemals derart melodramatischen Unsinn. Ich überlege mir sehr, was ich schreibe. Dies hat damals mit meiner Unterschrift im ›Figaro‹ gestanden. Derartige Briefe wurden damals zu hunderten verbreitet. Ich habe der Londoner ›Times‹ geschrieben und sie für Fälschungen erklärt. Wenn ich aber alles widerlegen wollte, was über mich gesagt und geschrieben worden ist, dann müßte ich zwanzig Sekretäre beschäftigen.«

Frage: »Aber Sie haben doch zugunsten der Pariser Kommune geschrieben?«

Marx: »Gewiß habe ich das getan, angesichts dessen, was in Leitartikeln über sie geschrieben wurde. Jedoch die Pariser Korrespondenzen in der englischen Presse widerlegen hinreichend die Behauptungen der Leitartikel über Plünderungen usw. Die Kommune hat nur ungefähr 60 Menschen getötet. Marschall Mac-Mahon und seine Schlächterarmee haben mehr als 60000 getötet. Niemals ist eine Bewegung derart verleumdet worden wie die Kommune.«

Frage: »Halten die Sozialisten Mord und Blutvergießen für notwendig zur Durchführung ihrer Grundsätze?«

Marx: »Keine einzige große Bewegung ist ohne Blutvergießen geboren worden. Die Vereinigten Staaten von Nordamerika errangen ihre Unabhängigkeit durch Blutvergießen, Napoleon hat Frankreich durch blutige Geschehen erobert, und er ist auf die gleiche Weise überwunden worden. Italien, England, Deutschland und jedes andere Land liefern weitere Beispiele derselben Art. Was den Meuchelmord betrifft, so ist er bekanntlich nichts Neues. Orsini hat versucht, Napoleon umzubringen, aber die Könige haben mehr Menschen getötet als jemand anders. Die Jesuiten haben getötet, und die Puritaner unter Cromwell haben getötet. All dies geschah, ehe man von Sozialisten gehört hatte. Heute macht man jedoch für jeden Attentatsversuch gegen Könige oder Staatsmänner die Sozialisten verantwortlich. Der Tod des deutschen Kaisers würde von den Sozialisten gerade jetzt besonders bedauert werden: er ist auf seinem Posten sehr nützlich, und Bismarck hat für unsere Bewegung mehr als irgendein anderer Staatsmann getan, weil er die Dinge auf die Spitze treibt.«

Frage: »Was denken Sie von Bismarck?«

Marx: »Vor seinem Fall hielt man Napoleon für ein Genie – nachdem hat man ihn einen Narren gescholten. Bismarck wird es genauso ergehen. Unter dem Vorwande, Deutschland zu einigen, hat er angefangen, eine Despotie zu errichten. Worauf er hinaus will, ist jedem klar. Seine neueste Handlung ist nur ein verkappter Staatsstreich – er wird aber mißlingen. Die deutschen und französischen Sozialisten haben gegen den Krieg von 1870 als einen rein dynastischen Krieg protestiert. In ihren Manifesten haben sie dem deutschen Volke vorausgesagt, wenn es die Umwandlung des angeblichen Verteidigungskrieges in einen Eroberungskrieg zuließe, werde es mit der Errichtung einer Militärdespotie und mit rücksichtsloser Unterdrückung der werktätigen Massen bestraft werden. Die Sozialdemokratische Partei in Deutschland hat damals Versammlungen abgehalten und Manifeste veröffentlicht, in denen sie für einen ehrenvollen Frieden mit Frankreich eintrat. Sie wurde sofort von der preußischen Regierung verfolgt, und viele ihrer Führer wurden eingekerkert. Trotzdem wagten ihre Abgeordneten es, und sie allein, sehr heftig im Deutschen Reichstage gegen die gewaltsame Annektierung französischer Provinzen zu protestieren. Bismarck setzte jedoch seine Politik mit Gewalt durch, und die Leute sprachen von dem Genie Bismarck. Der Krieg war zu Ende, und als er keine neuen Eroberungen mehr machen konnte, sondern originelle Ideen hervorbringen sollte, hat Bismarck kläglich versagt. Das Volk hat seinen Glauben an ihn verloren und seine Popularität ist auf die Neige gegangen. Er braucht Geld, und der Staat braucht Geld. Mit einer Schein-Verfassung hat er dem Volk Steuern für seine Militär- und Einigungs-Pläne auferlegt, bis es nicht mehr länger geht, und da versucht er es jetzt ohne jegliche Verfassung. Um weiterhin schröpfen zu können, wie er will, hat er das Gespenst des Sozialismus heraufbeschworen und tut er alles, was in seiner Macht steht, um einen Volksaufstand hervorzurufen.«

Frage: »Erhalten Sie regelmäßig Berichte aus Berlin?«

Marx: »Ja, ich werde von meinen Freunden sehr gut unterrichtet. Berlin ist durchaus ruhig, und Bismarck ist enttäuscht. Er hat 48 führende Männer ausgewiesen, darunter die Abgeordneten Hasselmann und Fritzsche sowie Rackow, Baumann und

Auer von der ›*Freien Presse*‹. Diese Männer haben die Berliner Arbeiter zur Ruhe ermahnt, und Bismarck wußte das. Er wußte ebenfalls, daß in Berlin 75000 Arbeiter dem Verhungern nahe sind. Er rechnete zuversichtlich darauf, daß es nach der Entfernung der Führer zu Krawallen kommen würde, die ihm das Zeichen zu einem Blutbad geben würden. Dann hätte er dem ganzen Deutschen Kaiserreiche die Daumenschrauben ansetzen und seiner geliebten Blut- und Eisenpolitik freien Lauf lassen können, und der Steuereintreibung würden keine Grenzen mehr gesetzt sein. Bis jetzt sind noch keine Unruhen vorgekommen und Bismarck muß zu seiner Bestürzung feststellen, daß er sich vor allen Staatsmännern blamiert hat.«

Eine Begegnung mit Karl Marx
Brief von M. E. Grant Duff an Kronprinzessin
Viktoria von Preußen (1. 2. 1879)

Gnädige Frau!

Als ich das letzte Mal die Ehre hatte, Eure Kaiserliche Hoheit zu sehen, fügte es sich, daß Sie eine gewisse Neugierde über Karl Marx ausdrückten und mich fragten, ob ich ihn kenne.

Demzufolge entschloß ich mich, die erste Gelegenheit wahrzunehmen, um seine Bekanntschaft zu machen; aber diese Gelegenheit ergab sich erst gestern, als ich mich mit ihm beim Mittagessen traf und drei Stunden in seiner Gesellschaft verbrachte.

Er ist ein kleiner, ziemlich schmächtiger Mann mit grauem Haar und Bart, der in eigenartigem Kontrast zu seinem noch schwarzen Schnurrbart steht. Das Gesicht ist etwas rund, die Stirn wohlgeformt und gewölbt, der Blick ist ziemlich streng, aber der ganze Ausdruck ist eher angenehm und keineswegs der eines Herrn, der kleine Kinder in ihren Wiegen zu fressen pflegt, was – wie ich wohl sagen darf – die Ansicht der Polizei über ihn ist.

Seine Rede war die eines gebildeten, besser noch, gelehrten

Mannes, der sich sehr für vergleichende Grammatik interessierte, was ihn dazu geführt hatte, Altslawisch und andere ausgefallene Studien zu treiben, sie erging sich in vielen seltsamen Wendungen und war mit einem trockenen Humor gewürzt; wenn er zum Beispiel über Hezechiels »Leben des Fürsten Bismarck« sprach, bezeichnete er es immer als das *Alte* Testament, im Gegensatz zu Dr. Buschs Buch.

Es war alles sehr *positiv*, leicht zynisch – ohne jeden Anschein von Enthusiasmus –, weckte das Interesse und zeigte oft, wie es mir schien, sehr richtige Ideen, wenn er über die Vergangenheit und die Gegenwart sprach, aber es war unklar und unbefriedigend, wenn er sich der Zukunft zuwandte.

Er erwartet, nicht ohne Grund, einen großen und nicht allzu fernen Umsturz in Rußland und denkt, daß dieser mit Reformen von oben beginnen werde, die das alte, schlechte Staatsgebäude nicht werde aushalten können und die seinen völligen Zusammenbruch herbeiführen würden. Was an seine Stelle treten werde, darüber hat er augenscheinlich keine klare Idee, außer daß Rußland für lange Zeit nicht in der Lage sein werde, irgendeinen Einfluß in Europa auszuüben.

Danach, denkt er, werde sich die Bewegung nach Deutschland ausbreiten und dort die Form einer Revolte gegen das bestehende militärische System annehmen.

Auf meine Frage: »Aber wie können Sie erwarten, daß sich die Armee gegen ihre Befehlshaber erheben wird?«, antwortete er: »Sie vergessen, daß in Deutschland jetzt die Armee und die Nation beinahe identisch sind. Jene Sozialisten, von denen Sie hören, sind – wie alle anderen – ausgebildete Soldaten. Sie dürfen nicht nur an das stehende Heer denken. Sie müssen auch an die Landwehr denken, und sogar im stehenden Heer gibt es viel Unzufriedenheit. Nie gab es eine Armee, in welcher die Strenge der Disziplin zu so vielen Selbstmorden führte. Der Schritt von dem Entschluß, sich selbst zu erschießen, zu dem, seinen Offizier zu erschießen, ist nicht groß, und wenn ein Beispiel dieser Art einmal da ist, wird es bald nachgeahmt.«

Ich sagte: »Aber angenommen, die Herrscher Europas verständigten sich über eine Einschränkung der Rüstung, was die Belastung des Volkes beträchtlich erleichtern könnte, was würde dann aus der Revolution werden, von der Sie erwarten, daß sie eines Tages ausbricht?«

»Ach«, war seine Antwort, »dazu sind sie nicht imstande. Furcht und Argwohn jeder Art werden das unmöglich machen. Die Last wird mit dem Fortschreiten der Wissenschaft immer schlimmer werden; denn mit ihrem Fortschreiten wird die Vervollkommnung der Zerstörungskunst Schritt halten, und es müssen von Jahr zu Jahr steigende Beträge für teures Kriegsgerät aufgewandt werden. Das ist ein verhexter Kreis – daraus gibt es keinen Ausweg.«

Ich sagte: »Aber es hat bisher noch nie ernsthafte Volksaufstände gegeben, wenn nicht wirklich großes Elend herrschte.« Er erwiderte: »Sie ahnen nicht, wie schrecklich die Krisis war, durch die Deutschland in den letzten fünf Jahren gegangen ist.«

»Nun«, sagte ich, »angenommen, daß Ihre Revolution stattgefunden hat und daß Sie Ihre republikanische Regierungsform haben, so ist es immer noch ein langer, langer Weg bis zur Verwirklichung von Ihren und Ihrer Freunde besonderen Ideen.« »Ohne Zweifel«, antwortete er, »aber alle großen Bewegungen sind langsam. Es würde das lediglich ein Schritt zur Verbesserung der Dinge sein, so wie es Ihre Revolution von 1688 war – lediglich ein Schritt auf dem Wege.«

Obiges wird Eurer Kaiserlichen Hoheit eine ungefähre Vorstellung von der Art der Ideen über die nahe Zukunft Europas geben, welche in seinem Geist arbeiten. Sie sind zu träumerisch, um gefährlich zu sein, außer eben insofern, als die Situation mit ihren tollen Ausgaben für Rüstungen offensichtlich und unzweifelhaft gefährlich ist. Wenn jedoch innerhalb der nächsten zehn Jahre die Herrscher Europas nicht die Mittel gefunden haben, mit diesem Unheil fertig zu werden, ohne irgendeine Warnung vor der geplanten Revolution, werde ich für meine Person an der Zukunft der Menschheit verzweifeln, vor allem für unseren Erdteil. [...]

Daten zu Leben und Werk

1818
Am 5. Mai 1818 wird Karl Marx als drittes von insgesamt neun Kindern des jüdischen Rechtsanwalts (später Justizrat) Heinrich Marx und dessen Frau Henriette (geb. Pressburg) in Trier geboren.

1824
Nach dem aus beruflichen Gründen erfolgten Übertritt des Vaters zum Protestantismus (1817) werden auch Karl Marx und seine Geschwister getauft.

1830–1835
Besuch des Friedrich-Wilhelm-Gymnasiums in Trier. 1835: Abitur im Alter von 17 Jahren.

1835–1841
Aufnahme des Studiums der Rechtswissenschaft an der Juristischen Fakultät der Bonner Universität. 1836: Heimliche Verlobung mit Jenny von Westphalen. 1836–1841: Studium der Philosophie und Geschichte an der Universität Berlin. Zeitweiliger Anschluss an die Gruppe der Junghegelianer. 1841: Promotion (in absentia) an der Universität Jena (Titel der Dissertation: *Differenz der demokritischen und epikureischen Naturphilosophie*). Mit seinem Versuch, die Hochschullaufbahn einzuschlagen, scheitert Marx am Widerstand der preußischen Regierung.

1842–1843
Zunächst Redakteur und ab Oktober 1842 Chefredakteur bei der liberalen *Rheinischen Zeitung für Politik, Handel und Gewerbe* in Köln. Erste Begegnung mit Friedrich Engels. 1843: Verbot der liberalen *Rheinischen Zeitung* durch die staatliche Zensurbehörde. Eheschließung mit Jenny von Westphalen.

1843–1845

1843: Übersiedlung nach Paris. Bekanntschaft mit Heinrich Heine. 1844: Zusammen mit Arnold Ruge Herausgabe der *Deutsch-Französischen Jahrbücher*. Treffen mit russischen Emigranten (Michail Alexandrowitsch Bakunin, Wassili Petrowitsch Botkin und Grigori Michailowitsch Tolstoi). Konflikte mit den katholisch geprägten französischen Sozialisten, in deren Folge Marx einen eigenständigen kommunistischen Ansatz entwickelt. Erster Entwurf eines politisch-ökonomischen Systems (*Pariser Manuskripte*, 1932): Theorie der entfremdeten Arbeit. Beginn der Freundschaft und engen Zusammenarbeit mit Friedrich Engels. In der kritischen Auseinandersetzung mit den führenden Köpfen der Junghegelianer entwickelt Marx gemeinsam mit Engels die Grundlagen des »Historischen Materialismus« (*Die heilige Familie*, 1845; *Die deutsche Ideologie*, Teilveröffentlichung 1845/46; *Thesen über Feuerbach*, 1888). 1845: Ausweisung aus Frankreich auf Druck der preußischen Regierung. Von diesem Zeitpunkt an staatenlos.

1845–1848

Exil in Brüssel. 1847: Gemeinsam mit Engels Gründung des »Deutschen Arbeitervereins« sowie Abfassung des *Kommunistischen Manifests* im Auftrag des »Bundes der Kommunisten«. 1848: Ausweisung aus Belgien.

1848–1849

Nach Ausbruch der März-Revolution Rückkehr nach Deutschland. Kampf für eine einheitliche deutsche Republik als Chefredakteur der *Neuen Rheinischen Zeitung* in Köln. Mai 1849: Trotz Freispruchs im Prozess wegen »Aufreizung zur Rebellion« Ausweisung aus Deutschland.

1849–1864

Ab August 1849 Wohnsitz in London. Arbeit als Journalist für verschiedene internationale Zeitungen. Finanzielle Notlage der

Familie. Vier seiner insgesamt sieben Kinder sterben vor Vollendung des zehnten Lebensjahrs. 1850: Reorganisation und Spaltung des Kommunistenbundes. Ab 1851 Korrespondent der *New York Daily Tribune*. 1852: Artikelserie *Der achtzehnte Brumaire des Louis Napoleon*. 1859: Publikation der *Kritik der politischen Ökonomie*. 1861: Reise nach Deutschland, Treffen mit Ferdinand Lassalle in Berlin. 1863: Nach dem Tod der Mutter durch das Erbe Verbesserung der finanziellen Lage. 1864: Beteiligung an der Gründung der »Internationalen Arbeiter-Assoziation« (»Erste Internationale«).

1865–1875
1865: Bruch mit dem »Allgemeinen Deutschen Arbeiterverein«. Marx hält vor dem Generalrat der »Internationalen Arbeiter-Assoziation«, in den er 1866 gewählt wird, den Vortrag *Lohn, Preis und Profit*. 1867 erscheint der erste Band seines Hauptwerks *Das Kapital. Kritik der politischen Ökonomie* (Bd. 1: *Der Produktionsprozeß des Kapitals*. Engels gibt nach Marx' Tod 1885 den zweiten Band heraus, *Der Circulationsprocess des Kapitals*, und 1894 den dritten Band, *Der Gesammtprocess der kapitalistischen Produktion*). 1872: Zerwürfnis mit den Anarchisten und Spaltung der »Internationale«. 1875: Anlässlich der Vereinigung der deutschen Arbeiterparteien zur »Sozialistischen Arbeiterpartei Deutschlands« (ab 1890 »Sozialdemokratische Partei Deutschlands«) verfasst Marx seine *Kritik des Gothaer Programms* (postum 1891 erschienen).

1881–1883
Am 2. Dezember 1881 stirbt Jenny Marx. 1882: Reise nach Algier, in die Schweiz und nach Frankreich. Zwei Monate nach dem überraschenden Tod seiner Tocher Jenny Longuet stirbt Marx nach schwerer Krankheit am 14. März 1883 in London. Beisetzung auf dem dortigen Highgate Cemetery.

Nachweise

Siglen

MEW – Karl Marx / Friedrich Engels: Werke. 43 Bde. Berlin/Ost 1956 ff.

¹MEGA – Karl Marx / Friedrich Engels: Werke, Schriften, Briefe. Historisch-kritische Gesamtausgabe. Berlin 1927–1932.

1. Vom humanistischen Gymnasium zum Studium der Rechtswissenschaft und Philosophie
   Deutscher Aufsatz. In: ¹MEGA, I. Abtl., Bd. 1.2, S. 164–167.
   Religionsaufsatz. In: ¹MEGA, I. Abtl., Bd. 1.2, S. 171–174.
   Brief an den Vater. In: ¹MEGA, I. Abtl., Bd. 1.2, S. 213–221.
   Gedichte. In: ¹MEGA, I. Abtl., Bd. 1.2, S. 30f., 38f., 41–43, 45.

2. Die Dissertation: ›Differenz der demokritischen und epikureischen Naturphilosophie‹
   Vorrede. In: ¹MEGA, I. Abtl., Bd. 1.1, S. 9f.
   [Kritik der plutarchischen Polemik gegen Epikur]. In: ¹MEGA, I. Abtl., Bd. 1.1, S. 107–120.

3. Briefe an Arnold Ruge. In: ¹MEGA, I. Abtl., Bd. 1.1, S. 558, 561–566, 572–575.

4. Zur Kritik der Hegelschen Rechtsphilosophie. Einleitung. In: ¹MEGA, I. Abtl., Bd. 1.1, S. 607–621.

5. Ökonomisch-philosophische Manuskripte. In: ¹MEGA, I. Abtl., Bd. 3, S. 81–94, 107–110, 111–126, 145–149.

6. Karl Marx über Hegel und Feuerbach. In: ¹MEGA, I. Abtl., Bd. 5, S. 531–537.

7. Brief an Pawel Wassiljewitsch Annenkow. In: MEW, Bd. 21, S. 451–463.

8. Manifest der Kommunistischen Partei. In: Karl Marx/Friedrich Engels: Manifest der Kommunistischen Partei. Mit einem Vorwort von Iring Fetscher. Frankfurt/M. 2005, S. 47–82, 98–101.

9. Die Revolution von 1848 und ihre politische Aufhebung

Die Bourgeoisie und die Kontrerevolution. In: ¹MEGA, I. Abtl., Bd. 7, S. 519–530.

Der achtzehnte Brumaire des Louis Bonaparte. In: ¹MEGA, I. Abtl., Bd. 8, S. 115–123, 194–207.

Exkurs: Skizzen der emanzipierten Zukunftsgesellschaft in den *Grundrissen* und im *Kapital*. Originalbeitrag von Iring Fetscher.

10. Kritik der Politischen Ökonomie

Zur Kritik der Politischen Ökonomie. Vorwort. In: MEW, Bd. 13, S. 7–11.

Einleitung. In: Karl Marx: Grundrisse der Kritik der Politischen Ökonomie. Berlin/Ost 1953, S. 4–31.

Karl Marx: Grundrisse der Kritik der Politischen Ökonomie. Berlin/Ost 1953, S. 402–404; 364f.; 196–198; 549f.; 423f.; 429f.; 905–907; 231f.; 440; 583–590; 945–947; 438f.; 504f.; 595f.; 599f. [Die kursiv gesetzten Passagen stammen von Iring Fetscher.]

Karl Marx: Resultate des unmittelbaren Produktionsprozesses. Frankfurt/M. 1969, S. 65–67; 82–84; 116–121; 79–81.

Theorien über den Mehrwert. In: MEW, Bd. 26.3, S. 57; Bd. 26.2, S. 576; Bd. 26.1, S. 171; Bd. 26.1, S. 145f.; Bd. 26.2, S. 469, 493; Bd. 26.3, S. 46f. [Die kursiv gesetzten Passagen stammen von Iring Fetscher.]

11. Politische Publizistik – Zeitgeschichte

Die britische Herrschaft in Indien. In: MEW, Bd. 9, S. 137–143.

Kritik der Todesstrafe. In: MEW, Bd. 8, S. 506–509.

Zu den Ereignissen in Nordamerika. In: MEW, Bd. 15, S. 551–553.

An Abraham Lincoln, Präsident der Vereinigten Staaten von Amerika. In: MEW, Bd. 16, S. 18–20.

Ein Londoner Arbeitermeeting. In: MEW, Bd. 15, S. 454–457.

Ein Vortrag zur irischen Frage. In: MEW, Bd. 16, S. 550–552.

Die irische Frage und die englischen Arbeiter. In: MEW, Bd. 32, S. 665–670.

[Polen, Preußen und Russland]. In: Karl Marx: Beiträge zur Geschichte der polnischen Frage. Manuskripte aus den Jahren 1863–1864. Warschau 1971, S. 146–170.

Proklamation des Deutschen Bildungsvereins für Arbeiter in London über Polen. In: MEW, Bd. 15, S. 576–577.

Brief an Friedrich Engels. In: MEW, Bd. 32, S. 51–53.

Über die Nationalisierung des Grund und Bodens. In: MEW, Bd. 18, S. 59–62.

Die Preß- und Redefreiheit in Deutschland (›The Daily News‹, 19. 1. 1871). In: MEW, Bd. 17, S. 283–285.

Der Bürgerkrieg in Frankreich. In: MEW, Bd. 17, S. 319–362.

Konspekt zu Bakunins ›Staatlichkeit und Anarchie‹. In: MEW, Bd. 18, S. 633–636.

Randglossen zum Programm der deutschen Arbeiterpartei. In: MEW, Bd. 19, S. 15–32.

Fragebogen für Arbeiter. In: MEW, Bd. 19, S. 230–237.

Erster Entwurf einer Antwort auf den Brief von Vera Sassulitsch. In: MEW, Bd. 19, S. 384–395.

Brief an Nikolai Franzewitsch Danielson. In: MEW, Bd. 36, S. 370–375.

12. Anhang

Interviews. In: MEW, Bd. 17, S. 639–643 [erschienen in ›Woodhull & Claflin's Weekly‹ vom 12. 8. 1871]; Bd. 34, S. 508–516 [erschienen in der ›Chicago Tribune‹ vom 5. 1. 1879].

Brief von M. E. Grant Duff an Kronprinzessin Viktoria von Preußen. In: Erinnerungen an Karl Marx. Berlin/Ost 1953, S. 105–108. [Die Begegnung fand am 31. Januar 1879 im Devonshire Club statt.]

Literaturhinweise

I. Werkausgaben

Karl Marx / Friedrich Engels: Werke [MEW]. Berlin 1956 ff.

Karl Marx / Friedrich Engels: Werke, Schriften, Briefe. Historisch-kritische Gesamtausgabe [erste MEGA]. Berlin 1927–1932.

Karl Marx / Friedrich Engels: Werke, Schriften, Briefe. Historisch-kritische Gesamtausgabe [neue MEGA]. Hrsg. v. der Internationalen Marx-Engels-Stiftung Amsterdam. Berlin 1975 ff.

Karl Marx: Grundrisse der Kritik der Politischen Ökonomie (Rohentwurf). Berlin 1953.

Karl Marx: Resultate des unmittelbaren Produktionsprozesses. Archiv für sozialistische Literatur 17. Frankfurt/M. 1969.

Karl Marx / Friedrich Engels: Studienausgabe in 5 Bänden. Hrsg. v. Iring Fetscher. Berlin 2004.

II. Einführungen und Biographien

Cohen, Gerald A.: Karl Marx's Theory of History. A Defence. Oxford 1978.

Euchner, Walter: Karl Marx. München 1982.

Fetscher, Iring: Marx. Freiburg/Br. 1999.

Henning, Christoph: Philosophie nach Marx. 100 Jahre Marxrezeption und die normative Sozialphilosophie der Gegenwart in der Kritik. Bielefeld 2005.

Löwenstein, Julius I.: Marx contra Marxismus. Basel u. Tübingen 1970.

McLellan, David: Marx. Glasgow 1975.

Misik, Robert: Marx für Eilige. Berlin 2003.

Nikolaevsky, Boris / Maenchen-Helfen, Otto: Karl Marx. Eine Biographie. Hannover 1963.

Rjasanow, David: Karl Marx als Denker, Mensch und Revolutionär. Wien 1928.

Rubel, Maximilien: Karl Marx. Essai de biographie intellectuelle. Paris 1957.

Singer, Peter: Marx. Oxford 1980.

Wheen, Francis: Karl Marx. München 2001.

III. Arbeiten zu Spezialthemen

Angehrn, Emil / Lohmann, Georg (Hrsg.): Ethik und Marx. Moralkritik und normative Grundlagen der Marxschen Theorie. Königstein/Ts. 1986.

Aron, Raymond: Le Marxisme de Marx. Paris 2002.

Barzen, Marion u. a.: Studien zu Marx' erstem Paris-Aufenthalt und zur Entstehung der ›Deutschen Ideologie‹. Trier 1991 [= Schriften aus dem Karl-Marx-Haus 43].

Erckenbrecht, Ulrich: Das Geheimnis des Fetischismus. Grundmotive der Marxschen Erkenntniskritik. Frankfurt/M. u. Köln 1976.

Erckenbrecht, Ulrich: Marx' materialistische Sprachtheorie. Mit einem selektiven Sachregister zu den Mrax-Engels-Werken. Kronberg/Ts. 1973.

Euchner, Walter / Schmidt, Alfred (Hrsg.): Kritik der politischen Ökonomie heute. 100 Jahre ›Kapital‹. Referate und Diskussionen vom Frankfurter Colloquium im September 1967. Frankfurt/M. u. Wien 1968.

Grundmann, Reiner: Marxism and Ecology. Oxford 1991.

Immler, Hans / Schmied-Kowarzik, Wolfdietrich: Marx und die Naturfrage. Ein Wissenschaftsstreit zum Verhältnis von politischer Ökonomie und ökologischer Krise. Kassel [1984].

Kallscheuer, Otto: Marxismus und Erkenntnistheorie. Eine politische Philosophiegeschichte. Frankfurt/M. u. New York 1986.

Kemple, Thomas M.: Reading Marx Writing. Melodrama, the Market, and the ›Grundrisse‹. Stanford 1995.

Kocyba, Hermann: Widerspruch und Theoriestruktur. Zur Darstellungsmethode im Marxschen ›Kapital‹. Frankfurt/M. 1979.

Kuczynski, Thomas: Das Kommunistische Manifest (Manifest der Kommunistischen Partei) von Karl Marx und Friedrich Engels: Von der Erstausgabe zur Leseausgabe. Mit einem Editionsbericht. Trier 1995 [= Schriften aus dem Karl-Marx-Haus 49].

Lefebvre, Henri: Soziologie nach Marx. Frankfurt/M. 1972.

Lenk, Kurt: Marx in der Wissenssoziologie. Studien zur Rezeption der Marxschen Ideologiekritik. 2. Aufl. Lüneburg 1986.

Magnis, Franz von: Normative Voraussetzungen im Denken des jungen Marx. Freiburg u. München 1975.

Maihofer, Andrea: Das Recht bei Marx. Zur dialektischen Struktur von Gerechtigkeit, Menschenrechten und Recht. Baden-Baden 1992.

McLellan, David: Marx's Grundrisse. London 1971.

Miller, Josef / Sawadzki, Bruno: Karl Marx in Berlin. Beiträge zur Biographie von Karl Marx. Berlin [1956].

Ollman, Bertell: Alienation. Marx's Concept of Man in Capitalist Society. Cambridge 1971.

Post, Werner: Kritik der Religion bei Karl Marx. München 1969.

Postone, Moishe: Zeit, Arbeit und gesellschaftliche Herrschaft. Eine neue Interpretation der kritischen Theorie von Marx. Aus dem Amerikanischen von Christoph Seidler. Freiburg 2003.

Reichelt, Helmut: Zur logischen Struktur des Kapitalbegriffs bei Karl Marx. Freiburg 2001.

Rjasanow, David: Karl Marx über den Ursprung der Vorherrschaft Russlands in Europa. Kritische Untersuchung. Stuttgart 1909.

Rubel, Maximilien: Karl Marx devant le bonapartisme. Paris 1960.

Schmidt, Alfred: Der Begriff der Natur in der Lehre von Marx. 4., überarb. und verb. Aufl. mit einem neuen Vorwort. Hamburg 1993.

Vollgraf, Carl-Erich (Hrsg.): David Borisovič Rjasanov und die erste MEGA. Hamburg 1997 [= Beiträge zur Marx-Engels-Forschung. Neue Folge 1. Sonderband].

IV. Lexika und Jahrbücher

Marx-Lexikon zur politischen Ökonomie. Hrsg. v. Samezo Kuruma. 2. Aufl. Glashütten u. Berlin 1973.

Historisch-Kritisches Wörterbuch des Marxismus. Hrsg. v. Wolfgang Fritz Haug. 6 Bde. Hamburg 1994 ff.

Marx-Engels-Jahrbuch. Hrsg. v. der Internationalen Marx-Engels-Stiftung Amsterdam. Berlin 2003 ff.